U0674057

中宣部主题出版
重点出版物

『教育部人文社会科学重点研究基地中华伦理文明研究中心资助研究成果』和国家社科基金重大招标课题『近代以来民族复兴思想研究（多卷本）』（18ZDA194）阶段性研究成果

中华民族复兴思想通论

（1840—1949）

郑大华 著

广东人民出版社
南方传媒
·广州·

图书在版编目（CIP）数据

中华民族复兴思想通论：1840-1949 / 郑大华著. —广州：广东人民出版社，2024.6

ISBN 978-7-218-16134-1

Ⅰ.①中… Ⅱ.①郑… Ⅲ.①思想史—中国—近代 Ⅳ.①B25

中国版本图书馆CIP数据核字（2022）第193730号

ZHONGHUA MINZU FUXING SIXIANG TONGLUN（1840—1949）

中华民族复兴思想通论（1840—1949）

郑大华 著

出 版 人：肖风华

出版统筹：卢雪华
策划编辑：曾玉寒
责任编辑：伍茗欣 钟毓斐 廖智聪 李宜励
责任校对：帅梦娣
装帧设计：奔流文化
责任技编：吴彦斌

出版发行：广东人民出版社
地 址：广州市越秀区大沙头四马路 10 号（邮政编码：510199）
电 话：（020）85716809（总编室）
传 真：（020）83289585
网 址：http://www.gdpph.com
印 刷：广州市豪威彩色印务有限公司
开 本：787mm × 1092mm 1/16
印 张：31 **插 页**：2 **字 数**：500 千
版 次：2024 年 6 月第 1 版
印 次：2024 年 6 月第 1 次印刷
定 价：168.00 元

如发现印装质量问题，影响阅读，请与出版社（020-85716849）联系调换。
售书热线：020-87716172

作者简介

郑大华，湖南省首批“芙蓉学者”，湖南师范大学特聘教授，国家民委中华民族共同体研究基地首席专家，教育部人文社会科学重点研究基地中华伦理文明研究中心特约研究员，中国社会科学院近代史研究所研究员，并任国内外多所大学和科研机构的兼职教授、兼职研究员和国际学术顾问，享受国务院政府特殊津贴专家；第十三届全国政协委员，全国政协提案委员会委员，有关新时代党的民族工作的建议和提案多次得到党和国家领导人的重要批示，获2022年度全国政协委员优秀履职奖。

长期从事中国近代思想史研究。主持国家社科基金重大招标课题、重点课题、特别委托课题、一般课题、青年课题，中国社会科学院创新工程重大招标课题和重大、重点课题，国家民委重大委托课题、重点课题，湖南省特别委托重大课题等共24项。出版著作19种，译著5种（含合译），点校整理资料10种25册，发表学术论文180多篇、报纸学术文章30多篇；获国家及省部级优秀成果特别奖2项，一等奖4项，二等奖3项，三等奖4项。其著作多次入选《国家哲学社会科学成果文库》《中国社会科学院文库》《湖南省哲学社会科学成果文库》和党的十九大前“砥砺奋进的五年”大型成就展。

前言

习近平总书记2012年11月29日在参观《复兴之路》展览时指出："每个人都有理想和追求，都有自己的梦想。现在，大家都在讨论中国梦，我以为，实现中华民族伟大复兴，就是中华民族近代以来最伟大的梦想。这个梦想，凝聚了几代中国人的夙愿，体现了中华民族和中国人民的整体利益，是每一个中华儿女的共同期盼。"实现中华民族伟大复兴的中国梦，既是当代国人的强烈愿望，也是近代以来中华民族孜孜以求、魂牵梦萦的大事。

早在19世纪末20世纪初，民族复兴思想即已孕育或萌发，从孙中山的"振兴中华"口号，到梁启超的"少年中国"梦想，再到国粹派的"古学复兴"主张，实际上都包含有民族复兴的思想内容。到了五四时期，民族复兴思想有了进一步发展，李大钊提出了"青春中华之创造"和"中华民族之复活"的思想，孙中山提出了"大中华民族"的"国族主义"和"要恢复民族的地位，便先要恢复民族的精神"的思想，梁漱溟、梁启超等"东方文化派"提出了复兴东方文化的思想，王光祈在《少年中国运动》一书的序言中，提出了"中华民族复兴运动"的思想。特别是孙中山"要恢复民族的地位，便先要恢复民族的精神"[①]的思想的提出，是对民族复兴思想的重大发展。"九一八"事变发生后，由于民族

① 《孙中山全集》第9卷，中华书局1986年版，第242页。

危机的空前严重，中华民族不当亡国奴则必须复兴的思想在社会各界迅速扩散，特别是当时的知识界，纷纷从政治、经济、学术、文化等各方面探讨民族复兴的路径，提出各自的主张，因而很快形成一种具有广泛社会影响力的民族复兴思潮。七七事变，既是中华民族全面抗战的开始，同时，亡国灭种的现实危险也进一步推动了民族复兴思潮的高涨。1945年，中国人民经过八年浴血奋战，取得了抗日战争的最后胜利。人们常说抗日战争的胜利是中华民族伟大复兴的枢纽或转折，依据我个人的理解，它主要体现在以下几个方面：第一，自第一次鸦片战争开始，面对西方列强和后来日本的疯狂侵略，中国人民进行了英勇的、不屈不挠的斗争，如第一次鸦片战争、第二次鸦片战争、中法战争、中日甲午战争、八国联军侵华战争等等，但这些战争最终都以中国的失败、被迫签订丧权辱国的不平等条约而结束，抗日战争是近代以来中国人民取得的第一次完全胜利的反侵略战争。第二，收复了自1895年甲午战败即被日本割去了的台湾和澎湖列岛以及包括钓鱼岛在内的附近岛屿，废止了一切不平等条约，恢复了中国的领土主权和完整，中国真正摆脱了半殖民地的地位。第三，作为世界反法西斯战争的东方主战场，中国人民抗日战争的胜利，彻底改变了世界尤其是西方对中国的看法，中国也因此而取得了世界大国的地位，成了联合国的创始成员国和五个常任理事国之一。第四，抗日战争促进了中华民族自我意识的形成，“中华民族”这一表示中国境内各民族是统一的民族共同体的观念在抗战期间得到了最终确立和各族人民的普遍认同，中华民族完成了从“自在”到“自觉”的伟大转变。第五，中国共产党及其领导的人民武装，在抗日战争中得到了迅速的发展和壮大，从而为取得新民主主义革命的最后胜利、成立中华人民共和国奠定了基础，而中华人民共和国的成立，为中华民族实现伟大复兴提供了制度保证。

1949年10月1日，中华人民共和国的成立，开启了中华民族伟大复兴的新篇章。2018年12月，习近平总书记在庆祝改革开放40周年大会上的讲话中指出："建立中国共产党、成立中华人民共和国、推进改革开放和中国特色社会主义事业，是五四运动以来我国发生的三大历史性事件，是近代以来实现中华民族伟大复兴的三大里程碑。"[①] 中华民族实现了新中国成立"站起来"的第一步，开启了改革开放"富起来"的光辉历程和新时代中国特色社会主义"强起来"的伟大征程，是近代以来实现中华民族伟大复兴的三大里程碑之一。"这一伟大事件，彻底改变了近代以后100多年中国积贫积弱、受人欺凌的悲惨命运，中华民族走上了实现伟大复兴的壮阔道路。"[②] 在中国共产党的领导下，中国人民经过七十多年的不懈奋斗，已比任何时候都更接近于实现中华民族的伟大复兴。尽管在中华民族最终实现伟大复兴的征途上，还会遇到这样那样的艰难险阻，但正如习近平总书记2020年7月28日在中共中央召开的党外人士座谈会上所发表的重要讲话强调的那样："任何国家任何人都不能阻挡中华民族实现伟大复兴的历史步伐。"中华民族伟大复兴的中

---

① 习近平：《在庆祝改革开放40周年大会上的讲话》，《人民日报》2018年12月19日。

② 习近平：《在庆祝中华人民共和国成立70周年大会上的讲话》，《人民日报》2019年10月1日。

国梦在不久的将来一定会实现！在党的二十大报告中，习近平总书记又向全党全国人民发出了“以中国式现代化全面推进中华民族伟大复兴”的伟大号召。

我开始研究中国近代民族复兴思想或思潮是在2005年。这年8月，“纪念中国人民抗日战争暨世界反法西斯战争胜利60周年学术研讨会”在北京昌平举行，我提交的参会论文是《“九一八”后的民族复兴思潮》。该文于第二年（2006年）发表在《学术月刊》第4期上。这是我发表的直接以民族复兴为标题的第一篇学术论文，也是国内学术界最早发表的研究中国近代民族复兴的学术论文之一。接着我又发表了几篇研究中国近代民族复兴思想或思潮的文章。2007年，我以“抗战时期知识界的民族复兴思想研究”为课题申报湖南省教育厅重大项目，获得通过；2009年，我又以“抗战时期民族复兴思潮研究”为课题申报国家社科基金一般项目，获得通过；2011年，我再一次以“中国近代以来民族复兴思潮研究”为课题申报中国社会科学院重点课题，获得通过。经过数年努力，这三个课题都先后结项，等级全部为优，尤其是国家社科基金一般课题结项结果是2015年11月国家社科基金网公布的，当时公布的结项课题共有700多项，其中优秀等级14项，14项优秀等级课题中，历史学只有1项，这就是我的“抗战时期民族复兴思潮研究”。2016年由学习出版社出版、全国哲学社会科学规划办公室编写的《国家社会科学基金年度报告（2016）》对本课题作了如下介绍：“郑大华教授主持完成的‘抗战时期民族复兴思潮研究（1931—1945）’，是目前国内第一项关于中国近代以来尤其是‘九・一八’后的抗战时期中华民族复兴思潮的成果，开启了中国近代民族复兴研究之先河，既有重要的学术价值，也有很强的现实意义，最可贵的是成果在前人研究基础上以更加丰富的材料，更加深入的探讨，提出了自己的见解，构建了自己的理论体系，显示出作者思想史研究的深厚功底和扎实的学风。”2016 年，我将上述三个课题整合成《中国近代民族复兴思潮研究——以抗战时期知识界为中心》一书，先后申请“中国社会科学院文库”和“国家哲学社会科学成果文库”，获得通过。2017 年《中国近代民族复兴思潮研究——以抗战时期知识界为中心》（上、下册，99.6 万字）一书由中国社会科学出版社正式出版。同年，该书参加了十九大前“砥砺奋进的五年”大型成就展。在此期间的 2013 年，我还先后获得了国家社科基金特别委托课题“中国梦与中华民族伟大复兴研究”、中国社会科学院创新工程重大招标课题“中国梦与中华民族复兴历程研究”，这两个课题也已先后结项，等级为优。2018 年，我又申报了国家社科基金重大招标课题“近代以来中华民族复兴思想研究（多卷本）”，获得通过，目前正在进行前期的有关研究。

在完成上述课题的过程中，我先后发表了一系列有关中国近代以来民族复兴思想和思潮的学术论文，本书便是在这些论文的基础上加以整理撰写而成，原取名为《中国梦：近代以来中国人的思考和追求》，后出版社建议改为现在的书名，还以此书名申报中宣部 2022 年主题出版重点出版物选题并获得通过。该书共分五章和一个结语：

第一章主要论述的是孙中山、李大钊和毛泽东的中华民族复兴思想。作为中国民主革命的伟大先行者，孙中山于 1894 年 11 月在檀香山成立反清革命小团体“兴中会”时，第一次提出了“振兴中华”的口号，从而开启了中国近代史上民族复兴思想之先河，他还阐述了中华民族复兴的奋斗目标（赶超西方）和中华民族复兴的根本保证（民族精神）。这在中华民族复兴思想史上具有重要的历史地位。中国共产党人是孙中山伟大革命事业的继承者和发扬者，从成立之日起，中国共产党就把“为中国人民谋幸福、为中华民族谋复兴”作为自己的初心和使命，在继承和发扬孙中山的伟大革命事业的同时，中国共产党人也继承和发扬了孙中山的中华民族复兴思想，并领导中国人民为实现中华民族伟大复兴的中国梦而砥砺前行，实现了中国人民从“站起来”到“富起来”再到“强起来”的历史性飞跃。李大钊是中国第一位早期马克思主义者和中国共产党的创始人之一，他不仅第一次将“复兴”二字与“中华民族”联结起来，从而明确地表达出了中华民族复兴的思想，而且还提出了中华民族复兴的道路，这就是十月革命的社会主义道路，认为中国只有走十月革命的社会主义道路，中华民族才能够实现伟大复兴。后来的历史证明，李大钊于100多年前所提出的中华民族复兴道路，是多么正确和富于远见。毛泽东是中国共产党第一代领导集体的核心，他带领中国共产党在领导中国人民进行新民主主义革命、社会主义革命和建设的过程中，将马克思主义的普遍原理同中国革命和建设的具体实践很好地结合起来，论述了什么是中华民族的伟大复兴、中华民族复兴的历程以及如何实现中华民族伟大复兴等一系列民族复兴的重大理论问题，给我们留下了宝贵而丰富的思想遗产。孙中山、李大钊、毛泽东的中华民族复兴思想，是近代中华民族复兴的思想指南。

第二章主要论述的是中国近代民族复兴思想的萌发、发展和思潮的形成，以及在此基础上对近代以来尤其是抗战时期中华民族复兴思潮留给当代人的启迪进行总结。本章的观点是，甲午战争到20世纪初，是中华民族复兴思想的萌发期，五四前后是中华民族复兴思想的发展期，“九一八”事变以后的抗日战争时期是中华民族复兴思潮的形成期。前三节分别对这三个时期进行了论述。第四节论述了七七事变后“民族复兴节”的设立和纪念。读者中可能很少人听说过中国近代史上还设立过“民族复兴节”。我以前也是没有听说过的，前几年研究抗战时期的民族复兴运动和思潮时，才发现这方面的资料。有意思的是：“民族复兴节”的时间是西安事变后蒋介石12月25日离开西安返回南京这一天，因为人们认为蒋介石安全地从西安回到南京，标志着西安事变的和平解决，从而为全民族共同抗日局面的最终形成创造了有利条件。这是中华民族复兴的大事件，值得纪念。最初，纪念“民族复兴节”是社会的自发行为，后来有中央和地方当局的参与和组织，规模还不小，但蒋介石本人从不提这件事（因为在蒋的心中，西安事变是他人生中的奇耻大辱，所以他把张学良软禁起来，直到蒋介石去世后张学良才恢复自由），“民族复兴节”也没有得到官方的正式认可，不是法定的纪念节日。第五节论述了抗战时期国人对“中华民族复兴”的认识及其意义，并在此基础上总结出近代以来尤其是抗战时期中华民族复兴思潮留给当代人的几点启迪。因为历史是一面镜子，我们学习历史的目的之一，是为了鉴古而知今。借用古人的话说：“以铜为镜，可以正衣冠；以古为镜，可以知兴替；以人为镜，可以明得失。”

第三章主要论述的是近代知识界对如何能实现中华民族伟大复兴的思考。他们认为要实现中华民族的伟大复兴，首先要树立民族自信心，要相信中华民族有能力实现复兴。他们还讨论了民族复兴与文化复兴、民族复兴与民主政治、民族复兴与历史教育、民族复兴与历史书写的关系问题。他们指出，中华民族曾创造过灿烂辉煌的古代文明，其文化在世界上居于十分重要的地位，所以我们应该从文化复兴入手，以文化复兴来实现民族复兴。民主政治对于实现民族复兴具有重要的意义，因为只有实行民主政治，才能最大限度地调动人民的抗战积极性，实现各党各派的真诚团结，从而确保抗日战争的最后胜利；民族复兴的基础或根本条件是国家的统一，而只有实行民主政治，国家的统一才有实现的可能；民主政治是创建近代民族国家的基本要素之一，而近代民族国家的创建正是民族复兴的题中应有之义，甚至可以说是民族复兴的最终目的。至于历史教育，它有助于民族意识的培养、民族精神的发扬和民族自信心的树立。所以，我们要高度重视和充分发挥历史教育对于民族复兴的重要作用。为了助力于民族复兴，抗战时期的历史书写，主要侧重于三个方面的内容：一是阐扬“国荣”，以振作民族自信；二是纪念“国耻”，以唤醒国人抗争；三是树立“榜样”，以明确复兴的道路。上述知识界对如何才能实现中华民族伟大复兴的这些思考，在当今仍有积极意义。

第四章主要论述的是近代尤其是抗战时期，在“民族复兴”话语下知识界对有关问题的思考和讨论。这些思考和讨论涉及的主要有“中华民族精神”“中华民族意识”“抗战建国”“学术建国”等问题。比如在有关“中华民族精神”的思考和讨论中，一些学人提出“复兴民族是要复兴我们中华民族的精神”，并分析了中华民族精神在近代消失的原因，以及应该采取哪些措施来恢复民族精神。在有关“中华民族意识”的思考和讨论中，他们提出“培养民族意识，即复兴中华民族之唯一大道”，历史教育对于培养国民之民族意识有着十分重要的积极意义，他们尤其强调培养民族意识是要培养整个中华民族而非某一民族的民族意识。在有关“抗战建国”的思考和讨论中，他们提出抗战的最终目的是要建立近代的“民族国家”，以完成自辛亥革命以来尚未完成的“民族建国”事业，并思考和讨论了“怎样才能将中国建设成为近代的‘民族国家’”，以及近代的“民族国家”是什么样的国家等问题。在思考和讨论“抗战建国”的问题时，一些从事学术研究的知识分子或学人，还从自己所熟悉的研究领域出发，提出了“学术建国”的主张，并围绕“为什么要学术建国”“怎样学术建国”以及“建什么样的国”等问题展开了热烈讨论。上述这些思考和讨论充分体现出中国知识分子的那种“天下兴亡，匹夫有责”的义务和担当，值得我们认真地学习。本章还论述了 20 世纪 30 年代“民族复兴”话语下的读书运动。

第五章主要论述的是近代以来尤其是抗战时期，学术研究是如何服务于民族复兴的以及在民族主义话语下中国学术研究的新趋向。自晚清以来，就存在着一种“学术救国”思潮。这一思潮认为，学术是一个民族的立足之本，要救亡图存，就必须加强学术研究，使中国学术在世界学术中占有一席之地。“九一八”事变后，随着民族复兴思潮的形成，学术界对学术研究与民族复兴思潮的关系进行了讨论，充分认识到学术研究于民族复兴的重要意义。与此同时，随着民族危机的进一步加深，学术界在反思新文化运动时期对中国传统学术和文化立足于批判的“整理国故”运动的基础上，开始转向“国故整理”，即通过对中国传统学术和文化的发掘和阐释，来增强民族的自尊心、自信心和自豪感，以建设民族新文化，抵御日本的侵略，从而实现中华民族的伟大复兴。这一时期，马克思主义学派所发起的“学术中国化”运动以及“文艺的民族形式”的提出和讨论，在近代以来的学术史上具有十分重要的地位。

最后在“结语”部分，主要在从“赶超”西方到“中国梦”、从“四个现代化”到“五位一体”总体布局、从“两步走”到“三步走”再到“两个一百年”以及“以中国式现代化全面推进中华民族伟大复兴”这四个方面对毛泽东、邓小平、习近平的中华民族复兴思想之间的继承、发展和超越的关系作一探讨，以此说明“为中国人民谋幸福、为中华民族谋复兴”是中国共产党人的初心和使命，是一代代中国共产党人的不懈追求，正是在中国共产党的领导下，中国人民实现了从“站起来”到“富起来”再到“强起来”的历史性飞跃。

这里需要说明的是，本书是在我此前发表的有关论文的基础上整理撰写而成，因此个别章节的内容和引用的资料难免有重复之处，希望广大读者能予理解。同时也希望广大读者能够喜欢本书，并在阅读后提出批评意见，以便再版时进行修订。

2023 年 12 月

目录

contents

第二章 中国近代民族复兴思想的发展历程 /53

第一章 近代中华民族复兴的思想指南

本章主要论述的是孙中山、李大钊和毛泽东的中华民族复兴思想。作为中国民主革命的伟大先行者，孙中山于1894年11月在檀香山成立反清革命小团体“兴中会”时，第一次提出了“振兴中华”的口号，从而开启了中国近代史上民族复兴思想之先河，他还阐述了中华民族复兴的奋斗目标（赶超西方）和中华民族复兴的根本保证（民族精神）。这在中华民族复兴思想史上具有重要的历史地位。中国共产党人是孙中山伟大革命事业的继承者和发扬者，从成立之日起，中国共产党就把“为中国人民谋幸福、为中华民族谋复兴”作为自己的初心和使命，在继承和发扬孙中山的伟大革命事业的同时，中国共产党人也继承和发扬了孙中山的中华民族复兴思想，并领导中国人民为实现中华民族伟大复兴的中国梦而砥砺前行，迎来了中国人民从“站起来”到“富起来”再到“强起来”的历史性飞跃。李大钊是中国第一位早期马克思主义者和中国共产党的创始人之一，他不仅第一次将“复兴”二字与“中华民族”联结起来，从而明确地表达出了中华民族复兴的思想，而且还提出了中华民族复兴的道路，这就是十月革命的社会主义道路，认为中国只有走十月革命的社会主义道路，中华民族才能够实现伟大复兴。后来的历史证明，李大钊于100多年前所提出的中华民族复兴道路，是多么正确和富于远见。毛泽东是中国共产党第一代领导集体的核心，他带领中国共产党在领导中国人民进行新民主主义革命、社会主义革命和建设的过程中，将马克思主义的普遍原理同中国革命和建设的具体实践很好地结合起来，

论述了什么是中华民族的伟大复兴、中华民族复兴的历程以及如何实现中华民族伟大复兴等一系列民族复兴的重大理论问题，给我们留下了宝贵而丰富的思想遗产。孙中山、李大钊、毛泽东的中华民族复兴思想，是近代中华民族复兴的思想指南。

一、孙中山的中华民族复兴思想

实现中华民族伟大复兴的中国梦是近代以来中国人民矢志不渝的愿望和追求，与此相联系，中华民族复兴思想或思潮也是近代以来的主流思想或思潮之一。孙中山不仅是中国民主革命的伟大先行者，为实现中华民族的伟大复兴贡献了他的毕生精力乃至生命，同时也是中华民族复兴思想的最早提出者和阐述者，他的中华民族复兴思想在近代中华民族复兴思想或思潮的形成和发展过程中占有极其重要的历史地位。概而言之，是他最早提出了“振兴中华”的口号，第一次表达出中华民族复兴的愿望和要求，从而开启了中国近代民族复兴思想之先河；是他最早确立了中华民族复兴的奋斗目标，即赶超西方发达国家，使中国重新成为世界上的“头一等强国”；是他最先认识到民族精神对于民族复兴的重要意义，提出了“要恢复民族的地位，便先要恢复民族的精神”的思想。多年来学术界对孙中山思想和生平的研究很广很深，成果也很多，但涉及孙中山的中华民族复兴思想，尤其是他的中华民族复兴思想在近代中华民族复兴思想或思潮的形成和发展过程中之历史地位的研究和成果相对来说要少一些。有鉴于此，本节对孙中山中华民族复兴思想及其历史地位作一论述。

（一）振兴中华：民族复兴的思想先河

实现中华民族伟大复兴的中国梦是近代以来中国人民矢志不渝的愿望和追求，但“中华民族复兴”思想的最早提出者是中国民主革命的伟大先行者孙中山。1894 年夏，亦即甲午战争前夜，孙中山怀揣一封洋洋洒洒八千余言的《上李鸿章书》和郑观应、王韬等人给他写的推荐信，信心满满地与好友陆皓东一起历经千辛来到天津，希望李鸿章能接见他，并采纳他在上书中提出的建议，“步武泰西，参行新法”，进行自上而下的改革。但因时局的紧张，李鸿章只叫人给他传了一句“打完仗后再见吧”的话，并没有接见他，更没有采纳他建议的任何想法。上书的失败，使孙中山认清了清政府的顽愚腐朽，同时也认识到改良的道路在中国是一条走不通的死路，而此时又适逢中日甲午战争爆发，中华民族所面临的危机空前严重起来。他目击时艰，已知“和平方法无可复施”，于是去了他少年时代求学的地方——檀香山，并于这年的11月在檀香山创建了中国的第一个革命团体“兴中会”。在《檀香山兴中会章程》中，孙中山提出了“振兴中华”这一具有民族复兴思想内涵的口号。他在《檀香山兴中会章程》中写道：“是会之设，专为振兴中华、维持国体起见。盖我中华受外国欺凌，已非一日。皆由内外隔绝，上下之情罔通，国体抑损而不知，子民受制而无告。苦厄日深，为害何极！兹特联络中外华人，创兴是会，以申民志而扶国宗。”①

正如笔者在《甲午战争与“中华民族复兴”思想之萌发》一文中所指出的那样，孙中山能提出“振兴中华”口号，从而开启“中华民族复兴”思想之先河的原因，首先，在于他有一种强烈的忧国忧民的忧患意识和以挽救民族危亡为已任的使命感。他之所以要创建第一个反清革命团体，要革清王朝的命，就是因为清王朝已成了帝国主义列强奴役和掠夺中国人民的傀儡和工具，只有推翻了清王朝，革了清王朝的命，才能使中国免遭帝国主义列强的瓜分。他曾沉痛指出：“曾亦知瓜分之原因乎？政府无振作也，人民不奋发也。政府若有振作，则强横如俄罗斯，残异〔暴〕如土耳其，外人不敢侧目也。”因此，中国“欲免瓜分，非先倒满洲政府，别无挽救之法”。② 所以毛泽东说：“辛亥革命是革帝国主义的命。中国人所以

① 孙中山：《檀香山兴中会章程》，《孙中山全集》第1卷，中华书局1981年版，第19页。

② 孙中山：《驳保皇报书》，《孙中山全集》第1卷，中华书局1981年版，第233、234页。

要革清朝的命，是因为清朝是帝国主义的走狗。”[①] 孙中山一生都与挫折和失败相伴而行，但他从不畏惧，并能从挫折和失败中吸取教训，而不断前进，强烈的忧国忧民的忧患意识和以挽救民族危亡为己任的使命感是推动他越挫越勇、屡败屡起的强大动力。其次，在于他有一种强烈的民族自豪感和民族自信心。孙中山始终坚信，中华民族是勤劳勇敢和充满智慧的民族，落后是暂时的，是清统治者的闭关保守造成的，只要敢于和善于向西方学习，取人之长，补己之短，就能够实现国家富强、民族振兴，不仅可以赶上欧美强国，而且还可以“驾欧美而上之”。他曾多次赞美过中国的地大物博和人口众多，憧憬过中华民族的美好未来，比如1905年，他在东京中国留学生欢迎大会上就热情洋溢地演说道：“中国土地、人口为各国所不及，吾侪生在中国，实为幸福。各国贤豪，欲得如中国之舞台者利用之而不可得。吾侪既据此大舞台，而反谓无所藉手，蹉跎岁月，寸功不展，使此绝好山河仍为异族所据，至今无有能光复之，而建一大共和国以表白于世界者，岂非可羞之极者乎？”因此，他希望听他演讲的留学生们能和他一起，“将振兴中国之责任，置之于自身之肩上”。他并举日本明治维新的成功为例：“昔日本维新之初，亦不过数志士为之原动力耳，仅三十余年，而跻于六大强国之一。以吾侪今日为之，独不能事半功倍乎？”[②] 在中华民族正被一些自我感觉良好、地位优越的西方人视为“劣等民族”和“东亚病夫”的年代里，在一些中国人面对欧美的发达和中国的落后所形成的巨大反差而滋生出民族自卑心理，认为中国一切都不如人、西方的月亮甚至都比中国的月亮圆的岁月里，一个缺乏对祖国和民族深情之爱的人，一个视挽救民族危亡为与己无关的人，能说出如此热情洋溢的话，憧憬中华民族的美好未来吗？回答当然是否定的。于此我们亦就不难理解，为什么是孙中山，而不是其他人，能在中日甲午战争中国惨败、中华民族面临空

① 毛泽东：《唯心历史观的破产》，《毛泽东选集》第4卷，人民出版社1991年版，第1513页。

② 孙中山：《在东京中国留学生欢迎大会的演说》，《孙中山全集》第1卷，中华书局1981年版，第282—283页。

前危机的时刻，响亮地提出了“振兴中华”这一激动人心的口号。

需要指出的是，孙中山提出的“振兴中华”的“中华”，还不是我们现在所讲的“中华民族”。“中华民族”形成虽然很早，早在春秋战国时期中华民族的前身或主体华夏族既已形成，并经过两千多年的交往和融合，生活在中国境内的各民族之间早已成为你中有我、我中有你、谁也离不开谁的命运共同体，但“中华民族”这一观念直至1902年才由梁启超最早提出和使用，而且在相当长的时期内，它只是“汉族”观念的代称，人们普遍认同，并把它作为中国境内各民族是不可分割的民族共同体之统称是在抗日战争时期。在孙中山提出“振兴中华”口号的清末，人们主要是在“中国”和“汉族”这两种涵义下使用“中华”这一观念的。孙中山也不例外。比如1906年，他与黄兴、章太炎制定的《中国同盟会革命方略》在解释同盟会“驱除鞑虏，恢复中华”之革命纲领时，其中所讲的“中华”指的就是居住在中华大地上的汉族，而非现代意义的中华民族。[①]

尽管孙中山是在汉族的涵义上使用“中华”这一观念的，但他提出的“振兴中华”的口号，则开启了“中华民族复兴”思想之先河，具有十分重要的思想意义。因为如前所述，实现中华民族的伟大复兴是近代以来中国人民的梦想和追求，但“中华民族复兴”之思想则有一个历史的发展过程：清末是“中华民族复兴”之思想的孕育或萌发期，这就是孙中山的“振兴中华”口号的提出，以及在孙中山提出“振兴中华”的口号之后，梁启超提出了“少年中国”的梦想，国粹派提出了“古学复兴”的主张；五四时期是民族复兴思想的进一步发展期，李大钊的“中华民族之复活”的思想、孙中山的“恢复民族的地位”的思想、“东方文化派”的“复兴东方文化”的思想，都是对萌发于清末的民族复兴思想的进一步发展；“九一八”事变发生后，由于民族危机的空前严重，中华民族不当亡国奴则必须复兴的思想在社会各界迅速扩散，人们纷纷从政治、经济、学术、文化等各方面探讨民族复兴的路径，提出各自的主张，因而很快形成一种具有广泛社会

① 郑大华：《中国近代民族主义与中华民族自我意识的觉醒》，《民族研究》2013年第3期。

影响力的民族复兴思潮；七七事变，既是中华民族全面抗战的开始，同时，亡国灭种的现实危险也进一步推动了民族复兴思潮的高涨，实现中华民族的伟大复兴成为时代的最强音。推动“中华民族复兴”思想从孕育或萌发走向初步发展，再发展成为一种社会思潮并出现高涨的根本原因，是日益严重的民族危机唤醒了沉睡中的中华民族。正是在甲午战争所引起的民族危机的刺激下，孙中山提出“振兴中华”之口号，表达出中华民族复兴的愿望和要求，从而开启了“中华民族复兴”思想之先河。在他之前，还没有人明确提出过类似的口号或思想。

（二）赶超西方：民族复兴的奋斗目标

古老的中华民族曾创造过十分灿烂的古代文明，中国在经济、教育、文化、科技等各个方面都长期领先于世界，是世界各国人民的学习榜样，但自 1840 年鸦片战争后，中国的地位一落千丈，从昔日的“天朝上国”逐渐沦为资本主义列强的半殖民地，主权丧失，领土割让，经济凋敝，教育落后，文盲充斥，人民生活在水深火热之中。因而赶超西方，使中国重新成为世界上的“头一等强国”，便成了孙中山的一生期望和追求。

早在 1894 年，孙中山就提出赶超西方的思想。他在《上李鸿章书》中提出：人能尽其才，地能尽其利，物能尽其用，货能畅其流，这是“富强之大经，治国之大本也”。清政府如果能采纳他的建议，实行自上而下的自我改革，那么这“四者”就很容易能够实现。“四者”得到之后，我们只要认真地“修我政理，宏我规模，治我军实，保我藩邦”，欧洲就没有谁能够和中国相提并论，并驾齐驱了。他并反复劝说李鸿章，要他相信，以中国人民的聪明才智和中国所具有的优势，即地大物博和人口众多，只要虚心地向西方人学习，采纳他们的富国强兵方法，不要二十年的时间，中国“必能驾欧洲而上之”。[①] 这种赶超西方的思想可以说贯穿于孙中山的

---

① 孙中山：《上李鸿章书》，《孙中山全集》第1卷，中华书局1981年版，第15页。

一生。继1894年的《上李鸿章书》和1905年的《在东京中国留学生欢迎大会的演说》后，1912年，孙中山又在一系列的演说中再次表达了他的赶超西方思想，如在安徽都督府欢迎会的演说中他强调：中国的物质文明现在虽然比较落后，但只要虚心向西方学习，把西方好的东西拿过来，"我们物质上文明，只须三、五年即可与外国并驾齐驱"[①]。到了晚年，孙中山的赶超西方的思想越发强烈。1923年，他在广州中国国民党恳亲大会的演说中告诉广大听众，中国国民党的三民主义"确是适合中国国情，顺应世界潮流，建设新国家一个最完全的主义"。全国人民如果都能赞成它，都欢迎它，用它来统一全国人民的心理，我们"建设一个驾乎欧美之上的真民国"是件很容易的事情。[②]

孙中山的赶超西方思想，不是夜郎自大、头脑一时发热提出来的，而是有他的充分根据。第一，中国地大物博，人口众多，历史悠久，曾创造过灿烂的古代文明。早在清末，孙中山在一次演说中就曾对比过中国和世界强国：日本不过中国四川一省之大；美国的国土面积虽大于中国，但人口则只有八千万；英国只有区区海上三岛，其余都是零散的属地；德、法、意诸国虽称强于欧洲，但无论人口还是土地都不如中国；俄国和美国一样，国土面积虽大，然而人口要比中国少得多。通过比较他得出结论："中国土地人口，世界莫及。"[③]民国初年，孙中山在一次演说中又谈道：我国"人口繁殖，占地球全人口四分之一，为他国所莫及；版舆辽阔，除英、俄二国以外，无与比伦"。从前中国之所以衰弱，之所以被西方列强欺凌，原因在于不良的专制制度。现在"国体改定共和，人民生息于良政治之下，

① 孙中山：《在安徽都督府欢迎会的演说》，《孙中山全集》第2卷，中华书局1982年版，第533页。

② 孙中山：《在广州中国国民党恳亲大会的演说》，《孙中山全集》第8卷，中华书局1986年版，第284页。

③ 孙中山：《在东京中国留学生欢迎大会的演说》，《孙中山全集》第1卷，中华书局1981年版，第279页。

其文化进步甚速，不出十年八年，必成一至强极盛之国无疑”。[①] 这是孙中山自信能“赶超”西方的主要原因。第二，中国具有后发优势，可以径直将欧美发达国家中最先进的东西学习过来，从而实现跨越式的发展。以机器制造为例，他指出：“有谓中国今日无一不在幼稚时代，殊难望其速效。此甚不然。各国发明机器者，皆积数十百年始能成一物，仿而造之者，岁月之功已足。中国之情况，亦犹是耳。”又如修建铁路，“始极粗恶，继渐改良，中国而修铁路也，将用其最初粗恶之汽车乎，抑用其最近改良之汽车乎？”[②] 答案不言而喻。这就是后发优势。美国本来也是一个落后国家，之所以一跃而成“最富最强之国”，就是利用了后发优势。美国能做到的，中国当然亦能做到。“夫以中国之地位，中国之富源，处今日之时会”，只要中国人民能“举国一致”，虚心向欧美发达国家学习，大力引进欧美国家的资本、人才和技术，“以发展我之生产事业，则十年之内吾实业之发达必能并驾欧美矣”。[③] 第三，与中国同作为东亚国家的日本赶超西方的成功，更说明中国在不太长的时间内赶超西方是完全可能的。他在《上李鸿章书》中，要李鸿章相信实行他的改革主张，中国二十年内“必能驾欧洲而上之”后写道：“试观日本一国，与西人通商后于我，仿效西方亦后于我，其维新之政为日几何，而今日成效已大有可观。”[④]1912 年，他在安徽都督府欢迎会的演说中又对中日作了一番对比：日本的土地不过中国的两省土地之大，人民亦不过中国的两省人民之多，四十年前还是一个最小、最穷、最弱的国家。但自明治维新以后，实行“开放主义”，仅仅用了四十年时间，就成了世界强国。“我中华民国土地比日本大二十倍，人民比日

① 孙中山：《在北京五族共和合进会与西北协进会的演说》，《孙中山全集》第2卷，中华书局1982年版，第439—440页。

② 孙中山：《在东京中国留学生欢迎大会的演说》，《孙中山全集》第1卷，中华书局1981年版，第283页。

③ 孙中山：《建国方略》，《孙中山全集》第6卷，中华书局1985年版，第227页。

④ 孙中山：《上李鸿章书》，《孙中山全集》第1卷，中华书局1981年版，第15页。

本亦多二十倍，要照日本办法，亦采用开放主义，不到三、五年后，兄弟可决定，比日本富强十倍。”[①]第四，历史在客观上给中国提供了难得的发展机遇。比如，欧战期间欧洲各国新设了许多专为战争服务的工厂，“今大战已息，此等工厂将成为废物矣。其佣于此等工厂之千百万工人，亦将失业矣。其投于此等工厂之数十万万资本，将无从取偿矣。此为欧美战后问题之一大烦难，而彼中政治家尚无解决之方也。倘我中国人能利用此机会，借彼将废之工厂以开发我无穷之富源，则必为各国所乐许也。此所谓天与之机”[②]。

孙中山不仅提出了赶超西方的思想，而且还为我们开列了赶超西方的措施：首先，振兴实业。经济实力是综合国力最重要的衡量标准，因此，要赶超西方就必须实现实业的振兴。孙中山曾经指出：“我中华之弱，由于民贫。余观列强致富之原，在于实业。”所以，“兴实业实为救贫之药剂，为当今莫要之政策”。[③]只有实业振兴了，经济发展了，实现赶超西方的宏伟目标才有可能，否则，就是一句空话。其次，发展教育。早在《上李鸿章书》中，孙中山就认为，“泰西诸邦崛起近世”的一个重要原因是重视教育，所以中国要改变自己落后挨打的局面，实现“振兴中华”的民族复兴梦，就必须向西方国家学习，兴办学校，“以培育人才为急务”。[④]1895年，他又把“立学校以育人才”写进了《香港兴中会章程》。孙中山认识到，科技发展、文明进步的原动力是教育，中国之所以落后，最根本的就是教育的落后，因此，我们要赶超西方，实现“振兴中华”的民族复兴梦，就必须大力发展教育，使之达到世界先进水平。再次，国防

① 孙中山：《在安徽都督府欢迎会的演说》，《孙中山全集》第2卷，中华书局1982年版，第533页。

② 孙中山：《建国方略》，《孙中山全集》第6卷，中华书局1985年版，第225页。

③ 孙中山：《在上海中华实业联合会欢迎会的演说》，《孙中山全集》第2卷，中华书局1982年版，第341页。

④ 孙中山：《上李鸿章书》，《孙中山全集》第1卷，中华书局1981年版，第9、16页。

建设。自出生以来，先后经历过中法战争、中日甲午战争、八国联军侵华等一系列资本主义列强的侵华战争以及帝国主义对中国革命的干预，孙中山对国防建设之重要性有着非常深刻的认识，他曾在文章和演说中一再强调，只有建立起真正强大的国防力量，才能有效地抵御外来侵略，维护国家安全，从而为赶超西方、实现“振兴中华”的民族复兴梦提供必要的和平环境和保障。①

在孙中山提出赶超西方思想之前，魏源、冯桂芬、陈炽等人虽然也曾表达过赶超西方的意愿或想法，②但他们并没有真正从理论上论述过中国为什么能赶超西方和如何赶超西方等问题，或是说他们并没有形成和提出赶超西方的思想，真正从理论上论述中国为什么能赶超西方和如何赶超西方等问题的是孙中山。孙中山赶超西方思想的提出，为我们确立了中华民族复兴的奋斗目标。从此，赶超西方发达国家，把中国建设成为一个现代化的世界强国，成了一代又一代中国人的不懈追求。以中国共产党人为例，无论是毛泽东，还是邓小平，他们提出的赶超西方的思想，都是对孙中山提出的赶超西方思想的继承、发展和超越。

（三）民族精神：民族复兴的根本保证

“民族精神”一词最早出现于18世纪的德国。1903年发表在留日学生

---

① 比如1912年4月，他在广州军界欢迎会的演说中就强调：“想我中国未革命以前，列强环伺，欺陵侵并，无非以我国武力不足。今日民国正当草创，欲中国成为强固之民国，非有精强陆军不可，故民国前途倚赖我军人之力正多。今日要务在乎扩张军备，以成完全巩固之国，然后可与世界列强并驾齐驱。”（《孙中山全集》第2卷第345页）不久，在《复陈其美函》中他又指出：“今日中国欲富强，非厉行扩张新军备建设不可。同志谓中国国防不有相当武备建设，此中国不富强之原因，诚是也。故中国欲勤修军备，然后可保障国家独立、民族生存也。”（《孙中山全集》第2卷第390页）

② 如魏源在《海国图志·筹海篇》中憧憬过“方见东海之民，犹西海之民”的场景，冯桂芬在《校邠庐抗议·制洋器议》中提出过“始则师而法之，继则比而齐之，终则驾而上之”的设想，陈炽在《续富国策·劝工强国说》中也抒发过“他日富甲环瀛，踵英而起者，非中国之四百兆人民莫与属也”的豪情。

创办的《江苏》第 7、8 期上的《民族精神论》，是中国最早以“民族精神”为标题的文章。该文在谈到“欧人今日之振兴”的原因时写道：“彼所以能振兴如今日者，实自当时种种不可思议之原因而来。其结果之最早乃生民族之精神，其结果之最终遂成民族之膨胀……谓欧人技艺之精，则当日所谓蒸汽、电线独未有所发明，而火车、轮船、军舰、铁炮以及杀人灭种之法，犹一切未闻于世也。而欧人之所以能致此者何哉？则以彼有一种如痴如狂不可思议之民族精神在也。”由欧人“而反观吾国今日之现状，则可谓腐败空虚，种种奇异谬悠之态，几无足自存于大地”，究其原因，“虽谓吾族之精神已死可也”。[1] 但在清末，受明治日本的影响，人们更喜欢使用“国魂”“国粹”“国性”“立国精神”等源于日本的词来表达“民族精神”的涵义。直到五四时期，这种现象才有所改变。

1919 年 12 月，《东方杂志》第 16 卷第 12 号发表“隐青”的《民族精神》一文，作者认为：“凡人种、语言、文字、宗教、地理等关系，皆不足为建设民族之根本的条件。为今日之民族计，人种之化合澌灭不足忧也，语言文字之灭亡不足忧也，宗教之盛衰变迁不足忧也，国土之存亡亦不足忧也，所可忧者，其唯民族精神之有无乎！”在作者看来，所谓“民族精神”，既非“以血族为根据”的“人种之意思”，也非“重统治重命令”的“国家之意思”，更非“个个独立”的“个人意思之集成”，而是“自然发生浑然一体之民族自觉的精神而已”。它的形成，必须具备两个条件，即“外受强敌之压迫，内感生活之困难”。只有在这两个条件下，民族才会有“努力向上之运动”，并在长期的“共同防御、共同生活”中，形成一种“特立不可同化之精神”。民族精神一旦形成，其民族“虽丧地灭国，离散而之四方，其形式上特征遗亡殆尽，而彼固有之文化与民族的精神，终不能湮没也”。据此作者指出，第一次世界大战后，尤其是美国总统威尔逊发表十四点宣言后，“民族自决”思潮和运动兴起，“世界各殖民地之民族，咸跃跃欲试；而列强之对付殖民地也，亦不得不一变其方针”。但

① 佚名：《民族精神论》，《江苏》第7、8期，1903年10月20日、11月19日。

实际上“彼列强对殖民地之政策，非真心服人道主义而自愿改变也，亦权其利害之轻重，势有不得不然耳”。所以，广大殖民地之民族，尤其是“吾东亚诸民族”，要想实行“民族自决”，真正获得自由，就必须“扩大其同类意识而共努力此民族精神之培养”，否则，所谓“民族自决”，只能是一句空话而已。[①]一年后，《东方杂志》第18卷第1、2号上又连载了陈嘉异的《东方文化与吾人之大任》一文。该文认为与西方文化比较，东方文化具有四大优点，其中第三点为：“东方文化（此亦单就中国言），在有调节民族精神与时代精神之优越性，而尤以民族精神为其根柢，最能运用发展者也。”和隐青的文章一样，该文也认为一个民族能否成立，不仅仅要看它是否具有“人种、语言、文字、宗教、地理等关系”，更重要的是看它能否形成“浑然一体之民族自觉的精神”。而且在民族形成之后，还要看它能不能对民族精神善加运用，那些不善于用民族精神的民族，其民族精神“则易流为固性的传统思想，而不克随时代之变易以适应其环境，则此精神或且为一时代之障碍物”，这也就是所谓的“时代错误”。各国所以会发生革命，原因就在于民族传统思想与其新时代思想之间的严重冲突。而我国自戊戌变法后西方的新思想新学说纷纷传入，社会思潮发生突变，旧政制和旧思想犹如“落叶之扫”，在西方新思想新学说的进攻面前败下阵来。人们以为这是西方的新思想战胜我国的旧政制旧思想的结果。但实际上我国的旧政制旧思想之所以败得“如是之易且速”，根本原因在于“此等自身已腐朽，早不适于时代之新要求，即无外来之新思想，亦当归于淘汰者，而具有此淘汰作用之根本潜伏力”，便是中国文化所具有的“调节民族精神与时代精神之优越性，而尤以民族精神为其根柢”。比如，“三王不沿乐，五帝不袭礼”，“周虽旧邦，其命维新”，“天行健，君子以自强不息”等传统和精神，就是这种优越性的体现。就此而言，这篇文章强调指出，“吾民族精神之伟大，实有未可妄自菲薄者”。[②]

---

① 隐青：《民族精神》，《东方杂志》第16卷第12号，1919年12月15日。

② 陈嘉异：《东方文化与吾人之大任》，《东方杂志》第18卷第1、2号，1921年1月10日、25日。

隐青和陈嘉异等人虽然在文章中讨论了“民族精神”，但他们并没有将“民族精神”与“民族复兴”联系起来，认识到“民族精神”对于“民族复兴”的重要意义。五四时期，真正认识到“民族精神”对于“民族复兴”重要意义的是孙中山。1924年初，就在标志着第一次国共合作建立的国民党第一次全国代表大会召开不久，孙中山应邀到广州国立师范学校礼堂作“三民主义”的系列演讲，他在演讲“民族主义”时指出：古代的中国是一个非常强盛和非常文明的国家，在世界上处于“头一等强国”的位置，现在的号称为世界强国的那些国家，如英国、美国、法国和日本等的地位根本无法与古代中国相比，因为那个时候的中国是“世界中的独强”，一枝独秀，没有哪个国家能与中国相提并论，而现在的强国是多强并列，至少也有六七个国家。然而从1840年鸦片战争开始，中国的地位则衰落了，并且是“一落千丈”，从世界上的“头一等强国”逐渐沉沦为了“次殖民地”。有的人以为“次殖民地”要比“殖民地”的地位好一些，但实际上“次殖民地”的地位“还不如殖民地”，殖民地的主子只有一个国家，而“次殖民地”则是多国共管，要受多个资本主义列强的侵略、压迫和掠夺。比如作为西方殖民地的“高丽和菲利宾所奉承的主人都只有一国的人，做奴隶的要得到一国主人的欢心，当然很容易。中国现在所奉承的主人有十几国，如果专得英国人的欢心，美国、日本和其他各国人便不喜欢；若是专得日本和美国人的欢心，英国和其他各国人便不喜欢。正是俗话所说：‘顺得姑来失嫂意。’要得到众主人的欢心，是很艰难的”[①]。中国之所以从世界上的“头一等强国”而逐渐沉沦为了被多个资本主义列强共管的“次殖民地”，最根本的原因就在于我们中国人“民族精神”的丧失。所以，“我们今天要恢复民族的地位”，重新成为世界上的“头一等强国”，成为“世界中的独强”，从而实现“振兴中华”的民族复兴梦，“便先要恢复民族的精神”。[②]

① 参见孙中山：《在上海招待新闻记者的演说》，《孙中山全集》第11卷，中华书局1986年版，第336页。

② 参见孙中山：《三民主义·民族主义》，《孙中山全集》第9卷，中华书局1986年版，第242页。

孙中山认为，“恢复民族的精神，要有两个条件”：第一个条件是对中华民族现在所处的亡国灭种的危险地位要有清醒的认识，中国早已不是人们心目中所羡慕的“天朝上国”了，不是世界上的“头一等强国”了，而沉沦为了被多个资本主义列强所共管的“次殖民地”；第二个条件，是“要善用中国固有的团体”，比如中国固有的以血缘为纽带组成的“家族团体”和“宗族团体”非常普遍和发达，但将全国人民组织起来的“国族团体”则没有形成，这也是中国在与资本主义列强的竞争中败下阵来的重要原因。因此，我们要充分利用和发挥“家族团体”和“宗族团体”普遍和发达的优势，促成“家族团体”和“宗族团体”的结合，并在此基础上最终形成一个全国统一的“国族团体”，这也就是所谓的“大中华民族”的“国族主义”。全国统一的“国族团体”一旦形成，现在处于一盘散沙和四分五裂的四万万中国人实现了大联合、大团结，大家心往一处想，劲往一处使，共同为恢复中国在世界上的“头一等强国”的地位而努力奋斗，那么，“振兴中华”的民族复兴梦就没有不实现之理！“所以，能知与合群，便是恢复民族主义的方法。”我们如果能“推广”这个方法，让全国四万万同胞人人都知道在“家族团体”和“宗族团体”的基础上结合成“国族团体”的重要性，并主动地“合群”起来，“我们从前失去的民族精神”也就自然可以得到“恢复”。他进一步打比喻道：中国的民族精神像是人一样睡着了，而睡着的人是没有一丝一毫的生气，中国的民族精神也是如此，没有一丝一毫的生气，这是中国所以落后于世界的根本原因，我们现在要把处于熟睡中的民族精神大声地唤醒起来，不许它继续睡觉了，只有等到民族精神“醒了之后”，民族主义的恢复才有可能。而民族主义一旦得到了恢复，“我们民族的地位”的恢复也就水到渠成。①依照孙中山的上述说法，我们要实现“振兴中华”的民族复兴梦，恢复中华民族在历史上是世界“头一等强国”的固有地位，当务之急是要恢复民族主义，也就是四万万人民

① 参见孙中山：《三民主义·民族主义》，《孙中山全集》第9卷，中华书局1986年版，第242页。

要在“家族团体”和“宗族团体”的基础上，联合成为一个“国族团体”；而要恢复民族主义，首先必须恢复民族精神。这也就是民族精神对于民族复兴的重要意义。

孙中山进一步强调指出，我们要恢复民族的固有地位，使中国重新成为世界上的“头一等强国”，就必须大力恢复和弘扬中华民族的“民族精神”，但在大力恢复和弘扬中华民族的“民族精神”的同时，我们不能故步自封，夜郎自大，而要善于“去学欧美之所长”，把他们的好东西都学过来，为我所用，“然后才可以和欧美并驾齐驱”。否则，还和原来一样，封闭保守，以“天朝上国”自居，“不学外国的长处，我们仍要退后”。孙中山还提出，学习外国有两种方法，一是“向后跟着他”，二是“迎头赶上去”，我们学习“欧美之所长”，要采取的当然是第二种方法，即“迎头赶上去”。比如学习欧美的科学，不是跟在欧美的后面，亦步亦趋地把欧美走过的路再重新走一遍，而是要充分发挥中国所处的后发优势，一步到位，径直把他们最先进的东西学习过来，引进过来，这样便可以节约两百多年的时间，因为欧美比中国先发展两百多年。如果亦步亦趋地“向后跟着他”，别人经历过什么样的发展阶段，我们也要经历什么样的发展阶段，别人有过的发明，我们都要一件件地把它学过来，重新再做一遍，而不敢超越式地发展，那么，我们将永远都比别人落后，永远都赶不上人家。只有“迎头赶上去”，一步到位，学习别人最先进的东西，我们才有可能“后来者居上”，赶上和超过欧美和日本这些发达国家，从而实现“振兴中华”的民族复兴梦，使中国重新成为世界上的“头一等强国”。①

孙中山提出的我们要“恢复民族的固有地位”，首先便要“恢复我们民族的精神”的思想，将萌发于清末的中华民族复兴思想发展到了一个新的阶段，具有十分重要的思想意义。因为正如我们已指出的那样，在孙中山发表“民族主义”的演讲之前，隐青和陈嘉异等人虽然也讨论过中华民

① 参见孙中山：《三民主义·民族主义》，《孙中山全集》第9卷，中华书局1986年版，第242、251—253页。

族的民族精神，但不是把它放在中华民族伟大复兴的话语下进行讨论的，没有将“民族精神”和“民族复兴”联系起来，更没有像孙中山那样认识到恢复和弘扬中华民族的民族精神，是实现“振兴中华”的民族复兴梦的前提条件或根本保证。

我们以上从“振兴中华”，开启民族复兴思想的先河，赶超西方，确立民族复兴的奋斗目标，民族精神，实现民族复兴的根本保证等三个方面初步论述了孙中山的民族复兴思想及其在中国近代中华民族复兴思想发展历程中的重要地位，它对于我们今天实现中华民族伟大复兴的中国梦，同样具有重要的启示和借鉴意义，值得我们认真地思考和总结。

二、李大钊的中华民族复兴思想

实现中华民族伟大复兴的中国梦是近代以来中国人民矢志不渝的愿望和追求，但“中华民族复兴”之思想则有一个历史的发展过程。概而言之，清末是“中华民族复兴”之思想的孕育或萌发期，[①] 五四前后是“中华民族复兴”之思想的初步发展期。而推动五四时期“中华民族复兴”思想之初步发展的人物之一便是李大钊。李大钊既是五四新文化运动的代表人物之一，又是中国的早期马克思主义者和中国共产党的缔造者之一，研究李大钊的中华民族复兴思想，对我们理解中国共产党“为人民谋幸福，为民族谋复兴”的初心和使命，有其重要意义。学术界研究李大钊生平和思想的著作和文章可谓汗牛充栋，但专题研究李大钊中华民族复兴思想的则不多见，查阅知网，只有张可荣发表在《长沙理工大学学报》2009 年第 2 期上的《李大钊民族复兴思想初论》一文，但从该文的主要内容来看，探讨的是李大钊的“第三新文明”说、“崇今”说和“中心势力”说，很少涉及李大钊的民族复兴思想。有鉴于此，笔者对五四时期李大钊的民族复兴思想作一探讨。

---

① 郑大华：《甲午战争与“中华民族复兴”思想之萌发》，《中国文化研究》2015年第1期。

（一）“青春中华之创造”

1916年5月，年仅27岁的李大钊结束了在日本两年多的留学生活，回到上海，参与《晨钟报》的筹办和编辑工作。这年8月15日，《晨钟报》创刊，李大钊在创刊号上发表《〈晨钟〉之使命——青春中华之创造》一文，提出了“青春中华之创造”的中华民族复兴思想。他在该文开篇便指出：“一日有一日之黎明，一稘有一稘之黎明，个人有个人之青春，国家有国家之青春。今者，白发之中华垂亡，青春之中华未孕，旧稘之黄昏已去，新稘之黎明将来”，中国正处于一个“方死方生、方毁方成、方破坏方建设、方废落方开敷”的新旧交替的重要变革时期。①

和清末的梁启超一样，李大钊也把整个中华民族的发展存亡设置在一个整体的发展过程中，将现今中国的衰败看作白发之中华，在这个基础上又孕育着青春（即梁启超的“少年”）之中华，青春之中华是中华民族的美好未来。既然中华未亡，中华民族定当努力为之，“发愤为雄”，而不是斤斤计较于外人言论，忌讳“衰老”“颓亡”等字眼。因为，依据“宇宙大化之流行，盛衰起伏，循环无已，生者不能无死，毁者必有所成”的自然规律，“健壮之前有衰颓，老大之后有青春，新生命之诞生，固常在累累坟墓之中也”，更何况作为一个拥有几千年发展历史的民族，中华民族能够“巍然独存，往古来今，罕有其匹”，实有自己独特的存在价值。“吾人须知吾之国家若民族，所以扬其光华于二十稘之世界者，不在陈腐中华之不死，而在新荣中华之再生；青年所以贡其精诚于吾之国家若民族者，不在白发中华之保存，而在青春中华之创造。《晨钟》所以效命于胎孕青春中华之青年之前者，不在惜恋䶊䶊就木之中华，而在欢迎呱呱坠地之中华。”就此而言，中华民族是“以青年之运命为运命”的，只要“青年不死，即中华不亡……国家不可一日无青年，青年不可一日无觉醒，青春中华之

① 李大钊：《〈晨钟〉之使命——青春中华之创造》，《晨钟》创刊号，1916年8月15日。

克创造与否，当于青年之觉醒与否卜之”。[①]

也许是受了梁启超的“少年中国”说的影响，李大钊在论述青春中华之创造时，同样将老辈（在梁启超那里是“老大”）与青年（在梁启超那里是“少年”）作了一番比较，并和梁启超一样，他也把所有的褒奖词都给了青年：“老辈之灵明，蔽翳于经验，而青年脑中无所谓经验也。老辈之精神，局牖于环境，而青年眼中无所谓环境也。老辈之文明，和解之文明也，与境遇和解，与时代和解，与经验和解。青年之文明，奋斗之文明也，与境遇奋斗，与时代奋斗，与经验奋斗。故青年者，人生之王，人生之春，人生之华也。青年之字典，无‘困难’之字，青年之口头，无‘障碍’之语；惟知跃进，惟知雄飞，惟知本其自由之精神，奇僻之思想，锐敏之直觉，活泼之生命，以创造环境，征服历史。”青年是人生最美好的阶段，富于生命力、想象力和创造力，他因而希望“老辈”能“尊重”青年的精神、思想、直觉和生命，而不可“抑塞”青年的精神、思想、直觉和生命，否则，“是无异于劝青年之自杀也”。如果更进一步，“苟老辈有不知苏生，不知蜕化，而犹逆宇宙之进运，投青年于废墟之中者，吾青年有对于揭反抗之旗之权利也”。[②]

“老辈”与“青年”的上述不同，也就决定了“老辈所有”的“过去之中华”，是“历史之中华，坟墓中之中华也”，而“青年所有”的“未来之中华”，是“理想之中华，胎孕中之中华也”。对于“坟墓中之中华”，我们可以视它为“老辈之纪录”，而“拱手”让给“老辈”，“俾携以俱去”；但对于“胎孕中之中华”，则坚决不能允许“老辈以其沉滞颓废、衰朽枯窘之血液，侵及其新生命”。因为，“青春中华之创造”，是“吾青年独有之特权”，对于“老辈”其他种种要求或批评，甚至对青年人的“轻蔑”“嘲骂”“诽谤”和“凌辱”，青年“皆能忍受”，唯独这一“特权”，则不允许“老

① 李大钊：《〈晨钟〉之使命——青春中华之创造》，《晨钟》创刊号，1916年8月15日。

② 李大钊：《〈晨钟〉之使命——青春中华之创造》，《晨钟》创刊号，1916年8月15日。

辈”侵夺之，否则，只能“毅然以用排除之手段，而无所于踌躇，无所于逊谢”。[①]

既然“青春中华之创造，为青年而造，非为彼老辈而造也”，是青年的特权，那么，青年就应该勇敢地承担起这一责任，“厚”其“修养”，“畅”其“精神”，“壮”其“意志”，“砺”其“气节”，为实现民族复兴而贡献自己的力量。为此，李大钊发出了“期与我慷慨悲壮之青年，活泼泼地之青年，日日迎黎明之朝气，尽二十稘黎明中当尽之努力，人人奋青春之元气，发新中华青春中应发之曙光，由是一一叩发一一声，一一声觉一一梦，俾吾民族之自我的自觉，自我之民族的自觉，一一彻底，急起直追，勇往奋进，径造自由神前，索我理想之中华，青春之中华”的呼唤。他还以德国、土耳其和印度为例，肯定了青年在民族复兴中无可取代的重要作用，以鼓励中国青年树立起创造“青春之中华”的勇气。他指出，德意志民族之所以能够从分裂中走向统一，从沉沦中走向复兴，求其因果，“非俾士麦、特赖克、白伦哈的之成绩”，而是致力于国家再造、民族复兴的德意志青年之成绩也。土耳其作为与中国并称的一个老大帝国，“其冥顽无伦”的亚布他尔哈米德王朝，之所以能在一夜之间被推翻而土崩瓦解，土耳其因此而获得新的生命，是与青年土耳其党的“愤起之功”分不开的。久已僵死的印度民族，其国内革命之烽烟之所以“直迷漫于西马拉亚山之巅者”，也是青年印度革命家努力奋斗的结果。因此，“神州之域，还其丰穰［壤］，复其膏腴”，皆在于培育“菁菁茁茁之青年”，“开敷之青春中华”。[②]李大钊还认为，欧战的爆发及其进程说明，“今后之问题，非新民族崛起之问题，乃旧民族复活之问题也。而是等旧民族之复活，非其民族中老辈之责任，乃其民族中青年之责任也”。他希望“青年当努力为国家自重”，“以青春中华之创造为唯一之使命”[③]。

① 李大钊：《〈晨钟〉之使命——青春中华之创造》，《晨钟》创刊号，1916年8月15日。

② 李大钊：《青春》，《新青年》第2卷第1号，1916年9月1日。

③ 李大钊：《〈晨钟〉之使命——青春中华之创造》，《晨钟》创刊号，1916年8月15日。

《〈晨钟〉之使命》发表后不久（9 月 1 日），李大钊又在《新青年》第 2 卷第 1 号上发表了《青春》一文，继续阐述他的“青春中华之创造”的中华民族复兴思想。他指出：“人类之成一民族一国家者，亦各有其生命焉。有青春之民族，斯有白首之民族，有青春之国家，斯有白首之国家。吾之民族若国家，果为青春之民族、青春之国家欤，抑为白首之民族、白首之国家欤？苟已成白首之民族、白首之国家焉，吾辈青年之谋所以致之回春为之再造者，又应以何等信力与愿力从事，而克以著效。此则系乎青年之自觉何如耳！”青年是“青春中华之创造”、实现中华民族复兴的关键。外国人动辄说中国是“老大之邦”，中华民族是“濒灭之民族”，中华国家是“待亡之国家”，中国之所以会成为“老大之邦”，中华民族之所以会成为“濒灭之民族”，中华国家之所以会成为“待亡之国家”，原因就在于经过数千年的发展，“民族之精英，澌灭尽矣”，国民都成了白首老者，在这种情况之下，中国“而欲不亡，庸可得乎？”结论当然是否定的。但是“生命者，死与再生之连续也”，有死就有生，“否极”便“泰来”，“白首之中国”的死去，也就意味着“青春之中国”的诞生。所以“吾族青年所当信誓旦旦，以昭示于世者，不在龈龈辩证白首中国之不死，乃在汲汲孕育青春中国之再生。吾族今后之能否立足于世界，不在白首中国之苟延残喘，而在青春中国之投胎复活”，也就是中华民族的浴火重生。实际上不唯中国，就整个人类来看，“今后人类之问题，民族之问题，非苟生残存之问题，乃复活更生、回春再造之问题也”。①

李大钊还进一步从“中华”一词的涵义，论证了“白首中华”与“青春中华”之间否极泰来的辩证关系，以及青年在“青春中华之创造”中的责任。他指出，首先就“中华”一词的“中”字来看，“中者，宅中位正之谓也”。综观世界历史，“古往今来，变迁何极！”我们应该以“今岁之青春”，为其“中点”，“中以前之历史”，记录的是“人类民族国家之如何发生、如何进化”一类的事情；而“中以后之历史”，则以记录“人类民

① 李大钊：《青春》，《新青年》第2卷第1号，1916年9月1日。

族国家之更生回春”为“中心之的”。“中以前之历史”，是“封闭之历史，焚毁之历史，葬诸坟墓之历史也”；而“中以后之历史”，是“洁白之历史，新装之历史，待施绚绘之历史也”。“中以前之历史”，是“白首之历史，陈死人之历史也”；而“中以后之历史”，是“青春之历史，活青年之历史也”。作为处于“中点”的青年，应“以中立不倚之精神，肩兹砥柱中流之责任，即由今年今春之今日今刹那为时中之起点，取世界一切白首之历史，一火而摧焚之，而专以发挥青春中华之中，缀其一生之美于中以后历史之首页，为其职志，而勿逡巡不前”。其次来看“中华”一词的“华”字。“华者，文明开敷之谓也，华与实相为轮回，即开敷与废落相为嬗代。”就此而言，“白首中华者，青春中华本以胚孕之实也。青春中华者，白首中华托以再生之华也。白首中华者，渐即废落之中华也。青春中华者，方复开敷之中华也。有渐即废落之中华，所以有方复开敷之中华。有前之废落以供今之开敷，斯有后之开敷以续今之废落，即废落，即开敷，即开敷，即废落”，如是因果相继，延绵无穷。青年的责任，不是在那里空发意愿，“愿春常在华常好也，愿华常得青春，青春常在于华也”，而是要通过自己实实在在的努力，从而使“宇宙有无尽之青春，斯宇宙有不落之华”。即使“华不得青春，青春不在华”，青年“亦必奋其回春再造之努力，使废落者复为开敷，开敷者终不废落，使华不能不得青春，青春不能不在于华之决心也”。他并强调指出，只要中国青年能像辛勤的园丁一样从事于“青春中华之创造”，“栽之、培之、灌之、溉之”，那么“不数年间，将见青春中华之参天蓊郁，错节盘根，树于世界，而神州之域，还其丰穰［壤］，复其膏腴矣。”①

李大钊在《〈晨钟〉之使命》和《青春》中以“白首中华”来象征中华民族的过去和现在，而以“青春中华”来寓意中华民族的美好未来，亦就是中华民族的伟大复兴，并以“青春中华之创造”来激励广大青年“进前而勿顾后，背黑暗而向光明”，为实现中华民族的伟大复兴贡献自己的

① 李大钊：《青春》，《新青年》第2卷第1号，1916年9月1日。

智慧和力量，尤其是文中使用了“中华之再生”“民族之复活”等具有民族复兴之思想涵义的词，这些对清末民初萌发的中华民族复兴思想的发展，具有十分重要的思想意义。

（二）“中华民族之复活”

在《新青年》第2卷第1号上发表《青春》一文四天后，即1916年9月5日，李大钊发表启事，脱离与《晨钟报》的关系。不久，《甲寅》日刊在北京创刊，李大钊接受其创办者章士钊的邀请，担任日刊主笔。1917年2月19日，李大钊在此前的“青春中华之创造”的基础上，又提出了“新中华民族主义”的思想。他的“新中华民族主义”主要是针对日本的“大亚细亚主义者”提出来的。

大亚细亚主义，又称大亚洲主义，有论者亦称之为泛亚洲主义或日本亚洲主义，是流行于19世纪末至20世纪20年代日本社会的一种政治思潮。在早期，其主要内容可以概括为抵御西方列强侵略的“亚洲同盟”论和“中日连携”论，即主张以日本为主导，在中日合作的前提下实现亚洲的联合，以共同抵御西方列强对亚洲各国的侵略。后来，随着日本侵略中国和亚洲野心的进一步滋长，大亚细亚主义也完全成为日本侵略中国和亚洲各国的一种赤裸裸的侵略理论，即主张以日本为盟主，将亚洲各国联合起来，结成以日本为宗主国的军事同盟，以共同对付西方列强在亚洲的存在。后来日本提出的所谓“亚洲共荣圈”就是在这一理论的基础上形成的。

李大钊写道：19世纪以来，随着国民精神的勃兴，民族运动遂继之以起，于是德国唱大日耳曼主义，俄罗斯、塞尔维亚唱大斯拉夫主义，英国唱大盎格鲁撒逊主义，美国唱门罗主义，日本近来亦大唱所谓“大亚细亚主义”。他指出，虽然日本大唱“大亚细亚主义”的“旨领何在，吾不得知，但以吾中华之大，几于包举亚洲之全陆，而亚洲各国之民族，尤莫不与吾中华有血缘，其文明莫不以吾中华为鼻祖”，因此，今天不讲“大亚细亚主义”则罢，而要讲“大亚细亚主义”，则“舍新中华之觉醒、新中华民族主义之勃兴”，断无成功之可能。他强调并指出，“斯非吾人夜郎自大之说”，而有其历史地理的逻辑根据。[①]

他说：我们中华民族既然在亚洲居于如此重要的地位，那么“保障其地位而为亚细亚之主人翁者，宜视为不可让与之权利，亦为不可旁贷之责任”，这也就是“新民族的自觉”。因为，所谓民族主义，“乃同一之人种，如磁石之相引，不问国境、国籍之如何，而遥相呼应、互为联络之倾向也”。而就目前世界上的不少国家来看，“或同一国内之各种民族有崩离之势，或殊异国中之同一民族有联系之情”，前者如此次欧战之导火索奥地利，其境内之民族最为杂沓，后者如英国之爱尔兰独立问题，在爱尔兰的英国人支持英国，而在美国的爱尔兰人支持爱尔兰，如此等等。唯独具有悠久历史、“积亚洲由来之数多民族冶融而成”的中华民族，在“高远博大”之民族精神的铸筑下，早已“畛域不分、血统全泯”，凡籍隶于中华民国的人“皆为新中华民族矣”。与此相适应，今后民国的政教典刑，也应以新民族精神的建立为宗旨，统一民族思想，这也就是所谓的“新中华民族主义”。只有当“新中华民族主义”能发扬于东方的时候，“大亚细亚主义始能光耀于世界。否则，幻想而已矣，梦呓而已矣”。为此，他呼吁“新中华民族之少年”，要以“民族兴亡，匹夫有责”的精神，肩负起“民族复兴”的大任，致力于“新中华民族主义”的勃兴。[②]

李大钊不仅在文中第一次使用了“中华民族”一词，而且阐述了中华民族的复兴与“大亚细亚主义”之间的关系。这具有十分重要的思想意义。“中华民族”这一观念是梁启超于1902年第一次使用的。但在清末，使用“中华民族”的只有三个人，即除了梁启超外，还有另一位立宪派代表人物杨度和著名的革命党人章太炎。[③]1911年的辛亥革命推翻了清王朝，中华民国宣告成立。中华民国的成立，尤其是孙中山在《临时大总统就职宣言书》和《中华民国临时约法》中提出的“五族共和”“五族平等”的建国主张，对“中华民族”自我意识的形成起了极大的促进作用。常燕生在

① 李大钊：《新中华民族主义》，《甲寅》日刊，1917年2月19日。

② 李大钊：《新中华民族主义》，《甲寅》日刊，1917年2月19日。

③ 郑大华：《“中华民族”自我意识的形成》，《近代史研究》2014年第4期。

《中华民族小史》一书中就曾指出："民族之名多因时代递嬗，因时制宜，无一定之专称。非若国家之名用于外交上，须有一定之名称也。中国自昔为大一统之国，只有朝代之名，尚无国名。至清室推翻，始有中华民国之名也出现。国名既无一定，民族之名更不统一。或曰夏，或曰华夏，或曰汉人，或曰唐人，然夏、汉、唐皆朝代之名，非民族之名。惟'中华'二字，既为今日民国命名所采纳，且其涵义广大，较之其他名义之偏而不全者最为适当。"[①] 因此，民国初年使用"中华民族"观念的人不断增多。比如，1912 年 1 月 5 日，孙中山在以中华民国临时大总统名义发布的《对外宣言书》中郑重宣示："今幸义旗轩举，大局垂定，吾中华民国全体，用敢以推倒满清专制政府、建设共和民国，布告于我诸友邦。……盖吾中华民族和平守法，根于天性，非出于自卫之不得已，决不肯轻启战争。"[②] 就目前发现的资料来看，这是孙中山第一次使用"中华民族"一词，也是中国的官方文件对"中华民族"名称的第一次使用。中华书局 1912 年 9 月初版、潘武编著的《中华中学历史教科书》在"绪论"的"民族"一章中介绍中华民族时写道："中华民族以汉族为主位，其他各族，更起迭仆，与汉族互有关系者，曰苗族、曰通古斯族、曰蒙古族、曰土耳其族、曰西藏族"[③]。这是历史教科书对"中华民族"观念的第一次使用。之后该书在介绍近世中外各民族关系时再次使用了"中华民族"："东西交通，欧、美、斐、澳各族之人，亦渐与中华民族有直接之关系。"[④]1913 年 1 月，乌兰察布盟和伊克昭盟蒙古族各王公在呼和浩特集会，反对哲布尊丹巴等部分蒙古王公贵族在沙俄的策动下，在库伦成立所谓的"大蒙古国"，从事分裂

① 常乃悳（即常燕生）：《中华民族小史》，爱文书局1928年版，第5—6页。

② 孙中山：《对外宣言书》，《孙中山全集》第2卷，中华书局1982年版，第8页。

③ 潘武：《中华中学历史教科书》第1册，中华书局1912年9月初版、1913年8月第5版，第3页。

④ 潘武：《中华中学历史教科书》第2册，中华书局1912年9月初版、1913年8月第5版，第241页。

中国的活动，他们在给库伦民族分裂主义分子的文告中表示："蒙古疆域，向与中国腹地，唇齿相依，数百年来，汉蒙久成一家"，"现在共和新立，五族一家……我蒙同系中华民族，自宜一体出力，维持民国"。[①]就目前发现的资料来看，这不仅是中国少数民族第一次采用政治文告的形式，公开承认自己是"中华民族"的一部分，而且就其涵义来看，已初步具有了"中华民族"是中国境内各民族共同称谓的意识。到了五四时期，受第一次世界大战后兴起的民族自决思潮的影响，越来越多的人开始认同和使用"中华民族"这一观念。在当时中国的政治舞台上，除北洋军阀外，主要有三大政治力量或政治派别，即以孙中山为代表的国民党人、以李大钊为代表的早期马克思主义者和以梁启超为代表的研究系知识分子。而这三大派别对认同和使用"中华民族"都有一定的自觉性。[②]在早期马克思主义者中，李大钊不仅是第一个使用"中华民族"的人，而且就他在《新中华民族主义》一文中对"中华民族"的阐释（凡籍隶于中华民国的人"皆为新中华民族矣"）来看，他讲的"中华民族"是中国境内各个民族的共同称谓，而非"汉族"的代称。继李大钊后，使用"中华民族"的早期马克思主义者是陈独秀。1919 年 6 月 8 日，亦即五四运动后不久，陈独秀在《我们究竟应当不应当爱国？》一文中首次使用了"中华民族"一词，认为"我们中华民族，自古闭关，独霸东洋，和欧、美、日本通商立约以前，只有天下观念，没有国家观念"[③]。毛泽东对"中华民族"的首次使用，也是在五四运动后不久。1919 年 8 月 4 日，他在《湘江评论》第 4 号上发表《民众的大联合》一文，其中写道："我们中华民族原有伟大的能力！……他日中华民族的改革，将较任何民族为彻底。中华民族的社会，将较任何民

① 《西盟会议始末记》，上海经世文社编《民国经世文编》第18册，1914年刊行，第15—16页。

② 郑大华：《中国近代民族主义与中华民族自我意识的觉醒》，《民族研究》2013年第3期。

③ 陈独秀：《我们究竟应当不应当爱国？》，《独秀文存》，安徽人民出版社1987年版，第431页。

族为光明。中华民族的大联合，将较任何地域任何民族而先告成功。”① 作为五四后成立的马克思主义政党，中国共产党对“中华民族”的最早接受和使用是在 1922 年。这年召开的中共第二次全国代表大会《宣言》指出，中国现阶段的革命任务之一，便是“推翻国际帝国主义的压迫，达到中华民族完全独立”②。

如果说在写作《新中华民族主义》时李大钊还不十分清楚日本提出的“大亚细亚主义”的具体内容的话，那么，当他同年 4 月 18 日发表《大亚细亚主义》一文时，由于他读到了刊发于日本东京《中央公论》4 月号上的《何谓大亚细亚主义》一文，对于日本欲借所谓大亚细亚主义而谋在亚洲的霸权，以侵略和奴役中国和其他亚洲国家的阴谋已有所了解。因此，他在文中写道：如果日本真的有建立大亚细亚主义之理想的觉悟，那么，倘若有外来势力对亚洲国家进行侵略，不仅不能“助虐”，而且还应念同洲同种之谊，帮助和支持亚洲人民反侵略的斗争，以“维护世界真正之道义，保障世界确实之和平”。他尤其强调指出，日本如果挂羊头卖狗肉，“假大亚细亚主义之旗帜，以掩饰其帝国主义，而攘极东之霸权，禁他洲人之掠夺而自为掠夺，拒他洲人之欺凌而自相欺凌，其结果必遭白人之忌，终以嫁祸于全亚之同胞，则其唱大亚细亚主义，不独不能维持亚细亚之大势，且以促其危亡，殊非亚细亚人所宜出”。他希望日本人对此深加省思。③

在指出日本的大亚细亚主义之实质的同时，李大钊也阐述了中国人所主张的“大亚细亚主义”。他指出，中国人主张的大亚细亚主义，“并非欲对于世界人类有何侵略压迫之行为”，不要说我们现在没有这种势力，“即势力之所许，亦非吾人理想之所容”，这是由中国几千年的文化决定的，只要看看我们祖先的所作所为，就可以得出这样的结论。“吾人但求吾民

① 毛泽东：《民众的大联合》，《毛泽东早期文稿》，湖南出版社1990年版，第393—394页。

② 《中国共产党第二次全国代表大会宣言》，中共中央统战部编《民族问题文献汇编》，中共中央党校出版社1991年版，第18页。

③ 李大钊：《大亚细亚主义》，《甲寅》日刊，1917年4月18日。

族若国家不受他人之侵略压迫，于愿已足，于责已尽，更进而出其宽仁博大之精神，以感化诱提亚洲之诸兄弟国，俾悉进于独立自治之域，免受他人之残虐，脱于他人之束制。”总括起来一句话，“于世界人道无损，于亚洲大局有益”，这就是中国人所主张的大亚细亚主义。“非然者，则非吾国人所敢与知矣。”①

李大钊还进一步阐述了他曾在《新中华民族主义》一文中阐述过的“舍新中华之觉醒、新中华民族主义之勃兴”，真正的“大亚细亚主义”断无成功之可能的思想。他指出：“苟无中国即无亚细亚，吾中国人苟不能自立即亚细亚人不能存立于世界，即幸而有一国焉，悍然自居为亚细亚之主人翁，亦终必为欧美列强集矢之的，而召殄灭之祸。”因为，“吾中国位于亚细亚之大陆，版图如兹其宏阔，族众如兹其繁多，其势力可以代表全亚细亚之势力，其文明可以代表全亚细亚之文明，此非吾人之自夸，亦实举世所公认”。就此而言，他强调指出，不主张“大亚细亚主义者”便罢，而要主张“大亚细亚主义者，当以中华国家之再造，中华民族之复活为绝大之关键”。②

就字义来说，“复活”虽然不能完全等同于“复兴”，但具有很强的“复兴”意义。李大钊提出的“中华民族之复活”思想，第一次将“中华民族”与“复活”或“复兴”联系了起来，明确了“复活”或“复兴”的主体是“中华民族”，而且就他在《新中华民族主义》一文中对“中华民族”的阐释（凡籍隶于中华民国的人“皆为新中华民族矣”）来看，他讲的“中华民族”是中国境内各个民族的共同称谓。这是自孙中山提出“振兴中华”和梁启超提出“中华民族”以来，对“中华民族复兴”之思想的巨大贡献。因为如前所述，孙中山的“振兴中华”中的“中华”，指的是汉族，而不包括满族和其他少数民族；梁启超虽然于 1902 年第一个提出了“中华民族”的观念，但其中并没有包含“复活”或“复兴”的涵义。就此而言，李大

① 李大钊：《大亚细亚主义》，《甲寅》日刊，1917年4月18日。

② 李大钊：《大亚细亚主义》，《甲寅》日刊，1917年4月18日。

钊“中华民族之复活”思想的提出，标志着“中华民族复兴”之观念的基本形成。[①]1924年6月20日，已成为中共党员的李大钊在《新民国杂志》第1卷第6期上发表《人种问题》一文，不仅重申了他此前的“中华民族之复活”论，而且还与“复活”一词并列使用了“复兴”一词。他在文中写道：“我们中华民族在世界上贡献，大都以为是老大而衰弱。今天我要问一句，究竟他果是长此老大衰弱而不能重振复兴吗？不是！从‘五四’运动以后，我们已经感觉得这民族复活的动机了。但我又要问一问，这民族究竟真能复活吗？时机倒也到了，只看我们是怎么的奋斗和如何的努力！我们如能使新的文化、新的血液日日灌输注入于我们的民族，那就是真正新机复活的时候。”[②]

继《大亚细亚主义》之后，他又先后发表《pan……ism之失败与Democracy之胜利》（1918年7月15日）、《大亚细亚主义与新亚细亚主义》（1919年2月1日）、《再论新亚细亚主义》（1919年11月1日）等文，进一步批判了日本的“大亚细亚主义”的侵略实质，认为“大亚细亚主义”是“并吞中国主义的隐语”，是“大日本主义的变名”，并提出“新亚细亚主义”与之相对。与“大亚细亚主义”主张由日本做亚细亚的盟主，在日本的主导下来解决亚洲问题不同，“新亚细亚主义”则“主张拿民族解放作基础……凡是亚细亚的民族，被人吞并的都该解放，实行民族自决主义，然后结成一个大联合，与欧、美的联合鼎足而三，共同完成世界的联邦，益进人类的幸福”。[③]

（三）民族复兴的道路选择

李大钊不仅提出了“中华民族之复活”的思想，而且还探讨了如何实

---

① 郑大华、张驰：《近代“中华民族复兴”之观念形成的历史考察》，《教学与研究》2014年第4期。

② 李大钊：《人种问题》，《新民国杂志》第1卷第6期，1924年6月20日。

③ 李大钊：《大亚细亚主义与新亚细亚主义》，《国民》杂志第1卷第2号，1919年2月1日。

现“中华民族之复活”或“复兴”的问题。在十月革命之前，他把实现“中华民族之复活”或“复兴”的希望寄托在中国青年的身上，这也就是他写《〈晨钟〉之使命》和《青春》等文、呼吁青年努力于“青春中华之创造”的重要原因。“十月革命一声炮响，给我们送来了马克思列宁主义”后，受十月革命的影响，他把实现“中华民族之复活”的希望寄托在了马克思主义的身上，走俄国Bolsheviki的道路，这便是李大钊对实现“中华民族之复活”或“复兴”的道路选择，也是他能成为中国早期马克思主义者的杰出代表的重要原因。

1918年1月，经章士钊推荐，李大钊接替章士钊担任北京大学图书馆主任一职。此前一年，陈独秀受聘为北京大学文科学长，并将《新青年》杂志从上海迁到北京，不久，便因胡适、钱玄同、刘半农、沈尹默、周作人等北大教员以及鲁迅的加入，《新青年》成了北大的同仁刊物。李大钊到北大后，也参加了《新青年》编辑工作。当时，以《东方杂志》主编杜亚泉为代表的一些文化保守主义者正与以陈独秀为代表的新文化派围绕东西文化问题展开激烈论战，而论战的主要问题之一，便是东西文化的比较。陈独秀曾在《青年杂志》上发表《东西民族根本思想之差异》一文，比较东西文化的不同特点，认为“东西洋民族不同，而根本思想亦各成一系，若南北之不相并，水火之不相容也”。具体来说，东方文化的特点：一是“以安息为本位”，二是“以家族为本位”，三是“以感情为本位，以虚文为本位”。而与东方文化不同，西方文化的特点，则一是“以战争为本位”，二是“以个人为本位”，三是“以法治为本位，以实利为本位”。东西文化的特点不同，中国未来文化，不是东西文化的调和，而是以西方文化取代东方文化。[①] 与陈独秀相反，在杜亚泉看来，东西文化的不同，首先源于东西社会的不同，西方是“动的社会”，东方是“静的社会”，由“动的社会”发生“动的文明”，由“静的社会”发生“静的文明”，这两

① 陈独秀：《东西民族根本思想之差异》，《青年杂志》第1卷第4号，1915年12月15日。

种文明各有优点，也各有缺点，因此，今后中国的文化，就是西方“动的文明”与东方“静的文明”的取长补短，折中调和。当然，这种调和“不可不以静为基础”。[①] 双方的论战也由此展开。

李大钊担任北京大学图书馆主任不久（1918 年 7 月），便写了篇《东西文明根本之异点》的文章，发表在《言治》季刊第 3 册上。和杜亚泉一样，他也把西方文明和东方文明的特点，概括为“动的文明”和“静的文明”，并且由此推演出两种文明的几十项具体差异。他同时也赞同杜亚泉的东西文化调和论，认为“东洋文明与西洋文明，实为世界进步之二大机轴，正如车之两轮、鸟之两翼，缺一不可。而此二大精神之自身，又必须时时调和、时时融会，以创造新生命，而演进于无疆”。但和杜亚泉不同的是，在他看来，“今日立于东洋文明之地位观之，吾人之静的文明，精神的生活，已处于屈败之势。彼西洋之动的文明，特质的生活……则实居优越之域”。因此，东西文化的调和互补，主要是以西方“动的文明”之长，来补东方“静的文明”之短。当然，李大钊比较东西文明的着眼点，是“中华民族之复活”或“复兴”问题。他在文中写道：“中国文明之疾病，已达炎热最高之度，中国民族之运命，已臻奄奄垂死之期，此实无容［庸］讳言。中国民族今后之问题，实为复活与否之问题，亦为吾人所肯认。顾吾人深信吾民族可以复活，可以于世界文明为第二次之大贡献。然知吾人苟欲有所努力以达此志的者，其事非他，即在竭力以受西洋文明之特长，以济吾静止文明之穷，而立东西文明调和之基础。”[②]

在同一册的《言治》季刊上，还刊载有李大钊的《法俄革命之比较观》一文。这是李大钊发表的第一篇评论俄国十月革命的文章。李大钊在文章中充分肯定了十月革命的社会意义，认为“俄国今日之革命，诚与昔者法兰西革命同为影响于未来世纪文明之绝大变动”，“法兰西之革命是十八世纪末期之革命，是立于国家主义上之革命，是政治的革命而兼含社会的革

---

① 伧父（杜亚泉）：《静的文明与动的文明》，《东方杂志》第13卷第10号，1916年10月10日。

② 李大钊：《东西文明根本之异点》，《言治》季刊第3册，1918年7月1日。

命之意味者也。俄罗斯之革命是二十世纪初期之革命，是立于社会主义上之革命，是社会的革命而并著世界的革命之采色者也”。[①] 由于时代不同，性质各异，因此，法国革命表现出来的是一种爱国精神，而俄国革命表现出来的是一种人道精神：前者根于国家主义，而后者根于世界主义；前者恒为战争之泉源，后者足为和平之曙光。

在充分肯定俄国革命的社会意义的同时，李大钊也对俄罗斯文明给予了充分肯定。我们在前面已经指出，李大钊是赞成东西文化调和的。实际上，早在1916年，他在一篇题为《第三》的短文中就指出，第一文明偏于灵，第二文明偏于肉，他欢迎的“第三”之文明，“乃灵肉一致之文明，理想之文明，向上之文明也”。[②] 在《东西文明根本之异点》中他又写道：当时的“东洋文明既衰颓于静止之中，而西洋文明又疲命于物质之下，为救世界之危机，非有第三新文明之崛起，不足以渡此危崖。俄罗斯之文明，诚足以当媒介东西之任”。[③] 为什么俄罗斯之文明能够充当“媒介东西之任”呢？对此，他在《法俄革命之比较观》一文中进行了说明。他指出：从地理位置来看，“俄国位于欧亚接壤之交，故其文明之要素，实兼欧亚之特质而并有之”。林士（Paul S.Reinsch）在论东西文明之关系时就认为：“俄罗斯之精神，将表现于东西二文明之间，为二者之媒介而活动。果俄罗斯于同化中国之广域而能成功，则东洋主义，将有所受赐于一种强健之政治组织，而助之以显其德性于世界。”林士的话虽然是在1900年说的，近来的“沧桑变易，中国政治组织之变迁”，发生在俄国革命之前，因此所言未必一一符合历史事实，但“俄罗斯之精神，实具有调和东西文明之资格，殆不为诬”。比如，东方的亚洲人富有宗教的天才，西方的欧洲人富有政治的天才，故亚洲只有基于宗教之精神的专制主义之神权政治，没有自由民主政治，而欧洲“乃为近世国家及政治之渊源，现今施行自由政治之国，莫不宗为式范”。而考察俄国国民，则有“三大理想”，即“神”也，

① 李大钊：《法俄革命之比较观》，《言治》季刊第3册，1918年7月1日。

② 李大钊：《第三》，《晨钟报》1916年8月17日。

③ 李大钊：《东西文明根本之异点》，《言治》季刊第3册，1918年7月1日。

"独裁君主"也，"民"也，"三者于其国民之精神，殆有同等之势力"。其原因就在于，俄罗斯人既受东洋文明之宗教的感化，又受西洋文明之政治的激动，"人道""自由"之思想，得以深入人心。"故其文明，其生活，半为东洋的，半为西洋的"。现在，"俄人因革命之风云，冲决'神'与'独裁君主'之势力范围，而以人道、自由为基础，将统制一切之权力，全收于民众之手。世界中将来能创造一兼东西文明特质、欧亚民族天才之世界的新文明者，盖舍俄罗斯人莫属"。[①]

如果我们把李大钊的《东西文明根本之异点》和《法俄革命之比较观》联系起来看，就会发现李大钊是怀着对"中华民族之复活"或"复兴"的希望来认识和肯定十月革命和俄罗斯之文明的。因为他认为，"中华民族之复活"或"复兴"，有赖于东西文明的调和，"即在竭力以受西洋文明之特长，以济吾静止文明之穷，而立东西文明调和之基础"。而"其文明，其生活，半为东洋的，半为西洋的"俄国人则通过十月革命给中国人树立了如何调和东西文明之长的典范，即"冲决'神'与'独裁君主'之势力范围，而以人道、自由为基础，将统制一切之权力，全收于民众之手"。所以，中华民族要想实现"复活"或"复兴"，就应该向俄国人学习，在调和东西文明之长的基础上，"创造一兼东西文明特质"的"新文明"。[②]

1918年11月，持续了四年之久、给世界人民尤其是欧洲人民带来了前所未有的巨大灾难的第一次世界大战，以协约国战胜同盟国而宣告结束。当中国举国上下沉浸在作为"战胜国"的喜庆之中时，李大钊尖锐地提出了这样的问题：这次战争胜利的，"究竟是哪一个"？我们的庆祝，"究竟是为哪个庆祝"？李大钊的回答是：这次战胜的，"不是联合国的武力，是世界人类的新精神。不是哪一国的军阀或资本家的政府，是全世界的庶民"。我们的庆祝，也不是为哪一国或哪一国的一部分人庆祝，"是为全世界的庶民庆祝"。所谓"庶民"，亦就是广大劳工阶级，所谓"庶民的胜利"，

① 李大钊：《法俄革命之比较观》，《言治》季刊第3册，1918年7月1日。
② 李大钊：《法俄革命之比较观》，《言治》季刊第3册，1918年7月1日。

也就是“民主主义”“劳工主义”的胜利，是“资本主义失败”。[①] 李大钊是在《庶民的胜利》一文中提出这一观点的。该文刊发在《新青年》第5卷第5号上。同期的《新青年》还刊发有他的《Bolshevism的胜利》一文。在该文中，李大钊更进一步指出，这次战争的胜利，是“社会主义的胜利，是Bolshevism的胜利，是赤旗的胜利，是世界劳工阶级的胜利，是二十世纪新潮流的胜利”。而“Bolshevism就是俄国Bolsheviki所抱的主义”，Bolsheviki“是奉德国社会主义经济学家马客士（Marx）为宗主的；他们的目的，在把现在为社会主义的障碍的国家界限打破，把资本家独占利益的生产制度打破”。[②]

通过俄国的十月革命，李大钊看到了“庶民”亦即广大劳工阶级创造历史、改变历史的伟大力量，意识到代表“庶民”亦即广大劳工阶级利益的Bolshevism以及十月革命已成为“世界的新潮流”。而对“这种潮流，是只能迎，不能拒的”。因为，“人类的历史，是共同心理表现的记录。一个人心的变动，是全世界人心变动的征几。一个事件的发生，是世界风云发生的先兆。一七八九年的法国革命，是十九世纪中各国革命的先声。一九一七年的俄国革命，是二十世纪中世界革命的先声”[③]。“Bolshevism这个字，虽为俄人所创造，但是他的精神，可是二十世纪全世界人类人人心中共同觉悟的精神。所以Bolshevism的胜利，就是二十世纪世界人类人人心中共同觉悟的新精神的胜利！”[④] 正是基于上述认识，李大钊开始接受和研究他早年在日本留学时曾接触过的马克思主义，并迅速发生思想转变，从一个激进的民主主义者转变成了中国第一个马克思主义者；[⑤] 开始认识到

---

① 李大钊：《庶民的胜利》，《新青年》第5卷第5号，1918年10月15日。

② 李大钊：《Bolshevism的胜利》，《新青年》第5卷第5号，1918年10月15日。

③ 李大钊：《庶民的胜利》，《新青年》第5卷第5号，1918年10月15日。

④ 李大钊：《Bolshevism的胜利》，《新青年》第5卷第5号，1918年10月15日。

⑤ 学术界一般认为，李大钊成为中国早期马克思主义者的标志，是他发表在《新青年》第6卷第5号（1919年5月）、第6号（1919年11月1日）上的《我的马克思主义观》一文。

要实现“中华民族之复活”或“复兴”，就必须把“庶民”亦即广大劳工阶级动员和组织起来，走俄国 Bolsheviki 的道路，“把现在为社会主义的障碍的国家界限打破，把资本家独占利益的生产制度打破”，实行社会主义革命。

具体来说，李大钊认为，要实现“中华民族之复活”或“复兴”，首先，要依靠广大人民群众，充分发挥他们在民族复兴进程中的伟大作用。1919年初，他在《青年与农村》一文中就认识到，“我们中国是一个农国，大多数的劳工阶级就是那些农民”，农民的问题就是中华民族全体国民的问题，农民的问题不解决，那么全体国民的问题也无法解决，中华民族也就不可能实现“复活”或“复兴”。因此，“开发他们，使他们知道要求解放、陈说苦痛、脱去愚暗”，是一项非常重要的工作。[①] 不久，他在《我的马克思主义观》中又明确指出，“推倒资本主义”实现“社会主义”，“离开人民本身，是万万作不到的”，并认为“这是马克思主义一个绝大的功绩”。在他看来，阶级斗争的关键是要民众认识到问题之所以存在的原因，掌握分析问题和解决问题的理论武器进而起来为救亡图存，实现“中华民族之复活”或“复兴”做斗争。在《要自由集合的国民大会》一文中他更进一步肯定“民众的势力，是现代社会上一切构造的惟一的基础”，并相信只有民众才“是永久的胜利者”！[②]

其次，要把“知识阶级与劳工阶级打成一气”，在争取“中华民族之复活”或“复兴”的斗争中实现二者的结合。在我们前面引用过的《青年与农村》一文中，李大钊就号召“我们青年应该到农村去，拿出当年俄罗斯青年在俄罗斯农村宣传运动的精神，来作些开发农村的事”，并强调“是万不容缓”的事情。因为“要想把现代的新文明，从根底输入到社会里面，非把知识阶级与劳工阶级打成一气不可”。[③] 后来，他在《再论问题与主义》一文中又指出：社会问题的解决，必须依靠社会上多数人共同的运动；而

① 李大钊：《青年与农村》，《晨报》1919年2月20—23日。
② 李大钊：《要自由集合的国民大会》，《晨报》1920年8月17日。
③ 李大钊：《青年与农村》，《晨报》1919年2月20—23日。

要想成为社会上多数人共同的运动，就必须设法使它成为社会上多数人共同的问题；而要使它成为社会上多数人共同的问题，就必须使社会上多数人“先有一个共同趋向的理想、主义，作他们实验自己生活上满意不满意的尽度（即是一种工具）”，这样社会问题的解决才有希望。否则，“你尽管研究你的社会问题，社会上多数人，却一点不生关系。那个社会问题，是仍然永没有解决的希望；那个社会问题的研究，也仍然是不能影响于实际”。[①]也就是说，要解决社会问题，必须实现知识阶级与劳工阶级的结合，经过知识阶级的宣传和教育，劳工阶级觉悟到自己的历史使命。在《由纵的组织向横的组织》一文中他更进一步强调，要打破以力为基础的分上下阶级的纵的组织，建立以爱为基础的平等的横的组织，“劳工阶级、无产阶级联合起来，为横的组织，以反抗富权阶级、资本阶级”[②]。在《知识阶级的胜利》一文中他又重申了这一原则，认为知识阶级的意义就在于：“知识阶级作民众的先驱，民众作知识阶级的后盾。”[③]

复次，只有建立先进的无产阶级政党，中华民族才能真正实现“复活”或“复兴”。1921年，李大钊发表《团体的训练与革新的事业》一文，阐述了建立无产阶级政党的必要性和紧迫性。他指出：人类社会的观念和组织能力，与文化是有相互影响的，文化高的民族，社会的观念和组织能力也高；而社会的观念和组织能力既高，反过来又能促进文化的进步。中国人虽然也是文化动物，但几千年专制的压迫，思想的束缚，和消极的、懒惰的、厌世的学说的浸染，闹得死气沉沉，组织能力严重地退化了。然而中国目前的腐败，又不能不急求改革。而改革要取得进展和成功，就必须依靠广大民众的势力，那么没有团体的训练，民众势力是组织不起来的。“所以我们现在还要积极组织一个团体。这个团体不是政客组织的政

---

① 李大钊：《再论问题与主义》，《每周评论》第35号，1919年8月17日。

② 李大钊：《由纵的组织向横的组织》，《解放与改造》第2卷第2号，1920年1月15日。

③ 李大钊（署名孤松）：《知识阶级的胜利》，《新生活》第23期，1920年1月25日。

党，也不是中产阶级的民主党，乃是平民的劳动家的政党，即是社会主义团体。中国谈各种社会主义的都有人了，最近谈 Communism 的也不少了，但是还没有强固精密的组织产生出来。各国的 C 派朋友，有团体组织的很多，方在跃跃欲试，更有第三国际为之中枢，将来活动的势力，必定一天比一天扩大。中国 C 派的朋友，那好不赶快组织一个大团体以与各国 C 派的朋友相呼应呢？"[①] 这是在中国最早公开号召建立共产党的极为重要的文章。正是在李大钊的积极呼吁、推动和组织下，1921 年 7 月中国共产党成立，中华民族的伟大复兴也由此而进入了一个新的纪元或时期。

三、毛泽东的中华民族复兴思想

实现中华民族伟大复兴，是近代以来中国人民矢志不渝的愿望和追求。作为中国共产党第一代领导集体的核心，毛泽东为实现中华民族伟大复兴作出了巨大贡献。党的十五大报告对毛泽东在中华民族伟大复兴中的历史地位给予了充分肯定和科学评价。学术界也先后发表了一些研究毛泽东与中华民族伟大复兴的文章，如张启华的《毛泽东与中华民族的伟大复兴》(《当代中国史研究》2003 年第 6 期)、杨胜群的《毛泽东和中华民族的伟大复兴》(《人民日报》2004 年 1 月 15 日）等，但这些文章主要是论述和评价毛泽东领导中国人民在建立中华人民共和国、完成社会主义三大改造和进行社会主义建设的过程中为中华民族伟大复兴所建立的丰功伟绩，而很少论述和评价毛泽东有关中华民族伟大复兴的思想及其意义。诚然，毛泽东从来没有使用过"中华民族伟大复兴"或"民族复兴"一类的词，但这并不能说明他对中华民族伟大复兴没有系统而深入的思考。毛泽东是伟大的革命家，也是伟大的思想家，把中国建设成为一个民主、独立、文明、富强的社会主义现代化国家，实现中华民族伟大复兴是他一生实践和思想的出发点和归属点。他对中华民族伟大复兴的思考，对于我们今天实现中华民族伟大复兴的中国梦仍然有着十分重要的指导意义。党的

---

① 李大钊：《团体的训练与革新的事业》，《曙光》第2卷第2号，1921年3月。

十八大报告指出："以毛泽东同志为核心的党的第一代中央领导集体"在"探索民族复兴道路"的过程中，"虽然经历了严重曲折，但党在社会主义建设中取得的独创性理论成果和巨大成就，为新的历史时期开创中国特色社会主义提供了宝贵经验、理论准备、物质基础"。因此，本节拟从"什么是中华民族伟大复兴、中华民族伟大复兴的历史进程以及如何实现中华民族伟大复兴"等几个方面对毛泽东的中华民族复兴思想作一初步研究。

（一）什么是中华民族伟大复兴

中华民族是一个古老的民族。但"中华民族"一词则是 1902 年梁启超最早使用的。经过辛亥革命的洗礼，到五四运动前后，在文章或讲演中使用"中华民族"的人逐渐增多起来。[①]

毛泽东对"中华民族"的首次使用，也是在五四运动后不久，1919 年 8 月 4 日，他在《民众的大联合》一文中写道："我们中华民族原有伟大的能力！……他日中华民族的改革，将较任何民族为彻底。中华民族的社会，将较任何民族为光明。中华民族的大联合，将较任何地域任何民族而先告成功。"[②] 此后，在《中国革命和中国共产党》等文中，毛泽东论述了中华民族从古代辉煌走向近代沉沦，并将再次走向复兴的发展历程。他指出：中华民族是一个古老而伟大的民族，和世界上许多民族一样，经历过原始社会、奴隶社会和封建社会，创造过灿烂的古代文明。"在中华民族的开化史上，有素称发达的农业和手工业，有许多伟大的思想家、科学家、发明家、政治家、军事家、文学家和艺术家，有丰富的文化典籍。在很早的时候，中国就有了指南针的发明。还在一千八百年前，已经发明了造纸法。在一千三百年前，已经发明了刻版印刷。在八百年前，更发明了活字印刷。火药的应用，也在欧洲人之前。所以，中国是世界文明发达最

① 郑大华：《中国近代民族主义与中华民族自我意识的觉醒》，《民族研究》2013年第3期。

② 毛泽东：《民众的大联合》，《毛泽东早期文稿》，湖南出版社1990年版，第393—394页。

早的国家之一，中国已有了将近四千年的有文字可考的历史”[①]。

中华民族虽然创造了灿烂的古代文明，但自1840年鸦片战争后，中国则逐渐沉沦为一个半殖民地半封建社会，主权丧失，政治腐败，经济落后，人民生活在水深火热中，“尤其是农民，日益贫困化以至大批地破产，他们过着饥寒交迫的和毫无政治权利的生活。中国人民的贫困和不自由的程度，是世界所少见的”[②]。毛泽东认为，造成中国近代沉沦的根本原因，一是帝国主义侵略，二是封建主义统治。正是帝国主义列强与中国封建主义相勾结，“把一个独立的中国变成了一个半殖民地和殖民地的中国”[③]。

毛泽东进一步指出，帝国主义列强与中国封建主义相勾结，把中国变为一个半殖民地和殖民地的过程，也是中国人民反抗帝国主义及其走狗的过程。1921年中国共产党的成立，使中国人民反抗帝国主义及其走狗的斗争进入了一个新的时期。在中国共产党的领导下，中国人民必将推翻帝国主义和封建主义的统治，“建设一个中华民族的新社会和新国家”，实现中华民族的伟大复兴。“在这个新社会和新国家中，不但有新政治、新经济，而且有新文化。这就是说，我们不但要把一个政治上受压迫、经济上受剥削的中国，变为一个政治上自由和经济上繁荣的中国，而且要把一个被旧文化统治因而愚昧落后的中国，变为一个被新文化统治因而文明先进的中国。一句话，我们要建立一个新中国。”[④]毛泽东是在1940年1月所作的《新民主主义论》一文中对中华民族的灿烂前景作出上述描绘的。1949年9月21日，亦即中华人民共和国成立前夜，毛泽东再次为我们描绘了一幅中华民族的灿烂前景，他在中国人民政治协商会议第一届全体会议上所作的开

① 毛泽东：《中国革命和中国共产党》，《毛泽东选集》第2卷，人民出版社1991年版，第622—623页。

② 毛泽东：《中国革命和中国共产党》，《毛泽东选集》第2卷，人民出版社1991年版，第631页。

③ 毛泽东：《中国革命和中国共产党》，《毛泽东选集》第2卷，人民出版社1991年版，第630页。

④ 毛泽东：《新民主主义论》，《毛泽东选集》第2卷，人民出版社1991年版，第663页。

幕词中指出：随着中华人民共和国的成立，“我们的民族将从此列入爱好和平自由的世界各民族的大家庭，以勇敢而勤劳的姿态工作着，创造自己的文明和幸福，同时也促进世界的和平和自由。我们的民族将再也不是一个被人侮辱的民族了，我们已经站起来了”。“我们将以一个具有高度文化的民族出现于世界”。[①]

中华人民共和国成立后，毛泽东提出了实现社会主义现代化、把我国建设成为一个社会主义现代化强国，从而实现中华民族伟大复兴的奋斗目标。因为，“实现社会主义现代化与实现中华民族伟大复兴是一个问题的两个方面。实现中华民族伟大复兴，就要实现社会主义现代化，只有实现社会主义现代化，才能实现中华民族复兴。实现社会主义现代化是世界历史进程和发展潮流，对中华民族伟大复兴提出的时代要求”[②]。1954 年 6 月 14 日，毛泽东在《关于中华人民共和国宪法草案》的讲话中提出：“我们的总目标，是为建设一个伟大的社会主义国家而奋斗。我们是一个六亿人口的大国，要实现社会主义工业化，要实现农业的社会主义化、机械化，要建成一个伟大的社会主义国家。”[③]1957 年春的最高国务会议第十一次（扩大）会议和党的全国宣传工作会议上，毛泽东开始使用“现代化”一词，这两次讲话他都讲到要把我国建设成为一个“具有现代工业、现代农业和现代科学文化的社会主义国家”。[④]1959 年底到 1960 年初，毛泽东在阅读苏联《政治经济学教科书》时，就“社会主义建设”发表谈话，认为“建设社会主义，原来要求是工业现代化，农业现代化，科学文化现代

① 毛泽东：《中国人从此站立起来了》，《毛泽东文集》第5卷，人民出版社1996年版，第344、345页。

② 王伟光：《建设中国特色社会主义的总依据总布局总任务》，本书编写组编著《十八大报告辅导读本》，人民出版社2012年版，第67页。

③ 毛泽东：《关于中华人民共和国宪法草案》，《毛泽东文集》第6卷，人民出版社1999年版，第329页。

④ 毛泽东：《关于正确处理人民内部矛盾的问题》，《毛泽东文集》第7卷，人民出版社1999年版，第207页。

化，现在要加上国防现代化”。[①]这样，原来的三个现代化就变成了四个现代化。1963年8月，他在《对〈关于工业发展问题〉初稿的修改》中更进一步明确提出：我们要“在一个不太长的历史时期内把我国建设成为一个农业现代化、工业现代化、国防现代化和科学技术现代化的伟大的社会主义国家”[②]。毛泽东所提出的“四个现代化”很快被全党和全国人民所接受，1964年12月，周恩来在三届全国人大一次会议上郑重宣布：要把我国建设成为一个全面实现农业现代化、工业现代化、国防现代化和科学技术现代化的社会主义强国。这便是我们后来所讲的“四个现代化”的由来。

总之，从毛泽东的前后论述来看，他思想中的中华民族复兴，不是要恢复中国昔日的辉煌，而是在新的历史条件下中华民族获得新的发展，把中国建设成为一个民主、独立、文明、富强的社会主义现代化国家，为人类作出新的重大贡献。

毛泽东对实现中华民族的伟大复兴充满信心。在他看来，除了有中国共产党的领导和人民群众的支持外，实现中华民族伟大复兴还有以下一些有利条件：第一，“中华民族不但以刻苦耐劳著称于世，同时又是酷爱自由、富于革命传统的民族。……在中华民族的几千年的历史中，产生了很多的民族英雄和革命领袖”。这样“一个有光荣的革命传统和优秀的历史遗产的民族”，[③]既然能创造出灿烂的古代文明，当然也能够从近代的沉沦中站立起来，实现伟大复兴，重新屹立于世界民族之林。用毛泽东的话说：“我们中华民族有同自己的敌人血战到底的气概，有在自力更生的基础上光复旧物的决心，有自立于世界民族之林的能力。”[④]第二，中国地大

① 毛泽东：《读苏联〈政治经济学教科书〉的谈话》，《毛泽东文集》第8卷，人民出版社1999年版，第116页。

② 毛泽东：《对〈关于工业发展问题〉初稿的修改》，《建国以来毛泽东文稿》第10册，中央文献出版社1996年版，第346页。

③ 毛泽东：《中国革命和中国共产党》，《毛泽东选集》第2卷，人民出版社1991年版，第623页。

④ 毛泽东：《论反对日本帝国主义的策略》，《毛泽东选集》第1卷，人民出版社1991年版，第161页。

物博，人口众多，“是世界上最大国家之一，它的领土和整个欧洲的面积差不多相等。在这个广大的领土之上，有广大的肥田沃地，给我们以衣食之源；有纵横全国的大小山脉，给我们生长了广大的森林，贮藏了丰富的矿产；有很多的江河湖泽，给我们以舟楫和灌溉之利；有很长的海岸线，给我们以交通海外各民族的方便”[①]。中国灿烂的古代文明就是在这样得天独厚的环境中产生的，这样得天独厚的环境同样也有利于中华民族的伟大复兴。1956 年 8 月毛泽东在一次讲话中将中国与美国作了一番比较。他说：“美国只有一亿七千万人口，我国人口比它多几倍，资源也丰富，气候条件跟它差不多”，因此，赶上美国，甚至超过美国，实现民族复兴，“不仅有可能，而且完全有必要，完全应该。如果不是这样，那我们中华民族就对不起全世界各民族，我们对人类的贡献就不大”。[②] 第三，1949 年中华人民共和国成立后，通过社会主义革命，中国建立起了社会主义制度，“农业和手工业由个体的所有制变为社会主义的集体所有制，私营工商业由资本主义所有制变为社会主义所有制”，而社会主义革命的目的是“解放生产力”。因此，社会主义制度的建立，“必然使生产力大大地获得解放。这样就为大大地发展工业和农业的生产创造了社会条件”，[③] 从而使中国能够在不太长的时间内建设成为一个社会主义现代化强国。毛泽东就曾指出，中国在不太长的时间内建设成为一个社会主义现代化强国是完全有可能的，因为除了地大物博、人口众多这些有利的因素外，中国还“搞了社会主义”，而“社会主义和资本主义比较，有许多优越性，我们国家经济的发展，会比资本主义国家快得多”。[④]

---

① 毛泽东：《中国革命和中国共产党》，《毛泽东选集》第2卷，人民出版社1991年版，第621页。

② 毛泽东：《增强党的团结，继承党的传统》，《毛泽东文集》第7卷，人民出版社1999年版，第89页。

③ 毛泽东：《社会主义革命的目的是解放生产力》，《毛泽东文集》第7卷，人民出版社1999年版，第1页。

④ 毛泽东：《在扩大的中央工作会议上的讲话》，《毛泽东文集》第8卷，人民出版社1999年版，第302页。

（二）中华民族伟大复兴的历史进程

毛泽东认为，中华民族的伟大复兴，必须经历新民主主义革命与社会主义革命和建设这样两个阶段，前一阶段的任务是要推翻帝国主义和封建主义的统治，实现民族解放和国家独立，后一阶段的任务是在完成社会主义改造的基础上，发展社会主义生产力，把中国建设成一个社会主义现代化强国，实现民族振兴和国家富强。而这两大任务是由中国革命的性质决定的。早在1928年11月，毛泽东在《井冈山的斗争》一文中就指出："中国现时确实还是处在资产阶级民权革命的阶段。中国彻底的民权主义革命的纲领，包括对外推翻帝国主义，求得彻底的民族解放；对内肃清买办阶级的在城市的势力，完成土地革命，消灭乡村的封建关系，推翻军阀政府。必定要经过这样的民权主义革命，方能造成过渡到社会主义的真正基础。"[①]10多年后（1939年9月），毛泽东在与美国记者斯诺的谈话中更形象地把中国革命或中华民族复兴伟业的这两个阶段称为"文章"的上、下篇："无产阶级同资产阶级一道，进行民族民主革命，这是文章的上篇，我们现在正在做这一篇文章，并且一定要做好这一篇文章。但是，文章还有一篇，就是它的下篇，就是无产阶级领导农民，进行社会主义革命。这一篇文章，我们也是一定要做的，并且也一定要做好的。目前是民族民主革命，发展到一定的阶段，就会转变为社会主义革命。这种可能性是会要变为现实性的。不过，文章的上篇如果不做好，下篇是没有法子着手做的。"[②]也就是说，完成新民主主义革命，推翻帝国主义和封建主义统治，实现民族解放和国家独立，是进行社会主义革命和建设、实现民族振兴和国家富强的基础或前提，只有上篇文章做好了，任务完成了，才有可能继续做下篇的文章，完成第二阶段的任务。不久（1940年1月），毛泽东

① 毛泽东：《井冈山的斗争》，《毛泽东选集》第1卷，人民出版社1991年版，第77页。

② 毛泽东：《同美国记者斯诺的谈话》，《毛泽东文集》第2卷，人民出版社1993年版，第243—244页。

在《新民主主义论》中再次强调：由于近代中国是一个殖民地、半殖民地、半封建的社会，“它就决定了中国革命必须分为两个步骤。第一步，改变这个殖民地、半殖民地、半封建的社会形态，使之变成一个独立的民主主义的社会。第二步，使革命向前发展，建立一个社会主义的社会”[①]。

1949年中华人民共和国成立，标志着中国革命或中华民族复兴伟业第一个阶段任务的圆满完成。毛泽东对此作出了巨大贡献。用邓小平的话说：如果没有毛主席，中国人民还要在黑暗中摸索很长的一段时间。中华人民共和国成立后，毛泽东又把他的主要精力放在了领导中国人民完成中国革命或中华民族复兴伟业的第二个阶段的任务上。

对当时中国的落后状况，毛泽东有着十分清醒的认识。1954年10月18日，他在国防委员会第一次会议上的讲话中指出：“中国是一个庞然大国，但工业不如荷兰、比利时，汽车制造不如丹麦。有一句俗话，叫做‘夹起尾巴做人’，做人就是做人，为什么还不能翘尾巴呢？道理很简单，我们现在坦克、汽车、大口径的大炮、拖拉机都不能造，还是把尾巴夹起的好。”[②]1955年10月29日，他在资本主义工商业社会主义改造问题座谈会上的讲话中再次强调：“我们这么大一个国家，吹起来牛皮很大，历史有几千年，地大物博，人口众多，但是一年才生产二百几十万吨钢，现在才开始造汽车，产量还很少，实在不像样子。”[③]就是到了20世纪60年代，他在同美国记者斯诺的谈话中还承认中国是个“一穷二白”的国家。“所谓穷就是生活水平低。为什么生活水平低呢？因为生产力水平低。什么是生产力呢？除人力以外就是机器。工业、农业都要机械化，工业、农业要同时发展。所谓‘白’，就是文盲还没有完全消灭，不但是识字的问题，

① 毛泽东：《新民主主义论》，《毛泽东选集》第2卷，人民出版社1991年版，第666页。

② 毛泽东：《在国防委员会第一次会议上的讲话》，《毛泽东文集》第6卷，人民出版社1999年版，第358页。

③ 毛泽东：《在资本主义工商业社会主义改造问题座谈会上的讲话》，《毛泽东文集》第6卷，人民出版社1999年版，第500页。

还有提高科学水平的问题。”[①]

“落后就要挨打”。这是毛泽东对近代以来帝国主义侵略中国历史的科学总结。也正是基于这一总结，毛泽东对尽快改变中国的落后状况有一种特别的紧迫感。20世纪60年代初，他在审阅《关于工业发展问题（初稿）》时写下了这样一段文字：我国从19世纪40年代初到20世纪40年代中，共计105年的时间内，全世界几乎一切大中小帝国主义国家都侵略过我国，除最后一次的抗日战争外，没有一次战争不是以我国失败、签订丧权辱国的不平等条约而结束。“其原因：一是社会制度腐败，二是经济技术落后。”现在，我国社会制度变了，第一个原因基本解决了。第二个原因开始有了改变，但要彻底改变，至少还需要几十年的时间。“如果不在今后几十年内，争取彻底改变我国经济和技术远远落后于帝国主义国家的状态，挨打是不可避免的。”因此，“我们不能走世界各国技术发展的老路，跟在别人后面一步一步地爬行。我们必须打破常规，尽量采用先进技术，在一个不太长的历史时期内，把我国建设成为一个社会主义的现代化的强国”。[②]

从上述认识出发，毛泽东提出了中国要在一个不太长的时间内，赶上美国，并且要超过美国的目标。毛泽东最早提出“赶超”思想是在1955年。开始时，他认为中国要“赶上美国”，至少要五十年，“也许七十五年”，或者更长的时间。[③]但到了1957年后，受赫鲁晓夫提出的苏联要在15年内超过美国以及中国第一个五年计划顺利实施的影响，毛泽东大大缩减了“超英赶美”的时间。1957年11月18日，他在莫斯科共产党和工人党代表会议上的讲话中说：“赫鲁晓夫同志告诉我们，十五年后，苏联可以超过美国。我也可以讲，十五年后我们可能赶上或者超过英国。”[④]1958年4

① 毛泽东：《同斯诺的谈话》，《毛泽东文集》第8卷，人民出版社1999年版，第216页。

② 毛泽东：《把我国建设成为社会主义的现代化强国》，《毛泽东文集》第8卷，人民出版社1999年版，第340、341页。

③ 毛泽东：《在资本主义工商业社会主义改造问题座谈会上的讲话》，《毛泽东文集》第6卷，人民出版社1999年版，第500页。

④ 毛泽东：《在莫斯科共产党和工人党代表会议上的讲话》，《毛泽东文集》第7卷，人民出版社1999年版，第325—326页。

月，他在《介绍一个合作社》的批语中又将赶超英国的时间从 15 年提前为 10 年，认为“十年可以赶上英国，再有十年可以赶上美国，说‘二十五年或者更多一点时间赶上英美’，是留了五年到七年的余地的”①。同年5月，在党的八大二次会议上，李富春提出 7 年赶上英国，15 年赶上美国。毛泽东在批语中改为：“七年赶上英国，再加八年或者十年赶上美国。”②6 月 21 日，毛泽东在中央军委扩大会议上又一次将赶超时间提前，他说：“我们三年基本超过英国，十年超过美国，有充分把握。”③很显然，这完全是一种急于求成、脱离实际的主观空想。在这种思想指导下所开展的“大跃进”运动，不可避免地给社会主义建设带来了巨大挫折。因此，“大跃进”运动后，毛泽东开始反思急于求成、脱离实际的“超英赶美”的经验教训，又重新回到了他以前对中国“超英赶美”需要五六十年甚至更长时间的估计上来。1960 年 5 月 27 日，他在同来华访问的英国陆军元帅蒙哥马利的谈话中表示：“建设强大的社会主义经济，在中国，五十年不行，会要一百年，或者更多的时间。在你们国家，资本主义的发展，经过了好几百年。十六世纪不算，那还是在中世纪。从十七世纪到现在，已经有三百六十多年。在我国，要建设起强大的社会主义经济，我估计要花一百多年。”④1962 年 1 月 30 日，毛泽东在扩大的中央工作会议上的讲话中又强调：“中国的人口多、底子薄，经济落后，要使生产力很大地发展起来，要赶上和超过世界上最先进的资本主义国家，没有一百多年的时间，我看是不行的。”⑤

---

① 毛泽东：《介绍一个合作社》，《建国以来毛泽东文稿》第7册，中央文献出版社1992年版，第179页。

② 薄一波：《若干重大决策与事件的回顾（修订本）》下卷，人民出版社1997年版，第721页。

③ 薄一波：《若干重大决策与事件的回顾（修订本）》下卷，人民出版社1997年版，第727页。

④ 转引自毛泽东：《在扩大的中央工作会议上的讲话》，《毛泽东文集》第8卷，人民出版社1999年版，第301页。

⑤ 毛泽东：《在扩大的中央工作会议上的讲话》，《毛泽东文集》第8卷，人民出版社1999年版，第302页。

既然中国赶超英美等资本主义发达国家需要几十年甚至 100 多年时间，因此到了 1963 年八九月间，毛泽东在审阅《关于工业发展问题（初稿）》时便第一次提出了“两步走”的战略构想：“在三年过渡阶段之后，我们的工业发展可以按两步来考虑：第一步，搞十五年，建立一个独立的完整的工业体系，使我国工业大体赶上世界先进水平；第二步，再用十五年，使我国工业接近世界的先进水平。”[①] 根据毛泽东的上述思想，1964 年 12 月召开的三届全国人大一次会议上，周恩来在政府工作报告中又将“两步走”的战略构想进一步表述为：从第三个五年计划开始，我国的国民经济发展，可以按两步来考虑。第一步，建立一个独立的、比较完整的工业体系和国民经济体系；第二步，全面实现农业、工业、国防和科学技术的现代化，使我国经济走在世界的前列。

关于毛泽东的“超英赶美”思想及其实践，学术界有不同的认识和评价。但就主观愿望而言，毛泽东是想通过“超英赶美”这种跨越式的发展，使中国尽快改变“一穷二白”的落后状况，成为一个社会主义现代化强国，实现中华民族的伟大复兴。

（三）如何实现中华民族伟大复兴

毛泽东认为，要完成新民主主义革命和社会主义革命的任务，把我国建设成为一个社会主义现代化强国，实现中华民族伟大复兴，应该做好以下几方面的主要工作：

第一，加强党的领导和党的建设，是实现民族复兴的根本保证。中国共产党是中国革命和建设的中流砥柱和领导核心，这是毛泽东关于党的领导地位的精辟概括。因此，要实现中华民族伟大复兴，就必须加强党的领导。早在井冈山时期，毛泽东就提出了加强党对军队和革命的领导问题。在此后的土地革命、抗日战争和解放战争时期，他都十分重视党的领

---

① 毛泽东：《对〈关于工业发展问题〉初稿的修改》，《建国以来毛泽东文稿》第10册，中央文献出版社1996年版，第347页。

导和党的建设工作。他曾指出："既要革命，就要有一个革命党。没有一个革命的党，没有一个按照马克思列宁主义的革命理论和革命风格建立起来的革命党，就不可能领导工人阶级和广大人民群众战胜帝国主义及其走狗。"[①] 中华人民共和国成立后，在领导社会主义革命和建设的过程中，毛泽东更清醒地认识到，党的领导是把我国建设成为一个社会主义现代化强国、实现中华民族伟大复兴的根本保证。1954 年 9 月 15 日，他在第一届全国人民代表大会第一次会议上发表的《为建设一个伟大的社会主义国家而奋斗》的开幕词中指出，"领导我们事业的核心力量是中国共产党。指导我们思想的理论基础是马克思列宁主义。"[②]1957 年 5 月 25 日，他在接见中国新民主主义青年团第三次全国代表大会的全体代表时又告诉全国青年："中国共产党是全中国人民的领导核心。没有这样一个核心，社会主义事业就不能胜利"[③]。为了加强党的领导，他与各种企图削弱甚至否定党的领导的错误思想和言行进行过坚决斗争。

要加强党的领导，就必须搞好党的建设，保持党的肌体健康，从而使党能够担负起领导中国人民实现中华民族复兴伟业的神圣使命。因此，为清除党内存在的一些非马克思主义的思想和作风，继延安整风运动之后，他又先后发动和领导过系列的整风运动。1957 年 3 月 12 日，毛泽东在中国共产党全国宣传工作会议上的讲话中指出，"要使几亿人口的中国人生活得好，要把我们这个经济落后、文化落后的国家，建设成为富裕的、强盛的、具有高度文化的国家，这是一个很艰巨的任务。我们所以要整风，现在要整风，将来还要整风，要不断地把我们身上的错误东西整掉，就是为了使我们能够更好地担负起这项任务"[④]。3 月 18 日，他在济南党员干部会

① 毛泽东：《全世界革命力量团结起来，反对帝国主义的侵略》，《毛泽东选集》第4卷，人民出版社1991年版，第1357页。

② 毛泽东：《为建设一个伟大的社会主义国家而奋斗》，《毛泽东文集》第6卷，人民出版社1999年版，第350页。

③ 毛泽东：《中国共产党是全中国人民的领导核心》，《毛泽东文集》第7卷，人民出版社1999年版，第303页。

④ 毛泽东：《在中国共产党全国宣传工作会议上的讲话》，《毛泽东文集》第7卷，人民出版社1999年版，第275页。

议上的讲话中又强调："整风是用批评和自我批评解决党内矛盾的一种方法，也是解决党同人民之间的矛盾的一种方法。这次整风，就是整顿三风，整顿官僚主义、宗派主义和主观主义。要经过整风，把我们党艰苦奋斗的传统好好发扬起来。"[①] 毛泽东特别重视党风、党纪和廉政建设，他反复告诫广大党员，尤其是党的领导干部，"无论何时何地都不应以个人利益放在第一位，而应以个人利益服从于民族的和人民群众的利益。因此，自私自利，消极怠工，贪污腐化，风头主义等等，是最可鄙的；而大公无私，积极努力，克己奉公，埋头苦干的精神，才是可尊敬的"[②]。他尤其对少数党员干部的以权谋私、贪污腐败、跑官要官、享乐主义等行为深恶痛绝，一旦发现，则严惩不贷，决不姑息。

第二，相信和依靠人民群众，是实现民族复兴的重要前提。"人民，只有人民，才是创造世界历史的动力。"[③] 因此，要实现中华民族的伟大复兴，就必须相信和依靠人民群众，充分调动他们的积极性。早在新民主主义革命时期，毛泽东就谆谆地告诫共产党人，"共产党人的一切言论行动，必须以合乎最广大人民群众的最大利益，为最广大人民群众所拥护为最高标准。应该使每一个同志懂得，只要我们依靠人民，坚决地相信人民群众的创造力是无穷无尽的，因而信任人民，和人民打成一片，那就任何困难也能克服，任何敌人也不能压倒我们，而只会被我们所压倒"[④]。他要求共产党员去经风雨，见世面，"这个风雨，就是群众斗争的大风雨，这个世面，就是群众斗争的大世面。'三个臭皮匠，合成一个诸葛亮'，这就是说，群众有伟大的创造力。中国人民中间，实在有成千成万的'诸葛

① 毛泽东：《坚持艰苦奋斗，密切联系群众》，《毛泽东文集》第7卷，人民出版社1999年版，第284页。

② 毛泽东：《中国共产党在民族战争中的地位》，《毛泽东选集》第2卷，人民出版社1991年版，第522页。

③ 毛泽东：《论联合政府》，《毛泽东选集》第3卷，人民出版社1991年版，第1031页。

④ 毛泽东：《论联合政府》，《毛泽东选集》第3卷，人民出版社1991年版，第1096页。

亮'"[1]。因此，每一个共产党员，都应该到群众中间去，向群众学习，要信任和依靠人民群众。

进入社会主义革命和建设时期后，毛泽东把相信和依靠人民群众放在了更为重要的地位。他要求广大干部尤其是党的领导干部树立起正确的权力观，要认识到我们的权力"是工人阶级给的，是贫下中农给的，是占人口百分之九十以上的广大劳动群众给的"。因而要全心全意为人民群众服务，要相信和依靠人民群众，"共产党基本的一条，就是直接依靠广大革命人民群众"。[2] 他把"党群关系"比作"鱼水关系"，党群关系的好坏，事关党的存亡和社会主义制度在中国的命运，"如果党群关系搞不好，社会主义制度就不可能建成；社会主义制度建成了，也不可能巩固"。[3] 他指出，从事社会主义革命和建设，必然会遇到这样或那样的困难，但只要我们相信和依靠群众，尊重人民群众的首创精神，充分调动他们的积极性，就没有不能克服的困难。而要调动人民群众的积极性，就要向他们说明情况，向他们交心，让他们说出自己的意见，否则，"他们还对你感到害怕，不敢讲话，就不可能发动他们的积极性"[4]。为了加强与人民群众的联系，倾听他们的要求和呼声，他要求党的领导干部重视人民群众的来信。1951年5月16日，毛泽东给县以上各级党委和县人民政府以上各级政府的党组以及中央人民政府各部门的党组发文，要求他们"必须重视人民的通信，要给人民来信以恰当的处理，满足群众的正当要求，要把这件事看成是共产党和人民政府加强和人民联系的一种方法，不要采取掉以轻心置之不理的官僚主义的态度"[5]。

① 毛泽东：《组织起来》，《毛泽东选集》第3卷，人民出版社1991年版，第933页。

② 毛泽东：《共产党基本的一条就是直接依靠广大人民群众》，《建国以来毛泽东文稿》第12册，中央文献出版社1998年版，第581页。

③ 毛泽东：《一九五七年夏季的形势》，《建国以来毛泽东文稿》第6册，中央文献出版社1992年版，第547页。

④ 毛泽东：《在扩大的中央工作会议上的讲话》，《毛泽东文集》第8卷，人民出版社1999年版，第293页。

⑤ 毛泽东：《必须重视人民群众来信》，《毛泽东文集》第6卷，人民出版社1999年版，第164页。

第三，自力更生、艰苦奋斗，是实现民族复兴的立足点。自力更生、艰苦奋斗，是中华民族赖以生存、发展的巨大精神支柱和推动力量，也是以毛泽东为首的中国共产党人在领导中国革命和建设的过程中所形成的光荣传统。1935 年 12 月 27 日，毛泽东在《论反对日本帝国主义的策略》的报告中，不仅第一次使用了“自力更生”的概念，认为中华民族“有在自力更生的基础上光复旧物的决心”，而且在总结红军取得长征胜利的经验时，讴歌了红军“不怕任何艰难困苦的”精神。[①]抗日战争时期，为了克服因日寇“扫荡”和国民党顽固派封锁造成的解放区财政经济的极度困难，毛泽东发出“自己动手、自力更生、艰苦奋斗、克服困难”的号召，领导解放区军民开展大生产运动，取得胜利。抗日战争胜利前夜，毛泽东发表《抗日战争胜利后的时局和我们的方针》一文，强调“我们的方针”应“放在自己力量的基点上，叫做自力更生”。[②]1949 年 3 月 5 日，在党的七届二中全会上，毛泽东又提出了两个“务必”，谆谆告诫全党继续保持艰苦奋斗的优良作风。

新中国成立后，毛泽东进一步认识到，要把我国建设成为一个社会主义现代化强国、实现中华民族伟大复兴，其立足点是自力更生、艰苦奋斗。1956 年 11 月 15 日，他在中国共产党第八届中央委员会第二次全体会议上的讲话中指出，“艰苦奋斗是我们的政治本色”，它关系到民心的向背以及党与群众的血肉联系。会上他讲了一个故事：1949 年有一个部队领导在会上提出要给军队加薪，说当时资本家吃饭是五个碗，而解放军吃饭只有盐水加一点酸菜，参会的人很多都同意，但他反对，认为“这恰恰是好事。你是五个碗，我们吃酸菜。这个酸菜里面就出政治，就出模范。解放军得人心就是这个酸菜”。[③]他告诉参加会议的中央委员们，尽管现在的条

① 毛泽东：《论反对日本帝国主义的策略》，《毛泽东选集》第1卷，人民出版社1991年版，第161、150页。

② 毛泽东：《抗日战争胜利后的时局和我们的方针》，《毛泽东选集》第4卷，人民出版社1991年版，第1132页。

③ 毛泽东：《艰苦奋斗是我们的政治本色》，《毛泽东文集》第7卷，人民出版社1999年版，第162页。

件比以前好多了，但自力更生、艰苦奋斗的作风不能丢，“同人民有福共享，有祸同当，这是我们过去干过的，为什么现在不能干呢？只要我们这样干了，就不会脱离群众”[①]。他还专门以《坚持艰苦奋斗，密切联系群众》为题发表重要讲话，认为我们只有保持和发扬艰苦奋斗的精神，才能密切联系群众，得到群众的拥护和支持。[②]毛泽东还把自力更生、艰苦奋斗的思想与勤俭节约、勤俭建国的方针结合起来。1957 年 2 月 27 日，他在最高国务会议第十一次（扩大）会议上的讲话中指出：中国既是一个社会主义的大国，又是一个经济落后的穷国，要解决这一矛盾，“使我国富强起来，需要几十年艰苦奋斗的时间，其中包括执行厉行节约、反对浪费这样一个勤俭建国的方针”[③]。

这里需要指出的是，毛泽东主张自力更生、艰苦奋斗，但并不反对外援，不反对引进和学习外国先进的思想文化、科学技术和管理经验。他的基本主张是：“自力更生为主，争取外援为辅”[④]，“一切民族、一切国家的长处都要学，政治、经济、科学、技术、文学、艺术的一切真正好的东西都要学。但是，必须有分析有批判地学，不能盲目地学，不能一切照抄，机械搬用”[⑤]。因此，那种认为毛泽东不主张对外开放、反对向西方学习的观点并不符合历史事实。

以上我们初步探讨了毛泽东的中华民族复兴思想。在上述思想中，毛泽东回答了什么是中华民族伟大复兴、中华民族伟大复兴的历史进程以及

---

① 毛泽东：《在中国共产党第八届中央委员会第二次全体会议上的讲话》，转引自《毛泽东著作专题摘编》（下），中央文献出版社2003年版，第1232页。

② 毛泽东：《坚持艰苦奋斗，密切联系群众》，《毛泽东文集》第7卷，人民出版社1999年版，第284—287页。

③ 毛泽东：《关于正确处理人民内部矛盾的问题》，《毛泽东文集》第7卷，人民出版社1999年版，第240页。

④ 毛泽东：《独立自主地搞建设》，《毛泽东文集》第7卷，人民出版社1999年版，第380页。

⑤ 毛泽东：《论十大关系》，《毛泽东文集》第7卷，人民出版社1999年版，第41页。

如何实现中华民族伟大复兴等一系列民族复兴的重大理论问题，尤其是他关于要把中国建设成为一个社会主义现代化强国、实现中华民族伟大复兴，必须加强党的领导和党的建设，必须相信和依靠人民群众，必须发扬自力更生、艰苦奋斗的优良作风等思想理论，对于我们实现中华民族伟大复兴的中国梦具有十分重要的指导意义。

第二章 中国近代民族复兴思想的发展历程

本章主要论述的是中国近代民族复兴思想的萌发、发展和思潮的形成，以及在此基础上对近代以来尤其是抗战时期中华民族复兴思潮留给当代人的启迪进行总结。本章的观点是，甲午战争到20世纪初，是中华民族复兴思想的萌发期，五四前后是中华民族复兴思想的发展期，“九一八”事变以后的抗日战争时期是中华民族复兴思潮的形成期。前三节分别对这三个时期进行了论述。第四节论述了七七事变后“民族复兴节”的设立和纪念。读者中可能没有人听说过中国近代史上还设立过“民族复兴节”。笔者以前也是没有听说过的，前几年研究抗战时期的民族复兴运动和思潮时，才发现这方面的资料。有意思的是：“民族复兴节”的时间是西安事变后蒋介石12月25日离开西安返回南京这一天，因为人们认为蒋介石安全地从西安回到南京，标志着西安事变的和平解决，从而为全民族共同抗日局面的最终形成创造了有利条件。这是中华民族复兴的大事件，值得纪念。最初，纪念“民族复兴节”是社会的自发行为，后来有中央政府和地方当局的参与和组织，规模还不小，但蒋介石本人从不提这件事（因为在蒋的心中，西安事变是他人生中的奇耻大辱，所以他把张学良软禁了，直到他去世后张才恢复自由），“民族复兴节”也没有得到官方的正式认可，不是法定的纪念节日。第五节论述了抗战时期国人对“中华民族复兴”的认识及其意义，并在此基础上总结出近代以来尤其是抗战时期中华民族复兴思潮留给当代人的几点启迪。因为历史是一面镜子，我们学习历史的目的之一，是为了鉴古而知今。借用古人的话说：“以铜为镜，可以正衣冠；以古为镜，可以知兴替；以人为镜，可以明得失。”

一、甲午战争与“中华民族复兴”思想之萌发

实现中华民族伟大复兴的中国梦是近代以来中国人民矢志不渝的愿望和追求，但“中华民族复兴”之思想则有一个历史的发展过程。概而言之，清末是“中华民族复兴”之思想的孕育或萌发时期；五四前后是“中华民族复兴”之思想的初步发展时期；“九一八”后是“中华民族复兴”之思想的进一步发展并成为具有广泛影响力的社会思潮的时期，当时的知识界围绕中华民族能否复兴和中华民族如何复兴这两个问题展开了热烈讨论。推动“中华民族复兴”之思想从孕育或萌发到初步发展再到成为一种社会思潮的根本原因是日益严重的民族危机，促进了中华民族的觉醒。而清末“中华民族复兴”思想之孕育或萌发的起点则是1894年的中日甲午战争。1894年的中日甲午战争以及由此而造成的中国割地赔款，是中国近代史上的一次巨大灾难。这场灾难不仅使早已存在的民族危机变得日益严重起来，同时也促进了“中华民族复兴”之思想的孕育或萌发。借用梁启超的话说：“唤起吾国四千年之大梦，实自甲午一役始也。”①

（一）孙中山“振兴中华”的民族复兴思想

近代中国最早具有民族复兴思想的是伟大的革命先行者孙中山先生。而孙中山的民族复兴思想则是在甲午战争时期提出来的。1894年夏，亦即甲午战争前夜，孙中山曾到北京上书李鸿章，希望清政府能采纳他提出的仿效西方，以求“富国强兵之道，化民成俗之规”的改革主张。但因时局的紧张，李鸿章并没有接见他。上书的失败，尤其是中日甲午战争的爆发，民族危机的空前深重，使孙中山认识到“和平方法无可复施，然望治之心愈坚，要求之念愈切，积渐而知和平之手段不得不稍易以强迫”，于是去了他少年时代求学的地方——檀香山，并于这年的11月在檀香山成立了革命团体“兴中会”。在他起草的《檀香山兴中会章程》中，孙中山

① 梁启超：《戊戌政变记》，《饮冰室合集》第6册，专集之一，中华书局1989年影印版，第113页。

提出了“振兴中华”这一具有民族复兴思想内涵的口号。

孙中山之所以能成为“振兴中华”口号的最早提出者，首先在于他有一种强烈的忧国忧民的忧患意识和以挽救民族危亡为己任的使命感。他在《檀香山兴中会章程》中写道：“我中华受外国欺凌，已非一日”，“方今强邻环列，虎视鹰瞵，久垂涎于中华五金之富、物产之饶。蚕食鲸吞，已效尤于接踵；瓜分豆剖，实堪虑于目前”。“堂堂华夏不齿于邻邦，文物冠裳被轻于异族。有志之士，能无抚膺！”“有心人不禁大声疾呼，亟拯斯民于水火，切扶大厦之将倾”。[①] 在《致港督卜力书》中，他于揭露“政府冥顽”，“疆臣重吏，观望依违”的同时，强调“天下安危，匹夫有责，先知先觉，义岂容辞！”[②] 这些动情的语言，充分表达了一位爱国志士的满腔悲愤和强烈的以挽救民族危亡为己任的使命感。他之所以要反对清王朝，要革命，其中一个重要原因就是清王朝已成了“洋人的朝廷”，成了外国列强奴役和掠夺中国人民的傀儡和工具，只有推翻清王朝，才能使中国免遭帝国主义的瓜分。孙中山一生充满了挫折和失败，上书李鸿章失败，多次领导反清起义失败，二次革命失败，两次护法运动失败，但他能屡败屡起，并且能从失败中吸取教训，而不断前进。之所以如此，强烈的忧患意识和以挽救民族危亡为己任的使命感是其巨大的推动力。其次在于他有一种强烈的民族自豪感和民族自信心。孙中山始终坚信，中国只要善于向西方学习，就能够实现富强，不仅能够迎头赶上欧美强国，而且还可以“驾欧美而上之”。在《香港兴中会章程》中他写道：“以（中国——引者）四百兆人民之众，数万里土地之饶，本可发奋为雄，无敌于天下”，只要“举国之人皆能通晓，联智愚为一心，合遐迩为一德，群策群力，投大遗艰。则中国虽危，无难救挽”。[③] 在1904年写给美国人民的呼吁信中他指出：“拯救

① 孙中山：《檀香山兴中会章程》，《孙中山全集》第1卷，中华书局1981年版，第19页。

② 孙中山：《致港督卜力书》，《孙中山全集》第1卷，中华书局1981年版，第192页。

③ 孙中山：《香港兴中会章程》，《孙中山全集》第1卷，中华书局1981年版，第21、22页。

中国完完全全是我们自己的责任”，“一旦我们革新中国的伟大目标得以完成，不但在我们的美丽的国家将会出现新纪元的曙光，整个人类也将得以共享更为光明的前景。普遍和平必将随中国的新生接踵而至，一个从来也梦想不到的宏伟场所，将要向文明世界的社会经济活动而敞开”[①]。第二年，在东京中国留学生欢迎大会上他又热情洋溢地演说道：“中国土地、人口为各国所不及，吾侪生在中国，实为幸福。各国贤豪，欲得如中国之舞台者利用之而不可得。吾侪既据此大舞台，而反谓无所藉手，蹉跎岁月，寸功不展，使此绝好山河仍为异族所据，至今无有能光复之，而建一大共和国以表白于世界者，岂非可羞之极者乎？”[②]只有对自己的国家和民族满怀深情的人，只有以挽救民族危亡为己任的人，才有可能在当时中华民族正被一些自我感觉良好的西方人视为“劣等民族”的年代里，说出如此热情洋溢的语言，憧憬中华民族的美好未来，也才能响亮地提出“振兴中华”的口号。

强烈的忧国忧民的忧患意识和强烈的民族自豪感、自信心，这是孙中山能提出“振兴中华”口号的重要原因。二者相得益彰，相辅相成。正如梁启超在《自由书·忧国与爱国》中指出的：“今天下之可忧者，莫中国若；天下之可爱者，亦莫中国若。吾愈益忧之，则愈益爱之；愈益爱之，则愈益忧之。”忧之，“使人作激愤之气”；爱之，“使人厉进取之心”[③]。孙中山的“振兴中华”口号就是建立在“激愤之气”与“进取之心”的基础上的。只有忧国忧民的人，才会对祖国、对人民产生深厚的爱；而只有对祖国、对人民爱之愈深，才能对祖国、对民族的悲惨处境痛之愈切，也才能以坚忍不拔的精神投身于“振兴中华”亦即民族复兴的伟大事业。

---

① 孙中山：《支那问题真解》，《孙中山全集》第1卷，中华书局1981年版，第255页。

② 孙中山：《在东京中国留学生欢迎大会的演说》，《孙中山全集》第1卷，中华书局1981年版，第282—283页。

③ 梁启超：《自由书·忧国与爱国》，《饮冰室合集》第6册，专集之二，中华书局1989年影印版，第40页。

孙中山不仅提出了“振兴中华”的口号，而且还就如何实现“振兴中华”提出了他的主张。概而言之，第一，要“振兴中华”，就必须反对帝国主义的侵略，“扶大厦之将倾”，争取国家的独立和民族的解放。他在同盟会的纲领中所提出的民族主义，就包含有反对帝国主义的思想内容，他之所以要“驱逐鞑虏”，推翻清王朝的统治，就在于清王朝已成了“洋人的朝廷”。第二，要“振兴中华”，就必须推翻封建专制主义统治，建立资产阶级的民主共和国。孙中山在 1895 年的兴中会誓词中首次提出了“建立合众政府”的主张，初步表达出要建立资产阶级共和国的政治理想和愿望，后又经过几年的探索，到 20 世纪初，他明确提出了“创立民国”的政治纲领，并被写进同盟会的纲领中，成为民权主义的基本内容。第三，要“振兴中华”，就必须大力发展经济，实现中国的现代化。实现中国的现代化，可以说是孙中山一生梦寐以求的奋斗目标。早在 1894 年他在《上李鸿章书》中，就提出了人能尽其才，地能尽其利，物能尽其用，货能畅其流的主张，认为“此四者，富强之大经，治国之大本也。四者既得，然后修我政理，宏我规模，治我军实，保我藩邦，欧洲其能匹哉！”[①] 这是他对中国现代化蓝图的最初构想。民国初年他解除临时大总统职务后，自告奋勇地去当全国铁路督办，想在十年内修筑二十万里的铁路、一百万英里的公路和十数个如纽约之大港。几年后在《实业计划》一书里，他又对中国的现代化建设蓝图进行了更详细的构划，提出了一整套经济建设方案，尽管其中有不少空想的成分，而且在他生前也从来没有付诸实践，但毕竟包含着不少有价值的见解，直到今天仍有其借鉴的意义。

孙中山提出“振兴中华”的目标，就是要赶超西方资本主义发达国家，实现中华民族的伟大复兴。早在 1894 年，孙中山在《上李鸿章书》中就已经提出了自己的赶超西方的思想，他在文章中写道：“间尝统筹全局，窃以中国之人民材力，而能步武泰西，参行新法，其时不过二十年，必能驾欧洲而上之，盖谓此也。”[②] 而这种“赶超”思想贯穿孙中山一生，也可

① 孙中山：《上李鸿章书》，《孙中山全集》第1卷，中华书局1981年版，第15页。

② 孙中山：《上李鸿章书》，《孙中山全集》第1卷，中华书局1981年版，第15页。

以说孙中山一生都在为赶超西方、实现“振兴中华”的梦想而不断奋斗着。继《上李鸿章书》后，1905年孙中山在东京中国留学生欢迎大会的演说中又讲道：“鄙人此次由美而英而德、法，古时所谓文明之中心点如埃及、希腊、罗马等，皆已不可复睹。近日阿利安民族之文明，特发达于数百年前耳。而中国之文明已著于五千年前，此为西人所不及，但中间倾于保守，故让西人独步。然近今十年思想之变迁，有异常之速度。以此速度推之，十年、二十年之后不难举西人之文明而尽有之，即或胜之焉，亦非不可能之事也。”[①] 后来，他在制定《建国方略》时，相信只有“人人熟习此书，则人心自结，民力自固。如是，以我四万万众优秀文明之民族，而握有世界最良美之土地、最博大之富源，若一心一德，以图富强，吾决十年之后，必能驾欧美而上之也。四万万同胞行哉勉之！”[②] 可以说“赶超”思想，是孙中山“振兴中华”的民族复兴思想的重要内容。

孙中山的赶超西方、把中国变成世界头等强国的思想并不是一种盲目的自信，首先，中国地大物博，人口众多，且有着五千年灿烂文明。孙中山曾说过：“中国之土地则四百馀万方咪之广，居世界之第四，尚在美国之上。而物产之丰，宝藏之富，实居世界之第一。至于人民之数则有四万万，亦为世界之第一。而人民之聪明才智自古无匹，承五千年之文化，为世界所未有，千百年前已尝为世界之雄矣。四大贫弱之原因，我曾无一焉。”[③] 这是孙中山自信能赶超西方的主要原因。其次，中国面临难得的发展机遇。清末民初，西方列强正忙于准备和进行第一次世界大战，百业不振，“处今日之时会，倘吾国人民能举国一致，欢迎外资，欢迎外才，

---

① 孙中山：《在东京中国留学生欢迎大会的演说》，《孙中山全集》第1卷，中华书局1981年版，第282页。

② 孙中山：《建国方略》，《孙中山全集》第6卷，中华书局1985年版，第414页。

③ 孙中山：《建国方略》，《孙中山全集》第6卷，中华书局1985年版，第223页。

以发展我之生产事业，则十年之内吾实业之发达必能并驾欧美矣”[①]。再次，与中国同作为东亚国家的日本赶超西方的成功，更加增强了孙中山赶超西方的信心。他曾写道：“自一千七百七十六年七月四日宣布独立，至今民国八年，为时不过一百四十三年耳，而美国已成为世界第一富强之国矣。日本维新之初，人口不及我十分之一，其土地则不及我四川一省之大，其当时之知识学问尚远不如我之今日也。然能翻然觉悟，知锁国之非计，立变攘夷为师夷，聘用各国人才，采取欧美良法，力图改革。美国需百馀年而达于强盛之地位者，日本不过五十年，直三分之一时间耳。准此以推，中国欲达于富强之地位，不过十年已足矣。”[②]

中国怎样才能实现赶超西方的目标呢？概括孙中山的思想：首先，实业兴国。经济实力是综合国力最重要的衡量标准，振兴实业是实现赶超最重要的步骤。孙中山曾说：“中国将来矿产开辟，工业繁盛，把国家变成富庶，比较英国、美国、日本，还要驾乎他们之上。”[③]而且对于如何发展实业，孙中山专门写了《实业计划》一书，提出十大建设计划：一是交通之开发；二是商港之开辟；三是建设全国铁路系统和新式街市；四是水力之发展；五是设立冶铁、制钢、造士敏土之大工厂；六是矿业之发展；七是农业之发展；八是蒙古、新疆之灌溉；九是于中国北部及中部建造森林；十是移民于东三省、蒙古、新疆、青海、西藏。他还探讨了实现这十大计划的途径、原则和方法。他认为：“中国实业之开发应分两路进行：（一）个人企业、（二）国家经营是也。凡夫事物之可以委诸个人，或其较国家经营为适宜者，应任个人为之，由国家奖励，而以法律保护之。……

① 孙中山：《建国方略》，《孙中山全集》第6卷，中华书局1985年版，第227页。

② 孙中山：《建国方略》，《孙中山全集》第6卷，中华书局1985年版，第202页。

③ 孙中山：《在广东第一女子师范学校校庆纪念会的演说》，《孙中山全集》第10卷，中华书局1986年版，第22页。

至其不能委诸个人及有独占性质者，应由国家经营之。”[①] 而其发展的原则是：“（一）必选最有利之途以吸外资。（二）必应国民之所最需要。（三）必期抵抗之至少。（四）必择地位之适宜。”[②] 根据当时中国资金人才都十分匮乏的实际情况，他主张大力吸收外资，引进人才，“凡诸工业国其资本有馀者，中国能尽数吸收之”。但在吸收外资引进人才的同时，一定要避免主权操于外人之手，因为，“发展之权，操之在我则存，操之在人则亡”。[③] 此外，孙中山还提出化兵为工的意见，主张将裁撤的士兵，以为筑港建路及开发长城以外沿线地方之先驱者。其次，孙中山特别重视教育的发展。孙中山早在 1895 年的《拟创立农学会书》一文中就强调：“故欲我国转弱为强，反弱〔衰〕为盛，必俟学校振兴，家弦户诵，无民非士，无士非民，而后可与泰西诸国并驾齐驱，驰骋于地球之上。”[④] 而后孙中山在广东省第五次教育大会闭幕式的演说中进一步指出：“欲使中国教育居世界第一等位置，必也〔当〕使全国人民无不识字，有一百数十万的专门学者，有一万几千的发明家，必如此乃可以为世界第一等教育。”[⑤] 孙中山认识到，教育的发展是本国科技、文明进步的原动力，所以赶超西方必须建立世界第一等教育，尊重知识人才。再次，孙中山强调军备和国防建设。经历过革命的洗礼以及西方列强的侵略，孙中山对强大军事的重要性有深刻认识。他 1912 年在广州军界欢迎会的演说中就强调：“想我中国未革命以前，列强环伺，欺陵侵并，无非以我国武力不足。今日民国正当草创，欲中国成为强固之民国，非有精强陆军不可，故民国前途倚赖我军人之力正多。今日要务在乎扩张军备，以成完全巩固之国，然后可与世界列

---

① 孙中山：《建国方略》，《孙中山全集》第6卷，中华书局1985年版，第253页。

② 孙中山：《建国方略》，《孙中山全集》第6卷，中华书局1985年版，第254页。

③ 孙中山：《建国方略》，《孙中山全集》第6卷，中华书局1985年版，第248页。

④ 孙中山：《拟创立农学会书》，《孙中山全集》第1卷，中华书局1981年版，第25页。

⑤ 孙中山：《在广东省第五次教育大会闭幕式的演说》，《孙中山全集》第5卷，中华书局1985年版，第565页。

强并驾齐驱。”[①] 在晚年孙中山还是特别重视国防建设，他在《致廖仲恺函》中制定了详细的国防计划，并强调说：“中国欲为世界一等大强国，及免重受各国兵力侵略，则须努力实行扩张军备建设也。若国民与政府一心一德实行之，则中国富强，如反掌之易也。”[②] 强大的国防力量为赶超西方提供强有力的保障作用。

孙中山提出“振兴中华”的口号，激励了一代又一代中国人为实现中华民族的伟大复兴而英勇奋斗，具有十分重要的思想意义。但我们在充分肯定孙中山提出“振兴中华”这一口号之意义的同时，也必须看到，孙中山在这里讲的“中华”，并不是我们现在意义上的“中华民族”。当时以孙中山为代表的革命派，主要是在两种意义上使用“中华”一词的。一是指“中国”。如陶成章在其著作《中国民族权力消长史》中就写道：“我们中国将国家自称为华夏，夏为大，华为美，是大而美丽的国家的意思。中华，也称中国”。二是指“汉族”。陶成章在同一本书中又指出：“所谓中国民族，一名汉族，自称中华人，又称中国人”。就是说，只有“汉族”才是“中华”，才是“中国人”。章太炎也在其《中华民国解》一文中强调，华、夏、汉是同一意思：“是故华云，夏云，汉云，随举一名，互摄三义，建汉名以族，而邦国之意斯在，建华名以为国，而种族之义亦在。此中华民国之所以谥。”[③] 就孙中山而言，辛亥革命时期，他也是在“中国”或“汉族”的意义上使用“中华”一词的。比如，1906 年孙中山在日本与黄兴、章太炎制定的《中国同盟会革命方略》是这样解释同盟会“驱除鞑虏，恢复中华”之革命纲领的：“一、驱除鞑虏：今之满洲，本塞外东胡。昔在明朝，屡为边患。后乘中国多事，长驱入关，灭我中国，据我政府，迫我汉人为其奴隶……义师所指，覆彼政府，还我主权。……二、恢复中华：中国者，中国人之中国；中国之政治，中国人任之。驱除鞑虏之后，光复

① 孙中山：《在广州军界欢迎会的演说》，《孙中山全集》第2卷，中华书局1982年版，第345页。

② 孙中山：《致廖仲恺函》，《孙中山全集》第5卷，中华书局1985年版，第572页。

③（章）太炎：《中华民国解》，《民报》第15号，1907年7月5日。

我民族的国家。敢有为石敬瑭、吴三桂之所为者，天下共击之！”至于具体到“振兴中华”的口号，就孙中山的思想以及时人对“中华”的理解来看，指的应是居住在中华大地上的“汉族”。当时的人们还没有“中华民族”的观念。“中华民族”这一观念最早是梁启超于20世纪初提出来的。因此，孙中山的“振兴中华”的口号，只是“中华民族复兴”之思想的孕育或萌发，与我们现在讲的“中华民族复兴”还不能完全等同起来。

（二）梁启超“少年中国”的民族复兴思想

在孙中山提出“振兴中华”的口号、开始为实现中华民族伟大复兴这一目标而不断努力奋斗的同时，梁启超也开始了对中华民族复兴之路的探索。但与孙中山不同的是，孙中山认为只有推翻清王朝，才能“振兴中华”，“扶大厦之将倾”，实现中华民族的伟大复兴，而在梁启超看来，中国要从贫弱走向富强，就必须进行资本主义性质的改革，变封建主义的君主专制制度为资产阶级的君主立宪制度。为此，他协助其师康有为发动和领导了戊戌变法运动。变法运动失败后，他又痛定思痛，开始了重新探索中华民族复兴之路的艰难历程。1900年发表在《清议报》上的《少年中国说》，可以说是梁启超复兴中华民族的宣言书，即建立一个“称霸宇内，主盟地球”的“少年中国”。如何实现“少年中国”的梦想，这也是戊戌变法失败之后，梁启超重新思索的重要问题，在《少年中国说》中率先给出了答案：“制出将来之少年中国者，则中国少年之责任”。他意识到“少年”决定着中国的未来，承载着中国的梦想。那么，要具备什么样品质的少年才能制造少年中国，才能承载民族复兴的大任呢，梁启超在1902年发表的《新民说》中作了回答，即必须具备公德、国家思想、进取冒险、权利思想、自由、自治、进步、自尊、合群、生利分利、毅力、义务思想等品质。由此可见，梁启超的民族复兴思想，从“少年中国”出发，围绕“新民”与“新国”展开，最终是希望通过“新民”来实现民族建国，而不论是“新民”还是“新国”，其目的都是实现民族复兴。

首先，为何提出“少年中国”梦？梁启超开篇明义对此就作了回答，他写道："日本人之称我中国也，一则曰老大帝国，再则曰老大帝国，是语也，盖袭译欧西人之言也。呜呼，我中国其果老大矣乎？梁启超曰：恶是何言？是何言？吾心目中有一少年中国在。"[①]"少年中国"是与"老年中国"相对立的一个概念。为了辨明什么是"少年中国"，什么又是"老年中国"，"少年中国"与"老年中国"有何不同，梁启超从"欲言国之老少，请先言人之老少"的角度进行了阐述。他指出：老年人因"常思既往"，所以易"生留恋心"，"故保守""永旧"，做事"惟知照例""多忧虑""灰心""怯懦""苟且"，"故能灭世界"；与老年人相反，少年人因"常思将来"，所以易"生希望心"，"故进取""日新"，做事"常敢破格""好行乐""气盛""豪壮""冒险"，"故能造世界"。老年人"常厌事"，"故常觉一切事无可为"；少年人"常喜事"，"故常觉一切事无不可为"。概括言之："老年人如夕照，少年人如朝阳；老年人如瘠牛，少年人如乳虎；老年人如僧，少年人如侠；老年人如字典，少年人如戏文；老年人如鸦片烟，少年人如泼兰地酒；老年人如别行星之陨石，少年人如大洋海之珊瑚岛；老年人如埃及沙漠之金字塔，少年人如西伯利亚之铁路；老年人如秋后之柳，少年人如春前之草；老年人如死海之潴为泽，少年人如长江之初发源：此老年与少年性格不同之大略也。"[②]

梁启超认为，国家就和人一样，也有老有少。想当年，唐虞三代，是何等的"郅治"；秦皇汉武，是何等的"雄杰"；汉唐时的文学，是何等的"隆盛"；康乾间的武功，是何等的"显赫"；如此等等。"何一非我国民少年时代良辰美景赏心乐事之陈迹哉？"但今天的中国已"颓然老矣"。梁启超在文中描绘了老迈中国的种种现象："昨日割五城，明日割十城，处处雀鼠尽，夜夜鸡犬惊。十八省之土地财产，已为人怀中之肉；四百兆之父兄子弟，已为人注籍之奴，岂所谓'老大嫁作商人妇'者耶？呜呼！

① 梁启超：《少年中国说》，《饮冰室合集》第1册，文集之五，中华书局1989年影印版，第7页。

② 梁启超：《少年中国说》，《饮冰室合集》第1册，文集之五，中华书局1989年影印版，第7—8页。

凭君莫话当年事，憔悴韶光不忍看！楚囚相对，岌岌顾影，人命危浅，朝不虑夕。国为待死之国，一国之民为待死之民。”[①] 所以老迈的中国，待死的国民，注定了国家的灭亡。在这种情况下，梁启超认识到，中国亟待解决的就是国老、人老的问题，而解决国老、人老的关键是如何尽快地建立起“称霸宇内，主盟地球”的“少年中国”，实现民族的伟大复兴。

梁启超为了进一步辨明“少年中国”与“老年中国”的区别，第一次对“国”之概念进行了界定：“夫国也者，何物也？有土地，有人民，以居于其土地之人民，而治其所居之土地之事，自制法律而自守之；有主权，有服从，人人皆主权者，人人皆服从者。”就梁启超对“国家”的界定来看，其中已包含了近代民族国家的基本要素：领土、人民、自治、独立、法律、主权。而梁启超心目中的“少年中国”，就是这样的近代民族国家。他称这样的近代民族国家为“完全成立之国”，并认为成为“完全成立之国”是“壮年之事”，未能完全成立而渐进于完全成立之国是“少年之事”，欧洲各国已成为近代民族国家，因而“在今日为壮年国”，中国还不是一个近代民族国家但正在努力成为一个近代民族国家，因而“在今日为少年国”。与“少年中国”不同的是，“古昔之中国者，虽有国之名，而未成国之形也。或为家族之国，或为酋长之国，或为诸侯封建之国，或为一王专制之国，虽种类不一，要之其于国家之体质也，有其一部而缺其一部”。[②] 简言之，过去的中国是一个传统的“王朝国家”。而传统的“王朝国家”的特征之一，就是构成国家要素的土地和人民都是君主的私人财产。所以，梁启超在文中写道：“我中国畴昔，岂尝有国家哉？不过有朝廷耳。我黄帝子孙，聚族而居，立于此地球之上者既数千年，而问其国之为何名，则无有也。夫所谓唐虞夏商周秦汉魏晋宋齐梁陈隋唐宋元明清者，则皆朝名

① 梁启超：《少年中国说》，《饮冰室合集》第1册，文集之五，中华书局1989年影印版，第8页。

② 梁启超：《少年中国说》，《饮冰室合集》第1册，文集之五，中华书局1989年影印版，第9页。

耳。朝也者，一家之私产也。国也者，人民之公产也。”[①] 就此而言，“少年中国”与“老年中国”的区别，也就是“近代民族国家”与传统“王朝国家”的区别。而建立近代民族国家，是包括梁启超在内的清末进步知识界的共同追求。

除了描绘出“少年中国”这一近代民族国家的形象外，梁启超还探讨了如何实现“少年中国”梦、建立近代民族国家的问题。他指出：“造成今日之老大中国者，则中国老朽之冤业也。制出将来之少年中国者，则中国少年之责任也。”假如举国之少年真的都是少年的话，那么，“中国为未来之国，其进步未可量也”；假如举国之少年都变成了老人的话，那么，“中国为过去之国，其澌亡可翘足而待也”。因此，实现“少年中国”梦的责任，“不在他人，而全在我少年”，“少年”决定着国家的未来命运，具体来说，“少年智则国智，少年富则国富，少年强则国强，少年独立则国独立，少年自由则国自由，少年进步则国进步，少年胜于欧洲则国胜于欧洲，少年雄于地球则国雄于地球”。[②] 在这段读来让人心潮澎湃的假设句中，梁启超不仅阐述了“少年”与“少年中国”之间的因果关系，同时也阐述了负有实现“少年中国”梦想之责任的少年所应具备的品质，这就是“智”“富”“强”“独立”“自由”和“进步”。后来在《新民说》中，梁启超就以“少年”为代表的“新民”所应具备的品质作了进一步阐述，即必须具备公德、国家思想、进取冒险、权利思想、自由、自治、进步、自尊、合群、生利分利、毅力、义务思想等品质或精神。具有这些品质或精神的“新民”才是实现中华民族伟大复兴的力量。

在文章的最后，梁启超翘首以待“少年中国”的横空出世，并用诗一样的语言写下了这段千古绝唱：“红日初升，其道大光；河出伏流，一泻汪洋。潜龙腾渊，鳞爪飞扬；乳虎啸谷，百兽震惶。鹰隼试翼，风尘吸张；

---

① 梁启超：《少年中国说》，《饮冰室合集》第1册，文集之五，中华书局1989年影印版，第9—10页。

② 梁启超：《少年中国说》，《饮冰室合集》第1册，文集之五，中华书局1989年影印版，第11—12页。

奇花初胎，矞矞皇皇。干将发硎，有作其芒。天戴其苍，地履其黄。纵有千古，横有八荒。前途似海，来日方长。美哉我少年中国，与天不老！壮哉我中国少年，与国无疆！”①

追本溯源，在中国传统的文学作品中，不乏讴歌青春少年的文学作品，梁启超在《少年中国说》中就引用过岳飞的《满江红》的“莫等闲，白了少年头，空悲切”的诗句，提到了龚自珍的长诗《能令公少年行》，并表示“吾尝爱读之”。但与此前的这些文学作品不同，梁启超是放在与老年的对比中来讴歌少年的，老年代表了过去，少年代表了未来。尤其需要指出的是，受意大利“三杰之魁”的玛志尼“少年意大利”之思想的影响，梁启超也把老年与老大或老年中国等同了起来，把少年与少年中国等同了起来，以老大或老年中国比喻中国过去民族的衰老、国家的沉沦，而以“少年中国”象征中国未来民族的复兴、国家的强盛。因此在他的笔下，老大或老年中国已风烛残年，毫无生机，成了待死之国，而“少年中国”犹如初升的红日，腾渊的潜龙，充满着无限的生机与活力。

正因为“‘少年中国’象征着民族复兴的历史憧憬，一时之间，它成为政治、文化、教育等诸多方面最为激进的表达”②。1902年南洋公学学生组织“少年中国之革命军”，是为现代中国之“学生运动”的历史开端。1905年，吴趼人以“老少年”的署名，撰写长篇章回小说《新石头记》，采用虚实结合的创作手法，为人们描绘了一幅新中国的美好图景。“老少年”既是作者的化名，同时也是小说中的一个重要人物，即贾宝玉漫游“文明境界”的向导。1910年，汪精卫密谋刺杀摄政王载沣不成，被判终身监禁，在狱中他写下传诵一时的诗作《慷慨篇》，其中有“引刀成一快，不负少年头”的名句。可以说，犹如严复翻译《天演论》，介绍达尔文的进化论思想影响了清末民初整整一代的中国人一样，梁启超创作《少年中

---

① 梁启超：《少年中国说》，《饮冰室合集》第1册，文集之五，中华书局1989年影印版，第12页。

② 宋明炜：《从“少年中国”到“老少年”——清末文学中的“青春”想象及其问题性》，中华励志网2011年9月10日。

国说》，其“少年”和“少年中国”的寓意也影响了清末民初整整一代的中国人，人们以“少年”和“少年中国”来寄托他们对社会变革、政治革命、民族复兴的渴望。即使到了五四时期，因陈独秀创办《青年杂志》（后改为《新青年》），发表《敬告青年》一文，“青年”和“青春中国”成了人们寓意人生、国家、民族的美好未来的核心符号，但“少年”和“少年中国”仍然有它的影响力，五四时期有个著名的社团，就取名为“少年中国学会”。

梁启超发表《少年中国说》，以“少年中国”来寓意“民族复兴”的两年后，又发起“小说界革命”，创办《新小说》杂志。《新小说》第一期的第一篇文章，便是他的《论小说与群治之关系》，梁启超认为：“欲新一国之民，不可不先新一国之小说。故欲新道德，必新小说；欲新宗教，必新小说；欲新政治，必新小说；欲新风俗，必新小说；欲新学艺，必新小说；乃至欲新人心、欲新人格，必新小说。何以故？小说有不可思议之力支配人道故。”①同一期还连载有他创作的长篇新小说《新中国未来记》，小说开篇描写的便是六十年后中国已成为世界强国之时，大中华民主国为纪念政治改革五十周年而在上海举行博览会的盛况，不仅有数千计的各国专门名家、大博士和数万计的各国大学生参加，“处处有演说坛，日日开讲论会”，其盛况空前，而且诸友邦皆特派兵舰前来祝贺，英国的皇帝和皇后、日本的皇帝和皇后、俄国的大总统及夫人、菲律宾的大总统及夫人、匈牙利的大总统及夫人，“皆亲致祝”，其余列强，也都派有头等钦差，前来表示贺意，“好不匆忙，好不热闹”。②如果我们把梁启超的《少年中国说》和《新中国未来记》联系起来看，他两年前提出的“少年中国”梦想，在《新中国未来记》中得到了实现。就此而言，《新中国未来记》是《少年中国说》的继续，所表达的也是梁启超“少年中国”的民族复兴思想。

---

①《论小说与群治之关系》，《新小说》第一号，1902年11月14日。

②《新中国未来记》，《新小说》第一号，1902年11月14日。

除提出“少年中国”的民族复兴思想外，这一时期梁启超对中华民族复兴思想的另一重大贡献，便是中华民族之观念的提出。中华民族虽然形成很早，但民族意识较为淡薄，借用费孝通先生的话说，古代的中华民族是一个“自在”的民族实体，而不是一个“自觉”的民族实体。这也是一些人认为中国古代没有形成民族和民族主义的重要原因。最早提出和使用“中华民族”一词的是梁启超。1902 年，他发表《论中国学术思想变迁之大势》一文，开篇便用诗一样的语言对“中华”的内涵作了说明：“立于五洲中之最大洲而为其洲中之最大国者，谁乎？我中华也；人口之居全地球三分之一者，谁乎？我中华也；四千余年之历史未尝一中断者，谁乎？我中华也。我中华有四百兆人公用之语言文字，世界莫能及。我中华有三十世纪前传来之古书，世界莫能及。”[①] 接着，在论述战国时期齐国的学术思想时他第一次使用了“中华民族”：“齐，海国也。上古时代，我中华民族之有海思想者厥惟齐。故于其间产出两种观念焉，一曰国家观；二曰世界观。”[②]

需要指出的是，此时的梁启超对“中华民族”内涵的认识还比较混乱，有时指的是汉民族，有时指的是中国境内的所有民族。而在 1903 年《政治学大家伯伦知理之学说》一文中，梁启超提出了对“小民族主义”和“大民族主义”的区分，认为“吾中国言民族者，当于小民族主义之外，更提倡大民族主义。小民族主义者何？汉族对于国内他族是也。大民族主义者何？合国内本部属部之诸族以对于国外之诸族是也。……合汉合满合蒙合回合苗合藏，组成一大民族”[③]。而这一大民族，也就是包括汉、满、蒙、回、藏在内的“中华民族”。1905 年，梁启超在《历史上中国民族之观察》

---

① 梁启超：《论中国学术思想变迁之大势》，《饮冰室合集》第1册，文集之七，中华书局1989年影印版，第1页。

② 梁启超：《论中国学术思想变迁之大势》，《饮冰室合集》第1册，文集之七，中华书局1989年影印版，第21页。

③ 梁启超《政治学大家伯伦知理之学说》，《饮冰室合集》第2册，文集之十三，中华书局1989年影印版，第75—76页。

一文中，又从历史演变的角度考察了先秦时除华夏族之外的“苗蛮族”“蜀族”“巴氐族”“徐淮族”“吴越族”“闽族”“百粤族”和“百濮族”等中国的其他 8 个民族，以及它们最后大多融进华夏族的史实，并得出结论：“前所论列之八族，皆组成中国民族之最重要分子也。其族当邃古之时，或本为土著，或自他地迁徙而来，今不可考。要之，自有史以来即居于中国者也。而其中除苗濮二族外，率皆已同化于中华民族，无复有异点痕迹之可寻，谓舍诸族外更无复华族可也。”所以中华民族“自始本非一族，实由多数民族混合而成”。[①] 最早提出“中华民族”的观念，并认为“中华民族”自始便由“多数民族混合而成”，这是梁启超对“中华民族”这一观念的重大贡献。

继梁启超之后，杨度在 1907 年发表的《金铁主义说》一文中不仅多次使用“中华民族”，而且还比较清楚地说明了“中华”作为民族名称的由来和特征：“中国向来虽无民族二字之名词，实有何等民族之称号。今人必目中国最旧之民族曰汉民族，其实汉为刘家天子时代之朝号，而非其民族之名也。中国自古有一文化较高、人数较多之民族在其国中，自命其国曰中国，自命其民族曰中华。即此义以求之，则一国家与一国家之别，别于地域，中国云者，以中外别地域远近也。一民族与一民族之别，别于文化，中华云者，以华夷别文化之高下也。”[②] 和梁启超一样，杨度也特别强调历史上那些接受了中华文化而非华夏血统的民族实际上已成为中华民族的一部分。他在《金铁主义说》中写道：“中华之名词，不仅非一地域之国名，亦且非一血统之种名，乃为一文化之族名。故《春秋》之义，无论同姓之鲁、卫，异姓之齐、宋，非种之楚、越，中国可以退为夷狄，夷狄可以进为中国，专以礼教为标准，而无亲疏之别。其后经数千年混杂数千百人种，而称中华如故。以此推之，华之所以为华，以文化言，不以血

---

① 梁启超：《历史上中国民族之观察》，《饮冰室合集》第8册，专集之四十一，中华书局1989年影印版，第13、4页。

② 杨度：《金铁主义说》，刘晴波主编《杨度集》（一），湖南人民出版社1986年版，第373—374页。

统言，可决知也。故欲知中华民族为何等民族，则于其民族命名之顷，而已含定义于其中。与西人学说拟之，实采合于文化说，而背于血统说。华为花之原字，以花为名，其以之形容文化之美，而非以之状态血统之奇，此可于假借令意而得之者也。”他并且要人们相信，随着各民族之间融合的加强，不久的将来，“不仅国中久已无满、汉对待之名，亦已无蒙、回、藏之名词，但见数千年混合万种之中华民族，至彼时而更加伟大，益加发达而已矣”。[①] 就梁启超尤其是杨度对“中华民族”的论述来看，他们不仅认识到了“中华民族”的“多元一体”的民族特征，而且已经初步具有了“中华民族”是中国境内各民族共同称谓的思想。

由梁启超最早提出和使用的“中华民族”这一表示中国境内各民族是统一的民族共同体之观念，经过辛亥革命的洗礼，到了民国初年，尤其是五四运动前后，开始为越来越多的人所接受和采用，并最终得到了确立和形成。[②] 这对于“中华民族复兴”之观念的形成起了巨大的促进作用。如前所述，孙中山的“振兴中华”口号中的“中华”，指的并不是现代意义上的“中华民族”，而是居住在中华大地上的“汉族”。而到了民国初年，尤其是五四运动前后，由于“中华民族”这一表示中国境内各民族是统一的民族共同体之观念的广泛使用，人们开始把“中华民族”作为“民族振兴”或“民族复兴”的主体，实现民族振兴或民族复兴，不是汉族或其他某一民族或几个民族的振兴或复兴，而是居住在中华大地上的所有民族亦即“中华民族”的振兴或复兴。于是有了李大钊的“中华民族之复活”思想的提出。而李大钊的“中华民族之复活”思想的提出，则标志着近代“中华民族复兴”之观念的基本形成。[③]

---

① 杨度：《金铁主义说》，刘晴波主编《杨度集》（一），湖南人民出版社1986年版，第374页。

② 郑大华：《中国近代民族主义与中华民族自我意识的觉醒》，《民族研究》2013年第3期。

③ 郑大华、张驰：《近代“中华民族复兴”之观念形成的历史考察》，《教学与研究》2014年第4期。

（三）国粹派“文化复兴”的民族复兴思想

国粹派的精神领袖是章太炎。章太炎早年参加过戊戌变法，戊戌变法失败后转向反清革命，是著名的革命党人。但同时他又是一个文化保守主义者。以他和刘师培、邓实、黄节等为代表的晚清国粹派，一身二任，既是反清的革命派，又是一批精通国学的学者。他们以国学保存会为纽带，以《国粹学报》为平台，提出了“保种、爱国、存学”的口号，呼吁人们重视保持民族文化的独立性。他们不仅孜孜以复兴中国文化为己任，而且鲜明地提出了以固有文化为主体、为基础，整合西方文化、发展民族新文化的新思路。他们认为只有保存国粹，复兴国学，实现民族文化的复兴，才能最终实现中华民族的复兴。文化复兴是国粹派民族复兴思想的主旋律。

国粹派知识分子认为，中国之所以积弱不振，民族危机日益加深，其根本原因就是没有提倡国粹。因为在他们看来，一个国家所以能立于世界民族之林，不仅在于武力，更重要还在于有赖以自立的民族“元气”，这就是各国固有的“国粹”。然而自清政府举办洋务运动以来，中国不是在提倡国学、发扬国粹的基础上学习西方，而是依样画瓢，先学习西方的科学技术，进而学习西方的政治制度，其结果“将三十年，而卒莫收其效，且更敝焉”[①]。画虎不成反类犬。所以，要振兴国家，挽救民族危机，并进而实现国家和民族复兴，其关键就在于讲求国学，提倡国粹，“国学”或“国粹”关乎国家的存亡。他们在《拟设国粹学堂启》一文中强调：“夫国于天地，必有与立。学也者，政教礼俗之所出也。学亡则一国之政教礼俗均亡；政教礼俗均亡，则邦国不能独峙……是则学亡之国，其国必亡，欲谋保国，必先保学。”[②]邓实在《国学无用辨》中写道：“学以为国用者。有一国之学，即以自治其一国，而为一国之用。无学者非国，无用者亦非学也。今之忧世君子，睹神州之不振，悲中夏之沦亡，则疾首痛心于数千年

---

① 许守微：《论国粹无阻于欧化》，《国粹学报》第1卷第7期，1905年，第1页。

② 社说：《拟设国粹学堂启》，《国粹学报》第3卷第1期，1907年，第1页。

之古学，以为学之无用而致于此也。”[①] 在《古学复兴论》中邓实又说：“学以立国，无学则何以一日国于天地。”[②] 黄节在《国粹学报叙》中指出：“国界亡则无学，无学则何以有国也。”[③] 许守微的《论国粹无阻于欧化》同样认为：“国粹者，一国精神之所寄也。其为学，本之历史，因乎政俗，齐乎人心之所同，而实为立国之根本源泉也。是故国粹存则其国存，国粹亡则其国亡。”[④] 他们甚至认为，只要国粹尚存，即使不幸亡国，也终有复国之一日；要是国粹不保，中国所面临的将不仅是亡国，而且是亡天下，即将陷万劫不复的灭种之灾：“学亡则亡国，国亡则亡族。”[⑤] 他们因此而提出了“保种、爱国、存学”的口号，大声疾呼：爱国之士不仅当勇于反抗外来侵略，而且当知“爱国以学，读书保国，匹夫之贱有责焉”的道理，[⑥] 奋起保存国学、国粹，以挽救民族危亡，实现国家和民族复兴。

既然“国学”或“国粹”关乎国家的存亡，那么怎样的国学才能救中国、实现民族的复兴呢？弘扬国粹是否意味着完全回归传统？对于这些问题，国粹派知识分子给出了他们的回答。

首先，要对传统文化进行精华与糟粕的区分，取其精华而去其糟粕。邓实在《国学无用辨》一文中，把传统文化分为“在朝之学”和“在野之学”，即“君学”和“国学”。“君学”就是历代帝王尊崇的“治国之大经”“经世之良谟”，“国学”就是“为帝王所不喜”的在野君子之学。[⑦] 这实际上是把传统文化分为了为统治阶级所利用的封建专制文化和具有批判精神以及民主性的在野文化。而后邓实在《国学今论》一文中进一步指出，作为封建国家意识形态的儒学不属于“国学”而属于“君学”，他说儒学

① 邓实：《国学无用辨》，《国粹学报》第3卷第5期，1907年，第1页。

② 邓实：《古学复兴论》，《国粹学报》第1卷第9期，1905年，第2页。

③ 黄节：《国粹学报叙》，《国粹学报》第1卷第1期，1905年，第2页。

④ 许守微：《论国粹无阻于欧化》，《国粹学报》第1卷第7期，1905年，第4页。

⑤ 黄节：《国粹学报叙》，《国粹学报》第1卷第1期，1905年，第1页。

⑥ 邓实：《国学保存会小集叙》，《国粹学报》第1卷第1期，1905年，第4页。

⑦ 邓实：《国学无用辨》，《国粹学报》第3卷第5期，1907年，第1—2页。

为“利君不利民”的“君学”。[1]刘师培在《孔学真论》当中对孔子的学术思想、政治观点等进行了批判，尤其批判了其倡立君臣之义、排斥异说、重政轻艺等反民主反科学的思想。许之衡的《读“国粹学报”感言》在批判孔学的同时，提高了“在野之学”的地位。“‘在野之学’包括诸子学和后世某些有异端思想的在野知识分子的学说”[2]。刘师培的《周末学术史序》批评儒家轻视法制，是不圆满的政治法学；赞扬墨家主张平等，比儒家进步；称许道家对君主的指斥；赞佩荀子在逻辑学方面的成就；多方阐述墨子、庄子、关尹子、亢仓子、孙子、管子的学说中与近代自然科学的相通之处。邓实更是推崇具有近代启蒙意识和思想的顾炎武、黄宗羲、王夫之、龚自珍、魏源等人，认为如果这些人的主张得以实行，那么中国早已建成“地方自治之制”，早已破除“专制之局”，早已建成“民族独立之国”。[3]由此可见，国粹派知识分子并不盲目地推崇传统文化，而是在认同的基础上加以反思和批判，所以他们不同于传统的守旧派，当然他们理想中的传统文化的精华是否真的是精华，另当别论。

其次，“引西学以重新研究古学”[4]，实现中西文化和学术的相互结合。国粹派虽然推崇传统文化，但是这并不意味着对西方文化就必然要盲目排斥，他们从历史立论，认为西学的输入从来都是“中国学术变迁之关键”。元代地连欧洲，西学因之东渐，“此历数音韵舆地之学，所由至元代而始精也”[5]。明清之际，诸子学与西学，“相因缘而并兴”，尤为引人注目。进入近代，西学愈益东渐。“外学日进，而本国旧有之古学亦渐兴”[6]。因此，要研究中国学术和文化，保存“国粹”，就必须引进“西学”，实现中西学

---

①邓实：《国学今论》，《国粹学报》第1卷第4期，1905年，第1—7页。

②房德邻：《论国粹主义》，《中州学刊》1991年第3期。

③邓实：《国学无用辨》，《国粹学报》第3卷第5期，1907年，第1—2页。

④郑师渠：《晚清国粹派——文化思想研究》，北京师范大学出版社1997年版，第136页。

⑤刘师培：《国学发微》，《国粹学报》第2卷第11期，1906年，第2页。

⑥邓实：《古学复兴论》，《国粹学报》第1卷第9期，1905年，第3页。

术和文化的会通融合。用邓实的话说："以诸子之学，而与西来之学，其相因缘而并兴者，是盖有故焉。"许守微的《论国粹无阻于欧化》一文，在广征博引大量例子，以说明中西文化的交流对研究古学的作用后，"一言以蔽之"地得出结论："国粹者也，助欧化而愈彰，非敌欧化以自防，实为爱国者须臾不可离也云尔。"[①] 发表于《政艺通报》上的《国粹保存主义》在解释什么是"国粹"时也再三强调："本我国之所有而适宜焉者为国粹也，取外国之宜于我国而足以行焉亦国粹也。"章太炎在《国学讲习会序》中反复指出，新学或西学不是没有用，而是用法不对，实际上"新学则固与国学有比例为损益之用，非词章帖括之全属废料者比……前之言国学者，可绝对弃置科举；而今之言国学者，不可不兼求新识"[②]。那么如何才能把新学与国学很好地结合起来呢？章太炎给出了自己的见解："时固不乏明达之士，欲拯斯败，而以其无左右偏袒之道，即无舍一取一之方，二者之迷离错杂，不知所划，几别无瓯脱地，以容吾帜。则有主张体用主辅之说者，而彼或未能深抉中西学术之藩，其所言适足供世人非驴非马之观，而毫无足以餍两方之意。以此之故，老生以有所激而顽执益坚，新进以视为迂而僢驰益甚。"[③] 总之，国粹派知识分子在对待西学问题上，不同于传统的守旧派，他们并不对西方文化采取盲目的排斥态度，而是在坚持以传统文化为核心的前提下，去吸收西学当中的精华为我民族文化所用。

复次，通过"古学复兴"，以期望实现传统文化的复兴。"古学复兴"原是欧洲文艺复兴的一种别称。国粹派知识分子中最先使用"古学复兴"一词的是许守微，1905 年他在《国粹学报》上刊登《论国粹无阻于欧化》一文，其中说："西哲之言曰：今日欧洲文明，由中世纪倡古学之复

① 许守微：《论国粹无阻于欧化》，《国粹学报》第1卷第7期，1905年，第4页。

② 章太炎：《国学讲习会序》，张枬、王忍之编《辛亥革命前十年间时论选集》第2卷上册，生活·读书·新知三联书店1963年版，第498—502页。

③ 章太炎：《国学讲习会序》，张枬、王忍之编《辛亥革命前十年间时论选集》第2卷上册，生活·读书·新知三联书店1963年版，第499页。

兴，亚别拉脱洛查诸子之力居多焉。……视我神州，则蒙昧久矣，昏瞀久矣，横序之子，不知四礼；衿缨之士，不读群经。盖括帖之学，毒我神州者六百有余年，而今乃一旦廓清，复见天日，古学复兴，此其时矣。”[①]而邓实在同年10月发表《古学复兴论》一文，不仅论述了欧洲“古学复兴”的历史，而且对中国“古学复兴”的必然性、意义与途径都作了相当具体的阐发。他说：“吾人今日对于祖国之责任，惟当研求古学，刷垢磨光，钩玄提要，以发见种种之新事理，而大增吾神州古代文学之声价。是则吾学者之光也。学者乎！梦梦我思之，泰山之麓，河洛之滨，大江以南，五岭以北，如有一二书生，好学信古，抱残守缺，伤小雅之尽废，哀风雨于鸡鸣，以保我祖宗旧有之声明文物，而复我三千年史氏之光者乎，则安见欧洲古学复兴于十五世纪，而亚洲古学不复兴于二十世纪也。呜呼，是则所谓古学之复兴者矣。”又说：“学术至大，岂出一途，古学虽微，实吾国粹。孔子之学，其为吾旧社会所信仰者，固当发挥而光大之；诸子之学，湮殁既千余年，其有新理实用者，亦当勤求而搜讨之。夫自国之人，无不爱其自国之学。孔子之学固国学，而诸子之学亦国学也。”[②]

中世纪欧洲通过文艺复兴，开启了近代文明之路；国粹派知识分子也希望通过复兴古学，来重振中国文化，实现中国文化复兴，进而推动民族复兴的实现。因为在国粹派看来，包括儒学在内的先秦诸子之学与古希腊学术文化有许多相似之处，“夫周秦诸子之出世，适当希腊学派兴盛之时。绳绳星球，一东一西，后先相映，如铜山崩而洛钟应，斯亦奇矣。然吾即《荀子》之‘非十二子篇’观之，则周末诸子之学，其与希腊诸贤，且若合符节”。既然欧洲借复兴古希腊学术文化，而开近代文明的先河；那么中国也可以通过复兴与古希腊学术文化相似的先秦诸子学，“吹秦灰之已死，扬祖国之耿光”，振兴中国文化，实现国家富强，“亚洲古学复兴，非其时邪”。[③]

① 许守微：《论国粹无阻于欧化》，《国粹学报》第1卷第7期，1905年，第2页。

② 邓实：《古学复兴论》，《国粹学报》第1卷第9期，1905年，第4页。

③ 邓实：《古学复兴论》，《国粹学报》第1卷第9期，1905年，第2页。

国粹派知识分子不仅大力提倡“古学复兴”，而且还身体力行，以《国粹学报》为平台，积极从事“古学”的研究和宣传。马叙伦曾回忆说，其时的《国粹学报》“有文艺复兴的意义”，之后还提出拟设国粹学堂，后虽然因为经费问题而作罢，但是《拟国粹学堂学科预算表》的制定，足以让人们看到更加宏大的复兴古学的计划。其《学堂简章》规定：“略仿各国文科大学及优级师范之例，分科讲授，惟均以国学为主。”[①] 从其课程设置看，学制六学期，共分社会学、实业学、博物学、经学、哲学、伦理学、考古学、史学、宗教学、译学等 21 个学科，开设了包括“经学源流及其派别”“古代社会状态”“古代哲学”“文字学源流考”“历代实业学史”等在内共约百门课程。

我们以上论述了以甲午战争为起点的清末中华民族复兴之思想的萌发。概而言之，清末的中华民族复兴思想有以下几个特点：第一，近代民族主义是清末民族复兴思想的理论基础。无论是孙中山、梁启超还是国粹派，他们的民族复兴思想都与他们对民族主义的认识息息相关。和梁启超一样，孙中山对民族主义的认识经历了从“小民族主义”到“大民族主义”的转变，受此影响他的民族复兴思想也经历了从“排满”、建立单一汉民族国家到“五族共和”的转变；梁启超认为“今日世界之竞争国民竞争也”，这样的认识决定了梁启超的思想当中“新民”是“新国”的基础；而国粹派坚信民族固有文化的优越性，认同文化传统，并要求从文化上将民族统一起来，这也就决定了他们把传统文化的复兴作为民族复兴思想的前提。第二，建立近代民族国家是清末民族复兴思想的核心。清王朝的腐败统治以及西方列强的入侵使中华民族处于生死存亡之际，清末的先进知识分子们认为，只有建立近代意义上的民族国家，中华民族才能真正实现独立，而富强也是顺理成章的事情。梁启超在《论民族竞争之大势》一文中强调：“今日欲救中国，无他术焉，亦先建设一民族主义之国家而已。以地

① 社说：《拟设国粹学堂启》附录：《拟设国粹学堂简章》，《国粹学报》第3卷第1期，1907年，第4页。

球上最大之民族，而能建设适于天演之国家，则天下第一帝国之徽号，谁能篡之。而特不知我民族有此能力焉否也。有之则莫强，无之则竟亡，间不容发，而悉听我辈之自择。”[①] 而孙中山及革命派更是为民族建国而不断努力，1904 年《江苏》杂志上刊登的《民族主义》一文明确指出：“民族之于世界，犹个人之于社会，对于内有绝对之所有权，对于外有绝对之独立权。若一民族起而建独立自治之国家，无论何人，无对抗之权。此民族主义之本旨。”[②] 而作为革命派的一翼，国粹派倡导“保存国粹”的目的也是希望增强民族凝聚力建立近代民族国家。第三，中国传统文化是中华民族生生不息的动力之源与发展之基，要实现中华民族的复兴，必先复兴中华民族文化。国粹派仁人志士一直强调“国学”与国家存亡的关系。《拟设国粹学堂启》一文中强调，“夫国于天地，必有与立。学也者，政教礼俗之所出也。学亡则一国之政教礼俗均亡；政教礼俗均亡，则邦国不能独峙……是则学亡之国，其国必亡，欲谋保国，必先保学”[③]，因为传统文化是国人对中华民族认同的基点，是增强民族自信力、凝聚力的灵魂所在。除了国粹派对国学的重视之外，以孙中山为代表的革命派和以梁启超为代表的改革派同样意识到传统文化在民族复兴道路上的重要作用。革命派从“排满”民族主义到“五族共和”的转变，就是基于各民族对于中国传统文化的认同感；而以梁启超为代表的改革派知识分子更是基于对中国传统文化的认同，而号召舍“小民族主义”而取“大民族主义”。第四，清末知识分子对“民族复兴”的认识还相对模糊。虽然清末知识分子提出了“振兴中华”“少年中国”“古学复兴”这些接近于民族复兴的话语，此外，欧榘甲 1902 年在《新广东》中提出“中国者，今日将死而复生，散而复聚，静而复动，灭而复兴之大机会也”，《新民丛报》1903 年刊出的《〈大同日报〉缘起》一文使用了“复兴中国”“振兴民族”的提法，华兴会 1904 年提出

---

① 梁启超：《论民族竞争之大势》，《饮冰室合集》第1册，文集之十，中华书局1989年影印版，第35页。

② 佚名：《民族主义》，《江苏》第7期，1904年。

③ 社说：《拟设国粹学堂启》，《国粹学报》第3卷第1期，1907年，第1页。

过“驱除鞑虏，复兴中华”的主张，但是清末尚未发现知识分子使用“民族复兴”一词，并把它与“中华民族”结合起来，明确表达出“中华民族复兴”的涵义，这也是我们把这一时期称为中华民族复兴之思想孕育或萌发期的原因之一。“中华民族复兴”之涵义被明确表达，是在此后的五四时期。

二、“中华民族复兴”思想在五四时期的发展

实现中华民族伟大复兴的中国梦是近代以来中国人民矢志不渝的愿望和追求，但民族复兴有一个从思想的萌发到发展再到成为社会思潮的历史发展过程。清末民初，是民族复兴思想孕育或萌发阶段，从孙中山的“振兴中华”口号，到梁启超的“少年中国”说，再到国粹派的“古学复兴”主张，实际上都包含有民族复兴的思想内容。五四时期，是民族复兴思想的发展阶段，李大钊提出了“新中华民族主义”和“中华民族之复活”的思想，孙中山提出了“要恢复民族的地位，便先要恢复民族的精神”的思想，梁漱溟、梁启超等“东方文化派”提出了复兴东方文化的思想，王光祈在《少年中国运动》一书的序言中，提出了“中华民族复兴运动”的思想。民族复兴成为一种具有广泛影响力的社会思潮则是在“九一八”事变之后，其主要原因是“九一八”事变后日益严重的民族危机的刺激，激化了人们的民族认同感和民族责任感，从而为中华民族的复兴提供了契机。

（一）李大钊提出“新中华民族主义”和“中华民族之复活”的思想

萌发于清末民初的“中华民族复兴”思想，到五四时期有了新的发展。首先是李大钊提出了“新中华民族主义”和“中华民族之复活”的思想。李大钊的“新中华民族主义”主要是针对日本的“大亚细亚主义者”提出来的。大亚细亚主义，又称大亚洲主义，有论者亦称之为泛亚洲主义或日本亚洲主义，是流行于19世纪末至20世纪20年代日本社会的一种政治思潮。在早期，其主要内容可以概括为抵御西方列强侵略的“亚洲同盟”论

和“中日连携”论，即主张以日本为主导，在中日合作的前提下实现亚洲的联合，以共同抵御西方列强对亚洲各国的侵略。后来，随着日本侵略中国和亚洲野心的进一步滋长，大亚细亚主义也完全成为日本侵略中国和亚洲各国的一种赤裸裸的侵略理论，即主张以日本为盟主，将亚洲各国联合起来，结成以日本为宗主国的军事同盟，以共同对付西方列强在亚洲的存在。后来日本提出的所谓“亚洲共荣圈”就是在这一理论的基础上形成的。

针对日本的大亚细亚主义，1917 年 2 月 19 日，李大钊在《甲寅》日刊上发表《新中华民族主义》一文。他在文中写道：19 世纪以来，随着国民精神的勃兴，民族运动遂继之以起，于是德国唱大日耳曼主义，俄罗斯、塞尔维亚唱大斯拉夫主义，英国唱大盎格鲁撒逊主义，美国唱门罗主义，日本近来亦大唱所谓“大亚细亚主义”。他指出，虽然日本大唱“大亚细亚主义”的“旨领何在，吾不得知，但以吾中华之大，几于包举亚洲之全陆，而亚洲各国之民族，尤莫不与吾中华有血缘，其文明莫不以吾中华为鼻祖”，因此，今天不讲“大亚细亚主义”则罢，而要讲“大亚细亚主义”，则“舍新中华之觉醒、新中华民族主义之勃兴”，断无成功之可能。他并强调指出，“斯非吾人夜郎自大之说”，而有其历史地理的逻辑根据。因为，所谓民族主义，“乃同一之人种，如磁石之相引，不问国境、国籍之如何，而遥相呼应、互为联络之倾向也”。而就目前世界上的不少国家来看，“或同一国内之各种民族有崩离之势，或殊异国中之同一民族有联系之情”，唯独具有悠久历史、“积亚洲由来之数多民族冶融而成”的中华民族，在“高远博大”之民族精神的铸筑下，早已“畛域不分、血统全泯”，凡籍隶于中华民国之人“皆为新中华民族矣”。此前的汉、满、蒙、回、藏之五族的称谓，是辛亥革命特定时期的产物，现今五族的文化早已渐趋于一致，而又共同生活在统一的民国之下，汉、满、蒙、回、藏之五族以及其他苗族、瑶族都已成为“历史上残留之名辞”，没有再保留的必要，所有五族和各族都应统称为“中华民族”。与此相适应，今后民国的政教典刑，也应以新民族精神的建立为宗旨，统一民族思想，这也就是所谓的“新中华民族主义”。只有当“新中华民族主义”能发扬于东方的时候，

“大亚细亚主义始能光耀于世界”。否则，“幻想而已矣，梦呓而已矣！”为此，他呼吁“新中华民族之少年”，要以“民族兴亡，匹夫有责”的精神，肩负起“民族复兴”的大任，致力于“新中华民族主义”的勃兴[①]。

李大钊不仅在文中第一次使用了“中华民族”一词，而且阐述了中华民族的复兴与“大亚细亚主义”之间的关系。这具有十分重要的思想意义。众所周知，中华民族虽然形成很早，但民族意识较为淡薄，借用费孝通先生的话说，古代的中华民族是一个“自在”的民族实体，而不是一个“自觉”的民族实体。这也是一些人认为中国古代没有形成民族和民族主义的重要原因。最早提出和使用“中华民族”一词的是梁启超。1902年梁启超在《论中国学术思想变迁之大势》一文中第一次使用了“中华民族”：“齐，海国也。上古时代，我中华民族之有海思想者厥惟齐。故于其间产出两种观念焉，一曰国家观；二曰世界观。”[②]除了梁启超外，在清末使用过“中华民族”一词的还有两个人，即杨度（《金铁主义说》1907年）和章太炎（《中华民国解》1907年）。但就梁启超、杨度和章太炎对“中华民族”的使用来看，他们都是在“汉族”的涵义上使用“中华民族”一词的[③]。1911年的辛亥革命推翻了清王朝，中华民国宣告成立。中华民国的成立，尤其是孙中山在《临时大总统就职宣言书》和《中华民国临时约法》中提出的“五族共和”“五族平等”的建国主张，对“中华民族”自我意识的形成起了极大的促进作用。因此，民国初年使用“中华民族”一词的人不仅增多起来，而且已初步具有了“中华民族”是中国境内各民族共同称谓的意识。1913年1月，乌兰察布盟和伊克昭盟蒙古族各王公在呼和浩特集会，反对哲布尊丹巴等部分蒙古王公贵族在沙俄的策动下，在库伦成立所谓的“大蒙古国”，从事分裂中国的活动，他们在给库伦民族分裂主义分子的文告

① 李大钊：《新中华民族主义》，《甲寅》（日刊），1917年2月19日。

② 梁启超：《论中国学术思想变迁之大势》，《饮冰室合集》第1册，文集之七，中华书局1989年影印版，第21页。

③ 参见郑大华：《“中华民族”自我意识的形成》，《近代史研究》2014年第4期。

中表示："蒙古疆域，向与中国腹地，唇齿相依，数百年来，汉蒙久成一家"，"现在共和新立，五族一家……我蒙同系中华民族，自宜一体出力，维持民国"。[①] 就目前发现的资料来看，这是中国少数民族第一次采用政治文告的形式，公开承认自己是"中华民族"的一部分。到了五四时期，受第一次世界大战后兴起的民族自决思潮的影响，越来越多的人开始认同和使用"中华民族"一词。在当时中国的政治舞台上，除北洋军阀外，主要有三大政治力量或政治派别，即以孙中山为代表的国民党人、以李大钊为代表的早期马克思主义者和以梁启超为代表的研究系知识分子。而这三大派别对认同和使用"中华民族"都有一定的自觉性。[②] 在早期马克思主义者中，李大钊不仅是第一个使用"中华民族"的人，而且就他在《新中华民族主义》一文中对"中华民族"的阐释（凡籍隶于中华民国的人"皆为新中华民族矣"）来看，他讲的"中华民族"是中国境内各个民族的共同称谓，而非"汉族"的代称。

如果说在写作《新中华民族主义》时李大钊还不十分清楚日本提出的"大亚细亚主义"的具体内容的话，那么，当他同年 4 月 18 日发表《大亚细亚主义》一文时，由于他读到了刊发于日本东京《中央公论》4 月号上的《何谓大亚细亚主义》一文，对于日本欲借所谓大亚细亚主义而谋在亚洲的霸权，以侵略和奴役中国和其他亚洲国家的阴谋已有所了解。因此，他在文中写道：如果日本真的有建立大亚细亚主义之理想的觉悟，那么，倘若有外来势力对亚洲国家进行侵略，不仅不能"助虐"，而且还应念同洲同种之谊，帮助和支持亚洲人民反侵略的斗争，以"维护世界真正之道义，保障世界确实之和平"。他尤其强调指出，日本如果挂羊头卖狗肉，"假大亚细亚主义之旗帜，以掩饰其帝国主义，而攘极东之霸权，禁他洲人之掠夺而自为掠夺，拒他洲人之欺凌而自相欺凌，其结果必遭白人

① 《西盟会议始末记》，上海经世文社编《民国经世文编》第18册，1914年刊行，第15—16页。

② 郑大华、张驰：《近代民族主义与中华民族自我意识的觉醒》，《民族研究》2013年第3期。

之忌，终以嫁祸于全亚之同胞，则其唱大亚细亚主义，不独不能维持亚细亚之大势，且以促其危亡，殊非亚细亚人所宜出”。他希望日本人对此深加省思。

李大钊还进一步阐述了他曾在《新中华民族主义》一文中阐述过的“舍新中华之觉醒、新中华民族主义之勃兴”，真正的“大亚细亚主义”断无成功之可能的思想。他指出：“苟无中国即无亚细亚，吾中国人苟不能自立即亚细亚人不能存立于世界，即幸而有一国焉，悍然自居为亚细亚之主人翁，亦终必为欧美列强集矢之的，而召殄灭之祸。”因为，“吾中国位于亚细亚之大陆，版图如兹其宏阔，族众如兹其繁多，其势力可以代表全亚细亚之势力，其文明可以代表全亚细亚之文明，此非吾人之自夸，亦实举世所公认”。就此而言，他强调指出，不主张“大亚细亚主义者”便罢，而要主张“大亚细亚主义者，当以中华国家之再造，中华民族之复活为绝大之关键”。[①]

就字义来说，“复活”虽然完全不能等同于“复兴”，但具有很强的“复兴”意义。李大钊提出的“中华民族之复活”思想，第一次将“中华民族”与“复活”或“复兴”联系了起来，明确了“复活”或“复兴”的主体是包括汉、满、蒙、回、藏之五族以及苗族、瑶族在内的“中华民族”。这是自孙中山提出“振兴中华”和梁启超提出“中华民族”以来，对“中华民族复兴”之思想的巨大贡献。因为1894年11月孙中山在《檀香山兴中会章程》中提出的“振兴中华”中的“中华”，并不是我们现代意义上的“中华民族”。当时以孙中山为代表的革命派，主要是在两种意义上使用“中华”一词的。一是指“中国”。如陶成章在其著作《中国民族权力消长史》中就写道：“我们中国将国家自称为华夏，夏为大，华为美，是大而美丽的国家的意思。中华，也称中国”。二是指“汉族”。陶成章在同一本书中又指出：“所谓中国民族，一名汉族，自称中华人，又称中国人。”就是说，只有“汉族”才是“中华”，才是“中国人”。就孙中山而言，辛亥革

---

① 李大钊：《大亚细亚主义》，《甲寅》（日刊），1917年4月18日。

命时期，他也是在“中国”或“汉族”的意义上使用“中华”一词的。至于具体到“振兴中华”的口号，就孙中山的思想以及时人对“中华”的理解来看，指的应是居住在中华大地上的“汉族”。梁启超虽然于 1902 年第一个提出了“中华民族”的观念，但他当时讲的“中华民族”不仅指的是汉族，而且也没有包含“复活”或“复兴”的涵义。就此而言，李大钊“中华民族之复活”思想的提出，则标志着“中华民族复兴”之观念的基本形成。[①]

（二）孙中山提出“恢复民族的精神”以“恢复民族的地位”的思想

孙中山最早提出民族复兴思想是在 1894 年。那一年 11 月，他在檀香山成立革命团体“兴中会”时，在《檀香山兴中会章程》中提出了“振兴中华”这一具有民族复兴思想内涵的口号。孙中山再次提出民族复兴思想是在五四运动时期，具体来说是在中国国民党第一次全国代表大会闭幕后不久，他应邀到广州国立师范学校礼堂作“三民主义”的系列演讲中提出“恢复民族的地位”之民族复兴思想的。孙中山在演讲中指出，中国以前是一个很强盛很文明的国家，是世界首屈一指的强国，其地位比现在的列强，如英国、美国、法国和日本还要高得多，因为那个时候的中国是“世界中的独强”。然而进入近代以后，中国的地位则“一落千丈”，从“世界中的独强”沉沦为了“次殖民地”，而“次殖民地”的地位“还不如殖民地”。“我们今天要恢复民族的地位”，实现中华民族的伟大复兴。

孙中山不仅提出了恢复民族的地位的民族复兴思想，而且认为“我们今天要恢复民族的地位”，首先“便先要恢复民族的精神”。因为中国之所以从“世界中的独强”沉沦为了“次殖民地”，“是由于我们失了民族的精神”。[②] 认为中国要“恢复民族的地位”，就必先“恢复民族的精神”，这是

---

① 郑大华、张驰：《近代“中华民族复兴”之观念形成的历史考察》，《教学与研究》2014年第4期。

② 孙中山：《三民主义·民族主义》，《孙中山全集》第9卷，中华书局1986年版，第242页。

孙中山的民族复兴思想的重大发展，也是孙中山对中国近代民族复兴思想的重要贡献。

“民族精神”一词最早出现于18世纪的德国。当时，由于法兰西文化的大规模涌入，德国知识分子感觉到民族认同和民族自尊受到外来文化的严重挑战，为了捍卫民族尊严，他们于是大力提倡德意志文化，并提出了“民族精神”（Volksgeist）的概念。他们认为，Volksgeist指的是一个民族的禀赋，它伴随着民族与生俱来，每一民族自身的文化、特性、气质即是Volksgeist的体现。在他们看来，每个民族都有自己的特质，这些特质由民族精神所决定，并且反映在以语言、文学、艺术、风俗为代表的民族文化上。在此思想指导之下，德意志知识分子开始致力于从德意志历史、文学、民间艺术中探求德意志民族精神的源泉，以此来展示德意志民族的独特性与优越性。他们的努力不仅为德意志国家的统一奠定了文化基础，同时也为世界上其他民族争取民族解放、独立和统一提供了思想资源，对19、20世纪的世界民族主义运动产生过深刻影响。[①]

就目前发现的资料来看，中国最早以“民族精神”为题的文章，是1903年发表在留日学生创办的《江苏》杂志第7、8期上的《民族精神论》一文。该文认为，民族精神的有无是欧洲“所以能振兴”和中国“几无足自存于大地”的原因，中国要在“凄风苦雨之中”实现“早自振臂”，作为“后来之师表”和“同胞之干城”的青年，就应“振其气，坚其志，固其操，不以富贵撄其心，不以生死挠其志，不以目前之小小成败挫折其目的，夫如是亦可以称民族之牺牲者乎！”[②]但在清末民初，“民族精神”一词并没有得到广泛使用，人们更多的是受日本的影响，用“国魂”“国粹”“国性”“立国精神”等来表达“民族精神”的涵义。比如，梁启超就先后有《中国魂安在否》（1899年）、《国性篇》（1912年）等谈民族精神的文章发表，但用的都不是“民族精神”，而是“国魂”“国性”等源于日

① 参见唐海涛：《近代中国对民族精神的探索》，转引自郑师渠、史革新主编《近代中国民族精神研究读本》，北京师范大学出版社2006年版，第303—304页。

② 佚名：《民族精神论》，《江苏》第7、8期，1903年10月20日、11月19日。

本的词。中国知识界比较多地使用“民族精神”一词并对此展开讨论，是在五四时期。

孙中山认为，“恢复民族的精神，要有两个条件”：第一个条件，是要知道中华民族现在处于极危险的地位；第二个条件，“便要善用中国固有的团体”，如家族团体和宗族团体，并在此基础上联合成一个大的“国族团体”，也就是他所讲的“大中华民族”的“国族主义”。“结成了国族团体，有了四万万人的大力量，共同去奋斗，无论我们民族是处于什么地位，都可以恢复起来。所以，能知与合群，便是恢复民族主义的方法。”把这个方法“推广”开来，让全国四万万人都知道，“那末，我们从前失去的民族精神便可以恢复起来”。他进一步打比喻道：“从前失去民族精神，好比是睡着觉；现在要恢复民族精神，就要唤醒起来。醒了之后，才可以恢复民族主义。到民族主义恢复了之后，我们便可以进一步去研究怎么样才可以恢复我们民族的地位。”①按照孙中山的上述说法，我们要恢复中华民族的地位，实现中华民族的伟大复兴，就必须恢复民族主义，也就是四万万人民联合成为一个“国族团体”；而要恢复民族主义，必先恢复民族精神。这也就是民族精神对于民族复兴的重要意义。

那么，什么是“民族精神”呢？孙中山认为，“民族精神”主要体现为“固有的道德”“固有的知识”和“固有的能力”三个方面。首先就“固有的道德”而言，他指出，中国“固有的道德”，“首是忠孝，次是仁爱，其次是信义，其次是和平”。虽然历史在发展，社会在进步，但以“忠孝”“仁爱”“信义”“和平”为其内容的“固有的道德”，并不像“醉心新文化的人”所说的那样过时了，要加以“排斥”，相反，我们要将它们恢复起来，发扬光大起来。比如“忠”，有的人以为，忠是“忠君”，现在是民国，没有了皇帝，也就不要再讲什么“忠”了。“这种理论，实在是误解”。因为“忠”，不仅仅是“忠于君”，也可以作“忠于国、忠于民、忠于事”来解。

---

① 孙中山：《三民主义·民族主义》，《孙中山全集》第9卷，中华书局1986年版，第242页。

现在没有了君主，我们“不忠于君”了，但我们还“要忠于国，要忠于民，要为四万万人去效忠。为四万万人效忠，比较为一人效忠，自然是高尚得多。故忠字的好道德还是要保存”。其他如“孝”“仁爱”“信义”“和平”也是一样，都是没有过时的“好道德”。尤其是“和平”，是“驾乎外国人”的“一种极好的道德”，“是我们民族的精神。我们以后对于这种精神不但是要保存，并且要发扬光大，然后我们民族的地位才可以恢复”。[①]其次，从“固有的知识”来看，他指出，所谓“固有的知识”，也就是“人生对于国家的观念”，具体来说，“就是《大学》中所说的‘格物、致知、诚意、正心、修身、齐家、治国、平天下’那一段的话”。这段话“把一个人从内发扬到外，由一个人的内部做起，推到平天下止”，是一种“精微开展的理论”。无论外国的什么政治哲学都是没有这样的理论，它是“我们政治哲学的知识中独有的宝贝”。然而“自失了民族精神之后，这些知识的精神当然也失去了”。所以，我们要“齐家、治国，不受外国的压迫，根本上便要从修身起，把中国固有知识一贯的道理先恢复起来，然后我们民族的精神和民族的地位才都可以恢复”。[②]再次，来看“固有的能力”。他指出，现在西方的机器发达，科学昌明，而中国与西方比较要落后得多，因此，“中国人现在的能力当然不及外国人”。但在古代，在几千年之前，“中国人的能力还要比外国人大得多。外国现在最重要的东西，都是中国从前发明的”，如指南针、印刷术、火药等等。只是“后来失了那种能力”，民族的地位也因而“逐渐退化”，乃至成了比殖民地还不如的“次殖民地”。因此，我们要恢复民族“固有的地位，便先要把我们固有的能力一齐都恢复起来”。[③]

---

① 孙中山：《三民主义·民族主义》，《孙中山全集》第9卷，中华书局1986年版，第243—247页。

② 孙中山：《三民主义·民族主义》，《孙中山全集》第9卷，中华书局1986年版，第247—250页。

③ 孙中山：《三民主义·民族主义》，《孙中山全集》第9卷，中华书局1986年版，第250—251页。

孙中山强调指出，我们要“恢复民族的地位”，就必须大力恢复和弘扬“民族精神”，也就是“我们固有的道德、知识和能力”。但在大力恢复和弘扬“民族精神”的同时，我们“还要去学欧美之所长，然后才可以和欧美并驾齐驱。如果不学外国的长处，我们仍要退后”。孙中山还提出，我们学习外国，不是要“向后跟着他”学，而是要“迎头赶上去”。比如学习外国的科学，不是亦步亦趋地从头再来，而是直接学习外国最先进的东西，这样“便可以减少两百多年的光阴”。“向后跟着他”学，我们永远都会落在别人的后面，只有“迎头赶上去”，我们才有可能“后来者居上”，赶上和超过欧美和日本等发达国家，也才有可能使我们的国家“恢复到头一个地位”。[①]

以上是孙中山在“三民主义”的讲演中对“民族精神”的阐述，它涉及什么是民族精神、恢复和弘扬民族精神对于民族复兴的重要意义以及如何处理好恢复和弘扬民族精神与向外国学习的关系等问题。就他对上述这些问题的阐述来看，他既不同于那些对中国传统思想和文化持否定态度的西化派（孙中山在讲演中称他们为“醉心新文化的人”），也与那些固守传统、反对学习西方的守旧派区别了开来。蔡元培在《三民主义的中和性》一文中谈到孙中山的以上阐述时就曾指出：当时中国“主张保存国粹的，说西洋科学破产；主张输入欧化的，说中国旧文明没有价值。这是两极端的主张。孙先生讲民族主义的时候，说中国要恢复民族的地位，要把固有的道德、固有的知识、固有的能力恢复起来，是何等的看重国粹！”[②]而当孙中山又说：“恢复我一切国粹之后，还要去学欧美之所长”时，蔡元培认为：“我们要学外国，要迎头赶上去，不要在后赶着他，这又何等的看重欧化！”[③]因此，目前学术界存在的那种认为孙中山要恢复和弘扬包

① 孙中山：《三民主义·民族主义》，《孙中山全集》第9卷，中华书局1986年版，第251—253页。

② 蔡元培：《三民主义的中和性》，《蔡元培论学集》，商务印书馆2019年版，第220页。

③ 蔡元培：《三民主义的中和性》，《蔡元培论学集》，商务印书馆2019年版，第220页。

括“固有的道德”在内的“民族精神”就是“复古”“倒退”“开历史倒车”的观点是站不住脚的。实际上，从孙中山对中国“固有的道德”的阐述可以看出，他所讲的“固有的道德”，不仅只限于“忠孝”“仁爱”“信义”“和平”，而是所有的“固有的道德”（中国“固有的道德”当然不止这些），并且对“忠孝”“仁爱”“信义”“和平”也作了新的解释，如他解释“忠”，为“忠于国、忠于民、忠于事”，而非“忠于君”，这样就剔除了原先所具有的封建主义的思想因素。

孙中山强调我们要恢复民族的地位，实现中华民族的伟大复兴，就必须大力恢复和弘扬“民族精神”，这对于重新认识我们的民族文化，树立民族的自信心，增强民族的凝聚力，是有积极意义的，应该给予充分的肯定。当然，这只是问题的一方面或主要方面；问题的另一方面我们也应看到，孙中山对“民族精神”的理解是狭隘的，至少是不全面的。什么是民族精神？民族精神是相对于时代精神的一个概念。任何文化都是时代性与民族性之集合体，时代性中那些代表历史前进方向的内容形成时代精神，民族性中那些代表民族生命力的内容形成民族精神。民族精神是一个民族在艰难困苦的环境中得以繁衍、发展、壮大的精神支柱，是激励和鼓舞本民族成员为着自己美好的目标积极奋进的精神动力，是沟通和联结本民族成员心灵的感情纽带，人们无论走到天涯海角，都会因本民族的民族精神而产生一种民族的认同感、自豪感和献身民族事业的责任感。所以，民族精神的绵延不绝和不断振兴，是一个民族具有勃勃生机的重要标志。无论哪一种民族文化都有自己的民族精神，正是这种民族精神才决定了民族文化的价值和意义。就此而言，孙中山自己在长达几十年的革命生涯中所体现出来的“为实现民族独立和统一的奋斗精神，争取民族自由、平等和博爱的献身精神，振兴中华，为国家民族求强求富的精神，爱好和平与发展美好未来，‘天下为公’、‘世界大同’与‘济弱扶倾’的民族互助精神，还有争取实现民族融和、共同进步的民族共和精神等等”，[①] 实际上都是中

---

① 林家有：《孙中山的民族精神对中国社会建设的启迪》，《河北经贸大学学报（综合版）》2010年第2期。

华民族的民族精神的体现。但这些却没有包括在孙中山所论述的“民族精神”之内。说到这里，有一个问题不得不提出来：孙中山所论述的民族精神和孙中山自身所具有的或体现出来的民族精神不是一回事，我们要把它们区别开来，不能以孙中山所论述的“民族精神”来说明他自身所具有的民族精神，也不能以他自身所具有的民族精神来说明他所论述的民族精神。但遗憾的是，在实际的研究中，不少学者则将二者混为一谈，没有对这两种不同性质的问题进行区分。

（三）“东方文化派”提出通过文化复兴来实现民族复兴的思想

在清末，以章太炎为代表的国粹派曾提出过以“古学复兴”实现民族复兴的思想。继清末的国粹派后，倡导通过文化复兴来实现民族复兴的是五四时期的“东方文化派”。“东方文化派”是五四时期人们对当时出现的一些反对西化、提倡东方文化的人物的统称[①]，其代表人物有《东方杂志》主编杜亚泉及其后继者钱智修；有 1919 年访欧回国不久即发表《欧游心影录》一文，宣告西方“物质文明”和“科学万能之梦”已经“破产”的梁启超；有《东西文化及其哲学》一书的作者梁漱溟；有自称是“东方文化之信徒”的陈嘉异；有反对科学对人生观指导的“玄学鬼”张君劢；有主张新旧调和与“以农立国”的章士钊。需要指出的是，人们虽然把这些人统称为“东方文化派”，但实际上他们的主张并不完全相同，把他们统称为一派是很不科学的。早在 20 世纪 20 年代中期，就有人指出：“‘东方文化派’这个名词，似稍嫌笼统，且包含的类别很复杂。”[②]当然，人们之

① 最早使用“东方文化派”这一提法的是瞿秋白（见瞿著《东方文化与世界革命》，《新青年》季刊第1期，1923年）；最早给“东方文化派”定名作解的是邓中夏（见邓著《中国现在的思想界》，《中国青年》第6期，1923年）；1934年3月出版的第一本关于新文化运动的专著《中国新文化运动概观》（作者伍启元），进一步将这一提法固定化。从此，这一提法沿用至今。

② 昌群：《什么是文化工作》，《中国青年》第142期，1926年。

所以把他们统称为“东方文化派”，是因为他们有着基本一致的文化取向和理论特征，即反对西方化，提倡东方化，肯定民族文化的固有价值，以复兴中国文化来解决民族面临的一系列问题，从而实现民族的振兴或复兴。所以，为叙述的方便起见，我们仍沿用了“东方文化派”这一人们比较熟悉的用法，尽管它并不科学。这是首先要向读者予以说明的。概而言之，“东方文化派”的民族复兴思想主要体现在以下三个方面。

第一，中国文化的独特价值。东西文化存在差异，这是五四新文化运动时期人们的普遍共识。但这种差异的实质何在？东西文化孰优孰劣？对此，人们的认识又大相径庭。以陈独秀、胡适为代表的一些人认为是“古今之别”，而“东方文化派”则认为中西文化的差异是“乃性质之异，而非程度之差”，或者换句话说，是“中”与“外”之间的差异。实际上，就文化理论而言，“古今之别”和“中外之异”，指涉的是文化的时代性和民族性。所谓文化的时代性和民族性是文化的两种属性。文化的时代性，是指为社会发展特定历史阶段上的一般状况所决定的文化之时代特征，它反映的是世界各民族在相同的时代或相同的社会发展阶段上的文化之共同要求。文化的民族性，是指体现在特定民族文化类型中并作为基本内核而存在的民族文化心理素质的特征，它是形成民族文化的基础，具有与民族共存亡的超时代性。民族性是不能作善恶之价值判断的，各民族文化之民族性没有高下优劣之分，都有存在的理由和意义。时代性是可以并应该作出价值之善恶判断的，文化的性质由时代性所决定，处于不同时代和历史发展阶段的民族文化因此而划分出先进与落后、优越与低劣。作为文化的两种属性，时代性与民族性既彼此联系，又相互依存。任何文化形态，既是一定时代的文化，又是一定民族的文化，既是特定民族在一定时代的文化，又是一定时代的特定民族文化，是时代性与民族性的集合体。以文化的这两种属性分析东西或中西文化，从文化的时代性来看，中国传统文化在性质上是古代，特别是封建时代的文化，而西方近代文化是近代资本主义文化，它们是一古一今，在时代性上后者比前者具有不可比拟的优越性；但就文化的民族性来考察，中西文化体现的是两种不同民族的文化特征，彼此并无高下优劣之分。“东方文化派”之所以把中西文化的差异归结是“中外之异”，而否认它是“古今之别”，不认为中国文化落后于西方文化，其中一个重要原因，就是希望人们认识到中国文化的独特价值和它的存在意义，从而增强民族的自豪感和自信心。因为，只有增加了人们的民族自豪感和自信心，中华民族的伟大复兴才有可能。比如，陈嘉异在《东方文化与吾人之大任》一文中就开篇明义强调指出，他所讲的“东方文化”，“其内涵之意义，决非仅如所谓‘国故’之陈腐干枯。精密言之，实含有‘中国民族之精神’，或‘中国民族再兴之新生命’之义蕴”。具体来说，他认为东方文化具有西方文化不具有的四大优点：一是，它是独立的、创造的。二是，它具有调和精神生活与物质生活的优越性，尤其能以精神生活统御物质生活，使二者融为一体。三是，它具有调节民族精神和时代精神的优越性，而尤以民族精神为根柢，最能运用于发展。四是，它有由国家主义而达于世界主义的优越性，而尤以世界主义为其归宿，因此，东方文化将来必然会成为世界文化。① 钱智修虽然不太同意陈嘉异对中西文化的上述对比，认为所持“文化二元说过严”，但他特别赞赏陈嘉异以“振起中国民族再生之新生命”而撰写此文的目的，称赞陈“手眼之高，自非一般国粹论者所能企及”。②

第二，传统文化的现代意义。五四时期，流行着这样一个观点，即认为中国的旧文化在古代虽然有它的价值，但到了现代则成了过时的东西，已失去存在的价值和意义。与此种观点相反，“东方文化派”则认为中国传统文化中包含着许多不为特定的历史时期和社会形态所规定的恒常价值，如儒家的人文主义，它注重人文教化，强调人在道德上的自主、自强和自勉，视道德主体的挺立为人与动物的根本区别，引导人们去追求至美的人格和至善的境界，并由此实现人与自然、人与他人、人自身的普遍和

① 陈嘉异：《东方文化与吾人之大任》，《东方杂志》第18卷第1、2号，1921年1月10日、25日。

② 坚瓠（钱智修）：《文化发展之径路》，《东方杂志》第18卷第2号，1921年1月25日。

谐。这些不仅在古代，在现代社会也更有它的价值和意义。譬如，梁启超在《欧游心影录》中就指出，强调“心物调和”，是近来西方哲学的发展趋势。但实际上，“我们先秦学术，正是从这条路上发展出来”的。孔子、老子、墨子这三位中国文化的“大圣”，其学术观点虽然各不相同，但“求理想与实用一致，却是他们共同的归着点”。孔子的“尽性赞化”“自强不息”，老子的“各归其根”，墨子的“上同于天”，这些“都是看出有个‘大的自我’、‘灵的自我’和这‘小的自我’、‘肉的自我’同体，想要因小通大，推肉合灵。我们若是跟着三圣所走的路，求‘现代的理想与实用一致’，我想不知有多少境界可以辟得出来哩！”[①] 又譬如，几乎所有的“东方文化派”都视中国传统伦理和道德为“立国之本”，具有永恒的价值，从而对它采取继承和弘扬的态度。杜亚泉就指出：“吾以为中国道德之大体，当然可以不变，不特今日不变，即再历千万年而亦可以不变。”[②] 陈嘉异之所以认为中国固有文化比西方近代文化优越，其理由之一，就是他认为：“吾族所有之德目，如仁爱等名词，以及‘四海一家’，‘民胞物与’之语，无不含有极普遍极博大之精神。质而言之，吾族之传统道德，实世界道德、人类道德，而非仅国家道德。”[③] 梁启超也认为：“道德是永久的，无所谓适于古者不适于今，合于今者不合于古的。”[④] 这也是“东方文化派”认为中国是“精神文明”，西方是“物质文明”，要用“精神文明”去解救“物质文明”所带给西方人的种种弊端的重要原因。梁漱溟在他成名作《东西文化及其哲学》一书的“序言”中，谈到他“弃佛归儒”、成为20世纪中国最著名的文化保守主义者的原因：“我又看着西洋人可怜，他们当此

---

① 梁启超：《欧游心影录》，《饮冰室合集》第7册，专集之二十三，中华书局1989年影印版，第36页。

② 高劳（杜亚泉）：《国民今后之道德》，《东方杂志》第10卷第5号，1913年11月。

③ 陈嘉异：《东方文化与吾人之大任》，《东方杂志》第18卷第1、2号，1921年1月10日、25日。

④ 梁启超：《教育应用的道德公准》，《梁启超哲学思想论文选》，北京大学出版社1984年版，第416页。

物质的疲敝，要想得精神的恢复，而他们所谓精神又不过是希伯来那点东西，左冲右突不出此卷，真是所谓未闻大道，我不应当引导他们于孔子一条路来吗？”答案当然是肯定的。

第三，文化调和与民族复兴。实际上，无论是强调中国文化的独特价值，还是肯定传统文化的现代意义，其最终目的，都是为了对中国文化出路作出选择，以实现民族的复兴。当时，一些人从中国文化是旧文化，根本不适应现代需要，西方文化是新文化，比中国固有文化优越这一前提出发，认为中国文化的出路只能是“西方化”，而不是“东方化”或其他。与此种观点相反，在“东方文化派”看来，中西文化是“中外之异”，类型之别，彼此难分优劣，不存在谁取代谁的可能，更何况它们各有所长，也各有所短，而且这种长短又正好互补。因此，中国文化的出路只能是“一面开新，一面复旧”，取西方文化之长，补中国文化之短，实现以中国文化为本位、为主体的中西文化的折中调和。梁启超就主张“拿西洋的文明来扩充我（国）的文明，又拿我（国）的文明去补助西洋的文明，叫他化合起来成一种新文明”。为此，他提出了著名的调和中西文化的“四步论”：“第一步，要人人存一个尊重爱护本国文化的诚意；第二步，要用那西洋人研究学问的方法去研究他，得他的真相；第三步，把自己的文化综合起来，还拿别人的补助他，叫他起一种化合作用，成了一个新文化系统；第四步，把这新系统往外扩充，叫人类全体都得着他好处。”[①] 在“东方文化派”中，梁漱溟提出的中西文化调和论最具特色。他提出，一方面，我们要“对于西方文化是全盘接受，而根本改过，就是要对其态度改一改”；另一方面，要“批评地把中国原来的态度重新拿出来”[②]。而梁漱溟所说的“中国原来的态度”，也就是中国传统的人生态度，即他在《东西文化及其哲学》中大力赞赏的“孔颜乐处”。他并强调指出：“只有昭苏了中

---

① 梁启超：《欧游心影录》，《饮冰室全集》第7册，专集之二十三，中华书局1989年影印版，第37页。

② 梁漱溟：《东西文化及其哲学》，《梁漱溟全集》第1卷，山东人民出版社1989年版，第528页。

国人的人生态度，才能把生机剥尽死气沉沉的中国人复活过来，从里面发出动作，才是真动。中国不复活则已，中国而复活，只能于此得之，这是唯一无二的路。有人以清代学术比作中国的文艺复兴，其实文艺复兴的真意义在其人生态度的复兴，清学有什么中国人生态度复兴的可说？有人以五四而来的新文化运动为中国的文艺复兴，其实这运动只是西洋化在中国的兴起，怎能算得中国的文艺复兴？若真中国的文艺复兴，应当是中国自己人生态度的复兴，那只有如我现在所说可以当得起。”[①] 在这里，梁漱溟提出了通过中国人生态度的“复活”或“复兴”，从而实现中国的“复活”或“复兴”的问题。

五四时期中国所面临的国内外情势以及中国学习西方的失败局面是“东方文化派”思想产生的社会根源，但究其学理，“东方文化派”的思想中都存在着内在的紧张，存在着文化自大的情绪，但“东方文化派”从自身民族文化特性和文化体系出发，发掘能服务于中国现代化的东西，为中国找一个“立国的精神根基和民族的内在生命力”[②]，顺应了当时兴起的民族自救和民族复兴的思想潮流，对重新树立民族文化自信心和恢复民族自尊心具有它的积极意义。

总之，发端于清末的中华民族复兴思想在五四时期得到了进一步发展，这主要体现在三个方面：一是清末民初虽然提出了“振兴中华”（孙中山）、“少年中国”（梁启超）、“古学复兴”（以章太炎为代表的国粹派）这些接近于民族复兴的话语，但并没有明确提出“民族复兴”这一观念。因此，清末民初还只是中华民族复兴思想的孕育或萌发阶段。而到了五四时期，李大钊提出了“中华民族之复活”、陈嘉异提出了“中国民族再兴之新生命”、梁漱溟提出了“中国而复活”、王光祈提出了“中华民族复兴运动”（王氏没有对此进行展开论述）等明确含有“民族复兴”之观念的思想，尤其是李大钊的“中华民族之复活”思想的提出，标志着近代中华民族复

① 梁漱溟：《东西文化及其哲学》，《梁漱溟全集》第1卷，山东人民出版社1989年版，第539页。

② 张汝伦：《现代中国思想史研究》，上海人民出版社2000年版，第172页。

兴之观念的基本形成。二是孙中山提出了我们要“恢复民族的地位”，必先“恢复民族的精神”的思想，尤其是他对什么是民族精神、恢复和弘扬民族精神对于民族复兴的重要意义，以及如何处理好恢复和弘扬民族精神与向外国学习的关系等问题的阐述，是对民族复兴思想的重大发展。因为此前虽然有人讨论过中华民族的民族精神，但并没有把它与中华民族的复兴联系起来，没有认识到恢复和弘扬中华民族的民族精神，是实现中华民族伟大复兴的必要前提。此后，中国知识界根据孙中山的这一思想，就民族精神与民族复兴的关系问题展开了充分讨论，认识到“欲复兴中华民族，必先恢复中国之固有民族精神”①；“重唤起中国民族固有之精神”，这是“实现民族复兴之必要的原则”②；“复兴民族是要复兴我们中华民族的精神”③。三是清末以章太炎为代表的国粹派提出了“古学复兴”的民族复兴思想，他们希望通过复兴古学，来重振中国文化，实现中国文化复兴，进而推动民族复兴的实现，从而开中国近代以来倡导以文化复兴来实现民族复兴之思想的先河。五四时期以梁启超、梁漱溟为代表的“东方文化派”在继承清末国粹派之“古学复兴”思想的基础上，进一步阐述了中国文化的独特价值和传统文化的现代意义，尤其是他们提出的中国文化出路只能是“一面开新，一面复旧”，取西方文化之长，补中国文化之短，实现中西文化之折中调和的主张，与国粹派的“古学复兴”思想比较，更具有现代性，也更有利于中华民族复兴的实现。

这里需要指出的是，尽管民族复兴思想在五四时期有了发展，但它还没有成为一种社会思潮，因为它还只是李大钊、孙中山、陈嘉异、梁漱溟、梁启超、王光祈等少数几个人的思想，知识界的大多数人并没有涉及这一问题，更没有引起社会的广泛讨论，而所谓“思潮”，诚如梁启超所

① 杨兴高：《恢复中国固有民族精神与吸收外来文化》，《新文化》月刊第6期，1934年。

②《民族复兴之精神基础》，天津《大公报》1934年5月15日“社评”，第3版。

③ 郭沫若：《复兴民族的真谛》，蔡尚思主编、姜义华编《中国现代思想史资料简编》第4卷，浙江人民出版社1983年版，第11页。

说的那样，潮起潮落，汹涌澎湃，它不是少数几个人而是一大群人甚至社会大多数人的思想。中华民族复兴成为一种具有广泛影响力的社会思潮则是在“九一八”事变之后。

三、“九一八”事变后“中华民族复兴”思潮的形成

实现中华民族伟大复兴的中国梦是近代以来中国人民矢志不渝的愿望和追求，但“中华民族复兴”思想有一个从萌发到发展再到成为社会思潮的历史过程。19 世纪末 20 世纪初，是民族复兴思想孕育或萌发阶段，从孙中山的“振兴中华”口号，到梁启超的“少年中国”说，再到国粹派的“古学复兴”主张，实际上都包含有民族复兴的思想内容。五四时期，是民族复兴思想的发展阶段，李大钊提出了“新中华民族主义”和“中华民族之复活”的思想，孙中山提出了“要恢复民族的地位，便先要恢复民族的精神”的思想，梁漱溟、梁启超等“东方文化派”提出了复兴东方文化的思想，王光祈在《少年中国运动》一书的序言中，提出了“中华民族复兴运动”的思想。但民族复兴成为一种具有广泛影响力的社会思潮则是在“九一八”事变之后，其主要原因是“九一八”事变后日益严重的民族危机，激发了人们的民族认同感和民族责任感，从而为中华民族的复兴提供了契机。除民族危机这一主要原因外，以张君劢为代表的国社党人和以蒋介石为代表的国民党人的推动，也是民族复兴思潮能于“九一八”事变后迅速形成的原因之一。

（一）民族复兴思想在清末和五四时期的萌生和发展

中华民族复兴思想孕育或萌发于 19 世纪末 20 世纪初。最早提出这一思想的是中国革命的伟大先行者孙中山。1894 年 11 月，孙中山在檀香山成立革命团体“兴中会”，在他起草的《檀香山兴中会章程》中提出了“振兴中华”这一具有民族复兴思想内涵的口号。继孙中山之后，梁启超于 1900 年在《清议报》上发表《少年中国说》一文，提出了通过“少年”的努力，来建立一个“称霸宇内，主盟地球”的“少年中国”的梦想，在他

的笔下，“少年中国”犹如初升的红日，腾渊的潜龙，充满着无限的生机与活力，“美哉我少年中国，与天不老！壮哉我中国少年，与国无疆！”[①]此后，欧榘甲 1902 年在《新广东》中提出“中国者，今日将死而复生，散而复聚，静而复动，灭而复兴之大机会也”；《新民丛报》1903 年刊出的《〈大同日报〉缘起》一文使用了“复兴中国”“振兴民族”的提法；华兴会 1904 年提出过“驱除鞑虏，复兴中华”的主张；以章太炎为代表的国粹派提出了“古学复兴”的思想，他们认为，中世纪欧洲通过文艺复兴，开启了近代文明之路，中国应该向西方学，通过复兴古学，来重振中国文化，实现中国文化复兴，进而推动民族复兴的实现，借用邓实在《古学复兴论》一文中的话说：“吾人今日对于祖国之责任，惟当研求古学，刷垢磨光，钩玄提要，以发见种种之新事理，而大增吾神州古代文学之声价。……欧洲古学复兴于十五世纪，而亚洲古学不复兴于二十世纪也。呜呼，是则所谓古学之复兴者矣”[②]。

上述这些口号、梦想、主张和思想的提出，曾产生过重大影响，比如孙中山提出的“振兴中华”的口号，曾激励了一代又一代中国人为实现中华民族的伟大复兴而英勇奋斗，具有十分重要的思想意义。梁启超提出的“少年中国”的梦想，影响了清末民初整整一代的中国人，人们以“少年”和“少年中国”这一符号来寄托他们对社会变革、政治革命、民族复兴的渴望。1902 年南洋公学学生组织“少年中国之革命军”，是为现代中国之“学生运动”的历史开端。1905 年，吴趼人以“老少年”的署名，撰写长篇章回小说《新石头记》，采用虚实结合的创作手法，为人们描绘了一幅新中国的美好图景。“老少年”既是作者的化名，同时也是小说中的一个重要人物，即贾宝玉漫游“文明境界”的向导。1910 年，汪精卫密谋刺杀摄政王载沣不成，被判终身监禁，在狱中他写下传诵一时的诗作《慷慨篇》，其中有“引刀成一快，不负少年头”的名句。即使到了五四时期，因陈独

---

① 梁启超：《少年中国说》，《饮冰室合集》第1册，文集之五，中华书局1989年影印版，第12页。

② 邓实：《古学复兴论》，《国粹学报》第1卷第9期，1905年，第4页。

秀创办《青年杂志》（后改为《新青年》），发表《敬告青年》一文，“青年”和“青春中国”成了人们寓意人生、国家、民族的美好未来的核心符号，但“少年”和“少年中国”仍然有着它的影响力，五四时期有个著名的社团，就取名为“少年中国学会”。以章太炎为代表的国粹派提出的“古学复兴”的思想，希望通过复兴古学，来重振中国文化，实现民族复兴，开中国近代以来倡导以文化复兴来实现民族复兴之思想的先河，五四时期的“东方文化派”、20世纪30年代的“本位文化派”和现代新儒家，可以说都是他们思想的继承者和发展者。

我们在充分肯定上述这些口号、梦想、主张和思想之意义和影响的同时，也应看到它们的历史局限性。孙中山“振兴中华”口号中的“中华”，指的并非是现代意义上的“中华民族”，而是“汉族”。因为中华民族虽然形成很早，但民族意识较为淡薄，借用费孝通先生的话说，古代的中华民族是一个“自在”的民族实体，而不是一个“自觉”的民族实体。“中华民族”这一观念最早是梁启超于1902年提出和使用的。在19世纪末20世纪初，人们尤其是以孙中山为代表的革命派主要是在两种意义上使用“中华”一词的：一是指“中国”。如陶成章在其著作《中国民族权力消长史》中就写道：“我们中国将国家自称为华夏，夏为大，华为美，是大而美丽的国家的意思。中华，也称中国”。二是指“汉族”。陶成章在同一本书中又指出：“所谓中国民族，一名汉族，自称中华人，又称中国人”。1904年华兴会提出的“驱除鞑虏，复兴中华”、1905年同盟会提出的“驱除鞑虏，恢复中华”，其中的“中华”指的都是汉族，而非现代意义上的“中华民族”。梁启超的“少年中国”的梦想，只是对民族复兴的一种憧憬和寓意，它并没有明确表达出“民族复兴”的思想涵义。其他如欧榘甲1902年在《新广东》中提出“中国者，今日将死而复生，散而复聚，静而复动，灭而复兴之大机会也”；《新民丛报》1903年刊出的《〈大同日报〉缘起》一文使用的“复兴中国”“振兴民族”，从其前后文和整个文章的意思来看，我们也很难得出是明确主张“民族复兴”的结论。这也是我们将19世纪末20世纪初称为民族复兴思想之孕育或萌发阶段的主要原因。

到了五四前后，中华民族复兴思想有了进一步发展。

首先是比较明确地提出了“民族复兴”或“民族复兴运动”的思想。如 1917 年，李大钊在《大亚细亚主义》一文中，针对日本鼓吹的大亚细亚主义，提出“大亚细亚主义者，当以中华国家之再造，中华民族之复活为绝大之关键”[①]。就字义来说，“复活”虽然不能完全等同于“复兴”，但具有很强的“复兴”意义。当时使用“复活”一词的，还有“东方文化派”的代表人物梁漱溟。1921 年，他在其成名作《东西文化及其哲学》一书中写道：“中国不复活则已，中国而复活”，当于“昭苏了中国人的人生态度”中得之。[②]同年，另一位“东方文化派”的代表人物陈嘉异在《东方文化与吾人之大任》一文中用的是“民族再兴”，认为东方文化“实含有‘中国民族之精神’，或‘中国民族再兴之新生命’之义蕴”[③]。1924 年，孙中山在“民族主义”的演讲中，不仅第一次使用了“民族复兴”一词，并且批评列强想维持垄断地位，“不准弱小民族复兴”。

其次，李大钊、孙中山等人这时所讲的“民族复兴”，是包括汉、满、蒙、回、藏在内的中国各民族亦即“中华民族”的复兴，而非孙中山提出“振兴中华”口号时仅仅是“中华”亦即“汉族”的振兴。我们前面已经提到，“中华民族”一词首先是梁启超于 1902 年提出和使用的，辛亥革命前，使用过“中华民族”一词的只有三个人，除梁启超外，还有杨度（《金铁主义说》1907 年）和章太炎（《中华民国解》1907 年）。但无论是梁启超、杨度，还是章太炎，他们都是在“汉族”的涵义上使用“中华民族”一词的。[④]1911 年的辛亥革命推翻了清王朝，中华民国宣告成立。中华民国的成立，尤其是孙中山在《临时大总统就职宣言书》和《中华民国临时约法》

---

① 李大钊：《大亚细亚主义》，《甲寅》（日刊），1917年4月18日。

② 梁漱溟：《东西文化及其哲学》，《梁漱溟全集》第1卷，山东人民出版社1989年版，第539页。

③ 陈嘉异：《东方文化与吾人之大任》，《东方杂志》第18卷第1、2号，1921年1月10日、25日。

④ 郑大华：《“中华民族”自我意识的形成》，《近代史研究》2014年第4期。

中提出的“五族共和”“五族平等”的建国主张，对“中华民族”自我意识的形成起了极大的促进作用。因此，民国初年到五四前后，不仅使用“中华民族”一词的人不断增多起来，而且开始具有了“中华民族”是中国境内各民族共同称谓的民族认同意识。[①]1917年2月19日，李大钊在《甲寅》日刊上发表《新中华民族主义》一文，他在谈到“新中华民族主义”的涵义时指出，在“高远博大”之民族精神的铸筑下，中国境内各民族早已“畛域不分、血统全泯”，凡籍隶于中华民国之人“皆为新中华民族矣”。此前的汉、满、蒙、回、藏之五族的称谓，是辛亥革命特定时期的产物，现今五族的文化早已渐趋于一致，而又共同生活在统一的民国之下，汉、满、蒙、回、藏之五族以及苗族、瑶族都已成为“历史上残留之名辞”，没有再保留的必要，所有五族和其他各族都应统称为“中华民族”。与此相适应，今后民国的政教典刑，也应以新民族精神的建立为宗旨，统一民族思想，这也就是所谓的“新中华民族主义”。[②]很显然，李大钊在这里所讲的“中华民族”，指的是包括汉、满、蒙、回、藏、苗、瑶等生活在中国境内的各民族。孙中山也是如此。1919年他在《三民主义》一文中就主张：“汉族当牺牲其血统、历史与夫自尊自大之名称，而与满、蒙、回、藏之人民相见于诚，合为一炉而冶之，以成一中华民族之新主义，如美利坚之合黑白数十种之人民，而冶成一世界之冠之美利坚民族主义。”[③]

再次，孙中山提出了要恢复民族的地位，必先“恢复民族的精神”的思想。他在“民族主义”的演讲中指出，中国之所以从“世界中的独强”沉沦为了“次殖民地”，“是由于我们失了民族的精神”。因此，我们要恢复民族的地位，实现民族复兴，就必先“恢复民族的精神”[④]，他并且阐述

---

① 郑大华：《中国近代民族主义与中华民族自我意识的觉醒》，《民族研究》2013年第3期。

② 李大钊：《新中华民族主义》，《甲寅》（日刊），1917年2月19日。

③ 孙中山：《三民主义》，《孙中山全集》第5卷，中华书局1985年版，第187—188页。

④ 孙中山：《三民主义·民族主义》，《孙中山全集》第9卷，中华书局1986年版，第242页。

了什么是中华民族的民族精神、恢复和弘扬民族精神对于民族复兴的重要意义，以及如何处理好恢复和弘扬民族精神与向外国学习的关系等问题。孙中山提出的要“恢复民族的地位”，必先“恢复民族的精神”的思想，是对民族复兴思想的重大发展。因为此前虽然有人讨论过中华民族的民族精神，但并没有把它与中华民族的复兴联系起来，没有认识到恢复和弘扬中华民族的民族精神，是实现中华民族伟大复兴的必要前提。此后，中国知识界根据孙中山的这一思想，就民族精神与民族复兴的关系问题展开了充分讨论，认识到“欲复兴中华民族，必先恢复中国之固有民族精神”。[①]

中华民族复兴思想虽然在五四时期有了进一步发展，但它还没有成为一种有广泛影响力的社会思潮，它还只是李大钊、孙中山、梁漱溟、陈嘉异、王光祈等少数几个人的思想，知识界的大多数人并没有涉及这一问题，更没有引起社会的广泛讨论，而所谓“思潮”，诚如梁启超所说的那样，潮起潮落，汹涌澎湃，它不是少数几个人而是一大群人甚至社会大多数人的思想。中华民族复兴思想发展成为一种具有广泛影响力的社会思潮则是在“九一八”事变之后。

（二）“九一八”事变后民族复兴思潮的形成

我们说中华民族复兴思想在“九一八”事变之后发展成了一种具有广泛影响力的社会思潮，主要基于以下几个方面的认识：

首先，一些以“民族复兴”为宗旨的刊物相继创刊。如 1932 年 5 月 20 日于北平创刊的《再生》杂志，即明确宣布以“中华民族的再生”作为办刊的宗旨，并提出了较为系统的民族复兴方案供社会讨论，其“创办启事”写道：“我中华民族国家经内忧外患已濒临绝地，惟在此继续之际未尝不潜伏有复生之潮流与运动。本杂志愿代表之精神，以具体方案，谋真正建设，指出新途径，与国人共商榷，因定其名曰再生（The National

① 杨兴高：《恢复中国固有民族精神与吸收外来文化》，《新文化》月刊第6期，1934年。

Renaissanci）……兹拟一方面根据历史之教训，他方面博征世界之通例，提出另一新方案，以为惟循此途可致中华民族于复生。”括号里的英文，直译出来就是“民族复兴”。当时明确以“民族复兴”为创办宗旨的刊物，还有创刊于天津的《评论周报》和创刊于上海的《复兴月刊》等。1932年9月1日创刊的《复兴月刊》的“发刊词”说：“新中国建设学会同人，集议筹办复兴月刊，夫‘复’有重新之义，‘兴’待建设而成。换言之，即中国今日，内忧外患，国难重重，物质精神，俱形枯槁，实离总崩溃之时期，已不在远，试问吾四万万人同立在此‘不沦亡即复兴’之分水岭上，究竟将何以自处？吾敢断言，无男无女，无老无幼，全国中无一人甘沦为亡国之民，故吾又不能不要求，无男无女，无老无幼，全国中无一人不应起而共负建设之责。盖中国之能否复兴，实在乎新中国之能否建设而已。”[①] 其“本刊启事”更是明确强调，《复兴月刊》的宗旨，是要集合全国有识之士，“研究现代建设计划，探讨民族复兴诸问题”[②]。除这些以“民族复兴”为办刊宗旨的刊物外，其他许多未标明以“民族复兴”为办刊宗旨的报刊也都大量刊登过相关文章，有的还发表“社论”（如天津《大公报》1934年5月15日“社评”《民族复兴之精神基础》），开辟专栏（如《东方杂志》第31卷第18号就开辟过“民族复兴”专栏，发表赵正平的《短期间内中华民族复兴之可能性》、潘光旦的《民族复兴的一个先决问题》、吴泽霖的《民族复兴的几个条件》等文章），就“民族复兴问题”进行讨论。中国教育社编辑并发行的《教育与中国》杂志（1933年5月1日创刊），其《发刊词》也一再强调：“我们深信，中国教育一定要整个的建设在含有五千年历史，四万万人口，三千万方里的土地之上。我们对于一切帝国主义的教育学者带有颜色的论调，及其盲从的宣传，要加以相当的批判；同时，对于国内一切远犯民族利益的、非科学的教育设施，要加以严重的检讨和暴露。我们只知道以全体的精神，贡献给中国教育，复兴中华

① 黄郛：《发刊词》，《复兴月刊》第1卷第1期，1932年9月1日。

② 编者：《本刊启事》，《复兴月刊》第2卷第1期，1933年9月1日，《本刊第二纪元之序言》文后。

民族，却不计我们话语之为罪为功。”[①] 所以，《教育与中国》创刊后，先后发表了《我国教育改造与民族复兴》《民族复兴与教育建设》《民族复兴与中等教育》《民族复兴与初等教育》《民族复兴与幼稚教育》等一批讨论教育与民族复兴之关系的文章。

其次，一些以探讨民族复兴为主要内容的书籍相继出版。如张君劢的《民族复兴之学术基础》、吴庚恕的《中国民族复兴的政策与实施》、周佛海的《精神建设与民族复兴》、王之平的《民族复兴之关键》等。张君劢的《民族复兴之学术基础》，出版于1935年6月，书中收录了他此前的一些演讲稿和文章，如《民族复兴运动》《思想的自主权》《学术界之方向与学者之责任》《科学与哲学之携手》《中华民族复兴之精神的基础》《中华民族性之养成》《民族观点上中华历史时代之划分及其第三振作时期》《历史上中华民族中坚分子之推移与西南之责任》《山西对于未来世界战争之责任》《十九世纪德意志民族之复兴》等，在该书的“凡例”中他写道：“全书分为上下两卷，上卷为学术思潮，下卷为民族复兴，其要旨不外乎民族之自救，在以思想自主，文化自主为基础。”[②] 周佛海的《精神建设与民族复兴》一书，除“自序”外，正文分为五章。第一章说明精神建设于民族复兴的意义和重要性，认为中国的道德只是消极地训勉人有所不为，而没有积极地训勉人有所为，这是导致中国衰弱不振的重要原因，因此，所谓“精神建设”就是要建设积极的道德以补足消极的道德。第二章从历史上观察时代精神和民族盛衰的关系，证明五胡乱华、五代之乱、辽金元的侵入和清朝的专制，都是由于时代精神的不健全，即风气的败坏所造成，并认为唐晋宋明亡国的原动力是贪图禄位不重名节、夺利争权不顾公益、萎靡颓废不事进取等六种风气。第三章分析近数十年来各种运动的演进及其失败的总因，即营私、舞弊、因循、虚浮、逞意气、争权利，所以要救国家，救民族，实现民族复兴，就需要有一种健全纯正的精神作动力，制造

① 中国教育社：《发刊词》，《教育与中国》第1期，1933年5月1日。

② 张君劢：《民族复兴之学术基础》，再生社1935年版，“凡例”第1页。

这种动力就是精神建设。第四章提出了精神建设的目标：一要扫除因私害公的风气，建设为公忘私的精神；二要铲除敷衍、应付和虚伪的风气，建设忠于所事、忠于职责的精神；三要铲除互相推诿、互相责难的风气，养成任劳、任难、任怨、任咎的精神；四要铲除冷淡的心理，养成狂热的风气；五要铲除个人自由的风气，养成严守纪律的精神；六要铲除卑鄙贪污的恶习，树立尚名节、重廉耻的风气。第五章是精神建设的方案，包括领袖人物要以身作则、要选好人才，政府要赏罚分明，要制造社会舆论，要厉行训练等。[①]

再次，知识界纷纷发表文章，就中华民族能否复兴和如何复兴的有关问题各抒己见，出谋划策，借用1933年9月1日出版的《复兴月刊》第2卷第1期的一篇文章的话说："中国今日，内则政治窳败，财尽民穷；外则国防空虚，丧师失地；国势岌岌，危如累卵。忧时之士，深虑神明华胄，将陷于万劫不复；于是大声疾呼，曰，'复兴！复兴！'绞脑沥血，各本其所学，发抒复兴国族之伟论。"[②] 以《复兴月刊》为例，第1卷第1期的11篇文章，其主题全是民族复兴：寰澄的《中华民族之复兴与世界之关系》、赵正平的《中华民族复兴问题之史的考察》、资耀华的《经济复兴与经济政策》、刘麟生的《复兴时代的文学》、沈亦云的《复兴？匹妇有责》、张水淇的《产业复兴之进路》、葛敬中的《农业复兴中国之出发点》、何杰才的《复兴与外交》、孙几伊的《战后德国人民对于复兴底努力——从凡尔塞会议（一九一九）到洛桑会议（一九三二）》、寿宇的《欧战后意大利的复兴》、岑有常的《波兰复兴伟人毕尔苏斯基》。就上述文章的标题来看，内容非常广泛，涉及了民族复兴的各个方面。第2期的10篇文章中，有5篇的主题是民族复兴。第3期的10篇文章中，以民族复兴为主题的有3篇。第4期的10篇文章中，谈民族复兴的文章也有3篇之多。此后各期，谈民族复兴的文章大约三到五篇。据蒋红艳博士研究，《复兴月刊》的作者

① 转引自朱国庆：《"精神建设与民族复兴"（书评）》，《独立评论》第218号，1936年5月13日。

② 吴钊：《复兴之基点》，《复兴月刊》第2卷第1期，1933年9月1日。

群主要分为三大类，一是服务于学术界者，如在高等学校和研究机构工作的大概有 37 人，占 16%，二是服务于政界者，约有 52 人，占 23%，三是自由职业者，这类作者有 17 人，占 10%，[①] 也就是说其作者主要以大学教授、政界人士和金融界人士居多，占 80% 左右。其他报刊，如《东方杂志》《独立评论》《时代公论》《反省月刊》《西北公论》《正中半月刊》《妇女共鸣》以及天津《大公报》等，也都刊发过不少以民族复兴为主题的文章，只是刊发的量不如《复兴月刊》那么多，那么密集。如《反省月刊》第 9—10 期刊发的《民族复兴运动之内容及其前途之展望》，《西北公论》第 1 卷第 5 期刊发的《中华民族之危机与复兴及民族复兴运动之史的证论》，《文化与社会》第 2 卷第 6 期刊发的《民族复兴运动之认识》，《清华校刊》第 2 卷第 1、2 期刊发的《复兴民族必需的几个条件》，《妇女共鸣》第 3 卷第 8 期刊发的《妇女运动与民族复兴运动》，《交大学生》第 6 卷第 1 期刊发的《民族复兴与青年运动》，《江汉思潮月刊》第 3 卷第 3 期刊发的《中国民族复兴运动的现状》，《晨光周刊》第 6 卷第 18 期刊发的《民族复兴运动的回顾与前瞻》，《正中半月刊》第 1 卷第 10 期刊发的《复兴民族中的妇女运动》，《师中季刊》第 3 卷第 1、2 期刊发的《家事教育与中华民族复兴运动》，等等，可以说在"九一八"事变后的 20 世纪 30 年代，几乎很难找到一种没有刊发过民族复兴文章的政论性或综合性的报刊了，这正如时人所指出的："'中国复兴'四字，现在几乎成了口头禅。而各种复兴运动，也就应运而起。"[②]

"民族复兴"之所以在"九一八"事变后成为一种具有广泛影响力的社会思潮，其主要原因是日益严重的民族危机，激发了人们的民族认同感和民族责任感，从而为中华民族复兴思潮的形成提供了契机。这正如张君劢等人在《我们所要说的话》中开篇明义所指出的那样："中国这个民族

---

① 蒋红艳：《〈复兴月刊〉民族复兴思想研究——以政治话语为中心》，湖南师范大学博士论文2014年，第36页。

② 黄伯樵：《自觉！自给！自卫！自主！自存》，《复兴月刊》第2卷第9期，1934年5月1日。

到了今天，其前途只有两条路：其一是真正的复兴；其一是真正的衰亡。”日本的残暴侵略使中华民族陷入了生死存亡的严重危机之中，但“危机”也就意味着“转机”，“这个转机不是别的：就是中华民族或则从此陷入永劫不复的深渊，或则即从此抬头而能渐渐卓然自立于世界各国之林”；“所谓转机的关键就在以敌人的大炮把我们中华民族的老态轰去，使我们顿时恢复了少年时代的心情。这便是民族的返老还童”。[①] 沈亦云在《复兴？匹妇有责》一文中也写道：“内忧外患，至于今日，强邻压境，可以亡国。政治紊乱，可以亡国。军纪废弛，可以亡国。土匪遍野，可以亡国。教育失宰，可以亡国。经济涸绝，可以亡国。风俗颓靡，可以亡国。人心腐败，可以亡国。有一于此，殆将不免，况兼之乎？然则此四千余年之古国，四百兆方里之土地，全世界人口四分之一之民族，享有过去历史上之光荣者，竟忍视其沦亡已乎？曰：绝续之交，其道惟二，不沦亡，即复兴耳。”[②] 傅斯年的《“九一八”一年了》一文，称“‘九一八’是我们有生以来最严重的国难，也正是近百年中东亚史上最大的一个转关”，它与“世界大战”和“俄国革命”一样，“是二十世纪世界史上三件最大事件之一”。而作为“九一八”事变的受害者，“假如中国人不是猪狗一流的品质，这时候真该表示一下子国民的人格，假如世界史不是开倒车的，倭人早晚总得到他的惩罚。所以今天若把事情浅看出来，我们正是无限的悲观，至于绝望；若深看出来，不特用不着悲观，且中国民族之复兴正系于此”。[③] 邹文海同样写道：“感谢日本飞来的炸弹，因为它无形中启发了我们新的政治生命。外寇的压迫，引起了国人自尊的心理，对外的抵抗，破除了向来自私的习惯。我们中华民国的国民，从此以后，要在一致势力之下，建立一个真正的民主国家”[④]，实现中华民族的伟大复兴。署名“平凡”的作者

① 记者：《我们所要说的话》，《再生》第1卷第1期，1932年5月。

② 沈亦云：《复兴？匹妇有责》，《复兴月刊》第1卷第1期，1932年9月1日。

③ 孟真（傅斯年）：《“九一八”一年了》，《独立评论》第18号，1932年9月18日。

④ 邹文海：《选举与代表制度》，《再生》第2卷第9期，1934年6月1日。

在《中华民族之危机与复兴及民族复兴运动之史的证论》中说："在达尔文氏定论下，堕落消沉之中华民族，的确走进于生存最后的厄运！九一八的痛事，是血钟从迷梦中向中华民族最后之警告。在敌人烽火连天的袭击中，吾人深信五千年中华民族的血魂，是不甘心于征服毁灭，民族复兴之火焰，必然的要爆发，要成功。"[①]王荣骥在谈到"九一八"后民族复兴思潮的兴起时也认为："'九一八'的重鞭，很残酷地打在中华民族的背上，虽然毁伤了我们的肢体，却因此使我们感觉惨痛，而警觉，而反抗。就从这时起，仇恨敌人的情绪，普遍了全国，民族解放斗争的火焰，就从每个国民的心中燃烧起来了。"[②]所以，"自'九一八'国难发生以来，全国上下无日不以复兴中华民族为口号"[③]。

除民族危机这一主要原因外，以张君劢为代表的国社党人和以蒋介石为代表的国民党人的推动，也是民族复兴思潮能于"九一八"事变后迅速形成的一个重要原因。

（三）民族复兴思潮形成于"九一八"事变后的原因

张君劢早年追随梁启超，参加清末立宪运动。后因国民党迫害，于1929年去了德国，直到"九一八"事变前一天，他才回到北平。1932年4月，他与张东荪等人一道秘密发起成立国家社会党。同一天，宣布成立"再生社"。5月20日，《再生》（月刊）在北平创刊。其创刊"启事"认为，20年来所有建国方案，如君主立宪、共和、专制等历试殆尽，而皆无所裨益。现在中华民族国家是内忧外患已濒绝地，所以"提出另一新方案，以为惟循此途可致中华民族于复生"。而这"另一新方案"就是张君劢、张东荪等人在《我们所要说的话》中提出的对中国政治、经济、教育的主张

① 平凡：《中华民族之危机与复兴及民族复兴运动之史的证论》，《西北公论》第1卷第5期，1933年9月1日。

② 王荣骥：《青年运动与民族复兴》，《新青年》第1卷第8期，1939年。

③ 王禧忠：《家事教育与中华民族复兴运动》，《师中季刊》第3卷第1、2期合刊，1934年。

及其98条纲领。张君劢本人开始着手翻译德国哲学家费希特在法国拿破仑军队占领德国时发表的《对德意志国民讲演》之摘要本。在译稿前面的“引言”中张君劢写道：“数千年之历史中，大声疾呼于敌兵压境之际，胪举国民之受病处，而告以今后自救之法，如菲希德氏之‘对德意志国民之演讲’，可谓人间正气之文字也。菲氏目的在提高德民族之自信心，文中多夸奖德人之语，吾侪外国人读之者，原不求必之一字一句之中，故取倭伊铿氏关于菲氏演讲之摘要本译之，繁重处虽删，而绝不影响于菲氏真面目。……呜呼！菲氏之言，既已药亡国破家之德国而大收其效矣，吾国人诚有意于求苦口之良药，其在斯乎。”[①]他认为费氏在演讲中阐述了民族复兴的三个重要原则：第一，在民族大受惩创之日，必须痛自检讨过失；第二，民族复兴，应以内心改造为重要途径；第三，发扬光大民族在历史上的成绩，以提高民族的自信力。“此三原则者，亦即吾国家今后自救之方策也。世有爱国之同志乎！推广其意而移用之于吾国，此则菲氏书之所以译也。”[②]1932年7月20日起译稿开始分五期（即从第1卷第3期到第1卷第7期）在《再生》上连载，并于年底结集成书，由再生杂志社正式出版。张君劢的好友、教育家瞿菊农和哲学家林志钧分别为该书作序。《菲希德对德意志国民讲演》节本出版后“颇受人们欢迎，不久即销售一空。翌年春夏，又两次再版”[③]。除费希特的《对德意志国民讲演》之摘要本外，《再生》还先后发表了《中华民族之立国能力》（第1卷第4期）、《民族复兴运动》（第1卷第10期）、《民族文化与民族复兴》（第1卷第11期）、《学术界之方向与学者之责任》（第2卷第2期）、《十九世纪德意志民族之复兴》（第3卷第1期）、《民族命运之升降线》（第3卷第2期）等一大批宣传和探讨民族复兴的文章。

---

① 张君劢：《菲希德“对德意志国民演讲”摘要》，《再生》第1卷第3期，1932年7月20日。

② 张君劢：《菲希德“对德意志国民演讲”摘要》，《再生》第1卷第3期，1932年7月20日。

③ 郑大华：《张君劢传》，中华书局1997年版，第233页。

这些文章的发表，尤其是费希特的《对德意志国民讲演》之摘要本译文的连载，在当时产生了重要影响，正是在张君劢和《再生》的推动下，知识界形成了一个介绍费希特民族复兴思想的小高潮，初步统计，仅《东方杂志》《国闻周报》《时代公论》《教育》《再生》和《大公报》等报刊发表的费希特《对德意志国民讲演》之译文（节译或摘译）或介绍费希特之民族复兴思想的文章就达23篇之多，其中《教育》和《再生》各5篇，《国闻周报》《时代公论》和《复兴月刊》各3篇，《东方杂志》2篇，《国论月刊》和《大公报》各1篇。特别需要指出的是，费希特的《对德意志国民讲演》之节本，还被收入1934年出版的《中学国文特种课本》第二册（高中用书）。该课本的文后“题解”写道：“普鲁士之抵抗强敌，复仇雪耻，端赖以是（指《菲希德对德意志国民讲演》——引者）。全书凡十四讲，纵论日耳曼民族之特质，自精神方面所见民族与祖国爱之意义，新国民教育之出发点，达到目的之方法等，极其透辟详尽。”而“现在日寇夺去我东北四省之地，我所受之耻辱，不减当年普鲁士之败，我爱国青年，读斯文其亦将有所感动于中而毅然兴起乎？”

费希特民族复兴思想的大量介绍，对于“九一八”后民族复兴思潮的形成是起了促进作用的。因为《菲希德对德意志国民讲演》讲的便是德意志民族面临外族入侵的历史关头如何实现民族复兴的问题。既然德意志民族面临外族入侵能够实现复兴，那么同样面临外族入侵的中华民族为什么就不能实现民族复兴呢？张君劢在《十九世纪德意志民族之复兴》的演讲中就指出：“东北四省失陷以后，各人对于中国前途，表示无限的失望，无限的悲观，好像中国便由此一蹶不振了。其实，我们不必失望，更不用悲观，只要能够在大失败大挫折之后，肯努力的振作，一定可以有复兴的希望。这种情形，历史上不乏先例。远的不必说，即以最近百年来德意志复兴为例，看他当时所处的环境以及其复兴之途径。”[①] 而费希特复兴德国

① 张君劢：《十九世纪德意志民族之复兴》，《民族复兴之学术基础》，再生社1935年版，第115页。

的民族复兴思想对于德国一再复兴的作用也得到了许多知识分子的肯定。奋勇认为："在社会腐化，元气啄丧，政治受人支配，国土丧失大半之秋，费氏苦心孤诣，倡为新教育之说，有如暮鼓晨钟，发人猛省，使德意志民族，一心一德，以复兴国家为职志……一九一八年德意志受军阀的祸，虽见败于协约等国，然而于财尽力竭的当时，仍能保持其国家的人格，数年后又能以国民的努力，恢复国际的声誉，此亦不能不谓费氏新教育运动的效果了。"[①] 郝耀东强调："费希特的精神讲演，为德意志民族复兴的根本力量，为战败法国最有力的利器。"[②] 凡是对费希特的爱国救国行动有所知晓的人都无不称颂他对于德国复兴所作出的伟大贡献，费氏民族复兴思想影响下的德国所取得的成功无疑对于20世纪30年代的中国知识界是一剂良药。吴其昌在《民族复兴的自信力》一文中就写道："我常常这样的想，也常常这样的问：——问一切一切的人，也自问自己——，在菲希特以前的德意志，法国铁蹄下的德意志，在马志尼以前的义大利，奥国控制下的义大利，和现在的中国，被我们'友邦'铁蹄控制下的中国，比较起来情形相差能有多少？也许恶劣或较我们过之，然而他们竟能够渐渐变成以后的及现在的德、义。我们中国经此大难，到底是不是也有跃起怒吼的一天呢？我的答案是：德、义是'人'，我们也是'人'，这个'人'所能做得到的，那个'人'自然也一定能够做到。如果别人早已做到的事，我们竟然不能做到，那我们除非是猪，是狗。"[③] 我们查阅20世纪30年代初中期的报刊就会发现自费希特的《对德意志国民讲演》（及摘要）被翻译为中文后，中国的思想界特别重视对德国的政治、经济、文化进行研究，试图从德国的复兴史中借鉴成功的经验。与此同时，使用"民族复兴"一词的

---

① 奋勇：《费希德演说什么叫爱国心》，《国闻周报》第9卷第12期，1932年3月28日。

② 郝耀东：《郝耀东先生的意见》，《教育》第25卷第1号，1935年1月10日。

③ 吴其昌：《民族复兴的自信力》，《国闻周报》第13卷第39期，1936年10月5日。

频率明显增多起来。[1]

至于以蒋介石为代表的国民党人，他们于孙中山逝世后，便继承了他在1924年《三民主义·民族主义》的演讲中提出的“要恢复民族的地位，便先要恢复民族的精神”的民族复兴思想，尤其是以孙中山思想正统的继承者和阐发者自居的戴季陶，在这方面起的作用尤大，1925年夏，亦即孙中山去世不久，戴季陶出版《孙文主义之哲学的基础》和《国民革命与中国国民党》两书，极力强调文化自信力的恢复发扬对于中华民族复兴的重要意义：“我们要复兴中国民族，先要复兴中国民族文化的自信力，要有了这一个自信力，才能够辨别是非，才能认清国家和民族的利害，才能够为世界的改造而尽力。”[2]“九一八”事变后，面对日益严重的民族危机和政治危机，为了使自己的统治取得合法性，同时加强对社会舆论的引导和控制，以蒋介石为代表的国民党人，对宣传民族复兴思想更为主动积极，尤其是蒋介石，可以说是不遗余力。1932年4月11日，他在中央陆军军官学校发表题为《复兴中国之道》的演讲，初步阐述了他的民族复兴思想。他指出，我们今后所要研究的是：“我们在此内外夹攻之中，如何才可以复兴民族、完成革命的问题。”他认为，要完成未竟的革命事业，使中国成为一个独立自由的新国家，没有一定的准备工作是不可能的，因为“如果没有做准备的工作，抵抗就不能长久，反攻更不可能，这样我们就没有独立的日子了”。他预测第二次世界大战将于1936年爆发，那个时候将是中国生死存亡的关头，如果中国国民能在大战爆发之前做好抗日的准备，那么中国国民“就可以从世界大战中建立出一个新的中国，就可以在国际上得到独立平等，就可以富强，就可以复兴”[3]。除此他又先后发表了《复兴民族之要道》（1934年2月5日）、《复兴民族之根本要务——教养卫之要义》（1934年2月12日）、《东亚大势与中国复兴之道》（1934年3月

① 郑大华：《九一八事变后费希特民族主义的系统传入及其影响》，《近代史研究》2009年第6期。

② 戴季陶：《孙文主义之哲学的基础》，上海民智书局1925年版，第9页。

③ 吴淑凤编注：《蒋中正总统档案·事略稿本》第14册，台北“国史馆”2006年版，第47页。

5日）、《抵御外侮与复兴民族（上）》（1934年7月13日）、《抵御外侮与复兴民族（中）》（1934年7月20日）、《抵御外侮与复兴民族（下）》（1934年7月24日）、《四川应作复兴民族之根据地》（1935年3月4日）、《全滇民众应负起复兴民族之责》（1935年5月12日）、《建设新云南与复兴民族》（1935年5月13日）、《为学做人与复兴民族之要道》（1935年5月19日）、《御侮与复兴之基本要道》（1936年1月24日）、《民族复兴之路》（1936年5月25日）、《复兴中华》（1936年9月9日）等一系列以"民族复兴"为主题的演讲，就他的民族复兴思想作了进一步的系统阐述。概括蒋介石的观点，有以下几个方面内容：第一，在第二次世界大战中实现民族复兴；第二，实现民族复兴，首先要恢复固有的民族精神和革命精神；第三，实现民族复兴，要大力发展教育、经济和建设国防；第四，实现民族复兴，必须实行一个主义、一个政党、一个领袖，全党（国民党）全民都要绝对服从他的领导。

蒋介石有关民族复兴的言论，得到了其他国民党要员的响应和配合。陈立夫对蒋介石的"实现民族复兴，首先要恢复固有的民族精神"思想进行了进一步发挥，他指出，中华民族是一个适应性、生存性很强的民族，具有优良的民族性，中国之所以会沦落到今天几乎亡国的境地，是因为"民族精神之消沉与国魂之丧失"，特别是与中国竞争的国家"富于民族性及具有国魂"，其团结力、组织力均强于中国。因此"我们现在要救中国，必须先从恢复我们固有的民族性起"。那么民族性是什么呢？他认为，民族性就是一个民族适合生存的几种精神方面的特殊条件，表之于外面就是通常所说的民族的精神，恢复了民族精神，就能光大民族性。而要恢复民族精神，须先恢复民族的自信力。要恢复民族的自信力，就要认清民族精神的原动力。"原动力为何？曰诚是也。""诚"既是民族精神的原动力，也是实现民族复兴的原动力。因此，文化复兴是民族复兴的前提，"能建设中国文化，才能谈到复兴民族"。[①] 邵元冲认为要实现民族复兴，虽然要

① 陈立夫：《民族复兴的原动力》，《海外月刊》第1期，1932年。

注重精神建设或心理建设，但更要注重党的建设。因为自从孙中山建立兴中会以来，国民党（前期是同盟会）人为实现民族复兴奋斗了很久，但是一直没有成功，除了帝国主义的迫害和反革命势力的侵害之外，党的内部“意志和行动不能统一，所用的力量不能用在该用的地方，不能尽量把力量在有效方面去努力，不能够把非必要的精神力量减省下来，做有效的工作，更是一个重大的原因”。[①] 一些地方实力派也纷纷发表文章，提出他们的民族复兴思想及其具体建议，如胡汉民的《民族主义的民族复兴运动》、阎锡山的《复兴民族须先复兴发展富强文明的原动力》、李宗仁的《民族复兴与焦土抗战》、张学良的《中国复兴的前途》、冯玉祥的《复兴民族的基本方策》、傅作义的《用鲜血争取民族复兴》、余汉谋的《国民经济建设与民族复兴》等。

除了发表演讲、文章宣传和提倡民族复兴的思想外，在蒋介石的授意下，国民党及其系统，如力行社、青白团和政学系等，还先后创办了多种报刊，进行民族复兴思想的宣传，如力行社创办的《前途》杂志，青白团创办的《政治评论》《文化建设》《晨报》《人民评论》《社会主义月刊》等，其中影响最大的是我们前面提到的《复兴月刊》。1932 年 6 月 19 日，以政学系成员为主要骨干的新中国建设学会在上海成立，蒋介石的老朋友黄郛任理事长。学会的成立得到了蒋介石的赞许和资助。据黄夫人回忆，“几年来膺白对当局建议，他有两点很显原则：为国家，为国民。建设学会的事，他都陈说于蒋先生，请赞许和帮助。学会不但为问题研究，且须实地考察，其中可能有不少非党员，甚至不赞成党治而亦是爱国有识之人”[②]。新中国建设学会“以集合全国有志致力学养、共图国家及社会之新建设为宗旨”，并于 1932 年 9 月 1 日创办《复兴月刊》，赵正平任主编，将会员调查、研究所得披露于该刊物，以就教于社会，与全国有志之士，“共坚复兴之心，共奋复兴之力，并共敦复兴之品”[③]，为实现民族复兴，共济时艰。

① 邵元冲：《党的建设与民族复兴》，《中央周刊》第324期，1934年。

② 沈亦云：《亦云回忆》（下册），台湾传记文学出版社1980年版，第436页。

③ 黄郛：《发刊词》，《复兴月刊》第1卷第1期，1932年9月1日。

随着民族复兴思潮的形成，知识界围绕中华民族有无复兴的可能和如何实现复兴这两个问题展开了热烈讨论。[①]尽管因知识结构、政治背景以及所擅长的专业不同，人们的认识千差万别，但他们都认为只要发奋图强，中华民族就一定能够实现复兴。这在当时的历史背景下，对于帮助广大国民树立战胜日本军国主义的侵略、实现中华民族复兴的信念是有积极作用的。

四、七七事变后“民族复兴节”的设立和纪念

七七事变后，亡国灭种的现实危险和国共第二次实现合作、抗日民族统一战线的建立继续推动着民族复兴思潮走向高涨，其高涨的表现之一便是“民族复兴节”的设立和纪念。然而长期以来，由于种种原因，学术界对中国近代民族复兴思潮缺乏深入全面的研究，更没有人专题研究过“民族复兴节”的设立和纪念问题，甚至很少有人在文章中提到过“民族复兴节”。有鉴于此，笔者不揣冒昧，拟对这一问题作一初步探讨。

（一）“民族复兴节”的设立

1936年12月12日，国民党高级将领张学良、杨虎城发动西安事变，以兵谏之名囚禁蒋介石于西安，一时间“电讯不通，莫知详况。各界惊忧，远达极点”[②]。各方势力就如何解决西安事变展开了激烈的角逐，国民党内部的一部分人从自身的利益出发，主张军事讨伐，并强调“大家尤须十二分自信，自信叛乱必可由我们一贯的态度去平定，国家民族必可由我们一贯的态度去复兴”[③]。而包括共产党在内的绝大多数党派、政治势力和社会舆论则希望和平解决西安事变。但无论是主张军事讨伐还是和平解决，人们都把西安事变看作是影响中国政局的关键。在绝大多数人的眼中，西安事变不仅是民族危亡的转折点，更是刷新民国政治，实现民族团结和复兴

---

①郑大华：《“九一八”后的民族复兴思潮》，《学术月刊》2006年第4期。

②《西安事变之善后》，天津《大公报》1936年12月14日，第2版。

③《一段必要时间内的努力》，《中央日报》1936年12月23日，第3版。

的试金石。因此，西安事变最后的和平解决，得到人们的真心拥护，各地纷纷举行了盛大的集会或游行活动。据《中央日报》的报道，南京、上海、武汉等大中城市的集会或游行活动都有数十万人参加，借用《大公报》的话说：对于西安事变的和平解决，“当时全国人心异常鼓舞，异常的欢欣，觉得蒋委员长脱了险，如同中华民国死而复生一样”[①]。在这样的舆论影响之下，西安事变和平解决的政治意义被逐步扩大。12 月 27 日，中国社会问题研究会最先提议，“建议中央”将 12 月 25 日蒋介石离开西安返回南京的这一天定为“民族复兴节”[②]。这一提议得到武汉扫荡报社、武汉记者公会、国民党武汉市党部、鄂保安团党部以及中国铸魂学社等团体的响应。12 月 28 日，武汉《扫荡报》的“社论”向国民党中央提议，“请定十二月二十五日为复兴节日”，并列举了两点理由：“（一）领袖蒙难全国上下无不以国本动摇为忧，民族将亡为虑。今领袖脱险归来，此等恐惧心理，业已扫除，一切复兴计划，当更易推进，治国政策，当更易实施；（二）国人拥护领袖情操，已有充分表现，惟此等情操之效用，全在维持其延续性之久长扩大其忠实性之范度，使其弥久而弥坚，愈广而愈烈，故规定此日为纪念节，实为最有效的运用，盼国人一致响应，早请中央实施。”同一天召开的武汉记者公会执监联席会也做出决议，“呈请市党部向中央建议，规定每年十二月二十五日为民族复兴节”。[③] 此外，国民党武汉市党部、鄂保安团党部、中国铸魂学社等也在这一天纷纷呈请国民党中央或通电全国，“希望规定十二月二十五日为民族复兴纪念日，俾使国民爱护领袖，爱护民族国家之热忱，得因年年纪念，愈为发扬奋励永垂弗渝也”[④]。一年后，亦即西安事变和平解决一周年的时候，有些地方开始将 12 月 25 日这

① 《中央昨日举行云南起义纪念》，汉口《大公报》1937年12月25日，第3版。

② 《社会问题研究会建议：领袖离日定为民族复兴节》，《中央日报》1936年12月28日，第4版。

③ 《十二月二十五日规定为民族复兴节》，《中央日报》1936年12月29日，第4版。

④ 《规定十二月二十五日为民族复兴纪念日，汉市党部等建议中央》，《中央日报》1936年12月30日，第4版。

一天作为“民族复兴节”加以纪念；据《大公报》1937年12月25日第1张第3版的报道：“沪息，沪租界虽在日军四面包围之中，但各商店住户二十五日均一律自动悬挂青天白日满地红之国旗，借以庆祝民族复兴节，盖二十五日为蒋委员长西安蒙难一周年纪念日及云南起义纪念日也。”

到了1938年，纪念“民族复兴节”的气氛高涨起来。这年的12月25日，上海举行盛大纪念活动庆祝“民族复兴节”，“本市各机关、公园、公司、工厂、商号、住户暨各学校等今日均悬旗庆祝，银钱业并于星期一补假一天”。上海青年救国同盟还致电蒋介石，电文中称：“民族复兴节为我国最光明之纪念日。”[①] 同日重庆也举行了纪念活动，出席活动的有各机关团体代表五万多人，“会场情况，异常热烈，而典礼尤为隆重”，“下午四时，于礼炮隆声中开始大会”，“即由主席报告大会之意义，继由各军政商业学校团体代表一一鱼贯向领袖献旗”。大会通过了三个提案：“一、重庆七十万民众电委座致敬，二、电前方将士慰劳，三、向中央及行营建议今后以‘一二·二五’为民族复兴节。”“至暮色苍茫，乃举行火炬游行”，“沿途观众如堵，情绪紧张达于极点”。[②] 在渝各团体还举行了复兴节的义卖活动，“雾雨弥漫着重庆，当晓光映着新搭好的松坊在滴翠时，抗敌会的宣传讲习班同学，已经在沿街高呼‘领袖万岁’，促人早起，准备欢迎‘义卖’”，参与义卖的“甚至还有十几岁以下的小同学，他们和颜悦色地一手举着竹筒，一手举着报纸”，“还有无数妇女在买花”。[③] 热烈的场景反映了民众的热情，同时也将纪念活动推向高潮。另据《展望》第3期题为《重庆全市民众庆祝民族复兴节》的报道：“去岁新都迁重庆，于此抗战期间，前线战士与后方同胞之热血齐相沸腾，以是于廿七年十二月二十五日举行热烈庆祝，是日天微雨，而老幼男女一致趋市街参与盛举，呼喊声震撼云霄，群祝民族复兴万岁。蒋委员长政躬健康。此情此景，令人至感兴奋也。”“宣传大会到处演说民族复兴之进程，最后胜利必属于我。”“中

---

① 《庆祝民族复兴节》，《申报》1938年12月25日，第9版。

② 《纪念一二·二五渝市举行市民大会》，《中央日报》1938年12月26日，第1版。

③ 《盛大纪念“一二·二五”》，天津《大公报》1938年12月26日，第3版。

央党部于游行中全体党员热烈庆祝，民众追随绵延长数里。”“全市民众在夫子池举行庆祝大会，党政学界全体出场参加，热烈情况为民国以来所仅见。”①

尽管1938年纪念“民族复兴节”的气氛高涨，但它不是法定的或官方规定的纪念日。这有两条史料可以证明。第一，1938年3月7日国民政府在发给“直辖各机关”的《训令》（渝字第七十七号）中称：“奉中央执行委员会二十七年三月四日渝字第七四五号公函开，‘查革命纪念日简明表规定每年应举行之纪念日为数颇多，现值国难期间，各项纪念日宜暂行归并举行，兹特酌定各项革命纪念日暂行归并举行日期表，提经本会常务委员会第七十次会议决议通过在案。除分行各级党部外，相应检同上开日期表，函达查照并通饬所属知照’等因，奉此，除函复并分行外，合行抄发原件，令仰知照，并转饬所属一体知照。”该《训令》还附有一份1938年3月1日国民党第五届中央常务委员会第七十次会议通过的《各项革命纪念日暂行归并举行日期表》，其中有“十二月二十五日：云南起义纪念日，十二月五日肇和起义纪念并于本日举行”。这份表没有提到“民族复兴节”。第二，1938年12月25日出版的第1卷第15期《黄埔周刊》的《社评·纪念民族复兴节》一文写道：“两年前之今日，最高领袖在西安脱险，同志同胞为纪念最高领袖之伟大人格，与夫纪念最高领袖继续领导复兴民族之伟业起见，乃定十二月二十五日为民族复兴节；值此强寇压境奋力抗战之时，纪念意义，尤为重大。”文中讲的是“同志同胞”而非官方（如中央政府或党中央）“乃定十二月二十五日为民族复兴节”。

1939年1月29日，国民党第五届中央执行委员会第五次全体会议召开，会议通过的《对于政治报告之决议案》中提出：“惟现值抗战进入第二期，全国精神特质之总动员已成为迫切之需要，而所以发挥总动员之效能者，尤有赖于国防最高决定机关统筹全局，使全国之人力、财力、物力

① 《重庆全市民众庆祝民族复兴节》，《展望》第3期，1939年。

悉供献于抗战，今后工作更应加紧。”[①] 根据《决议案》的这一提议，3 月 11 日，国民政府在国防最高委员会下设立“精神总动员会”，蒋介石自任会长，并公布《国民精神总动员纲领》和《精神总动员实施办法》。《纲领》向全国军民昭示：“今日之所宜致力者，尤当注重于精神振作与集中，质言之，前期抗战，军事与精神并重，而第二期即后期之抗战，则精神尤重于军事。非提高吾全体国民坚强不屈之精神，不足以克服艰危而打破敌人精神致胜之毒计。”[②] 为此，《纲领》提出了三个“国民人人所易知易行之简单而明显”之“共同目标”：“（一）国家至上民族至上，（二）军事第一胜利第一，（三）意志集中力量集中是也。”[③] 这也是国民精神动员的最高原则。《办法》规定，各省市县组织各级国民精神总动员会，国民以同业公会、学校、机关为单位，每月集会一次，“宣讲总动员纲领，宣读《国民公约誓词》”。次日，亦即孙中山逝世十四周年纪念日，蒋介石通电全国，宣布实行“国民精神总动员”运动。为配合“国民精神总动员”运动，“民族复兴节”在事实上也取得了官定的革命节日的地位。

我们之所以说“民族复兴节”在事实上取得了官定的革命节日的地位，是因为官方虽然没有明确规定 12 月 25 日为“民族复兴节”，但在 1939 年期间，确切地说在公布《国民精神总动员纲领》和《精神总动员实施办法》之后，人们已普遍接受了“民族复兴节”是官定的革命节日的观念。比如，1939 年出版的《田家半月刊》上的一篇题为《耶稣圣诞节与民族复兴节》的文章就写道：“自抗战以来，我全国同胞才恍然大悟，深觉得要想抗战必胜，建国必成，必先使民族复兴。所以有‘国民精神总动员’运动，并

---

① 荣孟源主编《中国国民党历次代表大会及中央全会资料》（下），光明日报出版社1985年版，第557页。

② 彭明主编《中国现代史资料选辑》第五册（1937—1945）下，中国人民大学出版社1989年版，第114页。

③ 彭明主编《中国现代史资料选辑》第五册（1937—1945）下，中国人民大学出版社1989年版，第116页。

规定每年十二月二十五日，为民族复兴节。”[①] 这里虽然没有说是谁“规定”的，但既然将“民族复兴节”的“规定”与“国民精神总动员”运动相提并论，那么至少在作者看来，“民族复兴节”出于“官定”必然无疑。1941年出版的《民族复兴节纪念特刊》上的一篇《我们要如何纪念民族复兴节》的文章也提道：“在抗战已经四年零五个月的今天来纪念民族复兴节，我们真觉悟到无限的感奋，回想到五年前的今日，我们团长（这里指的是蒋介石，他当时兼三民主义青年团团长——引者）由西安蒙难脱险，那时举国欢喜若狂，为国家民族前途而庆幸，中央乃定是日为民族复兴节，其意义就是表示我们民族的命运已到万分危险的关头，而遂转复兴的征兆。”[②] 文中明确表示是“中央”规定的，但这一“中央”是“中央政府”，还是“党中央”，文章没有明说。而1946年出版的《抗青一周》上的一篇文章则说是“政府”作出的“规定”：“二十五日为真主耶稣诞辰之日，西欧各国对该节气颇为重视与热烈，而我政府乃改定本日为民族复兴节，其象征我民族欣欣向荣，渐趋光明。”[③] 从上述这几篇文章可以看出，人们已将“民族复兴节”看作是“官定”的革命节日了。也正因为人们已将“民族复兴节”看作是“官定”的革命节日了，所以在1939年之前，不断有民间组织或团体上呈“中央”要求将12月25日定为民族复兴节，如上引的1938年12月25日重庆纪念民族复兴节大会的提案，但就我们目前掌握的资料来看，自1939年起，再也没有发现这方面的决议或提案，究其原因就在于，在人们的心目中民族复兴节已是官定的革命节日，没有必要再要求中央政府或国民党中央通过有关的决议或提案了。

正因为自1939年起民族复兴节已在事实上取得了官定的纪念日的地位，所以纪念活动不再局限于上海、重庆这些作为政治、经济中心的大城市，而开始成为全国性的活动，并日益常态化、程式化。据有关报纸的报

① 余牧人：《耶稣圣诞节与民族复兴节》，《田家半月刊》第6卷第24期，1939年。

② 李健邦：《我们要如何纪念民族复兴节》，《民族复兴节纪念特刊》，1941年。

③《耶稣诞生日民族复兴节》，《抗青一周》第12期，1946年12月25日。

道，1939年上海各界的纪念"民族复兴节"活动，虽因受上海沦陷的影响，其规模和气氛已远不如1938年，"各机关公团学校等，有循例休假者，惟不悬旗，亦不铺张庆祝仪式"，"至于两租界当局，闻于今日临时加紧戒备，以资防范"，"前拟于复兴节印售复兴节纪念书笺"，"今因赶印不及，停止发售，惟少数业已印就，一律改为赠送"。[①] 但同一天的重庆，"民族复兴节"纪念活动则搞得十分热烈，国民政府主席林森出席纪念大会并报告纪念意义，会议"祝颂民族复兴事业迅速完成"。除重庆外，成都、贵阳、福州、长沙等地也举行了"颇为热烈"的集会和游行。[②]1940年后，因政治环境的进一步恶化，上海的民族复兴节纪念活动更显平静，"各学校及银钱业，并循例休假"，其间没有任何集会活动，只有"男女青年散发大批五色传单，其内容为'拥护蒋委员长'、'努力奋斗完成抗建大业'、'中华民族复兴万岁'"，此外还有印有"Long Live China"的英文传单，"各界民众拾之，莫不争先睹为快，情绪极为兴奋"。[③] 但重庆、成都、福州、贵阳、长沙等城市的民族复兴节纪念活动则都搞得有声有色。如四川大学，为庆祝民族复兴节，学校的"'川大剧社'联合朝大公演国防话剧"[④]。福州的集美学校初中部的纪念活动是在该校大操场举行的，"由教务主任钱念文讲演复兴节意义，及青年应有的努力。词甚恳切。中午十二时举行女青年烹调比赛，分列五组，由团津贴每名二元，余款各人自备，并请教师……十余人分任评判决，晚间并举行戏剧比赛，情节精彩，计录取第一名'一刻千金'（五六组），第二名'烙痕'（五五组），第三名'血祭土地祠'（五八组），第四名'岭上梅'（五七组），该校是日完全在热烈情绪中"[⑤]。在贵阳的"中央各军政学校"组织了"在筑同学纪念民族复兴节同

---

① 《今日民族复兴节沪各界热烈纪念》，《申报》1939年12月25日，第9版。

② 《云南起义纪念》，天津《大公报》1939年12月26日，第2版。

③ 《全市各界庆祝民族复兴节》，《申报》1940年12月25日，第7版。

④ 《庆祝民族复兴节本校"川大剧社"联合朝大公演国防话剧》，《国立四川大学校刊》第9卷第8期，1940年。

⑤ 《初中消息·民族复兴节举行女青年烹饪比赛》，《集美周刊》第32卷第11、12期合刊，1942年。

乐会，公推何辑五同学为大会主席，于是日正午十二时假贵阳大戏院举行同乐茶话会，并请省府吴主席及党部傅主任委员启学讲演，另邀请本市平剧名角公演平剧，共到同学五百七十八人，来宾五百余人，盛况空前。并由贵阳大剧院经理奉送咖啡一千杯，以助兴致"[①]。其他一些地方也举行了各具特色的纪念民族复兴节活动，在一些少数民族地区，政府和民间团体通过"举行个人清洁检查，并颁发优胜者奖品，展览各种挂图，放送哨声唱片，讲解重要政令，并派员持茶糖等物慰问穷苦居民"等方式来纪念民族复兴节。[②] 另据 1944 年《会声月报》的一则报道，该报派驻河南、安徽、江西、浙江、西康、广西、西昌行辕、黔桂路的"通讯处"，都于民族复兴节那一天，联合当地党政军及其他团体，举行过形式多样的纪念活动。[③]

除纪念活动外，自 1939 年起，纪念民族复兴节的文章也迅速增多起来，仅 1939 年，我们查阅到的纪念民族复兴节的文章就有《学生生活》的《"民族复兴节"纪念》(第 28、29 期合刊)、《大夏生活》的《前头语·纪念民族复兴节》和《民族复兴节给我的启示》(第 6 期)、《田家半月刊》的《耶稣圣诞节与民族复兴节》(第 6 卷第 24 期)、《妇女新运通讯》的《论坛：纪念民族复兴节》(第 4、5 期合刊)、《职业生活》的《民族复兴节》(第 2 卷第 9 期)、《新知十日刊》的《新知现代语汇：云南起义、民族复兴节》(第 3 卷第 4 期)、《方面军》的《社论·民族复兴节》(第 2 卷第 9、10 期合刊)等。1939 年后，不仅文章增多，有的刊物还编发特辑或特刊来纪念民族复兴节。如《福建青年》第 1 卷第 3 期（1940 年）就编发过"纪念民族复兴节专辑"，除"编者的话"外，文章有李雄的《复兴民族与三民主义》、黄珍吾的《国家兴亡与民族志气》、朱博能的《民族复兴的资源问题》、姚虚谷的《民族复兴与国民教育》、王懋和的《民族复兴与国民经济建设》、刘有光的《民族复兴与国民体育》、陈掖神的《民族复兴与国民革

---

① 《黔处民族复兴节同乐会之盛况》，《会声月报》第3卷第3、4期合刊，1943年。

② 《第一边胞服务站纪念复兴节》，《新运导报》第1卷第1期，1943年。

③ 《消息一束》，《会声月报》第3卷第7期，1944年。

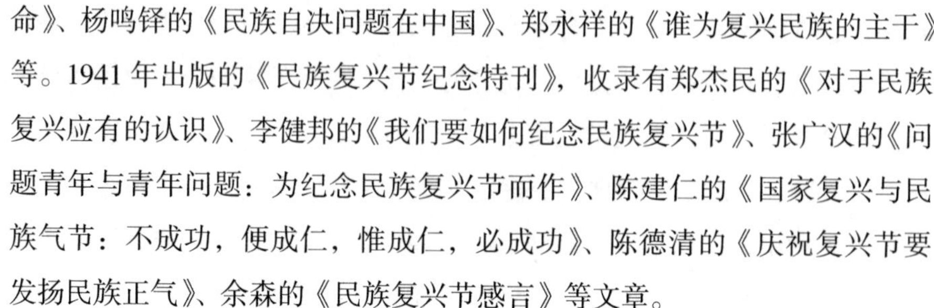

命》、杨鸣铎的《民族自决问题在中国》、郑永祥的《谁为复兴民族的主干》等。1941 年出版的《民族复兴节纪念特刊》，收录有郑杰民的《对于民族复兴应有的认识》、李健邦的《我们要如何纪念民族复兴节》、张广汉的《问题青年与青年问题：为纪念民族复兴节而作》、陈建仁的《国家复兴与民族气节：不成功，便成仁，惟成仁，必成功》、陈德清的《庆祝复兴节要发扬民族正气》、余森的《民族复兴节感言》等文章。

（二）“民族复兴节”的纪念及其意义

除去一般谈民族复兴的文章外，就纯粹的纪念文章来看，其内容大体可以分为三个方面：

第一，从与云南起义纪念日和圣诞日的比较、联系中，肯定民族复兴节的重要意义。12 月 25 日，不仅是西安事变和平解决、蒋介石回到南京的日子，也是 1915 年蔡锷发动云南起义、反对袁世凯复辟帝制和基督耶稣圣诞的日子。因此，一些纪念民族复兴节的文章，则从与云南起义纪念日和圣诞日的比较、联系中，肯定 12 月 25 日对于民族复兴的重要意义。《方面军》第 2 卷第 9、10 期合刊的《社论 · 民族复兴节》就写道：中华民国二十五年十二月二十五日，产生了中华民国的民族复兴节。十二月二十五日这个日子，在人类的日历中，永远是个伟大的纪念日。推翻袁世凯帝制、复活革命的云南起义，是在这一天；而以拯救人类、为世界各先进国家所崇奉的基督耶稣，也是在一千九百三十九年前的今天诞生的。“我们的民族复兴节，正在这一天产生，那是有伟大深长之象征意义，而在人类救主的圣诞日，同时为中华民国的民族复兴节，这个凑合，也是适当。”固然，民族复兴，其重大意义是在我们中华民族自身。因为自从有了这一天，长年被人轻视、被人压迫凌辱、被人目为“东亚病夫”的老大国家，开始以一鸣惊人的姿态出现于世界的国家中，改变了世界人士轻视中华民族的成见。同时在我们民族自己，也是从这一天起，一洗过去偷生苟安萎靡堕落的恶习，而淬励精神发奋为雄，成功真正统一与团结，我国的军事政治经济，开始出现了“崭新的姿态，实现了真正彻底的民族复兴”。然而，民族复兴节的重大意义并不止于这一点。在人类一千多年的历史中，基督耶稣之圣诞节和中华民族之复兴节先后辉映。“基督耶稣，为拯救人群的苦难，颁与人类福音而降生；复兴的中华民族，在其对于侵略者之圣战中，也是为世界受暴力凌辱压迫之和平人们，作打击暴力之救世军，为侵略的横流上之中流砥柱。”我们的民族抗战，是为了保卫全球民主国家之权益而战，是民主国家与其敌人间之世界战斗中的一个重要环节。所以，“中华民族复兴节日，同时适为基督耶稣之圣诞节，这种巧合，决非偶然。那是人类历史所已配定，要使十二月二十五日这一天，永为人类历史上一个最伟大而意义深重之纪念日”①。如果说《方面军》的《社论》主要是通过与基督耶稣圣诞日的比较和联系来肯定民族复兴节的重要意义的话，那么，周僖的《民族复兴与民族战争——民族复兴节讲演》则主要是通过与云南起义纪念日的比较和联系来肯定民族复兴节之重要意义的：“今天是云南起义的纪念日，同时又是民族复兴节——委员长西安蒙难脱险的纪念日——在这两个纪念当中，首先要向各位报告的，就是这两样事情的联贯的地方。云南起义，是民国再造的一个纪念日，假设没有云南起义，我们现在或许还是帝制下面的奴隶，还谈什么民族复兴呢？所以我们今天能为中华民国自由的公民，能自由的为中华民族谋光明的前途，全赖护法之役，打倒袁逆世凯，恢复共和政体。至于西安事变，可以说是中华民族生死存亡转变的一个最大的关键，假使当时西安事变的解决，得到一个相反的结果，则中华民族的遭遇，诚不可想像，今日也根本上谈不到复兴问题。”“云南起义，是国内的政治的革命。此与对外的民族战争比较起来，虽然是容易一点，但也免不了要有很大的牺牲。而今天从事对外的生死存亡的民族战争，当然需要更大的牺牲了！牺牲的目的，是取得最后的胜利，得到国家民族的独立和自由，而牺牲的初步，是放弃我们过去错误的思想——封建，提高我们的民族意识，奠定我们复兴的基础。”② 杨虎

① 《社论·民族复兴节》，《方面军》第2卷第9、10期合刊，1939年。

② 周僖：《民族复兴与民族战争——民族复兴节讲演》，《青年空军》第1卷第2期，1940年。

在纪念文章中指出：今天是云南起义纪念日，同时也是民族复兴节，是总裁西安蒙难脱险的纪念日，又因为云南起义和肇和兵舰起义，都是为了打倒袁世凯和国内军阀，维系中华民国的命脉，因此，也将肇和起义合并纪念。“我们晓得为了再造共和，而有肇和和云南起义，为了民族复兴，而有总裁的领导抗战。前者是破坏的，后者是建设的，所以纪念民族复兴节的意义更为重大。”[①] 在逸云看来，云南起义推翻了有野心的袁世凯，警示其他封建余孽不得再做斩断民国生命之梦，但国内割据势力不仅仍然存在，甚至是变本加厉，北伐的成功才建立起了巩固的中央政府，然而并没有实现全国真正的统一，实现全国真正的统一则是在西安事变之后，正是西安事变的和平解决，使“举国上下真心实意地团结在领袖的贤明指导之下，创造三民主义的新国家”。因此，“云南起义只使民国生命得以延续，而前年的‘一二·二五’，则使整个民族团结了。团结便是复兴的第一步”。[②]《职业生活》上的一篇纪念文章同样通过云南起义纪念日与民族复兴节的比较，肯定了后者所具有的重要意义：“这个节日（十二月廿五日）首先是1915年云南起义反对帝制复辟的纪念日，这一运动的意义在于保卫民主共和，反对承认二十一条亡国条件的卖国贼袁世凯的帝制复辟，后来袁世凯的迷梦终于被击粉碎，虽则当时在华的帝国主义的阴谋和封建军阀祸国殃民的活动还是继续着。这一运动并没有得到胜利，可是它已向全国人民提出了反帝反封建，建立中华民主共和国的迫切任务。这个节日，又是1936年西安事变和平解决，蒋委员长安全脱险的纪念日。这一日子开辟了中国历史的新阶段：由黑暗混乱的内战，走向民主团结对外抗战的道路。中国人民接受了20余年亲身经历的深刻教训，觉悟到非国内团结各派别各阶级各民族，不能驱逐侵略者，不能建立民族独立民主自由民生幸福的新中国。所以这个日子规定为民族复兴节，是有着伟大意义的。”[③]

第二，从停止一切内战，实现全民族的真诚团结，建立和巩固抗日

① 杨虎：《云南起义与民族复兴》，《广播周报》第193期，1941年。

② 逸云：《民族复兴节》，《妇女共鸣》第8卷第3、4期合刊，1938年。

③《民族复兴节》，《职业生活》第2卷第9期，1939年。

民族统一战线的视角出发，肯定民族复兴节的重要意义。吴克的《“民族复兴节”纪念》一文开篇明义便写道：本月二十五日是西安事变和平解决，蒋委员长平安回京，也就是所谓“民族复兴节”。假如事变结果，不幸到了悲惨的境地，那么中华民国亦就到了无可救药的地步。“事变的和平解决，使中国踏上新生的道路，所以‘民族复兴节’是值得我们热烈纪念的一天。”文章认为，纪念民族复兴节，要有以下几个方面的认识：首先，民族复兴节是国内和平的开端，四分五裂的中国从此实现了统一，全国各党各派团结在三民主义的最高旗帜之下，谋求中华民族的独立与解放，“三民主义成了公认的最高原则，最高目标，所以我们今天纪念民族复兴节，要更忠诚地信仰三民主义，拥护三民主义！”其次，民族复兴节奠定了“抗日”为最高国策，为当前的唯一要务，同时采取了总理“容共、联俄、农工三大政策”的遗教。总理当日在广州主持北伐，深知欲求得中华民国革命的成功，唯有容共、联俄、农工运动，故手订此三大政策。“所以今天纪念民族复兴节，要提高对总理遗教的遵守，助紧实行总理手订的三大政策！”再次，民族复兴节是全国各党各派大团结的开始，统一战线的产生。抗战一年多以来的历史，证明了统一战线力量的伟大。共产党无论在政治上在军事上都显示出忠于民族、忠于三民主义的诚意，八路军、新四军在南北两战场上，表现出他们最大的勇敢，获取了无数次胜利。“所以我们在今天，要竭力推进统一战线的发展！毫没问题地拥护统一战线！拥护各党各派永久合作！”[①]《大夏生活》的《前头语·纪念民族复兴节》强调，1936年12月25日“是中国百年来历史上的转折点，是中华民族复兴的大关键，是国内停止一切内战、一致对外的起始，是民族统一战线建立和巩固的一天，是全国人民共同负起抗战建国的神圣使命的先声”，是值得我们永远纪念的日子。由于这一天，才有“七七”卢沟桥的抗战；由于这一天，才有“八一三”淞沪抗战；由于这一天，民族统一战线才会更快建立和巩固。“尤其是国共两党的加紧亲密合作，共御外

① 吴克：《“民族复兴节”纪念》，《学生生活》第28、29期合刊，1939年。

侮，于是更加深了抗战必胜的基础。”[①]邹韬奋的《民族复兴节》一文指出：“一二·二五”是我们最高领袖蒋委员长西安出险纪念日，正是由于最高领袖的出险才使全国实现了真诚团结，一致对外，全国的力量集中于我们的唯一敌人日本帝国主义者。“这全国精诚团结的局面是抗战的基础，是争取最后胜利的最基本条件之一，是我们全国同胞所珍视的，而这种局面的形成却是由于‘一二·二五’做起点。我们因宝贵全国精诚团结的抗战基础与胜利条件，所以也宝贵这‘一二·二五’纪念日。这个纪念日之取名为‘民族复兴节’，不是偶然的，它的深切的意义也就在这里。”[②]《妇女新运通讯》的一篇纪念文章认为：“民族复兴节是我国和平统一、一致对外、抗战的奠基日”，因此，“我们举行纪念的时候”，一定要“誓死真诚团结，一致对外”。现在日寇正集中力量进攻我国，除了军事上加紧进攻西南之外，在政治上也采取了攻势，使尽一切阴谋来分化我们的团结，引诱我国投降。“所以我们应不分畛域，长官平民男女老幼开诚布公，提供所有的意见和方法，贡献出一切力量，以真诚团结的事实来答复敌人，不妥协，不言和，坚信胜利是我们的。”[③]刊发于《西南儿童》上的《民族复兴节》一文，通过一个儿童故事，肯定了西安事变的和平解决对于结束内战、一致对外的重要意义：民族复兴节的这天早晨，一个小哥哥和小妹妹因起床时相互拿错了衣服打起架来，这时他们的姐姐走了进来，问他们愿不愿意听民族复兴节的故事。他们说愿意听。姐姐说，你要听民族复兴节的故事，第一不要打架，“因为民族复兴节的意义，就是自己人不打架，要打敌人，复兴中华民族”。在民国二十五年以前，有许多中国人像你们两个小傻瓜一样老是打架，乘着他们打架的时候，日本人杀到中国来，像小猫小狗一样偷中国的东西吃，把中国的性命要咬断了，许多聪明人看了非常着急，要求他们不要打，但他们不听，仍然打，打死了很多人，损失

---

① 《前头语·纪念民族复兴节》，《大夏生活》第6号，1939年12月25日。

② 韬奋：《民族复兴节》，《全民抗战》（五日刊）第44期，1938年。

③ 岫深：《纪念民族复兴节》，《妇女新运通讯》第4、5期合刊，1939年12月25日。

了很多财产，中华民族真危险极了。打到民国二十五年十二月十二日，张学良大喊大叫说："不要内战，要打日本！"但是他太粗鲁，他竟敢把委员长关起来了，全国人都骂他不讲理，叫他把委员长放出来，大家共同商量好办法打日本。张学良觉悟了，在十二月二十五日这一天，恭恭敬敬地请出了蒋委员长，后来大家商量好了不打内战，全国在蒋委员长领导下团结抗日。于是全国大团结，就在那天开始了，我们就把那天定为民族复兴节了，因为大家团结起来，才晓得民族复兴的重要，才有力量复兴民族。"妹妹听了姐姐的故事，觉得打架真不对，望望哥哥说：'我也不和你打架了'。哥哥说：'我也不和你打架了，我们并且要告诉全中国的人，不要自己相互打架；要去打日本'！"[①]

第三，把西安事变的和平解决归功于蒋介石"伟大人格感召"，并极力颂扬和美化蒋介石，认为只有绝对服从蒋介石的领导，中华民族才能实现民族复兴。《中央日报》的文章指出，西安事变时"领袖（这里指的是蒋介石——引者）凭什么去抵御暴力？又凭什么去感化叛乱？就是伟大的人格和笃信的主义"，而张学良最后之所以会觉醒，并护送领袖回到首都，也是受"领袖精神力量的压迫"。[②]国民党要员白崇禧在复兴节纪念活动的讲话中强调："西安事变的时候，总裁之所以能够出险，完全是靠总裁至大至公的精诚所感召，和至大志刚的勇气所战胜的结果。"[③]李大超在题为《民族复兴节论民族复兴》的演讲中告诉华南学校的师生："在民国廿五年的今天，西安事变突起，蒋委员长被蒙难在西安；然终以他伟大人格感召，结果张学良、杨虎城都先后觉悟了。我国对日抗战五年余来，意志集中，力量集中，皆由总裁伟大人格感召的结果。回顾五年余来的抗战，我们要深深体会总理创业的艰难及总裁奉行主义的精神，在这抗战期中，我们应该要拿这种精神来支持我们的行动，做我们复兴民族事业的基

① 吉林：《民族复兴节》，《西南儿童》第2卷第10期，1940年。

② 《昨天的纪念》，《中央日报》1938年12月26日，第2版。

③ 《云南起义纪念会》，《中央日报》1940年12月26日，第3版。

础。”[①]《黄埔周刊》的一篇《纪念民族复兴节》的“社评”在引用了蒋介石《西安半月记·二十六日记》的一段话后写道：“吾人读此，足见1．领袖革命人格之伟大，2．对总理训诲之遵循，3．为国家忠诚之精神，4．谦恭感人之美德，孰不肃然起敬。”该“社评”继续写道：“领袖为我民族复兴伟业之领导者，不但国人一致拥戴，即外人亦无不推崇”，更有英国记者珊姆逊在谈话中称领袖“为中国有史以来最伟大之民族英雄”，这“实极恰当”。[②]李健邦的《我们要如何纪念民族复兴节》一文，称蒋介石“为中华民族的救星，国民革命的主宰”，只有在他的领导下，“民族才能复兴，国家才能富强”，我们纪念民族复兴节，“就是要效忠民族，不要忘记团长所昭示我们的抗战国策，更不要忘记了我们空前所负的使命”。文中说蒋介石在少年的时候就立定了救国救民的大志，十八岁参加革命工作，出生入死，艰苦奋战，未有一日间断，“结果成了我们民族的领袖”。他平日一行一言，都是本着三民主义救国救民的宗旨，出自至诚，为中华民族固有文化道德的最高表现，他以诚为立言之本，以发扬三达德、培养武学、习练六艺、实践四维、力行八德为立己立人训勉同志部属的要旨，以伟大人格、至诚言行感召全国国民，他在革命历程中充分表现出坚苦卓绝大无畏的革命精神，无论在何种危险困难的当中，总是坚毅果敢当机立断，所以终能克服一切艰难险阻，改造环境，这些都是值得我们纪念的。“我们要切实信仰服从团长，更要效法师承，追随前进，仰体团长实行的意旨，身体力行，在团长的指导下，共同完成抗战建国的使命，才不负今天纪念的意义，达到民族复兴的目的。”[③]《福建青年》第1卷第3期曾编发过一组“纪念民族复兴节专辑”，其《编者的话》中有这样一段文字：“民族复兴节的产生，是在民国二十五年十二月二十五日，我们团长从西安脱险回京的日子。举国狂欢，顽廉懦立，象征着中华民族的复兴。这是因为团长是全国

① 李大超：《民族复兴节论民族复兴》，《华南校报》第10卷第2、3期合刊，1943年。

②《纪念民族复兴节》，《黄埔周刊》第1卷第15期，1938年。

③ 李健邦：《我们要如何纪念民族复兴节》，《民族复兴节纪念特刊》，1941年。

四万万五千万的核心，是复兴民族统一中国的最高领袖，一身安危关系着整个国家民族的缘故。”该编者十分赞同《谁为民族复兴的主干》一文的观点，即：复兴民族，必须有一个贤明的领袖和大量的干部，才能达成使命。苏俄的复兴，是靠无数的苏俄青年干部，拥护着他们的领袖斯大林而实现的；德意志的复兴，也是靠无数的德意志青年干部，拥护着他们的领袖希特勒而实现的；意大利的复兴，又是靠无数的意大利青年干部，拥护着他们的领袖莫索里尼而实现的；像这一类的事例很多很多，足为明训。“因此，我们要图复兴中华民族，自亦非靠无数的中国青年干部，拥护着我们的最高领袖不可。换句话说：我们只有竭诚拥护，忠实信任，把智慧，生命，自由一起呈献于最高领袖，并绝对服从领导，才能加速完成复兴的大业。这是我们青年应有的深切认识。”[①]“侠子”的《半月评坛：纪念民族复兴节》一文写道：十二·二五是总裁蒙难西安的纪念日，也是我们民族复兴的纪念日，这是一个有历史意义的伟大日子，它充分表现总裁的崇高伟大，充分说明全国人民对总裁爱戴的深广。当事变的消息传达到国内外时，举世的人士是如何的震惊忧虑，到事变和平解决时，又是怎样的欢动中外！现在我们纪念这个节日，真不知如何的感奋。我们须得指出，在抗战前，总裁处境的艰辛是无可比拟的。他一面要对待日阀在那时的强横和未来的进攻，一面要应付国内各地方人士误解政府的责难，他那任劳任怨忠于国家民族一贯抗日的精神，一直到事变解决后才大白于天下！这种精神不仅感召了各党各派，而且也教育了全国的同胞。张学良之所以会从劫持中亲自送回总裁返京，事变之所以能够顺利地和平解决，不正是告诉我们以总裁的伟大吗？“我们现在严正地认为：对日抗战能够发展到现阶段，胜利能够紧紧操诸我们的手上，固然由于我英勇的将士和觉醒的民众以头颅热血换取得来，但假使没有总裁的苦心孤诣和尽筹硕划，则抗战不会有如今日的伟大收获，是可以断言的！”[②]

---

① 《编者的话》，《福建青年》第1卷第3期，1940年。

② 侠子：《半月评坛：纪念民族复兴节》，《建军半月刊》第9期，1939年。

就上述纪念民族复兴节的文章的内容可以看出，由于政治、宗教和文化取向的差异以及关注点的不同等原因，人们对民族复兴节的内涵或意义有着不同的解读，一般来说，民间的报刊舆论和以邹韬奋为代表的民主爱国人士更多关注和肯定的是民族复兴节在结束内战、实现全民族的真诚团结、建立和巩固抗日民族统一战线方面的重要意义，而以《中央日报》为代表的国民党官方及其舆论更关注的是如何通过民族复兴节的纪念来颂扬和美化蒋介石，树立蒋介石的绝对权威，从而建立起一套以领袖崇拜为中心的话语体系，以服务和服从于蒋介石提出的一个政党、一个主义、一个领袖的个人独裁统治的建立。但无论如何，把 12 月 25 日确定为“民族复兴节”并进行纪念，它表达出的是人们对中华民族复兴的渴望和民族复兴思潮在七七事变后的高涨及其巨大的社会影响力。

“民族复兴节”的纪念在 1939 至 1941 年间达到高潮，后随着国共两党摩擦不断，抗日民族统一战线内部斗争的日益公开化和激烈化，“民族复兴节”的纪念也一年不如一年，至抗战胜利结束、国共内战全面爆发，人们再也没有兴趣和精力来谈论与纪念“民族复兴节”了。我们所查阅到的最晚一篇纪念民族复兴节的文章，是发表在 1947 年《河北省政府公报》第 53、54 期上刘多荃所写的《完成革命建国大业——为民族复兴节而作》一文。人们再次谈论民族复兴，谈论中华民族伟大复兴的中国梦，则是在 20 世纪 90 年代以后，尤其是中共十八大以后。

五、抗战时期国人对“中华民族复兴”的认识及其意义

实现中华民族伟大复兴的中国梦是近代以来中国人民矢志不渝的愿望和追求，但民族复兴有一个从思想的萌发到发展再到成为社会思潮的历史发展过程。民族复兴成为一种具有广泛影响力的社会思潮则是在“九一八”事变之后，时人就“中华民族复兴”的有关问题纷纷发表文章，各抒己见，其原因是“九一八”事变后日益严重的民族危机的刺激，激发了人们的民族认同感和民族责任感，从而为中华民族的复兴提供了契机。长期以来，由于种种原因，学术界缺少对近代以来尤其是“九一八”后的民族复兴思

潮具体内容的研究。有鉴于此，笔者拟对抗战时期国人对“中华民族复兴”的认识作一探讨，并论及它对于当下我们实现中国梦的启迪意义。

（一）民族复兴不是汉族或某个少数民族的复兴，而是包括汉族和所有少数民族在内的整个中华民族的复兴

民族复兴不是汉族或某个少数民族的复兴，而是包括汉族和所有少数民族在内的整个中华民族的复兴，这是抗战时期国人的一个基本共识。

笔者曾在《甲午战争与“中华民族复兴”思想之萌发》一文中指出，1894 年 11 月孙中山提出“振兴中华”的口号，是“中华民族复兴”思潮萌发的标志，但孙中山讲的“中华”，并不是现代意义上的“中华民族”，而是居住在中华大地上的“汉族”。[①]“中华民族”这一观念是 1902 年梁启超在《论中国学术思想变迁之大势》一文中最早提出并使用的，他在论述战国时期齐国的学术思想时写道：“齐，海国也。上古时代，我中华民族之有海思想者厥惟齐。故于其间产出两种观念焉，一曰国家观；二曰世界观。”[②]不久，在《历史上中国民族之观察》（1905 年）等文中，梁启超又就“中华民族”自始是单一民族还是由多民族融合而成等问题进行过考察。[③]继梁启超之后，在清末使用“中华民族”的还有立宪派的另一位代表人物杨度（《金铁主义说》1907 年）和著名的革命党人章太炎（《中华民国解》1907 年）。但无论是梁启超，还是杨度或章太炎，他们使用的“中华民族”这一观念，其内涵基本上等同于“汉族”。[④]

到了民初，尤其到了五四前后，尽管受中华民国的成立和第一次世界

---

① 郑大华：《甲午战争与“中华民族复兴”思想之萌发》，《中国文化研究》2015年第1期。

② 梁启超：《论中国学术思想变迁之大势》，《饮冰室合集》第1册，文集之七，中华书局1989年影印版，第21页。

③ 梁启超：《历史上中国民族之观察》，《饮冰室合集》第8册，专集之四十一，中华书局1989年影印版，第1页。

④ 郑大华：《“中华民族”自我意识的形成》，《近代史研究》2014年第4期。

大战后兴起的民族自决思潮的影响，越来越多的人开始认同和使用“中华民族”观念，在当时中国的政治舞台上，除北洋军阀外，主要有三大政治力量或政治派别，即以孙中山为代表的国民党人、以李大钊为代表的早期马克思主义者和以梁启超为代表的研究系知识分子，而这三大派别对认同和使用“中华民族”都有一定的自觉性。[①] 但是，第一，“中华民族”观念还没有为全国各族人民所普遍认同和使用，当时还有不少人认同和使用的是“中国民族”“吾民族”“全民族”等观念。“中华民族”和“中国民族”虽然指的都是中国境内各民族，但在内涵上则有所不同。“中华民族”强调的是各民族之间的历史和文化上的联系或同一性，而“中国民族”强调的是各民族之间的政治和法律上的联系或同一性。就二者比较而言，“中华民族”更符合“民族”理论和中国各民族的历史事实，也更能得到各民族的认同。因为在历史上，中国的版图时有变动，政权（朝代）多有更迭，各民族之间的政治和法律上的联系也有所不同，但版图的变动、政权（朝代）的更迭并不影响各民族之间历史和文化上的联系或同一性。1924 年李大钊在《人种问题》一文中就指出：“民族的区别由其历史与文化之殊异，故不问政治、法律之统一与否，而只在相同的历史和文化之下生存的人民或国民，都可归之为一民族。例如台湾的人民虽现隶属于日本政府，然其历史、文化都与我国相同，故不失为中华民族。”[②] 第二，在认同和使用者中，包括以孙中山为代表的国民党人、以李大钊为代表的早期马克思主义者和以梁启超为代表的研究系知识分子，往往是在“汉族”的涵义上接受和使用“中华民族”观念的。比如，五四前后孙中山所讲的“中华民族”，指的就是同化了其他民族的汉族。1921 年 3 月 6 日，孙中山在中国国民党本部特设驻粤办事处的演说中解释他所提倡的“汉族底民族主义”时指出：所谓“汉族底民族主义”，是“拿汉族来做个中心，使之（指满、蒙、回、

---

① 郑大华：《中国近代民族主义与中华民族自我意识的觉醒》，《民族研究》2013年第3期。

② 李大钊：《人种问题》，《李大钊文集》第4卷，人民出版社1999年版，第427页。

藏等其他民族——引者）同化于我，并且为其他民族加入我们组织建国底机会。仿美利坚民族底规模，将汉族改为中华民族，组成一个完全底民族国家”[①]。他并且要人们相信，只要以汉族为中心同化满、蒙、回、藏等其他民族而为一新的大中华民族，中国“决不久必能驾美迭欧而为世界之冠”，成为世界上最发达富强的国家。[②]所以，笔者在《论晚年孙中山“中华民族”观的演变及其影响》一文中，称这一时期孙中山的“中华民族”观念是“一种以同化为基础的一元一体”的大汉族主义民族观。[③]共产党也是如此。由于“在那个时候，党对解决中国民族问题的具体历史条件还缺乏深入的了解，还不能把马克思列宁主义关于解决民族问题的原理同中国的具体历史条件正确地恰当地结合起来”[④]，因此在多数情况下，共产党所讲的“中华民族”实际上指的也是汉族。[⑤]比如，中共二大《宣言》虽然把“推翻国际帝国主义的压迫，达到中华民族完全独立”，作为“中国共产党的任务及其目前的奋斗”提了出来，但从前后文来看，这里所讲的“中华民族”指的是居于“中国本部”的汉族，并不包括居于“蒙古、西藏、回疆三部”的蒙古族、藏族、回族和其他少数民族，居于“蒙古、西藏、回疆三部”的蒙古族、藏族、回族和其他少数民族在《宣言》中被称为“异种民族”。[⑥]

“中华民族”观念为全国各民族人民普遍认同，并成为中国境内各民

---

① 孙中山：《在中国国民党本部特设驻粤办事处的演说》，《孙中山全集》第5卷，中华书局1985年版，第474页。

② 孙中山：《三民主义》，《孙中山全集》第5卷，中华书局1985年版，第187—188页。

③ 郑大华：《论晚年孙中山“中华民族”观的演变及其影响》，《民族研究》2014年第2期。

④ 江平：《前言》，中共中央统战部编《民族问题文献汇编》，中共中央党校出版社1991年版，第4页。

⑤ 郑大华：《论杨松对民主革命时期中国共产党民族理论的历史贡献》，《民族研究》2015年第3期。

⑥ 《中国共产党第二次全国代表大会宣言》，中共中央统战部编《民族问题文献汇编》，中共中央党校出版社1991年版，第18页。

族之共同称谓，是在“九一八”后的抗日战争时期。其原因，笔者曾在《中国近代民族主义与中华民族自我意识的觉醒》一文中作过分析。首先，日本帝国主义是把中国作为一个整体来侵略的，他们在屠杀、烧抢、掠夺中国人民的时候，并没有什么汉族、满族、蒙古族、藏族、回族、苗族等民族的区分，这在客观上教育了中国各族人民，增强了他们不分你我的“中华民族”的认同感。其次，国共两党对于中华民族的认同和宣传，尤其是抗日民族统一战线的建立和全民族抗战局面的形成，对于增强各族人民对中华民族整体的认同感起了非常重要的作用。复次，“九一八”后形成的中华民族复兴思潮，对于增强各民族对中华民族整体的认同感同样起了重要的作用。当时的知识界兴起了一股研究中华民族的历史和文化热，出版了大量的有关中华民族文化和中华民族历史的著作。尽管这些著作的具体内容和观点不尽相同，但都致力于传播全民族整体化的“中华民族”意识，以激发团结抗战的力量，树立中华民族必将复兴的信念。七七事变前后，以顾颉刚、傅斯年为代表的一些学者，还就中国是一个多民族国家还是单一民族国家展开过一场讨论。在讨论中，顾颉刚先后发表《中华民族的团结》《西北回民应有之觉悟及其责任》《如何可使中华民族团结起来》《中华民族是一个》《续论中华民族是一个》等文章和演讲，从历史上证明中国境内的所有种族，无论从血统上说还是从文化上说，早已融合为一，成为一个不可分割的“中华民族”，到如今，“不要再说你属那一种族，我属那一种族，你们的文化如何，我们的文化如何，我们早已成了一家人了”，成了“中华民族”的一分子[①]。尽管顾颉刚否认中国是一个多民族的国家的观点是错误的，但他提出“中华民族是一个”则有利于加强各民族对“中华民族”的认同感，以挫败日本帝国主义和个别民族分裂分子以“民族自决”的名义来分裂中国的阴谋。所以，他的观点得到了傅斯年、白寿彝、张维华等学者的支持。此外，抗战时期，因战争而造成的人口大量迁移，尤其是处于战火中心的内地人口向西南和西北少数民族地区的大量迁移，

① 顾颉刚：《中华民族是一个》，《益世报·边疆周刊》第9期，1939年。

促进了各民族之间的杂居、交往和融合，加上这一时期国民政府加强了对西南和西北少数民族地区的开发和管理，从而在一定程度上改变了这些地区相对闭塞的落后状况。这些都有助于增强西南和西北少数民族地区的民众对中华民族整体的认同感和归属感。

七七事变前夕，有人曾对“中华民族”观念的发展作过这样的总结：“自（民国）十二年一直到现在，中华民族的思想渐渐成熟，尤其是‘九·一八’以后，国人对这种观念尤为明了，且求之甚切！”[①] 而七七事变后全面抗战的大“熔炉”，更进一步“把中华民族四万万五千万条心融冶成一座坚实的牢固不破的整体”了。[②] 从此，“中华民族”的观念深入人心，成了人们书面和口头的常用语。1936 年编就、1938 年由中华书局发行的大型辞书《辞海》中，第一次收入了关于“中华民族”的内容。在“中华民国”的专条里，曾特别说明：“民族合汉、满、蒙、回、藏、苗等人而成整个之中华民族。人口共约四万万七千余万。”《辞海》第一次收入有关“中华民族”的内容，说明“中华民族”之观念已为社会各界广泛接受，并对其涵义有了基本共识。[③] 我们翻阅“九一八”事变后，尤其是华北事变和七七事变后出版的报刊和书籍就会发现，这一时期人们在统称中国各民族时一般都用的是“中华民族”，而很少使用“中国民族”“华族”“国族”或“全民族”等其他概念。以中国共产党为例，“九一八”事变前，甚至在华北事变前，在其文件、宣言、会议决议以及领导人的讲话或文章中，经常是“中华民族”与“中国民族”“全民族”互用，但到了华北事变后，尤其是到了七七事变后，不仅“中华民族”的用量大增，而且很少有与“中国民族”“全民族”互用的情况发生。1939 年 12 月，毛泽东发表《中国革命和中国共产党》一文，该文“对于我们理解中国的民族问题有着直接的

① 陈健夫：《西藏问题》，商务印书馆1937年版，第142页。

② 马天铎：《三民主义与回教青年》，《回教论坛》半月刊第2卷第9期，1939年。

③ 参见黄兴涛：《民族自觉与符号认同：“中华民族”观念的萌生与确立的历史考察》，香港《中国社会科学评论》2002年第1期创刊号。

指导意义”[①]，而该文的第一章第一节便是“中华民族”。除个别民族分裂主义分子外，这一时期，无论是哪一个民族的人，都承认自己是中华民族的一分子。

与“中华民族”这一表示中国境内各民族是统一的民族共同体之观念得到全国各民族人民普遍认同相一致，人们认识到民族复兴不是汉族或其他某个少数民族的复兴，而是包括汉族和所有少数民族在内的整个中华民族的复兴。周炎在《民族复兴运动中之回民问题》一文中就明确指出：“中华民族是指汉、满、蒙、回、藏五族而言，现在我全国上下所致力的‘民族复兴’运动，当然是要求我全国五大族之共存共荣，决不是单指汉族一族的复兴。”[②]马松亭在题为《中华民族的回教问题》的演讲中谈到回族复兴与中华民族复兴的关系，他强调：国家如同一个机体，国民是机体中的各个细胞，回教有五千多万的同胞，有一千多年的历史，分散在全中国的各个地方，如果形成一个麻木不仁的组织体，抗外敌不能，自立更不能。“俗话说：强国先强民。可是只有一部分民族强健，一部分民族不强健，等于遍身麻木；就像整个机体中坏了一部分细胞，全机体便不能灵运动一样。”所以，我们要抵抗日本帝国主义的侵略，实现中华民族的伟大复兴，就必须使“国内各民族”都要“强健起来”，复兴起来，才有可能，“中华民族只要全部强健，还有何事不成呢？”[③]孙绳武在《中华民族与回教》一文中充分肯定了回族在中华民族中的重要地位，“无论从质或量说，中国回民都占了中华民族的重要部分”，而民族复兴，不仅仅是回族的复兴，更是整个中华民族的复兴，因此，“我们应该憬然于本身责任的重大，要英勇地奋发图强，与各教各族的同胞联合起来，在最高领袖的指导之

① 江平：《前言》，中共中央统战部编《民族问题文献汇编》，中共中央党校出版社1991年版，第6页。

② 周炎：《民族复兴运动中之回民问题》，《亚洲文化月刊》第2卷第5、6期合刊，1937年。

③ 马松亭：《中华民族的回教问题》，《突崛》第4卷第2期，1937年。

下，共同完成复兴民族的使命”。[①] 薛兴儒在《复兴中华民族与复兴蒙古民族》一文中也强调了蒙古民族的复兴与整个中华民族的复兴的一致性，他写道，“我蒙古为今之计”，谋本民族的健强，也就是谋整个中华民族的健强，蒙古民族既健强，则整个中华民族必健强；而整个中华民族健强了，蒙古民族亦就没有不健强的道理。“这样一来，我们蒙古民族与中华民族，不但可以复兴，并可以雄飞于大地之上。”[②] 阿弼鲁德在《中华民族之复兴与西南夷》一文中同样强调：我国“民族复杂，疆域广阔”，社会、教育、经济、文化普遍处于衰落崩溃状态，在此情况下，“欲图复兴，实非一部分汉族之畸形发展所能挽救”，而应所有民族，当然也包括西南的少数民族，共同努力，“联成坚实的反帝战线，以抗强敌”，以实现“国内各民族共同兴奋”。他因而希望“我族青年，赶速觉悟，献身民族，努力牺牲奋斗！在不久之将来，喜马拉雅山之最高峰，其将敲奏庆祝整个中华民族复兴之钟声”。[③] 人们常说，抗日战争的胜利是中华民族复兴的枢纽，而奠定这一枢纽的基础则是全国各族人民对“中华民族”之观念的普遍认同，以及基于这一认同得出的民族复兴不是汉族或其他某个少数民族的复兴，而是包括汉族和所有少数民族在内的整个中华民族的复兴的基本共识。

（二）民族复兴不是复古，而是中华民族的浴火新生或再生

民族复兴不是复古，而是中华民族的新生或再生，这是自孙中山提出“振兴中华”的口号以来，尤其是在“九一八”后的抗日战争时期，国人的一个主流观点。刘炳藜在《民族复兴的意义》一文中就明确指出：“中国民族的复兴自有特殊的意义。这复兴是重生，也是再生。正如十四世纪发源于意大利的文艺复兴一样，它结束了中世纪宗教主义权威的残骸，勃

① 孙绳武：《中华民族与回教》，《回民言论半月刊》（重庆版）第1卷第7期，1939年。

② 薛兴儒：《复兴中华民族与复兴蒙古民族》，《蒙古前途月刊》第29期，1935年。

③ 阿弼鲁德：《中华民族之复兴与西南夷》，《新夷族》第1卷第1期，1936年。

兴了近代个人主义的自由的坦道。这复兴虽然是标名恢复希腊罗马的古代文化，即古代地中海商业经济之意识的反映，然而其所复兴起来的实质，并不是古代的商业经济之意识上的反映，乃是近代商业资本家所要求的商业的自由。古代地中海商业经济之意识上的反映——古代文化，自十四世纪复兴起来，成功了近代文化的序幕。所以文艺复兴虽然标名的是复古运动，而其实际却是古代文化的重生或再生运动，亦即是近代文化初生或新生运动。古代的自由文化，经过了中世纪的践踏，在近代复兴起来，已经成功近代的自由文化。近代的自由文化，断不是古代的所有。中国民族复兴运动亦应作如是观。中国民族复兴运动断不是回返到帝国主义尚未开始侵略中国以前的民族的阶段，乃是因为帝国主义对中国民族过度的践踏了而自己要复兴起来，成功以后的新阶段的民族。这民族复兴运动并不是民族复古运动，乃是民族新生或再生运动。”[①] 石醉六在《民族复兴生活与佛教》一文中也再三强调：“民族要求继续的生存，并要求继续而有光荣的生存，这就是民族复兴的意义。复兴不是复古，因为民族生活的过去时代，其全部都是古，在这所谓‘古’的时代中，任何民族，都经历过极光荣的生活期，也曾经历过不光荣的生活期，我民族当然也没有例外。如果复兴便是复古，便是毫无分晓的复古，这项结果，难免不走到所复的古，是不光荣生活期的古，或是光荣与不光荣二者混杂无章的古。”[②] 胡铿同样认为，我们所说的民族复兴，“绝对不能是中国民族单纯的‘复兴’，而必须是具有新的内容的一种‘复兴’”，也就是民族的新生或再生，“中国民族诚然有过相当光荣的历史，如三代的典章文物，汉唐的开疆拓土，但这些绝对不是历史上可以重复演出的。而且即使是重演出来，在现代帝国主义竞争中亦无补于中国次半殖民地的地位。中国民族必须在较高的生产力水平上‘复兴’起来，而且也只有较高的生产力方能将中国民族‘复’‘兴’起来。”[③] 何思明在《民族复兴与保存国粹及复古》一文中写道：“在现在国

① 刘炳藜：《民族复兴的意义》，《前途》第1卷第6期，1933年。

② 石醉六：《民族复兴生活与佛教》，《政治评论》第123期，1934年。

③ 胡铿：《民族复兴与新生活运动》，《北方公论》第75期，1934年。

破家亡，山河变色，农村毁灭，内忧外患的情形下”，人们“留恋过去的光荣，追忆已逝的美景”，并且“想把这种消极的留恋与追忆，变成积极的恢复与重现”，“这种想法未尝不可钦佩，未尝不可同情”，但如果把这种想法“认作真理”，以为“民族复兴”就是“复古”，就是“保存国粹”，“恢复旧有道德”，那就“失之毫厘，谬以千里”了。因为，“复兴决非复古”，而是民族的新生或再生，“国粹式的复兴民族，其结果还是民族灭亡而已”。① 陈立夫则比较了“复兴”与“复古”的不同，他在《民族复兴与复古不同》的演讲中指出：“复兴者以过去所用之材料及现在应用之材料，合而重建一民族之新基，复古者墨守原有之材料，而保持其旧基也。二者根本不同，不宜混淆。”②

正因为国人的主流意识认为民族复兴不是复古，而是中华民族的新生或再生，所以他们对当时提倡尊孔读经等种种复古思想和运动提出了疑问和批评。艾毓英在《读经运动与复兴民族》一文中指出：读经运动与复兴民族这两句话，本来是联系不起来的，但最近以来，有许多博学鸿儒、热心卫道的先生们，在读经问题的争议中间，往往把这两个问题连类提及，好像读经运动，就是复兴民族，复兴民族，就必须提倡读经，有好几个大学里头的国文教授，持的就是这种说法，并且说提倡读经是奉孙中山先生的遗教。因此，在我们实现民族复兴的过程中，读经问题是不容我们忽略的问题。而要搞清这一问题，先必须搞清楚“复兴这两个字的意义”，而要搞清楚“复兴这两个字的意义”，又先必须搞清楚“复兴”这个口号为什么会提出来。那么，“复兴”这个口号是怎样得出来的呢？首先，最近百年以来，我们的土地不断丧失，我们的政治不能自主，我们的市场流入了外人的资本，充满了外人的货物，领土之内到处是外国租界，内河里头到处是外国航轮，尤其是“九一八”“一二·八”事变发生以后，好几省的土地被日本人占领了，而我们没有力量收回，这就明显地昭示出，“我

---

① 何思明：《民族复兴与保存国粹及复古》，《线路》第35期，1933年。

② 陈立夫：《民族复兴与复古不同：民国二十三年七月二十三日中委陈立夫先生在省府总理纪念周演词》，《河南政治》第4卷第8期，1934年。

们的民族国家，不仅是不‘兴’盛，而且日益殖民地化了。这是要认识的一点”。其次，我们的民族，在最近虽然是日渐衰微，但是在历史上，也有过光荣的记录，也有过伟大的贡献，只是近数百年以来，因人家科学发达，文化进步，于是显示出我们的文化落伍，经济落伍，乃至整个的国力，都赶不上人家，因此才要“复兴”，普遍地发出“复兴民族”的呼声来。假使我们民族现有的东西，都赶得上人家，没有什么愧色，那又何必谈复兴？再假使我们民族的过去，没有光荣的历史，没有伟大的贡献，那又何能谈复兴？由此可见“复兴”两字的涵义：“它是一、对中国固有的道德能力，从根救来，二、对西洋最近的物质文化，迎头赶上去，把握此地的空间，并把握现在的时间，在时与空的交点底下，产生出伟大的复兴的力量来，今假只是迷恋过去，讴歌过去，对于现实的环境，不加认识，则其结果，所造成的偏见，正与所谓全盘西化，否认过去的一切，犯同一样的错误。”而“目前的‘读’经运动”则有“复古”之嫌，我们不能不表示“怀疑”和反对。虽然“经学是中国古圣昔贤学术思想之结晶，嘉言懿行之总汇，在民族复兴运动的高潮中，阐扬中国固有的优美文化，自然是基本工作之一种，但是莫要忘记总理所垂示我们的宝贵遗训：‘除了恢复一切国粹之后，还要去学欧美的长处，然后才可以和欧美并驾齐驱’。”①

李公选的《复兴民族与复古运动》一文，采用“对话”形式，对那种“误认民族复兴即是复古”，因而“提倡小学读经，恢复古礼，男女之别，尊卑之分”等“种种怪谬之异说”作了揭露和批判。他在文章中虚设了两个人物，一个是“以改造社会、拯救国家为职责”的“有为青年”，一个是“主张一切均要恢复古之所有”的“泥古先生”。有一天，“有为青年”正把笔墨纸砚收拾妥当，准备写一篇关于民族复兴的文章，尚未动笔，忽然他过去的老师“泥古先生”曲躬驼背、穿着他自认为最摩登的——两世纪以前的衣履、迈着八字步走了进来。“泥古先生”问“有为青年”准备写什么？“有为青年”说准备写一篇民族复兴的文章。“泥古先生”问：

① 艾毓英：《读经运动与复兴民族》，《每周评论》第168期，1935年。

什么是“民族复兴”？“有为青年”答：“民族复兴”就是要把中国过去固有的民族精神，择其适合于今天需要的恢复过来。“泥古先生”又问：现在为什么要民族复兴？“有为青年”答：因为目前中国到了一个很危急的时候，要挽救这危急，首先就要恢复中国过去固有的民族精神。“泥古先生”听后感叹地说：啊，复兴民族，原来就是如此！中国人现在才着急，我二十年前不就是这样主张的吗？可惜那时候的中国人醉心西洋文明，不听我的主张，所以中国是愈来愈糟，以至于有现在这样的处境。当然，亡羊补牢，尚未为晚，中国要实现民族复兴，先须做以下几件事情。“有为青年”问是哪几件事情？“泥古先生”答：尊孔、读经、复古礼、做文言文，以及其他诸如男女界限之别、职业尊卑之分等事情。“有为青年”不同意“泥古先生”的观点，说：我以为目前提倡民族复兴之时，首要的工作不是盲目地尊孔、读经、复古礼、做文言文等这些事情，因为民族复兴不是复古，我们现在要做的，与你从前主张的不同。“泥古先生”听到这里便打断“有为青年”的话：不同，不同有什么两样？孔子是万世之师表，千古之圣人，追述尧舜禹汤之世，盛称文武成康之治，历代贤君圣王莫不尊重，所以现在要讲民族复兴，首先就必须尊孔，尊孔又先须读经，也就是四书五经，这些都是治国安邦的大典。现在天下之道德不讲，礼仪沦亡，其原因就在于把过去很多礼制都废除了，从而使人与鸟兽没有了区别。现在的所谓礼节，过于简单，无论什么样的大礼与大典，都只是点三下头而已。这真是可笑可耻的事情。你看以前的古礼，三跪九叩是何等的隆重！何等的威仪！人行礼不叩头，那要膝盖干吗？世界各国都没有中国古礼的隆重，这也是中国文明超过世界各国文明的地方。“文以载道”，中国数千年的历史和文化都是用文言文记载的，而现在的人不学文言文，而学什么“浅显易懂”的白话文，甚至用白话文来写书，写中国的历史和文化，这简直是对中国历史和文化的糟蹋。其他如男女之别，尊卑之分，现在都不讲了，而提倡什么社交公开，职业平等。这哪有一点“中国应有的现象”。所以，中国要图复兴，必先要实行上面所讲的几件事情，然后尧舜禹汤之世，文武成康之治，才可以复见。就此而言，复兴和复古并没有

什么不同。“有为青年”反驳“泥古先生”的话说：我们现在说的民族复兴，并不是复古。如果现在中国要复古，那不仅不能复兴中国，恐怕还会加速中国的灭亡。我们虽然主张复兴中国过去的民族精神，也就是过去的文化和道德，但并不是不作检讨地把过去所有的文化和道德都恢复过来，因为时代不同了，过去的文化和道德有的已不适应现代的需要。因为社会是进化的，每一天都在进步，如果现在要恢复尧舜之世，无异要把中国倒退几千年，这违背了社会进化的原理，就是尧舜孔子复生到现在，他们也不会傻到主张恢复几千年前的古之制度。其他如读经、复古礼、做文言文，都是同样的道理，不适合现代社会的需要，因而也都没有复兴的必要和可能。总之，“现在讲民族复兴，乃是要把中国固有文化及道德，择其适用于今日者则发扬而光大之，如果有不适宜现时代所需要，则弃而汰除之”。经过一番辩论，“泥古先生”最后同意了“有为青年”的主张，认为他说的“有相当的道理”。[①]

这里需要指出的是，民族复兴不是复古，而是中华民族的新生或再生，这虽然是自孙中山提出“振兴中华”以来，尤其是“九一八”后的抗日战争时期，国人主流观点的一个基本共识，但正如前引艾毓英的《读经运动与复兴民族》和李公选的《复兴民族与复古运动》所批判的那样，认为民族复兴就是“复古”、恢复“古代的中国”地位，因而提倡文言文、提倡尊孔读经、提倡旧伦理旧道德，甚至认为“念佛打醮、超度轮回”都是“革命工作”的也还大有人在。[②]比如，孙乃湛在《中小学教授文言读经与民族复兴之关系》一文中就提出：“欲复兴我国民族，须恢复国人之固有精神二：（一）自爱，（二）自重。上述二精神，考诸我国历史，除战国及五代曾一度衰竭外，其他时代皆有显著之征象，而有明一代为最盛，递乎清季，此风未竭。……因自爱自重之精神，涵养于文言文及经史子，中小学生读之，能如七十二人感化，此中小学恢复文言读经，所以能复兴

① 李公选：《复兴民族与复古运动》，《自新月刊》第3卷第2期，1935年。

② 何思明：《民族复兴与保存国粹及复古》，《线路》第35期，1933年。

民族也。”[①]就是国民党搞的“新生活运动”“国民经济建设运动”“本位文化建设运动”“国民精神总动员运动”等打着民族复兴旗号的各式各样运动，也都或多或少带有一些复古、保守甚至倒退的色彩。比如，新生活运动就主张恢复传统旧伦理旧道德。蒋介石自己就说得十分明白：“我们所谓新生活的目的，就是要使全体国民，凡日常生活衣食住行，统统要照到我们中国固有的礼义廉耻道德的习惯来做。”[②]在蒋介石看来，个人道德和堕落必然导致民族道德的堕落，从而“使国家赖以生存的东西——民族精神——民族道德，完全崩坏，而致民族国家于灭亡”。因此，要抵御外侮，实现民族复兴，“就要先恢复中国固有的忠、孝、仁、爱、信、义、和平诸道德”[③]。为配合这一运动，国民党大力提倡尊孔。1934年5月31日，国民党中常会又通过决议，规定每年8月27日为孔子诞辰纪念日，恢复祭孔。同年7月，南京国民政府通令全国各党政军警机关、学校和各社会团体，于8月27日举行孔诞纪念活动。此后的1935年和1936年，全国也都举行过大规模的祭孔活动。

对于国民党搞的复古活动，国人曾予以了尖锐的批评。1934年2月26日北平《晨报》发文指出：“自革命军兴，‘打倒孔家店’之呼声，传遍全国，国民政府成立，且明令废止祀孔。曾几何时，向之主张废孔者，今又厉行尊孔。抚今追昔，真令人百感丛生，觉人事变幻，殆有非白云苍狗所能喻者，孔氏有知，度与吾人有同感矣。”同年9月9日，胡适在《独立评论》上发表《写在孔子诞辰纪念之后》一文，批评国民政府的祭孔活动是“做戏无法，出个菩萨”的“开倒车”行为，并指出“开倒车是不会

① 孙乃湛：《中小学教授文言读经与民族复兴之关系》，《民鸣周刊》第1卷第13期，1934年。

② 蒋介石：《新生活运动的意义和目的》，《革命文献》第68辑，（台湾）中国文物供应社1975年版，第32页。

③ 蒋介石：《革命哲学的重要》，《三民主义历史文献选编》，中共中央党校科研办公室1987年印，第304页。

成功的”[①]。这也是中国共产党认为当时的“民族复兴”运动就是“民族复古”运动，因而在抗日民族统一战线的酝酿和建立之前很少使用“民族复兴”话语、在抗日民族统一战线的酝酿和建立后有限度地使用“民族复兴”话语的原因之一[②]。

（三）民族复兴是一系统工程，不能片面强调某一方面，更不能将民族复兴等同于文化复兴

如果说民族复兴不是汉族或某个少数民族的复兴，而是包括汉族和所有少数民族在内的整个中华民族的复兴，民族复兴不是复古，而是中华民族的新生或再生，是“九一八”后的抗日战争时期国人的主流观点和基本共识的话，那么，在通过何种路径来实现民族复兴的问题上，由于各自的政治立场、从事领域、擅长专业等方面的不同，国人的认识就很不一致。有的强调民主政治于民族复兴的重要意义，有的则强调经济建设在民族复兴中的重要作用，有的主张学术救国或建国，更有人将民族复兴等同于文化复兴，主张以文化复兴来实现民族复兴。

将民族复兴等同于文化复兴，或主张以文化复兴来实现民族复兴，自19世纪末20世纪初民族复兴思想萌发以来就不绝于耳，20世纪初以章太炎为代表的“国粹派”就主张“古学复兴”，五四时期梁启超、梁漱溟等“东方文化派”也提倡过“复兴”东方文化的主张。到了“九一八”后的抗日战争时期，将民族复兴等同于文化复兴，主张以文化复兴来实现民族

① 胡适：《写在孔子诞辰纪念之后》，《独立评论》第117号，1934年9月9日。

② 比如，1934年7月8日，时任中共领导人的博古在马克思主义研究会演讲会上发表《为着实现武装民众的民族革命战争中国共产党做了什么和将做些什么？》的演说，谴责“国民党用法西斯蒂的‘新生活运动’来麻醉民众。‘新生活运动’的口号，是‘复兴中国民族’，不是用民众的武装的抗日战争，而是用提倡礼义廉耻，走上复古的旧道路，提倡旧的奴隶顺从的道德，使全国人民安稳的做奴隶”。（《为着实现武装民众的民族革命战争中国共产党做了什么和将做些什么？——博古同志在马克思主义研究会演讲会上的演说》，中央档案馆编《中共中央文件选集》第9册，中共中央党校出版社1986年版，第318页。）

复兴的观点更加盛行。如江问渔在《国难中民族复兴问题》一文中就明确提出：“‘复兴’二字，可以分开来辨说：‘复’是以复其旧有，‘兴’是兴其未来。所谓民族复兴，也就是‘文化复兴’，因为文化一部分是旧有的，应该竭力去恢复他，去光大他。一部分是新生的，应该竭力去吸取他，去融和他。”① 陈嘉异的《文化复兴与民族复兴（甲篇）——复兴中国文化为复兴中国民族之原论》一文提出，“复兴文化为复兴民族之源泉”，只有复兴了中国文化，才有可能实现中华民族的复兴。② 陈立夫在《文化复兴乃民族复兴之前提》一文中也再三强调：“文化建设运动是创造将来，民族复兴之前提，必是文化复兴。”因此，“文化建设运动是否成功，实为民族是否可以复兴一大关键”。③

人们之所以将民族复兴等同于文化复兴，或主张以文化复兴来实现民族复兴，这有两方面的原因：一方面，中国在政治、经济、军事、教育等领域里事事不如人，使人们不得不把民族复兴的希望寄托在相对而言我们还存在着一些优越心理的中国文化的身上；另一方面，参与讨论民族复兴的人中大多是从事精神文明的生产者，不少人从事的还是中国历史、哲学、文学和思想文化的研究和教学工作，利用自己的专业知识为实现民族复兴服务，这可以说是他们自然而然的选择。但将民族复兴等同于文化复兴，或主张以文化复兴来实现民族复兴，从性质上来说，这是一种文化决定论。清华大学的潘光旦教授在《民族复兴的一个先决问题》一文中就对这种文化决定论提出过批评，认为“九一八”后人们大讲特讲“民族复兴”，但认真检阅这些议论，“几乎全部是偏在文化因素一方面的。大家总以为民族目前的问题是一个文化失调的问题”。实际上“历史的文化”只是民族复兴的重要因素之一，我们不能只是强调这一方面，而忽视了其他的

---

① 江问渔：《国难中民族复兴问题》，《教育建设》第5期，1933年。

② 陈嘉异：《文化复兴与民族复兴（甲篇）——复兴中国文化为复兴中国民族之原论》，《丁丑杂志》第1卷第1期，1937年。

③ 陈立夫：《文化复兴乃民族复兴之前提》，《皖光半月刊》第6期，1934年。

因素。[①]

民族复兴是一系统工程，涉及政治、经济、文化等各个方面，这各个方面对于实现民族复兴都十分重要，我们不能只强调某一方面，而忽视其他方面，更不能把民族复兴等同于文化复兴，尤其是民族的解放和国家的独立，这是实现民族复兴最基本的前提或条件。我们设想，中华民族如果不能从帝国主义的奴役下解放出来，国家不能获得独立与自由，我们又怎能实现民族复兴？而要实现民族的解放和国家的独立，就离不开政治民主和经济发展。实际上，1938 年 3 月召开的国民党临时全国代表大会通过了《中国国民党抗战建国纲领》，提出抗战的终极目的不仅仅是要把日本侵略者赶出中国，而且还要通过抗战来实现国家的重建。当国人在讨论怎样才能“建国”，亦即将中国从一个前近代的传统国家建设成为一个近代的民族国家，从而实行中华民族的伟大复兴时，已有人认识到了这一问题。李士豪就曾指出：我们“要建设一个现代国家”，实现中华民族的复兴，必须要“有几个基本的条件”：一是对外求得独立；二是建立一个宪政制度；三是建设重工业；四是农民解放。而在这四个“基本的条件”之中，“对外求得独立，是一个建设现代国家的主要条件”，“民主的宪政制度的确立，又是建设现代国家的各个条件中的中心问题”。因为，在对外未求得独立以前，国内的政治是不会走上轨道的，在帝国主义者与国内军阀官僚，以至于豪绅地主相结托的局面下，不但内乱不会停止，宪政不能建立，就如民国初元的召集议会，实行民治，亦不过是挂了一张民治的招牌，究其内容，还是一个贪污的官僚政治而已。政治不上轨道，帝国主义者经济侵略没有停止，农民生活没有改善，不但重工业无法建设，就是萌芽的轻工业也不能维持。在帝国主义的经济侵略及封建剥削的两重压迫之下，要挽救农村经济的衰落是不可能的。农村的崩溃，农民生活的极度贫乏化，反映出农民要求解放的迫切，形成国内政治与社会的动荡不安。就

---

① 潘光旦：《民族复兴的一个先决问题》，《东方杂志》第31卷第18号，1934年9月16日。

此而言，“对外求得独立，是一个建设现代国家的主要条件”。而要“对外求得独立”，在半殖民地的民族解放斗争中，除了军事上的动员外，更需要的是一个良好的政治制度——民主的宪政制度的确立。这是因为：其一，在半殖民地国家与帝国主义者的战争上，人力的要素，远超过物力的要素。要人力的要素能够扩大而深入发挥，需要在政治方面除去动员民众的障碍，健全动员民众的机构，使民众能自发自觉地与抗战的要求相适应，亦只有在自发自觉的基本精神之下，才能使民众会感觉到本身的利害，与国家民族相一致。同时也只有农民生活得到了改善，农民大众得到了解放，他们也才能够提高其抗战的情绪，发挥其抗战的力量。“这就是对于民众动员上，需要有民主的政治制度的确立的理由。”其二，受了资金、原料、销路等各种的限制，抗战时期中要发展民族工业是不可能的，重工业更无从说起。但一个国家如果不能把工业建设搞上去，确立工业高度化的基础，即所谓现代国家之建设是不可能的。要排除这种困难，当然要对外求独立，解除帝国主义者的经济压迫和掠夺。其次还要改善农民大众的生活，提高他们的购买力。这都是有相互关系的，但其中最主要而为其中心的，还是要政治能上轨道，只有适合于现代的、可以对抗国际经济侵略的政治制度得到了确立，才能保证工业建设的进步。同时也只有政治走上了轨道，才能把各种建设向前迈进。“所以民主的宪政制度的确立，又是建设现代国家的各个条件中的中心问题。”[①] 陈独秀也认为，我们要建设一个现代国家，就需要完成“民族的国家独立与统一，立宪政治之确立，民族工业之发展，农民解放”这四个“主要的民主任务”。也只有完成了这四个“主要的民主任务”，我们“才能够摧毁旧的封建经济与政治，开展新的较高的生产力和新的政治制度，以成功所谓近代国家，即多多少少民主制的国家”，从而进一步实现中华民族的伟大复兴。[②] 在陈方中看来，民族复兴与文化复兴存在着一种相辅相成的关系，“欲期文化复兴，而民

---

① 李士豪：《抗战建国与确立民主的宪政制度》，《抗战十日》第2期，1938年。

② 陈独秀：《抗战与建国》，《政论旬刊》第1卷第9期，1938年4月25日。

族不复兴，则民族衰老，文化失去其推进力而陷于停顿，由停顿而陷于衰落，国家民族将濒于沦胥以亡；欲期民族复兴，而文化不复兴，则文化衰落，民族精神与民族意识，无所寄托，国家亦将随之而陷入不可挽救之深渊”。因此，“民族复兴与文化复兴，必须兼筹并进，同为着手解决”，而不能以厚此薄彼，以文化复兴来取代民族复兴，文化复兴只是民族复兴的一个重要“条件”。[①]

将这一问题说得最清楚不过的是中国共产党人。1937年5月1日，张闻天在《我们对于民族统一纲领的意见》一文中在谈到如何实现“御侮救亡、复兴中国”这一“民族统一纲领的基本方针”时就指出：我们要“御侮救亡、复兴中国”，首先，“应该动员全中国的人力、财力、武力，实行全民族的抗战，以战胜日本帝国主义”，取消日本帝国主义在中国的一切租借地和领事裁判权以及其他一切不平等的权利，同时通过谈判协商的和平方式，收回各国领事裁判权和租界，修改各国不平等条约，整理外债，提高关税，以实现“中华民族的独立”。其次，要实现“民权自由”，这是“御侮救亡、复兴中国的重要关键”，它包括“保障人民有言论、出版、集会、结社、居住、信仰、罢工之自由，释放一切政治犯”，“国家行政机构的民主化”，改造旧有军队，实行地方自治等诸方面的内容。复次，要大力从事“国民经济建设”和“文化教育的建设”，改善人民生活，取消各种苛捐杂税，减轻人民生活负担，以实现“民生幸福”。他认为，只有“民族独立、民权自由、民生幸福”都得到了实现，“御侮救亡、复兴中国”的目的才能够真正“达到”。[②]不久，中共中央关于“民族统一纲领草案”致电共产国际时提出，要“使中国复兴为统一的民主共和国”，对外方面，要“抵御日本帝国主义对华之侵略，取得中华民族之独立解放”；对内方面，要“实施宪政，保障民权自由，发展国防经济，改善人民生活，求得民生幸福，以彻底实现孙中山先生之革

---

① 陈方中：《民族复兴与文化复兴》，《新东方杂志》第3卷第5期，1941年。

② 洛甫（张闻天）：《我们对于民族统一纲领的意见》，《解放》第1卷第3期，1937年5月11日。

命的三民主义”。[①] 后来，毛泽东在《论新阶段》（1938 年 10 月）、《中国革命和中国共产党》（1939 年 12 月）和《新民主主义论》（1940 年 1 月）等文中，论述了在民族建国、民族复兴过程中政治、经济和文化的重要作用或地位问题，概括地说，就是经济是基础，政治是统帅，而“一定的文化（当作观念形态的文化）是一定社会的政治和经济的反映，又给予伟大影响和作用于一定社会的政治和经济”[②]。在《新民主主义的宪政》（1940 年）和《论联合政府》（1945 年）等文中，毛泽东更进一步指出：“中国缺少的东西固然很多，但是主要的就是少了两件东西：一件是独立，一件是民主。这两件东西少了一件，中国的事情就办不好。”[③]“没有一个独立、自由、民主和统一的中国，不可能发展工业。消灭日本侵略者，这是谋独立。废止国民党一党专政，成立民主的统一的联合政府，使全国军队成为人民的武力，实现土地改革，解放农民，这是谋自由、民主和统一。没有独立、自由、民主和统一，不可能建设真正大规模的工业。没有工业，便没有巩固的国防，便没有人民的福利，便没有国家的富强。”鸦片战争以来的历史，清楚地告诉人民，“一个不是贫弱的而是富强的中国，是和一个不是殖民地半殖民地的而是独立的，不是半封建的而是自由的、民主的，不是分裂的而是统一的中国，相联结的。在一个半殖民地的、半封建的、分裂的中国里，要想发展工业，建设国防，福利人民，求得国家的富强”，实现中华民族的伟大复兴，这是不可能的。[④]“中国人民在抗日战争中学得了许多东西，知道在日本侵略者被打败以后，有建立一个新民主主义的独立、自由、民主、统一、富强的中国之必要，而这些条件是互

---

① 《中共中央关于“民族统一纲领草案”致共产国际电》，中共中央统战部编《民族问题文献汇编》，中共中央党校出版社1991年版，第466页。

② 毛泽东：《新民主主义论》，《毛泽东选集》第2卷，人民出版社1991年版，第663—664页。

③ 毛泽东：《新民主主义的宪政》，《毛泽东选集》第2卷，人民出版社1991年版，第731页。

④ 毛泽东：《论联合政府》，《毛泽东选集》第3卷，人民出版社1991年版，第1080页。

相关联的，不可缺一的。”①

中国共产党人，尤其是毛泽东的以上论述，充分说明了民族复兴是一系统工程，涉及政治、经济、文化等各个方面，特别是民族独立和政治民主对于中华民族的伟大复兴具有十分重要的意义。自鸦片战争，尤其是孙中山提出“振兴中华”的口号以来，一代一代的中国人不屈不挠，前赴后继，为实现中华民族的伟大复兴而英勇奋斗，但直到中华人民共和国成立以前，中华民族仍然积弱积贫，不能立于世界民族之林，受尽东西方帝国主义的侵略和欺负，最根本的原因，也就在于中国没有实现民族独立和政治民主，中国仍然是一个半殖民地半封建社会的国家，帝国主义和封建残余势力仍然主宰着中国人民的命运。“九一八”事变后的抗日战争时期，国民党和蒋介石提倡和宣传民族复兴尤其是文化复兴可谓不遗余力，并先后发动了“新生活运动”“国民经济建设运动”“本位文化建设运动”“国民精神总动员运动”等打着民族复兴旗号的各式各样运动，但都收效甚微，中华民族并没有因此而实现复兴。究其原因，同样在于国民党和蒋介石始终坚持“一个政党、一个主义、一个领袖”的独裁政治，实行所谓“一党专制”和文化“统制政策”，其结果别说民族，就是文化也没有实现复兴，甚至文化的健康发展还受到了严重的束缚。这深刻的教训应值得我们认真总结和吸取。

我们说民族复兴是一系统工程，不能片面强调某一方面，更不能将民族复兴等同于文化复兴，或以文化复兴取代民族复兴，这并不是说文化复兴不重要。这正如丁广极所指出的那样，一个民族的文化，“乃是一个民族的生命力与争存力的表现”，有的民族之所以会衰落，其根本原因就在于民族的生命力和争存力的薄弱，民族文化不足以使整个民族调适于现实的环境，“所以要一个民族的生命力与争存力的充实，必须要有优美的文化来调适该民族于那时的环境，有了优美的文化，民族能调适于当时的环

---

① 毛泽东：《论联合政府》，《毛泽东选集》第3卷，人民出版社1991年版，第1080—1081页。

境，才不致被别个民族或国家所侵略与摧毁”。[①]一位名叫蒋坚忍的作者也同样指出：“文化是民族存在的主要原素，往往一个民族的兴盛与衰落，都是由于文化兴衰所促成，一个革命的成功与失败，也都与文化的盛衰有影响”，因此，要求一个民族的复兴，必先要求这个民族的文化复兴，从文化的兴盛中促成民族的繁荣，而民族的繁荣，又能够更进一步促进文化前途的光荣与灿烂。[②]但文化复兴、文化繁荣只是实现民族复兴的一个条件或前提，而不等同于民族复兴的全部。我们在谋求文化复兴、文化繁荣的同时，更要谋求经济的发展和民主政治制度的建立。只有当中国成为一个政治民主、经济发达、文化繁荣、社会文明的国家，人们的精神生活和物质生活都得到了极大的丰富和提高的时候，中华民族才能真正立于世界民族之林，为人类作出我们应有的贡献。也只有到那时，我们才能自豪地说：中华民族实现了伟大复兴。

（四）要实现民族复兴，就必须调动一切积极因素，实现中华民族的大团结

要实现民族复兴，就必须调动一切积极因素，实现中华民族的大团结。我们知道，中国是一个统一的多民族国家，长期以来，由于统治阶级对一些被统治民族实行民族压迫和民族歧视政策，加上各民族之间因历史和自然环境的原因造成的政治、经济和文化发展的不平衡性，各民族之间存在着一定的隔阂和离心倾向。这种隔阂和离心倾向的存在不仅不利于中华民族的复兴，而且往往被帝国主义所利用，来实现它们侵略和分裂中国的目的。比如日本帝国主义就利用了这一倾向，策动所谓“满蒙自治”，企图将满洲和蒙古从中国分裂出去。王兴瑞在《抗战建国与边疆民族问题》一文中就曾指出：“我国有三千五百万方里的土地，有四万万五千万的同胞，边地占去了一部分。这一部分的边疆土地同是中华民族的领土，这一

① 丁广极：《文化建设与民族复兴》，《先导月刊》第2卷第4期，1934年。

② 蒋坚忍：《复兴民族复兴革命与复兴文化》，《杭州民国日报二十三年元旦特刊》，1934年。

部分的边疆民族，同是中华民族的子孙，可是不幸得很，在最近数十年来中华民族生存斗争的舞台上，完全看不见他们的形影，有的只是国内民族间的摩擦和暗斗，反使国力消灭，敌人称快。直到整个民族生存临到最后关头的今日，仍不免有这种现象。……国内各民族间不能互相谅解，便不能互相合作，这个责任须由过去中央政府当局及边疆民族领袖各负其半。过去中央政府对于边疆问题，不特没有确定的治理方针，而且根本就没有注意。上焉者，有事时则敷衍塞责，无事时则置若罔闻；下焉者，则师前代故智，压迫，剥夺，愚弄种种手段，无所不用其极。遂使边地人民对政府的情感日坏一日，边疆民族与内地的隔膜也日深一日，敌人乘之，施以挑拨离间，边事便益增严重了。其在边地民族领袖方面，对有少数王公，愚昧无知，妄自尊大，野心勃勃，敌人利用这个弱点，加以花言巧语，利诱威胁，最后便走上卖国之路，甘为民族罪人。"[①]

因此，"九一八"事变后的抗日战争时期，随着民族复兴思潮的形成和高涨，人们要求民族团结的呼声也日益高涨起来。《蒙旗旬刊》第3卷第16期的《社论：中华民族应怎样团结》开宗明义便写道："中华民国，是汉满蒙回藏五族组合而成的一个民主国家，换言之，中华民国，系五大民族共有的国家，非任何一个民族私有的国家，所以希望提高国家的地位和巩固国家的实力，必须使五大民族，和衷共济，努力团结，对内如手如足，对外同仇敌忾，畛域不分，五族一家，造成整个的大中华民族"，从而使"野心家再不敢从中作祟，离间我兄弟"。[②] 刘宗基在《中华民族应一致团结起来》一文中呼吁，"我各族同胞，迄于今日，非精诚无以求团结，非团结无所谋生存。中华民族生存之道，舍精诚团结外无别法，欲出危于深疴，脱险于夷域，尤非积极的谋团结，则无所适从"[③]。顾颉刚的《中

① 王兴瑞：《抗战建国与边疆民族问题》，《民族文化半月刊》第1卷第2期，1938年。

② 邵俊文：《社论：中华民族应怎样团结》，《蒙旗旬刊》第3卷第16期，1931年。

③ 刘宗基：《中华民族应一致团结起来》，《西陲宣化使公署月刊》第2期，1935年。

华民族的团结》一文认为，“中华民族的团结是一件大事情”，而且这种团结不仅仅是“名义上”的，更不是在“私利及压力下”勉强实现的，而是“在同情和合作中真诚的团结”，我们要认识到，“在中国的版图里只有一个中华民族。在这个民族里的种族，他们的利害荣辱是一致的，离之则兼伤，合之则并茂。我们要使中国成为一个独立自由的国家，非先从团结国内各种族入手不可”[①]。张其昀在《国难与统一》中指出：中国的一大特点，就是民族众多，其中，作为基本民族的汉族占总人口的95%，少数民族占总人口的5%，“少数民族都分布于中国边疆，其人口虽少而散布的地域甚广，在目前边疆多事之秋，本属地方性质的民族纠纷，其安危足以牵动大局，甚至反客为主”，为外部势力所利用，来分裂国家。所以我们要救亡图存，实现民族复兴，就必须继承和发挥中华民族“不问基本民族或少数民族，都是一律平等相待”的“伟大精神”，加强各民族之间的团结，特别是基本民族汉族和边疆少数民族之间的团结。[②]周炎的《民族复兴运动中之回民问题》一文强调：“总理（即孙中山——引者）指示我们联络世界弱小民族，当然先自国内联络起，使我整个民族间无隔阂，无芥蒂，团结一致，同心同德，才可以齐一步伐，外御外侮，内言建设，然后再说组织‘民族国际’，组织反帝阵线，如果国人忽视了这一点，置国内弱小民族问题而不顾，甚或歧视之，轻视之，其结果恐不惟减削了民族复兴的力量，甚且足以予敌人以挑拨离间之机会，而使国土分崩，内忧日增。”[③]薛兴儒在《复兴中华民族与复兴蒙古民族》一文中也认为：“当此险象环生，危机四伏的状态下，实为我中华民族之生死关头，前途诚不许乐观”，我中华民族只有“同心协力，共存共荣”，精诚团结，才能起死回生，有“灿烂的前途”，否则，民族危亡不可避免。因此，该文呼吁每一个国民都“要有共存共荣之意识”，“认清寸土之沦亡，乃整个国家之损失，一人被侮，

① 顾颉刚：《中华民族的团结》，《民众周报》（北平）第2卷第3期，1937年。

② 张其昀：《国难与统一》，《独立评论》第150号，1935年5月20日。

③ 周炎：《民族复兴运动中之回民问题》，《亚洲文化月刊》第2卷第5、6期合刊，1937年。

为整个民族之耻辱，而我国家民族才有复兴之一日”。[①]

中华民族的团结对于救亡图存、实现民族复兴是如此的重要。那么，怎样才能实现中华民族的团结呢？刘宗基提出，要实现中华民族的团结，全国同胞必须从以下四点做起：一是要打破民族间已往“因宗教的信仰，生活的习惯，以及语言的不同”而形成的种种无谓的隔阂，以“牺牲小我，以成大我”的精神，“求整个民族的团结与生命”。二是不因所居区域的“地形、气候，与夫所出的物产，以及居民的生活习惯的不同”，而产生出民族情感上的区别和隔阂。三是要有“高尚远大的眼光”，紧跟世界发展的潮流，要认识到处在当今竞争激烈的世界中，只有实现“民族的大团结，才能与列强并立于世界，而获得整个民族的生存”。四是要以“整个民族和国家的利益”，为各民族共同一致的目标，各民族分子，都应在自信、互信与共信的组织条件下精诚地团结起来，为实现“国家的强盛，民族的复兴”，而心往一处想，劲往一处使，切不可“同床异梦”，引起内部纷争。[②]杨青田认为，实现中华民族团结的关键，是要处理好汉族与边疆民族的关系，实现各民族的真正平等。他在《边疆纠纷与中国民族问题》一文中写道：自晚清以来，尤其是近年以来，边疆的纠纷有越演越烈之势，而这些纠纷是与国内民族问题以及帝国主义的推波助澜有着密切的关系，因此，要谋根本的消弭这些纠纷，就不能不使国内民族问题得到满意的解决，以及推翻帝国主义者的潜势力。而“建设边区交通，开发边区产业，发展边区文化等等，这些都是解决边疆问题的必要手段，可是要推行这些事业，必须有一个前提，那便是汉族与边疆各族先要有了比较调整的关系”，真正实现各民族的平等，不仅各族在“政治上（包括法律）经济上的地位与教育的机会都要绝对的平等”，而且“各族所特殊信仰的宗教也不应予以歧视”，“各族特有的语言、文字、历史、习惯、文化及生活方式等”都要

① 薛兴儒：《复兴中华民族与复兴蒙古民族》，《蒙古前途月刊》第29期，1935年。

② 刘宗基：《中华民族应一致团结起来》，《西陲宣化使公署月刊》第2期，1935年。

得到“确实尊重”。我们过去之所以不能实现各民族的真正平等，一个重要原因，是“汉族不能改变其‘汉族中心’的观念”。正是在这种观念的影响下，不仅“参加政治中心的几乎都是汉人”，而且在文化方面，“过去对于边区教育也只是专用汉文教科书，抹杀了边区各族的文化特殊性，就是在风俗习惯方面，汉人自己也牢抱着因袭的观念，要强迫各边区各族来接受”。然而，一个民族的特殊性“是最不易同化而富于充分的保守性的”，所以其结果必然要引起汉族和边疆其他民族的矛盾和冲突，引起边疆各民族的离心离德。不可否认，“汉族文化自然要较各族为高，无论在政治上的组织力、经济上的生活力以及教育等各方面说来，各族中都自然要居于领导的地位，但是这种领导作用只可由能力上表现出来，而在根本精神上是要放弃‘汉族中心’的不正确的观念的，只有这样才能泯除边区各族对于汉族的隔膜，也才能从政治经济和文化的关系上得到各族间的真正的平等”。只有实现了各族间的真正的平等，“中华各族”才能“站在绝对平等的关系上，一同携手向着时代的前线迎头赶去，同时要赶出帝国主义者的势力，用自己的力量创立独立、自由、统一的国家”。[①]

在张其昀看来，要处理好与边疆民族的关系，实现中华民族的团结，其关键因素是中央政府，中央政府在“今日民族统一的工作”中，要抛弃传统的大汉族主义思想，“对边疆民族之语言宗教，仍当加以尊重，惟须借教育社会与政治三种力量，保存其优点，补救其缺点”，尤其在“边疆政治”方面，要争取边疆少数民族的合作，用人只问德才，“决不因宗教礼俗的差别，而有所歧视”。[②] 回教最高学府（威达）师范学校代校长马松亭在纪念该校成立五十周年的文章中就如何实现中华民族的团结提出四点主张，一是请政府设回教大学，研究及发扬回教文化，二是改良寺院教育，培养适应新时代之阿訇，三是联合全世界的回教民族以共同反侵略，四是加强国内各民族团结，广泛发动回教同胞参加抗战。对此，《国民公

① 杨青田：《边疆纠纷与中国民族问题》，《中华月报》第2卷第10期，1934年。

② 张其昀：《国难与统一》，《独立评论》第150号，1935年5月20日。

论》第3卷第10期发表《回教与抗战建国》一文，除了表示完全赞成马先生的上述意见，“并且愿意竭全力助成其理想的实现”外，该文“更以为回教志士们这些意见，可以作全国同胞的模范。因为在抗战建国中是没有比民族团结与民众教育这两件事更重要的。不团结只有灭亡。愚昧与不求进步也便非亡国不可。这不但是回教同胞应有的觉悟，凡是一切中华民族的儿女，都会深切理解的”。[①] 王兴瑞针对“边地人民对政府的情感日坏一日，边疆民族与内地的隔膜也日深一日”的状况，也提出了如何加强中华民族内部各民族之间尤其是中央政府与边疆少数民族之间团结的建议：“中央政府必须迅速确定正确的治边方针，筹划具体计划，慎选治边人才，切切实实地做去……如尊重各民族自决，自主，注意发展边地教育，文化，经济，交通等等。”他相信，只要将这些措施“逐步实践起来，则过去边地和政府的隔膜自然一扫而空，边疆问题也自可待刃而解了”。同时，他认为“边疆民族自身的觉悟和努力”，对于加强中华民族内部各民族之间的团结尤其是消除边疆少数民族与中央政府之间的隔膜是“同样重要”的。令人高兴的是，自“七七”抗战以来，在血的教训面前，“边疆民族自身的觉悟和努力”已经开始了：在中国军民的英勇抵抗和打击下，侵略中国的日军“无论那一方面都露出捉襟见肘的窘态，一切损失急急要向我失地同胞的身上取偿，而于被诱入彀的边疆民族尤甚，兵源不足，不惜驱使边地民众上前线送死；资源不足，不惜横征暴敛；强盗的真面目赤裸裸地露出来了！边地民族从前误中毒计的，现在吃了真正的苦头，才翻然觉悟……尤其是一年来英勇抗战的结果，昭示了中华民族光荣的前途，于是各边区向来和中央政府断绝了关系的，现在也莫不欢欣鼓舞，诚心内向”。总之，“抗战的火焰已把整个中华民族熔合为一炉了”，而中华民族内部各民族的团结，尤其是“边疆民族”与中央政府隔膜的消除，这是我们取得抗战建国的最后胜利、实现中华民族伟大复兴最根本的保证，“我们试想想：运用了三千五百万方里的地力，和动员了四万万五千万的人力，那有

① 《回教与抗战建国》，《国民公论》第3卷第10期，1940年。

抗战不胜建国不成之理？”[①]

七七事变后，面对亡国灭种的现实危险，国民党和共产党同样呼吁中华民族团结起来，以抵抗日本侵略，实现民族复兴。比如，1941 年 4 月，国民党第五届中央执行委员会第八次会议通过《关于加强国内各民族及宗教间之融洽团结以达成抗战胜利建国成功目的之施政纲要案》，强调了国内各民族的团结对于取得抗战胜利、建国成功，从而实现民族复兴的重要意义，并将过去历次会议通过的边疆建设有关决议案，加以综合和归纳，形成《边疆施政纲要》，明确规定了边疆施政的一般原则及政治、经济、教育等各部门的设施建设。其具体内容如下。关于一般原则：1. 对于边疆各民族一切设施，应培养其自治能力，改善其生活，扶助其文化，以确立其自治之基；2. 对于边疆各民族一切设施，以尽先为当地土著人民谋利益为前提；3. 尊重各民族之宗教信仰自由及优良社会习俗，协调各民族之情感，以建立国族统一之文化。关于政治：1. 边疆及接近边省地方政府，应以振兴教育、改善人民生活为主要工作，关于此项经费预算，则应逐渐增加；2. 各边疆地方政府及各级行政机关，应适应环境情形，尽量以任用各民族地方人士为原则，其优秀者应特予以选拔，使其参与中央党政，以收集思广益之效。关于经济：1. 迅速开辟边疆主要的公路及铁路；2. 逐渐增设边疆各地金融机构企业及合作组织，以扶助经济发展；3. 对于边疆人民原有之各种生产事业，政府当给予资本及技术协助。关于教育：1. 改进并扩大边疆之现有教育机关，以培植边疆人才；2. 于适当地点设置必须之各种专科学校，并设置各级师范学校，造就边疆各种人才，以适应建设之需要；3. 特设边疆语文之编译机关，编印各民族语文之书籍及学校用书；4. 设置边疆研究机关，敦聘专家搜集资料研究计划边疆建设问题，以贡献政府参考，从而提起政府建设边疆之兴趣。[②] 抗战期间，国民政府的

---

① 王兴瑞：《抗战建国与边疆民族问题》，《民族文化半月刊》第1卷第2期，1938年。

② 张羽新、张双志编纂：《民国藏事史料汇编》第一册，学苑出版社2005年版，第207—208页。

蒙藏委员会还根据国民党中央委员会的有关指示，总结多年的治理边疆的经验，起草了《战后边疆政制建设计划纲要（草案）》，明确提出，“中华民族系汉满蒙回藏及苗夷各宗族所构成”，与汉族一样，边疆的“所谓满蒙回藏夷苗诸族不过同为中华民族之支系”，“既本同源，何必强自分裂”。因此，各族之间应加强团结，“融洽其习俗，建立国族统一之文化，消弭狭隘之宗族界限，而完成整个大中华民族之建设”，以实现中华民族的伟大复兴。[①]

在共产党方面，1938 年 10 月，毛泽东在中国共产党六届六中全会上代表中央政治局所作的《论新阶段》的政治报告中，提出的“全民族的当前紧急任务”，其中第十三项就是“团结中华各族，一致对日”：“我们的抗日民族统一战线，不但是国内各个党派各个阶级的，而且是国内各民族的。针对着敌人已经进行并还将加紧进行分裂我国内各少数民族的诡计，当前的第十三个任务，就在于团结各民族为一体，共同对付日寇。”为此，他提出来了如下政策：第一，允许蒙、回、藏、苗、瑶、夷、番各民族与汉族有平等权利，在共同对日原则之下，有自己管理自己事务之权，同时与汉族联合建立统一的国家。第二，各少数民族与汉族杂居的地方，当地政府须设置由当地少数民族的人员组成的委员会，作为省县政府的一部门，管理和他们有关的事务，调节各族间的关系，在省县政府委员中应有他们的位置。第三，尊重各少数民族的文化、宗教、习惯，不但不应强迫他们学汉文汉语，而且应帮助他们发展用各族自己言语文字的文化教育。第四，纠正存在着的大汉族主义，提倡汉人用平等态度和各族接触，使日益亲善密切起来，同时禁止任何对他们带侮辱性与轻视性的言语、文字与行动。他并再三强调：“上述政策，一方面，各少数民族应自己团结起来争取实现，一方面应由政府自动实施，才能彻底改善国内各族的相互

① 乌兰少布：《中国国民党的对蒙政策（1928—1949）》，内蒙古大学中共内蒙古地区党史、内蒙古近现代史研究所编《内蒙古近代史论丛》第3辑，内蒙古人民出版社1987年版，第280页。

关系，真正达到团结对外之目的，怀柔羁縻的老办法是行不通了的。”[①] 根据毛泽东的这一报告，“团结中华各民族（汉、满、蒙、回、藏、苗、瑶、夷、番）等为统一的力量，共同抗日图存”，又写进了《中共扩大的六届六中全会政治决议案》。[②]1941 年 6 月 22 日，中共中央机关报《解放日报》发表《实行正确的民族政策》的“社论”，其中写道：中国共产党人始终认为，抗战建国、民族复兴，“不是汉族一族之事，而是国内各民族共同的神圣事业，此种重大艰巨的事业，如果没有国内各少数民族积极的参加，就不能有最后胜利的保证”。因此，团结国内各少数民族共同抗日图存，实现民族复兴，“就是当前抗战中的严重任务之一”。[③]

综观中国近代史，尤其是“九一八”事变后的抗日战争史，我们发现，每当中国内部出现不团结甚至内乱或内战的时候，帝国主义就会乘机侵略、瓜分或分裂中国，中华民族也就会加速走向衰落和沉沦，而只要中华民族内部各民族团结了起来，各阶级各党派实现了大联合、大团结，中国人民就能战胜一切困难，打败疯狂的侵略者，使中华民族从沉沦走向复兴。中国人民之所以能取得抗日战争的最终胜利，也就在于自西安事变之后，建立起了抗日民族统一战线，尽管在统一战线内部存在着国共两党的斗争，有时还相当激烈，但直至抗战胜利结束抗日民族统一战线这一形式还维持着，国共两党并没有完全走向对抗和分裂。中国人民之所以没有实现“抗战建国”的目标，将中国从一个前近代的传统国家建设成为一个近代的民族国家，实现中华民族的伟大复兴，其原因就在于抗战胜利后国共两党第二次合作的再次破裂，并迅速走向内战。内战毁灭了中华民族走向复兴的美好前景，直到 1949 年 10 月 1 日中华人民共和国的成立，中华民

① 毛泽东：《论新阶段》，中共中央统战部编《民族问题文献汇编》，中共中央党校出版社1991年版，第595页。

② 《中共扩大的六届六中全会政治决议案》，中共中央统战部编《民族问题文献汇编》，中共中央党校出版社1991年版，第608页。

③ 《实行正确的民族政策》，中共中央统战部编《民族问题文献汇编》，中共中央党校出版社1991年版，第681—682页。

族才真正从沉沦开始走向伟大复兴。这一历史的经验和教训，值得我们认真地总结和吸取。我们要实现中华民族伟大复兴的中国梦，就必须调动一切积极因素，加强中华民族内部各民族之间的大团结，加强全国人民的大联合、大团结，心往一处想，劲往一处使。这就是抗日战争时期知识界对于“中华民族复兴”的认识给予我们最重要的启迪。

第三章 怎样才能实现民族复兴

本章主要论述了近代知识界对如何能实现中华民族伟大复兴的思考。他们认为要实现中华民族的伟大复兴，首先要树立民族自信心，要相信中华民族有能力实现复兴。他们还讨论了民族复兴与文化复兴、民族复兴与民主政治、民族复兴与历史教育、民族复兴与历史书写的关系问题。他们指出，中华民族曾创造过灿烂辉煌的古代文明，其文化在世界上居于十分重要的地位，所以我们应该从文化复兴入手，以文化复兴来实现民族复兴。民主政治对于实现民族复兴具有重要的意义，因为只有实行民主政治，才能最大限度地调动人民的抗战积极性，实现各党各派的真诚团结，从而确保抗日战争的最后胜利；民族复兴的基础或根本条件是国家的统一，而只有实行民主政治，国家的统一才有实现的可能；民主政治是创建近代民族国家的基本要素之一，而近代民族国家的创建正是民族复兴的题中应有之义，甚至可以说是民族复兴的最终目的。至于历史教育，它有助于民族意识的培养、民族精神的发扬和民族自信心的树立。所以，我们要高度重视和充分发挥历史教育对于民族复兴的重要作用。为了助力于民族复兴，抗战时期的历史书写，主要侧重于三个方面的内容：一是阐扬“国荣”，以振作民族自信；二是纪念“国耻”，以唤醒国人抗争；三是树立“榜样”，以明确复兴的道路。上述知识界对如何才能实现中华民族伟大复兴的这些思考，在今天仍有积极意义。

一、民族自信力与民族复兴

民族自信力或自信心是一个民族对自己历史文化的认同和对美好未来

的坚信，是一个民族生存和发展的力量之源和精神支柱。有感于近代以来民族自信力或自信心的丧失，“九一八”事变后的中国知识界认为，要实现中华民族的复兴，就必须树立或恢复中华民族的自尊心和自信力，并就如何树立和恢复中华民族的自尊心和自信力进行了讨论。就大多数人的观点来看，他们认为既不能夸大中国历史和文化的辉煌，也不能将中国历史和文化说得一无是处，前者是虚骄自满，后者是自暴自弃，虚骄自满和自暴自弃都不是我们对中国历史和文化的正确态度，也无助于民族自尊心和自信力的恢复或树立。他们尤其强调要实现中华民族的伟大复兴，除了要认同和弘扬民族历史和文化的优点外，还要尽力克服民族的劣根性或不好的方面，否则，这些劣根性或不好的方面会制约民族复兴的历程，影响民族复兴的实现。

（一）民族复兴必先恢复民族自信力

“九一八”事变后，推动知识界讨论“民族自信力与民族复兴”的关键人物是张君劢。张君劢早年追随梁启超，参加清末立宪运动，后因国民党迫害，于1929年去了德国，直到“九一八”事变前一天，才回到北平。回到北平不久，张君劢即着手翻译德国哲学家费希特在法国拿破仑军队占领德国时发表的《对德意志国民讲演》之摘要本。在译稿前面的“引言”中张君劢写道：“数千年之历史中，大声疾呼于敌兵压境之际，胪举国民之受病处，而告以今后自救之法，如菲希德氏之‘对德意志国民之演讲’，可谓人间正气之文字也。菲氏目的在提高德民族之自信心，文中多夸奖德人之语，吾侪外国人读之者，原不求必之一字一句之中，故取倭伊铿氏关于菲氏演讲之摘要本译之，繁重处虽删，而绝不影响于菲氏真面目。……呜呼！菲氏之言，既已药亡国破家之德国而大收其效矣，吾国人诚有意于求苦口之良药，其在斯乎。”他认为费氏在演讲中阐述了民族复兴的三个重要原则：第一，在民族大受惩创之日，必须痛自检讨过失；第二，民族复兴，应以内心改造为重要途径；第三，发扬光大民族在历史上的成绩，以提高民族的自信力。“此三原则者，亦即吾国家今后自救之方策也。世有爱国之同志乎！推广其意而移用之于吾国，此则菲氏书之所以译也。”[①]1932 年 7 月 20 日起译稿分五期（即从第 1 卷第 3 期到第 1 卷第 7 期）在《再生》上连载，并于年底结集成书，由再生杂志社正式出版。《菲希德对德意志国民讲演》节本出版后颇受人们欢迎，不久即销售一空。翌年春夏，又两次再版。

费希特《对德意志国民讲演》的译介，促进了“九一八”事变后知识界对“民族自信力与民族复兴”的讨论。瞿世英在为张君劢译《菲希德对德意志国民讲演》节本所写的序言中说：“中国现在所处的国难，可以说是历史上向来没有的。但我们回顾我们伟大的文化，灿烂的历史。想到我们坚韧劳苦的国民。想到四千年来为民族扩大进展努力的先民，为民族生存努力而牺牲生命的先烈，乃至于在淞浦抵抗，在白山黑水间转战的国民所流的鲜血，我们应该激发我们的自知心，自信心，自尊心，努力创造我们的前途。我们要痛自检点我们的过失，改造内心，提高民族的自信力。这是君劢翻译这本摘要的主旨。我希望凡读到这本译文的读者，在未读本文之先，先想一想现在的国难。读本文的时候，不要忘记我们民族的灿烂庄严的过去，自信我们有光明灿烂的前途。”[②]张君劢在《欧美派日本派之外交政策与吾族立国大计》一文中指出：“国之立于大地者，必其国人自思曰：凡我之所能，为他人所不及；他人之所能者，我无一而不能，是为民族之自信力。英之所以有此国力，以其人民自信其航海通商与夫运用政治之技，为他国所不及焉；德之所以能仆而复兴者，菲希德氏尝言之，以其国民自信在具有原初性故焉；日人之所以连战连胜者，武士道精神实为之。虽各族各有特性，其政治军事文化之表现，因之而大异；然其为自信力则一。”也就是说，民族自信力或自信心对于一个国家的兴盛具有非常重要的意义。那么，当时的中国又是怎样的情形呢？张君劢认为中国是惟

① 张君劢：《菲希德“对德意志国民演讲”摘要》，《再生》第1卷第3期，1932年7月20日。

② 瞿菊农：《菲希德对德意志国民讲演节本序》，《再生》第1卷第7期，1932年11月20日。

外国马首是瞻，“他国有共产，吾从而共产焉；他国有法西斯，吾从而法西斯焉；不独政治为然，而外国学者之权威，亦高于国人一等……此媚外心之日强，即自信力之日弱”。他认为照此情形下去，中国是不可能建成独立富强的民族国家的，中国必须先有争胜之心，也就是先要有民族自信力或自信心，相信自己是优秀的民族，然后“政治乃能与人并驾，而国家乃能与人平等”。[①]天津《大公报》的“社评”提出，“今日欲救中国于危亡”，首先应该打倒那种认为中华民族除了“拱手待亡”没有其他出路的悲观消极心理，而大力“培养民族自信精神”，使全体中国人，尤其是那些“号为民众前驱之智识分子”，“不以艰危动其心，不以挫辱夺其气，共悬一鹄，努力迈进，要以复兴中国，光复故物为职志”。[②]沈碧涛在《国人的危机》一文中强调，“自信力为民族最要之观念”，但自中西交通以来，因中国的一败再败，中华民族的自信力受到沉重打击，这是“我们的最大的危机”之一。因此，我们要实现民族复兴，必须像费希特所讲的那样，从树立“自信力”做起。[③]在吴其昌看来，我们“这个庞大的民族能不能复兴”，关键是要看“我们的自信力了”。中华民族的复兴不是“能不能”的问题，而是我们“为不为”的问题，不是我们先天民族“有救”或“没有救”的问题，而是我们现代这些子孙“努力”或“不努力”的问题，只要我们像费希特所讲的那样，树立民族的自信力，相信中华民族既有灿烂的过去，也会有光明的未来，那么中华民族就没有不复兴的道理。[④]王造时指出，在人类历史的长河中，没有哪个国家不经历过强弱，也没有哪个民族不经历过盛衰的，但为什么有些国家可以转弱为强，有些民族可以转衰

---

① 张君劢：《欧美派日本派之外交政策与吾族立国大计》，《再生》第2卷第1期，1933年10月1日。

② 《民族复兴之精神基础》，天津《大公报》1934年5月15日“社评”，第2版。

③ 沈碧涛：《国人的危机》，天津《大公报》1931年11月3日“读者论坛”，第11版。

④ 吴其昌：《民族复兴的自信力》，《国闻周报》第13卷第39期，1936年10月5日。

为盛，而有些国家或民族则终至被淘汰出局了呢？其关键的原因是要看该民族是否奋发有为、百折不挠地力求上进。“换言之，也就是要看该民族是否有自信力。有了自信力，亡可以复兴，弱可以转强，衰可以转盛，否则，只有开始于萎靡，沦落于奴隶，终至于消灭。”我们今日要打倒帝国主义，抵抗日本的侵略，实现民族复兴，“除了物质上的准备以外，须有精神上的振作，换言之，就是要恢复我们的民族自信力”。[①]雷震同样认为：“一个民族如果失去民族的自信力，没有民族的自觉心，所谓‘民心已死’，‘民气颓丧’，这个民族决不能生存于地球之上，古今中外，决没有这样民族能够存在的先例。”[②]沈以定将民族自信力视为“复兴民族的三种必要力量”之一：“我们现在要复兴中华民族，第一：就要使我们全国人民的脑海里深深地印下了一个民族的影象，使我们全国国民都具有一种——民族自信的力量——民族的自信力！”因为，“对于被压迫民族，自信力是特别需要的，有了这种自信的力量，我们才有勇气奋斗而向前进展，来复兴民族”。[③]魏冀征在《复兴民族方案刍议》中提出：“自信力是一切精神的基础，是一切活动的渊源，一切事业的成功，均以自信力有无为决定……故中华民族要求复兴，先要大家要有自信力，要是自信力崩溃，民族的命运，就立刻走上末路。”[④]项致庄强调：“中国国民当前的急务是民族复兴，而复兴民族的先决条件，尤贵培养民族自信力。”[⑤]梅力行也认为：“想复兴中国，我们目前最要紧的，是莫过于恢复中国民族的自信力。”[⑥]

树立民族自尊心和自信力是基于国人的民族自尊心和自信力的丧失而

① 王造时：《恢复民族的自信力》，《自由言论》半月刊第1卷第17期，1933年。

② 雷震：《救国应先恢复民族精神》，《时代公论》第29期，1932年10月14日。

③ 沈以定：《复兴民族的三种必要力量——青年应负复兴民族之责》，《浙江青年》第2卷第7期，1936年。

④ 魏冀征：《复兴民族方案刍议》，《苏衡》月刊第1卷第6期，1935年。

⑤ 项致庄：《培养民族自信力为国民当前之急务》，《江苏保安季刊》第4卷第1期，1937年。

⑥ 梅力行：《如何恢复民族的自信力》，《民力周刊》第1卷第7期，1939年。

提出来的。谢耀霆认为，中华民族原本是世界上最优秀的民族，曾经创造了高度发达的古代文明，那时候“我民族自信力”是很强的，但晚清以来数次对外战争的失败，特别是抵抗八国联军侵华的失败，使“中华民族自信力丧失殆尽。以从前仇外鄙外之心理，一变而为媚外与畏外；从前之完全自信者，今则完全信于人；从前之完全不信于人者，今则完全不信于己”。近数十年来，中国之所以人心错综，道德日坠，文化堕落，工商不振，国难踵至，民族危机日益加深，其“溯本追源，莫不由于不能自信所致，此诚中华民族落伍之最大原因，足陷中华民族于万劫不复之境而不知”。既然“中华民族衰落的原因，完全是因为失去了自信力的缘故。那么，我们要复兴中华民族，亦只有首先恢复自信力，然后始有复兴民族的可能”。[①] 杨兴高指出，由于中国有着悠久的历史和文化，自古以来就以文明发达闻名于世，因此，中华民族向来为世界各民族所敬畏，所崇拜，中国的国际地位也超越于世界各国之上，呼之曰天朝，尊之为上国。“当是时也，我国民众，无不以世界最文明最优秀之民族自居，怀有极高之自尊心与极大之自信力。”然而自鸦片战争开关以后，“中外形式为之大变，外侮之来，无力抵抗，国际地位，一落千丈，昔以天朝自命之中国，今乃下降而为任人宰割之次殖民地，世界资本帝国主义者，无不以中国为其政治经济文化等之最好侵略对象物”。其结果，使国人的民族自尊心和自信力大受打击，中华民族从一个追求上进、自强不息的民族，“变为自甘暴弃，不思振作，毫无自信力与自尊心之萎靡民族矣！”[②] 而民族自尊心和自信力的丧失，又使国家进一步陷入了深重的民族危机之中。陈立夫强调，民族自信力的丧失，是由于受了“西化”或“全盘西化”思潮的影响，“多数人不认识过去民族光荣的历史与光明的前程之故。不认识怎能生出信仰，不信仰怎能产生力量，自信力之消失乃是必然的结果，一个民族所以能够

---

① 谢耀霆：《复兴民族须先恢复自信力》，《复兴月刊》第1卷第8期，1933年4月1日。

② 杨兴高：《恢复中国固有民族精神与吸收外来文化》，《新文化》月刊第6期，1934年。

持续他的生命，必有他的恒久的光荣的历史作为推动的力量，有显著的光明的前程作为诱进的力量，使民族中个个份子对于自己民族生存的绝对可能性与必要性都有深刻的自信，则对于民族的将来，自然负担起责任而无所期待。否则对于民族的过去，顿生疑虑，民族的将来，无所期许，自信力渐形衰微，凝结力因而疏懈，以致一旦遇有外侮，就没有法子可以抗御了”。[①] 所以民族自信力的丧失，是中华民族和民族文化面临的最大问题。明仲恂把民族自信力的丧失归咎于欧化教育。他在《保存中国固有的文化与恢复民族自信力》一文中写道：中国现代的教育太过于欧化了，我们试看国内各学校的教材，多半是关于西洋学术的介绍，对于本国固有的学术思想，反视同蔽蓰，一般学生，若是与他论及外国文化历史，则高谈雄辩，至于向他谈及本国文化历史，则好像在五里雾中，莫名其妙，这都是教育上偏于欧化的明证。这种教育，只会养成崇拜洋人的心理，只会使我们的民族自信力渐渐丧失。[②] 和明仲恂一样，一位笔名叫“拜铁女士”的作者在《这样如何能够恢复民族的自信心！》中也把民族自信心的丧失，归之于小学教科书的崇洋媚外。她指出：“要求得中华民族复兴，必先恢复民族的自信心。这是牢不可破的铁则。”而“要恢复民族自信心，必须从小学教育着手。这是过去德意志已经证实了的事实”。然而中国的小学教科书中，充斥的是“外国人有能力，什么事都办得好；中国人不如他们，什么事都不容易办得好。打仗打不过人家，办事也不如人家，并且就是西洋好的东西，到中国也就变坏了”一类的内容。“这种观念，就其本质上看来，实在是现社会上流行的崇拜洋大人、畏惧洋大人的心理，无意之中搬运到教科书里来。”在这种教科书的教育之下，国人又怎么能够树立起民族的自信心呢？[③] 在左翼学人潘梓年看来，民族自尊心与自信力，可以

① 陈立夫：《中国文化建设论》，《文化建设》月刊第1卷第1期，1934年10月10日。

② 明仲恂：《保存中国固有的文化与恢复民族自信力》，《诚化》第5期，1936年。

③ 拜铁女士：《这样如何能够恢复民族的自信心！》，《开封实验教育》第1卷第5期，1934年。

从两方面来说，一方面要使中国人都相信中华民族是一个优秀的民族，有着几千年的历史与文化，具有优良的传统，具有良好的地理、丰美的物产，具有能够成为全世界优秀民族之一的力量，有他自己的特点，应该加以发挥；具有与其他民族竞胜的力量，不应自斫自弃。自从甲午中东之战以后，我们这一方面的民族自尊心与自信心颇受斫丧，留学之风盛行一时之后，中国人就觉得什么都不如人家，就连西冷湖上的月亮也不及牛津桥畔的美丽，衣必洋服，吃必西餐，宁请西医把病治死，不信中医中也有可用的。讲到文化，就只有希腊精神好，或者说必须全盘欧化；讲到民众力量，那义和团只是拳匪，民众武装只是土匪。总之，中国固有的东西，一切都是要不得的，这种民族自尊心与自信力的丧失，就形成了抗战前后“恐日病”的恶症，这是中国文化的一大危机。①

（二）如何恢复和树立民族自信力

既然民族的自尊心和自信力对于实现中华民族的伟大复兴是如此的重要，那么，怎样才能重新树立或恢复国人对民族的自尊心和自信力呢？张君劢认为，要重新树立或恢复国人对民族的自尊心和自信力，首先必须尊重和表彰本国的历史和文化，“岂有一国人民不尊重自己文化而可以立国的？”据此，他对当时思想界出现的那种数典忘祖，“视吾国所固有者皆陈规朽败”，全盘否认中国的历史和文化的现象提出了严厉批评。②笔名叫“子固”的作者强调，“要建立一个民族的信心，决不能从骂我们的祖宗中得来的！我们必须用过去的文化伟迹，人格典型来鼓励我们向前，来领导我们奋斗！”“我们应该纪念我们祖宗五千年来为我们民族屡次奋斗的艰难，我们应该发扬我们祖宗创造的文化的美点，从这种心理当中我们才

---

① 潘梓年：《目前文化工作的具体内容——高度发扬民族自尊心与自信心》，《翻译与评论》第4期，1939年3月1日。

② 张君劢：《思想的自主权》，《民族复兴之学术基础》，再生社1935年版，第152页；张君劢：《中华民族文化之过去与今后之发展》，《明日之中国文化》，商务印书馆1936年版，第158—159页。

能得到民族信心，得到勇气来破除目前的难关！”[①] 谢耀霆与张君劢、“子固”的观点一致，认为“恢复自信力，亦为复兴民族之首要条件”，而要恢复国民的自信力，唯有努力去表彰、去发扬“中华民族过去的光荣与伟大”才有可能。具体而言，他主张在全国学校尤其是小学中要增加历史课程，要把中国历史上的英雄人物如岳飞、诸葛亮、汉光武、明太祖的事迹灌输到青年人的头脑中去，使他们能“在历史上去认识中华民族的伟大”，从而树立起他们的民族自信心，“决没有不是最高的自信心所驱使，而为祖国民族历史上的光荣而发挥底”。[②] 陈立夫指出，民族自信力之所以会衰微，其原因就在于多数人不认识中华民族过去的光荣历史与未来的光明前程。一个民族之所以能够持续他的生命，一定有他的恒久的光荣的历史作为推动的力量，有显著的光明的前程作为诱进的力量，使民族中的每一个人对自己民族生存的绝对可能性与必要性都有深刻的自信，这样对于民族的将来，自然负担起责任而无所期待，否则对于民族的过去，顿生疑虑，民族的将来，无所期许，自信力渐形衰微，凝结力因而疏懈，以致一旦遇到外侮，就没有法子可以抗御了。因此，要复兴民族，必先恢复民族的自信力。而“要恢复民族的自信力，必先检讨中国固有的文化以认识民族光荣的过去”。[③] 一位名叫“华生”的作者也认识到了历史教育对重树国人民族自尊心和自信力的重要作用，提出“我们需要有适当的历史教育”，使国民对中华民族光荣的历史文化有一全面系统的了解，“以恢复民族的自信力”[④]。如前所述，明仲恂和“拜铁女士”认为，国人民族自信心的丧失，是由于我们教育过于欧化，其教材充斥的都是崇洋媚外的内容，因此，我

① 子固：《怎样才能建立起民族的信心》，《独立评论》第105号，1934年6月17日。

② 谢耀霆：《怎样复兴中华民族》，《复兴月刊》第1卷第6期，1933年2月1日。

③ 陈立夫：《中国文化建设论》，《文化建设》月刊第1卷第1期，1934年10月10日。

④ 华生：《民族复兴与历史教育》，《文化建设》月刊第1卷第9期，1935年6月10日。

们要保存固有文化，恢复民族自信力，其方法只有从教育入手。“如果教育当局，能认识固有文化的优点，在教材上注意历史上学术思想的探讨，使一般学生，对于固有文化发生爱慕的感情，并且加以深刻的研究，则民族自信力，自然可以挽回，民族复兴运动，才可迅速的完成。”[①]

但与张君劢等人不同，胡适认为，民族自信力虽然是“一个民族生存的基础”，但它“必须建筑在一个坚固的基础之上，祖宗的光荣自是祖宗之光荣，不能救我们的痛苦羞辱。何况祖宗所建的基业不全是光荣”的。所以，民族自信力“不能建筑在歌颂过去上”，而只能“站在‘反省’的唯一基础之上。反省就是要闭门思过，要诚心诚意地想，我们祖宗的罪孽深重，我们自己的罪孽深重；要认清了罪孽所在，然后我们可以用全副精力去消灾灭罪”。他“反省”的结果是：我们的固有文化实在是很贫乏的，谈不到“太丰富”的梦话。近代的科学文化、工业文化，我们可以不谈，因为那些方面，我们的贫乏未免太丢人了。就是我们能与希腊罗马相提并论的周秦时代，仅就文学、雕刻、科学、政治这四项而言，我们也要比希腊罗马的文化贫乏得多，尤其是造型美术与算学的两方面，我们真不能不低头愧汗。从此以后，我们所有的，欧洲也都有；我们所没有的，人家所独有的，人家都比我们强。至于我们所独有的宝贝，骈文、律诗、八股、小脚、太监、姨太太、五世同居的大家庭、贞节牌坊、地狱活现的监狱、廷杖、板子夹棍的法庭，“究竟都是使我们抬不起头来的文物制度”。就此，他强调指出，那种建立在肯定和尊重中国固有文化基础上的民族自信心是“无根据的自信心”，“是建筑在散沙上面”的自信心，根本“禁不起风吹草动，就会倒塌下来的”。“信心是我们需要的，但无根据的信心是没有力量的”[②]。梁实秋的观点与胡适相类似，认为“振起民族自信力的方法，不是回忆已往的光荣，而应该是目前做出一点惊人的成绩来。我们现在不怕缺乏自信力，怕的是在事实上做不出足以启人自信的成绩。如果要

① 明仲悯：《保存中国固有的文化与恢复民族自信力》，《诚化》第5期，1936年。
② 胡适：《信心与反省》，《独立评论》第103号，1934年6月3日。

表现民族自信力，我们不要用宣言的方式来表现，要在事实上来表现”[①]。一位名叫曹汉奇的南开大学学生也反对靠“翻家谱找祖宗”来恢复民族自信力的做法。他在《如何能恢复民族的自信心》一文中写道：“说中国人民失了自信心，我信。说我们应该恢复自信心，我也信。说恢复自信心就得翻家谱找祖宗，我不敢轻信；因为日本并不是找祖宗才坐上第一流交椅，土耳其也不是翻家谱便达到了独立！”实际上，80 年前亦即第一次鸦片战争之前，我们不都是天之骄子，别人不都是夷狄吗？自信心之大，不谓绝后，可称空前。但是中国民族除了周秦诸子在哲学上，在征服自然上可有什么贡献？鸦片战失败，甲午战又失败，庚子战再失败，我们的自信心不还是很大么？张之洞一类的人，仍信中学为体、西学为用，辜鸿铭仍说向地上吐痰就是中国文化！但是这自信力，不但没有救我们，反而使我们的自信心终于不敢自信了！由此可见，“盲目的，枉自尊大的自信心，不但不强而且还可害国。鸦片战争到英法联军的一段历史很足给我们作很好证明。由中国的皇帝到叶名琛一类的大臣学士的自信心都不算小，但是一与外人相碰就不得不他信了！所以我说要想使民族兴起来不是提倡空的自信，说几句大话，捧捧圣人，喊一段讲演，人民就会自信。而是必需另作一种使人民不能不自信的实地工作”。[②]胡孔殷同样不赞成那种认为“要恢复民族的自信力，便要自信悠久的历史和固有的文化可以复兴民族”的观点，在他看来，中华悠久的历史和固有的文化，的确可以证明中华民族的优秀，减少对自身的失望，但是我们与其相信过去，毋宁相信现在和将来，与其自信中华民族趋于没落，古代胜于今代，毋宁相信今代胜于古代，中华民族究竟还在进步，而且将来更可以进步。回忆壮年的幸运，是老境凄凉中的慰藉，年少气盛的人便只知努力前程；称道祖功父德，只是破落户子弟的无聊消遣，兴家立业的人便无须于此。中华民族如果仅有壮年的幸运或祖功父德可以夸耀，那么也只好自遣自慰，但事实上中国两千

① 梁实秋：《自信力与夸大狂》，《独立评论》第156号，1935年6月23日。

② 曹汉奇：《如何能恢复民族的自信心》，《南大周刊》第104期，1931年。

年来是在不断进步，虽然远不及欧美进步得快，但决不是全无进步之可言，近数十年的进步，尤其有相当的迅速。“这些有限的进步，虽不足满足我们的要求，适应时代的需要，但可以证明中华民族不是不能进步的民族，中国的前途决不是没有希望之可言，我们如果对于中国的进步和前途的希望失掉自信力，复兴民族的将来，倒是非常危险的。”① 上海《大公报》的“社论”则强调了“自信心”与“夸大或虚骄”的区别，指出：“所谓民族自信心，并不是民族的夸大或虚骄。夸大虚骄是懦夫遮盖其弱点的表现。因为自己本身不行，自己才要把祖宗搬出来替自己撑门面；自己本来是胆怯，才要说大话以表示个人的勇敢。这是一种逃避事实的心理，是极没出息而且极无聊的心理。自信心却不如此。有自信心的人就是不否认事实的人。自己知道自己的短处，而自己却不护短；知道自己弱点，而却想办法来补救它。军械不如人是事实，科学不如人也是事实，但是我们绝不甘于终久的落伍。只要我们努力，我们终有如人之一日。”②

究竟怎样才能提高民族的自尊心和自信力呢？20世纪30年代中叶，以《独立评论》为主要阵地，知识界展开过不算太热烈的讨论。胡适提出，我们在建立我们的民族自尊心和自信力时要有反省的意识：“要认清那个容忍拥戴‘小脚、八股、太监、姨太太、骈文、律诗、五世同居的大家庭、贞节牌坊、地狱的监牢、夹棍板子的法庭’到几千几百年之久的固有文化，是不足迷恋的，是不能引导我们向上的。”“我们的光荣的文化不在过去，是在将来，是在那扫清了祖宗的罪孽之后重新改造出来的文化。替祖宗消除罪孽，替子孙建立文明，这是我们人人的责任。”③ 胡适的观点除得到周作人、梁实秋等少数几个人的支持外④，绝大多数人则提出了批评。吴其玉指出，胡适提出的民族的自尊心和自信力应该建筑在反省的基础之上，这是正确的，但“反省也应该建立在稳固的基础上”，就是“劣优并

① 胡孔殷：《固有文化与自信力》，《每周评论》第141期，1934年。

② 《民族自信心的恢复》，上海《大公报》1936年12月13日“社论”。

③ 胡适：《再论信心与反省》，《独立评论》第105号，1934年6月17日。

④ 周作人：《西洋也有臭虫》，《独立评论》第107号，1934年7月1日。

提”，既要“看人家的长，我们的短，更应当知道我们的长，人家的短”。比如，“我们的瓷器，丝织品，刺绣，建筑，文学以及哲学，虽并不光辉万丈，究没有什么羞辱中国文化的。并且这其中外来的成份虽然不少，而大半也正足表示中华民族是有改进与创造精神的……我们黄帝造舟车，造文字，造丝，造屋宇的时期来和同时期欧洲——草昧未开的欧洲来比呢？这样一比我们与欧洲人不是半斤八两，差不了许多了么？”因此，他认为，那种“过夸中国的文化、过夸中国人的创造力”的观点“固然不对”，但像胡适那样把西方文化“提得过高”、把中国文化“压得太低”的观点也是不正确的。“因为相信不如人，或‘知耻’虽然可以作为努力有原动力，可是过分的自愧，也有流弊的，也会造成民族自暴、自弃的心理，造成他对于其他民族屈服卑鄙的心理。结果是可以亡种、亡国的。”①“子固”也指出，任何一种文化都有它的“美点与丑点”，我们不能由于过去有一些诸如骈文、律诗、八股之类的丑点，而否定我们整个的民族文化。否则，就像“一个不肖子因为他的母亲脸上有过几粒麻点而说她是世间顶丑的女人一样地不合道理”。我们不能因有小脚、八股一类不好的东西，而将“我们民族文化孕育产生的孔孟庄墨秦皇汉武李白杜甫岳飞朱元璋以及数不清的圣贤天才都因为小脚八股而一概抹杀”。②还有批评者认为，对于中国的固有文化既不能过于“捧”，也不能不加限制地“抑”，“‘捧’狠了误事，‘抑’狠了亦是误事的”③。

《独立评论》上的这种观点得到了不少人的支持。《文化建设》发文指出，我们既不能一味地“夸耀其过去的光荣”，也不能把过去说得一无是处，如果说前者的心理是“妄自夸大”的话，那么后者的心理则是“妄自菲薄”，而无论“妄自夸大”，还是“妄自菲薄”，都不是对待历史文化的正确心理。④

① 吴其玉：《读信心与反省》，《独立评论》第106号，1934年6月24日。

② 子固：《怎样才能建立起民族的信心》，《独立评论》第105号，1934年6月17日。

③ 寿生：《读“信心与反省”后》，《独立评论》第107号，1934年7月1日。

④ 华生：《民族复兴与历史教育》，《文化建设》月刊第1卷第9期，1935年6月10日。

《宪兵杂志》第3卷第3期的“卷头语”写道：有人以为我们中华民族，已经堕落到不可救药的地步，和欧美比较起来，不知相差了几世纪，一辈子也赶不上他们的程度。这便是缺乏自信力或自信心。其弊是自暴自弃。同时也有人迷恋着历史上的光荣，认为火药、指南针、印刷术等等，哪一件不是我们发明的？所以他认定欧美的文化远不及我们的“国粹”。这是自信力？不，这是夸大狂，其弊是虚骄自满。自暴自弃和虚骄自满的民族是不会有什么好的前途的。[①]《民力周刊》1939年第1卷第7期的一篇文章也指出：我们要恢复民族自信力或自信心，就既不能像闭关自守时代的民族自尊，自高自大；也不能像全盘欧化者之“西方人优于东方人”的自馁自叹。前者是过于乐观，轻视他人；后者是过于悲观，看轻自己。轻视他人，则样样自满自足，难于求得进步。轻视自己，则事事志馁气短，毫无生气。这两种心理，都是要不得的，对恢复民族自信力或自信心有百害而无一利。[②]即便是胡适，通过辩论，最后也不得不承认“我们的固有文化”是有可以颂扬的地方的，至少“有三点是可以在世界上占数一数二的地位的”，这就是“最简易合理的文法，平民化的社会构造，薄弱的宗教心”[③]。

（三）恢复和树立民族自信力要具有反省意识

值得注意的是，人们在尊重本国历史和文化的同时，并没有因此而失去对本民族和文化之阴暗面的揭露和批判的反省意识。解炳如撰文指出：“自历史上观之，凡一民族在极危难的周遭中，必有一种深刻而沉痛的反省，进而有努力挣扎向上的态度与民族复兴的冀求。”他认为，中华民族既有许多优良的民族品格，如勤劳、忍耐、省俭、实际性等，这些优良品格当然要保守并发扬光大，但这只是问题的一方面，另一方面，中华民族也有一些劣根性。概言之，主要表现在三方面：一利己；二虚伪；三文弱。这些劣根性是造成“国家不振”“社会堕落”“民族萎靡”的重要原因。因此，

① 闻：《自信力》，《宪兵杂志》第3卷第3期“卷头语”，1935年。

② 梅力行：《如何恢复民族的自信力》，《民力周刊》第1卷第7期，1939年。

③ 胡适：《三论信心与反省》，《独立评论》第107号，1934年7月1日。

“在今日国难严森，民族危急之时”，我们要实现民族复兴的伟大理想，则“舍民族性的改造”没有其他道路可走。也就是说，“复兴民族从任何方面着手，均须以改造民族的劣根性为依归，则民族复兴始有希望”。故此，他大声疾呼：“要想中华民族有出路，须铲除‘利己’的劣根性！”“要想中华民族能存于天地间须铲除‘虚伪’的劣根性！！”“要想中华民族复兴，须铲除‘文弱’的劣根性！！！”① 江问渔也认为，中国的文化历经四五千年而不坠，这必有它的优点在，但近代以来之所以落伍，这肯定又有它的不好方面，这好与不好都与中国的民族性有关。在他看来，中国的民族性主要表现在五个方面：“第一，能适应环境，而不能征服环境。”由于能适应环境，所以中华民族无论居于何处，都能使子孙后代绵延不绝，兴旺发达，但当历史进入近代后，科学日新月异，人类征服自然的能力突飞猛进，物质文明丰富发达，而中国因科学落后、征服自然能力差，而“不能完全创造现代的文明。与欧美人相较，遂不免处于劣败的地位”。“第二，善于保善于守而不进取。”保守并不一定全是坏事，但如果“应保守而不保守，应进取而不进取，那就很坏了”。而就保守与进取比较，对一个民族及其文化的发展来说，“进取的精神，更重于保守”。中国人因缺乏进取性，所以不免到处吃亏，这是中国落后的一个重要原因。“第三，善于摹仿，而不善于创造。”中国文化经历过三个发展时期，即秦汉以前一个时期，秦汉到清代一个时期，清以后到现在一个时期，这三个时期中，只有第一个时期是“文化创造时期”，而也只有那个时期的文化最灿烂辉煌，此后不仅中国人“创造的能力，渐渐消失了，就是摹仿的能力，也差的很”。在这样的情况下，中国哪有不落后的道理！“第四，洁身自好，而缺乏侠义的精神。”洁身自好，本来是一种好的品质，但如果超过了度，就把见义勇为的精神失掉了。中国人现在就是如此。这虽然和“国家政体，有力学说，皆有关系”，但也是汉代以后中国的侠义精神逐渐消失殆尽的结果。

① 解炳如：《民族复兴与民族性的改造》，《复兴月刊》第2卷第12期，1934年8月1日。

侠义精神的缺失，“这在民族精神上，不能不说是很大的损失”。“第五，安分守己，而没有团体生活的习惯。”现代文化的要素，一个是科学，一个是集团。而中国人独善其身则有余，团体生活则不足，团结的力量差得很远，“因此中国人便成一个无组织的民族，遇事皆受人家压迫，吃人家大亏”。基于对中国民族性的上述认识，他认为我们要建设中国的新文化，就应“把固有文化加以整理”，民族性中不好的方面，“应设法除去”，好的方面，“应设法扩充”，这样民族文化的复兴才有可能。[①]

要实现民族复兴，除了张扬民族文化和历史的优点外，还要尽力去克服民族性的不好方面，否则，这些民族性的不好方面可能会制约民族复兴的历程，影响民族复兴的实现，这可以说是当时不少学人的基本共识。赖希如就明确提出，要实现民族和文化复兴，就需要对中华民族的“民族性弱点”进行改造。在他看来，中华民族的“民族性弱点”可以从以下几个方面加以观察：第一，是从活动力及发展力方面观察。中国的民族风尚，向来尊崇道德，而蔑视才艺，以守分安命、顺时听天为极则。“此种崇尚宁静无为，苟安天命之结果，于不知不觉中，遂逐渐养成安闲自适之民族惰性，而听天由命之宿命论，亦由是而深入人民之意识界”。第二，是从组织力及经营力方面观察。中华民族向来崇尚那种无拘无束之飞鸟式自由，“缺乏秩序之观念，复无纪律之规范”，西方人视中国人为一盘散沙。“人民本身之组织如是，其他对于事业之经营，亦正同出一理”，中国人不擅于经济上的经营和竞争。第三，是从吸收力和理解力方面观察。在中华民族的意识中有两种消极元素，“一为唯我独尊，蔑视一切之‘排他性’；一为述而不作、信而好古之‘保守性’”，所以中国不善于吸收外来的先进文化，对外来文化往往不求甚解，“厌于讨论求详”。第四，从伦理道德之消极倾向方面观察。中国的伦理道德，有积极的一面，也有消极的一面，就消极的一面而言，比如“自私自利”，“人人但知有家庭，而不知

① 江问渔：《中国过去的文化与将来的教育》，《复兴月刊》第3卷第10期，1935年6月1日。

有所谓社会。知有家族，而不知有所谓民族；家虽齐，而国不治”。第五，从务虚名而轻实际方面观察。中国人比较尚虚名，重形式，爱好体面，比如“吾国社会婚寿丧祭之礼仪，其形式之繁重，殆为世界各国之所无”。总之，赖希如指出，中华民族的民族性非常复杂，有“优点美点”，也有“弱点劣点”，对于前者，“吾人应使之充分发挥”；对于后者，“尤应逐渐加以改造，以自求适应现代之生存”。而改造的“唯一工具”，他认为是“国家之教育与文化”，也就是首先要对国人进行“求知”的教育，国人有了“知识”就会产生“权力”观念，“有此权力，便能自己‘实行改造’，最后而达于‘至善’之境”。[①] 署名为“立为”的作者认为，中华民族曾对人类文明作出过巨大的贡献，这是中华民族“可夸的价值”。但同时我们也应看到，中华民族的民族性中“所存在的过度保守与信仰浓厚之二性格”，虽然在历史上也起过一定的积极作用，“但其本身是含着非合理的成分的。过度的保守与浓厚的信仰之充分的现实，在其反面便招来民族发展的障碍，这便是使中国民族不能在近代史上继续对世界史贡献其原始的使命的”原因。另外，中国之所以从以前的世界先进国家而“退潮，以至于走入危机的局势”，其原因不外五点：“（一）由创造的崇拜文化转为追随的崇拜文化，不得不由跃进的世界文化中退潮；（二）爱好和平走入至极，不得不由竞争的世界人群中落伍；（三）恪守正义而蔑视时间性与空间性，不得不遭受强暴的世界人群的践踏；（四）重视感情过度，招来内部无组织之危机，不得不遭受世界强力的压迫；（五）无恒心的崛起，必然敷衍主义弥漫，基此而生的‘多一事不如少一事’的意识，蚕蚀了民族的发展力，不得不使民族势力趋于衰微，民族命运濒于落暮。”既然以上种种是导致“中国民族落后的基因”，那么，我们要实现民族复兴，“要图民族重新抬头再向世界史上继续作种种不可磨灭的贡献”，就必须先对上述国民性中“过度保守与信仰浓厚之二性格”进行改造，使之实现“最合理的转

① 赖希如：《中华民族性弱点之改造论》，《建国月刊》第13卷第5期，1935年11月10日。

换”：“（一）保守性的扬弃，进取性的增长，（二）迷信偶像崇拜的扑灭，新民族意识形态的树立。”在此基础上，“更进而促使上述诸性格之不合理的转换再作新的转换，以达到最美善的境域”。[①]

萧一山认为，“懦弱，自私，愚昧，这是中华民族现在每个人所具有的缺点，其来源是由于无武力，无组织，无学术而产生的”，如果“我们不能克除这缺点”，我们就不可能建设“一个自由平等的现代国家”，也就不可能实现中华民族的伟大复兴。那么，怎样才能“克除这些缺点”呢？“其道有三：（一）尚武——恢复生存必要的抵抗力。（二）组织——加强团结一致的精神。（三）科学——‘迎头赶上’欧美的文化。”因为，“尚武”需有组织的力量和科学的供给，不是光凭“匹夫之勇”和“血肉之躯”；“组织”需要有尚武的精神和科学的方法，不是光凭“形式制度”和“老套文章”；“科学”需要有尚武的勇气和组织的运用，不是光凭“飞机大炮”和“乌合之众”。抗战以来，国人虽然在一定程度上认识到了“尚武”“组织”“科学”的重要性，但“怯懦”“自私”“愚昧”的“病根还未拔除净尽”，要彻底拔除这些病根，就需要“敌人的炮火来摧毁，扫荡；民族的自觉来开拓，启发，教育的力量来改造，培植”。只要拔除了“怯懦”“自私”“愚昧”的“病根”，建立起“尚武的精神，团结的意志，科学的文化”，则“‘抗战必胜’‘建国必成’，民族复兴，犹反掌耳”。[②] 潘梓年一再强调，所谓民族的自尊和自信，与“自傲自大是没有丝毫相同之处。自傲自大的人只相信他自己一个人或左右的几个人……民族自信与民族自尊，不但要相信自己，同时也要相信人家，相信全民族的一切同胞都或多或少具有战胜敌人，缔造新邦的伟大力量；不但要尊重自己，同时也要人家尊重全民族的一切同胞都同样是中华民族的儿女，同样有着不可侵犯的人格与人权。”“所以民族自尊心与自信心，就是尊重中华民族数千年来历史与文化，相信在这个历史文化的优良传统之下，中华民族的全数儿女都有自力更生

① 立为：《中国民族性的考察》，《远东杂志》第2卷第2期，1937年2月28日。

② 萧一山：《中华民族之特质及复兴之途径》，《经世战时特刊》第26期，1938年11月1日；第27期，1938年11月16日；第28期，1938年12月1日。

的巨力，就是重视民众，相信民众的力量。”①

民族自信力或自信心是一个民族对自己历史文化的认同和对美好未来的坚信。它是一个民族生存和发展的力量之源和精神支柱。有感于近代以来民族自信力或自信心的丧失，“九一八”后的中国知识界认为，要实现中华民族的复兴，就必须树立或恢复中华民族的自尊心和自信力，并就如何树立和恢复中华民族的自尊心和自信力进行了讨论。就大多数人的观点来看，他们认为既不能夸大中国历史和文化的辉煌，也不能将中国历史和文化说得一无是处，前者是虚骄自满，后者是自暴自弃，虚骄自满和自暴自弃都不是我们对中国历史和文化的正确态度，也无助于民族自尊心和自信力的恢复或树立。他们在尊重本国历史和文化的同时，又能对民族和文化的阴暗面持一种揭露和批判的反省意识，认为要实现中华民族的伟大复兴，除了要认同和弘扬民族历史和文化优点外，还要尽力克服民族的劣根性或不好的方面，否则，这些劣根性或不好的方面会制约民族复兴的历程，影响民族复兴的实现。上述这些观点，不仅具有很强的针对性和现实意义，就是现在看来，仍然有借鉴的历史价值，值得我们认真思考和吸取。

二、文化复兴与民族复兴

“九一八”事变后的抗战时期知识界的一个基本观点，即认为民族文化乃国家和民族立足的根本，因此，只有通过复兴民族文化来促进或实现民族的复兴。从世界文明发展史的角度，来追述中国文化昔日的辉煌，以说明中国文化是世界上最优秀的文化之一，完全具有复兴的可能性，这是抗战时期知识界谋求民族文化复兴的一种努力。当时知识界谋求民族文化复兴的又一努力，是从文化本身的质素和能力来检视中国文化是否有复兴的可能性。

---

① 潘梓年：《目前文化工作的具体内容——高度发扬民族自尊心与自信心》，《翻译与评论》第4期，1939年3月1日。

（一）复兴民族文化以实现民族复兴

"九一八"事变后的抗战时期知识界的一个基本观点，即认为民族文化乃国家和民族立足的根本，因此，只有通过复兴民族文化来促进或实现民族的复兴。吕思勉认为，"国家民族之盛衰兴替，文化其本也，政事、兵力抑末矣"[①]。所以，天底下最可怕的侵略，是"文化的侵略。别种侵略，无论如何利害，你自己总还记得自己；一旦事势转移，就可以回复过来了。独有文化的侵略，则使你自己忘掉自己，自己忘掉自己，这不就是灭亡吗？民族是以文化为特征的，文化的侵略，岂不就是民族的危机么？"[②]有鉴于此，吕思勉要人们相信，只要中国文化不失坠，中国就永远不会亡国，即使一时为异族所征服，也有复国之一日。中华民族不复兴则已，要复兴，首先一定是文化的复兴，然后才是民族的复兴，民族复兴只有通过文化复兴才能实现。

和吕思勉一样，在钱穆看来，一个国家和民族的复兴，全赖本民族文化的复兴，如果一个国家民族没有了文化，那就没有了生命。"当知无文化，便无历史。无历史，便无民族。无民族，便无力量。无力量，便无存在。"[③]在《中国文化传统之演进》一文中他写道："普通我们说文化，是指人类的生活；人类各方面各种样的生活总括汇合起来，就叫它做文化。但此所谓各方面各种样的生活，并不专指一时性的平铺面而言，必将长时间的绵延性加进去。譬如一个人的生活，加进长时间的绵延，那就是生命。一国家一民族各方面各种样的生活，加进绵延不断的时间演进，历史演进，便成所谓'文化'。因此文化也就是此国家民族的'生命'。如果一个国家民族没有了文化，那就等于没有了生命。"[④]在《国史大纲》一书中他又

---

① 吕思勉：《柳树人〈中韩文化〉叙》，《吕思勉遗文集》，华东师范大学出版社1997年版，第454页。

② 吕思勉：《中国民族演进史》，亚细亚书局1935年版，第183页。

③ 钱穆：《文化与教育》，广西师范大学出版社2004年版，第69页。

④ 钱穆：《中国文化传统之演进》，《中国文化史导论》，商务印书馆1994年版，第231—232页。

进一步指出："民族与国家者，皆人类文化之产物也。举世民族、国家之形形色色，皆代表背后之文化形形色色，如影随形，莫能违者……世未有其民族文化尚灿烂光辉，而遽丧其国家者；亦未有其民族文化已衰息断绝，而其国家之生命犹得长存者。"[①]

丁广极同样认为，一个民族的文化，"乃是一个民族的生命力与争存力的表现"，有的民族之所以会衰落，其根本原因就在于民族的生命力和争存力的薄弱，民族文化不足以使整个民族调适于现实的环境，"所以要一个民族的生命力与争存力的充实，必须要有优美的文化来调适该民族于那时的环境，有了优美的文化，民族能调适于当时的环境，才不致被别个民族或国家所侵略与摧毁"。[②] 蒋坚忍指出："文化是民族存在的主要原素，往往一个民族的兴盛与衰落，都是由于文化兴衰所促成，一个革命的成功与失败，也都与文化的盛衰有影响"，因此，要求一个民族的复兴，必先要求这个民族的文化复兴，从文化的兴盛中促成民族的繁荣，而民族的繁荣，又能够更进一步促进文化前途的光荣与灿烂。[③] 江问渔也一再强调："凡是一个国家，一个民族，皆有一个特殊的东西，以支配他全部人民的生活，并延续他种族的生命。这种支配生活，延续生命的东西，是什么呢？我以为就是文化。"[④]

视文化为国家民族的生命，民族文化复兴的必要性也就显而易见。这也是抗战时期知识界倡导民族文化复兴的根本原因所在。朱谦之指出，民族不能复兴，乃由于民族文化不能复兴，"文化是民族活力的原动力，所以今后中国民族的复兴，必先唤起中国文化的复兴"[⑤]。陈高傭强调："一个

---

① 钱穆：《国史大纲·引论》，商务印书馆1996年版，第31—32页。

② 丁广极：《文化建设与民族复兴》，《先导月刊》第2卷第4期，1934年。

③ 蒋坚忍：《复兴民族复兴革命与复兴文化》，《杭州民国日报二十三年元旦特刊》，1934年。

④ 江问渔：《中国过去的文化与将来的教育》，《复兴月刊》第3卷第10期，1935年6月1日。

⑤ 朱谦之：《朱谦之文集》第6卷，福建教育出版社2002年版，第386页。

民族的强弱盛衰完全以文化为标准，一个社会的发展与改进，亦是以文化为动力。所以，我们以后不欲改进中国社会，解放中华民族，则亦已矣；如欲改进社会，解放民族，则文化运动仍为当务之急。”[①]吴铁城同样认为：文化是民族的生命力与生存力的表现，尤为任何民族求生图存、繁荣发展所不可须臾或离之生活素，今后救亡御侮复兴图强之道，自当遵循孙中山的“迎头赶上”之遗教，“恢复我国民族固有创造文化之能力，努力于新的科学文化之创造，以谋适应现代民族生存之原则”。[②]吴念中告诉读者：“复兴民族是中国救亡的生路，建设文化是复兴民族的要图”，这是大家都应知道的道理。[③]林云志在《复兴民族与复兴文化运动》中写道：中华民族地位的杌陧，国家情形的危急，已到了千钧一发的时候。在这非常的前夕，民族复兴运动，实为每一个国民应有的自觉，应有的自信，应有的自奋。以往历史告诉我们，一个民族的强弱盛衰，完全基于文化的是否昌盛，所以我们在进行民族复兴的运动中，应该有一个切切实实的文化复兴运动，奠定民族复兴运动深厚而坚固的基础。而且唯有文化复兴运动的成功，民族复兴运动才能不徒托空言，才能如期实现历史所给予我们的伟大使命。[④]朱元懋的《文化建设与民族复兴》一文再三呼吁：“要复兴中华民族，必先复兴中华民族文化。”[⑤]

为了说明复兴民族文化的必要性，这一时期的中国知识界还特别强调“文化”在民族竞争中的重要地位。陈安仁指出：“评断一国民族之盛衰，常可以文化之盛衰而推测之；评断一国文化之兴废，常可以民族之兴废而证验之。”他又说：根据近世的国家学说，“土地”“人民”“主权”固然构

---

① 陈高傭：《怎样使中国文化现代化》，《申报月刊》第2卷第7号，1933年7月1日。

② 吴铁城：《中国文化的前途》，《文化建设》月刊第1卷第1期，1934年10月10日。

③ 吴念中：《人类文化与生物遗传》，《文化建设》月刊第1卷第5期，1935年2月10日。

④ 林云志：《复兴民族与复兴文化运动》，《浙江青年》第3卷第3期，1937年。

⑤ 朱元懋：《文化建设与民族复兴》，《先导月刊》第2卷第2期，1934年。

成“国家的要素”，但一国倘若“文化不能独立”，是不足以当“国家之名实”的，一些“弱小国家被侵略之后，土地已失，主权并丧，人民亦为牛马，而帝国主义者，尤且汲汲皇皇，以消灭弱小国家民族之文化”，原因就在于，“文化之停顿灭亡，诚国家与民族衰落沦没之联兆也”。[①]贺麟认为：中国近百年来的危机，根本上是一个文化危机，文化上的有失调整，就不能应付新的文化局势。中国近代政治上、军事上的国耻，也许可以说起源于1840年的鸦片战争，但中国学术上、文化上的国耻，实际上早在鸦片战争之前。作为中国文化核心的儒家文化之正式被中国青年们猛烈地反对和批判，虽然是从五四新文化运动开始的，但儒家思想的消沉、僵化、无生气、失掉孔孟的真精神和应付新文化需要的能力，却早腐蚀在五四新文化运动之前。儒家思想在中国文化生活上失掉了自主权，丧失了新生命，这才是中华民族的最大危机。因此，人们常说“中国当前的时代，是一个民族复兴的时代”。但“民族复兴不仅是争抗战的胜利，不仅是争中华民族在国际政治中的自由、独立和平等，民族复兴本质上应该是民族文化的复兴”。[②]和贺麟相似，梁漱溟也认为近百年来中华民族之不振，是文化上的失败。文化之所以失败，是由于不能适应世界大交通后的新环境。尽管近五六十年来，时时变化，时时适应，然而其结果不仅“无积极成功”，相反还加速了“本身文化之崩溃”。所以，民族文化的复兴，才是民族复兴的根本。而要实现民族文化的复兴，关键是要实现“文化的重新建造”。就此而言，“民族复兴问题，即文化重新建造问题”。[③]胡秋原通过对中国文化发展考察得出结论指出：大体说来，在16世纪以前，中国文化丝毫没有落后。在唐宋，当今日欧洲各国还处在草昧时期，而中国科学已经非常发达，如果不是元人的入侵，中国文化的进一步发展是完全可能的。就是在元代，中国物质文明也远远胜过欧洲。但自此以后，“欧洲突飞猛进，

---

① 陈安仁：《中国文化演进史观·自序》，文通书局1942年版，第1—2页。

② 贺麟：《儒家思想的新开展》，《思想与时代》第1期，1941年8月1日。

③ 梁漱溟：《由乡村建设以复兴民族案》，《梁漱溟全集》第5卷，山东人民出版社1991年版，第419—420页。

我们渐渐落后”。而造成中国落后的原因，除了明清之际满族的入侵外，还有三个方面：“第一是政治上的内争。第二是经济上工业家力量之薄弱。第三，忘却中国文化之真精神，反而为许多末学所绊住。”因此，我们今天“为复兴民族而奋斗之日，也是为复兴民族文化而奋斗之时。我们在抗战建国的过程中，客观上也是在复兴文化之过程中”。要实现中华民族的伟大复兴，就离不开抗战建国的胜利，而要取得抗战建国的胜利，除了“巩固统一，抗战到底；树立法治，发展工业外”，还要实现民族文化的进步和复兴，从而“使文化帮助抗战建国之事业”。[①]

文化与经济、政治和社会发展密不可分。文化因素既对经济、政治行为和经济、政治的发展有重要影响，也影响社会的正常运行与社会的发展进步，甚至直接关系民族的存亡、维系民族的生命。因此，除了从文化在国家民族生命中以及民族竞争中的重要地位方面论证复兴中国文化的必要性外，中国知识界还从揭示文化与经济、政治和社会发展的内在关系入手，论证了民族文化复兴的必要性。陈高傭在《怎样使中国文化现代化》一文中指出：“一个民族的强弱盛衰完全以文化为标准，一个社会的发展与改进，亦是以文化为动力”，“中国今日的文化真是极萎靡极复杂极矛盾”，由此导致了“中国国家之贫穷，衰弱与纷乱”，所以，“我们今日不欲使中国存在则已，如欲使中国存立于世界，非把中国文化确实改造一番不可。我们能使中国文化适合于现代，中国国家然后可以存立于现代”。[②]将中国的贫穷、衰弱与纷乱完全归咎于中国文化，视文化为社会发展的动力，尽管带有“文化决定论”之嫌，但强调文化与经济社会发展密切相关，仍有其合理性。陈石泉在《中国文化建设的动向》一文中写道：“‘文化建设’为国家政治经济一切建设的导线，未有文化低落或腐败的国家，能够在世界上繁荣滋长的。自然，中国文化建设，在现在更感觉到有十分迫切

---

① 胡秋原：《中国文化复兴论》，蔡尚思主编、姜义华编《中国现代思想史资料简编》第4卷，浙江人民出版社1983年版，第148—158页。

② 陈高傭：《怎样使中国文化现代化》，《申报月刊》第2卷第7号，1933年7月1日。

的需要。”[①]将文化建设视为国家政治建设、经济建设的导线，既是对文化与经济社会发展关系的一种表达，又说明了民族文化复兴的必要性。

中国知识界还论证了民族文化与民族生存发展之间的密切关系，从而揭示出民族文化复兴对于中华民族复兴的重要意义。章渊若指出，中华民族曾经创造过灿烂辉煌的古代文明，但由于“文化创造能力之中绝”，自汉唐以后国运渐衰，首乱于五胡，继亡于蒙古，再亡于清，尤其是1840年鸦片战争后，更受帝国主义列强的侵略和压迫，“亘五千年历史演进之结果，今乃深陷于衰落崩溃之末运！暴日侵凌，全局骚然。国本民运，益受重创”。因此，我们今日要挽救国家的危亡，实现民族的复兴，“首应根本恢复中国民族固有创造文化之能力，努力于新的科学文化之创造，以谋适应现代民族生存之原则，此种新的科学文化基础之确立，实为政治、军事、经济、教育以及一切国力发展之源泉。中国民族，因长期之保守与退化，在近世科学文化之竞试场上，实在在暴露其弱点与危机。故吾人欲使中国民族自拔于落后的状态，自跻于平等的地位，首应认清今后民族复兴运动之基点，创造民族文化科学的基础”。[②]朱元懋认为，中国“无论在任何方面”，尤其是在世界文化史上，中国文化“是光芒万丈，无与比伦，这是绝对不可否认的事实。纵横数万里，上下几千年，有多少圣贤英雄挺生崛起，发挥他的智能，建树他的功业，为中国民族争光荣。然而近数十年来，因物质不如人，缺乏自卫之力，民族的自信力给外国的大炮毁得粉碎零乱”。“中华民族好像失了它固有的宝贝，无所自恃，遂走上了颓废丧气的歧途。其实我们的聪明才力，并不在任何优秀民族之下。不过过去文化发展的方向，变成畸形的发展，精神文明方面的黄金时代已成过去，现今的物质文明产生出来的自卫工具，又没有自造自卫的能力，所以中华民族在现阶段的衰落，根源就在文化的衰落和文化潮流的转换。”既然中华民族衰落的根源是文化的衰落，那么，我们要实现中华民族的复兴，恢复

① 陈石泉：《中国文化建设的动向》，天津《大公报》1935年3月13—21日。

② 章渊若：《复兴运动之基点》，《复兴月刊》第2卷第1期，1933年9月1日。

中华民族昔日在世界上的重要地位，就必须积极从事文化建设，复兴民族文化。[①]在吴忠亚看来，“目前中国的根本问题实就是一个文化问题”。因为，广义的文化，指的是人类适应环境以满足其生存欲望的生活方式的全部，一个民族的盛衰兴亡就是看他的生活方式能不能同他所处的环境相适应。目前中国之所以贫，之所以弱，之所以受人欺负，原因虽非一端，但总括起来讲，可以说是由于我们的生活方式，我们的文化，在适应目前的环境上，赶不上一般先进的国家。因此，“我们现在要想自救，要想复兴，根本的道路就是努力生活方式的改进，努力建设起一部最能适应现代环境的现代文化”。这也就是民族文化的复兴。[②]陈方中视“民族意识的消长”为“国家兴亡和民族盛衰的表征”，民族意识的消灭，是国家危亡民族衰落的征兆；民族意识高涨，是国家强盛民族兴旺的原素。而要增长民族意识，就端赖于对民族文化的培养，“一国文化的兴废，就可决定一国民族的盛衰，国家的兴亡”。所以，我们“要挽救国家民族的危亡，至要莫若民族复兴；而民族复兴当以文化复兴为条件”。[③]

这里需要特别指出的是，“九一八”后的抗战时期中国知识界所讲的文化复兴，就主流意识来看，它并非是文化复古，而是新的文化的创造。陈立夫曾明确指出：“‘复兴’是要把固有文化之好的优的，去发扬光大，以求开展和延展，同时还得吸收外来文化之好的优的，以求进展和创展，如果只是抱住老的旧的文化，而不知吸收外来文化以求进展和创展，这是保守，不是进步；这是复古，不是复兴。”[④]朱谦之同样认为：“中国文化的复兴，不是旧的文化之因袭，而为新的民族文化之创造。”[⑤]潘梓年也一再

---

① 朱元懋：《文化建设与民族复兴》，《先导月刊》第2卷第2期，1934年。

② 吴忠亚：《关于中国本位文化建设问题》，《文化建设》月刊第1卷第10期，1935年7月1日。

③ 陈方中：《民族复兴与文化复兴》，《新东方杂志》第3卷第5期，1941年。

④ 陈立夫：《中国文化建设论》，《文化建设》月刊第1卷第1期，1934年10月10日。

⑤ 朱谦之：《文化哲学》，《朱谦之文集》第6卷，福建教育出版社2002年版，第386页。

强调，我们决不能把接受民族传统、实现民族文化复兴“变成复古运动”。对于民族传统要批判地去接受，不是一般地无条件地加以接受，而是把其中优良的部分接受过来。接受一种优良传统，决不能是把它当成固定的东西去接受，而要看出它的逻辑的发展趋势，并且使它更向前发展。同时，接受民族的传统，实现民族文化的复兴，“不能变成自傲自大的排外运动，说我们用不到去学人家，自己家里自有好的东西。这种自傲自大，实质上就是自暴自弃。因为这样就不能吸收人家的好处来使自己更往前进。接受优良传统，必须要把这些传统和现代科学结合起来”。[①] 就其文化和政治立场而言，陈立夫是国民党要员，朱谦之是中山大学教授，潘梓年是共产党干部，他们三人可以说代表了左（潘）、中（朱）、右（陈）三方力量，但在文化复兴不是复古而是新的文化创造这一点上，他们又有着高度的一致性。当然，在新文化的性质和如何创造新文化的问题上他们的分歧则又十分明显。

（二）中国文化在世界文化史中的重要地位

从世界文明发展史的角度，来追述中国文化昔日的辉煌，以说明中国文化是世界上最优秀的文化之一，完全具有复兴的可能性，这是抗战时期知识界谋求民族文化复兴的一种努力。当时知识界的一个基本观点是，中国文化发达最早，当其他文化尚在萌芽之际，中国文化即已经发展出许多成绩。周明认为，中国古代文化比其他民族文化起步都要早，在欧洲人尚是野蛮之际，中国文化就已经“灿然”，其哲学、机械学、经济学、理论学、政治学、法学、医学、农学、文学、工程学、音乐学、军事学、逻辑学等方面都“发明于外国之先，是则中国文化，无论其为精神，为物质，为政治，但远胜欧洲各国”。周明还从追溯世界文化发源地入手，说明中国文化之于世界文化的重要意义。他指出，世界文化有三大发源地，

① 潘梓年：《新阶段学术运动的任务》，《理论与现实》创刊号，1939年4月15日。

中国、印度和希腊，但是现在，古印度和古希腊国家早已不复存在，其文化自然也消失得无影无踪了，只有中国文化还保留了下来，“我中国文化，犹屹然独立，悠悠绳绳，增长延续”。[①] 和周明一样，王鲁季也强调中国悠久的历史和文化是任何其他国家都不可比拟的，“战国之世，为中国文化黄金时代，尔时撒克逊及日耳曼民族，恐犹在深山大泽之中，度其茹毛饮血之生活也”。就此而言，他得出结论：中华民族是世界上最优秀之民族，中国文化是世界历史最悠久之文化。[②] 李笑渊也同样认为，“中国文化发源最早，当纪元前二千余年，希腊罗马之文明尚未萌芽时，中国即已有国家机体之存在。故研究古代文化，当以中国为最早最盛……中国民族之思想聪睿，在世界上不失为优秀之种族，观于其古代哲学之发达，文学之优美，政治思想，社会生活之完善而益信其然”[③]。刘作金在《复兴中国文化之我见》一文中写道：“中国文化肇源极早，此为世界人士所公认者也，溯当纪元前二千余年，希腊罗马之文明尚未达于萌芽时，我中国即已具有国家机体渐及，礼义冠裳亦复日臻美备，故研究古代文化者，莫不以中国为最早最盛。”[④]

江亢虎则从时间和空间两个维度考察了中国文化的影响力。首先从时间的维度来看，“中国文化为世界最高尚最悠久文化之一。且既为中国固有之产物，当然与中国历史地理人情风俗最为相宜；惟当起废振衰，补偏救敝，并努力向上，以期发挥光大而已”。其次就空间的维度而言，中国文化流传甚广，“日本得之，世守勿失，传以泰西科学，形成现代国家，而其宗教、教育、政治、社会、文学、美术，至今犹奉中国文化为骨干”。也正因为中国文化在世界文化中占有重要的地位，欧美各国对中国文化的研究越来越多，且越来越重视，这说明“中国文化在世界上本身自具之价

---

① 周明：《中国文化衰退之根本原因及其复兴之基本条件》，《县政研究》第1卷第8期，1939年。

② 王鲁季：《论中国民族之精神》，《军需杂志》第33期，1935年10月。

③ 李笑渊：《中国文化之复兴》，《东方文化月刊》第1卷第2期，1938年。

④ 刘作金：《复兴中国文化之我见》，《国民杂志》第2卷第3期，1942年。

值”[①]。和江亢虎相似，钱穆也从时间和空间上通过对中西文化的比较，得出了中国文化历史悠久、在世界文化中具有重要地位的结论。就时间上讲，中国是由一个人自始至终老在作长距离的跑，亦就是中国文化已有绵延不断的五千年历史；而欧洲是由多人接力跑，一面旗从某一个人手里依次传递到另一个人手里，如是不断地替换。就空间来看，欧洲文化，常有由一个中心向各方发散的形态，而且这些文化中心又常由这一处传到那一处，其结果则“常有文化中断的现象”；而中国文化则很难说它有一个中心，“中国文化一摆开就在一个大地面上，那就是所谓中国，亦就是所谓中国的‘体’了”。因此，“西方文化可说它有‘地域性’，而中国文化则决没有地域性存在”。[②]

中国文化在世界文化中的重要地位，除了悠久的历史外，还表现在其他各方面。孙本文的《中国文化在世界上之地位》一文，就用五个“最”系统地总结了中国文化的世界地位：第一，“中国文化为世界最纯粹的文化——就大体而言，我国文化起自黄帝尧舜禹汤文武周公孔子以至中山先生，乃为一线相承的。此种有五千年纯粹文化，全世界唯我中国有之”。第二，“中国文化为世界发达最早的文化——我国文化以儒家之六艺为基础，而六艺载尧舜以来文章典物，举凡政治、道德、法制、学艺等，均于四千余年前灿然大备，若以文献论，则有尚书，约起于三千八百年前”，这些都发达极早为“他国所无”。第三，“中国文化为世界史迹最富之文化”。第四，“中国文化为世界最悠久之文化”，“自距今四千六百三十五年前我轩辕黄帝建国以来，绵延继续，故以立国悠久言我国文化，在世界历史上已占第一位”。第五，“中国文化为世界最大民族推行的文化——就人口四万万六千六百万论，为世界最多之民族；就语言统一论，为世界流行同一语言最广之民族，推行悠久而纯粹统一之文化，诚为有史来未有之现象”。总之，他认为“中国文化为世界最悠久的，最纯粹的，发达最早

① 江亢虎：《中国文化与世界使命》，《讲坛复刊纪念号》第5期，1937年。

② 钱穆：《中国文化传统之演进》，《中国文化史导论》，商务印书馆1994年版，第235—236页。

史藉（籍）最富的，而且为最大民族创造与推行之文化，而世界各国不可不承认我国文化占有优越之地位”。[①] 罗时实更进一步细致地罗列了中华民族对世界文化尤其是东方文化的具体贡献：“我中华民族在东亚大陆上，不仅文化发达最早，即物质创造，亦远在其他民族之上。试悬想四五千年前，世界各民族之物质生活为何如，在此时期，我中华民族，已有稼、穑、蚕、桑、衣服、宫室、药物、指南针、交通及战争器具及其他生活必需品，举凡衣、食、住、行之所以需者，已灿然俱备，世界各民族，莫不直接或间接食我中华民族发明之赐，而受我文化之薰染。故我民族，称为华族，华者光明华耀之义；我国家称为中国，言其居亚洲国家之中心，质物创造，我民族目前所自认不如人者也，而过去成就，已若是其炳伟，精神方面，更无论已。故我中华民族实为东方文化之创造，实为世界进化之明灯。至于武事，我民族在过去亦强盛莫与比伦。凡东亚民族间发生战争，胜利者悉为中华民族。我民族发源于黄河流域，其后逐渐扩张领土，而形成今日广大之版图。”他认为，中华民族之所以在古代“文化灿烂，国势强盛”，原因就在于中华民族在过去的各民族间最能自竞。“但人类随时代而进化，环境因进化而变迁”，一个民族“如不能应顺此前进之时代与变迁之环境，而懈怠其自竞”的话，那么很容易从辉煌走向衰落甚至被淘汰，这也就是中华民族“今日之退为不适者劣败者……国势之凌替，文化之晦塞”的重要原因。“故基于民族现在地位而言，则复兴不可以稍缓，而证以过去光荣之历史，则又知复兴之必能成功”。[②] 论者论证现今中国之所以能够复兴，主要的原因是中国文化曾经的繁盛；而之所以对中华民族的文化复兴充满着信心，是因为中国文化在历史上有着厚重的文化根基，有复兴之历史基础。

向子渔从政治、艺术及道德等方面，对中国文化进行了检视。在政治方面，我们拥有非常伟大的政治天才，这些人包括“周公，管仲，商鞅，

---

① 孙本文：《中国文化在世界上之地位》，《史地社会论文摘要月刊》第3卷第9期，1937年。

② 罗时实：《民族复兴与精神资源》，《江苏教育》第5卷第3期，1936年。

诸葛亮，王安石诸人”。他们极具政治才能，也有天才的表现，建设了相当伟大的事业，至今都“为吾人守用者”，他们的事业为今人所乐道。除了拥有这些伟大的政治人物外，我国的政治制度也有很多值得称道的地方。比如，在我国，监察和考试两种制度发展得最早，并且还形成了非常强大的力量。他尤其重视考试制度的作用，认为考试制度的力量“破坏了传统的贵族政治，它是具有相当的功绩。到后来，确是发生弊病的，这仅是利用者不得其当，用一些不切实用的东西来做考试的标准，使一般国民的正当需要反无人顾及；也绝对不是考试制度的本身恶劣”。政治思想方面，“孔孟的大同学说，至今尚为吾人乐道，墨子的兼爱，在学理上也有相当价值，二程、张载、朱熹、王阳明诸先生在世界文化史上也应有其相当地位”。这些是政治层面的成就。艺术层面上，“在我国历史上也不乏做好文章的，写好字的，画好图画的，以及作种种感人的音乐、诗歌、戏曲等等。至于道德方面：则孝悌忠信，礼义廉耻，至今仍为吾人立身处世所必具之美德。其他如善良风俗及习惯，在历史上亦在在皆是”。在向子渔的眼中，这些都是中国文化在各方面具有的伟大优美之处，并且在世界文化史上具有独特的地位。更重要的是，这些因素在今天，仍然是能为“吾人”提供借鉴的“资源”，是我们复兴民族文化的最有利条件。[①] 孟馥在向子渔的基础上，进一步论述了中国文化的“先进的痕迹”：“指南针火药度量衡的发明是我们四千年前的科学，尧舜禅位禹汤选贤是我们四千年前的政治”。[②]

当然，无论是从世界文化史发展的角度去看待中国文化的重要地位，还是从更具体的方面去检视中国文化优越的地方，知识界都不是为了发思古之幽情，而是为了以此说明中国文化有复兴的可能性，从而增强国人对民族、对国家的认同感，对实现中华民族伟大复兴的自信心，以凝聚民气，共同抗日。因此“九一八”后的抗战时期，在人们对中国传统文化的追溯

① 向子渔：《怎样复兴中国文化》，《扫荡旬刊》第32期，1934年。

② 孟馥：《文化建设与民族复兴》，《学生生活》第4卷第6期，1935年。

中，能看到的是冷静的笔调与理性的思考，即便是那些对中国传统文化充满爱惜之情的学人，也并不是一味地褒扬传统文化，一味地要求复古与守旧，他们更多的是持一种辩证的态度去看待传统文化。在他们眼中，中国传统文化确实有其优越之处，有值得赞颂的价值，但这只是问题的一方面；另一方面，我们也要客观地看到，中国传统文化在近代或者是更早的时候，即已出现衰落之势。张一清就认为中国文化自汉唐开始出现了停滞发展的趋势。他指出："中华民族对于世界文明，不问精神方面或物质方面，皆有极伟大之贡献，其勇迈沈雄，闳深肃穆之特质，为世界任何民族所不及，宜能将其曩时所发明者，逐时代而发扬光大，领导世界后进诸民族，以进于大同之域矣。然其进展之途中，至汉唐以后，复有停滞衰微之事实。"[①] 古代中国文化能够服务于世界文明，但是在汉唐之后出现了停滞发展的现象，中途衰落的出现使国人的优越感顿然消失。周作新不否认中国文化在历史上的伟大地位和贡献，但也承认中国文化衰退的现实。他认为："中国文化，是世界伟大的文化之一，是世界中伟大的独立发达的文化之一。中国民族，奋其创造文化的伟大能力，在东亚的大陆上，独立创造了这个文化。"那么，缘何如此强大的中国文化会走向衰退？周作新的观点中，文化是在相互比较相互砥砺中发展的，一个国家、一个民族文化的发展需要更先进的文化养分，"因其四周都是些文化低落的民族，中国民族得不到与更高的异种文化相接触，因而二千年来大部分的文化，在停滞的状态中"。但让周作新感到欣慰的是，现在的情况与以前的情况有所不同了，现在中国"遇到了更高文化的侵略"，中国文化能够吸取先进的欧洲文化而获得发展。因此，"我们不要妄自菲薄，要努力创造，更创出新的东西。要使中国在将来的世界文化中，有重要的地位，有新的贡献"。[②]

不过，残酷的历史事实表明中国受到西方的侵凌，使国人觉得中国文化还不如西方文化优秀，满眼看到的是中国文化的弱处，也就是说，在西

---

① 张一清：《中华民族对于世界文明伟大之贡献与夫中途衰微之原因及今后复兴之方略！》，《江西图书馆馆刊》第2期，1935年。

② 周作新：《世界文化与中国文化》，《统一评论》第1卷第10期，1936年。

方文化面前，中国文化没有了自信心。嵇文甫在《中国文化与世界文化》一文中指出了这么一个现象，称近世以来中国文化所遭受的惨重打击，中国人都不敢自信自己的文化了，不敢将自己的文化拿到世界的大场面上去宣传。这个时候我们就不得不承认自己有着种种缺点，不能不好好地向人家学习，将世界上各种进步的文化尽量吸收过来。但是也不能太过于妄自菲薄，“中国究竟是一个有悠久历史的民族，决不能因为这眼前一时的失败，遂根本抹杀其五千年的优良传统。我们应该知道，中国文化从来并没有被封锁在一个孤岛上而完全与世界其他部分相隔绝。他始终吸收着世界各方面的文化，而又时时把自己贡献给世界，它和世界文化始终是起着交流作用的。我们且不远溯到上古时代东西各民族间文化交流的故事罢，且不夸耀大唐天可汗统治下的世界规模罢，且不……即单就近代西洋文化——现在被推以代表世界文化的——而言，也不能否认中国文化对于他们的贡献”。他揭示出中国文化的衰退，但也认为中国文化对西洋文化有其自身的贡献，并且不能过分地贬低中国自己的文化。他还进一步指出中西文化之间存在有相当紧密的联系，“近代西洋文化或世界文化里面也含有中国文化的成分”，如此，那就不会视“西洋文化为异物，深闭固拒而不敢接近；同时也不至自惭形秽，不敢拿中国文化和世人相见”。他还满怀信心，指出在世界上新时代到来的时候，要急起直追，“也许在不久的将来，中国文化就可以恢复它的世界地位”。[①]他在处理中国文化与西洋文化或世界文化关系的时候，是从中国文化与世界文化的“血缘”关系中来认识和观察。

从历史上论证中国文化在世界文化史上占有重要的地位，以证明中国文化有实现复兴的可能性，这为民族复兴提供了思想文化上的支持和助力。国人在民族文化上具有的优越心理，给民族复兴带来了种种希望，而这种希望乃是寄托在中国古代文化的优越性之上，这就很容易与中国文化的现状产生距离感，因为现今中国文化逐渐衰落，这无疑容易产生一个悖

① 嵇文甫：《中国文化与世界文化》，《时代中国》第9卷第1期，1944年。

论。过去的辉煌并不意味着现实的优势，这也正是这些论者所具有的焦虑感。所以，他们在阐述中国文化在世界文化史上具有优势地位后，还往往寻求中华民族具有文化复兴的能力，对这种能力的关注才能够真正使国人充满信心，才是国人实现民族复兴的真正文化源泉。

（三）中国文化自身具有复兴的质素和能力

从文化本身的质素和能力来检视中国文化是否有复兴的可能性，是当时知识界谋求民族文化复兴的又一努力。大多数参与讨论的人认为，中国文化本身蕴含了很多可供自身复兴的因素和能力。“絜如”在承认中国文化处处不如人、日渐衰落的前提下，并不否认中国文化向前发展的可能性：现在中国文化的衰败“只是暂时文化之停顿，一时之不进步。我们只能把她复兴起来，决不能根本的全盘推翻”。在“絜如”眼中，中国文化中的许多道德因素是可以复兴的，他因而主张：“对于以往的四千年文化，应当从新估量一番。宜于我民生存的，要发扬光大起来。因为有许多的文化实有维系社会的力量。……足见道德的力量，也就是文化的力量是如何的大了。我们要提倡发扬这一类的固有的道德。同时更采取批判的选择的态度，吸收外来的文化。”[①] 复兴必须建构在文化自身所蕴含的道德因素之上，这一方面肯定了复兴的必要性，另一方面也彰显了中国文化自身就包含有复兴的因素。李笑渊也指出，中国文化富有强大的同化力和创造力，决定了中国文化能够复兴：“中国民族，不仅易于感受外来之优越文化，其特质尤在富于同化力与创造力。以富于同化力故，其文化虽受外力之侵混，恒能保持其独立之特质，无虑其消灭；以富于创造力故，其文化每经过一时期之变化刺激，辄有显著之进步。此二特质，其势力潜植于此老大民族灵魂之深处，在常态生活中，若不甚显著，然一旦感发而勃然兴起，则沛然莫之能御也。”[②] 所以，中国文化虽然处于其他优秀文化的包围

① 絜如：《复兴民族和复兴文化》，《北方公论》第78期，1934年。
② 李笑渊：《中国文化之复兴》，《东方文化月刊》第1卷第2期，1938年。

中，但这种包围能为同化力和创造力强的中国文化提供汲取其他文化优秀因素的可能，从而为中国文化创造复兴的条件。

张其昀则从文化的变与不变入手，论证了中华文化具有复兴的可能性。他在《时代观念之认识》一文中指出，所谓“时代精神当贯注于三个方面，即总结前一时代之文化，代表此一时代之思潮，而为创造后一时代之种子。思想之伟大性，全视此三方面之深造程度而定”。而要“总结前一时代之文化”，则应知道文化的“变与不变之义”。《易》曰：“穷则变，变则通，通则久”。董子曰：“天不变，道亦不变”。《易》和董仲舒说的“均有至理”。因为“制度文物因时移事异，多所损益，然变迁之中仍有不变者存”。孔子说：“自古皆有死，民无信不立。”忠信之类，这是人类社会所赖以维系的基本道德，无所谓古今，无所谓新旧。程颢说：“圣人创法皆本乎人情，极乎物理，虽二帝三王，无不随时因革，踵事增损，然至乎为治之大原，牧民之要道，则前圣后圣岂不同条而共贯哉。”由此可见，“一国之民族性虽非一成不易，然有其历久不变之点，一面有不断之创造，一面有传统之典型，凡历史愈长之民族性，其内容亦愈经久而坚实。民族复兴之说即以此为根据”。① 中华民族是一个有着悠久历史的民族，其文化中包含着许多不变的具有普世价值的思想内容，正是这些不变的具有普世价值的思想内容使中国文化的复兴成了可能。比如，他举例道：孔子以“仁”为诸德之统一原理而具有最高之价值，其学说于人生方面有独到之见解，确可代表中国的民族性。仁即社会意识，其后孟子配之以义，而称为仁义，义即真正之平等。真平等需要适宜的秩序，荀子于是发扬礼学，礼为适度之自由，故需讲求度量分际，以成健全之组织。“孔子孟荀之遗言，可以仁义礼三字概括之。”而现代文明之特色，一曰高速度，如飞机汽车无线电等；二曰大规模，如普及世界之国际贸易等，二者相互为用。今日对此高速度之物质文明，须有高度之组织以为制裁，对此大规模之国际关系，复须有普遍之秩序以相调节。这样仁义二字，在今日便有了崭新

① 张其昀：《时代观念之认识》，《思想与时代》第1期，1941年8月1日。

的意义，如何将自由与组织、平等与秩序，调和适中，确保平衡，以谋世界人类之安宁与幸福，此为世界最新之思潮，亦即儒家学说之基本概念。既然儒家学说之基本概念与世界最新之思潮有相通的地方，那么，我们要复兴以儒家学说为核心的中国文化就完全具有了可能性。这正如白璧德所说的那样："现代精神应为古代中古近世东西文化之大综合，历史为有机之发展，每一时必须综贯以前各时代文化之成绩，而后方有创造之可言。"前国际联盟派遣来华教育考察团报告书中也认为："新中国必须振作其本身之力量，并从其本国之历史固有之文化中抽出材料，以创造一新文明。"就此而言，"中国现代之新文化"，不是外来文化的简单移植，而是对古今中外文化的一种综合创造，是中国固有文化在新的历史条件下的复兴。[①]

通过对"中国文化的本质"的论述，吴醒亚对中国文化一定能够实现复兴进行了说明。他指出："中国民族是具有沉潜、远识、淳朴三特征的民族，所以中国的文化也是最有价值最能和理想接近的文化，中国文化的基础建于王道观念之上，这个王道，就是最彻底的世界主义，也是大同主义。在王道下发育的文化，有六种特征：其一是淳朴，其二是博大，其三是精微，其四是重实践，其五是贵平等，其六是爱自由。"总之，"中国古代的文化，确有非他国所能望其项背的特长，虽自周秦以降，渐渐失去他的一部分特长，其大部分的特长，终不可没。"而这些"终不可没"的"特长"，将使中国文化的复兴成为可能。据此，他批评那种"相信中国文化已落后已烂熟，不能再发出一种炽烈的光辉"的"见解"是完全"错误的"。在他看来，中国现在所以不能抵抗外来的侵略，并不是由于中国文化的落后或烂熟，而是由于中国文化过于前进过于邻近理想的缘故。"过于前进的结果，别的民族当然赶不上，过于邻近理想的结果，举凡没有伟大理想的民族，也当然不能理解中国的文化。"中国的文化，既是一方过于前进成了后无来者的局面，一方过于邻近理想而不易为无理想的人们所了解，就必须会被一般人疑为落后而烂熟的文化，"但这并无害于中国文化的声

---

① 张其昀：《论现代精神》（续），《思想与时代》第3期，1941年10月1日。

誉”，也无害于中国文化的再次走向复兴。[①]

朱光潜则通过对中西文化价值意识的比较得出结论：中国文化的复兴是完全可能的。他指出，不同的民族在不同的时代对于文化常有着不同的理想或价值意识。比如说现代欧美文化倾向的主要是三个方面的发展：一是物质的开发，二是政法的崇尚，三是武力与纵横捭阖的伸张。这三个方面都集中于一个权字。物质所以扩权，政治所以固权，武力与纵横捭阖所以争权。学问大半集中在这三方面，建设事业也集中在这三方面。物质开发到相当程度，政法建立到相当规模，资源像是富足而秩序像是稳定了，就突然来一个战争或革命，把已得的成就尽行摧毁，摧毁完了，于是又另起炉灶。但古代中国与现代西方不同。古代中国的先儒所着重的是义利、德刑、王霸三大分别。这值得现代人好好细心地体会。在古代中国的先儒看来，“后义而先利，不夺不餍”，所以义重而利轻；“道之以政，齐之以刑，民免而无耻；道之以德，齐之以礼，有耻且格”，所以德礼先于政刑；“以力假仁者霸，以德行仁者王，以力服人者非心服也，力不赡也，以德服人者中心悦而诚服也”，所以尊王道而耻言霸术。今天西方各国所倡导的路和古代中国先儒所倡导的路完全相反，这是价值意识问题，由于当今的世界是一个弱肉强食的世界，因而西方的这套价值意识成了“时代的风尚”，而中国先儒的这套价值意识则没有多少人认同了。但“我相信许多苦痛的经验将逐渐使人类觉悟已往的错误而纠正他们的价值意识。从这个观点看，中国思想经过发扬光大，或可成为决定未来世界文化趋向的原动力”。[②]

张申府在《我相信中国》一文中写道：“我是相信中国的。我有时简直迷信中国。我并不是说中国一切都是好的，但我相信中国有其过人的长处，对于文化，中国有其特殊的贡献”，也正是这种“特殊的贡献”使中国文化具有了复兴的素质和能力。在他看来，中国文化的“特优处”有如下几个方面：“第一，中国有其仁的人生理想。第二，中国有其易与‘有

① 吴醒亚：《中国文化的本质》，《文化建设》月刊第1卷第1期，1934年10月10日。

② 朱光潜：《谈价值意识》，《思想与时代》第11期，1942年6月1日。

天地然后有万物’的元学。第三，中国有其中的行动准则。第四，中国有其实的规范，与体度参验的方法。第五，中国有其人与生的重视。第六，中国有性近习远，‘真积力久则入’的教学原则。第七，中国有其‘充实之谓美’的美的标准。第八，中国有其活、时中、不迷信、不拘执的态度。第九，中国知道尽人力而知天命，而与境为乐，而不于人世之外别寻天国。第十，中国既重生，因很了解人生的享受，与闲暇的利用。”针对有人批评“中国文明是静的文明”的观点，张申府反驳道：“静的岂一定就有害？你不愿意安静么？你不愿意恬静么？你不愿意风平浪静么？静而不至于死静，静而犹能生动，静的正是好的。”他承认，“中国的文明诚是农业文明，而今日是工业主宰的时代。但是根据反复、扬弃、否定之否定的原则，在未来的世界里必仍大有农业的地位。中国的农业文明与西洋的逻辑和科学结合之后，仍要开出光华灿烂之花来的”，中国文化一定会实现复兴。因此，“我们不应仅仅怀想过去，鉴赏过去，我们更应重占过去，抉择过去，同时把握住现在，脚踏住现在，而努大力于共同创造那个光华灿烂的未来”，为中国文化的复兴作出我们应有的贡献。①

抗战时期，在对中国文化的认识上不少还延续了此前的一些观点。不过，作为思想文化上反对日本侵略的准备，某种程度上就是希望能够挖掘中国固有文化的价值和长处，这本身也可以理解为对五四反传统的一种反思和批判。所以，此时国人在思想文化上的认识，就缘起而言，不仅有来自政治上的需要，同时也有其自身的内在理路，即文化自身发展的路径和需要，在过分强调西化后开始“中国化”，寻求思想文化领域中的“中国”存在，成为民族文化能够复兴的起点和基础。黄泽浦指出，从历史上来看“中华民族的文化始终在不断地蜕化递进。在蜕化递进的历程中，虽然不能没有荣替起伏的现象，但其能亘数千年悠长的岁月一贯地生长革新，却是世界史上绝无仅有的”。而且中华民族过去的文化确实是优良的，并且具有强大的文化同化力，过去的文化“不但有令十七世纪欧洲人倾倒的哲学艺

① 张申府：《我相信中国》，《金陵日报》1937年10月4日。

术，而且又有许多科学的发明”。正因为“中国在过去有优良的文化根基，中国人的文化同化力又是那么大，加以又有伟大的创造天才，中华民族在这一方面上便有复兴的最大把握了。文化是一个民族的灵魂，我们的灵魂康健，前途自然大有希望。我们回顾过去的光荣，认识自己的力量，则于体验当前的痛苦之下，便该刻苦努力，好好利用这一片广大的国土，悠长的传统产业，在今天、在明后天创造出更高等更动人的文化”。[①] 可见论者对中国民族文化的复兴具有的美好想象，能够使文化有更为丰富的创新。

中国古代文化除了相当繁荣外，同时也对世界文化作出了巨大的贡献。张一清即通过这种贡献而试图回答中国文化复兴的可能性。他通过大量的篇幅指出中国文化对世界文明的贡献，认为中国在精神文明和物质文明上都有相当伟大的发明和贡献，这些在世界上远远超过其他民族。这与世界其他国家相比，虽然同时“开化”，但是如埃及、巴比伦等，要不是“已濒于危，或则早经沦丧”，只有我们中华民族还“巍然独存，不知经若干之危难浩劫，而仍能保持其英雄之伟姿。可知吾中华民族，实得天独厚，具非常之优越性，始能树立此闳伟之业绩。吾侪今日，既承受吾祖先所创造之伟大的文化宝库，应思及其创造之艰难，成功之匪易，不特宜尽力揭开此宝库，加以整理，且须取人之长，补我之短，尽发扬光大之重责”。[②] 正因为中国文化还一直有所保存，中国这个国家才没有灭亡，在这些优势下，中华民族显然还具有复兴文化之能力，还保存有古代的优良文化传统和势力。不过是需要进行重新的整理，将中国文化这个宝库很好地利用，将应有的价值很好地展现。

从悠久的历史文化中，建构一种中华民族的神话，以证明中国文化具有顽强巨大的生命力，并因此而能实现复兴。但是，从另一个角度来看，古代文化的繁荣和昌盛从反面印证了近代中国文化的衰落，而这种衰落说明了复兴中国文化的紧迫性。从世界文化发展史的角度，“白云”指出中

① 黄泽浦：《民族复兴的文化根据》，《战时中学生》第3卷第2期，1941年。

② 张一清：《中华民族对于世界文明伟大之贡献与夫中途衰微之原因及今后复兴之方略！》，《江西图书馆馆刊》第2期，1935年。

华民族本来是一个“极光荣极伟大的民族，他有极悠久的历史，和极优秀的文化”，中华民族的文化不像“埃及人向死后去追求快乐与幸福，又不像印度人轻视现实的人生而趋于灭绝为唯一的目的”，而是能够兼有“世界各民族文化的优点而能集其大成”。古代中国文化在周秦之际已蔚然大观，而那个时候的欧洲则还在茹毛饮血的年代，竟然还“没有知道如何做人，如何生活；而我们当时，文物制度已经具备了”。更不用说到了汉唐、元朝，这个时候中华民族可以说是“当时世界上最强最富的民族”。就算是世界上研究过“世界文明史的，没有不惊奇敬慕我们中国过去光荣的事迹，德国大哲学家黑格尔在他所著的‘历史哲学’一书中曾说过：‘人类最古之世界，是中国人之世界，最古之文化，除中国的外，更无所谓文化也’”。可以看出他们对中国文化的崇敬，但是近百年来，中国文化堕落尤甚，从现代中国的历史上可以看出“几无一年没有国耻的事实，割地赔款，予取予求，瓜分共管的呼声，时时会震动你的耳鼓，加以近年来外受日帝国主义的节节进攻，似有整个的灭我之计划”。[①] 这都可知民族无论在精神方面或政治方面都可以说是堕落，危险到了极点了。如此则应该复兴我们的民族，复兴我们的文化。

“九一八”事变后的抗战时期，以文化复兴谋求民族复兴的著述及文章可谓“雨后春笋般”涌现，以至于有人认为太过偏颇。清华大学优生学教授潘光旦在他的《民族复兴的一个先决问题》一文中就批评过这样的现象，认为“九一八”事变后人们大讲特讲“民族复兴”，但认真检阅这些议论，“几乎全部是偏在文化因素一方面的”，实际上“历史的文化”只是民族复兴的重要因素之一，我们不能只是强调这一方面，而忽视了其他的因素。[②] 应该说潘光旦的批评有一定道理。确实在民族复兴这一问题上，当时知识界的一些人陷入了文化决定论的陷阱，以为只要复兴了民族文化就

---

① 白云：《复兴中国民族的几个主要条件》，《社会主义月刊》第1卷第9期，1933年。

② 潘光旦：《民族复兴的一个先决问题》，《东方杂志》第31卷第18号，1934年9月16日。

可以实现中华民族的复兴，把文化放到了不恰当的重要位置。但这只是问题的一个方面，问题的另一方面，如果放在当时特殊的环境下进行分析，强调文化因素在民族复兴中的重要作用可以说又是知识界不得已而为之的结果。因为近代以降，中国落后挨打，政治、经济、教育、军事等事事不如人，在这些方面已经没有让国人感到自豪和骄傲的东西了，唯一还值得国人自豪和骄傲的就是中国的传统文化。因此，从传统文化中寻求复兴民族的凭借，可能是最简单易行的方法。同时，这些人都是精神文明的生产者，不少人从事的还是中国历史、哲学、文学和思想文化的研究和教学工作，利用自己的专业知识为实现民族复兴服务，这可以说是他们自然而然的选择。同时，他们提出的一些观点，如认为文化复兴不是文化复古，而是新的文化创造，不仅是针对他们当时所生存的时代而提出来的，有很强的针对性和现实意义，就是现在看来，仍然有其借鉴的历史价值，值得我们认真思考和吸取。

三、民主政治对于民族复兴的重要意义

近代主流知识界的一个基本观点是：要实现中华民族的伟大复兴，首先要打败日本帝国主义的侵略，取得民族的解放和国家的独立，而要打败日本帝国主义的侵略，就必须实现政治的民主化，使全国人民享有各种民主权利，使各党各派能够真诚地团结起来。一个四分五裂的国家，民族是不可能复兴的，而只有实行民主政治，国家才有可能实现长久的统一。同时，民主政治本身也是现代民族国家的基本特征，是中华民族复兴的政治要求和目标。

（一）实行民主政治，才能最大限度地调动人民的抗战积极性，实现各党各派的真诚团结，从而确保抗日战争的最后胜利

“九一八”事变，使中华民族亡国灭种的危机迫在眉睫。中国知识界希望通过抗战来实现民族复兴。“九一八”事变发生后不久，陈启天即撰文指出，中华民族已无退路可言，“中国要起死回生只有对日作战”，只有

坚持对日作战，才可以改造我们衰弱不振的民族精神，才可以鼓舞人民的斗志，使一般国民打消个人的和家族的观念，不得不共赴国难，因此“对外作战是创造斗争的民族精神之最好方法”。[①]曾琦等人认为，古今中外，未有不战而能立国者，欧洲的普鲁士与亚洲的日本都是通过战争确立其强国地位的，中国也只有通过艰苦抗战才能实现民族建国伟业，并坚信通过抗战一定可以实现民族复兴：“现在正以空前勇敢的精神，接受建国过程中不可避免的流血洗礼，我们相信一个独立自由的全民福利国家，必然在血的洗礼后产生出来，而且也只有在血的洗礼中才能产生出来，因此我们对于抗战的前途，丝毫不悲观，不气馁，我们准备与全体中国同胞携手勇敢地接受这个历史的任务。”[②]冯玉祥指出，民族复兴的问题虽然“关涉的范围至为广大，内容亦千头万绪，非常复杂”，但总的来说是“以救亡图存为中心……即我们必须用抗战手段，以清算‘九一八’以来的外来侵略，而达到民族自由平等的目的”，因此中华民族复兴的核心问题“第一个是抗战，第二个是抗战，第三个还是抗战”。[③]黄炎培回忆说：“自从‘九一八’事发，吾们内心起了极大的冲动，精神受了极大的影响。吾们亲切地看出，在我们中国这样一个政治上经济上受着种种枷锁的国家，所谓社会问题的解决，必须统一于国家民族的解放。”[④]

只有打败日本帝国主义的侵略，彻底实现中华民族的独立与领土主权的完整，才能为民族复兴创造必要的条件，从而实现中华民族的伟大复兴。这是抗战时期知识界的基本共识。而要打败日本帝国主义的侵略，就必须实行民主政治。实际上，自鸦片战争以来，民主政治就一直被视为挽

---

① 陈启天：《我们主张对日作战的理由》，《民声周报》第2期，1931年10月。

② 《中国青年党第九次全国代表大会宣言》，中国第二历史档案馆编《中国青年党》，档案出版社1988年版，第121—124页。

③ 冯玉祥：《复兴民族的基本方案——抗战，抗战，抗战！》，《解放日报》1937年1月22日。

④ 黄炎培：《从困境中得来》，中华职业教育社编《黄炎培教育文选》，上海教育出版社1985年版，第284页。

救民族危机的重要手段，争取民主政治与争取民族独立始终是紧密地联系在一起。第一次鸦片战争期间，以林则徐、魏源、徐继畬等人为代表的经世派士大夫们，为了寻求国家富强之路，开始睁眼看世界，尽管当时的他们还不可能对西方资本主义的政治制度有真正的认识和理解，但作为晚清第一批“睁眼看世界”的先进中国人，他们已经朦胧地感受到这种制度在某些方面要比中国的君主专制制度优越。19 世纪七八十年代，当郑观应、王韬等早期维新思想家提出采用“君民共主”的政制时，其根本目的是通过民主政治实现国家的独立富强，抵抗外族的侵略。因为在早期维新思想家看来，西方的民主制度的优越性在于，它能有效地消除君主与人民之间的隔阂，这样便能做到上下一心，举国团结。19 世纪 90 年代后，以康有为、梁启超为代表的维新思想家之所以主张兴民权，也是因为他们认识到，“民权兴则国权立，民权灭则国权亡”，西方富强的原因，就在于西方实行的是民主制度，“人人有自主之权”，中国所以贫弱，也就在于中国实行的是封建专制制度，“收人人自立之权，而归诸一人”。既然有无民权，是西方和中国一盛一衰、一强一弱、一富一贫的根本根源，那么，中国要救亡图存，实现富强，其不二法门自然是“兴民权”。用梁启超的话说，“言爱国必自兴民权始”①。孙中山之所以要推翻清王朝，创立中华民国，实行资产阶级的民主革命，一个重要原因就是在他看来，中国陷入被列强“瓜分豆剖”之境地的根源，是清王朝的软弱不振和卖国投降。他曾沉痛指出：“曾亦知瓜分之原因否？政府无振作也，人民不奋发也。政府若有振作……外人不敢侧目也”。因此，中国“欲免瓜分，非先倒满洲政府，别无挽救之法”②。这正如毛泽东所指出的那样：“辛亥革命是革帝国主

① 梁启超：《爱国论》，《饮冰室合集》第1册，文集之三，中华书局1989年影印版，第73页。

② 孙中山：《驳保皇报书》，《孙中山全集》第1卷，中华书局1981年版，第233、234页。

义的命。中国人所以要革清朝的命，是因为清朝是帝国主义的走狗。”①

抗日战争时期，空前的民族危机使知识界进一步认识到实行民主政治对于救亡图存、取得抗战最终胜利的积极意义。

首先，只有实行民主政治，给广大民众民主自由的权利，才能充分调动他们抗战的积极性。1938年，中国青年党在纪念抗战周年的宣言中指出：“在这个抗战建国的艰巨工作上，我们认为非发动民众共同一致努力，不能收到圆满的成功。而发动民众，则非实现民主政治，不能使民众自动自发的继续牺牲，毫不反顾。因此我们主张为使作战的政府建筑在更广大更热诚更自动的同情基础之上，中国政治是有更进一步的扩大民主化运动之必要，国民参政有更进一步设立各省各县民意机关之必要。”②1939年，韫明在《实行宪政与抗战建国》一文中写道：“两年来抗战的教训指示给我们：抗战必胜、建国必成的重要基础，是建筑在动员全国民众参加抗战建国的上面。而唯有建立起宪政规模，才能收取动员全国民众参加抗战建国的实效。”因为我国抗战的本质是弱小民族抵抗侵略争取生存的战争，与帝国主义间的掠夺战争迥不相同，那么我们争取最后胜利的基本条件也与帝国主义者争取胜利的基本条件是不相同的，就是说，我们的基本条件在动员全体民众，没有全民参加，是不能获得胜利的。而动员民众并不是一纸命令的强制力可能成功，需要启发民众抗战建国的积极性，使其能自动自发地乐于为抗战建国而奋斗到底！具体说，就是必须充分发挥民主的精神，树立起宪政的规模，使他们确切地了解到国家是他们的，他们每人都是国家组成的一分子，是国家的主人而不是被鞭打驱策的奴隶，这样他们才能积极地负起抗战建国的艰巨而神圣的任务，我们的国家民族才能有独立自由幸福的一日。③潘梓年在同年发表的《宪政运动与抗战建国》一文中同样强调：“抗战需要宪政”，需要实行民主政治，因为抗战要能坚持下

① 毛泽东：《唯心历史观的破产》，《毛泽东选集》第4卷，人民出版社1991年版，第1513页。

② 《中国青年党为抗战周年纪念宣言》，《国光》第12期，1938年7月。

③ 韫明：《实行宪政与抗战建国》，《时与潮》第4卷第5期，1939年。

去，取得最后胜利，必须依靠广大民众，将全国的人力、物力、财力、智力统统地动员起来，来为抗战服务，来准备起足够的力量，对敌人进行战略上全线的反攻。而要把全国的人力、物力、财力、智力统统动员起来，就需要实行宪政，实行民主政治。[①] 高灵光的《抗战建国与实行民主政治》一文认为：我们的抗战是以持久消耗敌人的实力为战略，需要动员全国的人力、财力和物力的支持，尤其是人力"为最重要之因素"，而动员全国民众积极投入到抗战中来，"自非尊重民意伸张民权不为功"，也就是说，要"动员全国民众争取最后胜利"，就"必须实行民主政治"[②]。

其次，只有实行民主政治，才能真正实现各阶层各党派的大团结，也才能真正使全国的力量集中起来。李士豪在批评那种认为"民主政治是不适宜于抗战时期，抗战时期所需要的是集中力量"的言论时指出：在抗战中需要集中各阶层各党派的力量，这是毫无疑义的，但目前各阶层各党派利害的对立是事实，各阶层各党派的"相互猜忌、嫉妒及恐怖"也是事实，而要缓和各阶层各党派的利害对立和冲突，缓和这种相互间的"历史的和现实的猜忌、嫉妒及恐怖"，实现各阶层各党派的大团结，"民主的宪政制度的确立是最需要的"。因为"民主政治并不是一般所想象的可以制造纠纷增加纷乱的事情，相反的，他可以变紊乱的暗中摸索的相互磨擦，成为公开的、坦白的、光明的、有规律的汇合。中国过去解决政治问题，只是用力的方式来解决，不是用合理的政治方式来解决，所以二十余年来的政治，永远不会走上轨道"，各阶层各党派永远处于分裂内争的状态。法国是一个党派最多的国家，内阁的更迭也很频繁，但由于法国实行的是民主的宪政制度，"军事力量始终统一在整个系统之下"，国力没有受到任何影响。法国的经验告诉我们，要真正实现各阶层各党派的团结，使各阶层各党派的力量真正集中起来，从而保证抗战建国取得最后的胜利，就必须实行民主的宪政制度。[③]

① 潘梓年：《宪政运动与抗战建国》，《理论与现实》第1卷第3期，1939年。

② 高灵光：《抗战建国与实行民主政治》，《学生之友》第1卷第2、3期合刊，1940年。

③ 李士豪：《抗战建国与确立民主的宪政制度》，《抗战十日》第2期，1938年。

再次，只有实行民主政治，才能“得道多助”，争取到国际上民主国家的支持。高灵光指出，我国的此次抗战，不仅仅是要争取本国的独立与自由，而且也是为了维护国际正义，其性质与18世纪的美国脱离英国殖民统治的独立战争相类似，美国之所以能以小胜大，以弱胜强，一个重要原因，就是它是为独立和自由而战，其“宗旨正大”，博得了各方的同情和支持。我国现在进行的抗日战争，也是弱者抵抗强者的侵略、公理反抗强权的欺凌的正义战争，其目标也是要争取国家的独立与自由，“故必外由排除暴力羁绊，内则维护全民福利，伸正义于世界，博国际之同情，得道多助，其有造于抗战建国者至要且切，所谓争取独立自由，维护国际正义，必须实行民主政治”①。

除了正面阐述实行民主政治对于救亡图存、取得抗战最终胜利的积极意义外，知识界还对种种怀疑甚至反对于抗战时期实行民主政治的观点提出了反驳和批评。笔名为“帆”的作者在《实施宪政与复兴民族》一文中写道：我们要救亡图存、取得抗战建国的最后胜利，从而实现国家富强和民族复兴，就必须实行民主的宪政制度。“或者有人会怀疑我的话是不合时代，以为在抗战期中，正需要全国的力量集中意志集中，那可以行民主政治。”这话听起来好像是对的，但实际上它是忽略了民主的意义和现实的观察。“民主”并不是说事事都要大家来管，要削弱政府的权力，相反，在抗战这一特殊的时期中会赋予政府更多的权力，我们只要看看正在战争中的民主国家英法是怎样把民主政治与军事行动配合起来的，就可以明白了。在抗战中实施民主政治不仅不会影响抗战，相反对于抗战是绝对有好处的，“民主政治能坚强民族的团结，促进抗战的胜利，因为人民和党派都取得了合法的平等地位，就增大了全国抗战合作的便利条件，各种不幸的国内摩擦也可以消灭了，全国的智力财力都集中起来，而人民和政府的关系也更密切，这样，抗战还会不胜利吗；民族还会不复兴吗？”②韫明的

① 高灵光：《抗战建国与实行民主政治》，《学生之友》第1卷第2、3期合刊，1940年。

② 帆：《实施宪政与复兴民族》，《华东联中期刊》第6期，1940年。

《实行宪政与抗战建国》一文更明确指出，那种以为“在抗战紧急的阶段里倡议施行迂缓的宪政问题”，有些“缓不济急时非所宜”的“看法是不对的”，因为，第一，“发扬民主施行宪政是争取最后胜利不可缺乏的主要因素，舍此几乎可以说谈不到最后胜利”；第二，“一般所倡议的民主和宪政，也是要机动的适应战时的，并且必须是非汉奸的个人或非汉奸的团体，才能使其享有身体的和言论集会结社的充分自由”；第三，“敌寇政治进攻的花样很多，已导演着汪逆精卫在沪召开过伪国民党代表大会，现正积极筹备伪中央政权的开幕，在这个时期说不定还要演出召开伪国民大会制定宪法等把戏，为了打击汪逆汉奸也有及时从速实施宪政的必要”。[①] 曾琦也对那种认为军事力量是实现抗战胜利的根本保障，而政治上是否民主根本无所谓的观点进行了驳斥：“殊不知集权国家全凭一人之智能，以决国家之运命，其对内则尚独裁而反民主，对外则主侵略而反和平。民主国家则赖万众之同心，以谋国家之福利，其对内则尚民主而反专制，对外则尚和平而反侵略……能合全民之力以一致御侮。”并指出军事与政治是相辅相成的关系，“军事之胜利，有资于政治之调整；而政治之调整，实赖于宪法之纲维。然则宪政运动与‘军事第一’、‘胜利第一’，又何冲突之有哉？”[②] 沈钧儒批驳了“抗战时期谈不上民主，也不需要民主”的谬论，强调抗战不单纯是军事力量的较量，更是民众力量的比拼；抗日战争旷日持久，“在这样严重的全面持久抗战中间，中国很迫切需要造成一个全国整的力量。这个整的力量，是民众与军事的配合”，只有实行民主政治，才能改变“在政治落后于军事的现状下，民众动员还大大的不够”的不利现状，进而取得抗战的胜利。[③]

既然要实现民族复兴，就必须打倒日本帝国主义，取得民族的解放和

① 韫明：《实行宪政与抗战建国》，《时与潮》第4卷第5期，1939年。

② 陈正茂、黄欣周、梅渐浓编《曾琦先生文集》上册，台湾“中央研究院”近代史研究所1993年版，第212、214页。

③ 沈钧儒：《关于保障人身自由的意见》，《沈钧儒文集》，人民出版社1994年版，第340页。

独立，而要打倒日本帝国主义，取得民放的解放和独立，就必须实行民主政治，因此在抗战时期，知识界普遍强调民主政治与民族复兴之间的有机联系，强调以实现民族复兴为目标来推动政治民主化的进程。他们纷纷以著书立说、创办报刊、参政议政等方式，孜孜不倦地宣传他们的抗战思想和民主政治主张。章汉夫强调说："绝对不是完全工业化后才能实现民主，而是一定要民主，然后才能实行全民动员，抗战到底，扫清工业化发展的障碍。"[①]曾琦认为，国难危急时刻应该立即伸张民权，"自国难发生以来，全国人士，除掉极少数的贪官污吏汉奸国贼以外，对于争取国家生存，伸张民权，解除民生疾苦诸大端，可以说没有不一致的"，也只有民权得到伸张，才有可能出现全民抗战的局面。[②]左舜生指出，中国抗战的胜利必须"以结束党治，立施宪政为第一义"[③]。侯外庐则提出了"抗战民主"的概念，认为抗战民主是一种战时民主的特殊形式，是适应抗战需要、取得抗战胜利的必要手段，因为"抗战依赖民力，而民力与民权（民主）则相为因果"，其最低限度的任务是"建立反贪污、反汉奸的，遂行积极动员民众的政治机构；同时在于融洽少数民族，并使自主参加政治的广泛政治机构；抗战民主最要的，是在抗战过程中，积极淘汰腐朽动摇不定份子，而广泛容纳进步的抗战最力的新的社会力量，是抗战的民主号召的形式，与抗战牺牲的民主权利的内容，相配合起来。抗战的民主平等形式，同时亦是民主自由形式"。[④]梁漱溟发表《怎样应付当前的大战》，提出包括政治民主化的抗战三原则，并且强调指出，要"举国都工具化"，"有钱的出钱，有力的出力，有知识的出知识"，就必须实现"举国主体化，那就是全国国民的感情要求思想意志，必须疏通条达，求其调协而减少矛盾，求其沟

① 章汉夫：《批判两种错误理论》，转引自虞和平主编《中国现代化历程》第2卷，江苏人民出版社2001年版，第827页，

② 左宏禹：《抗战建国中之中国青年党》，国魂书店1939年版，第10、11页。

③ 孟广涵主编《国民参政会纪实》（上），重庆出版社1985年版，第584、585页。

④ 侯外庐：《抗战建国与民主问题》，《抗战建国论》，生活书店1938年版，第1—9页。

通而减少隔阂”，而要做到这一点，政治就需要“民主化，政府与社会打成一片，而后统一节制始得顺利进行”。[①] 邹韬奋认为，中国的抗战只是动员了一部分的军事力量，而未充分调动全国整个的民众力量，如果实行民主政治，让“全国人民都以赤诚拥护政府抗战到底，尽量反映民意，结果只是增强政府抗战的力量，也就是增强全国抗战的力量”[②]。胡愈之也撰文指出：“要支持抗战，得到最后胜利，只有一条路，就是民主。”沈钧儒在《新华日报》上题词：“以团结支持抗战，以民主巩固团结，是目前救国的途径。”[③] 陈启天指出，西方民主史上重要的文献如美国的《独立宣言》和法国的《人权宣言》，都是产生于战争时代。因此，中国在抗战时期也应实施民主宪政，并列举出三条理由：“一由于战时需要人民出钱出力，而使人民乐于出钱出力的方法，则莫如实施民主宪政；二由于战时需要人民精诚团结，而使人民易于精诚团结的方法，亦莫如实施民主宪政；三由于战时需要予人民以政治上的希望，而使人民感觉政治有希望的方法，更莫如实施民主宪政。”[④]

总之，只有实行民主政治，才能最大限度地调动人民的抗战积极性，才能实现各党各派的精诚团结，从而确保抗日战争的最后胜利，实现民族的解放和独立，为中华民族的伟大复兴创造必要的前提。这是民主政治对于民族复兴的第一个重大意义。

（二）民族复兴的基础或根本条件是国家的统一，而只有实行民主政治，国家的统一才有实现的可能

民主政治对于民族复兴的第二个重大意义是：民族复兴的基础或根本

① 梁漱溟：《怎样应付当前的大战》，《梁漱溟全集》第5卷，山东人民出版社1992年版，第1033—1034页。

② 邹韬奋：《反映民意与抗战前途》，《韬奋全集》第8卷，上海人民出版社1995年版，第381页。

③ 沙千里：《漫话救国会》，文史资料出版社1983年版，第97页。

④ 陈启天：《民主宪政论》，商务印书馆1944年版，第14—15页。

条件是国家的统一，而只有实行民主政治，国家的统一才有实现的可能。“建人”从民族与国家的关系入手，论证了国家统一对于民族复兴的重要意义。他在《统一国家与复兴民族》一文中指出，民族与国家的关系主要体现在三个方面：第一，民族是构成国家的基本要素，即所谓没有人民即没有国家是也。第二，民族虽是构成国家的基本要素，但国家是民族生存的绝对保障。第三，国家和民族的利害是共通的，一致的。国家之福亦即民族之利，民族之敌亦即国家之害，未有民族受威胁而国家独能安固，亦未有国家受压迫而民族仍能无事者。基于以上三点，我们可以知道统一国家与复兴民族是一件事，没有统一的国家而民族衰亡，没有复兴的民族而国家不统一。民族虽难构成国家，但不必一定构成国家，反之，国家虽由民族所构成，但民族非受国家的力量保障不可。就此而言“我们得到一个结论，就是：要保障民族的独立生存，必须有强固的统一的国家。……我国积弱至今已数十年，其原因虽甚多，然国家不统一实为其主要者……因为国家不统一，致国力不能集中，外侮乃无由抵抗，国家随陷于次殖民地位”。中华民族欲谋求“复兴”，非有统一的国家不可，“统一国家是民族复兴的前提”。[①] 和“建人”不同，杨锦昱的《复兴民族与巩固统一》一文主要是从各项救国工作的轻重缓急着眼，强调了要实现民族复兴就必须先实现国家的统一。文章写道：我们在提出种种民族复兴的建议和方案的时候，“首先须注意到一个前提，就是不在于多开些怎样挽救民族危亡的方案，而在要使每一个方案都有实行的可能，因为方案虽好，假使其事实上不能实行，则终不过是纸上谈兵，到底不能发生效力，究有什么用呢？”在作者看来，中国目前所急需进行的工作，不是振兴教育，开发实业，刷新内政，整顿国防，而是在于完成统一，“换句话说，一切民族复兴的方案，不在完成实质统一之后，则无着手实行的可能”。[②]

国家的统一对于民族复兴是如此的重要，那么怎样才能实现国家的统

---

① 建人：《统一国家与复兴民族》，《现代青年》（北平）第5卷第3期，1936年。

② 杨锦昱：《复兴民族与巩固统一》，《江汉思潮月刊》创刊号，1934年。

一呢？对此，知识界展开了激烈的讨论。蒋廷黻提出了武力统一论。他在《论专制并答胡适之先生》一文中写道：中国要实现统一，而“统一的敌人是二等军阀和附和二等军阀的政客。每逢统一有成功可能的时候，二等军阀就联合起来，假打倒专制的名，来破坏统一”。由于“破坏统一的就是二等军阀，不是人民，统一的问题就成为取消二等军阀的问题。他们既以握兵柄而割据地方，那末，惟独更大的武力能打倒他们”，从而实现国家的统一。[①] 吴景超在总结中国历史发展的规律后也赞同武力统一论，认为“在中国历史上，几乎没有例外，统一是以武力的方式完成的”。因此，中国目前要实现统一，也只能够以武力来完成。[②]

对于蒋廷黻等人提出的武力统一论，参加讨论的大多数人是不赞成的。胡适就明确指出：“武力统一是走不通的”。因为，一方面，中国知识思想界存在着“种种冲突矛盾的社会政治潮流”，这不是武力所能打倒和解决的。另一方面，“中国疆域之大和交通之不便。这都是武力统一的绝大障碍”。[③] 退一万步说，即使武力能够统一国家，但也不能持久。“一个国家的统一，决不能单靠武力一项把持各部分使他们不分崩。国家的统一其实就是那无数维系各部分的相互关系的制度的总和。武力统一之后，若没有那种种维系，统一还是不能保持长久的。”[④]

武力不能统一中国，那什么能够统一中国呢？胡适认为，只有政治才能统一中国。为此，他先后在《独立评论》上发表了《政治统一的途径》和《政治统一的意义》等系列论文，就“政治统一”的有关问题进行了阐述。他指出：“我们要认清，几十年来割据的局势的造成是因为旧日维系统一的种种制度完全崩坏了，而我们至今还没有建立起什么可以替代他们的新制度……今日政治上的许多毛病，都只是制度上不良的结果。”[⑤] 而所

① 蒋廷黻：《论专制并答胡适之先生》，《独立评论》第83号，1933年12月31日。

② 吴景超：《革命与建国》，《独立评论》第84号，1934年1月7日。

③ 胡适：《武力统一论》，《独立评论》第85号，1934年1月14日。

④ 胡适：《政治统一的意义》，《独立评论》第123号，1934年10月21日。

⑤ 胡适：《政治统一的途径》，《独立评论》第86号，1934年1月21日。

谓“政治统一”，就是要建立起能够“维系全国，把中央与地方连贯成一个分解不开”的新制度，从而使中央与各省密切地连贯起来，“使全国各地都感觉在这重重叠叠的关系之中，没有法子分开”。而民主政治下的“国会制度”就“是一个最扼要又最能象征一个全国大连锁的政治统一的制度”。[①]因为“国会制度”的功用，“是建立一个中央与各省交通联贯的中枢，它是统一国家的一个最明显的象征，是全国向心力的起点”。胡适要人们相信，只要我们建立起民主政治下的国会制度，国家的统一是完全可能实现的。首先，华夏文明大一统的民族国家历史为后人奠定了实现统一的灵魂，共同的历史文化、风俗宗教以及语言文字都是促进中国实现统一的向心力。其次，近代兴起的文化机制（如新式教育、期刊、报纸）、交通通讯工具（如铁路、轮船、邮政、电报），也十分有益于民族国家观念以及爱国思想的传播。“今日我们的民族国家的轮廓的统一，是靠那些老的历史关系和这些新的连锁支撑着的”。[②]

胡适提出的“政治统一”的主张，得到了常燕生的支持。他说：“现在所急切要问的是怎样才能完成中国的统一？中国的民族，文化，语言，文字，乃至经济生活，本来都早已是统一的，所以中国的问题就仅仅余下了个政治统一的问题。怎样才能使中国政治统一？这就是我们目前所迫切要问的问题。”[③]和胡适一样，天津《大公报》也认为，武力统一中国不能长久，要真正实现中国的长治久安，只能是政治统一。[④]齐思和同样建议利用现代政治制度来实现国家的统一。他在《两粤事变和中国统一》一文中写道：“现代国家之所以能够达到彻底统一的根本原因，是因为一般人民在思想上大体是一致的（至少大多数是一致的），而他们在思想上的一致是根据物质环境。交通的便利扫除了地方间的隔膜。大规模的生产统一了大家的嗜好。”以美国为例。从前美国因为面积太大，交通不便，各

① 胡适：《政治统一的意义》，《独立评论》第123号，1934年10月21日。

② 胡适：《政治统一的途径》，《独立评论》第86号，1934年1月21日。

③ 常燕生：《建国问题平议》，《独立评论》第88号，1934年2月4日。

④《时局的矛盾性》，天津《大公报》1933年12月7日“社评”。

地方的思想观念很不一样，但自从工业革命以后，交通大大地便利，而交通的便利促进了信息的传播，地方的偏见也就渐渐地消失了，“到了现在，全国人民所看的是同样的电影，所听的是同样的播放，所读的是同样几个风行的报纸，所乘的是同样式的汽车，所用的都是那几个公司的出品，又何怪他们所想的都是同样的问题，所讨论的是同样的事体呢？”因此，他认为目前中国统一的关键，是在大力发展交通的同时，加强各地之间“文化思想上”的“沟通”，如“将内地的出版的书籍、报纸、杂志”，尽量向各地尤其是偏远的地方“介绍”，各大学实行教授交换，“借以交换思想”，“而私人方面多组织旅行团、考察团，观摩彼此的情况，促进正确的了解”，从而为“政治统一”打下良好的基础。①

和胡适等人不同，王造时认为，中国不统一的根本原因是国民党的不统一造成的。他在《国民党怎么办？》一文中指出：六年的训政告诉我们，国民党本身是绝对不能统一的。武有武的地盘，文有文的系统。党内有派，自昔已然，于今尤烈。这是事实，无可讳言。六年的训政，也同时告诉我们，中国在不统一的国民党的专政之下，是绝对不可能统一的。“国民党既不能统一，国民党不统一的专政既使中国也不能统一”，那么，我们要想中国统一，结束分裂的局面，其唯一的方法，就是“结束训政，实行宪政”，让国民有言论自由、出版自由和政治结社自由。②张培均也认为，“唯民主的力量”，方可制裁军阀，“破除割据”，实现国家的统一。他曾游历过四川等地，发现“民主舆论愈薄弱者，军人愈专横；民主舆论愈强毅者，军人愈畏缩”。所以，民主政治的有无，事关国家的统一。③

曾仲鸣主张用和平的方式统一中国，而要和平统一中国，就必须实行民主政治，并从多个方面论述了实行民主政治对于和平统一中国的重要意义。他指出，首先，我们要和平统一中国，必须国中的各民族能够统一，

① 齐思和：《两粤事变和中国统一》，《独立评论》第213号，1936年8月9日。

② 王造时：《国民党怎么办？》，《主张与批评半月刊》第1期，1932年11月1日。

③ 张培均：《内政的出路》，《主张与批评半月刊》第2期，1932年11月15日。

而要国中各民族统一，就只有实行民主政治。因为在民主政治的制度之下，各民族皆处于平等的地位，对于国家所尽的义务，各民族一样的，所享的权利，各民族亦是一样的。各民族既处于平等的地位，自然乐于促成国家的和平统一。其次，我们要和平统一中国，必须国中的政治能够统一，而要国中的政治统一，亦只有实行民主政治。因为民主政治的制度，是最适宜于现今时代的需要，民主政治的目标，是可以满足现今民众的要求的。再次，我们要和平统一中国，必须国中的军政能够统一，而要国中的军政统一，亦只有实行民主政治。因为实行民主政治，则在军事上可以打破以人治军和划分防区的制度。武力既不寄托于个人，则统率武力的个人，则不仅不敢借武力作恶，亦不能借武力以作恶，军队既无划分防区的制度，则军饷取之于国家，由国家规定预算，按期发给，军人便不至于视军队如私产，占防区为地盘。复次，我们要和平统一中国，必须国中的财政能够统一，而要国中的财政统一，亦只有实行民主政治。因为实行民主政治，则要求财政永远公开，人民有监督执政者出纳财政之权，执政者对于财政亦不至有营私行贿之弊，国家财政的收支，从人民的负担而来，为人民的利益而用，人民自乐于缴纳，财政自易于统一。欧美的共和国家，莫不守此制度，所以国家终能和平统一。[①]

民族复兴的基础或前提条件是国家的统一，而要实现国家的统一，就必须实行民主政治，否则，即使国家一时统一了，也不会持久，也终会分裂。这便是胡适、王造时等人主张在中国实行民主政治的重要原因，也是民主政治对于民族复兴的第二个重大意义。

（三）民主政治是创建近代民族国家的基本要素之一，而近代民族国家的创建正是民族复兴的题中应有之义，甚至可以说是民族复兴的最终目的

民主政治对于民族复兴的第三个重大意义是：民主政治是创建近代民

① 曾仲鸣：《和平统一与民主政治》，《中央导报》第8期，1931年。

族国家的基本要素之一，而近代民族国家的创建正是民族复兴的题中应有之义，甚至可以说是民族复兴的最终目的。李立侠在《民族复兴与抗战建国》一文中就明确指出："民族和国家的关系，最初是由国家形成民族，而在近代社会中，都是由民族形成国家。近代英美德法之建国，都是如此。抵御外侮与反抗侵略者的压迫，只是民族复兴阶段中必经的过程，也可以说只是达到民族复兴目的之必要手段，而真正复兴民族的目的，还是建立一个独立生存的民族国家。"①

中华民族的复兴，不是恢复到封建社会的国家形态，而是要采取近代民族国家的国家形态，这可以说是近代以来，尤其是抗战时期中国知识界的主流观点。众所周知，中国开始建立民族国家的过程始于20世纪初的辛亥革命。当时以孙中山为代表的革命派主张"排满"和建立单一的共和制的汉民族国家，而以梁启超为代表的立宪派则主张"合满"和建立包括满族在内的立宪制的多民族国家，双方为此而展开过激烈的论战和斗争，结果是建立一个独立、民主和统一的多民族国家成了革命派和立宪派的基本共识。1912年1月1日中华民国的成立，是中国近代民族国家初步建立的重要标志。②但不久，袁世凯则篡夺了革命果实，中华民国所确立的近代民主制度成了一块有名无实的招牌，广大人民并没有像《中华民国临时约法》所规定的那样实现人人平等，民族压迫和民族歧视的现象依然存在，帝国主义对中华民族的压迫和掠夺依然存在。近代的民族国家并没有在中国真正地建立起来。

辛亥革命失败后，中国人民继续为建立一个近代民族国家而奋斗。孙中山在吸取辛亥革命以及后来的护国战争、护法运动相继失败教训的基础上，借鉴美国的建国经验，于1920年前后提出了建立"大中华民族主义"的民族国家的主张，用他的话说，就是："拿汉族来做个中心，使之（指满、蒙、回、藏等其他民族——引者）同化于我，并且为其他民族加入我

① 李立侠：《民族复兴与抗战建国》，《青年向导周刊》第25期，1938年。

② 郑大华：《辛亥革命与中国近代民族国家的初步建立》，《教学与研究》2011年第10期。

们组织建国底机会。仿美利坚民族底规模，将汉族改为中华民族，组成一个完全底民族国家。"[①] 新成立的中国共产党则于 1922 年第二次全国代表大会上提出了"统一中国本部（包括东三省）为真正共和国"，"蒙古、西藏、回疆三部实行自治，为民主自治邦"，"用自由联邦制，统一中国本部、蒙古、西藏、回疆，建立中华联邦共和国"的建国方案。[②]1924 年国共实现第一次合作，标志着国共实现合作的《中国国民党第一次全国代表大会宣言》提出的建国方案是："于反对帝国主义及军阀之革命获得胜利以后，当组织自由统一的（各民族自由联合的）中华民国。"在中华民国内，"凡真正反对帝国主义之个人及团体，均得享有一切自由及权利"。[③]1928 年国民党推翻北洋军阀统治，建立起自己的政权——南京国民政府后，抛弃了《中国国民党第一次全国代表大会宣言》提出的建国方案，没有去完成孙中山未竟的建立近代民族国家的事业，中国仍然是一个前近代的传统国家。陈独秀就曾指出："中国辛亥革命，也是企图步武欧美，建立一个近代国家；虽然成立了民国，产生了宪法与国会，民族工业也开始萌芽，然以国外及国内巨大的阻力，所谓民主革命任务，并未真实的完成。因此乃有 1925—1927 年的第二次革命和此次抗日战争。"[④]

七七事变后，为了抵抗日本帝国主义的疯狂侵略，拯救民族于危亡之中，国共捐弃前嫌，实现第二次合作，建立起最广泛的抗日民族统一战线。在共产党和其他党派的一再要求下，1938 年 3 月召开的国民党临时全国代表大会，通过了《中国国民党抗战建国纲领》。纲领的"总则"规定："（一）确定三民主义暨总理遗教为一般抗战行动及建国之最高准绳；

① 孙中山：《在中国国民党本部特设驻粤办事处的演说》，《孙中山全集》第5卷，中华书局1985年版，第474页。

② 《中国共产党第二次全国代表大会宣言》，中共中央统战部编《民族问题文献汇编》，中共中央党校出版社1991年版，第18页。

③ 孙中山：《中国国民党第一次全国代表大会宣言》，《孙中山全集》第9卷，中华书局1986年版，第119、120页。

④ 陈独秀：《抗战与建国》，《政论旬刊》第1卷第9期，1938年4月25日。

（二）全国抗战力量应在本党及蒋委员长领导之下，集中全力，奋励前进。”在“总纲”之下，分别就“外交”“军事”“政治”“经济”“民众运动”和“教育”各项提出了“纲领”，以“使全国力量得以集中团结，而实现总动员之效能”。[①]《中国国民党抗战建国纲领》第一次将抗战的意义提升到了建国的高度，即抗战的终极目的，不仅仅是要取得胜利，把日本侵略者赶出中国，而且还要通过抗战，来实现国家的重建和民族复兴。

《中国国民党抗战建国纲领》公布后，知识界围绕抗战建国的有关问题展开了热烈讨论，当然人们的一个基本观点是：抗战的目的是要“建国”或“兴国”，即将中国从一个前近代的传统国家建设成为一个近代的民族国家，从而实现中华民族的伟大复兴。罗宝册在《抗战建国之历史哲学与历史使命》一文中就写道：无可讳言的，我们不能不承认中国不是一个现代的国家，但是，我们却不能亦不敢因为中国不是一个现代的国家，就误认中国不是一个国家。中国不但是一个国家，而且是一个有内容、有潜力、世界上寿命最长而且躯体最大的大国，如果我们避免称他是一个“世界”、一个“东方世界”的话。同样是无可讳言的，我们不能不承认，这个古老的大国，因为感受到历史的和哲学的要求，已由不安于他自己的古老，而趋向蜕变之途，要从中古式的古生活中过渡到现代。“今天，东亚大陆上的弥天烽火和震动的杀声，正是象征着大地慈母已届临产前夜之巨烈阵痛的大时代，一个伟大的中华新国即将向世界宣告诞生。”[②]李立侠的《民族复兴与抗战建国》一文指出：从各国民族复兴史来看，没有一个民族的复兴不是由抗战得来的，比如，德意志民族是经过三十年的奋斗，在赶走了拿破仑的压迫之后而实现复兴的，并且从中世纪的封建束缚之下，把德意志帝国解放出来，建设一个新的德意志国家。目前我们抗战的目的，固然是在于抵御日本帝国主义的侵略，以救国家民族于垂亡，但是我们另外一

① 荣孟源主编《中国国民党历次代表大会及中央全会资料》（下），光明日报出版社1985年版，第485页。

② 罗宝册：《抗战建国之历史哲学与历史使命》，《新认识月刊》第2卷第1期，1940年。

个更大的目的，和德意志民族复兴过程中一样，也是要建立一个新的民族国家。“抵御外侮与反抗侵略者的压迫，只是民族复兴阶段中必经的过程，也可以说只是达到民族复兴目的之必要手段，而真正复兴民族的目的，还是建立一个独立生存的民族国家。”[①] 陶希圣认为，抗战建国有“消极”和“积极”这样两重意义：“在消极方面，我们的抗战是为了维持民族国家的生存。日本侵略我们，使我们民族国家的领土与主权不能够保持完整。于是我们起而抗战。在积极方面，我们的抗战是为了建设现代民族国家。”[②] 冯友兰也再三强调，抗战的最终目的，就是使中国成为一个“现代式底国家”。否则，“则所谓中国，无论它是如何底地大物博，将来会只成为一个地理上底名词；所谓中国人，无论他是如何底聪明优秀，将来会只成一个人种学上底名词；所谓中国文化，无论它是如何底光耀灿烂，将来会只成历史博物馆中底古董。所以，中国非求成为一个现代式底国家不可”。[③]

那么，怎样才能“建国”或“兴国”，即将中国从一个前近代的传统国家建设成为一个近代的民族国家，从而实现中华民族的伟大复兴呢？这是抗战时期知识界讨论的主要问题。李士豪指出，我们“要建设一个现代国家”，必须要“有几个基本的条件”：一是对外求得独立；二是建立一个宪政制度；三是建设重工业；四是农民解放。而在这四个“基本的条件”之中，“对外求得独立，是一个建设现代国家的主要条件”，“民主的宪政制度的确立，又是建设现代国家的各个条件中的中心问题”。因为，在对外未求得独立以前，国内的政治是不会走上轨道的，在帝国主义者与国内军阀官僚，以至于豪绅地主相结托的局面下，不但内乱不会停止，宪政不能建立，就如民国初元的召集议会，实行民治，亦不过是挂了一张民治的招牌，究其内容，还是一个贪污的官僚政治而已。政治不上轨道，帝国主义者经济侵略没有停止，农民生活没有改善，不但重工业无法建设，就是萌芽的轻工业也不能维持。在帝国主义的经济侵略及封建剥削的两重压迫

① 李立侠：《民族复兴与抗战建国》，《青年向导周刊》第25期，1938年。

② 陶希圣：《抗战与建国》，《政论旬刊》第1卷第16期，1938年7月5日。

③ 冯友兰：《抗战的目的与建国的方针》，《当代评论》第2卷第3期，1942年。

之下，要挽救农村经济的衰落是不可能的。农村的崩溃，农民生活的极度贫乏化，反映出农民要求解放的迫切，形成国内政治与社会的动荡不安。就此而言，“对外求得独立，是一个建设现代国家的主要条件”。而要“对外求得独立”，在半殖民地的民族解放斗争中，除了军事上的动员外，更需要的是一个良好的政治制度——民主的宪政制度的确立。[①]陈独秀回顾了“前此五六百年整个民主革命时代”，西方各国从一个前近代的传统国家变成为一个近代的民族国家时所完成的“主要的民主任务”，这就是“民族的国家独立与统一，立宪政治之确立，民族工业之发展，农民解放”。他并强调指出：“在这一时代的各民族，必须完成这些民主任务，才能够摧毁旧的封建经济与政治，开展新的较高的生产力和新的政治制度，以成功所谓近代国家，即多多少少民主制的国家。”他还分析了个中的原因：“为什么要国家独立与统一？因为非脱离国外非民主的压迫和国内的分裂，一切经济政治都不能自由发展。为什么要确立宪法政治？因为非如此不能确定政府的权限，保障人民的权利，使全国人民的智力和道德能够普遍的发展，以增加整个国家的力量。为什么要发展工业？因为非如此不能增高国家物质的力量和提高人民生活与文化，以减杀整个民族文化方面的落后性。为什么要解放农民？因为非如此不能根本摧毁封建的社会势力，繁荣本国工业的国内市场。”既然西方各国是在完成以上这四个“主要的民主任务”后，才从一个前近代的传统国家成为了一个近代的民族国家，那么，中国要想成为一个近代的民族国家，也就必须完成这四个主要的民主任务，“这便是我们建国的整个概念”。[②]

民族建国，要建立的不仅是一个民族独立的国家，更是一个实行民主政治的国家，这可以说是抗战时期知识界的主流要求。胡秋原在《中国革命根本问题》一文中就指出：“中国革命之实际目的，即在求中国之现代化……使中国由一个农业国变为一个工业国家，由一个官僚政治国家变

① 李士豪：《抗战建国与确立民主的宪政制度》，《抗战十日》第2期，1938年。

② 陈独秀：《抗战与建国》，《政论旬刊》第1卷第9期，1938年4月25日。

为一个民主政治国家。”[①] 马寅初撰文强调说：“现在的世界已成了个民主世界，无论任何国家，在战争结束之后必须走向民主的一条路，否则无以保其生存与独立。”[②] 在张澜看来，民主政治，主权在民，人人有独立的人格，人人有共守的宪章，所受之教育，所得之享受，皆期趋于平等，“因为有次列各项优点，所以当前和未来的世界政治，都要以民主政治为最高原则”[③]。陈启天强调：“所谓建国，即是要将中国建设成功一个现代化的国家而已”，而政治民主化正是现代化国家的重要指标之一。[④]

为什么只有实施民主政治“才能使民族走上复兴的大路”呢？因为民主政治是一种先进的政治制度，代表了人类政治文明的发展方向。伍藻池指出，19 世纪下半叶以来，“民主政治的权威，与日俱增，大有所向披靡之势”，其间虽经受了不少曲折和挫败，“然终不能止它向前迈进的洪流”。[⑤] 邹文海详细论述了民主国家的四个优点：第一，“民主国一定是最能保障人民利益，而受人民爱护的”。第二，民主国家像个“大学校”，为国民提供了学习和实践政治知识的条件。第三，“民主政治应当是最合正义的政治”，它以一种中立的立场，赋予各社会团体、阶级以平等的机会。第四，民主国家的“政府已变成服务的机关”，人民有权利监督政府的行动。[⑥] 曾琦具体分析了民主政治在政治思想史上的历史意义，即“以其由人治而趋法治，由专制而趋自由，由黑暗而趋光明，由秘密而趋公开，由少数决而趋多数决，由国家私有而进于国家公有，由决胜疆场而改为决胜

---

① 胡秋原：《中国革命根本问题》，李敏生编《中华心——胡秋原政治·文艺·哲学文选》，社会科学文献出版社1995年版，第18—34页。

② 马寅初：《中国工业化与民主是不可分割的》，《民主与科学》第1卷第1号，1944年12月22日。

③ 张澜：《中国需要真正民主政治》，《张澜文集》，四川教育出版社1991年版，第188页。

④ 陈启天：《中国需要思想家》，《国光》第9期，1938年6月。

⑤ 伍藻池：《民主政治的危机与其将来》，《再生》第3卷第9期，1935年11月15日。

⑥ 邹文海：《选举与代表制度》，《再生》第2卷第5期，1934年2月1日。

议场，实为人类比较合理之政治形态”。[①] 潘光旦指出，“英文所称的‘德谟克拉西’，合而言之，是民主；分而言之，是民有、民享、民治”，其基本内涵包括自由、平等、人民参与政权以及法治等价值理念。[②] 作为教育家，潘光旦还强调了民主与教育的关系，认为：“没有民主的政治与社会环境，自由的教育是做不到的……从教育的立场看，惟有一个真正民主的政治环境，始能孕育真正民主自由或通达的教育，而从政治的立场看，惟有一个真正民主的政治环境，才可以造成一个真正的民主国家，二者实在是互为因果的。”[③] 周谷城在《复兴民族之民主政治论》一文中，以“民族活力”为视角，比较了专制政治与民主政治的不同，从而充分肯定了民主政治的进步性。他指出，专制政治的成功，实为民族活力之失败，“驱人民于政治生活范围之外，为逸民，为流寇；或纳人民于政治生活范围之内，为奴隶，为愚夫，皆非所以发挥民族之活力者”。民族活力之发挥，虽然有赖于生产方法的改进和教育效用的完成，但政治的作用不仅更为“直截”和“深宏”，而且就是生计和教育，也都直接或间接地依据政治为转移。政治能发挥民族活力的，是民主政治。“故就民族活力而言，吾人于此，可以得一分野：一方面为窒息民族活力之专制政治，另一方面为发挥民族活力之民主政治。两者之间，并无可以徘徊回旋之余地。故当今日复兴民族之会，有识之士，以及当局诸公，皆力言民主政治之重要者，盖为此也。”什么是民族活力呢？民族活力就是全民族中各个人之活力的集合体，各个人的活力如果能够得到充分发挥，那么民族活力也就自然地强盛。“专制政治无他长，人民之有活力者，则驱逐于政治生活范围之外，留在政治生活范围之内者，则强其活力萎缩，至等于零。活力萎缩等于零者，奴隶是也。民主政治则不然。首要之图，在尊重国民之人格。……国民而得被人重视为有人格之完人，则其为民族国家效力也，若为自己效力

① 曾琦：《祝三十而立之中华民国》，陈正茂、黄欣周、梅渐浓编《曾琦先生文集》上册，台湾“中央研究院”近代史研究所1993年版，第235、236页。

② 潘光旦：《自由之路》，上海三联书店2008年版，第201页。

③ 潘光旦：《自由之路》，上海三联书店2008年版，第33—38页。

然，能自觉而负责。集自觉而负责之个人，以成民族国家之全体，则其生存之力之大，必远较奴隶似之国民全体为有加。”①

以上是抗战时期知识界关于“民主政治对于民族复兴的重要意义”的认识和讨论。这些认识和讨论在今天读来仍然引人深思，具有强大的说服力，对于我们实现中华民族伟大复兴的中国梦有借鉴意义。

四、历史教育与民族复兴

本节讨论的是抗战时期学术界对于历史教育于民族复兴之意义的认识，至于历史教育如何为抗战服务，或者说历史教育对于抗战的重要意义，因属于另外一个主题，我们将在另一节中予以探讨，本节则不涉及有关内容。同样受所讨论主题的限制，本节也不涉及历史教育究竟应该如何为民族复兴服务的问题。同时，抗战时期中国共产党使用的主要是“民族解放”的话语，而不是“民族复兴”的话语，与此相一致，中共领导人以及党领导下的左翼学者也没有讨论过历史教育与民族复兴的有关问题，甚至很少使用“民族复兴”一词，所以本节没有引用他们的相关论述，这并非是有意“遗漏”，而是找不到这方面的材料。

（一）历史教育对于民族复兴的重要作用

一个国家的历史是这个国家和民族文化的重要载体。清代著名思想家龚自珍就曾指出：“灭人之国，必先去其史；隳人之枋，败人之纲纪，必先去其史；绝人之材，湮塞人之教，必先去其史；夷人之祖宗，必先去其史”②。抗战时期的学术界对于历史于民族和国家的重要意义也有充分的认识。邵元冲在回顾了近代以来东西方列强对弱小国家的侵略和兼并的历史后得出结论：“凡强国之兼并弱小，非但兼并土地人民政治而已，必并其历史与文化摧毁而灭绝之。使其大多数人不知有祖国，不知有历史，不知

---

① 周谷城：《复兴民族之民主政治论》，《宪政月刊》第2号，1944年。

② 龚自珍：《古史钩沉论二》，《龚自珍全集》上册，中华书局1959年版，第23页。

祖先艰难缔造之精神，不知固有文化之美点，然后甲国临其上则可为甲国之奴，乙国据其土则可受乙国之命……故英之并印度，法之并安南，日本之并朝鲜，皆孳孳以消灭印度安南朝鲜之历史文化，以划除其历史之民族性与其反抗之精神。”[①] 姚公书同样在总结了古今中外的历史后写道：“自古以来，灭人国家者，夷人祖宗者，败人纪纲者，湮人才智者，必务去其史，以绝其根本。”秦灭六国，悉焚其史；日亡朝鲜，尽秘其史；印度虽为文化古国，然而因无国史，而无法追念其先化政化，结果是国亡而不能复兴。一个国家和民族的安危兴衰，虽与“时会所趋”有关，但只要其国民自知其种族文化，“不幸而山河改色，然民族精神犹存，运会所至，终必复兴。苟鄙夷其国史，蔑弃其文化，则本性迷失，万劫不复矣！”[②] 朱希祖也一再强调，“国亡而国史不亡，则自有复兴之一日”，中国“民族之所以悠久，国家之所以绵延，全赖国史为之魂魄”。他因而主张开馆修史，“借历史以说明国家之绵延，鼓励民族之复兴”。[③]

正是基于历史于国家和民族之重要性的认识，抗战时期的学术界特别强调历史教育对于民族复兴的重要作用。刘守曾的《历史教育与民族复兴》一文就明确提出：“历史教育是复兴民族的原动力”。因为“历史是记载我们祖先功业和国家民族文化发展之所由来，是整个民族遗产和灵魂之所寄托”，所以，我们不谋中华民族的复兴则已，我们要谋中华民族的复兴，则“非切实推行历史教育不为功”。[④] 与刘守曾的提法相类似，程炎泉认为“历史教育是中华民族复兴的必由之路”。他在《民族复兴与历史教育》一文中写道：我们中华民族有着五千年的文化历史，这是我们最名贵的珍宝，也是我们实现民族复兴“最坚固的堡垒”。在我们历史上，有筚路蓝缕开辟天地的君王，也有学术光芒照耀万代的哲人，有奋不顾身从容就义

① 邵元冲：《民族性之涵义及发挥》，《建国月刊》第9卷第5期，1933年。

② 姚公书：《论历史教育之重要》，《江苏学生》第8卷第3期，1937年。

③ 傅振伦：《朱希祖传略》，晋阳学刊编辑部编《中国现代社会科学家传略》第5辑，山西人民出版社1985年版，第59页。

④ 刘守曾：《历史教育与民族复兴》，《新湖北季刊》第1卷第2期，1941年。

的烈士忠臣，也有马革裹尸为抗敌而血洒沙场的将军，这些都是照耀在我们民族史上的血光，我们应该循着过去的斑斑血迹前进，去复兴我们的民族。[①]李季谷的文章的题目也叫《民族复兴与历史教育》，他在文章中同样强调：自“九一八”以来，民族复兴运动已成为“当今之急务”，而我们“欲实现此项运动，使此项运动发生功效”，其入手之方只能是“历史教育”。他举德国和日本为例：近代德国之勃兴与统一，德国国民多归功于兰盖（Ranke）氏所著之《罗马及日耳曼民族史》。日本明治维新运动之成功，日本人多归功于元禄时代德川光圀等所著之《大日本史》。日俄战争中日本之所以能战胜俄国，中村久三郎所编《新东洋史》功不可没，当时曾有“日本之强盛，由日本之新历史助成之”之论。由德国和日本的例子可见，“历史教育与民族复兴二者固有不可分离之密切关系”，我们要实现中华民族的伟大复兴，也“应从改造历史教育着手，则即应脚踏实地从编著可资民族复兴运动之新历史着手”[②]。姚公书的观点更直截了当：我们不振兴中华民族则已，“欲振兴民族，非史教不能为功”[③]。

历史教育虽然是“复兴民族的原动力”，或“民族复兴的必由之路”，然而当时的历史教育并不能适应民族复兴的需要，发挥其“原动力”或“必由之路”的重要作用。因为在学术界看来，当时的历史教育存在着以下几个问题：

一是学校不重视。在课程设置上，历史与图画手工一样被视为无足轻重而又不得不点缀的课程，“教员视此为无关紧要，学生对此亦就不加注意，不感兴趣。近十年来，初级小学中且无历史之课目”。中学虽然开设有历史课，但“教历史者多非专门人才，往往由其他教员兼任之”，因缺乏一定的历史观和系统的历史知识，他们“只是东抓西撮，叙述些平凡的事迹，讲者常以敷衍了事，听者亦自感味同嚼蜡”。中小学不重视历史教育的后果，从大学入学考试的成绩单中可以看出：1934 年北平某大学的入

① 程炎泉：《民族复兴与历史教育》，《大夏周报》第13卷第7期，1936年。

② 李季谷：《民族复兴与历史教育》，《中国新论》第1卷第2期，1935年。

③ 姚公书：《论历史教育之重要》，《江苏学生》第8卷第3期，1937年。

学考试有“试述《二十四史》之书名及著作姓名”一题，完全答对的不及二十分之一。1935 年某大学的入学考试，有一题要求解释“三代”“六朝”“五代”“五胡乱华”“八王之乱”“淝水之役”“贞观之治”“青苗法”等名词，但答对的不及二分之一。[①]

二是教材不适用。首先，“所有历史教科用书，大都系事实排列，没有一贯的系统，而教授考试的注意所在，又多是时间年代的记忆，于是整个的历史教育遂支离灭裂，失其思想的连贯”[②]。其次，“选材不精，重要史实，多遗漏不书，不重要者反长篇大论，哆嗦叙出，先后次秩，也多颠倒排列，或一事重过二度，或者二事相关，偏为分章错出”[③]。再次，“对于本国史的轻视，及中国史与世界史的隔绝，致世界史上没有中国的地位，形成轻重倒置，反客为主的现象”[④]。

三是没有发挥出历史教育的培养民族意识、发扬民族精神、树立民族自信心的功能，而民族意识的培养、民族精神的弘扬和民族自信心的树立，则是实现民族复兴的必要条件或前提。程炎泉在《民族复兴与历史教育》一文中就指出：我们要实现民族复兴，物质的条件固然重要，精神的条件更不可缺少。“如果我们没有了民族精神，丧失了民族自信力，堕落了民族道德”，那我们的志气仍是颓丧，我们民族的利益将仍要给少数人出卖，我们也不会迎头赶上，继续向前迈进完成我们的物质条件，我们将仍是鼓不起勇气来，把大家团结在一起，驱逐我们的敌人，巩固我们的国防。“所以奋发我们的精神，唤起民族自身尊爱的心理，使中华民族每个份子的内心，都燃起炽热的救亡的火焰”，这是急切需要完成的工作，而完成这种工作的“最好的工具，就是历史教育”。[⑤] 刘守曾在《本国历史

① 李季谷：《民族复兴与历史教育》，《中国新论》第1卷第2期，1935年。

② 华生：《民族复兴与历史教育》，《文化建设》月刊第1卷第9期，1935年6月10日。

③ 李季谷：《民族复兴与历史教育》，《中国新论》第1卷第2期，1935年。

④ 华生：《民族复兴与历史教育》，《文化建设》月刊第1卷第9期，1935年6月10日。

⑤ 程炎泉：《民族复兴与历史教育》，《大夏周报》第13卷第7期，1936年。

教学上的几个基本问题》一文中也再三强调："一个民族的形成，主要的是历史的力量。而民族意识的培养，民族精神的发扬，也只有透过历史教育，才能发生伟大的效力。"①

因此，抗战时期的学术界就如何改进或改革历史教育展开了讨论。李季谷建议，小学课程加入历史一课，从而使受过教育的人"都能明白中国史上忠臣烈士之可风，以唤起及培养全民族之自尊心与自信心"②。刘守曾提出，历史教育应注意以下几点：1. 注重民族固有文化的发扬，以树立民族的自信；2. 注重民族光荣历史的叙述，以提高民族的精神；3. 叙述忠臣义士的史迹，以培养民族的正气；4. 阐明中华民族的统一性，以启发国民对国族爱护的热忱；5. 说明帝国主义者侵略我国的经过与原因，以激发民族同仇敌忾的情绪；6. 阐述三民主义革命的历史背景，以坚定国民的信仰。③卿会认为，历史教学要注重本国历史文化以改造民族性，提倡民族主义以培养学生正当的国家观念，同时要使学生养成不虚伪不夸大专尚实际的历史精神。④顾倪非强调，历史教育要在两方面下功夫：一是说明中华民族的起源与统一，以培养国民的民族意识；二是说明中华民族的伟大与悠久，以恢复民族自信心。⑤康伯提议，我们在编著历史教材时，要以"一切历史都是现代史"为方针，因为历史教育的目的，是"要教人考古以知今，不是要人仅仅知古就算了事的"。所以，我们选择材料，就要以现代眼光为准绳，一切古代的制度文物、风俗礼教、军旅征伐、农工食货，以及平民生活的状况，民族转徙的经过，"凡可以使我们明了今日的中国者，都应忠实地记出；其与今无关之事，纵令它本身极有价值，终是

---

① 刘守曾：《本国历史教学上的几个基本问题》，《新湖北教育》第1卷第2期，1941年。

② 李季谷：《民族复兴与历史教育》，《中国新论》第1卷第2期，1935年。

③ 刘守曾：《历史教育与民族复兴》，《新湖北季刊》第1卷第2期，1941年。

④ 卿会：《改造民族性与发展历史文化教育》，《建国月刊》第9卷第4期，1933年。

⑤ 顾倪非：《历史教育的价值》，《正言教育月刊》第1卷第1期，1941年。

无补实用，概可删去”。[①]华生针对“教材”和“教法”存在“大都系事实排列，没有一贯的系统”的问题，提出了两点改革主张：第一在教材方面，“须有以民族的发展为经，以各种史事为纬的系统整然的历史，打破从前帝王家谱式与皇帝教科书式的编著”；第二在教法方面，要“着重于民族环境，民生情状，而以种种事实为之附丽解说，不当分裂为单独的事实，致失其统一性”。[②]在钱穆看来，历史教育首先应“使其国民认识本国已往历史之真价，而启发其具有文化意味的爱国精神，同时培养其深厚的奋发复兴之想像与抱负”[③]。

就上述讨论的内容来看，虽然涉及历史教育的各个方面，但充分发挥历史教育的培养民族意识、发扬民族精神、树立民族自信心的功能，从而为实现中华民族的复兴提供必不可少的“精神条件”，是抗战时期学术界最为关注和集中讨论的主要问题。

（二）历史教育与民族意识的培养

什么是民族意识？简单地说，就是一个民族所形成的本民族区别于他民族的认同意识。梁启超说过：“何谓民族意识，谓对他而自觉为我。‘彼，日本人；我，中国人’，凡遇一他族而立刻有‘我中国人’之一观念浮于其脑际者，此人即中华民族之一员也。”[④]

中华民族形成虽然很早，但民族意识较为淡薄，借用费孝通先生的话说，古代的中华民族是一个“自在”的民族实体，而不是一个“自觉”的民族实体。进入近代，尤其是中日甲午战争以后，国人在反省中国之所以

① 康伯：《对于普及历史教育的一个建议》，《教育通讯周刊》第2卷第11期，1939年3月18日。

② 华生：《民族复兴与历史教育》，《文化建设》月刊第1卷第9期，1935年6月10日。

③ 钱穆：《历史与教育》，《历史教育》第2期，1937年。

④ 梁启超：《中国历史上民族之研究》，《饮冰室合集》第8册，专集之四十二，中华书局1989年影印版，第1—2页。

衰弱不振、受东西方列强侵略和欺凌的原因时，往往归结于中国人民族意识的淡薄。梁启超在《中国积弱溯源论》一文中写道："中国人脑中之理想，其善而可宝者固不少，其误而当改者亦颇多。欧西、日本有恒言曰：中国人无爱国心。斯言也，吾固不任受焉。而要之吾国民爱国之心，比诸欧西、日本殊觉薄弱焉，此实不能为讳者也。而爱国之心薄弱，实为积弱之最大根源。"他认为中国人"爱国之心薄弱"的根本原因是中国人民族意识的淡薄，自古以来中国人只有天下观念，而没有国家观念和民族意识，"不知国家与天下之差别也"。[①] 孙中山晚年在"三民主义"的演讲中，也批评中国人只有家族意识和宗族意识，而缺少民族意识，"所以虽有四万万人结合成一个中国，实在是一片散沙"，其结果"弄到今日，是世界上最贫弱的国家，处国际中最低下的地位"。[②]

"九一八"事变后的抗战时期，随着民族危机的日益加深，人们对民族意识的淡薄所造成的负面影响也有了更进一步的认识。胡文明指出，中国所以衰弱不振、受人欺凌的"病根"就在于"举国上下，皆缺乏民族意识"。因为"民族意识"的"缺乏"，导致了中国人的"民族思想薄弱"；而"民族思想薄弱"的结果，是中国人的"团结力不坚"，容易"发生两种危险的现象：第一，对外来的侵略，无抵抗自卫的力量；第二，在内部，则有权势者，各为其是，割据一方"。至于"普通一般的民众，对于国家民族的兴亡，更是如秦之视越，毫不感有痛痒的关系"。像这样缺乏民族意识、"不思振作的民族"，就不可避免地会遭到列强的侵略和欺凌，从而面临严重的生存危机。[③] 在炳辉看来，"我国国际地位之所以低落，国民经济之所以贫弱，民族危机之所以加深"，日本帝国主义之所以敢于发动对

---

① 梁启超：《中国积弱溯源论》，《饮冰室合集》第1册，文集之五，中华书局1989年影印版，第14、17页。

② 孙中山：《三民主义·民族主义》，《孙中山全集》第9卷，中华书局1986年版，第188页。

③ 胡文明：《欲挽救今日之危机惟有发扬民族意识》，《汗血周刊》第18期，1933年。

中国的侵略战争，屠杀中国人民，摧残中国文化，“实由于（中国人）民族意识之薄弱，民族精神之不振。一般人民对人群之忠爱，仅局限家族、宗族之内而不知有民族；知识分子则又往往好高骛远，常抱空洞而不切实际的理想，根本不知民族之意义与价值。因此不能集中民族之精神，发挥伟大的力量来抵御帝国主义政治经济的侵略，日陷民族于危险的境地”。[①] 王湘岑把民族意识比作人的血气：“一个人没有血气，就处处会受人欺压。”又比作人的精神：“一个人没有精神，也不过如行尸走肉一样，毫无可贵之价值。”国家也是一样，它之所以能在世界上独立存在，固然有种种的物质条件，但如果大多数国民的民族意识薄弱的话，“一定是势如散沙，团结不易，很容易受强邻的侵凌而不免于危亡”。中国目前之所以面临如此严重的民族危机，根本原因就在于大多数国民民族意识的薄弱。[②]

既然民族意识的淡薄，是中国衰弱不振、受东西方列强侵略和欺凌的重要原因，那么，我们要挽救民族危机，取得抗战的胜利，并最终实现国家富强和民族复兴，当务之急，就在于培养国民的民族意识。李鉴昭的《发扬民族意识与中国复兴》一文写道：“夫‘国于天地，必有与立’，我国家当此绝续之秋，固不能束手无策，坐视不救，有之，必自建树与发扬民族意识不足为功。”[③] 胡文明也明确指出：欲挽救今日国家民族之危机，实现国家富强和民族复兴，“舍发扬民族意识之一着外，别无出路”。其他诸如“发扬武力也，普及教育也，倡明科学也”等一切事业，“与国家民族生存”虽然也有着很密切的关系，但“吾人须知，欲木之茂，必固其本；欲流之远，必浚其源，民族意识之一物，为建立民族国家之基础，亦即为发扬民族之原动力，如本之于木，源之于流然。故吾人挽救民族国家之危亡，须从根本上着手，始不致南辕而北辙也”[④]。金高同样强调，在国家民族危急的现阶

---

① 炳辉：《民族意识与民族复兴》，《先锋》第2期，1939年。

② 王湘岑：《如何唤起民族意识》，《社友通讯》第3卷第12期，1935年。

③ 李鉴昭：《发扬民族意识与中国复兴》，《河南民国日报副刊·史学周刊》第4卷第8期，1934年。

④ 胡文明：《欲挽救今日之危机惟有发扬民族意识》，《汗血周刊》第18期，1933年。

段，我们外察世界各国的大势，内审国家民族的需要，“应该绝对地厉行民族教育，以培育民族意识和国家观念，来奠定民族再生的根基”。[①]

要挽救民族危机，取得抗战的胜利，并最终实现国家富强和民族复兴，就必须大力培养国民的民族意识，这可以说是抗战时期学术界的基本共识。而培养国民的民族意识的最佳方法或唯一方法，便是历史教育。康伯在《对于普及历史教育的一个建议》中就明确指出：“一个民族形成，全是历史的力量。所以，民族意识只有历史教育才可以培养出来。”[②] 李鉴昭认为，“民族意识”的“养成”别无他途，只能“由民族历史之养成之”。我们“不欲复兴我中国、我民族则已，如其欲之”，则非改善和加强历史教育、以培养国民的民族意识不可。否则，“设此不图，而与言民族自决、民族复兴”，那只是“缘木求鱼”“痴人说梦”而已。[③] 更有一些学者把培养国民的民族意识视为历史教育的本质、使命或中心目标。顾倪非提出：“历史教育的本质，就是表达本国民族的由来、变迁与演进，提示民族伟大的事迹，而引起学生强烈的民族意识，激励他们为本国民族的生存与繁荣而努力。”[④] 廖人祥强调：明了过去，以了解现在，预测将来，构成进化之社会观念，这是历史教育的重要任务，然仅有此犹不足以说明历史之教育价值。“历史教育之使命，当以创造民族意识为第一义。”[⑤] 金高则视历史教育为“培育民族意识和国家观念的利器”[⑥]。

抗战时期的中国学术界不仅认识到了历史教育对于培养国民的民族意识的积极意义，而且还就如何改善和发挥历史教育在培养国民的民族意识方面的重要作用提出了种种建议。宋念慈提出，我们在对学生进行历史教

---

① 金高：《现代历史教育的批判》，《教鞭半月刊》第5期，1936年。

② 康伯：《对于普及历史教育的一个建议》，《教育通讯周刊》第2卷第11期，1939年3月18日。

③ 李鉴昭：《发扬民族意识与中国复兴》，《河南民国日报副刊·史学周刊》第4卷第8期，1934年。

④ 顾倪非：《历史教育的价值》，《正言教育月刊》第1卷第1期，1941年。

⑤ 廖人祥：《历史的教育价值》，《行健半月刊》第1卷第12期，1940年。

⑥ 金高：《现代历史教育的批判》，《教鞭半月刊》第5期，1936年。

育时，一是多宣传我国往史中隆盛的事迹；二是多阐述我国往史中文明创造的能力；三是多提示我国往史中国耻的史事；四是多介绍我国往史中民族英雄的事迹。[1]王湘岑建议：第一，历史教育要以民族生死为号召，从而使国民能有根本的觉悟，认识到民族的生死是一切问题的根本，这样才能事事从民族之利害着眼，而不计较个人之荣辱毁誉。第二，教材的取材时代要越近越好，这样才能振聋发聩，充分发挥历史教育的最大效力。“取材于百年来不平等条约史料固然重要，取材于淞沪抗战时之史料更为亲切有效”。第三，从事历史教育者要以身作则，“随时随地能从他的行动上把为国家为社会牺牲的精神表现出来，使学者受人格上的感化，而后逐渐达到最后最高的目标（甘为国死）”。[2]王敬斋强调了“注重近百年史”的重要性。他指出：近百年的中国历史，可以说是帝国主义侵略的纪录，又因我们自己内政的积弊太多，“于是造成悲惨的国耻史”，打开“中国近代史”，其字里行间充满的是“屈辱外交”“割地赔款”一类的内容，我们从事历史教育，就是要“把这些奇耻大辱一件一件地让我们的同胞深切的知道”，从而唤起他们的“民族意识”。他尤其强调“民族意识的唤起”，要从“消极的和积极的两方面”入手。“在消极的方面，应该打破种族的界线；在积极的方面，最重要的是团结民族的精神。”他指出：中华民族是由汉、满、蒙、回、藏、苗等民族构成的，各民族都同样受敌人的压迫，因此在目的上，各民族都一致需要自由解放，争得我们民族的独立。我们现在不要再高呼“驱除鞑虏，恢复中华”的口号了，这个口号表现出来的是一种极窄狭的种族思想，我们现在需要的是全民族的共同努力。我们要认识到中国不是属于汉族或其他某一族的中国，而是属于整个中华民族的中国，中国的历史也不是汉族或其他某一族的历史，而是整个中华民族的历史，“元代的光荣是全民族的光荣，清季的国耻是大家的耻辱，现在又同在帝国主义的宰割之下”，所以我们要团结起来，一致抗敌。这种

---

① 宋念慈：《民族主义的历史教育论》，《浙江省中等教育研究会季刊》第5期，1936年。

② 王湘岑：《如何唤起民族意识》，《社友通讯》第3卷第12期，1935年。

团结一致的精神便是民族意识"最有力的表现"。[①]

和王敬斋一样，当时参与讨论的学者也大多强调了加强中华民族团结、培养整个中华民族而非某一民族的民族意识的重要意义。康伯指出：现在的中华民族，是合满、汉、蒙、回、藏、苗、瑶等族而成的。我们讲历史，万不可提倡狭隘的汉族主义的民族意识，而应提倡包括各个民族在内的整个中华民族的民族意识，使满、蒙、回、藏、苗族的人都自觉他们不特是目前与我们休戚相共，将来同我们共存共荣，就是已往也是早成一家，相依为命，必如此方能各族团结，表示出我们整个中华民族伟大的精神。所以我们对于宋、元、明、清嬗递之际的叙述，应该用英国史学家记诺曼人的态度，切不可视元、清两朝为蹂躏中国的蛮族。这种历史观念，只可用于三十年前发动革命的时期，若今日仍然不改，则不独使满、蒙切齿，且足为日寇张目，不独令回、藏寒心，且足使汉族短气，不利于中华民族的团结和整个中华民族的民族意识的形成。[②]顾倪非强调，历史教育"应说明中华民族的起源与统一"，从而使包括汉族和其他民族在内的所有中国人都知道，"中华民族是整个的，不可分割的。中华民族全体有共同的祖先，共同的血统，共同创造的文化，所以应该相亲相爱，共赴国难"，共同为实现中华民族的复兴而团结、而努力。[③]强调整个中华民族而非某一民族的民族意识，这是抗战时期学术界认识上的一大进步，值得充分肯定。

（三）历史教育与民族精神的发扬

"民族精神"一词最早出现于 18 世纪的德国。当时，由于法兰西文化的大规模涌入，德国知识分子感觉到民族认同和民族自尊受到外来文化的严重挑战，为了捍卫民族尊严，他们于是大力提倡德意志文化，并提出了

---

① 王敬斋：《现阶段的历史教育问题》，《文化与教育旬刊》第118期，1937年。

② 康伯：《对于普及历史教育的一个建议》，《教育通讯周刊》第2卷第11期，1939年3月18日。

③ 顾倪非：《历史教育的价值》，《正言教育月刊》第1卷第1期，1941年。

"民族精神"(Volksgeist)的概念。他们认为，Volksgeist 指的是一个民族的禀赋，它伴随着民族与生俱来，每一民族自身的文化、特性、气质即是 Volksgeist 的体现。[①] 中国最早以"民族精神"为题的文章，是 1903 年发表在留日学生创办的《江苏》杂志第 7、8 期上的《民族精神论》一文。但在清末民初，"民族精神"一词并没有得到广泛使用，人们更多的是受明治维新日本的影响，用"国魂""国粹""国性""立国精神"等来表达"民族精神"的涵义。中国知识界比较多使用"民族精神"一词是在五四时期。1924 年初，孙中山在"三民主义"的系列演讲中，提出了我们"要恢复民族的地位，便先要恢复民族的精神"的思想，第一次将"民族精神"与"民族复兴"联系了起来，认识到"民族精神"对于"民族复兴"的重要意义。[②] 但 1925 年孙中山逝世后，就很少有人再讨论民族精神与民族复兴的问题。

到了"九一八"事变后的抗战时期，随着民族危机的日益加深，民族复兴从清末民初时期的思想发展成为一种具有广泛影响力的社会思潮，民族精神与民族复兴之关系也再次引起了人们的关注和讨论。当时人们的一个基本观点，即认为中华民族的民族精神自清代尤其是鸦片战争以后就逐渐走向了颓败甚至消失了，这也是中国积弱积贫、落后挨打的一个重要原因。署名为"觉群"的作者重点分析了鸦片战争后"帝国主义的压迫"对"中华民族精神消沉"的影响。他指出，"帝国主义的压迫"主要表现在三个方面：一是"天然淘汰力的压迫"。中华民族之所以"常为同化他族的主体，而能遗流繁盛到现在"，除了"高尚的文化"外，一个重要原因就是人口众多，因此那些人口较少的民族尽管有时占领了中国，甚至建立起了自己的政权，但最后都被中华民族所同化，成了中华民族的一分子。然而现在侵略中国的东西方列强，不仅文明程度高，而且人口增长很快，"较

---

① 唐海涛：《近代中国对民族精神的探索》，转引自郑师渠、史革新主编《近代中国民族精神研究读本》，北京师范大学出版社2006年版，第303—304页。

② 郑大华：《中国近代"民族复兴"话语下"中华民族精神"的讨论》，《浙江学刊》2007年第1期。

之百年以前，德增两倍半，俄增四倍，英日三倍，美十倍”，而反观我国，因受天灾人祸的影响，人口增长很慢。二是“政治上的压迫”。自鸦片战争以来，中国被迫与东西方列强签订了一系列不平等条约，主权丧失，领土被分割不少，民族地位一落千丈，已完全沦为“次殖民地”的国家，民族危机日益加重。三是“经济上的压迫”。帝国主义凭借不平等条约给予的优势地位和自身经济上的优势，向中国倾销商品，输出资本，掠夺中国人民的财富，不仅严重阻碍了中国资本主义的发展，而且造成了中国农村经济的破产，中国人民的生活日益贫困化。正是在帝国主义这三方面的压迫之下，一些人产生了“仰慕敬惧外人的心理”，认为中国万事不如人，民族自信力自尊心因而丧失。“最可痛心的，即‘惧外’之不足，更加之以‘媚外’；‘媚外’之不足，又加之以‘恃外’。这样一来，惧外媚外恃外三种心理同时并存，民族精神更丧失净尽了。”[①] 李季谷强调：自古以来中华民族就有一种“不可轻侮之精神”。也正是这种精神，每次受到异族压迫时，必有壮烈的奋斗，每次反抗运动，俱不惜任何牺牲，人人有“志不可屈，身不可降，苟山河而破碎，即不死欲何为”之心。过去的中华民族，确实是不可轻侮的。然而到了现在，这种“不可轻侮之精神”却不见了。“九一八”事变发生后，全国民众虽一时受刺激甚强，高呼收复失地，但时过境迁，渐渐淡忘，姑且不论乡民农民，就是知识阶级亦极健忘，失地未复，国耻未雪，而上下官民，却仍然在那里醉生梦死，今日电影，明日京戏，虽亡国之祸已迫眉睫，大家仍抱着“今朝有酒今朝醉”之态度，忍心坐视漏船之下沉，欲国不亡，其何能得？[②]

自清代尤其是鸦片战争后民族精神逐渐走向颓败甚至消失，导致了中国积弱积贫和落后挨打，以及日本帝国主义对中国的侵略。因此，我们要救亡图存，取得抗战的胜利，并最终实现国家富强和民族复兴，就必须恢复和弘扬中华民族的民族精神。邱楠在《复兴民族与复兴民族精神》一文

① 觉群：《中华民族精神消沉之原因及其恢复之我见》，《警醒半月刊》第2卷第1期，1934年。

② 李季谷：《民族复兴与历史教育》，《中国新论》第1卷第2期，1935年。

中写道：历史上去看，没有一个民族的灭亡不是因为民族精神的衰落，也没有一个民族的复兴不是由于民族精神的振刷。为什么印度会灭亡，为什么德意志经过上次欧战的大失败，现在还能够抬头？也都是由于民族精神的关系。“因为精神是一个民族的灵魂，一个民族的核心。只要核心健全，就会发生很大的抵御力。”我们要实现民族复兴，就必须复兴民族精神。① 在林景尹看来：一个国家文化的构成，是历史长期演进的结果，而非一朝一夕形成的。民族精神之所寄者在此，国家命脉之所托者亦在于此。“故欲求国家复兴，臻于强盛之途，非发扬固有文化，振作民族精神，实不以为功。”② 曹明道《精神国防与历史教育》一文论述了民族精神对于国防建设的重要意义，认为军备只是国防的物质方面，国防的精神要素是同仇敌忾的民族精神。民族精神是推动一切国防的原动力，它比军备更重要一些。③

要挽救危亡，取得抗战的胜利，并最终实现国家富强和民族复兴，就必须恢复和弘扬民族精神。那么用什么方法才能恢复和弘扬民族精神呢？郭斌佳认为，恢复和弘扬民族精神的最好方法，便是历史教育。因为通过学习历史，可以得出三点结论：一是民族而有团结之精神，其国必兴。强敌之侵凌，不足惧也。二是强暴侵略弱国，武力胜利，未必最后胜利，弱国盖有决斗之精神，足以克制一切。三是真正民族之精神，必充分发展，扬眉吐气而后已。“此历史所以教后世者也。”④ 曹明道指出，“历史教育是最能培养民族精神的一种学科”。这无论从理论上还是事实上都可以找到相当的证据。就理论而言，一个民族必须知道自己祖先开拓国运创造文化的精神，必须知道自己文化灿烂光荣崇高伟大的价值，然后才能发生出一种自尊自信的心理，由这种自尊自信心理的激荡，乃产生出一种沛然不可抵御的民族精神。这种民族精神，就是一个民族奋发图强的原动力。从事实来看，德国的统一，日本的强盛，都与这两个国家的历史教育有着非常

① 邱楠：《复兴民族与复兴民族精神》，《华北月刊》第1卷第3期，1934年。
② 林景尹：《发扬固有文化振兴民族精神》，《黄胄周刊》第1期，1937年。
③ 曹明道：《精神国防与历史教育》，《教与学》第1卷第7期，1936年。
④ 郭斌佳：《史光下之民族精神》，《光华大学半月刊》第6期，1933年。

密切的关系。[①]傅荣恩强调：在学校教育中“最足令人启迪爱国思想与激发民族精神的”是历史教育。所以有人说“历史是民族的武器”。这确是一句名言。我们要恢复和弘扬中华民族的民族精神，就非从历史教育入手不可。[②]当然，历史教育不仅仅是学校的教育，同时也包括社会教育或民众教育。时任河南大学文史系史学组主任葛定华，讲座教授胡石青，文史系主任嵇文甫，教授杨筠儒、张邃青、刘盼遂、姜亮夫、李雁晴等人认识到：“欲谋救亡图存，首在复兴民族精神，而复兴民族精神，则以普及历史知识于民众，为最有效力之良方。”他们于是“纠合同志”，发起成立“中华史学社”，并以下列两点努力为鹄的：一是历史知识之普及，即求完善之方法，使历史知识普及于全民。二是历史研究之专精，即考究历史之内容，辨证史实，充实史料，以适当之历史知识供奉于社会。[③]

基于历史教育是恢复和弘扬民族精神的最好方法这一认识，署名为“华”的作者在《历史教育与民族复兴》一文中提出，我们在阐述中华民族的精神时，要着力于三个“举示”：一要“举示”中国历代伟大人物的主要贡献，以证明中华民族的优秀，从而激发起国民的爱国精神；二要“举示”振兴民族的中心人物的惊心动魄之伟业，以兴敬重之念，且鼓励作继起之努力；三要“举示”民族遭难中为国家作牺牲、为民族留正气的民族英雄的忠烈事迹，以激发舍身报国之志气。[④]曹明道认为，一国历史中，外族侵略的史迹，是最能激发民族精神的，也最好作为国防上的教训。而我们历史上这一类的史料则十分丰富，我们只要把这些材料整理好，历史教育在恢复和弘扬民族精神方面的任务便可完成。[⑤]陈训慈的《历史教学与民族精神》一文认为，“以历史教学发挥民族精神，欧美日本各国无不

① 曹明道：《精神国防与历史教育》，《教与学》第1卷第7期，1936年。

② 傅荣恩：《卷首语》，《浙江青年》第3卷第7期，1937年。

③《葛定华胡石青等发起组织中华史学社：“普及历史智识复兴民族”》，《河南大学校刊》1934年10月15日，第2版。

④ 华：《历史教育与民族复兴》，《公言》（北平）第3期，1937年。

⑤ 曹明道：《精神国防与历史教育》，《教与学》第1卷第7期，1936年。

如此。在今日世界局势之下，其必要无可待言”。但中国有中国自己的历史和国情。因此，我们在讲民族精神时应注意以下几点：1. 要讲明中华民族为整个的，尤其要着重说明中华民族的悠久与优越。2. 在表扬先民之忠烈时，勿忘贬斥前代之奸恶。3. 既要颂美救国之实行，同时也要纠责空谈虚骄之士气。4. 表彰任重助成之庸德，要急于褒称卓荦开创之特行。5. 推阐乡土之民族史迹，不背于整个民族精神之发扬。6. 以国史激发民族的自觉，应辅以外国之联络与印证。[①] 王敬斋强调：“历史教学的目的，应该以发扬民族精神为主。”因此，我们在进行历史教学时，一方面，要“鼓吹”民族史上值得后人“景仰仿效”的伟大人物的“嘉言懿行”，从而“激起学生的敬仰心”；另一方面，要“诋毁”民族史上诸如石敬瑭、赵德钧一类“汉奸”出卖国家民族利益的倒行逆施，使学生们知道汉奸是国家民族的罪人。[②]

（四）历史教育与民族自信心的树立

所谓民族自信心，是指一个民族对自己立于世界民族之林的能力及其发展前途的信心。借用《历史教育与民族复兴》一文的话说：“即一种民族自信有能生存的能力之谓。”[③] 中华民族本来是一个自信心很强的民族，然而自 1840 年鸦片战争以后，国人对民族的自信心则逐渐丧失殆尽，这是造成中国积弱积贫、落后挨打的原因之一。华生在《民族复兴与历史教育》一文中指出，中华民族原本是世界上最优秀的民族，有着很强的“民族自信力”，但自晚清以来连年政治经济上的失败，使一般人对于民族的自信力有所动摇，甚至像胡适这样的知识精英也说出了“中国不亡，是无天理”一类的“非常绝望悲观的话”。由于民族自信力的丧失，不少人以为中国的事情要弄好，除非请教外人，形成了一种“外国的月亮都比中国的圆”的洋奴心理。近数十年来，中国之所以人心错综，道德日坠，文化

① 陈训慈：《历史教学与民族精神》，《图书展望》第4期，1936年。

② 王敬斋：《现阶段的历史教育问题》，《文化与教育旬刊》第118期，1937年。

③ 华：《历史教育与民族复兴》，《公言》（北平）第3期，1937年。

堕落，工商不振，国难踵至，民族危机日益加深，其重要原因便是民族自信力的丧失殆尽。[①] 在署名“华”的作者看来，自鸦片战争以来中国对外交涉的屡次失败，使中华民族于不知不觉中失去了原有的自信力，而代以崇拜西洋人的心理，“以中华民族为衰老，以旧有文化为腐旧，辱没自己的光荣，振刷他人的志气”。此种思想深入一般国民尤其是青年人的脑海，是造成“国之不强”的重要原因。[②] 梅力行同样认为，鸦片战争的大炮把中国的民族自尊心理粉碎了，经过这次打击以后，中国人在心理上发生了很大的变化，由昔日视外国为“蛮夷之邦”，一变而为全部“崇拜欧化”，由于心理上的这种转变，“中国人失却了民族的自信力”。其结果，中国也就不可避免地衰败了下去。[③]

鸦片战争后中华民族自信心的丧失，是造成中国积弱积贫、落后挨打的重要原因。因此，要改变这种状况，实现中华民族的伟大复兴，就必须恢复和树立民族的自信心。沈以定将民族自信力视为“复兴民族的三种必要力量”之一：“我们现在要复兴中华民族，第一：就要使我们全国人民的脑海里深深地印下了一个民族的影象，使我们全国国民都具有一种——民族自信的力量——民族的自信力。”[④] 魏冀征在《复兴民族方案刍议》中提出，自信力不仅仅是一切精神的基础，也是一切活动的渊源，无论何种事业，其成功与否，均以自信力的有无为决定。“故中华民族要求复兴，先要大家要有自信力，要是自信力崩溃，民族的命运，就立刻走上末路。”[⑤] 罗健吾强调：一个民族所以能与其他民族争平等，纯靠民族的自信力，如果民族失掉了民族自信力，自己承认是劣等的民族，是不能与人竞争的民

---

① 华生：《民族复兴与历史教育》，《文化建设》月刊第1卷第9期，1935年6月10日。

② 华：《历史教育与民族复兴》，《公言》（北平）第3期，1937年。

③ 梅力行：《如何恢复民族的自信力》，《民力周刊》第1卷第7期，1939年。

④ 沈以定：《复兴民族的三种必要力量——青年应负复兴民族之责》，《浙江青年》第2卷第7期，1936年。

⑤ 魏冀征：《复兴民族方案刍议》，《苏衡》月刊第1卷第6期，1935年。

族，那这个民族的前途，自然亦只是黑暗没有光明了。“所以我们现在要复兴中华民族，非先发展民族自信力不可。”[①] 阿品更是明确指出：“要民族复兴，须先恢复民族的自信力。”[②]

要实现民族复兴，须先恢复和树立民族的自信心，而历史教育则是恢复和树立民族自信心的最佳方法或途径。华生在《民族复兴与历史教育》一文中写道：一个破产没落的家庭，不知力自振作，而徒夸耀其过去的光荣，那当然是无所用的。但是这个家庭中的子弟，连过去的光荣也不知道，只知羡慕他人目前的隆盛，而又不知努力，那么这个家庭的存在，就更加危险了。前者的心理叫妄自夸大，后者的心理叫妄自菲薄，二者固然都是不行的，不过，无论一家还是一国，独立自尊与耻不如人的心理，是不可无的，只有如此，始能鼓励人们自强不息的奋斗精神，而知所努力。历史教育的功用，“就在于教人不要忘记过去，教人要从过去历史的认识，而更奋发上进”。这具有两个方面的意义：“一方面是教人不要忘其所从来；他方面则教人要继承古人，努力振奋，谋民族历史的延续与发展”。就此而言，“我们需要有适当的历史教育，以恢复民族的自信力，是没有比今日最为迫切的了！”[③] 署名“华”的作者也指出，若要恢复和树立国民的民族自信心，“惟有射以历史之强心剂”。因为在历史上有许多事实证明中华民族的伟大，证明中华民族之自信力的伟大，正是这种“伟大之民族自信力，曾几次挽既倒之狂澜”，使国家和民族转危为安，由衰复兴，“苟能发挥之，以挽已往之颓风根据历史上的事实而恢复民族之自信力，亦救国之惟一法门”。[④] 王敬斋认为“民族自信力的恢复与养成，可分为两方面：一方面养成民族自尊的高尚情绪；一方面发扬我们固有的文化”。但无论是养成民族自尊的高尚情绪，还是发扬我们固有的文化，都离不开历

① 罗健吾：《怎样发展民族自信力》，《知行月刊》3月号，1937年。

② 阿品：《恢复民族的自信力》，《青年阵地》第7期，1935年。

③ 华生：《民族复兴与历史教育》，《文化建设》月刊第1卷第9期，1935年6月10日。

④ 华：《历史教育与民族复兴》，《公言》（北平）第3期，1937年。

史教育。因为只有通过历史教育才能使一般国民认识到，中华民族是有着“四五千年的光荣历史”的民族，在“这样长的时间里”，我们的祖先曾创造了“许多伟大的事迹和文化”，这是中华民族的宝贵遗产，“我们不应当全盘接受西洋文化，把自己过去的文化完全不睬”，更不能因此而丧失民族的自尊和自信。[①]

历史教育是恢复和树立民族自信心的最佳方法或途径。而要充分发挥历史教育的功用，就必须对当时存在着种种问题的教材和课程进行改革。华生指出，今日历史教育中存在的一个重大问题，“是课程中对于本国史的轻视”，老师在课堂上讲的所谓历史，实际上都是欧美的历史，举的例证，都是欧美的例证。教学的结果，是学生对欧美的历史文化知道得颇多，谈起来头头是道，如数家珍，而对本国的历史文化反而知之甚少。这不符合历史教育的使命。“历史教育的使命，一方面在使人认识其过去的文化，另一方面则在使人明白本国文化在世界上所占的地位，二者必须同时并进，那才能使人认取其自己所负的责任而对本国及世界文化的创造，知所努力。”故此他要求增加中国历史文化的内容，不仅教材要“力求其中国化”，而且老师上课，“引例举证，苟有本国事实，必须尽先采用”。[②]蔡琏认为民族自信心的恢复和树立，应该从娃娃抓起，加强对儿童的历史教育，“说明中华民族过去之光荣历史，经过渊久艰苦之奋斗，使儿童养成坚韧之自信心，确信中华民族是必能复兴”。他还对“过去教师对于儿童之自尊心大都不加注意”的现象提出了批评：“教师每言及日本儿童时，则必尽量形容其优良，中国儿童是无法追及，粗视之，似乎对儿童施以激励，使其发奋自强，但久而久之，终属不及，则无形中使其儿童失其自尊心矣。”[③]顾倪非建议，要达到恢复和树立民族自信心的目的，历史教师在讲课时应侧重于以下几个方面的内容：一是指出中华民族对世界的贡献；

---

① 王敬斋：《现阶段的历史教育问题》，《文化与教育旬刊》第118期，1937年。

② 华生：《民族复兴与历史教育》，《文化建设》月刊第1卷第9期，1935年6月10日。

③ 蔡琏：《民族复兴与历史教学》，《浙江教育月刊》第1卷第11期，1936年。

二是表扬伟大人物的事功；三是阐扬民族英雄的气节；四是发皇民族固有的道德。[①]名叫“孟真”的作者在文中写道：过去的历史是我们数千年来民族精神和文化的结晶，但现今却很少有人读中国的历史书，无怪乎民族的自信心日趋丧失殆尽。所以要实现民族的复兴，须把过去的一切，用科学的方法重新加以整理和出版，这对于恢复国人对于中华民族的自信心，加深国人对于本国历史的认识是非常必要的。[②]

我们以上讨论了抗战时期学术界对历史教育于民族复兴之意义的认识。实际上，正如笔者在《论抗战时期国人对“中华民族复兴”的认识及其意义》中所指出的那样，民族复兴是一系统工程，涉及政治、经济、文化等各个方面，这各个方面对于实现民族复兴都十分重要，我们不能只强调某一方面，而忽视其他方面，尤其是民族的解放和国家的独立，这是实现民族复兴最基本的前提或条件。我们设想，中华民族如果不能从帝国主义的奴役下解放出来，国家不能获得独立与自由，我们又怎能实现民族复兴？而要实现民族的解放和国家的独立，就离不开政治民主和经济发展。[③]毛泽东就曾指出：“中国缺少的东西固然很多，但是主要的就是少了两件东西：一件是独立，一件是民主。这两件东西少了一件，中国的事情就办不好。”[④]“没有一个独立、自由、民主和统一的中国，不可能发展工业。消灭日本侵略者，这是谋独立。……没有独立、自由、民主和统一，不可能建设真正大规模的工业。没有工业，便没有巩固的国防，便没有人民的福利，便没有国家的富强”[⑤]，更没有民族的复兴。就此而言，抗战时期的

---

① 顾倪非：《历史教育的价值》，《正言教育月刊》第1卷第1期，1941年。

② 孟真：《中国本位的文化建设问题》，《文化建设》月刊第1卷第5期，1935年2月10日。

③ 郑大华：《论抗战时期国人对“中华民族复兴”的认识及其意义》，《民族研究》2016年第3期。

④ 毛泽东：《新民主主义的宪政》，《毛泽东选集》第2卷，人民出版社1991年版，第731页。

⑤ 毛泽东：《论联合政府》，《毛泽东选集》第3卷，人民出版社1991年版，第1080页。

学术界脱离民族的解放和国家的独立，以及政治民主和经济发展，而讨论“历史教育与民族复兴”的关系，视历史教育为“复兴民族的原动力”或“民族复兴的必由之路”，这是对历史教育之作用不适当的夸大。但这只是问题的一方面，问题的另一方面，如果我们考虑到当时具体的历史处境，考虑到参与这一问题讨论的大多是历史教学和历史研究工作者，利用他们自己的专业知识为挽救民族危亡、实现国家富强和民族复兴服务，强调历史教育于民族复兴的重要意义，这可以说是他们自然而然的选择，他们所提出的一些建议对于今天历史教育的改革，尤其是如何充分发挥历史教育之培养民族意识、发扬民族精神、树立民族自信心的功能，为实现中华民族伟大复兴的中国梦提供思想资源和理论支撑，也有其借鉴的意义，值得我们认真研究和总结。

五、民族复兴与历史书写

抗战时期，国民政府对历史教育的重视上升到前所未有的高度。人们对抗战历史前途最为关注，培育民族复兴的历史意识是此时期历史教育的重要目标。1931 年“九一八”事变，举国震动，中日关系及救亡渐成主要社会话语并影响教育界。1932 年中国社会教育社开第一届年会，提出救国教育应为社会教育的精神内涵，“以发扬民族精神，陶铸民族意识”为号召。同年 12 月朱家骅发表《九个月来教育部整理全国教育之说明》详申民族复兴教育之旨，强调：“中国民族复兴必须有待于教育者有二：一为养成国民之民族观念；一为恢复国民之民族自信……”[①] 民族观念和民族自信建立在对民族历史文化认同的基础上，晚清以来尊西崇新的思想潮流被重新审视。1935 年 1 月王新命、何炳松、陶希圣等 10 位教授发表了著名的《中国本位文化建设宣言》，本位文化建设的提出无论是学者们出于文化自觉还是有其官方或政治背景，均表明知识分子对于中国文化建设路径

① 朱家骅：《九个月来教育部整理全国教育之说明》，1932年教育部编印，第1页。

的思考有深刻的救亡意识烙印。

重申中国本位文化，回归历史国情，历史教育起关键作用。1935 年国民党接管正中书局后于当年 7 月创办《教与学》月刊，宣扬教育对国家和社会需要的适应性。该刊对历史教育尤为重视，分别于 1935 年和 1941 年刊出两本专号即历史教学和史地教育专号。包括柳诒徵、顾颉刚、傅斯年、李季谷、郑鹤声、马宗荣、陈训慈、吕思勉、金兆梓、刘真如、罗香林、梁园东、吴绳海、陆殿扬、黎东方、郑师许、苏雪林、江应澄等史地专家撰文专谈历史或史地教育问题。编刊历史教学专号意在提高民族的自尊自信心以激发民族精神，后者是民族奋发图强的原动力。

1937 年全面抗战爆发后，蒋介石国民政府将历史教育视为抗战建国过程中统一思想和凝聚抗战力量的重要途径。1938 年 3 月国民党临时全国代表会议通过陈果夫等关于确定文化建设原则纲领提案，确立文化工作的总目标为以民族国家为本位的三民主义文化建设。文化建设的原则为：建设中华民族新文化；以文化力量，发扬民族精神，恢复民族自信，加强全国民众之精神国防，以达民族复兴之目的等。[①] 同时，国民政府颁布的抗战建国纲领有改编教材的规定，重视战时教育的“适用作用”。教育部成立教科用书编辑委员会，指出历史地理须注重本国部分，外国史地可酌量减少，历史教学须于本国史上过去之光荣、抗战民族英雄及甲午以来日本侵略中国之史实等项特别注重。[②] 同年 8 月，蒋介石在中央训练团第一期毕业生的毕业典礼上说道：“我们要教一般学生，有爱国的精神，要激发他们爱国的思想，最重要的科目和教材就是历史与地理。历史是记载我们祖先的功烈和国家民族文化发达之所由来，地理是说明我们国家在世界上的地位和我国民族栖息之所在。”史地教育被赋予“革命建国教育的中心科目”之地位。激发复兴民族的历史意识是抗战建国历史教育的重要使命。

---

① 《国民党临时全国代表会议通过陈果夫等关于确定文化建设原则纲领的提案》，中国第二历史档案馆编《中华民国史档案资料汇编》第五辑第二编文化（一），江苏古籍出版社1994年版，第1—3页。

② 《教部编辑战时补充教材近况》，《申报》1939年9月15日。

抗战进入战略相持阶段，1940 年 3 月汪伪政权建立，民族精神教育和民族国家观念的传播刻不容缓。教育部制定的《教育计划与国防计划之联系方案大纲》将教育与国防紧密联系，要求各个层次和水平的教育应对时势需要作适当调整。该方案规定高等教育宜添授国防教材如中文科添授近百年外交史之研究。中等教育须重视精神训练，“历史教学须于本国史上过去之光荣抗战民族英雄及抗战建国之国策特别注重”。小学社会科宜注重历史部分，“注重日本帝国主义侵略史实、中国民族复兴运动史实、中国历史教训、失地及国防经济地理等”。并强调用各种方式和媒介进行社会教育，如利用通俗演讲、书册、壁报、电影、播音等工具深化国家民族意识。[①] 以民众民族国家意识辅助政府肃清反动和汉奸力量，推动抗战建国之业。

综上可见，抗战时期历史教育侧重如下内容：阐扬本国史过去之光荣、注重近百年帝国主义侵华尤其是日本侵略史实和传播民族独立复兴运动史。其共同的落脚点在激发国人复兴民族的历史意识。关于抗战时期的历史教育，学者们已有关注[②]，或发掘民族主义对抗战时期历史教育的多方面影响，或对抗战时期史学家群体的历史书写有较多关注[③]。但缺乏从历史书写与历史教育相联系的角度来观照抗战时期“历史”、教育与抗战建国的关系，因此本节围绕抗战时期民族复兴意识与历史教育互动关系考察此时期历史书写的特征。需要说明的是笔者所指的“历史教育”并非单纯的学校历史教育，也包含社会教育层面的“历史教育”在内。文本的“历

① 《教育部制定的教育计划与国防计划之联系方案大纲》，中国第二历史档案馆编《中华民国史档案资料汇编》第五辑第二编教育（一），江苏古籍出版社1997年版，第125—132页。

② 如左玉河的文章《民族化与世界化：战时历史教育的两种趋向》（《抗日战争研究》2015年第3期）对于抗战时期民族主义的历史教育有详细阐述；郑大华的文章《历史教育与民族复兴：抗战时期学术界对历史教育于民族复兴之意义的认识》（《史学理论研究》2017年第3期）论述了抗战时期学术界对于历史教育于民族复兴意义的认识和相关问题。

③ 如田亮的《抗战时期史学研究》，人民出版社2005年版。

史”实际是一种不可避免地与时代主题相勾连的“话语建构”，具有“宣传”和“教育”的意涵，而就当时来说国民政府在全国国民教育领域占绝对的主导地位，因此主要考察国民政府为主体的“历史教育”问题。为加强思想控制、凝聚力量，国民政府提倡的民族复兴的意识形态影响到历史教育的方方面面如课程标准、教科书编写和审查、社会历史教育的引导。

（一）阐扬“国荣”：振作民族自信

抗战时期历史教育注重本国史教学，这是民族主义影响于史学研究和历史教育的必然结果。民族复兴所隐含的前提是民族在历史上是光荣和强盛的，因此国史教学重在阐扬历史上之“国荣”。

这一时期中小学课程标准突出民族古代光荣史绩的教学，以发扬民族精神、激发国人民族复兴思想。1936 年 7 月教育部颁布小学高年级社会（包括公民、历史、地理三部分）课程标准，其中历史部分规定讲述“历代有关民族光荣的重要人物和伟大事功”[①]。初中阶段的历史教育“研求中国民族之演进，特别说明其历史上之光荣，及近代所受列强侵略之经过与其原因，以激发学生民族复兴之思想”，“叙述中国文化演进之概况，特别说明其对于世界文化之贡献，使学生明了先民伟大之事迹，以养成其高尚之志趣，与自强不息之精神”。[②]金兆梓发表对历史教学的意见时认为小学社会科及初高级中学历史课程标准规定的教育目标，主要在唤起民族自觉、阐发三民主义的历史的根据、明了本国外国古今文化的演进以策进国民在文化上的努力，而其中心思想是“民族复兴思想的培养，换句话说便是激发民族精神，这原和欧洲十九世纪时学校里历史一课所负的使命差不多”[③]。

历史教科书的编纂以“民族”为叙事主体，宣扬民族光荣、民族伟业、

① 郑鹤声：《我国各级学校历史课程及其教育之沿革》，《教与学》第11期，1941年。

② 吴自强：《历史教育的重要与中学历史教学法的检讨》，《江西教育》第23期，1936年。

③ 金兆梓：《历史教学的我见》，《教与学》第4期，1935年。

民族对世界的贡献。黄人济、朱翊新等所编著的《初中本国史》开篇即有一节讲述“中国民族过去的光荣”，内容分为：“中国民族的伟大”讲述中国各民族在历史上的交往互动，指出“到现在，合汉、满、蒙、回、藏、苗等各民族，合成中国民族”；“民族的组织”即介绍中国民族的家族和宗族团体；“固有的道德”即强调忠孝仁义的传统道德；“固有的智识”即推崇儒家哲学；“固有的能力”则讲述古代中国人的发明创造；最后其在“前途的预测”一目中总结道：“在过去的中国民族史上，都是万分光荣的事实。虽然一入近代，中国民族历受帝国主义的压迫，民族的自信力有些动摇，好能力只要把他发扬光大，再参加了别的民族的好榜样，那么未来的中国民族，不但永永保持着过去的光荣，且将成为世界上最优秀的民族。”① 作者对中国固有文化、固有道德等的推崇溢于言表，认为发挥民族固有能力复兴民族指日可期。金兆梓也强调民族光荣史迹是激发民族复兴意识的重要教材。他编的《新编高中本国史》“对于民族复兴有关的教材，例如我国民族之何由强盛，何由衰落，强盛时在世界文化上所占的地位，衰落时如何保持其固有文化以同化新兴民族等等，均不厌求详，期有以唤起民族精神，使知我民族在世界文化上地位之重要”②。

历史英雄人物也是激发民族复兴意识的重要素材。陈训慈指出，历史教学让国人“了解民族演进，发扬民族光荣，激发民族精神，以促成民族复兴为准则”，其中“有关民族兴衰的名人事迹，实是最具体最有用的教材”，如举示中国历代伟大人物的重要贡献，以证明中国民族的优越；举示振兴民族的中心人物以与敬爱之念与继起的努力；举示民族遭难中之忠烈事迹以激发舍身报国的志气；还可以表彰本乡之先烈名贤以引起深切观感。③

上述可见，国民政府重视对中国历史文化作正面宣传，以强化国民的

---

① 黄人济、朱翊新、陆并谦编著《初中本国史》第1册，世界书局1930年版，第6—9页。

② 金兆梓：《新编高中本国史》，中华书局1937年版，第2页。

③ 陈训慈：《民族名人传记与历史教学》，正中书局1936年版，第2、8页。

民族国家认同。李衍隆在《中央日报》撰文批判有些教科书“人云亦云”：“人家说中华民族的历史不过二千年，他也跟着说二千年，人家否认黄帝尧舜及夏禹的存在，他也随之而否认其存在，殊不知，历史教育之使命，除授学生以历史的知识外，尤应于民族优点处伟大处，尽量宣扬与尽量烘托，使之在教本多占一些成分，所以编著教本时，对于材料之选择实在极须慎重。”① 阐扬“国荣”的历史教育有利于提高国人的自尊自信心，而其最根本的目的在激发国人复兴民族的历史意识和信念。当然，将现实问题的解决乞灵于固有文化和道德，虽然有振作国民自信的作用，但也明显透露出一种文化优越意识。

国民政府还通过图书审查制度传达和强化上述历史编纂思想，如强调抗战时期的“民族”叙事须建立在宣扬民族起源“本土说”的基础上，在官方看来这是筑牢民族历史文化自信心的基础。东方人种和文化西来说的观点曾一度盛行于20世纪初的本国史教科书中。如赵玉森在1923年的《新著本国史》中即说道：“中国人种的起源相传起自西方亚细亚，从西方亚细亚东来……散布在黄河流域。”②1924年顾颉刚、王钟麟编辑，胡适校订的《现代初中教科书·本国史》中也列举了在当时“比较有力的”东来说和西来说，其中关于西来说，“主张此说的是欧洲的学者拉克伯里。他以华族的祖国便是古代的巴比伦”，编者指出“西来说较为近情，然而也不能必验”③。“九一八”事变后，国民政府开始在意识形态领域形塑包含政治意义的中华民族概念，并逐渐表现于教科书中。李云坡撰《本国史》即“以为中华民族是整个的，不可分拆的，而特别注重其混合同化的史迹”。他对于中华民族的来源尤其是汉族来源的外来说表示反对，揭露日本、德国学者所主张的“东来说”和“西来说”，无非是视“汉族来源，全与他们

① 李衍隆：《中等学校历史教育问题》，《中央日报》1940年5月8日。

② 赵玉森：《新著本国史》上册，李石岑、陈铎校订，商务印书馆1923年版，第3页。

③ 顾颉刚、王钟麟：《现代初中教科书·本国史》上册，胡适校订，商务印书馆1924年版，第11页。

自己的本国相近”。“此等外来诸说的动机，全在东西洋学者‘抬高自己民族的历史地位，攘夺他种民族文化’的一种卑鄙心理”。①

1939 年 6 月教科书审委姜季辛详审了当时的中学历史教科书，批评当时教科书中“民族起源，谬论未除”“民族界限，划分过严”。他重申教科书中关于中华民族的起源须采用本土说。他批判有些教科书于中华民族的起源依然含糊其辞，如吕思勉、余逊用“异说纷纭”“莫衷一是只有存疑”等含糊表述，而赵心人的初中外国史仍旧主张“西来说”。姜氏认为此“不仅使国人不能明了祖先的来源，而且间接足以动摇国民对于‘保卫领土、爱护祖国’的决心”。②

对于中华民族的起源问题，20 世纪初的教科书根据当时考古发现，一般以存疑态度罗列多种说法，这在学术上无可非议。但是在教科书审委会看来却是一种故意含糊其辞、不分是非的行为。这表现出历史学者的客观主义和教育当局价值取向的不一致之处。抗战的现实需要挤压着客观主义历史叙述的空间。

姜氏还强调教科书应侧重书写中国上古文化之灿烂以彰显民族创造能力，激发民族自豪感和自信心。他指出所审的高中本国史教科书存在一个通病：“对于我国上古文化的叙述，都极简略、无条理，甚至关于历数乐律、医药等方面的发明创造，多未提及。而‘对春秋战国时诸子百家的哲学思想记述颇详，于当时工艺医术的发达却一字不提’……”因此他指出本国史教科书中“上古文化”的内容应重点介绍先民的发明创造以证明中华民族能力之优越。相比于印度、埃及等文明古国，惟有中国保持了连续

① 李云坡：《本国史》上卷，北平文化学社1932年版，第4—5页。

② 《教科书审委姜季辛谈中学历史教科书缺点》，《申报》1939年6月10日。姜季辛详审的教科书有吕思勉编高中本国史（商务）、赵心人编初中外国史（世界）、陈祖源编初级中学外国史（正中）、余逊编高中本国史（世界）、李季谷编初中外国史（世界）等；并略审了金兆梓之高中本国史（中华）、耿淡如和王宗武合编的高中外国史（正中）、何炳松编的高中外国史（商务）、李清悚和蒋恭晟合编的初中本国史（大东）。

不断的文明传系。中国人历史观念最强，也更重视历史编纂，悠久的历史和重史、写史的传统记录了中国古文化的灿烂。“宣扬先民在文化上的功绩，足以增强今人的民族意识、激发今人的爱国精神，所以一些进化甚迟、绝无古代文化可言的国家，不惜杜撰历史，妄称其祖先在文化上有何成就，借以激励其人民。”① 中国更应充分发挥悠久历史文化的作用。

姜氏还要求历史教科书应增加关于历史上中国对世界的贡献和影响力的内容。现有历史教科书叙述我国文化对外国影响“只略述三大发明（五大发明）的西传及日人于隋唐时代曾来华留学。至于我国学术思想在他国历史演进中的地位如何、日本明治维新所受我国之厚惠如何，尚目不见提及”。他指出，日本以及东亚其他民族的典章制度、语言、文字、学术、技艺、姓氏、衣冠以及生活习惯十之八九都是摹仿我国。传统中国对世界的影响力“无论本国史或外国史教科书中均应明白叙出”。姜氏在审阅教科书意见中提出：教科书应突出中华文化在世界上的地位和对于其他国家的影响。②

强调民族起源的本土说，宣传历史上中国的发明创造和对于世界的贡献和影响力，反映出国民政府通过教科书的审查所传达的历史教学要求。民族成为描述国家历史文化的主体。在线性叙事的历史时间中“民族似乎成了自然的、永恒的”③。中华民族内部地区的矛盾和差异性被淡化，并被高度整合和同一化。实现整合和维持同一性是通过建构“民族”即“中华民族”来实现的。“中华民族”成为最具灵活性和凝聚力的政治和文化单位。“民族”被人格化，“中华民族这位老英雄五千年可歌可泣的奋斗史，便是光荣伟大的保证”④。民族的光荣与苦难类同于个人境遇的高潮和低谷。

①《教科书审委姜季辛谈中学历史教科书缺点》，《申报》1939年6月10日。

②《教科书审委姜季辛谈中学历史教科书缺点》，《申报》1939年6月10日。

③ Stefan Tanaka：《东亚：时间与历史的界定》，复旦大学文史研究院编《民族认同与历史意识：审视近现代日本与中国的历史学与现代性》，中华书局2013年版，第12页。

④ 苏雪林：《中国通史和抗战史的编著》，《教与学》第11期，1941年。

民族面对困难，只有自强自信才能重新走向光荣，实现复兴。

讲述“民族演进”的历史教育，虽然对于历史演进轨迹描述丰富多样，但总的来说都有一个“元叙事”：古代中国对世界的贡献与近世中国的耻辱，呈现出落差，但历史上的光荣与英雄辈出表现出民族的巨大潜力，证明中华民族复兴远景可期。这一时期历史教科书成为民族形成和文化演进的缩影①，其所体现的历史教育思想是宣扬民族伟人、伟业，证明历史上中华民族之优越。我国历史中隆盛的事迹、古代中国文明创造的能力、历代王朝对于边疆之远略与拓展等历史事实“足征我中华民族能力的优越，至少不亚于欧西各国，当可激发我们底自信心和自身对国家对民族应有的努力”②。民族光荣史迹是民族自信的来源，对光荣历史的认同即是对民族能力的认同，有利于激发国人复兴民族的意识。

（二）纪念“国耻”：唤醒国人抗争

抗战时期本国史书写侧重伟人、伟业的光荣史迹证明中华民族的创造力和伟大潜力，以正面激励和鼓舞抗战精神。同时，时人还注重通过“国耻史”的书写和教育，警醒和鞭策国人，通过这种创伤教育来激发国人雪耻救国、复兴民族的斗志。

1915 年日本向中国提出“二十一条”以后，国耻成为中国重要的社会记忆。旧耻未雪，国难日重，“新仇替旧恨”亦因事过境迁亦渐冷淡。“九一八”事变后，国耻话语再次流行。民族复兴的意识形态渗透到国耻教学中。

国耻教育由于其特殊性得到国民政府的特别关注。“九一八”事变和“一·二八”事变发生时，反日言论四起，国民政府通过教科图书的审定，对“过激言论”进行改删。国难日趋严重，中小学教科书（尤其国文、史地等教本）涉及外事之记载与言论的内容“遂成极端繁难问题”。国民政

① 许冠三：《新史学九十年》，岳麓书社2003年版，第241页。

② 宋念慈：《民族主义的历史教育论》，《浙江省中等教育研究会季刊》第5期，1936年。

府教育部多次召集专家，“认为爱国思想之扶植，民族意识之培养，当侧重积极方法，不宜倾向于国际仇怨之鼓吹”，并密令国立编译馆以后审查中小学教科书，“对于国耻教材应注意正确事实之叙述，与健全的民族意识之培养，勿使有不翔实之记载，谩骂之字句，或单纯的鼓煽仇恨之言辞”，同时也表示“教科书中真实的史迹之记述，与夫三民主义之阐明，自无可非议”[①]。在形式上，国民政府规定各书局所出的外交、国耻史著作，须送呈教育部审核。国民政府虽通过图书审查抑制过激排日言论，但却主张进行必要的基于历史事实的国耻教育。

国耻史的教育是国耻教育的题中之义。1933 年 5 月 9 日《申报》刊出的中华书局“毋忘国耻，人人应读下列诸书”的书籍广告提供了时人“国耻史”的内容观。这些书择要有：“国耻史”“中国丧地史”“三国干涉还辽秘闻”“东北条约研究”“日本人之支那问题”“近代中日关系略史”“中俄关系略史”“中英关系略史”“领事裁判权与中国”“外国在华经济侵略”等等[②]。这反映出国耻的主题包含中外关系、主权丧失、中外战争、不平等条约等内容。抗战时期各类国耻、国难史的宣传和教育，基本以鸦片战争以来中外交往中所签订的不平等条约、丧失的领土主权、列强侵华战争、各种外交失败和惨案为主线，用“丧失”“不平等”“失败”“惨案”等主题将历史知识序列化而呈现“国耻”。

从内容上来看，国耻教育实施以历史事实为纲，尤其与近代中外关系史、外交史保持高度一致性。沈鉴、王栻均系蒋廷黻门人，他们因听蒋廷黻讲述中国近代外交史，对外交事件的演变发生兴趣，发觉“外交上的耻辱，如果只供埋首于文卷中的人研究，而不能将这种知识普及于全国国民，其意义是十分不够的”。因此他们着手“依据最可靠的材料，写成大

---

① 《教育部关于我国中小学教科图书编审情形节略》，中国第二历史档案馆编《中华民国史档案资料汇编》第五辑第一编教育（一），江苏古籍出版社1994年版，第95—96页。

②《毋忘国耻（广告）》，《申报》1933年5月9日。

家能读喜读的书”即《国耻史讲话》一书[①]。顾颉刚评价此书：“一本其师说，虽内容不无矛盾与不一贯之处，但用极活泼的语体文叙述，搜集史实又极为正确，在近代史著作中尚为创作。”[②]可见在学人看来，国耻史和近代史在某种意义上是等同的。

在实践上，抗战时期的国耻教育进入学校和社会教育系统成为组织化行为。时人主张各级学校皆须重视国耻教育，学校一切布置、训育、管理各项亦皆以国耻为背景。对于学校教科书如历史、地理、党义、公民、国文等宜多用国耻材料，使学生对于国耻有深刻印象并产生同仇敌忾的决心，起而雪耻图强。国耻教育形式丰富多样，注重呈现国耻史实的环境布置，有标语、图表、书画照片、条文等。其教学并不限于学校和课堂，还包括诸多活动事项：如举行国耻纪念仪式、举行雪耻演讲辩论比赛、组织雪耻救国宣传队在农村宣传、劝用国货、出版国耻史料特刊等。[③]各种国耻挂图成为各类社会教育机构的基本配置，由何公超、戈湘凤绘编的关于日本侵略的国耻挂图，其广告语写道：“本挂图将日本侵略我国之史实，自马关条约以迄最近强占东北，组织伪满洲国，按照历史顺序编成，现因国难日亟，为唤起同胞起见，举行特价，普赠送样张……”这些特价优惠主要服务对象是学校、图书馆、民众教育机关、民众团体等。[④]可见国耻教育受众范围广，深入学校教育和社会教育系统。

历史教科书亦于国耻问题特别注意。国耻叙述往往伴随着民族复兴运动的阐述，以突出国人的革命抗争意义。如 1933 年商务印书馆出版的《复兴历史教科书》第 4 册即以“国耻和民族复兴运动史”为主线[⑤]。

---

① 沈鉴、王栻：《国耻史讲话》，独立出版社1940年版，第1页。

② 顾颉刚：《当代中国史学》，上海古籍出版社2002年版，第80页。

③ 龚理天：《五月国耻纪念中心教学实施纲要》，《江西地方教育》第114期，1938年。

④《国耻挂图（广告）》，《申报》1932年12月1日。

⑤ 徐映川、王云五：《复兴历史教科书·编辑大意》第4册，商务印书馆1933年版，第1页。

国耻史教育反映出国人对待历史创伤的态度，其通过陈述历史上的国家耻辱，来激发国人同仇敌忾的斗志和复兴民族的意识。但以国家民族之“耻辱”为主题，是否能达到预期效果时人意见不一。宋念慈指出历史教育要加强国耻教学，“提示吾国往史中国耻的史事，中国近百年多屈服于外族之史事，城下之盟，割地赔款者不一而足；即近代而上，我中华民族受异族欺凌的时机亦不为少，如辽金入寇，而元清两代，且以异族入主中国，此种史实吾人不必讳言”[①]。国耻教材本意是想拿“痛定思痛”的情感作用来刺激儿童和青年，使他们受刺激而奋发，企图借此达到激发民族精神的目的。金兆梓认为这“用心良苦，而在学校教育上也确能收一时之效”，但容易使学生易渐产生麻木感。不能将此“当家常便饭来受用”而应留着“到有实际行动时做兴奋剂”[②]。

编辑国耻史的目的是服务于现实需要，通过明确敌我，激发国人爱国心和抗战斗志。1931年广东省教育厅厅长金曾澄强调“纪念国耻为党国唤起民众之一种重要工作”。他在给梁心所著《国耻史要》写的序言中指出：“古代所谓的国仇国耻，多以君统为重心，是为狭义的爱国，近代以民族为重心则意义更为广泛，而收效亦较弘大。”[③]梁心在此书“凡例”中坦言“本书欲引起国民之爱国心，故其中措辞不无有偏激之点，自知微失史体正裁”，又称此偏激是爱国的读者所能谅解的。[④]国仇国耻的社会记忆植入民众内心会激发民众爱国情感。蒋恭晟编著《国耻史》意在“应国事情势之需要，详述明清以来我国受外人逼迫之真相，及其现在危迫之情状；俾国人明了之，而谋挽救之方法”。他却认为编辑国耻史的目的虽在促进读者的爱国心，“但措辞仍力避偏激”，以中外交往事件为纲要，在记述法上“依纪事本末体裁”据事列章而不分编篇章节，尽量采用确实的史料以免

① 宋念慈：《民族主义的历史教育论》，《浙江省中等教育研究会季刊》第5期，1936年。

② 金兆梓：《历史教学的我见》，《教与学》第4期，1935年。

③ 梁心：《国耻史要·广东教育厅厅长金序》，日新舆地学社1931年版，第1页。

④ 梁心：《国耻史要·广东教育厅厅长金序》，日新舆地学社1931年版，第1页。

陷于诬谬。[①]国耻史的编辑在体裁、内容和叙事上都表现出特殊性。虽然著作者力求客观，但以“国耻”先有之框架来组织历史事件，难免会跟历史真实有一定出入。

国耻纪念的最终意义在雪耻复兴。国耻史教学中，情感的运用和渲染是重要手段。“我们纪念国耻，抚摩过去的创痕，回忆昔前的羞辱，于惭愧之中感着万分悲愤。我以为纪念国耻要抱定一种雪耻的决心，以坚定立志自强的信念”[②]，羞辱、悲愤的情感蔓延并得到升华激发出“雪耻”信念。在国耻叙述中历史与现实紧密相连。一方面，国耻史作为历史的一部分代表着民族或国家屈辱的一面，通过铭记历史以吸取教训；另一方面，国耻的施加者成为遭受国耻的一方的“敌人”，“敌人”形象通过中国所遭受的侵略、惨案、不平等条约等凸显出来。国耻灰暗、惨痛的记忆被强调并激发国人敌忾同仇、复兴民族之心理，其唤醒民众起来做雪耻的实际工作如重视体育、使用国货等。

用历史知识所建构起来的“国耻”反映出知识与政治、时势的关系，即知识中“社会性来源”因素作用突出。鸦片战争、《南京条约》的签订、甲午中日战争等历史内容在学科建制上似可被划分入中西交往史、外交史的范畴。但冠以“国耻史”“国难史”等具有明显政治诉求的名称，使得这些历史事件被序列化、被激活。正如利奥塔尔所阐述的知识的一种存在方式：知识的终极合法性是为实践主体所追求的目标服务。知识不能在自身找到有效性，“它的有效性不在一个通过实现自己的认识可能性来获得发展的主体中，而在一个实践主体中，这个实践主体就是人类”[③]。国人对近代中外关系史进行组织管理并构建“国耻史”，在用以形成民族国家认同过程中抵御强暴的内容陈述获得合法性。

---

① 蒋恭晟编著《国耻史·凡例》，中华书局1931年版，第1页。

② 孙苇侯：《国耻与教育》，《浙江教育行政周刊》第36期，1931年。

③ 利奥塔尔：《后现代状态：关于知识的报告》，车槿山译，生活·读书·新知三联书店1997年版，第73页。

（三）树立“榜样”：明确复兴之途

抗战时期历史叙事受民族复兴思潮的影响，因此近代西方和中国的革命史被塑造为独立运动史或复兴史，“当现实成为一种为社会权力支持的正统、典范，与之相应和的‘历史’也成为典范知识”[①]。复兴成为各类历史叙事的隐喻或主题。

1927 年南京国民政府建立，国民革命的狂潮冷淡下来而民族危机还未特别显著。知识分子亟须对国民革命进行反思和总结，如何定位国民革命，革命后的前途是什么？在反帝的背景下，国人有意将近代以来的革命运动定位为“民族的独立运动史”。民族独立运动史的编著在国民革命后渐为普遍。胡石明编著《近代弱小民族被压迫史及独立运动史》（上海大东书局 1929 年版）分述亚洲、非洲弱小民族及其独立运动，并介绍欧洲民族独立运动概况如土耳其和波兰等国的独立。当时中国关于弱小民族独立运动的书非常缺乏，“除了少数零碎材料以外，没有一本有系统的书”。《申报》称此书“把几个比较重要的被压迫民族和他们近年来如火如荼的独立运动，大都已经很有系统地加以论述，足供研究民族问题的参考”。作者著此书意在鼓舞中国民族运动，激励民族自决的向上斗志。[②]“弱小民族”光荣的独立奋斗史和民族自决的精神被中国知识分子用以自况及借镜。欧洲帝国主义的残暴与弱小民族的独立运动所呈现的“压迫”与“独立”图景，和中国历史国情相呼应，对于中国革命运动有重要参考价值。实践中的这一做法，与当时的历史学家的主张相一致。傅斯年在谈民族主义与历史教材的运用时明确提出外国史也可用“借喻”的方法启发国人民族意识。[③]

“九一八”事变后，随着民族危机的加重，民族独立运动史、复兴史

---

① 王明珂：《反思史学与史学反思》，上海人民出版社2016年版，第37页。

② 胡石明：《近代弱小民族被压迫史及独立运动史》，《申报》1930年10月13日。

③ 傅孟真：《闲谈历史教科书》，《教与学》第4期，1935年。

的著作出版与日俱增。如董之学等的《殖民地独立运动：东方杂志三十周年纪念刊》（商务印书馆 1933 年版）介绍印度、埃及、菲律宾、朝鲜独立运动之概况；吴清友著《现阶段的世界民族解放运动》（当代青年出版社 1937 年版）介绍当时帝国主义殖民政策，亚洲、拉丁美洲、非洲民族解放运动的形势，并论述弱小民族的出路即“民族自决”；傅纬平著《民族抗战史略》（商务印书馆 1937 年版）以抗战为纲记述我国及世界各国的民族抗战史，中国部分从黄帝战蚩尤讲到抗日战争，世界部分从古希腊抗波斯讲到第一次世界大战；周蜀灵著《现代民族复兴史》（黄埔出版社 1940 年版）和张伊林著《世界民族复兴史》（青年书店 1940 年版）内容大同小异，都集中介绍意大利、德意志、土耳其、俄罗斯等欧洲及亚洲被压迫民族的复兴史；等等。[①] 国人大量著述“弱小民族”的独立运动和民族复兴史，意在激励国人坚持抗战、明确抗战胜利前途。王一鸣的《世界弱小民族的解放运动》一书意在讲述印度等国的独立运动，以激励国内“对于抗战悲观与绝望的人”[②]。抗战进入相持阶段后，这类著述显现出重要现实意义。

民族独立运动史和复兴史也进入到历史教科书的编写中。1932 年新课程标准出来后，中华书局和商务印书馆均以“复兴”宣传其新出教科书系列。中华书局于 1933 年出版了一套新的小学教科书，称其高级小学历史课本“全书的精神，以民族复兴为中心”[③]。商务印书馆在推介复兴系列教科书时，称此系列书是“民族复兴的先声、本馆复兴的贡献”，“完全遵照新课程标准编成，并以民族复兴为中心，求其贯彻，其足为推行新课程标准之助有裨于民族前途，可以概见”。[④] “民族复兴”体现于教科书的历史书写，如 1933 年中华书局的《小学历史课本》中就有《土耳其的复兴》《印度的独立运动》两课，其将已经成功的土耳其的革命运动称为“民族复兴”

---

① 北京图书馆编《民国时期总书目（1911~1949）：历史·传记·考古·地理》上册，北京图书馆出版社1994年版，第27—28页。

② 王一鸣：《世界弱小民族的解放运动》，青年协会书局1939年版，第7—8页。

③《中华书局新贡献（广告）》，《申报》1933年5月22日。

④《教科书的现阶段（广告）》，《申报》1933年5月14日。

运动，而将印度正在进行的革命称为“民族独立运动”[①]，这代表了知识教育界对他国革命运动的认知分类。

可见，“弱小民族”独立运动和复兴的历史叙事投射到外国史的编纂中，成为国人复兴民族的榜样。许多历史教科书用“弱小民族”叙事记述土耳其等国的革命，以突出后者的奋斗和自强形象。如陈祖源编、正中书局出版的《初级中学外国史》有“土耳其革命和世界弱小民族的奋斗”，陈认为“外国史是记述他国人民奋斗的历史，他们也历尽艰难，备尝辛苦，以有今日。他们奋斗的精神和方法，有许多我们足资参考的地方，为我们应付未来奋斗的一助”。[②]“弱小民族”的历史叙事也存在局限，外来的挑战和压迫是这类叙事展开的前提，“弱小民族”在本质意义上是一个政治概念，将其运用于历史编纂表现出“同情”的立场，与客观主义的历史叙述相违背。

民族复兴是民族独立运动史、复兴史著述的核心主题。作者们有意将近代以来中国革命运动的历史塑造为中国的“民族复兴史”，如陈安仁著的《中国近代民族复兴史》认为：“中国历史上曾经亡了二次，但是亡了国家以后，由民族之坚强奋斗，民族遂得到复兴的地位。这种复兴史就是中国民族最宝贵的历史，最光荣的历史，最值得纪念的历史。”他在此书中介绍了意大利、德国、法国等的民族复兴运动，他所呈现的“民族复兴运动史”是中外各国的一种普遍经历，因此中国的民族复兴运动具有必然性和经验的可借鉴性。他叙述从清末秘密结社运动、太平天国运动一直到国民革命运动的史实，将其塑造为“民族复兴史”。[③]中国近代的革命被纳入世界革命运动的潮流，获得世界性的阐释和意义。

实现民族独立和复兴的手段是民族革命，国民政府不断强调其革命正统地位，以突出自身在领导民族复兴中的作用。军事委员会政治部各军事学校政治教材编纂教程的要旨即明确：“着重阐明我国民族之悠久历史与

---

① 姚绍华：《小学历史课本》第4册，金兆梓校，中华书局1933年版，第2页。

② 陈祖源编《初级中学外国史》下册，正中书局1939年版，第161页。

③ 陈安仁：《中国近代民族复兴史》，青年出版社1943年版，第2—3页。

文化之伟大，近代帝国主义之向我国侵略与我国革命之经历，使学生明了中国国民党为复兴民族之唯一组织。”[①] 国民政府制定的课程标准教材大纲明显注重“我史”即国民党党史，并通过教科书和党营书店如正中书局、青年书店等出版传播革命运动史的著作。1940 年教育部修订的高中历史课程标准本国史的现代史部分教学要点中没有北洋政府时期的政治经济文化概况内容，而是直接以国民革命为开始，内容有“国民革命之目的及其初期进展”“三民主义之产生及其要义”“二十一条之交涉”“中国国民党之改组与国民政府之成立”“国民革命军之北伐与全国之统一”等等[②]。

上述有关民族独立运动史、复兴史等的著述和教育，是中国知识界以中国所处的抗日战争为出发点，参考中外革命抗争经验对中国抗战进行定位，将中国的抗日战争类比、移情植入到世界范围内的民族独立、解放和复兴的叙事中。国民政府也有意将自身塑造为中国民族复兴运动的领导者，“民族复兴史”既是对历史的借鉴也是主动的创造。世界各国的“民族复兴史”的叙述表明了一种民族运动的必然性，其教育和传播，促进中国民众形成共识即抗日斗争是民族复兴的重要途径和阶段。

值得注意的是，晚清以降，人们对“外史”“西史”的注意力集中于英、美、德、法等国并关注其通过改革或统一成为资本主义强国的经验。而抗战时期，欧洲和亚非拉地区的弱小民族摆脱列强宰制的独立运动史成为关注焦点。民族独立运动史和民族复兴史的叙述和构建，在内容上有重合的地方，甚至混为一谈。总而言之，民族独立和复兴代表了知识分子对历史前途的认知，他们在舆论和教育上有意引导，虽然难免对他国独立运动经验产生不适合本国国情的机械认识，但总体上推动着民族独立运动由思想启蒙向革命实践转变。

抗战时期的历史书写和教育，一方面，中国古史叙述“历史上的光荣”“民族伟人”“先民伟绩”，正面引导国人建立对历史文化的认同和民

---

① 彭昌国：《历史教程》，中央陆军军官学校1940年版，第1页。

② 《修正高级中学历史课程标准（1940年9月）》，教育部编《教育部高初中本国历史地理课程标准》，教育部1941年版，第22页。

族自信心，以振作图强；另一方面，通过近现代国耻史教育阐释中华民族在近代的“遭难”形象，以期振聋发聩之效，激发国人奋起抗战和复兴民族的意识，重塑中华民族的光荣。“民族身份是一个连续不断区分‘敌人’和‘朋友’的社会构建过程”[①]。中华民族的构建是相对“他者”即日本而言的，国耻史阐述近代中国处在“弱小民族”地位，需要全国人民的团结抗战才能抵抗帝国主义的侵略，实现民族复兴。同时，抗战时期民族独立运动史、复兴史的著述和教育，体现出知识分子对历史前途的笼统认知，民族“抗争”“独立”和“复兴”成为最集中的政治诉求。

以国民政府意识形态为指导的历史教育体现了其用历史知识唤起人们历史意识、形成某些特定历史观的努力。国民政府所主导的历史教育重在引导国人对传统历史文化产生认同，确立民族历史文化的主体性。民族复兴意识形态影响下的历史书写对“民族”进行人格化塑造，寓于其中的逻辑为：“民族”光荣的过去是中华民族优越能力和伟大潜力的最好说明，国民政府是伟大民族的现代代言人，是民族目标即雪耻救国、独立和复兴使命的实现者。

上述历史书写和教育也存在一定局限。如伴随阐扬“国荣”而来的是政治文化领域的复古主义思想与日俱增，中国古代历史被塑造为以中华民族演进历史为主线的、具有高度同一性和持续性的特殊化历史，于内部差异和矛盾避而不谈。翦伯赞在当时指出：“近年来有些历史家往往强调中国史的特殊性，他们把中国史描写成为一个神奇的东方之天国的图画，在这里充满了历史的奇迹与人类社会的神秘，一切都是特殊，中国史就是一个与众不同的特殊史……”[②]同时，中国近现代史以“国耻”作为基本素材，以列强、帝国主义侵华史为主线，易让人产生中国近代苦难的根源是列强或西方——外在因素的印象，使国人对中国传统社会和政治本身问题的认识不够清醒。

---

① 罗伊德·克雷默：《历史叙事和民族主义的意义》，陈启能、倪为国主编《历史与当下》第2辑，上海三联书店2005年版，第19页。

② 翦伯赞：《中国史论集》，文风书局1943年版，第8页。

抗战建国时期，国民政府强调“精神重于物质”，以国民精神总动员汇聚人心，在历史教育方面力图通过“光荣”史迹与“国耻史”正反两相刺激，激发国人复兴民族的历史意识。中共知识分子在当时指出前者“太重视心理作用”，过于强调历史教育于精神动员的作用，是典型的“读史救亡”论，不过也注意到国民政府“强调历史教育的功用，企图以祖国光荣史迹来增强民族自信心，来鼓励抗战精神”。[①] 在今天看来，这种应对国难和战争创伤，力图恢复民族自尊自信的文化实践是全民国防教育和爱国主义教育，其积极作用是毋庸置疑的，在引导国家民族认同、激发民族精神、鼓舞国人敌忾同仇的抗战斗志、树立雪耻信念和激发复兴民族意识方面具有重要现实意义。

战争是人类历史经验中最为紧张和特殊的一种，其能够动摇和改变历史思考的基础，导致历史阐释的基本方面和引导方向发生变化。危机与历史意识的产生紧密相关。抗日战争深刻地激发出国人丰富的历史意识。中国古代的辉煌历史到近代面临国耻国难、亡国灭种危机，这种巨大的历史转变和落差使传统中国延续下来的社会历史的自我理解断裂，产生了丰富的历史思考空间。古代中国和近代中国的延续性和变异性如何理解？在某种程度上，民族复兴的历史意识塑造是国民政府试图调和古代中国和近代中国的社会历史自我理解的断裂，促进国人对国家民族的认同和加强统治权威的一种途径。

---

① 叶蠖生：《抗战以来的历史学》，《中国文化》第3卷第2、3期合刊，1941年。

第四章

"民族复兴"话语下有关问题的讨论

本章主要论述近代尤其是抗战时期，在"民族复兴"话语下知识界对有关问题的思考和讨论。这些思考和讨论涉及的主要有"中华民族精神""中华民族意识""抗战建国""学术建国"等问题。比如在有关"中华民族精神"的思考和讨论中，他们提出"复兴民族是要复兴我们中华民族的精神"，并分析了中华民族精神在近代消失的原因，以及应该采取哪些措施来恢复民族精神。在有关"中华民族意识"的思考和讨论中，他们提出"培养民族意识，即复兴中华民族之唯一大道"，历史教育对于培养国民之民族意识有着十分重要的积极意义，他们尤其强调培养民族意识是要培养整个中华民族而非某一民族的民族意识。在有关"抗战建国"的思考和讨论中，他们提出抗战的最终目的是要建立近代的"民族国家"，以完成自辛亥革命以来尚未完成的"民族建国"事业，并思考和讨论了"怎样才能将中国建设成为近代的'民族国家'"，以及近代的"民族国家"是什么样的国家等问题。在思考和讨论"抗战建国"的问题时，一些从事学术研究的知识分子或学人，还从自己所熟悉的研究领域出发，提出了"学术建国"的主张，并围绕"为什么要学术建国""怎样学术建国"以及"建什么样的国"等问题展开了热烈讨论。上述这些思考和讨论充分体现出中国知识分子的那种"天下兴亡，匹夫有责"的义务和担当，值得我们认真地学习。本章还论述了20世纪30年代"民族复兴"话语下的读书运动。

一、"民族复兴"话语下"中华民族精神"的讨论

民族精神是一个民族凝聚力的核心，是一个民族奋发向上的力量之

源，是民族发展进步的精神支柱。它能对该民族的成员产生巨大的感召力，能够唤起一个民族的自尊心、自信心和自豪感，能够激励该民族的成员为本民族的解放和发展而团结奋斗。要实现中华民族的伟大复兴，就必须恢复和弘扬中华民族的民族精神，这可以说是自孙中山以来近代知识界的基本共识，也是近代知识界给我们留下的一笔可贵的思想遗产。但长期以来，人们在研究中国近代思想史，特别是近代中华民族复兴思潮时，对知识界在近代“民族复兴”话语下有关“中华民族精神”的讨论很少涉及，检索知网，没有找到一篇相关的专题论文，有的只是研究者对近代中国人民所表现出来的民族精神的提炼和研究。这不能不说是中国近代思想史研究的一大缺失。有鉴于此，本节不揣冒昧，就近代“民族复兴”话语下中国知识界有关“中华民族精神”的讨论作一探讨。

（一）“民族精神”一词的传入及其影响

“民族精神”一词最早出现于18世纪的德国。当时，由于法兰西文化的大规模涌入，德国知识分子感觉到民族认同和民族自尊受到外来文化的严重挑战，为了捍卫民族尊严，他们于是大力提倡德意志文化，并提出了“民族精神”（Volksgeist）的概念。他们认为，Volksgeist指的是一个民族的禀赋，它伴随着民族与生俱来，每一民族自身的文化、特性、气质即是Volksgeist的体现。在他们看来，每个民族都有自己的特质，这些特质由民族精神所决定，并且反映在以语言、文学、艺术、风俗为代表的民族文化上。在此思想指导之下，德意志知识分子开始致力于从德意志历史、文学、民间艺术中探求德意志民族精神的源泉，以此来展示德意志民族的独特性与优越性。他们的努力不仅为德意志国家的统一奠定了文化基础，同时也为世界上其他民族争取民族解放、独立和统一提供了思想资源，对19、20世纪的世界民族主义运动产生过深刻影响。[①]

---

① 唐海涛：《近代中国对民族精神的探索》，转引自郑师渠、史革新主编《近代中国民族精神研究读本》，北京师范大学出版社2006年版，第303—304页。

就目前发现的资料来看，中国最早以“民族精神”为题的文章，是1903年发表在留日学生创办的《江苏》杂志第7、8期上的《民族精神论》一文。该文在谈到“欧人今日之振兴”的原因时写道：“彼所以能振兴如今日者，实自当时种种不可思议之原因而来。其结果之最早乃生民族之精神，其结果之最终遂成民族之膨胀……谓欧人技艺之精，则当日所谓蒸汽、电线独未有所发明，而火车、轮船、军舰、铁炮以及杀人灭种之法，犹一切未闻于世也。而欧人之所以能致此者何哉？则以彼有一种如痴如狂不可思议之民族精神在也。”由欧人“而反观吾国今日之现状，则可谓腐败空虚，种种奇异谬悠之态，几无足自存于大地”，究其原因，“虽谓吾族之精神已死可也”。该文认为，既然民族精神的有无是欧洲“所以能振兴”和中国“几无足自存于大地”的原因，那么中国要在“凄风苦雨之中”实现“早自振臂”，作为“后来之师表”和“同胞之干城”的青年，就应“振其气，坚其志，固其操，不以富贵撄其心，不以生死挠其志，不以目前之小小成败挫折其目的，夫如是亦可以称民族之牺牲者乎！”[①]但在清末民初，“民族精神”一词并没有得到广泛使用，人们更多的是受明治维新日本的影响，用“国魂”“国粹”“国性”“立国精神”等来表达“民族精神”的涵义。比如，梁启超就先后有《中国魂安在否》（1899年）、《国性篇》（1912年）等谈民族精神的文章发表，但用的都不是“民族精神”，而是“国魂”“国性”等源于日本的词。中国知识界比较多地使用“民族精神”一词是在五四时期。

1919年12月，《东方杂志》第16卷第12号发表隐青的《民族精神》一文，作者认为：“凡人种、语言、文字、宗教、地理等关系，皆不足为建设民族之根本的条件。为今日之民族计，人种之化合澌灭不足忧也，语言文字之灭亡不足忧也，宗教之盛衰变迁不足忧也，国土之存亡亦不足忧也，所可忧者，其唯民族精神之有无乎！”在作者看来，所谓“民族精神”，既非“以血族为根据”的“人种之意思”，也非“重统治重命令”的

① 佚名：《民族精神论》，《江苏》第7、8期，1903年10月20日、11月19日。

"国家之意思"，更非"个个独立"的"个人意思之集成"，而是"自然发生浑然一体之民族自觉的精神而已"。它的形成，必须具备两个条件，即"外受强敌之压迫，内感生活之困难"。只有在这两个条件下，民族才会有"努力向上之运动"，并在长期的"共同防御、共同生活"中，形成一种"特立不可同化之精神"。民族精神一旦形成，其民族"虽丧地灭国，离散而之四方，其形式上特征遗亡殆尽，而彼固有之文化与民族的精神，终不能湮没也"。据此作者指出，第一次世界大战后，尤其是美国总统威尔逊发表十四点宣言后，"民族自决"思潮和运动兴起，"世界各殖民地之民族，咸跃跃欲试；而列强之对付殖民地也，亦不得不一变其方针"。但实际上"彼列强对殖民地之政策，非真心服人道主义而自愿改变也，亦权其利害之轻重，势有不得不然耳"。所以，广大殖民地之民族，尤其是"吾东亚诸民族"，要想实行"民族自决"，真正获得自由，就必须"扩大其同类意识而共努力此民族精神之培养"，否则，所谓"民族自决"，只能是一句空话而已。[①] 一年后，《东方杂志》第18卷第1、2号上连载了陈嘉异的《东方文化与吾人之大任》一文。该文认为与西方文化比较，东方文化具有四大优点，其中第三点为："东方文化（此亦单就中国言），在有调节民族精神与时代精神之优越性，而尤以民族精神为其根柢，最能运用发展者也。"他和隐青一样，也认为一个民族能否成立，"所恃者非仅血统、语言、地理、宗教等关系使然"，而在于能否形成"浑然一体之民族自觉的精神"。而民族形成之后，要善于运用民族精神，否则，"则易流为固性的传统思想，而不克随时代之变易以适应其环境，则此精神或且为一时代之障碍物"，这也就是所谓的"时代错误"。各国所以会发生革命，原因就在于民族传统思想与其新时代思想之间的严重冲突。而我国自戊戌变法后西方的新思想新学说纷纷传入，社会思潮发生突变，旧政制和旧思想犹如"落叶之扫"，在西方新思想新学说的进攻面前败下阵来。人们以为这是西方的新思想战胜我国的旧政制旧思想的结果。但实际上我国的旧政制旧思想之

---

① 隐青：《民族精神》，《东方杂志》第16卷第12号，1919年12月15日。

所以败得“如是之易且速”，根本原因在于“此等自身已腐朽，早不适于时代之新要求，即无外来之新思想，亦当归于淘汰者，而具有此淘汰作用之根本潜伏力”，便是中国文化所具有的“调节民族精神与时代精神之优越性，而尤以民族精神为其根柢”。比如，“三王不沿乐，五帝不袭礼”，“周虽旧邦，其命维新”，“天行健，君子以自强不息”等传统和精神，就是这种优越性的体现。就此而言，陈嘉异强调指出，“吾民族精神之伟大，实有未可妄自菲薄者”。①

隐青和陈嘉异等人虽然讨论了“民族精神”，但他们并没有将“民族精神”与“民族复兴”联系起来，认识到“民族精神”对于“民族复兴”的重要意义。五四时期，真正认识到“民族精神”对于“民族复兴”重要意义的是伟大的革命先行者孙中山。1924 年初，亦即国民党第一次全国代表大会召开不久，孙中山应邀到广州国立师范学校礼堂作“三民主义”的系列演讲，在演讲中他指出：中国以前是一个很强盛很文明的国家，是世界首屈一指的强国，其地位比现在的列强，如英国、美国、法国和日本还要高得多，因为那个时候的中国是“世界中的独强”。然而进入近代以后，中国的地位则“一落千丈”，从“世界中的独强”沉沦为了“次殖民地”，而“次殖民地”的地位“还不如殖民地”，其原因“是由于我们失了民族的精神”。所以，我们要“恢复民族的地位”，实现中华民族的伟大复兴，就必须先“恢复民族的精神”②

那么，什么是“民族精神”呢？孙中山认为，“民族精神”主要体现为“固有的道德”“固有的知识”和“固有的能力”三个方面。首先就“固有的道德”而言，他指出，中国“固有的道德”，“首是忠孝，次是仁爱，其次是信义，其次是和平”。虽然历史在发展，社会在进步，但以“忠孝”“仁爱”“信义”“和平”为其内容的“固有的道德”，并不像“醉心新文化的

---

① 陈嘉异：《东方文化与吾人之大任》，《东方杂志》第18卷第2号，1921年1月25日。

② 孙中山：《三民主义·民族主义》，《孙中山全集》第9卷，中华书局1986年版，第242页。

人”所说的那样过时了，要加以“排斥”，相反，我们要将它们恢复起来，发扬光大起来。比如“忠”，有的人以为，忠是“忠君”，现在是民国，没有了皇帝，也就不要再讲什么“忠”了。“这种理论，实在是误解”。因为“忠”，不仅仅是“忠于君”，也可以作“忠于国、忠于民、忠于事”来解。现在没有了君主，我们“不忠于君”了，但我们还“要忠于国，要忠于民，要为四万万人去效忠。为四万万人效忠，比较为一人效忠，自然是高尚得多。故忠字的好道德还是要保存”。其他如“孝”“仁爱”“信义”“和平”也是一样，都是没有过时的“好道德”。尤其是“和平”，是“驾乎外国人”的“一种极好的道德”，“是我们民族的精神。我们以后对于这种精神不但是要保存，并且要发扬光大，然后我们民族的地位才可以恢复”。[①] 其次，从“固有的知识”来看，他指出，所谓“固有的知识”，也就是“人生对于国家的观念”，具体来说，“就是《大学》中所说的‘格物、致知、诚意、正心、修身、齐家、治国、平天下’那一段的话”。这段话“把一个人从内发扬到外，由一个人的内部做起，推到平天下止”，是一种“精微开展的理论”。无论外国的什么政治哲学都是没有这样的理论，它是“我们政治哲学的知识中独有的宝贝”。然而“自失了民族精神之后，这些知识的精神当然也失去了”。所以，我们要“齐家、治国，不受外国的压迫，根本上便要从修身起，把中国固有知识一贯的道理先恢复起来，然后我们民族的精神和民族的地位才都可以恢复”。[②] 再次，来看“固有的能力”。他指出，现在西方的机器发达，科学昌明，而中国与西方比较要落后得多，因此，“中国人现在的能力当然不及外国人”。但在古代，在几千年之前，“中国人的能力还要比外国人大得多。外国现在最重要的东西，都是中国从前发明的”，如指南针、印刷术、火药等等。只是“后来失了那种能力”，民族的地位也因而“逐渐退化”，乃至成了比殖民地还不如的“次

① 孙中山：《三民主义·民族主义》，《孙中山全集》第9卷，中华书局1986年版，第243—247页。

② 孙中山：《三民主义·民族主义》，《孙中山全集》第9卷，中华书局1986年版，第247—250页。

殖民地”。因此，我们要恢复民族“固有的地位，便先要把我们固有的能力一齐都恢复起来”。[①]

孙中山强调指出，我们要“恢复民族的地位”，就必须大力恢复和弘扬“民族精神”，也就是“我们固有的道德、知识和能力”。但在大力恢复和弘扬“民族精神”的同时，我们“还要去学欧美之所长，然后才可以和欧美并驾齐驱。如果不学外国的长处，我们仍要退后”。孙中山还提出，我们学习外国，不是要“向后跟着他”学，而是要“迎头赶上去”。比如学习外国的科学，不是亦步亦趋地从头再来，而是直接学习外国最先进的东西，这样“便可以减少两百多年的光阴”。“向后跟着他”学，我们永远都会落在别人的后面，只有“迎头赶上去”，我们才有可能“后来者居上”，赶上和超过欧美和日本等发达国家，也才有可能使我们的国家“恢复到头一个地位”。[②]

孙中山提出我们要“恢复民族的地位”，必先“恢复民族的精神”的思想，尤其是他对什么是民族精神、恢复和弘扬民族精神对于民族复兴的重要意义，以及如何处理好恢复和弘扬民族精神与向外国学习的关系等问题的阐述，是对民族复兴思想的重大发展。因为如前所述，此前虽然有人讨论过中华民族的民族精神，但并没有把它与中华民族的复兴联系起来，没有认识到恢复和弘扬中华民族的民族精神，是实现中华民族伟大复兴的必要前提。此后，尤其是“九一八”后，随着中华民族危机的日益加深，民族复兴思潮的兴起和形成，知识界在讨论中华民族有无复兴的可能和如何实现中华民族的复兴之问题时，就民族精神与民族复兴的关系问题展开了充分讨论。

① 孙中山：《三民主义·民族主义》，《孙中山全集》第9卷，中华书局1986年版，第250—251页。

② 孙中山：《三民主义·民族主义》，《孙中山全集》第9卷，中华书局1986年版，第251—253页。

（二）"复兴民族是要复兴我们中华民族的精神"

我们前面已经提到，"九一八"事变后，推动知识界讨论"民族自信力与民族复兴"的关键人物是张君劢。张君劢早年追随梁启超，参加清末立宪运动。后因国民党迫害，于1929年去了德国，直到"九一八"事变前一天，他才回到北平。回到北平不久，张君劢即着手翻译德国哲学家费希特在法国拿破仑军队占领德国时发表的《对德意志国民讲演》之摘要本。在译稿前面的"引言"中张君劢写道："数千年之历史中，大声疾呼于敌兵压境之际，胪举国民之受病处，而告以今后自救之法，如菲希德氏之'对德意志国民之演讲'，可谓人间正气之文字也。菲氏目的在提高德民族之自信心，文中多夸奖德人之语，吾侪外国人读之者，原不求必之一字一句之中，故取倭伊铿氏关于菲氏演讲之摘要本译之，繁重处虽删，而绝不影响于菲氏真面目。……呜呼！菲氏之言，既已药亡国破家之德国而大收其效矣，吾国人诚有意于求苦口之良药，其在斯乎。"① 他认为费氏在演讲中阐述了民族复兴的三个重要原则：第一，在民族大受惩创之日，必须痛自检讨过失；第二，民族复兴，应以内心改造为重要途径；第三，发扬光大民族在历史上的成绩，以提高民族的自信力。"此三原则者，亦即吾国家今后自救之方策也。世有爱国之同志乎！推广其意而移用之于吾国，此则菲氏书之所以译也。"②1932年7月20日起译稿分五期（即从第1卷第3期到第1卷第7期）在《再生》上连载，并于年底结集成书，由再生杂志社正式出版。《菲希德对德意志国民讲演》节本出版后颇受人们欢迎，不久即销售一空。翌年春夏，又两次再版。正是在张君劢的推动下，当时出现了一个介绍费希特《对德意志国民讲演》的小高潮，初步统计，仅《东方杂志》《国闻周报》《时代公论》《教育》《再生》和《大公报》等报刊发

---

① 张君劢：《菲希德"对德意志国民演讲"摘要》，《再生》第1卷第3期，1932年7月20日。

② 张君劢：《菲希德"对德意志国民演讲"摘要》，《再生》第1卷第3期，1932年7月20日。

表的费希特《对德意志国民讲演》之译文（节译或摘译）或介绍费希特《对德意志国民讲演》之思想的文章就达 23 篇之多。费希特的《对德意志国民讲演》之节本，还被收入 1934 年出版的《中学国文特种课本》第二册（高中用书）。该课本的文后“题解”写道：“普鲁士之抵抗强敌，复仇雪耻，端赖以是（指《菲希德对德意志国民讲演》——引者）。全书凡十四讲，纵论日耳曼民族之特质，自精神方面所见民族与祖国爱之意义，新国民教育之出发点，达到目的之方法等，极其透辟详尽。”而“现在日寇夺去我东北四省之地，我所受之耻辱，不减当年普鲁士之败，我爱国青年，读斯文其亦将有所感动于中而毅然兴起乎？”

费希特《对德意志国民讲演》的大量介绍，促进了“九一八”事变后知识界对民族精神与民族复兴之关系的讨论。陈茹玄指出，“普鲁士败于法兰西以后，几不能自立；而其国内学者，如黑智尔（即黑格尔——引者）、菲希特等，以民族主义，号召国人，竭力表扬其日尔曼民族之伟大与优秀。使其人民爱其国而自尊其种，养成刚健雄沉的民族精神”。因此，“吾人今日不愿中国民族趋于灭亡”，就应该向黑格尔、费希特等人那样，“设法挽回这颓败的民族精神”。[①] 雷震认为，“一个国家之强弱，要视形成此国家之民族精神之兴盛与否以为断，民族精神若是兴旺，这个国家一定强盛，不然一定衰微，故一国之民族精神如何，可视为测度此国强弱之寒暑表也。……中国今日之所以一蹶不振者，亦由于民气消沉，民族精神颓唐衰废之故耳……所以我们今日要排除国难，要挽救中国，须先从恢复民族精神做起”。[②] 奋勇认为费希特所强调的两点，一为“体力和武备绝不能获得最后的胜利，只有大无畏的精神，才能胜过一切”，二为“认民族为永远不朽的团体，要将这种认识用精神的训练，培植于民众心理里面”，正是中国目前所需要的。[③] 也就是说，要救中国，实现民族复兴，费希特

① 陈茹玄：《我国民族精神颓败之原因及其挽救方法》，《时代公论》第28号，1932年10月7日。

② 雷震：《救国应先恢复民族精神》，《时代公论》第29号，1932年10月14日。

③ 奋勇：《费希德演说什么叫爱国心》，《国闻周报》第9卷第12期，1932年3月8日。

所说的自省的精神、爱国的精神是中国所必需的。杨兴高更是明确指出，“在固有民族精神未丧失以前”，我中华民族是世界上“最文明最优秀之民族”，其先民“于困难之中，披荆棘，斩草莱，辟疆殖土，征服异国，成东亚一富强无比之大帝国”。但自“民族精神消失后”，中华民族在世界上的地位一落千丈，“近来外人更以半开化之民族，无组织之国家等等侮辱语，公然加之于吾国家民族之上矣”。因此，“欲复兴中华民族，必先恢复中国之固有民族精神”。[①]天津《大公报》的一篇名为《民族复兴之精神基础》的“社评”也认为，“重唤起中国民族固有之精神”，这是“实现民族复兴之必要的原则”。[②]邱楠在《复兴民族与复兴民族精神》一文中写道：历史上去看，没有一个民族的灭亡不是因为民族精神的衰落，也没有一个民族的复兴不是由于民族精神的振刷。为什么印度会灭亡，为什么德意志经过上次欧战的大失败，现在还能够抬头？也都是由于民族精神的关系。“因为精神是一个民族的灵魂，一个民族的核心。只要核心健全，就会发生很大的抵御力。”我们要实现民族复兴，就必须复兴民族精神。[③]寿昌指出，中华民族正处于帝国主义与帝国主义火并的时代，天灾人祸、内忧外患，交相攻袭，我们欲挽救这衰颓的局面，内政外交的整顿固然重要，但更重要的或最基本的则“在民族精神的复兴”。[④]在林景尹看来，一个国家文化的构成，是历史长期演进的结果，而非一朝一夕形成的。民族精神之所寄者在此，国家命脉之所托者亦在于此。“故欲求国家复兴，臻于强盛之途，非发扬固有文化，振作民族精神，实不以为功。”[⑤]作为左翼学人的郭沫若同样强调，“复兴民族是要复兴我们中华民族的精神”[⑥]。

---

① 杨兴高：《恢复中国固有民族精神与吸收外来文化》，《新文化》月刊第6期，1934年。

②《民族复兴之精神基础》，天津《大公报》1934年5月15日“社评”，第3版。

③ 邱楠：《复兴民族与复兴民族精神》，《华北月刊》第1卷第3期，1934年。

④ 寿昌：《中华民族精神之复兴与亚洲的未来》，《建国月刊》第9卷第4期，1933年。

⑤ 林景尹：《发扬固有文化振兴民族精神》，《黄冑周刊》第1期，1937年。

⑥ 郭沫若：《复兴民族的真谛》，蔡尚思主编、姜义华编《中国现代思想史资料简编》第4卷，浙江人民出版社1983年版，第11页。

“复兴民族是要复兴我们中华民族的精神”，这可以说是当时知识界的基本共识。但什么是中华民族的“民族精神”呢？对此，人们的认识各有不同。王鲁季指出，一个民族之所以能生存于世界并得到发展，“要在其有不可磨灭之民族精神”，如英国民族的保守沉着，德国民族的尚武图强，日本民族的崇尚侵略，“此皆其民族固有之精神，亦即一民族与其他民族不同之点”。有着几千年悠久历史的中华民族，也有自己的民族精神。中华民族的民族精神主要表现在“大同主义”“民本主义”“德治主义”“和平主义”和“中庸主义”等方面。在清代以前，中华民族的民族精神“甚为焕发”，这是中华民族和中华文化能够长盛不衰的重要原因。然而自清入关后，尤其是鸦片战争后，中华民族的民族精神逐渐丧失了，中国因此而遭受列强的侵略，甚至面临亡国灭种的危险。所以“吾人诚欲乞求中华民族之生存”，就必须像费希特所说的那样，“非努力发扬固有之民族精神不可”。[①] 郑贞文认为，“我民族固有的精神是忠孝仁爱信义和平”。具体来说，如尧舜好察迩言追求至善的精神，大禹平治九州之水公而忘私的精神，周公一沐三握发一饭三吐哺求贤致治的精神，孔子口诛笔伐诲人不倦的精神，以及历史上每当外侮凭凌中原板荡的时候，不论在朝的士大夫与在野的庶民，或破敌致果视死如归，或杀身成仁舍生取义，其不屈不挠的精神，大义凛然的气节，都足以表明中华民族之精神的伟大。[②]

寿昌认为，中华民族的精神主要体现在“同体同心成仁取义的精神”“格物致知参赞化育的宏愿”“修齐治平世界大同的理想”三个方面。首先就“同体同心成仁取义的精神”而言。孔子曾教导我们：“志士仁人，无求生以害仁，有杀身以成仁。”孟子也说过：“生亦我所欲也，义亦我所欲也，二者不可得兼，舍生而取义者也。”所谓仁义，即人我合一，我物平等的大德。“仁义的至极，即求成己成物，与理合一，以达于普遍圆

---

① 王鲁季：《论中国民族之精神》，《军需杂志》第33期，1935年10月，转引自郑师渠、史革新主编《近代中国民族精神研究读本》，北京师范大学出版社2006年版，第149—154页。

② 郑贞文：《发扬民族精神》，《现代青年》（福州）新1卷第3期，1940年。

满的境界。”古圣先贤对于此项解释，不计其数，而见诸实践方面，更能举出不少例子。它已成为中华民族精神的一部分。其次，从“格物致知参赞化育的宏愿”来看。中华民族的理想，一向是文质彬彬，体用兼备。换句话说，即理想与实践并重。上述所谓仁义之极，本含有积极性，本是行动的，非特推己及人，更须推己及物。其及物的结果，自非探究天地的奥妙，穷尽世间的物理不可。易言之，即非参赞化育不可。故所谓“能尽物之性，则可以赞天地之化育；可以赞天地之化育，则可与天地参矣”。最后，来看“修齐治平世界大同的理想”。《礼记》上说：“大道之行也，天下为公。”仅此一语，就已体现出了中华民族伟大高尚的博爱精神。“此种博爱的精神，退足以铲除社会的不平，进足以拯救天下的陷溺。”所以自古以来，中华民族追求的是己所不欲，勿施于人，而己所欲，更施于人。如果能将中华民族的这一精神发扬光大，“是则资本主义罪恶，帝国主义的侵掠，既无从发生，而国际间长治久安的基础，岂不随之树立”。总之，寿昌指出：“中华民族的精神，分则为正德利用厚生三项，合则为格物致知诚意正心修身齐家治国平天下一以贯之的理想了。”[①]

郭沫若将中华民族的精神概括为：“一、富于创造力；二、富于同化力；三、富于反侵略性。”他指出，我们的民族创造了五千年的文明的历史，直到今天，我们所固有的文化，仍然在世界上焕发着灿烂的光辉，无论是语言、文字、思想，还是文艺、产业、生活，其中都有我们民族的特征。中华民族在创造文化的同时，还想方设法把自己先进的文化推广到四周比较落后的少数民族地区，使“我们的后进的兄弟民族得到了丰饶的享受”，通过文化的同化，这些落后的兄弟民族也进入到了“文明的畛域”。中华民族不仅善于创造文化，而且还善于吸收其他民族文化的精华，如印度的佛法、西域的音乐、斯基泰的艺术、希腊的星历等等，都曾为我们民族所吸收，并“化为了我们自己的血、自己的肉”，成了我们民族文化的

---

① 寿昌：《中华民族精神之复兴与亚洲的未来》，《建国月刊》第9卷第4期，1933年。

一部分。中华民族尤其具有反侵略的优良传统，“我们不曾以武力去侵略过别人，但遇着别人以武力来侵略我们的时候，我们总是彻底的反抗，纵使绵亘至二、三百年，非常侵略者消灭或同化，我们永不中止”。然而中华民族的上述精神，在清王朝统治的二百多年间，“无可讳言”遭到了重大“损失”，中华民族也因此“由进取变而为保守，由坚毅变而为懦弱，由生动变而为僵化，由自信自力变而为自暴自弃”，从世界上的先进民族变而成了落后的民族，并面临着空前严重的民族危难。因此，我们要复兴中华民族，首先就必须复兴我们的民族精神，“尽量地发挥我们的创造力、同化力和反侵略性”。[①]

在吴坤淦看来，民族精神是伴随着民族道德而生长、形成的，两者互相益彰，互相影响，所以我们“要考究什么是民族精神，便先明了什么是民族道德”。那么什么是中华民族的民族道德呢？中华民族的民族道德可以用“忠孝”“仁爱”“信义”“和平”八字来概括。与中华民族的民族道德相伴而生、相伴而长的中华民族的民族精神，也可以用八个字来概括，这就是“勇武”“博大”“勤奋”和“坚忍”。这八个字，就“是中华民族的精神，也就是中国的国魂”。我们要恢复民族的地位，实现民族的复兴，就必须恢复“勇武”“博大”“勤奋”“坚忍”的“民族精神”，使之“焕发于东亚，弘扬于宇宙”。[②]刘琦强调，民族精神是一个民族适应环境或改变生活的能力，所以民族的生活环境对民族精神的形成具决定性的作用，换言之，有什么样的生活环境，就会产生什么样的民族精神。就中华民族来看，我们的祖先最先活动的区域是在山东、河南、安徽的北部，河北、山西的南部一带。这一带土地肥沃，气候温暖，所以生产方法虽然简单幼稚，但生活资料的获得并不十分困难，在这样的自然环境下，中华民族的创造力就显得特别旺盛。早在殷周时代，当欧美还过着原始人的野蛮生活

① 郭沫若：《复兴民族的真谛》，蔡尚思主编、姜义华编《中国现代思想史资料简编》第4卷，浙江人民出版社1983年版，第11—13页。

② 吴坤淦：《民族道德与民族精神之二》，转引自郑师渠、史革新主编《近代中国民族精神研究读本》，北京师范大学出版社2006年版，第224—231页。

时，中华民族就创造出了灿烂的文化，无论哲学、政治、经济、伦理、论理各科学，还是天文、气象、历算和制造，都处于世界的前列。所以“创造精神”是中华民族精神的表现之一。中华民族精神的表现之二是“战斗精神”。中国历史上曾发生过无数次的民族斗争。“中国民族每经一次斗争，民族势力就扩张一次，终造成今日融合汉、满、蒙、回、藏、苗的大中华民族，这就是战斗精神的成果。”然而清代以后尤其是近代以来，中华民族的“创造精神”和“战斗精神”都逐渐“消失了”，中国也“因而陷于今日的危殆境地”。因此，“我们反本求源，要解放民族复兴国家”，就必须恢复和大力弘扬中华民族的“创造精神和战斗精神”。[①]

（三）民族精神的消失以及如何恢复民族精神

知识界在讨论什么是中华民族的“民族精神”时，还分析了中华民族的“民族精神”为什么到清代以后尤其是近代以来会逐渐颓废甚至消失。杨兴高认为原因有二，一是受“世界主义”思想的影响，二是“被异族征服之结果”。首先就“世界主义”思想的影响而言，他指出，中国成为东亚强国后，为了安抚四邻诸国，则采取了一系列的“世界主义之政策”。这些政策虽然有利于“消灭”被征服民族的“民族思想”，实现国家的长治久安，但行之既久，本国民族亦会受到影响，而变为满含世界主义思想之民族。“世界主义思想既盛行于全国，则固有民族之精神与意识自然归之于消灭。”这是中华民族的民族精神之所以会逐渐衰落甚至消失的原因之一。其次从“被异族征服之结果”来看，一些少数民族入主中原后，“欲使中国多数民族，受其少数民族统治，且永远受其统治而无反抗复国之思想发生”，则想方设法消灭多数民族的民族意识，如：焚毁含有民族思想的书籍，使其忘却自己民族的光荣历史；大兴文字狱，使人不敢宣传民族主义思想；设科举，以消灭其人民之心思才力；对亲近者透之以爵禄，

---

① 刘琦：《民族道德与民族精神之四》，转引自郑师渠、史革新主编《近代中国民族精神研究读本》，北京师范大学出版社2006年版，第245、251页。

对反抗者威之以杀戮；等等。其结果，中华民族的民族精神，“遂为之消灭殆尽”。这是中华民族的民族精神之所以会逐渐衰落甚至消失的原因之二。[①]

吴鼎第强调，民族精神简单地讲，就是一个国家“和一的情感”，这种情感足以联系国民对内的团结和敌忾同仇的觉悟。就中华民族精神而言，它主要表现为“至刚”和“至大”这两个方面。在古代，由于中国长期处在世界的先进地位，中华民族的自尊心和自信力是很强的，所以，尽管有“异族为患”，也有印度文化的东来，但中华民族之“至刚”和“至大”的精神“仍嬗衍未替”。然而自鸦片战争后，面对帝国主义的入侵，“初则中国尚存自大，终以睡狮被人家看破，乃由自傲一变而为自卑，自卑再变为媚外”，举凡外国的一事一物，皆盲目崇拜，以为中国的一切都不如别人，“驯至自信力失去”，“‘刚’、‘大’的精神荡然无存”，再加上清代吏治腐败，节操不讲，舆论不顾，对外国的侵略“已麻木不仁”，“民族精神”也因而“丧失殆尽”。[②]在刘琦看来，中华民族的民族精神的消失“自有其历史和社会的背景”。中国自商周以后，多次受到异民族的危害，尤其是满族建立清朝后，起初采用暴力政策，大肆屠杀，以震慑人民，继又采取以汉制汉的阴谋，使一般高等知识分子受利禄的诱惑，心甘情愿地为清朝服务。“这样经其长期统治，民族意识，因以完全消沉了。”再加上受老庄虚无思想和印度佛教出世思想的影响，尤其是近代以来西化、奴化思想的影响，“使中国民族道德堕落了，民族精神消失了”。[③]

陈茹玄认为，造成“我国民族精神的颓败”的原因主要有两种，“第一种是醉心西洋文化的结果”，“第二种是受频年内战的影响”。他指出：西洋文化有它的长处，尤其是物质文明的进步，我们应当效法。但自欧风

① 杨兴高：《恢复中国固有民族精神与吸收外来文化》，《新文化》月刊第6期，1934年。

② 吴鼎第：《综论民族精神》，《复兴月刊》第5卷第8期，1937年4月15日。

③ 刘琦：《民族道德与民族精神之四》，转引自郑师渠、史革新主编《近代中国民族精神研究读本》，北京师范大学出版社2006年版，第250—251页。

东渐以来，国人震于西方的物质文明，盲目崇拜，认为西方的一切都好，而中国的一切都不好，以至于将一切国粹完全抹杀，旧有道德、旧有礼教都要打倒，甚至连汉字都主张废弃不用，而改用西方的罗马文字，见洋货即欢迎，遇洋人即崇拜，人民如此，官吏如此，男女老幼莫不如此，无论是物质，还是精神，都一味地迷信洋人，在这样的情况下，中华民族的民族精神又怎么能得到保存呢？自民国成立以来，尤其是近“二十年来，无年不战，无地不战，和平两字，更不复存于脑海”。而内战的结果，使“民族精神，日见枯萎”。因为，内战“即是自相残杀，兄弟可成寇仇，骨肉皆为冰炭，益以循环报复，反复无常，亲爱团结的精神，因以摧残净尽；中国固有的忠孝仁爱信义和平各种美德，因之亦斩丧无余”。而“忠孝仁爱信义和平诸美德，乃是我中华民族精神所寄，今以内战而全被摧毁。民族精神，自然日即颓败”。[①] 在俊荣看来，除了“受频年内战之影响”外，“民族间之隔膜”也是造成“民族精神衰退之最大原因”之一。他在《复兴民族精神问题之探讨》一文中写道：中华民族由多民族组成，而各民族间由于历史地理等原因，发展的程度有快有慢，居于中原地区的汉族发展得相对快些，而其他居于边疆的民族发展得相对慢些，汉族因而自尊自大，自称天朝上国，而称四周其他民族为“东夷、西戎、南蛮、北狄”，对这些民族实行所谓的“羁縻政策，未得治本之方，仅言治标之策，致各民族间猜忌相生，隔膜日增”，尤其到了近代以后，各民族“不能团结一致，以共救国；是以五族之整个前途，为外人得乘间诱惑”，民族之精神也因而“颓废日成”。[②]

钟焕臻的《怎样恢复中华民族精神》一文，从“远因”和“近因”两个方面分析了“中华民族精神的消沉”的原因。他指出：中国自战国以来，诸子百家，学术横行，一般人民受邪说蛊惑，缺少固有思想，以坚其信念，而民族精神从此开始动摇。汉唐时，佛教传入中国，“寂静无为”

① 陈茹玄：《我国民族精神颓败之原因及其挽救方法》，《时代公论》第28号，1932年10月7日。

② 俊荣：《复兴民族精神问题之探讨》，《突崛》第1卷第3期，1934年。

的思想，深入人民脑际，此亦影响民族精神甚大。至东晋南宋时，朝野人士，崇尚清谈，苟安求全，竟酿成怀愍二帝与徽钦二宗被掳的惨剧。当是时程朱之学盛行，功利之毒，深入人心，一般社会，只知有利，不知有义，只知有物欲，不知有廉耻，此种空虚不合实际的学理，遂造成千余年来物欲横流的恶习。迄至清代，清统治者对我们民族性的摧残，无所不至，二百年的高压，中华民族屈于威力之下，只知道对清歌功颂德，表现出的是一种敷衍妥协的精神。尤其是在鸦片战争后，清朝在历次对外战争中的失败，使中华民族仅存的一点民族自信力也因而丧失殆尽。这是“中华民族精神的消沉”的“远因”。“中华民族精神的消沉”的“近因”又可以从“外因”和“内因”两个方面来分析。“外因”主要指的是帝国主义的侵略，导致民族危机日益加深，而“内因”主要指的是中华民族本身所具有的一些“通病”，如无团结心，无责任心，缺乏毅力，自私自利，不重实际等，而这些“通病”的“病根”，在于中华民族自古以来就缺乏民族意识，故民族思想淡薄，受其影响，对外缺乏抵抗力，对内缺乏团结力。因此，中华民族不图复兴则已，如图复兴，则“非着手复兴民族精神的工作不可”[①]。

笔名为“觉群”的作者重点分析了“帝国主义的压迫”对“中华民族精神消沉”的影响。他指出，“帝国主义的压迫”主要表现在三个方面：一是“天然淘汰力的压迫”。中华民族之所以“常为同化他族的主体，而能遗流繁盛到现在”，除了“高尚的文化”外，一个重要原因就是人口众多，因此那些人口较少的民族尽管有时占领了中国，甚至建立起了自己的政权，但最后都被中华民族所同化，成了中华民族的一分子。然而现在侵略中国的东西方列强，不仅文明程度高，而且人口增长很快，“较之百年以前，德增两倍半，俄增四倍，英日三倍，美十倍”，而反观我国，因受天灾人祸的影响，人口增长很慢，乾隆时统计是四万万，1932 年统计是四万万五千万，两百多年间才增加五千万人口。正如孙中山所担忧的那

① 钟焕臻：《怎样恢复中华民族精神》，《觉是青年》第1卷第2期，1934年。

样，两相比较之下，中华民族在天然淘汰力的压迫之下至多仅可支撑一百年。二是“政治上的压迫”。自鸦片战争以来，中国被迫与东西方列强签订了一系列不平等条约，主权丧失，领土被分割不少，民族地位一落千丈，已完全沦为“次殖民地”的国家，民族危机日益加重。三是“经济上的压迫”。帝国主义凭借不平等条约给予的优势地位和自身经济上的优势，向中国倾销商品，输出资本，掠夺中国人民的财富，不仅严重阻碍了中国资本主义的发展，而且造成了中国农村经济的破产，中国人民的生活日益贫困化。正是在帝国主义这三方面的压迫之下，一些人产生了“仰慕敬惧外人的心理”，认为中国万事不如人，民族自信力自尊心因而丧失。“最可痛心的，即‘惧外’之不足，更加之以‘媚外’；‘媚外’之不足，又加之以‘恃外’。这样一来，惧外媚外恃外三种心理同时并存，民族精神更丧失净尽了。”而民族精神的丧失净尽，又导致了人们的民族意识和国家观念的薄弱，只追求个人欲望的满足，而丝毫不关心民族国家的前途，大多数人抱着苟且偷安的心理，遇事持一种畏难敷衍的态度。凡此种种说明：“中华民族的固有民族精神很显然地是消沉了。”①

除了分析中华民族的“民族精神”之所以会逐渐颓废甚至消失的原因外，知识界还重点探讨了如何恢复或复兴中华民族的“民族精神”的问题。吴鼎第认为，民族精神和民族意识关系非常紧密，“我们要能复兴民族，使民族精神健全，须先有民族意识。有了民族意识，然后才有健全的民族精神”。而“要有民族意识，须先具备国家的印象；有了国家印象，更需有复兴民族的自信力，这样健全的民族意识才能完成”。所谓“国家印象”，也就是国民要关心国家，要热爱国家，要知道“现在民族兴衰怎样，未来的邦国前途怎样”。但仅有“国家印象”还不够，还需要有“民族自信力”，要相信自己能复兴民族，并担负起复兴民族的责任。总之，吴鼎第强调：“民族意识由国家的印象发动，由自信力推进，终乃形成健全的民族精神：

① 觉群：《中华民族精神消沉之原因及其恢复之我见》，《警醒半月刊》第2卷第1期，1934年。

由环境的刺激，反省诸己，谋取民族的出路——于此情状下产生的民族精神才是切实的，正确的，远大的，积极的，乐观的，勇敢的。”①

张君劢也特别强调民族意识的有无对于民族精神的形成乃至民族复兴的重要意义。他1933年在广州中山大学演讲《中华民族复兴之精神的基础》时指出：民族犹如个人，个人生于天地间，不能离开物质与精神，民族亦然。人之所以不同于动物，就在于人有意识。民族之所以为民族，亦在于民族有意识。“民族意识，乃民族之第一基本”。而民族意识，又具体表现在“民族情爱”“民族智力”和“民族意力”三个方面。所谓“民族情爱”，亦即作为民族一分子的个人对本民族的感情；“民族智力”，亦即民族要有自己的思想和具有民族特点的独立学术；“民族意力”，亦即民族的统一意志力或执行力。我们要恢复和弘扬民族精神，实现民族复兴，就“先则须从教养入手”，使国民的“民族情爱、民族智力乃能逐渐提高，其后乃由意志之统一，终则为行动之统一。如是民族可以自存，国家可以独立矣”。②

雷震对于费希特以国家高于个人，为谋求祖国的独立与生存而限制个人自由、舍身赴难的精神非常赞赏，在谈到如何恢复民族精神时，他特别肯定“菲希特以为唤起民族感情，涵养爱国热情之方法，莫过于从奖励教育着手”的主张，认为“我们要恢复民族精神，根本要从人格教育做起，无论何人，不能否认。不过我们过去的教育，不但没有养成健全的人格，连知识方面都不能满足，真是惭愧。我们今后以努力教育，尤其要注意人格教育，才能恢复民族精神，才能真正挽救中国”。③陈茹玄认为，我们要恢复或复兴中华民族的民族精神，关键在于“认清使民族精神颓败的两点重要原因，根本矫正”。具体来说，就是一方面，要尽力消弭内战，以不合作的方法来对待那些兴风作浪的军阀政客，人人以参加内战为可耻，恢

① 吴鼎第：《综论民族精神》，《复兴月刊》第5卷第8期，1937年4月15日。

② 张君劢：《中华民族复兴之精神的基础》，《再生》第2卷第6、7期合刊，1934年。

③ 雷震：《救国应先恢复民族精神》，《时代公论》第29号，1932年10月14日。

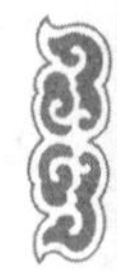

复“忠孝仁爱信义和平诸美德”；另一方面，要养成民族自尊自重的精神，自尊自重并非妄自夸大，更不是要固步自封，拒绝学习他人，而是“自信其本能，自尊其人格”，学习他人的目的，是取人之长，以为己有，“断非自贱自弃，投降他人。”[①] 俊荣指出，我们“欲从事于民族复兴之道，首先必认清民族精神衰颓之重要原因，根本矫正”。如前所述，在他看来，民族精神衰颓的主要原因，一是“受频年内战之影响”，二是“民族间之隔膜”。因此，他认为恢复民族精神，就必须“一方面便尽力消弭内战，使人人以参加内战为可耻；另一方面力谋五族整个之团结，联五族为一家，化仇敌为兄弟，共同担任挽救颓败民族之精神，恢复仁爱忠信诸美德，以养成民族自信自重之精神，爱国爱民之仁心，民族精神恢复，则不患列强之加于我也”。[②]

顾养元就“如何复兴中华民族精神”提出了三点建议：第一，“转移家族观念发挥民族意识”。他指出：中国人的家族观念、乡土观念非常浓厚，而民族意识则向不发达，影响所及，使四万万人民成了一盘散沙，没有团结，每个人都只知道家族的重要，而不知道自己和民族的密切关系，更没有自己的民族和其他民族不同的思想，民族间的关系因而十分浅薄，感情不深，没有树立起同民族存则俱存、亡则俱亡的民族观念来。因此，我们要复兴中华民族精神，就必须从家族观念发展出民族意识，有了民族意识，民族思想才会发达，民族团结才能坚固，同时才肯牺牲自己的利益，努力图谋民族的生存。第二，“培养民族美德铲除不良特性”。每个民族都具有自己特殊的民族性，这种特性，有的不仅要保持，并且要发扬光大，有的则要设法铲除，不使遗留。我们中华民族的特性应当保存和发扬光大的，是忠孝仁爱信义和平诸美德，应当培养和鼓励的，是豪侠牺牲勇敢爱群诚实纪律等风尚，应当设法铲除的，是优柔寡断浪漫消沉自私自利的观念，只有当人人都能与民族共生存、同休戚，为民族利益牺牲自己的

① 陈茹玄：《我国民族精神颓败之原因及其挽救方法》，《时代公论》第28号，1932年10月7日。

② 俊荣：《复兴民族精神问题之探讨》，《突崛》第1卷第3期，1934年。

一切时，民族精神才能从颓废走向复兴。第三，“坚强自信能力祛除畏外心理”。鸦片战争之前，国人的自信力是满满的。但鸦片战争以后，国人对外心理几经变迁，每变迁一次，民族精神即堕落一次，民族自信力也随之降低，以至于对外人怀一种畏惧心理，自认为中华民族为劣等民族，欧美民族为优等民族，中华民族的一切文明制度和思想学说都不值一顾，而不管适合中国需要与否，欧美民族的文明制度和思想学说都是极有价值的宝贝。如此，民族精神哪有不颓废之理。古人说“哀莫大于心死”，只要人心不死，无论民族精神如何颓废，都可以复兴起来，关键要看民族自信力如何。所以，我们要复兴民族精神，就必须“祛除民族畏外心理，坚强民族自信力”。[①]

蔡衡溪认为，“复兴民族精神必先提倡乡土教育”。因为所谓民族精神，是一个民族所具有的一种特性，而民族特性的形成，则与某一地方的物质条件和历史的关系非常密切，乡土教育便可以将此种物质和历史的关系介绍给国民，使他们能认识其特点，发现其价值，并加以维持和发扬，从而为民族的生存和发展提供不竭的动力。这是“复兴民族精神必先提倡乡土教育的第一个理由”。除了物质条件和历史外，民族精神的形成与乡土风习也有非常密切的关系，比如乡土有俭约的风习，便可以形成民族节制而不浪费的精神，乡土有劳动的风习，便可以形成民族勤苦耐劳的精神，所以我们要复兴民族精神，必先设法保存和发扬乡土固有的优良风习，而欲保存和发扬乡土固有的优良风习，则必须实施乡土教育。这是“复兴民族精神必先提倡乡土教育的第二个理由”。此外，乡土信念为民族自信力之母，一个民族只有在了解乡土信念的基础上，才可以培养起民族的自信力。而乡土教育则可以帮助人们更好地了解乡土信念，从而为民族自信力的养成奠定坚实的基础。这是“复兴民族精神必先提倡乡土教育的第三个理由”。如果说乡土信念是民族自信力的基础，那么，乡土观念则

---

① 顾养元：《如何复兴中华民族精神》，《江苏教育》第3卷第1、2期合刊，1934年。

是民族意识的基础。中国人民的乡土观念素重，无论何人，对于本乡本土总是觉得十分眷念，肯去卫护，甚至对于乡土之一草一木，都怀有深厚的感情。这种乐于乡土的情怀，就是一种乡土的观念，将这种观念扩大起来，便就成了民族的意识。所以说民族意识的形成，是由乡土观念发展而来的。乡土观念既然是民族意识的根本，那么我们要培养民族意识，就只能从培养乡土观念始，而要培养乡土观念，就离不开乡土教育。这是"复兴民族精神必先提倡乡土教育的第四个理由"。尤其重要的是，中华民族的一些旧的道德观念，如忠孝仁爱信义和平等，虽在城市中多已消失得无影无踪，但它们在乡土人民的心目中还"遗留着不少的痕迹"，"这种潜在于乡土间的旧道德，我们如果给以相当教育的指导，也必定可以作为民族精神复兴之基础，这更是复兴民族精神应从提倡乡土教育做起之重要的理由"。总之，蔡衡溪指出，乡土内容与民族精神的关系极深，民族精神的形成大半基于乡土之习惯及观念，如不谋乡土之习惯及观念的维护和发展，而只图民族精神之唤起，那不过是空洞的口号而已，"也就是说，如果讲复兴民族，而不谈乡土教育之实施，则民族精神也是终无复兴之一日，所以我说，复兴民族精神，必先提倡乡土教育"。[①] 曹中权则主张加强师范教育，充分发挥师范教育在"复兴民族精神"中的作用。因为教育为立国之本，是民族精神的原动力，师范教育尤为一般教育之基础，征诸各国教育的发展，无不以师范教育为实现其目的之工具，"其民族之兴替，其国民思想行动之方向，大都视师范教育为转移"。[②]

1939 年，民意周刊社曾以"民族道德与民族精神"为题向全国征文，讨论民族道德与民族精神之间的关系问题。同年 11 月，获征文前五名的文章由独立出版社结集出版。吴锡泽指出，民族道德是民族精神的最高表现，民族精神之所以涣散，原因就在于民族道德的堕落，历史上民族精神

---

① 蔡衡溪：《复兴民族精神必先提倡乡土教育》，《河南教育月刊》第5卷第2期，1934年。

② 曹中权：《民族精神与师范教育》，《江苏教育》第3卷第1、2期合刊，1934年。

最消沉的时期，也是民族道德最堕落的时期，所以，“欲发扬民族精神须先提高民族道德”。[①] 吴坤淦通过具体考察民族道德与民族精神形成的历史后得出结论：民族精神初出于民族道德，但是出生以后便伴着民族道德共同发展。翻开中外历史，任何国家都逃不出这个规律。所以，自从封建政治发生以来，一个国家的道德愈良好，则民族精神亦愈焕发；民族精神愈焕发，则民族道德也愈高尚。“二者乃互为影响，互为益彰，如车辅之相依，实相需而相成。”因此，我们要恢复或复兴民族精神，就须同时恢复或复兴民族道德。[②] 周明道认为，民族精神，含蓄于民族道德之中；而民族道德，又寄托在个人的人生观和全体的社会气节之中。不同的人生观和社会气节，形成不同的社会道德，产生不同的民族精神，最后影响到整个国运的盛衰、民族的盛衰。所以，我们要完成“抗战建国”的使命，实现中华民族的伟大复兴，“须当发扬我们的民族精神；要发扬民族精神，当培植社会道德；首先应当做的工作，便是培植我们的人生观和社会气节”。[③]

民族精神是一个民族凝聚力的核心，是一个民族奋发向上的力量之源，是民族发展进步的精神支柱。它能对该民族的成员产生巨大的感召力，能够唤起一个民族的自尊心、自信心和自豪感，能够激励该民族的成员为本民族的解放和发展而团结奋斗。随着“九一八”后民族复兴思潮的兴起，中国知识界认为，要实现中华民族的伟大复兴，就必须恢复和复兴中华民族的民族精神，尽管由于政治取向和文化取向的不同以及知识结构方面的差异，他们对中华民族的民族精神的认识各有不同，但都是从正面认识和肯定中华民族之民族精神的，尤其是他们有感于中华民族精神日渐

① 吴锡泽：《民族道德与民族精神之一》，转引自郑师渠、史革新主编《近代中国民族精神研究读本》，北京师范大学出版社2006年版，第212—221页。

② 吴坤淦：《民族道德与民族精神之二》，转引自郑师渠、史革新主编《近代中国民族精神研究读本》，北京师范大学出版社2006年版，第224页。

③ 周明道：《民族道德与民族精神之三》，转引自郑师渠、史革新主编《近代中国民族精神研究读本》，北京师范大学出版社2006年版，第234—235页。

颓废甚至消失，而提出了种种恢复或复兴中华民族精神的主张或措施，如培养民族意识，去掉洋化心理，追怀本民族的光荣历史，重视教育尤其是人格的教育，树立民族的自尊自信，消弭内战，处理好民族道德与民族精神的关系，“欲发扬民族精神须先提高民族道德”，等等。这些主张或措施不仅是针对他们当时所生存的时代而提出来的，有很强的针对性和现实意义，就是现在看来，其中许多观点仍然有其借鉴的历史价值，值得我们认真思考和吸取。尤其需要指出的是，“九一八”后的知识界在讨论民族精神时，他们中已有人认识到，“民族复兴运动，并不是回复到旧的民族精神，而是旧的民族精神之展开，换句话，即是根据旧的民族精神为新的民族精神的创建”。[①] 这一认识在今天对于实现中华民族伟大复兴的中国梦更是弥足珍贵。

二、“民族复兴”话语下“中华民族意识”的讨论

“九一八”事变后的抗战时期，知识界在讨论“中华民族能否复兴”和“中华民族如何复兴”的问题时，一些人把目光聚焦于“中华民族意识”，认为只有培养和提高国民的民族意识，才能挽救民族危亡，实现国家富强和民族复兴，并提出了种种培养和提高民族意识的建议和主张。这里尤须指出的是，这一时期的知识界所要培养和提高的是整个中华民族的民族意识，而非某一民族的民族意识。

（一）“培养民族意识，即复兴中华民族之唯一大道”

什么是民族意识？简单地说，就是一个民族所形成的本民族区别于他民族的认同意识。依照梁启超《中国历史上民族之研究》一文的说法：“何谓民族意识，谓对他而自觉为我。‘彼，日本人；我，中国人’，凡遇一他族而立刻有‘我中国人’之一观念浮于其脑际者，此人即中华民族之一员

---

① 罗敦伟：《中山文化与本位文化》，《文化建设》月刊第1卷第10期，1935年7月10日。

也。”[1]民族意识的有无或强弱，对于一个民族的生存和发展有着十分重要的意义。署名“天铎”的作者就曾指出：凡是一个民族的构成，必须具有民族意识。因为有了民族意识，民族思想始能发达，民族团结始能巩固。尤其是处于弱肉强食、有强权无公理的时代，无论哪一个民族，要想不为帝国主义所吞并，必定要有坚强的民族意识。“有了民族意识，才能发扬自己民族的精神和固有的文化。没有民族意识，不独不能发扬自己民族的精神和固有的文化，而且没有存亡与共的观念，造成坚固的团结。”[2]

中华民族形成虽然很早，但民族意识较为淡薄，借用费孝通先生的话说，古代的中华民族是一个“自在”的民族实体，而不是一个“自觉”的民族实体。进入近代，尤其是中日甲午战争以后，人们在反省中国之所以衰弱不振、受东西方列强侵略和宰割的原因时，往往归结于中国人民族意识的缺乏。梁启超在《中国积弱溯源论》一文中就写道：“中国人脑中之理想，其善而可宝者固不少，其误而当改者亦颇多。欧西、日本有恒言曰：中国人无爱国心。斯言也，吾固不任受焉。而要之吾国民爱国之心，比诸欧西、日本殊觉薄弱焉，此实不能为讳者也。而爱国之心薄弱，实为积弱之最大根源。”他认为中国人“爱国之心薄弱”的根本原因是中国人民族意识的缺乏，自古以来中国人只有天下观念，而没有国家观念和民族意识，“不知国家与天下之差别也”。[3]孙中山晚年在“三民主义”的演讲中，也批评中国人只有家族意识和宗族意识，而缺少民族意识，“所以虽有四万万人结合成一个中国，实在是一片散沙”，其结果“弄到今日，是世界上最贫弱的国家，处国际中最低下的地位”。[4]

---

① 梁启超：《中国历史上民族之研究》，《饮冰室合集》第8册，专集之四十二，中华书局1989年影印版，第1—2页。

② 天铎：《复兴中华民族是救国的唯一出路》，《国家与社会》第1期，1932年。

③ 梁启超：《中国积弱溯源论》，《饮冰室合集》第1册，文集之五，中华书局1989年影印版，第14—17页。

④ 孙中山：《三民主义·民族主义》，《孙中山全集》第9卷，中华书局1986年版，第188页。

“九一八”事变后，随着民族危机的日益加深，知识界对民族意识的缺乏给中华民族所造成的负面影响也有了更进一步的认识。1935年张君劢出版了一本名为《民族复兴之学术基础》的论文集，这是“九一八”后也是近代以来知识界出版的第一本以“民族复兴”为主题的论文集，在一篇题为《中华民族复兴之精神的基础》的文章中他指出，民族意识的发达与否，决定着一个国家的强弱盛衰，中华民族是有几千年历史的伟大民族，其政制、伦理和美术都有其独特价值，然而自从世界大交通后的近百年以来，中华民族却大大落后于“欧美诸国与其他近世国家”了，甚至受欧美列强和日本的任意蹂躏和宰割，其根本原因就在于国民民族意识的缺乏。因为自古以来环绕我国四周而居住的都是一些比较落后的“蛮夷”，无论宗教还是经济都远不如中华民族，文化亦不能与中华民族相提并论，而中华民族对待他们又往往以宽大为怀，故在长达几千年的历史期间，形成民族意识的环境始终未能具备，我国人民头脑中充满的是天下观念，而非国家观念和民族意识，“不识此民族与彼民族之界限”。与中国不同，欧洲国家到处可见发展水平相差不多的民族。因有外民族之故，国民的民族意识特别强烈。这也是近代欧洲国家所以强盛的根本原因。[①] 胡文明在《欲挽救今日之危机惟有发扬民族意识》一文中写道：“民族意识之一物，实为一民族生存之主要件，苟一民族，在现今国际斗争中，而无健全之民族意识，其能久存于世，不为人所灭亡者，实为不可能之事实。”因为一个民族，须先有了健全的民族意识，然后组成民族的各分子，才能认识自己与民族团结的关系，认识自己民族的固有的精神与固有的文化，大家才能团结一致维持自己民族的生存，发扬光大自己民族的固有的精神与固有的文化。“倘遇着外力的压迫，无论经济的，政治的，武力的，大家始能团结一致去抵御，而图保卫自己民族的生存与过去的光荣。”近代以来中国之所以衰弱不振、受人欺凌的“病根”，就在于“举国上下，皆缺乏民族意

① 张君劢：《中华民族复兴之精神的基础》，《民族复兴之学术基础》，再生社1935年版，第68页。

识”。由于“民族意识”的“缺乏”，导致了中国人的“民族思想薄弱”；而“民族思想薄弱”的结果，是中国人的“团结力不坚”。“团结力不坚”，则容易“发生两种危险的现象：第一，对外来的侵略，无抵抗自卫的力量；第二，在内部，则有权势者，各为其是，割据一方”。至于“普通一般的民众，对于国家民族的兴亡，更是如秦之视越，毫不感有痛痒的关系”。像这样缺乏民族意识、“不思振作的民族”，就不可避免地会遭到列强的侵略和欺凌。① 王湘岑把民族意识比作人的血气：“一个人没有血气，就处处会受人欺压。”又比作人的精神：“一个人没有精神，也不过如行尸走肉一样，毫无可贵之价值。”国家也是如此，它之所以能在世界上独立存在，固然有种种的物质条件，但如果大多数国民的民族意识缺乏的话，“一定是势如散沙，团结不易，很容易受强邻的侵凌而不免于危亡”。中国目前之所以面临如此严重的民族危机，大多数国民民族意识的缺乏是其根本原因。② 典礼则用“水门汀”“钢铁柱”和“灵魂”来比喻民族意识对于民族生存和发展的重要意义。他在《民族意识与民族生存》一文中写道：“民族意识是民族生存中的关键。”如果说民族是一座伟大的建筑物，那么民族意识就是“水门汀”“钢铁柱”；民族是一个人的身体，那么民族意识就是人的“灵魂”。一个建筑物缺了“水门汀”“钢铁柱”，一朝风雨，就会“倒坍了”；一个人失去了灵魂，就没有了生气，成了行尸走肉。“一个民族如果失去了民族意识，即刻就会被人家宰制，消灭。”正是因为民族意识的缺乏，中华民族才面临着“被人家宰制，消灭”的生存危机。③ 孟歧在分析1933年初热河失陷的原因时，认为“中华国民缺乏民族意识”是其主要原因：“此次热河之失陷，外间多以汤氏昏聩，人心离怨，义军复杂，指挥未能统一，交通阻塞，运输困难等等理由，作为热地失陷之原因。以余个人之观察，则其失败之主因，实为中华国民缺乏民族意识之所

① 胡文明：《欲挽救今日之危机惟有发扬民族意识》，《汗血周刊》第18期，1933年。

② 王湘岑：《如何唤起民族意识》，《社友通讯》第3卷第12期，1935年。

③ 典礼：《民族意识与民族生存》，《一师半月刊》第36期，1935年。

致。”他在列举了报纸关于当地“各界领袖”如何“丧心病狂，星夜东驰，迎敌军入城”的报道后写道：“可知热河陷落之速，实由中华民族甘于反颜事仇，引狼入室，而不识何谓民族生命，何谓民族精神，为其主要之事实。”①

既然民族意识的缺乏，导致了中国的衰弱不振，民族危机的加深，那么我们要挽救民族危机，实现国家富强和民族复兴，当务之急，就在于培养和提高国民的民族意识。李鉴昭的《发扬民族意识与中国复兴》一文写道：“夫‘国于天地，必有与立’，我国家当此绝续之秋，固不能束手无策，坐视不救，有之，必自建树与发扬民族意识不足为功。”②胡文明也明确指出：欲挽救今日国家民族之危机，实现国家富强和民族复兴，“首当发扬民族意识而后可”。其他诸如“发扬武力也，普及教育也，倡明科学也”等一切事业，“与国家民族生存”虽然也有着很密切的关系，但“吾人须知，欲木之茂，必固其本；欲流之远，必浚其源，民族意识之一物，为建立民族国家之基础，亦即为发扬民族之原动力，如本之于木，源之于流然。故吾人挽救民族国家之危亡，须从根本上着手，始不致南辕而北辙也”。③唐士奎强调：我们想要中国免于灭亡，民族免于沉沦并实现复兴，“那就非首先诊断民族的病源，而提高民族意识不可。因为中国之所以万分危急，是因为一般人的脑海中缺乏民族意识的缘故”④。金高同样认为，在国家民族陷入危机的现阶段，我们外察世界各国的大势，内审国家民族的需要，“应该绝对地厉行民族教育，以培育民族意识和国家观念，来奠定民族再生的根基”⑤。

---

① 孟歧：《热河的失陷与民族意识》，《时代青年》（上海）第10期，1933年。

② 李鉴昭：《发扬民族意识与中国复兴》，《河南民国日报副刊·史学周刊》第4卷第8期，1934年。

③ 胡文明：《欲挽救今日之危机惟有发扬民族意识》，《汗血周刊》第18期，1933年。

④ 唐士奎：《民族意识与阶级意识的探讨》，《诚化》第7期，1936年。

⑤ 金高：《现代历史教育的批判》，《教鞭半月刊》第5期，1936年。

要挽救民族危机，实现国家富强和民族复兴，就必须大力培养和提高国民的民族意识，这可以说是“九一八”后知识界的基本共识。郑宗贤指出：中华民族的衰落，原因固然很多，但民族分子之民族意识的丧失，是其主要的原因。所以我们要复兴中华民族，物质条件固然重要，但是纵然有物质条件，假使缺乏了主宰物质条件的精神条件，物质条件亦不能发挥其原来的作用。况且精神条件不备，物质条件也不会从天上掉落下来。“由此可知，充实民族的精神条件——发扬民族意识，实在是复兴民族的基本工作。”① 胜任认为“民族复兴的发动机，就是民族意识”。所以要复兴中华民族，就必先扩充民族意识，只有把民族意识扩充起来，发动起来，形成一种伟大壮观的力量，才可以推进社会事业的发展，扫除国内封建势力，抵抗外国帝国主义的侵略。总而言之，“民族意识是民族运动的根本动力，只有扩充这种动力，才是中国在内忧外患中的出路，亦是复兴中国民族的正当法门”。②1934 年 2 月 28 日出版的北平《社会周报》第 2 卷第 6 期发表《民族复兴与民族意识》的“社谈”，开篇便引用了中国驻俄国大使颜惠庆 2 月 20 日在北平外交月报社欢迎会上的一段讲话：“就个人意见，以为中国之危机，在人民缺乏国家观念。欲求民族国家之复兴，非唤起民族意识不可。”该“社谈”认为颜大使的这段话不仅“道破了中国积弱与衰败的所在”，而且他所提出的“欲求民族国家之复兴，非唤起民族意识不可”的建议，“一针见血”，抓住了民族复兴的关键问题，值得我们认真地思考和采纳。③ 严裕民的观点更简明扼要：“培养民族意识，即复兴中华民族之唯一大道。”④

① 郑宗贤：《民族意识之发扬——鄞县第一次乡镇长讲习会上讲稿》，《大地》（宁波）第3期，1936年。

② 胜任：《扩充民族意识的要义》，《社会周报》（北平）第2卷第4、5期合刊，1934年。

③《民族复兴与民族意识》，《社会周报》（北平）第2卷第6期，1934年。

④ 严裕民：《儿童与民众应具最低限度之民族意识》，《进修半月刊》第6卷第2、3期合刊，1936年。

（二）历史教育对于培养国民之民族意识的积极意义

“培养民族意识，即复兴中华民族之唯一大道。”那么如何才能培养和提高国民的民族意识呢？对此，“九一八”后的知识界从他们所从事的职业和关注的问题出发，提出了自己的建议和主张。郑宗贤提出了五条“发扬民族意识的具体办法”：第一，提倡民族主义。民族主义是现今时代的潮流，只有各个民族的自存，才能达到全体民族的共存，换句话讲，只有先讲民族主义，才配去和人家谈世界主义。第二，纪念民族光荣。追思过去民族光荣历史，并不是保守，而是用过去的光荣，来引起未来的光明，用先祖的奋斗成绩来激励子孙的继续努力，并确立民族的自尊和自信。第三，保存民族特性。一民族所以能生存于世界，必有其原因和条件；一民族所以不会被其他民族消灭或同化，必有它的民族特性。民族特性是一个民族生存和发展的根基。因此，我们一定要努力保护好中华民族的民族特性。第四，发扬民族文化。民族文化是民族心力的综合结晶，是民族最贵重的宝贝，但文化是随时代而俱进的，因此，作为民族的一分子，我们不仅“负有继续文化的责任，同时负有创造的使命，要使民族文化，不仅在世界上有独立的资格，而且居贡献的地位”。第五，认识民族危机。要使国民认识到中华民族近百年来所遭遇的困难，尤其是“九一八”以来所面临的空前危机，从而激发起他们的民族意识，担负挽救民族危亡、实现民族复兴的责任。[①]周承钧认为，培养或提高民族意识的方法，要“由本而末，由近而远”，循序渐进。具体来讲，先要恢复中华民族的民族精神和固有之知识与能力，然后在此基础上，将传统的家族意识和宗族意识，发展成为国家观念和民族意识。[②]

作为文艺工作者，王制空主张“用文艺来做我们培植激励我们民族意识的工具，尤须用工具中最锋利者的民族文艺”。因为文艺不仅是“旧社

---

① 郑宗贤：《民族意识之发扬——鄞县第一次乡镇长讲习会上讲稿》，《大地》（宁波）第3期，1936年。

② 周承钧：《怎样提高民族意识》，《诚化》第9期，1936年。

会的改革者，同时又是新社会的创造者”。特别是民族文艺，它虽然不是民族构成的一分子，但它能将民族的各分子“博合”起来，“激发起他们的民族思想，使他们尽心尽力地拥护国家和民族，即使在民族情绪消沉得殆尽时，它也能重燃起已死之灰，使之光焰万丈”。具体来说，我们要用民族文艺来恢复我们民族固有的道德，把“忠贞”“侠义”“杀身成仁”“舍生取义”的伟大精神，刻在民众的脑膜，使他们知道“士为知己者死”“临死勿苟免”的风尚，知道“风萧萧兮易水寒，壮士一去兮不复还”的气魄，而能够粉身碎骨在所不惧地来捍卫国家，保护民族！要用民族文艺来敬告民众，使他们知道现在中国所处地位的危险，知道亡国后的痛苦，知道帝国主义吞并弱小民族及汉奸出卖民族的丑态，使他们感到有团结御侮的必要，从而“使他们民族意识燃烧着的火，并在一起，沸腾的心，打在一片，用全力向敌人进攻，追击！”[①] 长期从事民众教育的郑一华认为：“强烈的民族意识之养成有待于教育，尤其是有待于民众教育。”他并举“德国的民众教育把德国从水深火热中救出来，捷克的民众教育把捷克从支离破碎中救出来，丹麦的民众教育把丹麦从风雨飘摇中救出来”的事实，说明“民众教育是激起民族意识最利便的途径”。他因而希望“从事民众教育的人今后要在中国无论那一个地方，无论那一个中国人的身上，负起培养民众的民族意识这个责任”。[②] 刘世尧提出，民族意识不是用武力或强力的胁迫所能养成的，也不是在短时期内所能养成的，它要潜移默化，逐渐滋长，逐渐发展，在陶冶和感化中去养成，其间最有效的方法，自然不是借助于政治力或威胁力所为功，惟有教育，尤其是公民教育“乃为养成民族意识最有效的方法”。因为民众教育是以“公民训练为中心”的，而“一切公民训练的先决问题，实是‘民族意识的具备’”。一个公民如果连国家观念和民族意识都没有，那么这个所谓公民也就不能称为“公民”了。在实施公民训练时，他尤其强调编制通俗教材对培养公民的民族意识的重要

① 王制空：《民族意识与民族文艺》，《民族文艺月刊》第1卷第2期，1937年。

② 郑一华：《民众教育与民族意识》，《教育与民众》第3卷第2期，1931年。

意义，“有人说，都德的《最后一课》，就直接影响了法国的恢复劳兰和阿尔撒斯两州的地方。所以实施养成民族意识的民众教育，非要注意编制这些通俗读物不可”。为此他提出了三点建议：一是审定或改编旧有的说书、戏剧、电影等内容，务使充分含有民族的精神。二是就民间原有的山歌小调，另谱新词，这些新词，“都是有关国耻及民族精神的作品”。三是编印充满民族精神的通俗小说。[①]

一个国家的历史是这个国家和民族文化的重要载体。清代思想家龚自珍就曾指出：“灭人之国，必先去其史；隳人之枋，败人之纲纪，必先去其史；绝人之材，湮塞人之教，必先去其史；夷人之祖宗，必先去其史”[②]。晚清的章太炎认为一国的种脉之存续多依赖于本国的历史，“国与天地，必有与立，非独政教饬治而已，所以卫国性、类种族者，惟语言、历史为亟”[③]。“九一八”后的知识界对于历史于民族和国家的重要意义也有充分的认识。国民党要员邵元冲在回顾了近代以来东西方列强对弱小国家的侵略和兼并的历史后得出结论：“凡强国之兼并弱小，非但兼并土地人民政治而已，必并其历史与文化摧毁而灭绝之。使其大多数人不知有祖国，不知有历史，不知祖先艰难缔造之精神，不知固有文化之美点，然后甲国临其上则可为甲国之奴，乙国据其土则可受乙国之命……故英之并印度，法之并安南，日本之并朝鲜，皆孳孳以消灭印度安南朝鲜之历史文化，以划除其历史之民族性与其反抗之精神。”[④]中央大学教授姚公书同样在总结了古今中外的历史后写道：“自古以来，灭人国家者，夷人祖宗者，败人纪纲者，湮人才智者，必务去其史，以绝其根本。”秦灭六国，悉焚其史；日亡朝鲜，尽秘其史；印度虽为文化古国，然而因无国史，而无法追念其先

---

① 刘世尧：《民众教育与民族意识》，《民众教育》第1卷第1期，1932年。

② 龚自珍：《古史钩沉论二》，《龚自珍全集》上册，中华书局1959年版，第23页。

③ 章太炎：《重刊〈古韵标准〉序》，《章太炎全集》第4册，上海人民出版社1985年版，第203页。

④ 邵元冲：《民族性之涵义及发挥》，《建国月刊》第9卷第5期，1933年。

代政化，结果是国亡而不能复兴。一个国家和民族的安危兴衰，虽与“时会所趋”有关，但只要其国民自知其种族文化，“不幸而山河改色，然民族精神犹存，运会所至，终必复兴。苟鄙夷其国史，蔑弃其文化，则本性迷失，万劫不复矣！”[①] 中山大学教授朱希祖也一再强调，“国亡而国史不亡，则自有复兴之一日”，中国“民族之所以悠久，国家之所以绵延，全赖国史为之魂魄”。他因而主张开馆修史，“借历史以说明国家之绵延，鼓励民族之复兴”。[②]

正是基于历史于国家和民族之重要性的认识，“九一八”事变后的知识界中一些从事历史教学和研究的学人强调了历史教育对于民族意识之培养的积极意义。河南大学的李鉴昭就明确指出，“民族意识”的“养成”别无他途，只能“由民族历史之养成之”。我们“不欲复兴我中国、我民族则已，如其欲之”，则非改善和加强历史教育、以培养国民的民族意识不可。否则，“设此不图，而与言民族自决、民族复兴”，那只是“缘木求鱼”“痴人说梦”而已。[③] 卿会在《改造民族性与发展历史文化教育》中写道：一个国家或民族，处于内忧外患交迫的环境中，要图自救，要求国家或民族之复兴及完整计，就非积极提倡民族主义的教育不可。就历史方面来考察，民族主义的提倡在近代教育上已有一种极有力的趋势。德国的复兴全赖民族主义的发扬。我国目前所处的境况，与 1907 年前的德国十分相似，甚至更加困难。“外有强敌之侵凌，内则政治之不能统一，处于危如累卵的境况中，全国上下漠然视之，可知民族意识，已消失殆尽。”[④] 因此，我们要救亡图存，实现国家的富强和民族的复兴，当务之急，是要充

① 姚公书：《论历史教育之重要》，《江苏学生》第8卷第3期，1937年。

② 傅振伦：《朱希祖传略》，晋阳学刊编辑部编《中国现代社会科学家传略》第5辑，山西人民出版社1985年版，第59页。

③ 李鉴昭：《发扬民族意识与中国复兴》，《河南民国日报副刊·史学周刊》第4卷第8期，1934年。

④ 卿会：《改造民族性与发展历史文化教育》，《建国月刊》第9卷第4期，1933年。

分发挥教育尤其是历史教育之培养国民民族意识的功能。浙江省立图书馆馆长陈训慈也再三强调，历史教学的中心目标，“乃在充分表达中国民族之由来变迁与演进，说明世界各国演进之大势，而与本国相印证”，从而“直接间接以加强学者之民族意识，以激励其为本国民族之生存与繁荣而努力”。[①] 金高则视历史教育为“培育民族意识和国家观念的利器”[②]。

“九一八”事变后的知识界中一些从事历史教学与研究的学人不仅认识到历史教育对于培养国民之民族意识的积极意义，而且还就如何改善和发挥历史教育在培养国民民族意识方面的重要作用提出了建议。浙江省中等教育研究会的宋念慈提出，我们在对学生进行历史教育时，一是多宣传我国往史中隆盛的事迹；二是多阐述我国往史中文明创造的能力；三是多提示我国往史中国耻的史事；四是多介绍我国往史中民族英雄的事迹。[③] 王湘岑建议：第一，历史教育要以民族生死为号召，从而使国民能有根本的觉悟，认识到民族的生死是一切问题的根本，这样才能事事从民族之利害着眼，而不计较个人之荣辱毁誉。第二，教材的取材时代要越近越好，这样才能振聋发聩，充分发挥历史教育的最大效力。“取材于百年来不平等条约史料固然重要，取材于淞沪抗战时之史料更为亲切有效”。第三，从事历史教育者要以身作则，“随时随地能从他的行动上把为国家为社会牺牲的精神表现出来，使学者受人格上的感化，而后逐渐达到最后最高的目标（甘为国死）”。[④] 王敬斋强调了“注重近百年史”的重要性。他指出：近百年的中国历史，可以说是帝国主义侵略的纪录，又因我们自己内政的积弊太多，“于是造成悲惨的国耻史”，打开“中国近代史”，其字里行间充满的是“屈辱外交”“割地赔款”一类的内容，我们从事历史教育，就是要“把这些奇耻大辱一件一件地让我们的同胞深切的知道”，从而唤起

① 陈训慈：《历史教学与民族精神》，《图书展望》第4期，1936年。

② 金高：《现代历史教育的批判》，《教鞭半月刊》第5期，1936年。

③ 宋念慈：《民族主义的历史教育论》，《浙江省中等教育研究会季刊》第5期，1936年。

④ 王湘岑：《如何唤起民族意识》，《社友通讯》第3卷第12期，1935年。

他们的“民族意识”。[①]

严裕民认为，小学教育是国民应具有的最低限度的义务教育，因此“对于儿童应具民族意识之范围，当须有最低限度之规定”。[②]张文先则提出了“培植低级儿童的民族意识”的问题。他在《怎样培植低级儿童的民族意识》一文中写道：“民族意识是民族生存的力量。我们要希望中华民族复兴起来，那么对全国未来中坚的儿童，应当用种种方法，培植他们的民族意识。而儿童的民族意识，尤须在低年级里培植起来。”他并根据“低级儿童”的特点，提出了十二条“怎样培植低级儿童的民族意识”的建议，其主要内容是：要经常给“低级儿童”讲述民族历史上有关“民族伟人的故事”“雪耻救国的故事”和“爱国耐劳、勇敢的故事”，使他们于无形之中“得到道德的感化”，树立起爱国家、爱民族的思想观念；要向“低级儿童”报告简单而易于理解的时事要闻，使他们对国家和民族的现实处境有比较直观的了解，但由于“低级儿童，年龄尚幼，经验缺乏”，所以报告的事件不仅要“具体”以易于理解，而且要“宜少不宜多”；要组织他们参观本地的名胜古迹和纪念物，如杭州的岳飞庙、秋瑾墓、徐锡麟墓等，通过这种“乡土教育”，培养儿童的爱乡观念，并进而“由爱乡的观念”，发展为“爱国家爱民族的观念”；要每天举行升降国旗的仪式，因为国旗是国家的象征，“每天使儿童升降国旗，对国旗致敬，能养成儿童尊敬国旗的习惯，唤起爱护国家的观念”；要把忠、孝、仁、爱、信、义、和平这些“中华民族的固有道德”，编成小故事经常讲给“低级儿童”听，“能够表演的，更需指导儿童表演一番”，以加深他们的印象，这样使“低级儿童”在潜移默化中受到教育；要使儿童牢记国耻的事实，不时地给他们作一些帝国主义如何侵略、欺负中国的报告，同时在学校张贴一些雪耻救国的图画，通过耳濡目染，“使儿童刻刻不忘国家的受辱，和报仇雪耻

① 王敬斋：《现阶段的历史教育问题》，《文化与教育旬刊》第118期，1937年。

② 严裕民：《儿童与民众应具最低限度之民族意识》，《进修半月刊》第6卷第2、3期合刊，1936年。

的急迫”。[①]

（三）要培养整个中华民族而非某一民族的民族意识

“九一八”事变后的知识界在提出如何培养和提高国民之民族意识的建议和主张的同时，他们中的一些人还特别强调加强民族团结、培养和提高整个中华民族而非某一民族的民族意识的重要意义。1934 年 2 月 2 日出版的《蒙藏月报》刊有《健全中华民族意识》一文。该文开篇明义便写道：自“九一八”事变以来，中华民族所处的地位可谓耻辱极矣。但一民族在短时间之耻辱，自其整个之历史演进上观之，亦不足虑。“所可虑者，为吾民族意识之是否健全，与夫民族文化之是否能继续前进者耳。苟吾民族意识健全，则今日所受之一切压迫，非但无损于吾民族之生存，且正可为今后发扬光大之根源。盖多难可以兴邦，只须立志复兴，锐意图强，则解除当前压迫。而欲扬眉吐气不愿后人于今之世者，并非难事，历史上不少关于此类之事实也。”那什么是“健全中华民族意识”呢？从其内涵来看，该文所说的“健全中华民族意识”，也就是整个中华民族而非某一民族的民族意识。用该文的话说：“吾中华民族，经过数千年之混合同化，早已溶成一个整体。徒以教育缺乏，人民每不自觉，以致民族之间，不免间有误会发生，遂引起强邻之煽惑鼓诱。此种整个民族之意识，如不急速唤起，设法健全，则随时可发生民族内部之分裂，而将自行涣散，至于不能一致御侮以图存矣。”[②] 王敬斋在《现阶段的历史教育问题》一文中再三强调，“民族意识的唤起”要从“消极的和积极的两方面”入手，“在消极的方面，应该打破种族的界线；在积极的方面，最重要的是团结民族的精神”。他指出：中华民族是由汉、满、蒙、回、藏、苗等民族构成的，各民族都同样受敌人的压迫，因此在目的上，各民族都一致需要自由解放，争得我们民族的独立。我们现在不要再高呼“驱除鞑虏，恢复中华”的口号了，这

① 张文先：《怎样培植低级儿童的民族意识》，《浙江小学教育》第4卷第1期，1936年。

② 《健全中华民族意识》，《蒙藏月报》第2卷第2期，1934年。

个口号表现出来的是一种极窄狭的种族思想，我们现在需要的是全民族的共同努力。我们要认识到中国不是属于汉族或其他某一族的中国，而是属于整个中华民族的中国，中国的历史也不是汉族或其他某一族的历史，而是整个中华民族的历史，"元代的光荣是全民族的光荣，清季的国耻是大家的耻辱，现在又同在帝国主义的宰割之下"，所以我们要团结起来，一致抗敌。这种团结一致的精神才是民族意识"最有力的表现"。① 在著名的史地学家张其昀看来，中国的一大特点，就是民族众多，其中，作为基本民族的汉族占总人口的95%，少数民族占总人口的5%，"少数民族都分布于中国边疆，其人口虽少而散布的地域甚广，在目前边疆多事之秋，本属地方性质的民族纠纷，其安危足以牵动大局，甚至反客为主"，为外部势力所利用，来分裂国家。所以我们要救亡图存，实现民族复兴，就必须继承和发挥中华民族"不问基本民族或少数民族，都是一律平等相待"的"伟大精神"，积极倡导和养成整个中华民族而非某一民族的民族意识，以加强各民族之间的团结，特别是基本民族汉族和边疆少数民族之间的团结。②

1935 年 12 月 15 日，傅斯年在《独立评论》第 181 号上刊出《中华民族是整个的》一文，提出"中华民族是整个的"思想。③ 由于这一思想与"九一八"后知识界所强调的加强民族团结、培养和提高整个中华民族而非某一民族的民族意识的主张不谋而合，因而很快被他们所接受，并积极加以宣传。比如，王孟恕发表在《图书展望》1936 年第 4 期上的《关于中小学史地教材的一个中心问题——中华民族是整个的》一文就强调指出：史地教学的最后目的，是在养成儿童和青年们的国家观念和民族意识。正惟如此，我们这些担任史地教师的人们，应该拿这"中华民族是整个的"一个问题作我们设教的中心。在我们设教的时候，对这问题，应当予以极详尽的提示，然后我们的劳力才不会白费，我们要养成儿童和青年们的国家观念和民族意识的目的才有达到的希望。我们要使儿童和青年

---

① 王敬斋：《现阶段的历史教育问题》，《文化与教育旬刊》第118期，1937年。

② 张其昀：《国难与统一》，《独立评论》第150号，1935年5月20日。

③ 孟真（傅斯年）：《中华民族是整个的》，《独立评论》第181号，1935年。

们知道，在自然环境上，中华民族是整个的，各方面都有“合则两利，离则两伤”的关系，他们于无形中自然会产生出爱护祖国的心理。我们还要使儿童和青年们知道，在精神训练上，中华民族是一贯的，历代的圣贤，于此曾有过艰巨的创造和惊人的成就，他们在兴奋下自会努力于发扬先业的准备。“这样，国家观念与民族意识的养成，自是当然的而也是必然的。要是不能如此的话，那我们的教授史地，可说是完全失败了的。”① 同一期的《图书展望》还刊有陈训慈的《历史教学与民族精神》一文，该文同样提出，我们在从事历史教学时，“应直接间接证实，中国民族是整个的，统一的，宽容的，而且伟大的”②，以培养儿童和青年们对整个中华民族而非某一民族的认同及其民族意识。一位署名“瀚”的作者，也是基督徒，1936 年在《圣公会报》第 29 卷第 1 期发表《中华民族是整个的》一文，其中写道：在目前“大好河山将完全色变”的紧急关头，“最有效的抵抗，非全国上下一心一德，彼此精诚团结，大家都觉得中华民族是整个的不可”。他还特别强调，作为一名基督徒，他“本是服膺基督主义的”，但作为“中华民国的一份子，对于国事不可袖手旁观，尤其是处于现在情形之下，更应当有一种‘我也是整个民族一份子的觉悟’”。国存与存，国亡与亡，皮之不存，毛将焉附？他因而希望广大基督徒要有一种“中华民族是整个的”“我也是整个民族一份子”的民族意识，“不作汉奸，不参加任何足以危害国家的运动，要做实际爱国的工作，比别人更肯牺牲”。③ 楚人为《现代青年》（北平）第 5 卷第 3 期写的“卷头语”《中华民族是整个的》，第一句话便是：“‘中华民族是整个的！’这是我们四万万同胞都应当有的一种认识。”④ 正因为“中华民族是整个的”，所以四万万同胞应当具有一种整个中华民族而非某一民族的民族认同和民族意识。

---

① 王孟恕：《关于中小学史地教材的一个中心问题——中华民族是整个的》，《图书展望》第4期，1936年。

② 陈训慈：《历史教学与民族精神》，《图书展望》第4期，1936年。

③ 瀚：《中华民族是整个的》，《圣公会报》第29卷第1期，1936年。

④ 楚人：《中华民族是整个的》，《现代青年》（北平）第5卷第3期，1936年。

“九一八”事变后的知识界之所以接受“中华民族是整个的”这一思想，强调加强民族团结、培养和提高整个中华民族而非某一民族的民族意识的重要意义，一个重要原因，就是当时存在着两种错误的民族意识：一是大汉族主义的民族意识，一是狭隘（或地方）民族主义的民族意识。这两种民族意识强调的都是对本民族（汉族或某一少数民族）的认同，而不是对整个中华民族的认同，强调的是本民族利益至上，而非整个中华民族利益至上。这两种民族意识不仅不利于中华民族的团结，而且也给日本帝国主义挑拨中华民族内部各民族之间，尤其是汉族与少数民族之间的关系，以便达到分裂中国并进而占领中国的目的提供了可乘之机。著名学者顾颉刚就曾指出：“帝国主义的国家知道我们各族间的情意太隔膜了，就用欺骗手段来做分化运动，于是假错了各种机会用强力夺取我们的国土而成立某某国，又用金钱收买我国的奸徒，尽情捣乱，酝酿组织某某国。汉人马虎，他族上当，而敌人则大收不劳而获之利。如果我们再不做防微杜渐的工作，预遏将来的隐忧，眼看我们国内活泼泼的各族将依次做了呆木木的傀儡而同归于尽了。”[①]“九一八”后的知识界所做的就是“防微杜渐的工作”：通过对整个中华民族而非某一民族的民族认同和民族意识的强调，来揭露和挫败日本帝国主义的这一阴谋。这正如陈训慈在《历史教学与民族精神》一文中所强调的那样：“在今日危局之下，人之谋我者方发为中华民族分散未尚凝固之谬说，可更以片断之往史，离间汉族与他族间之感情，故吾人之讲述，宜更注意说明‘中华民族是整个的’”，以养成整个中华民族而非某一民族的民族认同和民族意识。比如，他举例道：论及东北，“应由史实详证汉代之开拓东北与朝鲜”，以说明东北自古以来就是中国的领土，生活在东北的各族人民都是中华民族的一分子，“力破日本为军人工具之学者之诬说”。[②]

强调整个中华民族而非某一民族的民族认同和民族意识，这是

① 顾颉刚：《中华民族的团结》，《民众周报》（北平）第2卷第3期，1937年。

② 陈训慈：《历史教学与民族精神》，《图书展望》第4期，1936年。

“九一八”后知识界认识上的一大进步，它不仅有利于中华民族的团结，有利于揭露和挫败日本帝国主义企图分裂中华民族的阴谋，而且在“中华民族”观念及其内涵的发展与演变的历程中也具有十分重要的思想意义。“中华民族”这一观念是梁启超于1902年第一次提出和使用的。在晚清，使用“中华民族”的还有杨度和章太炎。但不论是梁启超，还是杨度和章太炎，他们都是在汉族的涵义上使用“中华民族”这一观念的。[①]比如，当时革命派提出的“驱除鞑虏，恢复中华”革命纲领中的“中华”，指的就是汉族，而非现代意义上的“中华民族”，尽管该纲领对推动反清革命起过积极作用，但就它所体现的民族意识而言，借用王敬斋的话说，则是“一种极窄狭的种族思想”[②]。后经民国初年，尤其是五四前后的发展，到“九一八”事变之前，虽然有越来越多的人开始接受和使用“中华民族”，但其中不少人是在“汉族”的涵义上接受和使用这一观念的，这也包括晚年的孙中山[③]和中国共产党人[④]。比如，中国共产党第二次全国代表大会《宣言》虽然把“推翻国际帝国主义的压迫，达到中华民族完全独立”作为“中国共产党的任务及其目前的奋斗”提了出来，但从前后文来看，《宣言》所讲的“中华民族”指的是居于“中国本部”的汉族，并不包括居于“蒙古、西藏、回疆三部”的蒙古族、藏族、回族和其他少数民族，居于“蒙古、西藏、回疆三部”的蒙古族、藏族、回族和其他少数民族，在《宣言》中被称为“异种民族”。[⑤]

“九一八”后，日益严重的民族危机，尤其是日本帝国主义利用我们

---

① 参见郑大华：《中国近代民族主义与中华民族自我意识的觉醒》，《民族研究》2013年第3期。

② 王敬斋：《现阶段的历史教育问题》，《文化与教育旬刊》第118期，1937年。

③ 参见郑大华：《论晚年孙中山“中华民族”观念的演变及其影响》，《民族研究》2014年第2期。

④ 参见郑大华：《民主革命时期中共的“中华民族”观念》，《史学月刊》2014年第2期。

⑤《中国共产党第二次全国代表大会宣言》，中共中央统战部编《民族问题文献汇编》，中共中央党校出版社1991年版，第18页。

两种错误的民族意识而从事分裂中华民族的活动，使知识界认识到在培养和提高国民之民族意识时，有必要强调整个中华民族而非某一民族的民族认同和民族意识，并接受了“中华民族是整个的”这一思想。综合他们的论述，有三点值得肯定：第一，中国是一个多民族的国家，存在着汉族和其他少数民族；第二，无论汉族还是少数民族，都是中华民族的一员，所以“中华民族是整个的”，与此相一致，要培养和提高国民对整个中华民族而非某一民族的民族认同和民族意识；第三，强调中华民族内部各民族之间团结的重要性。这三点无疑是对此前国人的“中华民族”之认识的继承、发展和超越，在“中华民族”观念及其内涵的发展与演变的历程中具有重要的思想意义。笔者曾在《民主革命时期中共的“中华民族”观念》一文中指出，“中华民族”观念自1902年梁启超提出后，其内涵经过民国初年、五四前后和20世纪30年代的发展与演变，到1939年底最终得到确立。这年12月，毛泽东发表《中国革命和中国共产党》一文，其中第一章第一节是“中华民族”。就毛泽东对“中华民族”的论述来看，它包含着三个相互联系的基本内涵：一是中国是一个多民族的国家，二是“中华民族”是中国各民族的共同称谓，三是“中华民族”内部各民族一律平等。这是中国共产党成立以来党的最高领导人对“中华民族”最全面和最权威的论述。从此，毛泽东所确立的“中华民族”的基本内涵，成了中国共产党人的共同认识。1949年后，又成了全体中国人民的共同认识，我们现在就是在毛泽东所确立的基本内涵上使用“中华民族”这一观念的。[①] 就“九一八”后知识界所论述的三点来看，与毛泽东所确立的“中华民族”的基本内涵有一些相通或相似之处。当然，这并不是说毛泽东受到过他们的影响，我们现在还没有找到确切史料证明毛泽东阅读过“九一八”事变后的知识界所发表的相关文章。但这只是问题的一个方面，问题的另一方面，我们不能因此而否认“九一八”事变后知识界所论述的

① 郑大华：《民主革命时期中共的“中华民族”观念》，《史学月刊》2014年第2期。

三点在“中华民族”观念及其内涵的发展与演变的历程中自身所具有的思想意义。

我们以上从三个方面论述了“九一八”事变后的知识界对“中华民族意识与中华民族复兴”之关系的讨论。在“九一八”事变后日本帝国主义加紧对中国的侵略，民族危机日益严重的形势下，知识界在讨论“中华民族能否复兴”和“中华民族如何复兴”的问题时，一些人把目光聚焦于“中华民族意识”，认为只有培养和提高国民的民族意识，才能挽救民族危亡，实现国家富强和民族复兴，并提出了种种培养和提高民族意识的建议和主张。如果依据唯物主义的观点，他们的认识无疑有夸大精神作用之嫌，因为意识是属于精神层面的东西，仅仅靠培养和提高国民的民族意识，我们是不可能战胜日本帝国主义，从而挽救民族危亡，实现国家富强和民族复兴的。这正如毛泽东所指出的那样，“没有一个独立、自由、民主和统一的中国，不可能发展工业。消灭日本侵略者，这是谋独立。……没有独立、自由、民主和统一，不可能建设真正大规模的工业。没有工业，便没有巩固的国防，便没有人民的福利，便没有国家的富强”[①]，更没有民族的复兴。但如果我们考虑到当时具体的历史处境，考虑到参与这一问题的讨论者大多是精神文明的生产者，不少人从事的还是中国历史、哲学、文学和思想文化的研究和教学工作，利用他们自己的专业知识为挽救民族危亡、实现国家富强和民族复兴服务，这可以说是他们自然而然的选择，所以我们应该给予“同情的理解”，尤其是他们所提出的一些如何培养和提高民族意识的建议和主张，在今天仍然有其参考价值和借鉴意义。因为只要人类还没有实现大同，还存在着国家和民族的竞争，那么民族意识的有无或强弱，对于一个民族的生存和发展仍然具有十分重要的意义，而且就目前世界形势和发展趋势来看，国家和民族之间的竞争不是越来越弱化、淡化，而是越来越强化和激烈，英国脱欧，特朗普提出“美国优先”原则，欧洲

① 毛泽东：《论联合政府》，《毛泽东选集》第3卷，人民出版社1991年版，第1080页。

极右思潮的兴起，就是其例证。在此形势下，中华民族要想在激烈的国家与民族的竞争中立于不败之地，保持适度和理性的民族意识，是很有必要的。这里尤须指出的是，“九一八”事变后的知识界所要培养和提倡的既不是大汉族主义的民族意识，也不是狭隘（或地方）民族主义的民族意识，而是整个中华民族的民族意识，是对整个中华民族的认同，而不是对汉族或某一少数民族的认同，这值得我们充分肯定。在为实现中华民族伟大复兴的中国梦而努力奋斗的今天，我们一定要树立和强化对整个中华民族的民族认同和民族意识，要认识到民族复兴不是汉族或其他某个少数民族的复兴，而是包括汉族和所有少数民族在内的整个中华民族的复兴，要加强中华民族内部各民族之间的团结，心往一处想，劲往一处使，只有这样中华民族伟大复兴的中国梦才有实现的可能。

三、“民族复兴”话语下 20 世纪 30 年代的读书运动

20 世纪 30 年代兴起过一场读书运动。读书运动时常有之，而 20 世纪 30 年代兴起的这场读书运动，是在“民族复兴”的话语下兴起的。正如习近平总书记在参观复兴之路展览时所指出的那样，实现中华民族伟大复兴的中国梦是近代以来中国人民矢志不渝的愿望和追求，与此相一致，民族复兴思潮也是近代以来最主要的社会思潮之一。民族复兴虽然是近代以来最主要的社会思潮之一，但民族复兴思想有一个从萌发到发展、再到成为一种社会思潮的发展过程。民族复兴成为一种具有广泛影响力的社会思潮是在“九一八”事变之后的 30 年代。因日本对东三省的侵略而引起的民族危机的空前严重，使中华民族不当亡国奴则必须复兴的思想在社会各界迅速扩散，国人纷纷从政治、经济、学术、文化等各方面探讨民族复兴的路径，提出各自的主张，因而很快形成一种具有广泛社会影响力的民族复兴思潮。20 世纪 30 年代的读书运动就是在这样的语境下，由中国文化建设协会发动而兴起的。关于这场读书运动，学术界涉及不多。有鉴于此，本节不揣冒昧，拟以“民族复兴”为视角对这场读书运动作一研究。

（一）读书运动兴起的历史背景

我们前面已经提到，20世纪30年代的读书运动是由中国文化建设协会发动而兴起的。中国文化建设协会成立于1934年，是一个具有浓厚官方背景的文化团体，其主要负责人陈立夫、吴铁城都是国民党的党政要员。众所周知，国民党的缔造者是孙中山。孙中山不仅是中国民主革命的伟大先行者，为实现中华民族的伟大复兴贡献了他的毕生精力乃至生命，同时也是中华民族复兴思想的最早提出者和阐述者，是他最早提出了“振兴中华”的口号，第一次表达出中华民族复兴的愿望和要求，从而开中国近代民族复兴的思想先河；是他最早确立了中华民族复兴的奋斗目标，即赶超西方发达国家，使中国重新成为世界上的“头一等强国”；是他最先认识到民族精神对于民族复兴的重要性，提出了“要恢复民族的地位，便先要恢复民族的精神”的思想，从而将萌发于清末时期的中华民族复兴思想发展到了一个新的阶段，具有十分重要的思想意义。[①]1925年孙中山逝世后，以孙中山事业和思想继承人自居的蒋介石及国民党人，也接过了孙中山提出的民族复兴思想，来为自己的统治服务，尤其是在“九一八”事变后，面对日益严重的民族危机、社会危机和政治危机，为了论证自己统治的合法性和正当性，同时更为了加强对社会舆论的引导和控制，他们把民族复兴思想作为一种官方意识形态而加以积极倡导，特别是蒋介石，可以说对宣传和提倡民族复兴思想是不遗余力。1932年4月11日，他在中央陆军军官学校发表题为《复兴中国之道》的演讲，初步阐述了他的民族复兴思想。随后他又先后发表《复兴民族之要道》《复兴民族之根本要务——教养卫之要义》《东亚大势与中国复兴之道》《抵御外侮与复兴民族》《四川应作复兴民族之根据地》《全滇民众应负起复兴民族之责》《建设新云南与复兴民族》《为学做人与复兴民族之要道》《御侮与复兴之基本要道》《民族复兴之路》《复兴中华》等一系列以“民族复兴”为主题的

① 郑大华：《论孙中山的中华民族复兴思想及其历史地位》，《教学与研究》2016年第10期。

讲演，就他的民族复兴思想作了进一步的系统阐述。1934 年，蒋介石又出版了《复兴民族之要道》一书，收录了他 1932 年至 1934 年发表的有关民族复兴的 10 篇言论。同年，还出版了他对庐山军官训练团的讲话稿《抵御外侮与复兴民族》。概而言之，蒋介石的民族复兴思想的核心或实质，是打着民族复兴的旗号，来宣传他的要实现民族复兴，就必须实行一个主义、一个政党、一个领袖，全党（国民党）全民都要绝对服从他的领导、听从他的指挥的专制独裁思想[①]。

1934 年 10 月，中国文化建设协会成立后，为配合以蒋介石为代表的国民党人对社会舆论的引导和控制，也积极投入到了民族复兴的宣传之中。但由于中国文化建设协会的性质是文化团体，参加协会的主要成员或骨干分子大多是国民党内的高级知识分子，不少人还是名牌大学的知名教授，如黄文山、王新命、何炳松、陶希圣等人，因此，与蒋介石赤裸裸地鼓吹只有实行一个主义、一个政党、一个领袖，才能实现民族复兴的专制独裁思想不同，中国文化建设协会则认为，要实现国家和民族的复兴，首先必须实现文化复兴。陈立夫在《民族复兴与读书运动——全国读书运动大会之开幕词》中就明确指出："我们现在都痛感到了民族地位的危险，因而对民族复兴的必要性和紧迫性有了进一步的认识，但我们更深信，一个民族的强弱盛衰，完全基于文化的是否昌盛，所以我们在民族复兴运动的前夜，应该有一个轰轰烈烈的切切实实的文化复兴运动，以文化复兴运动，奠定民族复兴运动深厚而坚固的基础，而且唯有文化复兴运动能成功，民族复兴运动才能不徒托空言，才能如期实现。"[②] 在中国文化建设协会看来，如果一个国家和民族没有了文化，那就没有了生命，中国之所以会落后挨打，面临亡国灭种的现实危险，一个重要的原因就是在西方文化的侵蚀下，中国人对自己的文化失去了自信。1934 年 10 月创刊的中国文

---

① 参见郑大华：《论九一八事变后"中华民族复兴"思潮的形成》，《史学月刊》2015年第5期。

② 陈立夫：《民族复兴与读书运动——全国读书运动大会之开幕词》，《文化建设》月刊第1卷第8期，1935年5月10日。

化建设协会机关报《文化建设》月刊的《发刊辞》写道："今日的中国处列强环伺之下，国弊民贫，诚然是危险万状，但若谓此便无办法，则以历史之久，土地之广，人民之众如我中华民族者，却未之敢信。故民族信仰的恢复，在现今是当务之急。"[①] 所谓"民族信仰"，也就是我们讲的民族自信力。民族自信力为什么会丧失呢？陈立夫在《中国文化建设论》中作过分析："民族自信力何以衰微呢？由于多数人不认识过去民族光荣的历史与光明的前程之故。不认识怎能生出信仰，不信仰怎能产生力量，自信力之消失乃是必然的结果，一个民族所以能够持续他的生命，必有他的恒久的光荣的历史作为推动的力量，有显著的光明的前程作为诱进的力量，使民族中个个份子对于自己民族生存的绝对可能性与必要性都有深刻的自信，则对于民族的将来，自然负担起责任而无所期待。否则对于民族的过去，顿生疑虑，民族的将来，无所期许，自信力渐形衰微，凝结力因而疏懈，以致一旦遇有外侮，就没有法子可以抗御了。"[②] 既然"多数人不认识过去民族光荣的历史与光明的前程"导致了民族自信力的丧失，而民族自信力的丧失又是中国之所以面临亡国灭种危险的重要原因，那么，要实现民族复兴，就必须恢复民族自信力。而要恢复民族自信力，就必须从事以弘扬中国传统文化，尤其是中国传统伦理道德为主要内容的文化建设。这也是他们把自己的团体称为中国文化建设协会的根本原因。借用陈立夫在《中国文化建设论》中的话说："建设民族新文化，必须先研究民族旧特性。中国的民族特性是最优秀的，它的优秀之点，在于'至大至刚'、'至中至正'。"[③] 当然，从事文化建设，并非不要学习西方，引进西学，只是学习西方，引进西学，要以中国文化为主体、为本位而已。所以，他们又称为"中国本位的文化建设"。

---

① 《发刊辞》，《文化建设》月刊第1卷第1期，1934年10月10日。

② 陈立夫：《中国文化建设论》，《文化建设》月刊第1卷第1期，1934年10月10日。

③ 陈立夫：《中国文化建设论》，《文化建设》月刊第1卷第1期，1934年10月10日。

1935年1月10日，作为中国文化建设协会的主要成员，黄文山、王新命、何炳松、陶希圣等10位教授联名在《文化建设》月刊第1卷第4期上发表《中国本位的文化建设宣言》，提出“不守旧，不盲从，根据中国本位，采取批评态度，应用科学方法，来检讨过去，把握现在，创造将来”的文化建设方针。《宣言》发表后得到中国文化建设协会和国民党官方的大力支持，并由此兴起了一个“中国本位文化建设运动”，各种官方报刊纷纷发表社评、社论和文章，大力推崇、宣扬《宣言》的观点和主张。中国文化建设协会在各地的分会，相继组织召开所谓“中国本位的文化建设座谈会”，讨论、学习、宣传《宣言》。据不完全统计，自1935年1月10日《宣言》发表到5月10日10位教授登出《我们的总答复》，仅4个月时间内，发表的支持、称赞、宣传和配合《宣言》的大小文章就达100多篇。

在中国本位文化建设运动兴起的同时，中国文化建设协会又发起了一场打着民族复兴旗号的读书运动。为什么要发起一场读书运动呢？概括发起者的观点：要实现民族复兴，必先实现文化复兴，从事文化建设，文化建设的重要内容之一，便是提高国民的知识和文化的水平，而读书则是提高国民知识和文化水平的重要途径。陈立夫在《民族复兴与读书运动》一文中指出：我们要实现民族复兴，首先要实现文化复兴；而要实现文化复兴，就必须做好“三大工作”，即“以科学方法整理过去的一切，以科学知识充实现在的一切，以科学的精神创造将来的一切，这就是中国文化复兴运动中三大工作，也就是建设中国民族文化的三大路线”。而要完成这三大工作或三大路线，“就应该从（一）好学，（二）力行，（三）知耻这三项做起”。所谓“好学”，就是要多学知识，“以知识与人竞争”。因为“现代的世界，是智力角逐的世界，智力强者胜，智力弱者败，其间存亡之道，决无侥幸之可言”。所谓“力行”，就是要努力实践，“以能力与人竞争”。中国之所以“百举皆废，一事无成”，原因就在于“不能力行”。所谓“知耻”，就是要“补足其知识能力之不足，以备雪耻之用”。俗话说“知耻近乎勇”，有了“知耻的自觉”，便会有雪耻的决心和准备。如果中国人都能脚踏实地从“好学”“力行”“知耻”这三项做起，那么“文化复兴运动的成功，民族复兴运动的成功，是指日可期的”。而无论是“好学”，还是“力行”，抑或“知耻”，又都离不开读书，唯有多读书，读好书，才能充实自己的知识，增强自己的能力，做好雪耻的准备。这便是中国文化建设协会举办读书竞进会和全国读书运动大会的意义。[①] 吴铁城的《文化建设与读书运动》一文在回顾了近代以来中国的衰落和欧美与日本的兴盛后总结出“一个民族盛衰的原则”：“现代民族的斗争，不是单纯武力的斗争，而是智力的斗争，科学的斗争，文化的斗争。”因此，中华民族要复兴，要自强，要改变落后挨打的局面，要在国际上跻身于真正自由平等的地位，“则惟有顺从这一个历史的原则”，上下一致，共同努力，“培养民族的智力，提高文化的水准”，以“创建我们民族文化科学的基础”。而“培养民族的智力，提高文化的水准”的最好办法便是读书，这是中国文化建设协会所以要举办读书竞进会和全国读书运动大会的根本原因。[②] 吴醒亚在《读书运动与中国革命》一文中同样强调：要实现民族复兴，必先完成现阶段的革命任务，即训政和建设，而训政和建设的成败关键，“完全随国民的知识程度为转移”。中国文化建设协会所以要举办读书竞进会和全国读书运动大会，就是希望通过读书来提高国民的知识程度，从而为完成训政和建设这两大现阶段的革命任务，进而为实现民族复兴创造条件。[③] 陈立夫、吴铁城和吴醒亚都是中国文化建设协会的主要领导人，尽管他们分别是从民族复兴、文化建设和中国革命三个方面论证中国文化建设协会举办读书竞进会和全国读书运动大会的目的及其意义的，但结论则殊途同归，借用吴醒亚在《读书运动与民族复兴》一文中的话说：“惟有读书才

---

① 陈立夫：《民族复兴与读书运动——全国读书运动大会之开幕词》，《文化建设》月刊第1卷第8期，1935年5月10日。

② 吴铁城：《文化建设与读书运动》，《文化建设》月刊第1卷第8期，1935年5月10日。

③ 吴醒亚：《读书运动与中国革命》，《文化建设》月刊第1卷第8期，1935年5月10日。

足以复兴民族！”[1]

（二）读书运动在全国的兴起

1935年3月中旬，中国文化建设协会内部成立了读书竞进会，吴醒亚为主任委员，蒋建白为总干事，王新命为总秘书，周寒梅、黄敬斋等为干事秘书，并在全国成立了相应的机构。读书竞进会成立后，即积极从事读书运动的宣传，推出“在学须力学，买书须读书”“节省浪费的时间来读书”“用手又用脑，才是大好佬”“不但学生要读书，就是先生也要读书”等标语口号，在全国各大报刊和城市街道广为刊登和张贴。读书竞进会还计划举办多期读书竞赛，以推动读书运动的开展。第一期计划自1935年4月起至10月结束，为时半年。读书竞赛启动后，读书竞进会即在《申报》、天津《大公报》《文化建设》等报刊刊发广告：凡愿参加者，“于本月二十日向各地文化建设协会报名，报名期限为一月”。同时又制定了极优惠的读书政策，“凡报名入会者，由会发给廉价购书券，得以对折或更低廉之价向出派上列之书之书店购买”，并向读书者提供通信指导：“参加读书竞进会之人，遇书中有疑问时，可通讯询问，读书会于得函后，即发各专门导师分别答复。”为了使读者能在有限的时间内多读书，读好书，读书竞进会还成立了书目选定委员会，其成员由吴醒亚、竺可桢、高一涵、陈立夫、蔡元培、潘公展、周佛海、陈布雷等声名显赫的知名专家及政界名流组成，选定的书目分为“大学组之必读和参考书目”和“中学组必读和参考书目”两组。比如大学组第一类的必读书是孙中山的《三民主义》《建国大纲》和《建国方略》，参考书是蒋介石的《革命哲学》《新生活运动纲要》，立法院编的《中华民国宪法草案》和陈立夫的《唯生论》；第二类的必读书是陈恭禄的《中国近代史》，参考书是夏曾佑的《中国古代史》。中学组第一类的必读书是孙中山的《三民主义》，参考书是蒋介石的《革命

① 吴醒亚：《读书运动与民族复兴》，《江苏省立上海中学校半月刊》第87、88期合刊，1935年。

哲学》《新生活运动纲要》，陶百川的《三民主义概论》和楼桐孙的《三民主义研究》；第二类的必读书是罗元鲲的《开明高中本国史》，参考书是吕思勉的《白话中国史》。据统计，大学组共列必读书和参考书7类17种，中学组列的必读书和参考书是6类13种，这些书目都曾在报纸刊物和电台广播广为流传。

除了成立读书竞进会具体负责和推动读书运动外，中国文化建设协会还从1935年4月8日起，举办了为期两周的全国读书运动大会。开幕式的当天，协会理事长陈立夫在中央广播电台发表了《民族复兴与读书运动——全国读书运动大会之开幕词》的演讲，演讲词后刊发于《文化建设》月刊的"读书讲座"专栏。同一专栏发表的还有吴铁城的《文化建设与读书运动》、吴醒亚的《读书运动与中国革命》、潘公展的《三个基本认识——全国读书运动大会之闭幕词》以及王云五的《读书的方法》、蔡元培的《怎样研究哲学》、陶百川的《怎样研究党义》、李熙谋的《怎样研究自然科学》、孙寒冰的《怎样研究政治学》、樊仲云的《怎样研究国际政治》、张素民的《怎样研究经济学》、章友三的《怎样研究教育学》、章渊若的《怎样研究法律科学》、何炳松的《怎样研究史地》、王新命的《怎样研究文学》等谈论读书运动之意义和读书学习之方法的演讲文章。就上述作者，尤其是谈论读书学习之方法的作者来看，都是各个领域的著名专家。

为了营造良好的读书氛围，推进读书运动的开展，中国文化建设协会还利用它的官方色彩，要求全国各大报刊、各地教育机关和文化建设协会的各地分会大力配合，积极从事读书运动的宣传和组织工作。比如，上海《申报》于4月8日，也就是读书运动大会开幕式的当天，专门开设读书运动大会特刊，发表中国文化建设协会的《读书运动大会宣言》。《宣言》提出，凡是能够雄飞于世界的任何民族，有他的两翼：其一是优越的精神力，又其一是优越的物质力。所谓精神力，就是智力，而物质力则包含体力、财力、物力三要素。如果没有精神力作主宰，那就纵有雄壮的体力，富厚的财力，众多的物力，都会陷于无统制无组织无管理的状态，一旦要把它用在大规模的民族上面，便会发觉这种物质力，只是一盘散沙，而不是团结坚固的物体，只好让人家各个击破了。增进精神力的唯一方法是求知，要求知，就要读书。“所以读书就是我们中国此时此地的需要。”①除《宣言》外，特刊还发表了蔡元培的《我的读书经验》、樊仲云的《怎样读书》、何炳松的《怎样研究历史》、蒋建白的《怎样研究经济》、叶青的《怎样研究哲学》等文章，为读书运动锦上添花。当时在全国很有影响的《国闻周报》，举办了“如何促进读书运动”的征文活动。其他如《教育》《现代出版界》《新生活周刊》《厦大图书馆馆报》等刊物也都有谈论读书运动的文章发表。以《现代出版界》为例，仅新第 1 号，发表的文章就有《为读书运动进一解》《对于读书运动之感想与希望》和《读书运动》等。

上海教育局于全国读书运动大会期间，“饬令所属全市各级学校，同时分别举行读书运动周，并举行学生读书演讲竞赛，以利宣传，而资策励”②。中国文化建设协会北平分会不仅于 6 月 1 日创办了专门从事读书的宣传和指导的杂志《读书季刊》，而且还根据总会要求，于 4 月 15 日至 21 日在北平举办读书运动周，“华北日报，北平晨报，世界日报，京报，益世报，北辰报，北方日报，及北平新报，自十五日起，轮流各出读书特刊、并在社论及新闻方面尽量宣扬，其余各报，则不限定日期，任意出刊”。同时对推广读书运动进行了具体周密的策划和安排：“A 宣传周第一日为星期一，是日由各大中学校于举行纪念周时，请校外名人或本校教职员讲演读书运动意义。B 举行广播讲演，自十七日在河北电台举行四日，计十七日，陈石泉讲读书之研究，十八日，李蒸讲读书运动之旨趣，十九日余家骥讲读书的态度与方法，十九日，徐诵明讲关于读书运动。C 举行读书运动宣传大会，于二十一日在中山公园中山堂举行，各界市民及学生到会者约千人，由徐诵明主席，北平市长袁良及北平大学工学院院长张贻惠演讲。D 分发本分会读书运动宣言及总会颁来标语于各学校，并在读书运动宣传大会散发。E 由本市各书局在宣传周内将各种书籍一律廉价发售。

① 《读书运动大会宣言》，上海《申报》1935年4月8日。

② 上海《申报》，1935年4月8日。

F由北平图书馆十六日起举行图书展览。G由社会局令所属各学校，在宣传周内，学生作文题目，采取关于读书运动之材料。（三）各校举行读书讲演竞赛已由社会局令饬遵办。”[①]

在中国文化建设协会的发起和精心组织之下，一时间，读书运动在全国搞得风生水起。作为这一运动的具体组织者，读书竞进会主任委员吴醒亚曾在《读书运动与中国革命》一文中不无自豪地写道：“中国文化建设协会发起全国读书运动，各地报纸的宣传，各界人士的响应，真是登高一呼，万山皆应，很迅速的形成一种读书的风气。”[②]在全国读书运动大会的闭幕词中，潘公展也极为乐观地展望：“原来读书运动大会的意义，在唤起全国青年对于读书的决心和信心，在引起对于读书的坚决的动机，所以大会照预定的日期而闭幕，而全国同胞对于读书的兴趣与研讨学术的决心，我深信一定能因大会闭幕而兴趣格外提高，决心格外坚定的。”并且要求“读书运动应该延长时间，要有永久性”。[③]

那么，实际效果究竟是怎样的呢？1936年5月出版的《申报·出版界》，刊载了一篇题为《一年来的读书运动》的文章，对读书竞进会主办的读书竞赛及考试的结果进行了总结，作者转引了中国文化建设协会公布的一组统计数据：报名会员——大学组3126人，中学组2663人；应试会员——大学组46人，中学组74人；最优成绩——大学组88.71分，中学组91.5分；最劣成绩——大学组38.85分，中学组9.83分。在转引了这一组数据后作者写道：“全国报名会员，大中学组共仅五千七百八十九人，已够令人惊异，而应试会员，大中学两组，仅一百二十人，更使我们舌挢不能下，这里面，虽然有种种特殊的原因在内，但好学之士的稀少，我们是不能不加以承认的。而最优成绩与最劣成绩之令人不能满意，也毋容赘

① 《读书季刊》第1卷第1期，1935年6月。

② 吴醒亚：《读书运动与中国革命》，《文化建设》月刊第1卷第8期，1935年5月10日。

③ 潘公展：《三个基本认识——全国读书运动大会之闭幕词》，《中国文化》月刊第1卷第8期，1935年5月10日。

言了。”尽管作者对读书运动持的是充分肯定的态度，认为“提倡读书是中国目前唯一的急务”，但面对如此的数据，也不能不承认其“成绩不佳”，不能不承认“全国一般青年对于读书是怎样的漠视”。[①] 正因为“成绩”如此“不佳”，主办方不得不宣布：“因应试人数较少，故所有奖金，均行核减。”[②] 原计划中的复试，也随之宣告取消，热闹一时的读书运动就此销声匿迹。

场面热闹，实际效果不佳，可以说是这场读书运动的显著特征。那么我们要问，为什么会产生这一特征呢？

（三）读书运动“成绩不佳”的原因

如前所述，中国文化建设协会是打着民族复兴的旗号来发起读书运动的，亦就是说，中国文化建设协会发起读书运动的目的是实现民族复兴。因为在陈立夫、吴铁城、吴醒亚等中国文化建设协会的领导人看来，要实现民族复兴，首先必须实现文化复兴，用陈立夫的话说，“文化复兴乃民族复兴之前提”，“文化建设运动是否成功，实为民族是否可以复兴一大关键”。[③] 而读书运动则是文化建设的一个重要方面，这也是他们在发起“中国本位文化建设运动”的同时，又发起读书运动的一个重要原因。

实际上，自 1894 年孙中山提出“振兴中华”的口号从而开中国近代民族复兴之思想先河以来，将民族复兴等同于文化复兴，或主张以文化复兴来实现民族复兴的思想和主张就不绝于耳。20 世纪初以章太炎为代表的“国粹派”就主张“古学复兴”，五四时期梁启超、梁漱溟等“东方文化派”也提倡过“复兴”东方文化的主张。到了“九一八”事变后的抗日战争时期，将民族复兴等同于文化复兴，主张以文化复兴来实现民族复兴的观点更加盛行。如江问渔在《国难中民族复兴问题》一文中就明确提出：“‘复兴’二字，可以分开来辨说，‘复’是以复其旧有，‘兴’是兴其未

① 贺汉光：《一年来的读书运动》，《申报》1936年5月28日。

② 《第一期考试揭晓》，《文化建设》月刊第2卷第11期，1936年8月10日。

③ 陈立夫：《文化复兴乃民族复兴之前提》，《皖光半月刊》第6期，1934年。

来。所谓民族复兴，也就是‘文化复兴’。因为文化一部分是旧有的，应该竭力去恢复他，去光大他。一部分是新生的，应该竭力去吸取他，去融合他。”[①] 陈嘉异的《文化复兴与民族复兴（甲篇）——复兴中国文化为复兴中国民族之原论》一文提出，“复兴文化为复兴民族之源泉”，只有复兴了中国文化，才有可能实现中华民族的复兴。[②]

人们之所以将民族复兴等同于文化复兴，或主张以文化复兴来实现民族复兴，这有两方面的原因：一方面，中国在政治、经济、军事、教育等领域里事事不如人，使人们不得不把民族复兴的希望寄托在相对而言我们还存在着一些优越心理的中国文化的身上；另一方面，这一观点的主张者大多是从事精神文明的生产者，不少人从事的还是中国历史、哲学、文学和思想文化的研究和教学工作，利用自己的专业知识为实现民族复兴服务，这可以说是他们自然而然的选择。但将民族复兴等同于文化复兴，或主张以文化复兴来实现民族复兴，从性质上来说，这是一种文化决定论。清华大学的潘光旦教授在《民族复兴的一个先决问题》一文中就对这种文化决定论提出过批评，认为“九一八”后人们大讲特讲“民族复兴”，但认真检阅这些议论，“几乎全部是偏在文化因素一方面的”，实际上“历史的文化”只是民族复兴的重要因素之一，我们不能只是强调这一方面，而忽视了其他的因素。[③]

正因为中国文化建设协会是打着民族复兴的旗号来发起读书运动的，所以他们提出的以读书来实现民族复兴的主张得到了一些具有类似思想的人的赞同和响应。比如，马宗荣发表在《教育》杂志第 25 卷第 3 号的《民族复兴与读书运动》一文就写道：中华民族现处在“半睡眠的状态中，昏昏沉沉的，没有一点热，更没有一点力”，因此，“我们要想图民族复兴”，

① 江问渔：《国难中民族复兴问题》，《教育建设》第5期，1933年。

② 陈嘉异：《文化复兴与民族复兴（甲篇）——复兴中国文化为复兴中国民族之原论》，《丁丑杂志》第1卷第1期，1937年。

③ 潘光旦：《民族复兴的一个先决问题》，《东方杂志》第31卷第18号，1934年9月16日。

目前的急务就是要把国民从“半睡眠的状态唤醒过来，供给一些能够放送热和力的原动力……中国民族所需要的原动力是什么呢？即是知识。我个人觉得，在提倡民族复兴的运动中，必须同时提倡国民知识的获得”。而读书是国民要获得知识的主要途径。就此而言，“读书运动没有疑问的在目前是值得提倡的”。[①] 蔡槐卿在一篇名为《读书运动与复兴民族》的文章中也强调：中国今日的大患，不在武器的缺乏，而在文盲的充斥；不在物质力的薄弱，而在精神力的幼稚；不在刚毅果敢的人过少，而在不学无术的人太多！“所以我们要尽我们之所能知，同时还要探求他人之所不能知，并且更进一步能有所创造，这才是中国自力更生的康庄大道，其实挽救国运和复兴民族，也只有这一条路可以走得通！”[②] 陈敬中的文章的题目同样叫做《读书运动与复兴民族》，他指出：没有健全的知识的国民，是不可能担负起“复兴民族国家的重担”的。“故欲把这民族复兴的责任，普遍地放到每一个国民的肩头，须先把国民的智能充实起来。一个全国一致的盛大的读书运动，乃是民族复兴的过程中不可或缺的基础工作。”[③]

据不完全统计，当时以《读书运动与民族复兴》或《民族复兴与读书运动》为题发表的文章有二十多篇，尽管这些文章的内容各不相同，具体观点也有差异，但从其标题则可以看出，它们都是赞成和支持中国文化建设协会发起的读书运动的。比如，其中的一篇文章就写道：中国民族的衰弱固然有种种原因，但最重要的原因是“愚”。换言之，就是缺乏知识。“所以我们复兴民族，最重要的问题，就是如何增进民族的知识，来整理过去，充实现在，和创造将来的文化。那么知识从何而来？方法固然不止一种，而最经济的方法，就是‘读书’。”因此，中国文化建设协会发起的“读书运动与民族复兴有莫大的关系”。[④] 另一篇文章同样认为：“新中国之

---

① 马宗荣：《民族复兴与读书运动》，《教育》第25卷第3号，1935年。

② 蔡槐卿：《读书运动与复兴民族》，《青年半月刊》（杭州）第1卷第23期，1935年。

③ 陈敬中：《读书运动与复兴民族》，《学校生活》第103期，1935年。

④ 周凤山：《读书运动与民族复兴》，《中国文化建设协会山西分会月刊》第1卷第7期，1935年。

建设与中华民族之复兴，必以整个民族德育智育体育之健全，为救亡图存不二之途径，而读书求知实为充实国力之根本。”该文还从“国民个人修养”“中国今日之需要”“民族复兴立场”“完成国民革命及实现三民主义”这四个方面论证了读书的重要性以及中国文化建设协会发起读书运动的积极意义。就“民族复兴立场”而言，该文指出：“我们要求民族复兴，一方要恢复民族固有的精神，增加民族的自信力；一方要取西洋文明的长处，造成近代式的国家，二者皆非读书求知不为功。”①

正如我们上引潘光旦的《民族复兴的一个先决问题》一文所批评的那样，主张以读书来实现民族复兴的观点只强调了读书的重要性，而忽视了其他因素。实际上，民族复兴是一系统工程，涉及政治、经济、文化等各个方面，这各个方面对于实现民族复兴都十分重要，我们不能只强调某一方面，不能把民族复兴等同于文化复兴，更不能夸大读书在民族复兴中的作用，而忽视其他方面的因素，尤其是民族的解放和国家的独立，这是实现民族复兴最基本的前提或条件。我们设想，中华民族如果不能从帝国主义的奴役下解放出来，国家不能获得独立与自由，我们又怎能实现民族复兴？而要实现民族的解放和国家的独立，就离不开政治民主和经济发展。毛泽东就曾指出，“中国缺少的东西固然很多，但是主要的就是少了两件东西：一件是独立，一件是民主。这两件东西少了一件，中国的事情就办不好”②，中华民族也就无法实现复兴。鸦片战争以来的历史，清楚地告诉我们，“一个不是贫弱的而是富强的中国，是和一个不是殖民地半殖民地的而是独立的，不是半封建的而是自由的、民主的，不是分裂的而是统一的中国，相联结的。在一个半殖民地的、半封建的、分裂的中国里，要想发展工业，建设国防，福利人民，求得国家的富强”③，实现中华民族的伟

① 刘振东：《民族复兴中之读书运动》，《时事月报》第13卷第2期，1935年。

② 毛泽东：《新民主主义的宪政》，《毛泽东选集》第2卷，人民出版社1991年版，第731页。

③ 毛泽东：《论联合政府》，《毛泽东选集》第3卷，人民出版社1991年版，第1080页。

大复兴，这是不可能的。

就中国文化建设协会发起读书运动的20世纪30年代来看，一方面，因日本帝国主义于“九一八”事变后不断得寸进尺，扩大对中国的侵略，而国民政府则采取“攘外必先安内”的对日妥协政策，中华民族的生存面临着前所未有的严重危机；另一方面，1928年国民党统一全国后，打着训政的旗号，不断完善和加强一党专政制度，全国处在白色恐怖的统治之中，人民没有任何民主和自由权利可言。在这样的历史背景下，广大青年，尤其是喊出“华北之大，已经安放不得一张平静的书桌”的华北青年，他们能像读书运动的发起者所希望的那样，埋首于书斋之中，安心地死读书、读死书吗？1936年春出版的《读书季刊》第2卷第1期刊登了一篇题为《读书危机及其解脱》的文章：“近来一般青年，尤其是大学生，他们对于政治新闻，较之以前更感觉到亲切而兴奋，时局偶有变易，则争相传告，偶语不休，对于每一政治事件的本身，都愿要求体系而正确的理解，足见实践的重要性，已侵入于理论的任何部门。各大学同学，当夫上课之始，辄要求每一教授分析时事，并且很深刻的注意其结论，如分析的结果没有正确地指明事实的前途，则恒为不怿，这正是读书救国论者必须予以严重注意的事情。”[①] 其实，关心时局的不仅仅是一般青年和大学生，小学生也是如此。1936年5月，《申报》发表一篇题为《最后一课》的小小说，文章描写一位小学教师上课时的情形：“先生，不要讲书……”“讲时事呀，先生……”“我踏进课堂，还没翻开公民课本的时候，三十多个孩子就像一群小麻雀似的嚷嚷成一片。我装出挺威严的神色，右手在讲台上重重一拍，吆喝一声：‘不要闹’。孩子们立刻静下来了，无数乌黑的眼珠子不住地对着我溜，显然在热切地期待着我讲时事。”[②] 在学生们的一再要求和期望之下，这位老师不得不放下了本来要讲的课本，而讲起了时事，讲起了日本对中国的侵略和中国所面临的亡国灭种的危险，结果这成了他的

① 何寒威：《读书危机及其解脱》，《读书季刊》第2卷第1期，1936年春季号。

② 凌冰：《最后一课》，《申报》1936年5月13日。

"最后一课"，因讲时事他被当局除名了。从上述这两则史料可以看出，当时的一般青年和大学生，乃至小学生，他们关心的是时事政治，关心的是中华民族所面临的严重危机。实际上，早在读书运动发起之际，李公朴在《怎样纪念四个伟大的"日子"》一文中就曾指出："中国民族的当前危机，是农村经济破产，帝国主义进一步的武装侵略，尤其日本帝国主义的连续的侵略战，日加严重，一天逼紧似一天……所以，当前一切运动，劳动运动，文化运动以及一切雪耻求存运动，从根本方面着想，都不得不集中在反对帝国主义的侵略上，尤其不能不具体的把这口号加强在抗日阵线上。这是一切运动的目标，也是出发点。"[①] 然而，中国文化建设协会发起的读书运动，虽然打的是民族复兴的旗号，但却避开了"独立"与"民主"这"两件"对实现民族复兴最为关键的"东西"，没有关注抗日救亡的时代主题，没有关注人民对民主和自由权利的要求，这怎么可能得到广大青年尤其是充满热血的大学生们的认同和支持呢，其成绩"不佳"也就理所当然的了。

其实，早在读书运动期间，有人就对中国文化建设协会所发起的读书运动打着"救国"和"民族复兴"的旗号，而不关注抗日救亡的时代主题，不关注人民对民主和自由权利的要求的做法提出过尖锐批评。《职业月刊》1935 年第 2 期发表过一篇题为《读书运动》的"评论"，指出：真正的"读书运动"，是应该和社会性的实践打成一片，读书不是为享乐，不是"为读书而读书"，而是"为实践而读书"，也只有实践，可以印证书本上的知识，正确认识书本上的知识！最好的、最有效的读书方法，是和实践联系起来，"投身于革命的阵营"，投身于抗日救亡运动之中，而决不是"苦苦地思索"，在书斋里"读死书，死读书，读书死"，不关心时局和政治。中国文化建设协会发起的所谓"读书运动"，企图将青年从"十字街头"拉入"象牙之塔"，去"读死书，死读书，读书死"，这不但不能"救国"，

① 李公朴：《怎样纪念四个伟大的"日子"》，《读书生活》第2卷第1期，1935年5月10日。

不能复兴中华民族，“而且是摧残民族生机的软桎梏”。[①]

实际上，不仅是读书运动“成绩不佳”，中国文化建设协会发起的“中国本位文化建设运动”到了 1936 年前后也搞不下去了，只好草草收场，结束了事。其原因，也是没有关注抗日救亡的时代主题和人民对民主与自由权利的要求。[②]

四、“民族复兴”话语下“抗战建国”的讨论

七七事变后，为了抵抗日本帝国主义的疯狂侵略，拯救民族于危亡之中，国共捐弃前嫌，实现第二次合作，建立起最广泛的抗日民族统一战线。在共产党和其他党派的一再要求下，1938 年 3 月召开的国民党临时全国代表大会，通过了《中国国民党抗战建国纲领》，第一次将抗战的意义提升到了建国的高度，即抗战的终极目的，不仅仅是要取得胜利，把日本侵略者赶出中国，而且还要通过抗战，来实现国家的重建和民族复兴。《中国国民党抗战建国纲领》公布后，知识界围绕抗战建国的有关问题展开了热烈讨论。

（一）抗战的目的是要建立近代的“民族国家”

当时人们的一个基本观点，即认为抗战与建国是一件事的两个方面，借用《青年向导周刊》一篇文章的话说：“抗战与建国，这两事本是一事，今日已成国人之常识。”[③]《战时生活》旬刊 1938 年第 8 期的“社论”《拥护抗战建国纲领》就明确指出，《抗战建国纲领》的“特点”是将抗战与建国联系了起来，“本来，中国革命在现阶段的任务，一方面是抗战，一方面是建国，抗战与建国并不是孤立的两件事而是同一件事的两面。不但

① 《读书运动》，《职业月刊》第2期，1935年。

② 郑大华：《30年代的“本位文化”与“全盘西化”的论战》，《湖南师范大学学报（社会科学版）》2004年第3期。

③ 潘谷神：《从复兴民族说到复兴中国科学方法》，《青年向导周刊》第26期，1939年。

没有矛盾与先后之分，而且是相辅相成的”。[①]《现代青年》创刊号的《发刊词》也再三强调：“谁都知道抗战与建国是不可分离的，抗战的目的是在建国，建国的基础是筑在抗战阵线上。固然这一次抗战的损失，是中华民族的不幸，同时这一次抗战的代价，也就是中华民族的光荣。”[②]郭力文从“抗战是建国的前提条件”而“建国才能保证抗战的胜利”的视角出发，对“抗战与建国”的相互关系进行了阐述。首先，就“抗战是建国的前提条件”而言，我们的中心任务，自然是建立一个幸福的自由国家，然而在建国的进程中，会有许多阻碍横在我们的面前，阻挡我们的去路，这阻力当中最重大的一个，自然是帝国主义，特别是日本帝国主义，在它的压迫下，我们的建国工作根本无法进行。因此，我们要完成建国的任务，就必须排除这些阻碍，打倒帝国主义，特别是日本帝国主义，这也就是我们之所以要抗战的根本原因，而且我们的抗战“是不能因任何的理由而中途停止的，它必须与敌人战到底，战到胜利，战到建国的工作能够顺利进行为止”。其次，从“建国才能保证抗战的胜利”来看，我们要抗战，要取得抗战的最后胜利，将日本帝国主义赶出中国，就要在抗战的过程中同时进行建国的工作，如果不设法将中国本身加以改造，将使抗战陷于不利，残余封建军阀的铲除，土豪劣绅的肃清，以及民众运动的开放，民众生活的改善，这些工作都必须在抗战的过程中同时进行。“我们可以这样的说，这些内部问题，如果不在对外抗战的过程中，一一加以解决，则内部始终不能稳定，因而也就难以保证对外斗争的胜利。”总之，“抗战是我们的出发，建国是我们的归宿，抗战是建国的前提条件，建国是保证抗战胜利的因素，在抗战中建国，在建国中抗战，两者的关系不容我们忽视，两个工作是必须相互并进的”。[③]王枚同样认为，“抗战和建国是我们同时并进的共同目标，一面抗战，一面建国，双管齐下”，但他同时又“觉得‘抗战建国’四个字，若改为‘抗战兴国’字样似乎更为适当”。因为“‘建国’

---

①《拥护抗战建国纲领》，《战时生活》旬刊第8期，1938年4月11日。

②陈范予：《发刊词》，《现代青年》（福州）创刊号，1939年。

③郭力文：《抗战与建国》，《动员周刊》第1卷第13期，1938年。

二字”不仅容易给人“以不良的暗示”，好像中国还“不成国”“未成国”“本来没有国”“本来不是国”“殖民国”“亡国”……因此“才需要‘建国’”，而且“更容易给敌人汉奸们曲解”提供口实，即攻击国民政府是“无组织的某某政府，现在才在努力提倡建国”。但“事实上中国有四千年的历史和文化，若从黄帝轩辕氏（前1697）算起到今年（1939）止，可以说，中国已经建国四千六百三十六年了，如果就建立中华民国而论，民国亦建立二十八年了”，就此而言，“中国是国已建而未兴，并非国将建而未成”，“所需要的不是‘建国’，而是‘兴国’”，也就是如何将一个前近代的传统国家建设成为一个近代的民族国家，“使国家现代化，富强化”，从而实现中华民族的伟大复兴。①

众所周知，尽管自秦始皇统一后，中国在绝大多数的时期内是作为一个统一的国家而存在，但在辛亥革命之前，中国是一个传统的“王朝国家”，而非近代的“民族国家”。中国建立近代的“民族国家”的过程肇始于20世纪初的辛亥革命。当时以孙中山为代表的革命派主张“排满”和建立单一的共和制的汉民族国家，而以梁启超为代表的立宪派则主张“合满”和建立包括满族在内的立宪制的多民族国家，双方为此而展开过激烈的论战和斗争，结果是建立一个独立、民主和统一的多民族国家成了革命派和立宪派的基本共识。1912年1月1日中华民国的成立，是中国近代民族国家初步建立的重要标志。②但不久，袁世凯篡夺了革命果实，中华民国所确立的近代民主制度成了一块有名无实的空头招牌，广大人民并没有像《中华民国临时约法》所规定的那样实现人人平等，民族压迫和民族歧视的现象依然存在，帝国主义对中华民族的压迫和掠夺依然存在。近代的民族国家并没有在中国真正地建立起来。

辛亥革命失败后，中国人民继续为建立一个近代的民族国家而奋斗。

① 王枚：《抗战建国宜改为抗战兴国》，《协大周刊》第8卷第1期，1939年12月4日。

② 郑大华：《辛亥革命与中国近代民族国家的初步建立》，《教学与研究》2011年第9期。

孙中山在吸取辛亥革命以及后来的护国战争、护法运动相继失败教训的基础上，借鉴美国的建国经验，于1920年前后提出了建立"大中华民族主义"的民族国家的主张。用他的话说，就是"拿汉族来做个中心，使之（指满、蒙、回、藏等其他民族——引者）同化于我，并且为其他民族加入我们组织建国底机会。仿美利坚民族底规模，将汉族改为中华民族，组成一个完全底民族国家"。[①] 新成立的中国共产党则于1922年第二次全国代表大会上提出了"统一中国本部（包括东三省）为真正共和国"，"蒙古、西藏、回疆三部实行自治，为民主自治邦"，"用自由联邦制，统一中国本部、蒙古、西藏、回疆，建立中华联邦共和国"的建国方案。[②]1924年国共实现第一次合作，标志着国共实现合作的《中国国民党第一次全国代表大会宣言》提出的建国方案是："于反对帝国主义及军阀之革命获得胜利以后，当组织自由统一的（各民族自由联合的）中华民国。"在中华民国内，"凡真正反对帝国主义之个人及团体，均得享有一切自由及权利"。[③]1928年国民党推翻北洋军阀统治，建立起自己的政权——南京国民政府后，抛弃了《中国国民党第一次全国代表大会宣言》提出的建国方案，没有去完成孙中山未竟的建立近代民族国家的事业，中国虽有近代的民族国家之名，但没有近代的民族国家之实，就性质而言，仍然是一个传统的没有王朝的"王朝国家"。陈独秀就曾明确指出："中国辛亥革命，也是企图步武欧美，建立一个近代国家；虽然成立了民国，产生了宪法与国会，民族工业也开始萌芽，然以国外及国内巨大的阻力，所谓民主革命任务，并未真实的完成。因此乃有1925—1927年的第二次革命和此次抗日战争。"[④]

---

① 孙中山：《在中国国民党本部特设驻粤办事处的演说》，《孙中山全集》第5卷，中华书局1985年版，第474页。

② 《中国共产党第二次全国代表大会宣言》，中共中央统战部编《民族问题文献汇编》，中共中央党校出版社1991年版，第18页。

③ 孙中山：《中国国民党第一次全国代表大会宣言》，《孙中山全集》第9卷，中华书局1986年版，第119、120页。

④ 陈独秀：《抗战与建国》，《政论旬刊》第1卷第9期，1938年4月25日。

抗战的目的是要“建国”或“兴国”，即将中国从一个传统的没有王朝的“王朝国家”建设成为一个近代的“民族国家”（有人称之为“现代国家”或“现代的民族国家”），从而实现中华民族的伟大复兴，这可以说是参与这一问题讨论的绝大多数人的基本共识。罗宝册在《抗战建国之历史哲学与历史使命》一文中就写道：无可讳言的，我们不能不承认中国不是一个现代的国家，但是，我们却不能亦不敢因为中国不是一个现代的国家，就误认中国不是一个国家。中国不但是一个国家，而且是一个有内容、有潜力、世界上寿命最长而且躯体最大的大国，如果我们避免称他是一个“世界”、一个“东方世界”的话。同样是无可讳言的，我们不能不承认，这个古老的大国，因为感受到历史的和哲学的要求，已由不安于他自己的古老，而趋向蜕变之途，要从中古式的古生活中过渡到现代。“今天，东亚大陆上的弥天烽火和震动的杀声，正是象征着大地慈母已届临产前夜之巨烈阵痛的大时代，一个伟大的中华新国即将向世界宣告诞生。”[①] 李立侠的《民族复兴与抗战建国》一文指出：从各国民族复兴史来看，没有一个民族的复兴不是由抗战得来的，在欧战中获得民族解放成果的波兰及捷克等民族，表面上似乎是由于凡尔赛条约的功劳，但其实波兰与捷克民族都经过了几百年的苦斗。同时民族解放的战争，也没有不获得最后胜利的，古今中外之历史，如德，如法，如俄，如土，对侵略者与压迫者之抵抗，无论其经过如何艰苦，结果都获得最后的胜利。德意志民族经过三十年的奋斗，终于打倒了拿破仑的压迫，而完成德意志民族的复兴，并且从中世纪的封建束缚之下，把德意志帝国解放出来，建设一个新的德意志国家。目前我们抗战的目的，固然是在于抵御日本帝国主义的侵略，以救国家民族于垂亡，但是我们另外一个更大的目的，和德意志民族复兴过程中一样，也是要建立一个新的民族国家。“抵御外侮与反抗侵略者的压迫，只是民族复兴阶段中必经的过程，也可以说只是达到民族复兴目的之必要手段，而真正复兴

① 罗宝册：《抗战建国之历史哲学与历史使命》，《新认识月刊》第2卷第1期，1940年。

民族的目的，还是建立一个独立生存的民族国家。”[①] 陶希圣认为，抗战建国有“消极”和“积极”这样两重意义：“在消极方面，我们的抗战是为了维持民族国家的生存。日本侵略我们，使我们民族国家的领土与主权不能够保持完整，于是我们起而抗战。在积极方面，我们的抗战是为了建设现代民族国家。”[②] 余家菊强调说：“我们要努力抗战，我们也要努力建国。抗战建国，兼程并进。我们不但要企求抗战的最后胜利，我们也要企求抗战胜利之时，我整个的国族，能以崭新的姿态出现于世界舞台之上。”[③] 所谓“崭新的姿态”是指以近代民族国家的面貌安立于世界民族之林。冯友兰也再三强调，抗战的最终目的，就是使中国成为一个“现代式底国家”。否则，“所谓中国，无论它是如何底地大物博，将来会只成为一个地理上底名词；所谓中国人，无论他是如何底聪明优秀，将来会只成一个人种学上底名词；所谓中国文化，无论它是如何底光耀灿烂，将来会只成历史博物馆中底古董。所以，中国非求成为一个现代式底国家不可”。[④]

（二）怎样才能将中国建设成为近代的“民族国家”

抗战的目的是要将中国从一个传统的没有王朝的“王朝国家”建设成为一个近代的“民族国家”。那么，怎样才能将中国从一个传统的没有王朝的“王朝国家”建设成为一个近代的“民族国家”，从而实现中华民族的伟大复兴呢？这是知识界讨论的主要问题。

李士豪认为，我们“要建设一个现代国家”，必须要“有几个基本的条件”：一是对外求得独立；二是建立一个宪政制度；三是建设重工业；四是农民解放。而在这四个“基本的条件”之中，“对外求得独立，是一个建设现代国家的主要条件”，“民主的宪政制度的确立，又是建设现代国家的各个条件中的中心问题”。因为，在对外未求得独立以前，国内的政

① 李立侠：《民族复兴与抗战建国》，《青年向导周刊》第25期，1938年。

② 陶希圣：《抗战与建国》，《政论旬刊》第1卷第16期，1938年7月5日。

③ 余家菊：《国民参政会与中国政治的前途》，《国光》第12期，1938年7月。

④ 冯友兰：《抗战的目的与建国的方针》，《当代评论》第2卷第3期，1942年。

治是不会走上轨道的，在帝国主义者与国内军阀官僚，以至于豪绅地主相结托的局面下，不但内乱不会停止，宪政不能建立，就如民国初元的召集议会，实行民治，亦不过是挂了一张民治的招牌，究其内容，还是一个贪污的官僚政治而已。政治不上轨道，帝国主义者经济侵略没有停止，农民生活没有改善，不但重工业无法建设，就是萌芽的轻工业也不能维持。在帝国主义的经济侵略及封建剥削的两重压迫之下，要挽救农村经济的衰落是不可能的。农村的崩溃，农民生活的极度贫乏化，反映出农民要求解放的迫切，形成国内政治与社会的动荡不安。就此而言，“对外求得独立，是一个建设现代国家的主要条件”。而要“对外求得独立”，在半殖民地的民族解放斗争中，除了军事上的动员外，更需要的是一个良好的政治制度——民主的宪政制度的确立。这是因为：其一，在半殖民地国家与帝国主义者的战争上，人力的要素，远超过物力的要素。要人力的要素能够扩大而深入地发挥，需要在政治方面除去动员民众的障碍，健全动员民众的机构，使民众能自发自觉地与抗战的要求相适应，亦只有在自发自觉的基本精神之下，才能使民众会感觉到本身的利害，与国家民族相一致。同时也只有农民生活得到了改善，农民大众得到了解放，他们也才能够提高其抗战的情绪，发挥其抗战的力量。“这就是对于民众动员上，需要有民主的政治制度的确立的理由。”其二，受了资金、原料、销路等各种的限制，抗战时期中要发展民族工业是不可能的，重工业更无从说起。但一个国家如果不能把工业建设搞上去，确立工业高度化的基础，即所谓现代国家之建设是不可能的。要排除这种困难，当然要对外求独立，解除帝国主义者的经济压迫和掠夺。其次还要改善农民大众的生活，提高他们的购买力。这都是有相互关系的，但其中最主要而为其中心的，还是要政治能上轨道，只有适合于现代的、可以对抗国际经济侵略的政治制度得到了确立，才能保证工业建设的进步。同时也只有政治走上了轨道，才能把各种建设向前迈进。“所以民主的宪政制度的确立，又是建设现代国家的各个条件中的中心问题。”①

① 李士豪：《抗战建国与确立民主的宪政制度》，《抗战十日》第2期，1938年。

陈独秀回顾了“前此五六百年整个民主革命时代”，西方各国从一个前近代的传统国家变成为一个近代的民族国家时所完成的“主要的民主任务”，这就是“民族的国家独立与统一，立宪政治之确立，民族工业之发展，农民解放”。他并强调指出：“在这一时代的各民族，必须完成这些民主任务，才能够摧毁旧的封建经济与政治，开展新的较高的生产力和新的政治制度，以成功所谓近代国家，即多多少少民主制的国家。”他还分析了个中的原因：“为什么要国家独立与统一？因为非脱离国外非民主的压迫和国内的分裂，一切经济政治都不能自由发展。为什么要确立宪法政治？因为非如此不能确定政府的权限，保障人民的权利，使全国人民的智力和道德能够普遍的发展，以增加整个国家的力量。为什么要发展工业？因为非如此不能增高国家物质的力量和提高人民生活与文化，以减杀整个民族文化方面的落后性。为什么要解放农民？因为非如此不能根本摧毁封建的社会势力，繁荣本国工业的国内市场。”既然西方各国是在完成以上这四个“主要的民主任务”后，才从一个前近代的传统国家成为了一个近代的民族国家，那么，中国要想成为一个近代的民族国家，也就必须完成这四个主要的民主任务，“这便是我们建国的整个概念”。[①]

在冯友兰看来，要想建立一个“近代式底国家”，首先就必须知道一个“近代式底国家的要素”是什么。自鸦片战争以来，清末咸（丰）同（治）时代的人，以为“近代式底国家的要素”是兵船大炮；光（绪）宣（统）时代的人，以为“近代式底国家的要素”是有国会宪法；民初时代的人，以为“近代式底国家的要素”是有德先生和赛先生。实际上以上这些认识统统都是不对的，“近代式底国家的要素”是工业化，有了工业，自然会制造兵船大炮，社会工业化以后，人的生活方式改变，德先生自然会有人拥护，赛先生也自然会有人鼓励，没有工业，而只要兵船大炮，固然是沙上起屋，社会没有工业化，而只请德先生和赛先生，也是纸上谈兵，这是一个真理，这个真理，中国近十年来方才认清，也才真正“自觉底”开始

① 陈独秀：《抗战与建国》，《政论旬刊》第1卷第9期，1938年4月25日。

近代化。因此，我们要实现抗战的目的，将中国建设成为一个“近代式底国家”，其最重要的工作，“是赶紧工业化”。[①] 和冯友兰一样，周宪文也认为，“中国工业化问题”，是将中国从一个前近代的传统国家建设成为一个近代的民族国家的“基本问题”。他在《中国抗战建国的一个基本问题》一文中写道：建国之道多端，而以国防建设、政治建设和社会建设为重要，而这三项建设都离不开工业化。国防建设离不开工业化，这是连小孩都知道的道理，可以省略不论。就以政治建设和社会建设而言，他指出，“中国政治的建设目标，当然在民主政治”。而“近代民主政治的母亲，在机械工业”。如果机械工业不发达，或者说要在农业社会，“实行近代的民主政治，纵非缘木求鱼，其必事倍功半”。这也是近代的民主政治在中国迟迟不能实行的重要原因。所以，“我们要实行近代的民主政治，总非先使中国工业化不可。否则，‘建基于沙滩上的高楼’，不旋踵就会倒的”。至于社会建设，也是如此。“人们常怪中国人爱家的观念重过爱国，相信命运，相信风水，苟且偷安，不求进取，做事欠迅速，欠正确，少训练，少组织，其实这些都是农业社会的产物……我们现在要把这些坏东西铲除尽净，文字的宣传，尤其如新生活运动及精神总动员固然极其重要，如果不设法使中国走上工业化的道路，那么这些宣传与运动的效力也就可想而知了。”总之，“中国要求建国成功，只有赶紧工业化，中国工业化愈快，建国成功的时期也愈近”。[②]

与冯友兰不同，同样是哲学家的贺麟则是“学术建国”的积极主张者。他在《抗战建国与学术建国》一文中指出：中国近百年来之所以受东西方列强的“侵凌”，国势不振，其根本原因就在于我们的学术文化不如人。而在目前面临日本帝国主义全面侵略的形势下，中国之所以还能够实现国家重建，民族复兴，其根本原因亦就在于中华民族是一个有文化敏感和学术素养的民族，以数千年深厚的学术文化基础，与外来的学术文化接

① 冯友兰：《抗战的目的与建国的方针》，《当代评论》第2卷第3期，1942年。

② 周宪文：《中国抗战建国的一个基本问题》，《满地红》第3卷第3期，1941年。

触，一定能引起新生机，并逐渐得到繁荣滋长。近数十年来，虚心努力，学习西洋新学术，接受西洋近代化的结果，我们整个民族已再生了，觉悟了，有精神自由的要求了，已决非任何机械的武力、外来的统治所能屈服了。"所以我们现在的抗战建国运动，乃是有深厚的精神背景和普遍的学术文化基础的抗战建国运动，不是义和团式不学无术的抗战，不是袁世凯式的不学无术的建国。由此来看，我们抗战的真正最后胜利，必是文化学术的胜利。我们真正的建国，必是建筑在对于新文化、新学术各方面各部门的研究、把握、创造、发展、应用上。换言之，必当是学术的建国。"①

陶希圣则把"现代民族国家的建设"，归之于"工业的发达""政治的统一"和"有民族独立自主的精神"②。张知本指出，抗战的目的是要建设一个"现代国家"，而要建设一个"现代国家"，不仅仅"需要经济建设实业建设，交通建设……等等"，更需要一种"法治精神"。经济建设、实业建设、交通建设"不过是一方面的，而不是多方面的，是属于部分的，而不是属于整个的"，只有"政治不仅管理国家的事物（务），而且要管理国家的秩序。管理国家秩序的工具是什么呢？不消说当然是法律"。作为"现代的国家"，主要是靠法律"来维系这个国家的组织，来制裁足以妨碍建国力量的人或事，并且由它来产生出一种精神，支配着人民对政府的信仰，因而服从政府。这种精神我们叫做法治精神"。③

尽管因政治和知识背景不同，人们对怎样才能将中国从一个传统的没有王朝的"王朝国家"建设成为一个近代的"民族国家"，从而实现中华民族的伟大复兴的认识存在着明显差异，李士豪和陈独秀从西方建立近代民族国家的经验出发，强调了民族独立、宪政制度、民族工业和农民解放，尤其是前两项对于建立近代的民族国家的重要意义，冯友兰、周宪文受西方唯实论和现代化思想的影响，认为近代的"民族国家"的基础是工

---

① 贺麟：《抗战建国与学术建国》，宋志明编《儒家思想的新开展——贺麟新儒学论著辑要》，中国广播电视出版社1995年版，第211—212页。

② 陶希圣：《抗战与建国》，《政论旬刊》第1卷第16期，1938年7月5日。

③ 张知本：《法治与抗战建国》，《新民族》第2卷第8期，1938年。

业化，只有先实现了工业化，然后才能实现政治的民主化及其他，因此实现工业化是中国建立近代的民族国家的最紧要的工作，贺麟特别看重学术对于建国的重要意义，认为“学术是建国的钢筋水泥，任何开明的政治必是基于学术的政治。一个民族的复兴，即是那一民族学术文化的复兴。一个国家的建国，本质上必是一个创进的学术文化的建国”[①]，而作为国民党的要人，陶希圣和张知本强调的是“政治的统一”和“法治精神”，即“人民对政府的信仰”和“服从”，但就当时大多数人来看，认为要将中国从一个传统的没有王朝的“王朝国家”建设成为一个近代的民族国家，对外必须获得独立，对内必须实行民主，可以说是他们的基本共识。胡秋原在《中国革命根本问题》一文中就明确指出：“中国革命之实际目的，即在求中国之现代化……使中国由一个农业国变为一个工业国家，由一个官僚政治国家变为一个民主政治国家。”[②]马寅初撰文强调说：“现在的世界已成了个民主世界，无论任何国家，在战争结束之后必须走向民主的一条路，否则无以保其生存与独立。”[③]在张澜看来，民主政治，主权在民，人人有独立的人格，人人有共守的宪章，所受之教育，所得之享受，皆期趋于平等，“因为有次列各项优点，所以当前和未来的世界政治，都要以民主政治为最高原则”。[④]陈启天强调：“所谓建国，即是要将中国建设成功一个现代化的国家而已”，而政治民主化正是现代化国家的重要指标之一。[⑤]沈钧儒撰文指出，“加强民主之要求，实已成为今日世界广泛之潮流”，苏联在苏德战争爆发以后实行了全民共享的民主政治，英、美在战时也采取了

① 贺麟：《抗战建国与学术建国》，宋志明编《儒家思想的新开展——贺麟新儒学论著辑要》，中国广播电视出版社1995年版，第211—212页。

② 胡秋原：《中国革命根本问题》，李敏生编《中华心——胡秋原政治·文艺·哲学文选》，社会科学文献出版社1995年版，第18—34页。

③ 马寅初：《中国工业化与民主是不可分割的》，《民主与科学》第1卷第1号，1944年12月22日。

④ 张澜：《中国需要真正民主政治》，《张澜文集》，四川教育出版社1991年版，第188页。

⑤ 陈启天：《中国需要思想家》，《国光》第9期，1938年6月。

一系列加强民主、改善民生的措施，中国不能自外于世界，只有实施民主政治“才能使民族走上复兴的大路”①。

（三）近代的“民族国家”是什么样的国家

在讨论怎样才能“建国”或“兴国”，即将中国从一个传统的没有王朝的“王朝国家”建设成为一个近代的“民族国家”的同时，有人还讨论了未来建成的“新中国”究竟是一个什么样的国家，或具有什么样的特点的问题。1938年，《新学识》第3卷第1期发表了一篇由“战时社会科学座谈会研究部”拟定的文章，文章的题目叫《抗战建国与新中国的前途》。该文认为：“抗战胜利以后的中国，将进入它的历史的新时期。这个时期的第一阶段，我们可以预见的是：已经驱逐日本帝国主义，但还没有完全解决其他帝国主义在华的特权问题；已经掘坏封建势力的残垒，但还需进一步解决土地问题。”因此，处于这一阶段的中国，既不可能是美国那样的民主国家，“因为新中国的资本主义固然必定发展，但非美国型资本主义，新中国的民主政府将是直接民权的实行而非代议制度”；也不可能“和明治维新的日本同样，成为一个保留着很多封建成分的资本主义国家”，“日本资本主义固然从三次对外战争中发展起来，并且和封建关系结合的，但中国的对外战争不会给民族资产阶级培养三井和三菱，而且平均地权的实行，将给封建势力以极大打击”；更不可能“是土耳其型的资本主义国家”，“中国与土耳其在若干点上类似，但最大的不同是两国在社会结构上的差异，土耳其没有中国这样有战斗历史的城市革命群众”；要成为“苏联这样的社会主义国家”也是不可能的，“社会主义诚然是自中山先生以来的革命者的理想，可是抗战胜利后，还没有具备实现社会主义的条件”。在该文看来，“新中国将继续实行节制资本与平均地权的方针，前者使中国的资本，依照抗战时期的趋势集中于国家而发展，后者就是以土地国有政策消灭封建的土地关系，助长资本主义农业的发展。这里成为问题关键

---

①沈钧儒：《沈钧儒文集》，人民出版社1994年版，第463、437页。

所在的是统一战线的巩固与否”。所以，“新中国”会有三个特点：第一个特点，是“抗日民族统一战线的继续存在以及巩固的统一的国民政府”，同时，“国民政府的民主化将提到极点，即实行宪政”；第二个特点，是“社会诸势力的比重要发生变动，这种变动的详尽情形在当时的国民大会里能测量出来，然根据抗战中的发展趋势，国民党不失为统一战线中的中心力量”；第三个特点，是“新中国逐渐准备起实行社会主义必须的经济条件，如大工业的发展，农村的合作制度与机械化等等”。该文还大胆预测，虽然抗战胜利后的新中国还不具有实行社会主义的条件，但其前途“必然”是社会主义的，因为：“1. 社会发展的一般趋向是由资本主义阶段到社会主义阶段。2. 苏联的成立已经宣布了资本主义的死刑。目前是处于革命与战争的新周期之前，中国抗战的胜利将引起资本主义世界的覆亡，新中国不能独有资本主义的繁荣。3. 中国的国家资本因得外国特别是苏联的帮助，将很快的发展，并很快的过渡到社会主义，这是从中山先生的建国方略与民生主义所可做出的结论。4. 中山先生说：‘共产主义是民生主义的理想’，中山先生也曾预言过中国将进入社会主义社会，所以在统一战线下彻底实现三民主义达到社会主义社会，是完全可能的。5. 在直接民权的宪政下，国民的政治上的自动性与积极性是提高了。他们团结一致的建设社会主义，对于个别的私人资本力量的反抗，必然给以打击。6. 新中国的社会主义前途，更在国际上获得有利的条件。这就是苏联的强大与发展，西欧的社会革命与日本共和国的社会主义化，印度及其他殖民地半殖民地的革命发展。”该文又认为，新中国的前途是社会主义，这是毫无疑问的，但“根据抗战中的趋势与新中国的良好的国内外条件，估计向社会主义前途的转变，可能采取非流血的方式。这就是说，不必经过国内战争，而通过国民大会来建立社会主义。”①

实际上，早在20世纪30年代初，受1929年世界资本主义经济大危

---

① 战时社会科学座谈会研究部拟：《抗战建国与新中国的前途》，《新学识》第3卷第1期，1938年。

机和苏联“一五”计划成功的影响，当时的知识界兴起了一股社会主义思潮，人们认为，社会主义优越于资本主义，计划经济优越于市场经济，中国要挽救危亡，并实现中华民族伟大复兴，就只能走社会主义的道路。从此，走社会主义道路，只有社会主义才能救中国，就成了不少人的基本共识。[①]上述观点就是这种共识的反映。在罗宝册看来，“正在诞生中”的新中国，“不会像所谓英国之国，法国之国，德国之国，意国之国或美国之国等西方之国，而是一个中国之国，东方之国。这一个中国之国，东方之国，与其说是一个狭意的国家，毋宁说是一个政治的、经济的和文化的旧东方世界体系之适应时代的再生与改建”。[②]至于这个经过“再生与改建”而诞生的“新中国”究竟是一个什么样的国家，作者并没有说明。

这里需要特别介绍的是，《抗战建国纲领》公布后，中国共产党人也参加了有关问题的思考和讨论。1938 年 8—10 月，亦即中共六届六中全会召开前后，时任中宣部副部长兼秘书长的杨松在中共中央马列学院开设《论民族》《论资本主义时代民族运动与民族问题》《论帝国主义时代民族运动与民族问题》的系列讲座，阐述了“中华民族”“民族建国”“民族自决”等一系列重大的民族理论问题。这也是中国共产党成立以来党的领导干部第一次就一系列重大的民族理论问题进行理论阐述。[③]讲稿（7 万多字）同时在《解放周刊》第 3 卷第 47 期至 54 期（1938 年 8 月 1 日至 10 月 15 日）上连载。

就如何将中国从一个前近代的传统国家建设成为一个近代的民族国家而言，杨松指出，西欧各国及美国形成近代民族的过程，也是西欧国家以及美国资产阶级的民族统一、民族独立和民族建国的过程，认真总结西欧各国及美国民族运动与民族建国的历史经验和教训，对于目前中国的民族

① 参见郑大华：《中国近代社会主义研究的几个问题》，《教学与研究》2010年第11期。

② 罗宝册：《抗战建国之历史哲学与历史使命》，《新认识月刊》第2卷第1期，1940年。

③ 郑大华：《论杨松对民主革命时期中国共产党民族理论的历史贡献》，《民族研究》2015年第3期。

运动和民族建国有其重要的借鉴意义。因此，他在《论资本主义时代民族运动与民族问题》的讲稿中，首先考察了英、法等主要西欧国家以及美国的民族运动和民族建国的历史。通过考察他得出认识：英、法等主要西欧国家以及美国民族建国的经验固然值得我们借鉴和学习，但毕竟“我国民族独立及民族建国运动的时代与西欧各国及北美美国民族运动及民族建国的时代不同”，西欧各国及北美美国的民族运动及民族建国是处在封建主义向资本主义过渡的时代，那时的资本主义还有着旺盛的生命力，而中国的民族运动及民族建国是处在帝国主义与无产阶级革命的时代，这时的资本主义已经没落，发生了总危机，这也就规定了中国的民族建国将走一条不同于西欧各国及北美美国的民族建国的“特殊道路”，建立起来的将是一个“新式的独立自由幸福的中华民国”。关于这个“新式的独立自由幸福的中华民国”究竟是一个什么样的国家，他只提出两点：第一，是“统一的民主集中制的多民族国家”；第二，是“真正独立民主的国家”。至于其国体是什么，政体又是什么，政治、经济、文化的性质如何，特点又如何等这些问题，杨松都没有论及。他只是强调，中国要建立的这个“新式的独立自由幸福的中华民国”，既“与西欧法国及北美美国民主共和国有别”，“也非如苏联社会主义的无产阶级专政的苏维埃国家”[①]。

继杨松之后，中国共产党人中再次对有关问题进行理论思考的是毛泽东。1938 年 10 月，他代表中央政治局在六届六中全会上作《论新阶段》的报告中提出，中国的民族建国，要建立的是一个“真正三民主义的共和国”，即“‘求国际地位平等，求政治地位平等，求经济地位平等’的国家”。具体来说，“第一，这个国家是一个民族主义的国家”，改变了原来的半殖民地地位，实现了独立，不受任何外国干涉，同时它也不干涉别的国家。“第二，这个国家是一个民权主义的国家”。国内人民，政治地位一律平等，国家予以人民以言论、出版、集会、结社、信仰、居住、迁徙之

① 杨松：《论资本主义时代民族运动与民族问题》，中共中央统战部编《民族问题文献汇编》，中共中央党校出版社1991年版，第775页。

自由，并在政治上物质上予以充分的保障。“第三，这个国家是一个民生主义的国家”。它不否认私有财产，保证工人有工作，农民有土地，学生有书读，一句话，“人人有衣穿，有饭吃，有书读，有事做”[①]。1939年底和1940年初，毛泽东又相继在《中国革命和中国共产党》（1939年12月），尤其是《新民主主义论》（1940年1月）等文中进一步提出，“今天‘建国’工作的唯一正确的方向”，就是建立的是一个既不同于西方资本主义社会，也与苏联社会主义社会有别的“新民主主义社会”的国家，并论述了新民主主义的政治、经济和文化及其特征，从而完成了中国共产党人的民族建国的理论建构。概而言之，新民主主义的政治，其“国体”，是“各革命阶级联合专政”；其“政体”，是“民主集中制”。新民主主义的经济，实行“节制资本”和“平均地权”的政策，“决不能让少数资本家少数地主‘操纵国民生计’，决不能建立欧美式的资本主义社会，也决不能还是旧的半封建社会”。新民主主义的文化，“就是无产阶级领导的人民大众的反帝反封建的文化”。[②]从此，建设一个新民主主义的“新社会和新国家”，实现中华民族的伟大复兴，成了中国共产党人的奋斗目标。用毛泽东的话说：“在这个新社会和新国家中，不但有新政治、新经济，而且有新文化。这就是说，我们不但要把一个政治上受压迫、经济上受剥削的中国，变为一个政治上自由和经济上繁荣的中国，而且要把一个被旧文化统治因而愚昧落后的中国，变为一个被新文化统治因而文明先进的中国。一句话，我们要建立一个新中国。”[③]

以上是抗战时期“民族复兴”话语下国人对于“抗战建国”的认识和讨论。这些认识和讨论在今天读来仍然引人深思，具有强大的说服力，对

---

① 毛泽东：《论新阶段》，中共中央统战部编《民族问题文献汇编》，中共中央党校出版社1991年版，第597页。

② 毛泽东：《新民主主义论》，《毛泽东选集》第2卷，人民出版社1991年版，第677—698页。

③ 毛泽东：《新民主主义论》，《毛泽东选集》第2卷，人民出版社1991年版，第663页。

于我们实现中华民族伟大复兴的中国梦有其借鉴的历史意义。

五、“抗战建国”话语下“学术建国”的讨论

七七事变后，为了抵抗日本帝国主义的疯狂侵略，拯救民族危亡，国共捐弃前嫌，实现第二次合作，建立起最广泛的抗日民族统一战线。在共产党和其他党派的一再要求下，1938 年 3 月召开的国民党临时全国代表大会，通过了《中国国民党抗战建国纲领》，第一次将抗战的意义提升到了建国的高度，即抗战的终极目的，不仅仅是要取得胜利，把日本侵略者赶出中国，而且还要通过抗战，来实现国家重建和民族复兴。因此，《抗战建国纲领》公布后，“抗战建国”迅速成了全面抗战时期的主流话语。除《抗战建国纲领》外，这次临全大会还通过了陈立夫等 31 人提出的《确定文化政策案》。该案认为，文化建设与经济建设和国防建设同等重要，都是建国的重要组成部分。建国过程中所提倡的文化，应以民族国家为本位，它包括三方面内容：一是发扬我国固有之文化；二是文化工作应为民族国家而努力；三是抵御不适合国情的文化侵略。在该案所附的实施纲领中，关于学术建设的具体规定也有三条：一是切实整理中国历代发明和原有文献，以发扬固有文化；二是人文科学之教学，应以中国社会现象为中心；三是在世界上大力弘扬中国固有文化，以促进人类文化之向上，生活之淑善。[①] 由于该案特别关注文化和学术事业的发展，强调学术对于抗战建国的重要意义，故被学术界视为“学术建国”的决策，而给予了积极响应。

1938 年 5 月 22 日，亦即国民党临时全国代表大会闭幕不久，被视为现代新儒家代表人物的贺麟即在《云南日报》的“星期论文”专栏发表一篇题为《抗战建国与学术建国》的时事评论（该文后为《蜀风月刊》等多家报刊转载），他在充分肯定《抗战建国纲领》之积极意义的基础上，第

---

① 《中国国民党历次会议宣言决议案汇编》（第二分册），浙江省中共党史学会1985年编印，第344页。

一次明确提出了“学术建国”的主张：“学术是建国的钢筋水泥。任何开明的政治，必是基于学术的政治。一个民族的复兴即是那一民族学术文化的复兴。一个国家的建国本质上必是一个创进的学术文化的建国。抗战不忘学术，庶不仅是五分钟热血的抗战，而是理智支持情感，学术锻炼意志的长期抗战。学术不忘抗战，庶不是死气沉沉的学术，而是担负民族使命，建立自由国家，洋溢着精神力量学术。”[①] 于此前后，胡秋原、张其昀、潘梓年、潘菽、张申府、胡先骕、吕振羽、吴泽等学者也就“学术建国”的有关问题提出了自己的建议和主张，有的文章虽然没有直接使用“学术建国”这四个字，但内容也是强调学术对于抗战建国的重要意义，我们完全可以把它们放在一起加以讨论。长期以来，由于种种原因，除有学者在研究抗战时期贺麟的思想时涉及他提出的“学术建国”的主张外，很少有文章整体上涉及“抗战建国”话语下学术界有关“学术建国”讨论的问题。有鉴于此，笔者不揣冒昧，拟从为何要“学术建国”、怎么样“学术建国”、要建什么样的国这样三个方面对这一问题作一探讨，不当之处，欢迎批评指正。需要说明的是：这里讲的学术界，取的是宽泛之义，不仅指专门从事学术研究的学者，也包括那些非职业但对学术研究有兴趣、经常发表学术文章、讨论有关问题的人。另外，学术界只表示其职业和兴趣，与其政治取向没有直接联系。

（一）为何要“学术建国”

为何要“学术建国”？或者换句话说，学术对于抗战建国究竟有何意义？这是学术界在提出或讨论“学术建国”的主张时首先要回答的一个问题。贺麟在《抗战建国与学术建国》一文中指出：中国是一个经济落后、“军备薄弱”的国家，而日本则是“军力雄厚”的“世界第一等强国”。以一个经济落后、“军备薄弱”的国家来抵抗“军力雄厚”的“世界第一等强国”的侵略，并要获得最后的胜利，实现国家的重建和民族复兴，除了

① 贺麟：《抗战建国与学术建国》，《蜀风月刊》第4卷第3期，1938年。

“军事的抗战”和“经济的抗战”之外，还必须进行“精神的抗战”“道德的抗战”和“文化学术的抗战”。如果说中国在经济上和军事上远远落后于日本的话，那么，在“精神”“道德”和“文化学术”这“各个方面”，中国“都有胜过日本的地方”，日本在文化学术上只能“列于第三等国”，“这种先天不足，本末倒置，实为日本的根本危机”。因为历史的经验和教训一再证明：一个“学术文化居二三等国地位、政治军备却为一等强国的国家，有如无源之水，无本之木，若不急从文化学术方面作固本浚源工夫，以期对人类文化，世界和平，有所贡献，终将自取覆亡，此乃势理之必然”。中国近百年来之所以受东西方列强的“侵凌”，国势不振，其根本原因就在于我们没有在学术文化上下足功夫。而在目前面临日本帝国主义全面侵略的形势下，中国之所以还能够实现国家重建，民族复兴，其根本原因亦就在于中华民族是一个有文化敏感和学术素养的民族，以数千年深厚的学术文化基础，与外来的学术文化接触，一定能引起新生机，并逐渐得到繁荣滋长。“我们现在的抗战建国运动，乃是有深厚的精神背景，普遍的学术文化基础的抗战建国运动”，“是学术的建国”。①

学术影响一个国家综合国力的发展，其强弱兴衰与其学术的繁荣与否有着直接的联系，这是不少学者的共识。署名“山”的作者在《学术建国》的短评中写道：无论从哪国历史看，国势水平是随着学术水平而升降的，因为学术是国力的渊源，是进步的动力，所以一个国家的强弱兴衰系于学术的高低隆替。英国在世界上拥有最强大的海军力量，但这决不是几个海军军人造成的，而是国内工商业发展膨胀的必然结果，繁荣发达的经济是根源于进步深邃的学术。德国于第一次世界大战后，受尽《凡尔赛条约》的束缚，但是由于德国学术的不可屈服，在压迫中他们仍能在机械、设备、器材、技术等方面有惊人的发明和创造，所以德国在第二次世界大战的开始阶段能取得惊人的战果。实际上就整个欧洲文明而论，欧洲资本主义生产制度是建立在产业革命之成功的基础上的，推其成功的因素

① 贺麟：《抗战建国与学术建国》，《蜀风月刊》第4卷第3期，1938年。

和动力，又不能不推究到以前的科学家如牛顿、瓦特，思想家如达尔文、亚当·斯密等，而这些科学家思想家的成就，又是15世纪培根以来文艺复兴和宗教改革运动高潮洗荡的必然结果。因此，中国要在抗战的同时取得建国的成果，就必须加强学术研究。[①]“林”更是明确指出：“一国家不尊崇文化学术，则一国绝不能进步，不能独立自强，一民族不能吸收世界文化，不能发明创造，没有贡献于世界人类者，则一民族必衰颓沦于灭亡。”[②]中国要想取得抗战建国的胜利，实现中华民族的伟大复兴，当务之急是要重视学术在抗战建国中的作用，提高中国学术在世界中的地位。

作为马克思主义的理论工作者，潘梓年同样强调了学术对于抗战建国的重要意义，他指出：“学术是文化的中枢，是其首脑的部分，缺少了它，文化运动不但留着很大一个缺陷，而且是不能‘根深叶茂’的。”因此，一个民族，不能一日无文化，更不能一日无学术，我们讲抗战建国，建国需要学术，抗战也需要学术，甚至更需要“适合抗战建国的要求的新学术”，“一种中国化的学术”，以解决抗战建国遇到的“新的材料”“新的问题”和“新的要求”。[③]和潘梓年一样是马克思主义理论工作者的潘菽也一再强调，我们要抗战建国，要建设新的前进的中国，就必须有我们自己的学术，以解决建设上的种种特殊的问题，而同时我们也必须建立起中国自己的新的学术，因为新的学术是新中国的重要组成部分。但这种新的学术的建立，必须用有机的吸收方法和同化方法，而不能用机械的搬取方法。[④]

就贺麟、潘梓年等人的以上论述来看，他们所讲的学术，并非我们通常所讲的纯学术，而是一种具有文化意义和理性精神的广义学术。当然由于学术背景和政治取向的不同，他们所讲的学术也具有不同的涵义。作为现代新儒家的代表人物，贺麟讲的学术主要是以儒家思想为核心的传统学

① 山：《学术建国》，《读书生活》第1卷第3、4期合刊，1942年。

② 林：《学术与建国》，《文化先锋》第3卷第12期，1944年。

③ 潘梓年：《新阶段学术运动任务》，《理论与现实》创刊号，1939年4月15日。

④ 潘菽：《学术中国化问题的发端》，《读书月报》第1卷第3期，1939年4月1日。

术，而潘梓年讲的学术则是中国化的马克思主义及其学说。张申府是一位哲学家，他在《战时哲学的必要》一文中从两个方面论述了哲学对于“抗战建国”的必要性。第一，要取得抗战的最后胜利，重建国家，实现民族复兴，每个人都必须把民族利益、国家利益放在首位，要有为民族、为国家肯牺牲自己的一切乃至生命的精神。而要做到这一点，就需要有一种高尚而切实际的理想。哲学的功用之一，便是“教人以伟大的宇宙观或世界观，教人以高尚的人生观或人生理想，教人看破生死关，教人破除了小己的陈见”。第二，要取得抗战的最后胜利，重建国家，实现民族复兴，每个人都必须精诚团结，开诚布公，人我融洽，彼此尊重，要诚，要信，诚在己，信待人。但不论诚，还是信，本质上都是实，诚是“表里如一”，信是“今昨不二”。而要做到这一点，就需要有一种“主张切实、注重实践”的质量，哲学尤其是中国哲学，讲求的就是“切实”和“实践”。既然哲学对于“抗战建国”有如此重要的意义，我们就应该讲哲学，用哲学，用“实的哲学”来武装人们的头脑。用他的话说：“今日的抗战是实战，今日的建国也是一个实国。今日的一切，没有比实更重要的了。因此，遂必需一种实的哲学，实的教育，实的文化，来鼓吹实，来教导实，来养成实”。[①] 马星侣的《社会科学与抗战建国》一文指出，自然科学的发达，并不能保证中国抗战的胜利，捷克是著名的军火制造国，但由于走错了路，把国命交给他人安排，结果这个中欧灿烂的民主国最终解体了。波兰是欧洲的二等强国，然而由于波兰政府对内失去了人民的拥护，对外采取荒唐的外交政策，结局也只有归于消灭。这种种例证说明：“在建立机械化新军、提供军备自给力与推进生产运动时，自然科学实居于重要的地位，然而正确的或歪曲的理论对于抗战所能发生的影响，是更值得我们注意的。”我们在抗战建国的过程中，不仅要重视自然科学，同时也要重视社会科学，要充分发挥社会科学指导抗战建国的重要作用。[②] 岑家梧则强调“艺

---

① 张申府：《战时哲学的必要》，《战时文化》半月刊创刊号，1938年5月25日。

② 马星侣：《社会科学与抗战建国》，《现代青年》（福州）第2卷第2期，1940年。

术是一个国家的命脉”，因此，在抗战建国中“发挥它的独特效能，这是艺术岗位上应有的任务了”。[①]

人们常说，以铜为镜，可以正衣冠；以古为镜，可以知兴替；以人为镜，可以明得失。历史学家吕振羽特别看重历史研究为“抗战建国”所提供的指导意义。1940 年，他在《读书月报》第 2 卷第 4、5 期上发表《本国史研究提纲》一文，在谈到加强中国史研究的重要性和紧迫性时写道：“历史研究的任务，在究明历史自身的运动和发展过程的规律性，把握其现实的动向、以及构成历史动力的诸契机和与其主导从属的关系，去指导人类社会生活之现实奋斗的方向，提高对历史创造的作用——加强指导原则和实践动力。同时，适应现实的要求，科学地批判地继承过去人类文化的优良成果——民族文化的优良传统的承袭，世界文化的优良成果的吸取。所以历史是科学，是‘一切科学的基础’，是人类生活奋斗的武器。”因此，“抗战建国中的民族革命的战略和策略，都要根据历史作决定，依靠历史作指南；当前一切实际问题，只有历史给予正确的解答，能指示我们实践的方向。所以在目前，对本国史的科学研究，是迫切必要的”。[②] 同样作为历史学家，吴泽在论及史学研究与抗战建国、民族解放的关系时指出：抗战时期，“如果中国自己能有几本正确完整的中国历史著作，作为民族文化的砥柱，作为民族解放的理论指导，还容得这般‘小窃跳梁’吗？更不幸者，由于中国历史科学水平的一般低下，致这些毒素理论，尚有青年读者误为有承受的可能，且易为民族‘内奸’所阴谋利用，而抗战三年来，史学界‘没有’警觉，这不能不说是现阶段学术运动上的一大‘缺口’！”为此，他大声呼吁：“在抗战日趋深入的现阶段，我们必要时时警戒我们自己的文化战线，作积极的斗争；同时则积极中国历史科学的研究的领导与号召，努力建立科学的中国史学体系。”[③] 刘守曾则视“历史教

---

① 岑家梧：《抗战建国与民族艺术》，《民族文化》第1卷第2期，1938年。

② 吕振羽：《本国史研究提纲》，《读书月报》第2卷第4、5期，1940年。

③ 吴泽：《中国历史著作论：关于几本中国历史著作的批语与介绍》，《理论与现实》第2卷第1期，1940年。

育是民族复兴的原动力”，因为“历史‘是记载我们祖先功业和国家民族文化发展之所由来’，是整个民族遗产和灵魂之所寄托，我们要发扬民族的意识，培养民族的精神，非切实推行历史教育不为功”。他并且提出了在“抗战建国”中历史教育应注意的几个问题：第一，注重固有文化的发扬，以树立民族的自信；第二，注重民族光荣史实的叙述，以提高民族的精神；第三，叙述忠臣义士的史迹，以培养民族的正气；第四，阐明中华民族的统一性，以启发国民对国族爱护的热忱；第五，说明帝国主义者侵略我国的经过与原因，以激发民族同仇敌忾的情绪；第六，阐述三民主义革命的历史背景，以坚定国民的信仰。①

陈德征认为“抗战建国与科学研究之关系是很密切的”。以抗战论，战时武器是依据科学制成的，不懂科学，不仅不能制造武器，且使用武器也会感到窒碍。至于战时经济之调整，资源之开发，交通之维持，人力之培养等，也都需要借力于科学。如果偏离或违背了科学的原理原则与应用的法则，那么抗战便无由谈起。以建国论，建国之首要在民生，关于民生的事，有哪一件不需借助于科学的？即便小到户口的调查统一，也大大地需要科学的根据。因此，我们要取得抗战建国的最后胜利，就必须加强科学研究。② 顾毓琇同样认为：“无论在抗敌和建设那一方面，我们都需要科学。”战争的本身，是艺术，亦是科学。军事的基本原则是力量的运用，这个力量包括人力、武器、通讯、运输、给养以及一切帮助战斗的力量。不仅新式武器、新式通讯和新式运输需要科学，而且武器、通讯、运输等都需要有科学训练的人们去应用，倘若使用新式武器的人没有科学的基础同科学的训练，那么同样的工具便不能发挥同样的力量。通讯、运输和给养，战时和前方固然需要，但无论在技能和设备材料上，平时和后方必须有充分的准备。新式的战争，必须使全国的力量总动员起来，总动员的力量越大越好。而“科学可以增加我们的力量，集中我们的力量，所以科学

① 刘守曾：《历史教育与民族复兴》，《新湖北季刊》第1卷第2期，1941年。

② 陈德征：《抗战建国与科学研究》，《中央周刊》第1卷第8期，1938年。

对于抗战的影响是很大的”。在抗战建国时期，我们不仅要“有钱出钱，有力出力”，而且我们要用科学来“增加钱，增加力”。增加了“钱”可以支持抗战，增加了“力”可以打击敌人。①袁忠珩在《科学与抗战建国》一文中写道：我们首先要认清目前已不再是人与人争斗的时代了，而早已跨入人与机器或思想相斗的血腥气的大时代了。科学既能克服天空，克服陆地，克服海洋，克服一切，当然亦能克服战争，近代战争的科学化，是谁都承认的，科学既能被人类的聪明误用作残杀的工具，那么，要纠正其错误也唯有科学，除了科学是没有法遏止近代科学化的战争的。因此，“我深深地相信，要抗战与建国有着美满的结果，必须应用物质科学的力量”，我们这个具有四五千年高超伟大文化的国家，也就不会“再受素不在眼的倭寇的凌辱了”。②

（二）怎么样“学术建国”

既然学术对于抗战建国具有如此重要的意义，那么我们应该如何发挥学术在抗战建国中的作用呢？换言之，怎么样“学术建国”呢？这是学术界在提出或讨论“抗战建国”主张时必须回答的又一问题。对此，贺麟提出了三点意见：第一，要用“‘学治’或‘学术治国’的观念以代替迷信武力、军权高于一切的‘力治’主义”。“知识就是力量”，这是英国著名哲学家培根的名言。因此，最真实有效的“力治”既不是武力，也不是军权，而是学术上的“真理”与知识上的“学治”。第二，要用“‘学治’来代替申韩式的急功好利、富国强兵的法治”。申韩式的法治实际上是严刑峻法、剥削人民的苛政，是贯彻力治和武力征服的工具。而“真正的法治”是建立在“学术”之基础上的。“中国对日抗战之能否成功，就看我们是否能建立一学术基础。”第三，要用“‘学治’以补充德治主义”。德治是中国几千年来的基本政治观念，但“德治必须以学治为基础”，“德治”

① 顾毓琇：《抗战建国与科学化运动》，《教育通讯》第12期，1938年。

② 袁忠珩：《科学与抗战建国》，《浙东校刊》第3卷第15、16期合刊，1939年。

与“学治”相辅相成，如果“离开学治而讲德治，纵不闹宋襄公战败于泓的笑话，也难免霍子孟不学无术的刚愎”。而要实现以上这三点意见，“我们民族生活的各方面，国家建设的各部门”，就必须“厉行学术化”。具体来说，即要求“逻辑的条理化，数学的严密化，实验科学、工程学的操作化”。任何一项事业，即使开一小工艺，做一小营生，办一小学校，都要求“有逻辑思考的活动，数学方法的计算，工程实验的建设，以促成之，发挥之，提高之”。而要达到这一点，就应使全国人民的生活，一方面要带几分“书生味”，亦就是“崇尚真理、尊重学术”的“爱智气味”，另一方面又要具有“斗士精神”，即为民族的复兴而“斗争的精神”。①

著名学者胡秋原认为，要实现“学术建国”，除要“发挥民族主义”，使之成为“今日抗战建国之中心精神”外，还要“发展科学技术”。而胡秋原所讲的“科学技术”，不仅包括自然科学，也包括社会科学和理论哲学。他指出：现代文明的基础就是科学技术的文明，我们要发展科学技术，就必须把生产、军事和科学打成一片，这样不仅能够满足当前抗战的需要，而且还能提高我们的科学知识，使我们的知识能达到“空前正确精密的水平”。具体而言，他建议：第一，“培养科学人才”。我们要完成抗战建国的任务，除了抗战，还需要建立新工业，改善旧工业和农业。这就需要大量的科学家去说明、去努力。因此，培养科学人才是“学术建国”的一个重要方面，有了人才，不仅可以“改善原有生产”，而且还能得到更多的创造发明。第二，“充实高深科学研究机关”。一方面，要集中人力与智力，研究中国的历史与地理，研究现代理化及电医科学，研究国际政治及中国社会，研究欧美各国建国历史、军事外交的情况，而目标集中于如何抗战建国。另一方面，要介绍他国科学，学习他国的经验，来研究我们当前的问题。他尤其对学术研究中存在的那种“无益空谈、伤国俗说”和“浅薄乱说”的“空陋”学风提出了严厉批评，认为“汰除”这种“空陋”学风的“治本之道”，是“树立笃实高深严肃的学问精神”。第三，“整顿教育”。学校

① 贺麟：《抗战建国与学术建国》，《蜀风月刊》第4卷第3期，1938年。

是研究学问和培养人才的根本机关，过去教育的失败，就失败在官僚主义及政客主义。因此，要想教育取得成功，教育当局就要以“神圣的心”来办教育。同时，要充实和提高课程及师生水平，改革考试方法，改革留学生制度，派遣具有真才实学的人到国外深造，并多多招聘外国真正专家学者来华担任教师。第四，“传播科学知识，传播现代文明”。现代基本的科学知识，无论是自然科学，还是社会科学，抑或理论哲学的书籍，都应多翻译和介绍，并把它们编成小丛书，以供广大读者阅读。还要多设科学博物馆，以启发民众的科学意识。同时，学术界要提倡一种“建设的批评风气”，对于那些违背科学、违背常识和伦理的“荒唐与武断”，要“作善意批评”，要使伦理学、欧洲现代史以及文化史与中国史一道，成为每一个国民的基本常识。胡秋原希望那些从事学术文化事业的人们，要立志做学术文化花园辛勤培植的园丁，用心血来浇灌未来中国学术文化的根苗，并以张横渠的“为天地立心，为生民立命，为往圣继绝学，为万世开太平”的四句自勉，为中国的文化复兴和学术建国而“努力”。[①]

潘梓年主要从建立“适合抗战建国的要求的新学术”方面，提出了如何发挥学术在抗战建国中的作用问题。他指出，“今日的学术运动，不能只是接续过去而继续开展，应当承接了过去的劳绩，在新的基础上来开展出一个新的前途”。具体来说，第一，开展科学化运动，一方面，要研究“现代最进步的科学方法”唯物辩证法，另一方面，要运用唯物辩证法去研究“中国历史，中国的社会形态，中国社会在抗战中所起的各方变化”，以尽快“建立起中国的社会科学”。第二，研究并接受中国优秀的民族传统，从经书、子书、史书、学案等有价值的文献中，发掘出中华民族的宇宙观、人生观、哲学思想、科学思想、史学思想以及政治原理、教育原理等范畴。当然，我们在接受优秀的民族传统时不能把它变成复古运动，要有批判地研究和接受，从而使它适应于抗战建国的“历史要求”。第三，

① 胡秋原：《中国文化复兴论》，蔡尚思主编、姜义华编《中国现代思想史资料简编》第4卷，浙江人民出版社1983年版，第156—158页。

大力阐发诸如讲信义、讲气节、讲廉洁、讲勤奋、讲坚忍不拔、讲从善如流、讲见义勇为等优秀美德，以服务于抗战建国的需要。第四，建设中国的新文学和新艺术。[①] 在《目前文化工作的具体内容——高度发扬民族自尊心与自信心》一文中他又指出：我们要抗战建国，就必须好好研究孙中山的三民主义，“三民主义就是救国主义”，它包括三方面的内容，即中华民族要取得国际上的平等地位，中国人民要取得政治上的平等地位和经济上的平等地位。而这都离不开学术研究。中华民族要取得国际上的平等地位，就须认识自己的历史，自己的物力，自己的地理条件，那就需要社会科学者、自然科学者，运用目前最进步、最科学的方法，把中华民族的历史、哲学、地理、物产好好地研究清楚，让大家看出我们的力量何在，到底是怎样的一种力量；需要科学家运用最进步的方法，来把中国人民的实际生活、社会结构，人与人的彼此关系，中国人民的特性与特点，好好研究清楚，让大家可以看出这里有些什么方法来取得这个平等地位。中国人民要取得政治上的平等地位，实行自治，就要有人运用最进步最完善的方法来好好研究一下，所谓政治，所谓自治或民主，到底是什么样的东西，是怎么回事，让大家看出到底要有什么一种力量才能取得这一平等地位，这种力量要在什么样的条件之下才能具备，中国的广大人民是否能够具备这种力量。中国人民要取得经济上的平等地位，过上幸福生活，就要有人运用最科学的方法好好研究一下，目前中国人民在经济上到底是怎样的不平等，要怎样运用孙中山的平均地权、节制资本的方法，才能收到最好的实际效果。除此之外，还有什么补助的方法可以采用？过去采取的一些方法，如二五减租，为什么没有取得成效，甚至是“弊病百出”？总之，他认为，我们要抗战建国，实现民族复兴，就需要充分利用“社会科学自然科学来研究实现这个主义的许多具体问题”[②]。

潘梓年尤其看重科学在抗战建国中的重要作用。他在《发挥“五四”

---

① 潘梓年：《新阶段学术运动任务》，《理论与现实》创刊号，1939年4月15日。

② 潘梓年：《目前文化工作的具体内容——高度发扬民族自尊心与自信心》，《翻译与评论》第4期，1939年3月1日。

运动所提倡的科学精神——使科学为抗战建国服务》一文中写道："中国需要科学，抗战建国需要科学更是来得迫切和明显。'五四'运动所提出的科学任务，要求我们在今天的抗战建国中把它完成。"为此，他提出，首先，政府应采取"非常时期"的"非常方法"，筹措相当充裕的资金，并制定出切实可行的计划和实施步骤。其次，国内资金比较雄厚的企业、银行和个人，应出资帮助国家或科学团体来做与抗战建国有关的各项事情。复次，科学家应积极自动地组织起来，为抗战建国的科学事业而努力奋斗。最后，要采取最进步的科学方法，使科学事业在抗战救国中向着新的方向发展，从而获得更多的新的内容。[①] 在植物学家胡先骕看来，"当此要建立现代化的三民主义的新中国之时，应当特别注重科学的研究，过去虽然我们是科学落后，现在我们则要急起直追和迎头赶上科学，然后才能将国家建设得稳固强盛"。所以他希望政府"对于科学的注意与提倡，还应该更多下工夫"。具体来说，"在自然科学的建国工作方面，我们应特别重视两个方面"：第一是对资源的开发和利用，因为一个国家的存在，取决于有无强大的国防，而国防的充实，取决于资源的充足与否。他建议："凡是本国所能出产的（资源），要尽力开发，若某种资源为我们所不能出产的，则当设法用我们有余的资源向其他国家交换。"第二是大力发展工业，尤其要大力发展作为重工业的机器制造业，为国防建设提供坚实的基础。否则，"若我们不能使我们的工业做到自己制造的地步，光是从外国购买，则我们的国防，仍然是危险"。[②]

既然科学在抗战建国中具有十分重要的作用，薛丹英因而主张开展科学运动。在积极方面，科学运动是要增进大众的科学知识，使大众能确切地认识这次抗战的意义和它的发生、发展和结局，使大众坚信全面的持久战是争取最后胜利的唯一办法。在消极方面，科学运动是反迷信，反盲从，反礼教，反复古等封建意识，改善大众生活。不过，他强调，抗战建

---

① 潘梓年：《发挥"五四"运动所提倡的科学精神——使科学为抗战建国服务》，《群众》周刊第2卷24、25期合刊，1939年5月15日。

② 胡先骕：《科学与建国》，《读书通讯》第23期，1941年。

国时期的科学运动与五四时期的科学运动“有着本质的不同”，五四时期的中心精神是个人解放，而抗战建国时期是求整个民族的解放，我们“要培养起民族观念和集体的精神，这是以大众为对象，提倡科学的意义”①。汪奠基主张“以科学技术之生产教育，为抗战建国之最高原则”。具体来说，他提出，（甲）从民族生存之科学技术，改造战时教育之基础；（乙）从科学生产原则，创立应用之学校教育；（丙）从抗战建国之教育环境，改造现存学校设立之混乱状况。②任孟闲就“研究科学以适应抗战建国需要”提出了三条建议：第一，政府应“以大规模之组织，筹设一研究部或研究委员会”，集中人才，分门别类，从事研究，并严定考核标准，以期有效。第二，凡于科学接受过高等教育，或富有研究兴趣的人，当此抗战建国时期，都应“本其所知，继续努力，以其所得，贡之国家”，即使只有一技之长的人，也应各尽所能，献身于国。第三，全国青年，“亦应翻然觉悟，一致奋起，致其力于切实有用之科学”。③黄文山在“检讨过去科学运动”之得失的基础上，提出了今后科学化运动的“四个原则”：“第一个原则是科学运动必须贯通自然与社会”。一方面要学习并发明抗战建国所需要的技术，另一方面要改造社会组织与训练，使之能与这些技术相适应。“第二个原则是科学运动必须贯通战时与平时”。没有平时的科学研究，不能应付战时的需要，也只有战时的科学需要，才能提高战时与战后科学研究与教育的水平。“第三个原则是科学运动必须贯通物质与精神”。他同意如下观点：“自抗战以来，单就武器的优少来推论抗战的成败，固然是错误；同时抹杀武器及其他物质设备，以为只要有一时的民族情绪，就可以得到胜利，也是错误的。”“第四个原则是科学运动必须贯通感情与理智”。对于国民的情绪，在战时自然应当激发，但我们应从感情激发之中，培养理智的观察与理喻，只有靠理智维持情感，情感才可持久，才不可闻胜而

---

① 薛丹英：《抗战建国与科学运动》，《青年科学》第1卷第1期，1939年。

② 汪奠基：《抗战建国与科学教育》，《今论衡》半月刊创刊号，1938年。

③ 任孟闲：《研究科学以适应抗战建国需要》，《新大复月刊》第1卷第2期，1938年。

骄，闻败而馁，才能坚定抗战必胜建国必成的信心。[①]

张其昀是历史地理学家，他在《抗战建国与学术研究》一文中强调，中国的地理学要以研究“海陆空三方面之发展”为中心。因为中国既是一个大陆国家，又是一个海洋国家，“亚细亚为世界最大之大陆，太平洋为世界最大之大洋，而中国适居于其间”，加上中国又有800万的海外华侨，所以“中国建国之方针，既非海主陆从，亦非陆主海从，而应采取海陆并进主义”。此外，海国思想与海上精神之发展，又“与天国思想与空中精神之发展，有息息相通之效”。鉴于抗战建国中地理学之重要性，他号召中国的地理学工作者要承担起抗战建国的重任，“诚以民族国家为一切史地研究最高之对象，各国民族复兴运动，研究历史地理之学者无不立于第一线”，并希望中国地理学“因建国之需要，与政府之倡导，当能有长足之进步，以副海内外人士之期望，而于民族复兴运动与世界和平事业，尽其一篑之助力焉！”[②]

（三）建什么样的“国”

无论是主张或讨论为何要“学术建国”，还是主张或讨论怎么样“学术建国”，都没有涉及所要建的国的性质问题，亦即建一个什么样的国的问题。建一个什么样的“国”？这才是“学术建国”最根本的问题。

众所周知，自秦始皇统一后，中国在绝大多数的时期内是作为一个统一的国家而存在，但在辛亥革命之前，中国是一个传统的“王朝国家”，而非近代的“民族国家”[③]。中国建立近代的“民族国家”的过程始于20世纪初的辛亥革命，但由于各种原因，至抗战全面爆发前，近代的民族国家在中国并没有真正地建立起来。1938年3月召开的国民党临时全国代表大

① 黄文山：《抗战建国与科学运动》，《民族文化》第1卷第2期，1938年。

② 张其昀：《抗战建国与学术研究》，《改进》第1卷第6期，1939年。

③ 关于“王朝国家”与“民族国家”的区别，参见李宏图：《西欧近代民族主义思潮研究——从启蒙运动到拿破仑时代》，上海社会科学院出版社1997年版，第256—258页。

会通过的《中国国民党抗战建国纲领》明确提出，抗战的最终目的，是要通过抗战，实现国家重建和民族复兴。于是，建立一个什么样的国家，再次引起了学术界的关注和热烈讨论，讨论的结果，是建立一个近代的“民族国家”成了抗战时期学术界的基本共识。[①]概括学术界的观点，他们认为近代的“民族国家”具有以下几个方面的特征：

第一，近代的“民族国家”是一个主权独立的国家。陈独秀回顾了“前此五六百年整个民主革命时代”，西方各国从一个前近代的传统国家变成为一个近代的民族国家时所完成的“主要的民主任务”，其中第一个任务就是“民族的国家独立与统一”。因为，“非脱离国外非民主的压迫和国内的分裂，一切经济政治都不能自由发展”。所以中国要建成一个近代的“民族国家”，首先也就必须废除帝国主义强加给中国的一切不平等条约，驱逐帝国主义在华的侵略势力，使中国成为一个主权独立的国家。[②]李士豪同样强调，我们“要建设一个现代国家”，有“几个基本的条件”必须实现，而“对外求得独立”则居“几个基本的条件”之首。否则，对外不能求得独立，国内的政治就不会走上轨道，在帝国主义者与国内军阀官僚，以至于豪绅地主相勾结的局面下，不但内乱不会停止，宪政不能建立，就如民国初元的召集议会，实行民治，亦不过是挂了一张民治的招牌，究其内容，还是一个贪污的官僚政治而已。政治不上轨道，帝国主义者经济侵略没有停止，农民生活没有改善，不但重工业无法建设，就是萌芽的轻工业也不能维持。在帝国主义的经济侵略及封建剥削的两重压迫之下，要挽救农村经济的衰落是不可能的。农村的崩溃，农民生活的极度贫乏化，反映出农民要求解放的迫切，形成国内政治与社会的动荡不安。[③]

第二，近代的“民族国家”是一个民主政治的国家。胡秋原在《中国革命根本问题》一文中就明确指出：“中国革命之实际目的，即在求中国

① 郑大华：《“民族复兴”话语下“抗战建国”的讨论》，《中国文化研究》2017年第1期。

② 陈独秀：《抗战与建国》，《政论旬刊》第1卷第9期，1938年4月25日。

③ 李士豪：《抗战建国与确立民主的宪政制度》，《抗战十日》第2期，1938年。

之现代化……使中国由一个农业国变为一个工业国家，由一个官僚政治国家变为一个民主政治国家。”[①]马寅初撰文强调说：“现在的世界已成了个民主世界，无论任何国家，在战争结束之后必须走向民主的一条路，否则无以保其生存与独立。”[②]在张澜看来，民主政治，主权在民，人人有独立的人格，人人有共守的宪章，所受之教育，所得之享受，皆期趋于平等，“因为有次列各项优点，所以当前和未来的世界政治，都要以民主政治为最高原则”。[③]陈启天强调：“所谓建国，即是要将中国建设成功一个现代化的国家而已”，而政治民主化正是现代化国家的重要指标之一。[④]李士豪更是把民主政治视为建立近代的“民族国家”的“各个条件中的中心问题”。他指出，在半殖民地国家与帝国主义者的战争上，人力的要素，远超过物力的要素。要人力的要素能够扩大而深入地发挥，需要在政治方面除去动员民众的障碍，健全动员民众的机构，使民众能自发自觉地与抗战的要求相适应，亦只有在自发自觉的基本精神之下，才能使民众会感觉到本身的利害，与国家民族相一致。同时也只有农民生活得到了改善，农民大众得到了解放，他们也才能够提高其抗战的情绪，发挥其抗战的力量。“这就是对于民众动员上，需要有民主的政治制度的确立的理由。”另外，受资金、原料、销路等各种的限制，抗战时期中要发展民族工业是不可能的，重工业更无从说起。但一个国家如果不能把工业建设搞上去，确立工业高度化的基础，即所谓现代国家之建设是不可能的。要排除这种困难，当然要对外求独立，解除帝国主义者的经济压迫和掠夺。其次还要改善农民大众的生活，提高他们的购买力。这都是有相互关系的，但其中最主要而为

---

① 胡秋原：《中国革命根本问题》，李敏生编《中华心——胡秋原政治·文艺·哲学文选》，社会科学文献出版社1995年版，第18—34页。

② 马寅初：《中国工业化与民主是不可分割的》，《民主与科学》第1卷第1号，1944年12月22日。

③ 张澜：《中国需要真正民主政治》，《张澜文集》，四川教育出版社1991年版，第188页。

④ 陈启天：《中国需要思想家》，《国光》第9期，1938年6月。

其中心的，还是要政治能上轨道，只有适合于现代的、可以对抗国际经济侵略的政治制度得到了确立，才能保证工业建设的进步。同时也只有政治走上了轨道，才能把各种建设向前迈进。“所以民主的宪政制度的确立，又是建设现代国家的各个条件中的中心问题。”[①]

第三，近代的“民族国家”是一个工业化的国家。冯友兰指出，我们要建立“近代式底国家”，首先就必须知道“近代式底国家的要素”是什么。“近代式底国家的要素”是“工业化”。有了“工业化”，我们就会有坚船利炮，就会有国会宪法，就会有德先生和赛先生，所以我们要实现抗战的目的，即将中国建设成为一个“近代式底国家”，其最重要的工作，“是赶紧工业化”[②]。和冯友兰一样，周宪文也认为，“中国工业化问题”，是将中国从一个前近代的“传统国家”建设成为一个近代的“民族国家”的“基本问题”。他在《中国抗战建国的一个基本问题》一文中写道：建国之道多端，而以国防建设、政治建设和社会建设为重要，而这三项建设都离不开工业化。以“中国政治的建设”而论，其目标当然在“民主政治”，而“近代民主政治的母亲，在机械工业”。如果机械工业不发达，或者说要在农业社会，“实行近代的民主政治，纵非缘木求鱼，其必事倍功半”。这也是近代的民主政治在中国迟迟不能实行的重要原因。所以，“我们要实行近代的民主政治，总非先使中国工业化不可。否则，‘建基于沙滩上的高楼’，不旋踵就会倒的”。至于社会建设，也是如此。“人们常怪中国人爱家的观念重过爱国，相信命运，相信风水，苟且偷安，不求进取，做事欠迅速，欠正确，少训练，少组织，其实这些都是农业社会的产物……我们现在要把这些坏东西铲除尽净，文字的宣传，尤其如新生活运动及精神总动员固然极其重要，如果不设法使中国走上工业化的道路，那么这些宣传与运动的效力也就可想而知了。”总之，“中国要求建国成功，只有赶紧工业化，中国工业化愈快，建国成功的时期也愈近”。[③]

① 李士豪：《抗战建国与确立民主的宪政制度》，《抗战十日》第2期，1938年。

② 冯友兰：《抗战的目的与建国的方针》，《当代评论》第2卷第3期，1942年。

③ 周宪文：《中国抗战建国的一个基本问题》，《满地红》第3卷第3期，1941年。

就学者们的上述讨论来看，他们确实抓住了近代的“民族国家”的一些基本特征，这就是主权独立、民主政治和经济的工业化。当然，由于政治和知识背景的不同，人们对这些特征的重要性的认识又存在着差异。陈独秀和李士豪从西方建立近代民族国家的经验出发，强调了民族独立、宪政制度对于近代的“民族国家”的重要意义；胡秋原、陈启天则认为民主政治的实现是近代的“民族国家”的“根本问题”；而冯友兰、周宪文受西方唯实论和现代化思想的影响，认为近代的“民族国家”的基础是经济的工业化，只有先实现了经济的工业化，然后才能实现政治的民主化及其他，因此实现经济的工业化是中国建立近代的“民族国家”的最紧要的工作。

我们以上介绍了“抗战建国”话语下“学术建国”的讨论，它涉及为何要“学术建国”、怎么样“学术建国”和建什么样的“国”的问题。实际上自晚清以来，就存在着一股“学术救国”思潮，认为中国要救亡图存，就必须积极从事学术研究，充分发挥学术的重要作用，“抗战建国”话语下“学术建国”的讨论，就本质而言是晚清以来“学术救国”思潮的继承和发展。尽管和“学术救国”思潮一样，参加“学术建国”讨论的主要是一些学术圈里的人，如大学教授、中学教师和报刊编辑，但讨论本身却产生了一定的政治和社会影响，推动了文化和学术事业的发展。1940年4月，在国民参政会第五次会议上，为进一步推进学术活动的开展，张申府等人提出《保障讲学自由以使学术开展而促进社会进步案》并获得通过。提案认为：“国家社会之进步，必赖学术文化之开展，必赖新异思想学术之产生。新异思想学术之产生，必赖思想之自由与讲学之自由。因此，凡近代进步国家，罕有不崇尚思想自由与讲学自由。”提案因而“拟请政府通令全国，在三民主义及抗战建国纲领最高原则下，保障讲学及学术研究之自由”。[①] 该提案的通过对保障思想自由和讲学自由起过一定的积极作用。也就是这一年，贺麟得到蒋介石的四次约见，听取他关于学术建国的意见。也许是受了贺麟的影响，1941年7月2日，蒋介石在出席三民主义青年团

① 孟广涵主编《国民参政会纪实》（上），重庆出版社1985年版，第707页。

全国干部工作会议上，发表《青年团工作根本要旨》的讲演，大谈哲学在抗战建国和民族复兴中的意义。后来在《中国之命运》中，蒋介石更进一步“较为完整地表述了学术建国的思想”，认为只有“使学术切于人生的日用，文化为本于建国的基业”，同时“切实体验国父‘行易’哲学的真理，与革命力行的精义”，从而真正做到“智育与德育兼施，文事与武备相应”，而后“我们民族固有的德性与智能，和国家本来的地位，乃可以真正的恢复，而立国的基础，乃能臻于巩固强大”。[①] 正是在“学术建国”思想的影响和推动下，在极端艰苦的战争环境中，学术界的广大同人克服了各种和平时代无法想象的困难，潜心于学术研究，并将学术研究与抗战建国的需要结合起来，创作出了一大批优秀的学术成果，为抗战建国服务，从而提升了中国学术在世界上的地位。无论从哪方面比较，全面抗战时期都是中国近代以来学术研究最为辉煌的时期。

① 张承凤：《论国民政府抗战时期的学术建国与国学运动的兴盛》，《重庆师范大学学报》2010年第5期。

第五章 学术研究要服从和服务于民族复兴

本章主要论述了近代以来尤其是抗战时期，学术研究是如何服务于民族复兴的，以及在民族主义话语下中国学术研究的新趋向。自晚清以来，就存在着一种“学术救国”思潮。这一思潮认为，学术是一个民族的立足之本，要救亡图存，就必须加强学术研究，使中国学术在世界学术中占有一席之地。“九一八”事变后，随着民族复兴思潮的形成，学术界对学术研究与民族复兴思潮的关系进行了讨论，充分认识到学术研究于民族复兴的重要意义。与此同时，随着民族危机的进一步加深，学术界在反思新文化运动时期对中国传统学术和文化立足于批判的“整理国故”运动的基础上，开始转向“国故整理”，即通过对中国传统学术和文化的发掘和阐释，来增强民族的自尊心、自信心和自豪感，以建设民族新文化，抵御日本的侵略，从而实现中华民族的伟大复兴。这一时期，马克思主义学派所发起的“学术中国化”运动以及“文艺的民族形式”的提出和讨论，在近代以来的学术史上具有十分重要的地位。

一、学术研究如何服务于民族复兴：“九一八”事变后的中国学术界

实现中华民族伟大复兴的中国梦是近代以来中国人民矢志不渝的愿望和追求，但“中华民族复兴”思想则有一个历史的发展过程。概而言之，清末是“中华民族复兴”思想的孕育或萌发期；五四前后是“中华民族复兴”思想的初步发展期；“九一八”事变后是“中华民族复兴”思想的进一步发展并成为具有广泛影响力的社会思潮的时期。随着民族复兴思潮的

兴起，中国学术界积极为民族复兴奔走呼号，出谋划策。但长期以来，由于种种原因，我们对中国近代民族复兴思潮缺乏深入全面的研究，更很少有人研究“九一八”事变后的学术界是如何为民族复兴服务的。有鉴于此，笔者拟以学术研究如何服务于民族复兴为切入点，对“九一八”事变后的学术界作一探讨。需要说明的是：第一，这里讲的学术界，取的是宽泛之义，不仅指专门从事学术研究的学者，也包括那些非职业但对学术研究有兴趣、经常发表学术文章的人。另外，学术界只表示其职业和兴趣，不表示其政治取向。第二，“九一八”事变后，指的是“九一八”事变到七七事变前这一时期，亦即人们通常说的局部抗战时期。

（一）学术研究对于民族复兴的重要意义

自晚清以来，就存在着一种“学术救国”思潮。这一思潮认为，学术是一个民族的立足之本，要救亡图存，就必须加强学术研究，使中国学术在世界学术中占有一席之地。“九一八”事变后，随着民族复兴思潮的形成，学术界对学术研究与民族复兴思潮的关系进行了讨论，充分认识到学术研究于民族复兴的重要意义。

“九一八”事变后的1935年，燕京大学教授张君劢出版了一本论文集，书名就叫《民族复兴之学术基础》。他在该书的“凡例”中写道：各篇之间虽“鲜联络关系”，但“其要旨不外乎民族之自救，在以思想自主，文化自主为基础”，民族之复兴，在以学术创新为基础、为前提。[①] 余荣昌在《复兴民族先要提高学术》一文中也一再强调：“当这国难日深、国际风云最紧急的时候，复兴民族，提高学术，实为救亡图存当务之急。”因为，“（一）学术能提高民族底地位”。学术最重要的部分是科学，而科学是“救国救民族之唯一要素”。我们要谋国家富强，提高民族地位，就必须提高学术，昌明科学，有了科学的智识，才能巩固我们的国防，才能改变我们的物质生活，从而得到更优美的境地。“（二）学术能改变社会”。一个社

① 张君劢：《民族复兴之学术基础》，再生社1935年版，“凡例”第1页。

会的良窳，与学术发达与否有着密切的联系。中国教育的落后，学术的萎靡，导致了中国社会的弊端丛生。如果缺乏学术训练的国民，都能得到受教育的机会，"那末，社会的黑暗也可化为光明，不良的制度，也可革新了"。"（三）学术能保持中国固有文化"。作为一个中国人，不能不认识中国固有的文化，只有认识了中国固有的文化，才能知道"我们所以能够生活，民族可以复兴"；也只有认识了中国固有的文化，当外敌入侵我们的国家、毁坏我们的文化、压迫我们的民族的时候，我们也才有可能同仇敌忾，一致抵御，"保护我们的文化，维持我们的生活，恢复我们的民族地位"。总之，他指出，既然"学术能挽救危亡，提高民族地位，改进社会利益，保持中国固有文化"，那么我们今后就应该注意于"学术研究，提高国民之智识，充实个人之技能，增加我们的力量，去复兴民族"。① 秋涛同样强调指出，"学术是立国的根本"，世界上学术衰落的国家，鲜有能存在，即使能侥幸存在，亦必奄奄待毙，毫无生气可言。反之，学术昌明的国家，即使不幸遭受意外的暴力而至于暂时覆亡，"但始终亡不掉的是他们的学术"。而只要学术不亡，国家和民族就终有复兴之一日。所以，我们"要挽救中国的危亡"，实现中华民族的复兴，就"非从虚处到实处，切实做一番复兴中国学术的工作不可"。②

一个国家的历史是这个国家和民族文化的重要载体。嘉道时期的龚自珍就曾指出："灭人之国，必先去其史；隳人之枋，败人之纲纪，必先去其史；绝人之材，湮塞人之教，必先去其史；夷人之祖宗，必先去其史"。③ 晚清的章太炎认为一国的种脉之存续多依赖于本国的历史，"国与天地，必有与立，非独政教饬治而已，所以卫国性、类种族者，惟语言、历史为亟"。④"九一八"事变后的学术界对于历史于民族和国家的重要意义也有

---

① 余荣昌：《复兴民族先要提高学术》，《民钟季刊》第1卷第2期，1935年。

② 秋涛：《再来一次"狂飙运动"》，《读书顾问》第1期，1934年。

③ 龚自珍：《古史钩沉论二》，《龚自珍全集》上册，中华书局1959年版，第23页。

④ 章太炎：《重刊〈古韵标准〉序》，《章太炎全集》第4册，上海人民出版社1985年版，第203页。

充分的认识。邵元冲在回顾了近代以来东西方列强对弱小国家的侵略和兼并的历史后得出结论：“凡强国之兼并弱小，非但兼并土地人民政治而已，必并其历史与文化摧毁而灭绝之。使其大多数人不知有祖国，不知有历史，不知祖先艰难缔造之精神，不知固有文化之美点，然后甲国临其上则可为甲国之奴，乙国据其土则可受乙国之命……故英之并印度，法之并安南，日本之并朝鲜，皆孳孳以消灭印度安南朝鲜之历史文化，以划除其历史之民族性与其反抗之精神。”[①] 中央大学教授姚公书同样在总结了古今中外的历史后写道：“自古以来，灭人国家者，夷人祖宗者，败人纪纲者，湮人才智者，必务去其史，以绝其根本。”秦灭六国，悉焚其史；日亡朝鲜，尽秘其史；印度虽为文化古国，然而因无国史，而无法追念其先代政化，结果是国亡而不能复兴。一个国家和民族的安危兴衰，虽与“时会所趋”有关，但只要其国民自知其种族文化，“不幸而山河改色，然民族精神犹存，运会所至，终必复兴。苟鄙夷其国史，蔑弃其文化，则本性迷失，万劫不复矣！”[②] 中山大学教授朱希祖也一再强调，“国亡而国史不亡，则自有复兴之一日”，中国“民族之所以悠久，国家之所以绵延，全赖国史为之魂魄”。他因而主张开馆修史，“借历史以说明国家之绵延，鼓励民族之复兴”。[③]

正是基于历史于国家和民族之重要性的认识，“九一八”事变以来的学术界特别强调历史对于民族复兴的重要作用。北京大学教授李季谷指出：自“九一八”以来，民族复兴运动已成为“当今之急务”，而我们“欲实现此项运动，使此项运动发生功效”，其入手之方只能是历史教育。他举德国和日本为例：近代德国之勃兴与统一，德国国民多归功于兰盖（Ranke）氏所著之《罗马及日耳曼民族史》。日本明治维新运动之成功，日本人多归功于元禄时代德川光圀等所著之《大日本史》。日俄战争中日

① 邵元冲：《民族性之涵义及发挥》，《建国月刊》第9卷第5期，1933年。

② 姚公书：《论历史教育之重要》，《江苏学生》第8卷第3期，1937年。

③ 傅振伦：《朱希祖传略》，晋阳学刊编辑部编《中国现代社会科学家传略》第5辑，山西人民出版社1985年版，第59页。

本之所以能战胜俄国，中村久三郎所编《新东洋史》功不可没，当时曾有“日本之强盛，由日本之新历史助成之”之论。由德国和日本的例子可见，“历史教育与民族复兴二者固有不可分离之密切关系”，我们要实现中华民族的伟大复兴，也“应从改造历史教育着手，则即应脚踏实地从编著可资民族复兴运动之新历史着手”。[①] 笔名为“卯生”的作者在《历史的重要和民族复兴》一文中写道：一个破产没落的家庭，如果不知振作，而只知道夸耀过去的光荣，那当然是无用的。但是如果这个家庭的子弟连过去的光荣都不知道，只知道羡慕别人的兴盛，而又不知自行振作，那么这个家庭的存在就更加危险了。前者的心理叫妄自夸大，后者的心理叫妄自菲薄，二者固然都是错误的，不过，无论一家还是一国，独立自尊与耻不如人的心理是不能没有的，只有如此，才能鼓励人们自强不息的奋斗精神，而努力振作，以恢复固有的光荣。“历史的伟大效力，就是教人不要忘记过去，并且从过去历史的认识，而更加努力奋进”。我们中国是一个具有悠久历史的国家，中华民族曾创造过灿烂辉煌的古代文明，只是近代以后落伍了，所以我们要富强我们的国家，复兴我们的民族，就“应该根据过去历史的认识，不要忘其所从来，更要探取古人之所长。努力奋斗，谋民族的发展”。[②] 这便是历史对于民族复兴的重要意义。著名历史学家何炳松在题为“整理国史与复兴民族”的演讲中强调，“现在我们中国人都在高唱复兴民族运动，但是怎样的去复兴呢？那就不得不回过头来，看一看我们过去的民族怎样？目前又是怎样呢！要看过去的怎样？那就不得不研究历史了”。明白了中国历史，就知道外力如何压迫我们，最终也不能消灭我们的文化，消灭我们的民族的，只要我们团结一致，共同努力，中华民族就一定会实现复兴。他因而希望听他演讲的学生们有时间的话多读一些中国历史书，有兴趣的话多做一些中国历史研究。[③]1934 年 10 月，河南大学文史系史学组主任葛定华，讲座教授胡石青，文史系主任嵇文甫，教授杨

① 李季谷：《民族复兴与历史教育》，《中国新论》第1卷第2期，1935年。

② 卯生：《历史的重要和民族复兴》，《崇实季刊》第23期，1937年。

③ 何炳松演讲：《整理国史与复兴民族》，《新女性》第3、4期合刊，1936年。

筠儒、张邃青、刘盼遂、姜亮夫、李雁晴等人“鉴于国势日趋危亡，欲谋救亡图存，首在复兴民族精神，而复兴民族精神，则以普及历史知识于民众，为最有效力之良方”，于是“纠合同志，组织‘中华史学社’”，并以下列两点努力为鹄的：一是历史知识之普及，即求完善之方法，使历史知识普及于全民。二是历史研究之专精，即考究历史之内容，辨证史实，充实史料，以适当之历史知识供奉于社会。[①] 葛定华在为“中华史学社”成立所写的《普及历史知识与民族复兴》的“宣言”中也再三强调：“改造国民心理，振作民族精神，其最有效力之方，当莫如历史知识之传播。”[②]

作为一位文艺工作者，刘麟生指出，文学既有待于民族复兴，民族复兴又有待于文学，二者存在着一种辩证统一、相互促进的关系，他并从这种辩证关系的角度出发论述了文学如何为民族复兴服务的问题。首先，“复兴时代的文学，应有时代的精神”，就像法国革命时的国歌、英国培根的政治科学论文和美国林肯的演说辞一样，能鼓励人们投身于民族复兴的伟业之中。其次，“复兴时代的文学，应多以复兴时代的生活为背景、为材料”，以言之有物为先决条件，能反映人们为民族复兴所做出的努力。[③] 青年学者郑善林的《复兴民族与文学》一文用诗一样的语言写道：“当我们高吟着《马赛革命歌》时，雄壮的气，宛如喜马拉耶山峰峦起伏，不知几千里。宛如太平洋狂风巨浪，不知几万重，令人顽廉而懦立。当我们齐唱着岳武穆的《满江红》时，未有不热血澎湃于胸腔之中。当我们诵读波特列亨利的‘不自由毋宁死’的演说词，和邹容的《革命军绪论》后，就会义愤填胸，热血涌沸。这种富有强烈性的刺激，除了文学外，你想还有什么呢?!既然文学和人生的关系有这样的密切，文学感化力又这样的伟大，那么在复兴民族的历程中，如何少得了它呢？”“照现时代来说，把

---

① 《葛定华胡石青等发起组织中华史学社：“普及历史智识复兴民族”》，《河南大学校刊》1934年10月15日，第2版。

② 葛定华：《普及历史知识与民族复兴——为中华史学社成立宣言》，《河南大学校刊》1934年10月8日，第3版。

③ 刘麟生：《复兴时代的文学》，《复兴月刊》第1卷第1期，1932年。

文学用作茶余酒后的消遣品的时代已经过去了；把文学当作发表个人的哀愁，描写个人身边琐事的时代也过去了；把文学当作空洞的描写社会，预示未来的光明的时代也过去了。现在所要求的文学，是和复兴民族运动连结起来，负起复兴民族运动所应负的使命，也就是民族复兴运动中一支有威权的生力军。”[①] 著名艺术家鄢克定认为，“艺术与国家的兴亡，民族的盛衰，特别具有其莫大的关系”，中国今日之所以积弱不振，“艺术的病态”，如“荒诞无稽，淫秽堕落的画片”，“浪声漫语，艳曲淫词的音乐”，“鬼怪与消极，荒唐与淫秽的戏剧”等流行对人们的消极影响是其原因之一。因此，“中国处此危亡之际，尤须使艺术之真正价值，发扬光大”。具体来说，“在消极方面”，要纠正“艺术的病态”对人们的影响，养成人们前进的向上心理，建立同仇敌忾的精神上的国防；“在积极方面”，要利用艺术本身的伟大力量，唤醒民众，发扬民族精神，提高民族意识，养成民族的集体力量，使全国人民在整个救亡图存的意识下，抗御敌侮，奋发向上，“庶几中华民族得以真正发扬光大，获得完全的独立与自由，确立民族的复兴大业”。[②]

从事尼采研究的黄渠在《尼采精神与中国民族的复兴》一文中强调了尼采精神对于中华民族复兴的重要意义。该文开篇明义便指出：“尽管有许多人在沉醉，在迷恋于个人无常的享乐，然而从整个民族生存的立场看来，这已经不是开玩笑与享乐的时代了。我们——整个中国的民族，需要更坚强的意志，更正确的观念”，而尼采精神则为我们提供了这种需要，因为“从中国民族内在精神自身的衰老懦怯看来，介绍德国尼采的精神，权力意志生生不息自强活动争斗的主张，总是对着这老大民族的一剂补血针吧！至于超人的乌托邦，当然尚不值得我们的注意了”[③]。研究墨子的熊世林阐述了“墨子教义与中华民族复兴之前途”的关系，在他看来，“凡是一个国家民族的兴衰存亡，都是由一种思想推动的；所以要将一个衰弱

① 郑善林：《复兴民族与文学》，《湘湖学生》第1期，1937年。

② 鄢克定：《复兴民族与艺术》，《上海党声》第2卷第24期，1936年。

③ 黄渠：《尼采精神与中国民族的复兴》，《警灯月刊》第1卷第3期，1934年。

的民族变做兴盛，垂亡的国家转到永存，是不能不有一种适合时宜的学说来陶熔的”。当时中国的主要问题，“一是贫，二是乱”，而要医治这两个问题，实现国家的富强和民族的复兴，最“适合时宜的学说”则“莫良于墨子的教义”。他因而对墨子的“尚贤主义”“非命主义”“尚同主义”“节俭主义”“兼爱主义”“非攻主义”等教义进行了介绍，并要人们相信，“果能将墨子的教义实施于政教方面，则于中华民族复兴的前途，必可大放光明！”[①] 覃振则对国学与民族复兴的关系进行了论证，他告诉听他演讲《研究国学与复兴民族》的学生们，世界上每一个国家都有它自己的文化。我国文化的结晶就是国学。一个国家的存在和发展，莫不基于国家的特殊历史；一个民族的生存和发展，亦完全基于民族之优美文化。“中国的历史，在世界上比任何国家来得悠远，而他能够永生不灭，是什么缘故呢？就是因为我们有特殊的历史与特殊的文化”，亦就是有我们的国学。但现在我们国家和民族都面临着日益严重的生存危机，“欲谋民族复兴，其根本办法，舍提倡国学，以发扬民族精神而外，实在无其他好路可走”。因为民族精神的力量，在无形中极为伟大，最显明的事实，如欧洲普鲁士被拿破仑打败之后，幸有费希特出来提倡民族文化，结果造成德国的复兴。“我国现在的情形，正与当年的德国相似，我们要想自力更生，非提倡灌输民族精神的源泉地的国学不可。”[②]1935 年出版的《河南政治月刊》第 5 卷第 6 期发表过一篇题为《复兴民族固有之学术》的文章，认为国之精神，在于民族特性，而民族特性的养成，在于数千年相传续之学术，中国学术目前已有将绝之惧，这也是导致中华民族的衰落已达极点的重要原因。因此，我们要实现国家富强和民族复兴，就必须把中国固有之学术“恢复到健全的地位”，否则，中华民族“必无复兴之望。盖精神不在，躯壳未有

① 熊世林：《墨子教义与中华民族复兴之前途》，《复兴月刊》第2卷第8期，1935年。

② 覃振：《研究国学与复兴民族》（在中和国专讲演），《现代国际》第2卷第2期，1937年。

能幸存者也”。[①]

在梁贤达看来，“民族强弱与科学”有着十分密切的关系，现在欧洲强盛的民族，不但政治组织科学化，经济组织科学化，社会组织科学化，教育组织科学化，甚至于他们人民的精神都科学化，人民的体育都科学化，他们的一切，都是应用科学方法，都是科学化，科学的发达是“欧洲强盛民族之所以强盛”的重要原因。现在弱小民族，若再不从科学发达下手，力图振作，将来必趋于灭绝之路。历史已经证明，“科学发达的民族必存，科学落后的民族必亡”。[②]我们要复兴民族，就必须使科学发达起来。时任广西大学校长的马君武将“科学”视为西方文化的主要内容和精髓，认为国人应该运用西方的“科学”来发展中国文化，以此促进中华民族的复兴。他指出，我国东北四省之所以为敌侵占，西北也危在旦夕，一个重要原因，就是“人家能利用现代文化精髓——科学，以制造最新的‘生产工具’及‘战斗武器’，而我则墨守旧习不懂科学，不知利用科学，国家民族遂致不能保障其自由与独立”。所以，“吾人亟应努力科学，发展科学，以适应现代生活的方法，庶几可以奋振民族改进社会”，以实现民族复兴。[③]与马君武一样，上海国立暨南大学教授陈高傭也强调了科学对于中华民族复兴的重要意义。他在《怎样使中国科学化》一文中写道：在今天，科学的权威已经把宇宙间一切事物都统制了，自然科学的现象需用科学来说明，社会上的事情需用科学来解释，乃至人类意识中的精神作用亦需用科学来研究，科学不仅成了我们知识上理解一切的工具，而且成为了我们生活上实践一切的法则。根据这种法则，我们可以征服自然，改造社会，乃至批判和创造一切思想学术。否则，将为自然力所侵害，为社会制度所压迫，甚至自己的思想意识亦可能成为作茧自缚的工具。因此，我们要复兴中华民族，“要想使中国民族与各先进民族在世界并驾齐驱，使中国人民同能享受现代的生活，无疑地第一步工作就是把科学的文明迎头赶

① 《复兴民族固有之学术》，《河南政治月刊》第5卷第6期，1935年。

② 梁贤达：《科学与民族复兴》，《皖光半月刊》第5期，1934年。

③ 马君武：《努力现代文化去复兴中华民族》，《宇宙旬刊》第2卷第2期，1935年。

上去”。[①]

我们以上介绍了“九一八”后的学术界对学术研究于民族复兴之重要意义的认识。实际上自晚清以来，就先后出现过“实业救国”“教育救国”“学术救国”“科学救国”等种种“救国思潮”，在当时特殊的历史处境下，这种种“救国思潮”虽然推动了实业、教育、学术和科学的发展，有利于社会进步，但在根本上又没能救国，实现国家的独立和富强，相反中华民族的生存危机在此期间还有了进一步的加深。如日本帝国主义先后提出灭亡中国的“二十一条”、不归还第一次世界大战期间掠取的山东权益、制造“济南惨案”和“九一八”事变等，就是其例证。究其原因，就在于这种种“救国思潮”没有也不可能改变中国半殖民地半封建社会的性质，而只要中国仍然是一个半殖民地半封建社会的国家，就不可避免地会继续遭受帝国主义的侵略以及由此引起的民族危机，而进一步向下沉沦。同样，“九一八”后学术界力图以学术研究来挽救民族危机，实现国家富强和民族复兴，可称之为“学术兴国”论，这从根本上来说也是不可能实现的。正如毛泽东在《论联合政府》中所指出的那样，“没有一个独立、自由、民主和统一的中国，不可能发展工业。消灭日本侵略者，这是谋独立。……没有独立、自由、民主和统一，不可能建设真正大规模的工业。没有工业，便没有巩固的国防，便没有人民的福利，便没有国家的富强”[②]，更没有民族的复兴。当然，这只是问题的一方面。问题的另一方面，如果我们考虑到参与这一问题的讨论者大多是精神文明的生产者，不少人从事的还是中国历史、哲学、文学、思想、文化的研究和教学工作，利用他们自己的专业知识为挽救民族危亡、实现国家富强和民族复兴出谋划策，强调学术研究于民族复兴的重要意义，这可以说是他们自然而然的选择。借用《复兴民族与艺术》一文作者的话说：“国难的严重，已经到了最后的阶段，如何能

① 陈高傭：《怎样使中国科学化》，《文化建设》月刊第1卷第2期，1934年11月10日。

② 毛泽东：《论联合政府》，《毛泽东选集》第3卷，人民出版社1991年版，第1080页。

使整个中华民族不趋于灭亡，走上复兴的大道，建立巩固的国基？方法自然是很多，但总括一句，惟在求各人之本位努力而已。”[①]其中所表达出的是他们的爱国之情、报国之心、兴国之志，是对中华民族复兴的渴望与追求，我们应该在“同情的理解”的基础上给予充分的肯定。

（二）中华民族完全有实现复兴的可能

中华民族有无复兴的可能？这是“九一八”事变后面对日益严重的民族危机，广大国民最为关心的一个问题。对此，学术界依据他们的研究，作了肯定的回答。

要回答中华民族有无复兴的可能这个问题，首先要回答中华民族是否“衰老”这个问题。这个问题也是自清末以来不少人讨论和回答过的问题。比如,1900年梁启超在自己主编的《清议报》上发表了一篇时政性散文《少年中国说》。该文开篇明义便写道：“日本人之称我中国也，一则曰老大帝国，再则曰老大帝国，是语也，盖袭译欧西人之言也。呜呼，我中国其果老大矣乎？梁启超曰：恶是何言？是何言？吾心目中有一少年中国在。”[②]梁启超否认中国已经衰老，已成为“欧西人”和“日本人”所说的“老大帝国”，而在他的心目中，中国是一个充满活力、有着美好未来的“少年中国”。16年后（1916年），李大钊也在自己主编的《晨钟报》上发表了一篇题为《〈晨钟〉之使命——青春中华之创造》的时政性散文，提出了“青春中华之创造”的中华民族复兴思想。和梁启超一样，李大钊也把整个中华民族的发展存亡设置在一个整体的发展过程中，将现今中国的衰败看作白发之中华，在这个基础上又孕育着青春之中华，青春之中华是中华民族的美好未来。[③]

---

① 鄢克定：《复兴民族与艺术》，《上海党声》第2卷第24期，1936年，第482页。

② 梁启超：《少年中国说》，《饮冰室合集》第1册，文集之五，中华书局1989年影印版，第7页。

③ 喻春梅、郑大华：《论五四时期李大钊的民族复兴思想及其意义》，《理论学刊》2015年第12期。

"九一八"事变后，中国是否"衰老"再次引起学术界的讨论。《复兴月刊》主编赵正平否认中华民族已经"衰老"，而是认为"我中华民族实具有至强大的少壮根性，随时有突趋复兴的可能"。他指出，尽管目前的中华民族是十二分的艰难，政治、经济、教育、国防、学术等样样都落后于欧美国家甚至日本，但这只能由一小部分人负其责任，而不能归咎于民族全体，更不能据此认为中华民族已经"衰老"。因为民族生命与个人生命截然不同，个人生命有少壮老死几个阶段，民族生命则生死代谢，壮老递嬗，绝不能划分某一时期之民族为少为老。"离离原上草，一岁一枯荣，野火烧不尽，春风吹又生"这四句诗，正可借来说明民族生命的生生不息。[①]清华大学优生学教授潘光旦也不赞成中华民族"老大"或"衰老"说。他指出，人们常说中华民族是"老大"民族，如果说"老"字指的是中华民族的历史、文化和语言文字，这没有错，但如果指的是中华民族本身，这就有问题了。因为根据澳大利亚泰雷教授的人种分类方法，形成中华民族的若干种族，实际上出世得都比较晚，年纪也比较轻，在演化的过程中，凡是出世得比较晚的，其"位育力"都较强。就此而言，与其说中华民族是"老大"民族，还不如说中华民族是"一个发育不甚健全的青年"，如以年岁而论，中华民族要比西方的很多民族都要小，真正老的是西方民族，但西方民族"老而不朽"。中华民族因发育不全，"不免有老气横秋之概"，是"少年老"，而不是"真老"，更非"衰老"。这也是中华民族有可能实现复兴的重要原因。因为，"要是一个民族真是上了年纪的话，它的前途，当然是不会很大。但设只是发育不全，只是元气上受了些磨折，那末，前途便可以大有作为"[②]。

与赵正平、潘光旦不同，北大教授陶希圣、著名学者梁漱溟和罗健吾等人承认中华民族已经"衰老"，但"衰老"不等于死亡，中华民族还有"返

① 赵正平：《中华民族复兴问题之史的考察》，《复兴月刊》第1卷第1期，1932年。（该文分5期连载于《复兴月刊》第1—5期上，第1—3期的标题为《中华民族复兴问题之史的考察》，第4—5期的标题为《中华民族复兴问题之史的观察》。）

② 潘光旦：《民族复兴的一个先决问题》，《东方杂志》第31卷第18号，1934年。

老还童”的可能。陶希圣在《关于民族复兴的一个问题》一文中写道：现在大家所关心的，是“民族复兴，到底可能不可能”。从生物学上讲，一种有机体衰老了是不会返老还童的。然而民族不同，其生命的延续，全在新生物与旧生物的代谢。假使我们相信环境于生物影响的重要，则每一期新陈代谢之间，都有一个复兴的希望，“那就是说：以新环境来造成新生命。如是则问题也就不在民族复兴的可能与不可能，而在于能不能造成民族复兴的新环境了”[①]。换言之，民族复兴不是能不能的问题，而是我们为不为的问题，即能否造成民族复兴的新环境问题。和陶希圣一样，梁漱溟也是从个体生命与集体生命之异同立论，来肯定中华民族完全有实现复兴的可能。他在《精神陶炼要旨》中写道：一个民族社会，是群体而不是个体；个体与群体的生命不同。群体生命由许多个体生命构成，个体生命既有其死生灭亡，则群体生命的构成原很显然的是常常更换，常常新鲜。因此，尽管由于文化早熟，中华民族已经衰老，面临着十分严重的生存危机，但衰老并不等于死亡，相反有返老还童、“开第二度的文化灿烂之花”的可能。[②]罗健吾同样不赞成那种认为民族和个人一样，也逃脱不了“由壮而老，由老而死”的规律，汉、唐、明是中华民族的壮年时代，现在是中华民族的老年时代，“照此趋势下去，则不免由老而死”的观点，而是认为民族和个人不同，“一个人老了以后，必定死亡，而一个民族却可以由衰老而复返于壮年”，如意大利在十七八世纪的时候是一个衰老的民族，但现在却朝气勃勃，成为少壮英锐的民族。中华民族现在虽然积弱不振，显示出已经衰老，但“只要我们能鼓起勇气来充实我们的民族力量，在最短期间，不难由衰老而转变为壮年”，实现复兴。[③]

美国学者艾恺在研究世界范围内的文化守成主义时发现：在经受外来侵略而自身各方面又十分落后的国家中，学术界常常在当下找不到民族复

---

① 希声（陶希圣）：《关于民族复兴的一个问题》，《独立评论》第65号，1933年。

② 梁漱溟：《精神陶炼要旨》，《梁漱溟全集》第5卷，山东人民出版社1992年版，第505—506页。

③ 罗健吾：《怎样发展民族自信力》，《知行月刊》3月号，1937年。

兴的根据，他们只能通过历史和文化来建构一种民族的神话，寻找出本民族的精神和文化的优越性，从而证明民族有复兴的可能。[①]“九一八”事变后的中国就是一个正遭受日本帝国主义侵略而各方面又十分落后的国家，所以当时的学术界在说明中华民族能够实现复兴时，同样把目光投向了中国的历史和文化。张君劢指出：历史上中国曾遭遇了种种挫折，但每次挫折之后都能迅速从挫折中奋起，实现自我更新，从而维持了中国几千年的香火不断，成为世界上唯一一个还立于世界国家之林的文明古国。这说明中华民族具有较强的复生能力。他在《中华民族之立国能力》一文中写道：“世界史上之古民族，若埃及若安息若希腊若罗马，早成历史上之陈迹，而吾中华之历史，未尝一日中断焉。其他民族盛极一时，不久而衰败，吾中华自汉魏以降，吸收印度与西域之文明，以成唐代文艺宋明儒学之复兴，自政治上言之，亡于元而复于明，亡于清而复于民国，皆吾民族富于复生能力之明证焉。”[②]为了说明中华民族有复兴的可能性，赵正平在《复兴月刊》第 1 卷第 1—5 期上发表了一篇题为《中华民族复兴问题之史的观察》的几万字长文，通过对几千年中国历史的观察，他得出结论：“几千年来的中华民族，曾遭遇多少次的压迫，翻过来曾演出多少次的复兴。以这样悠久健全的民族精神，说是今后没有复兴性，这是万无此理。”因此，“我们要自觉自信。中华民族的复兴，是必然的可能”。[③]刘文翮在考察了隋唐、宋初、明初中华民族衰而复兴的先例后，同样得出结论认为：中华民族数千年绵延不断，继续进展的历史，可为人类史上的一大奇迹！“盖中华民族有优越的文化，雄厚的魄力，故能历劫不磨，衰而复兴。‘离离原上草，一岁一枯荣；野火烧不尽，春风吹又生’之诗，可为中华民族历史的写实。”既然历史上的中华民族多次衰落又能多次复兴，那么，只

---

① ［美］艾恺：《世界范围内的反现代化思潮：论文化守成主义》，贵州人民出版社1991年版，第36页。

② 张君劢：《中华民族之立国能力》，《再生》第1卷第4期，1932年。

③ 赵正平：《中华民族复兴问题之史的观察》（四续完），《复兴月刊》第1卷第5期，1933年。

要我们埋头苦干，奋发有为，如今的中华民族也就没有不“复兴之理由”。[①]时任浙江省立图书馆馆长陈训慈也再三强调，“中华民族是一种伟大的有力的民族，而决不是落后的民族”，我们“对于自己民族基本的优点与能力”应该始终保持“深切的信力”，相信中华民族完全有实现复兴的可能性，并列举了以下四方面的例证加以说明：“第一，中国民族几千年来曾经征服了开化了无数民族也曾经有好几次我们遭外来民族的侵略，但不久我们就恢复了统治，而且就此吸收了这些外来民族”，这在世界民族中没有任何民族能与之相提并论，“这种中国历史上匡复的前例，正可促进我们今后复兴的努力，而保障其成功的可能”。“第二，中国民族是勇于移民发展的”，据1934年《申报年鉴》的粗略统计，仅南洋的华侨就有600万人，各地华侨的总数达到1070万人，这在世界各民族中又是独一无二的，“具有这样伟大的开拓世界力量的民族，那有从此衰落之理？”“第三，中国民族曾建成了全世界所惊服的伟大工程”，远的如周秦以来的长城，近的如明清时代的天坛，“这些先民在建筑与文化其他方面的伟大成就，正是民族能力的具体表征”。“第四，中国民族具有人类的优美道德和生活条件”，如忠孝、仁爱、信义、和平等。他在列举了这四条例证后强调指出：“单是这四点还不够证实了中国民族是世界上一种伟大的有力的而且前程无量的民族么？”还不能使我们相信中华民族完全有实现复兴的可能性么？在文章的结语中他又再次写道：“意大利史家有这么一句豪语，说是曾经造成他族所不能造的阿尔卑斯山隧道的意大利民族，毕竟是要复兴而更见强盛的。我们很有权威的可以说：能够建设长城运河等他族所没有的伟大工程，能以民众自力开拓南洋而面向世界各地移殖，能包容吸收并且开化了许多外来民族，而且包含了成吉思汗后裔的蒙古族的中华民族，不但必然要复兴，而且一定可有比过去的光荣更为伟大的前程。”[②]

为了说明中华民族能够实现复兴，一些学者还分别考察了美国、土

---

① 刘文翮：《复兴民族之历史的教训》，《浙江青年》第3卷第1期，1936年。

② （陈）训慈：《民族自信力与民族复兴》，《浙江青年》第1卷第8期，1935年。

耳其、俄罗斯、波兰、欧战后的德国和意大利等国家历史上的民族复兴运动，如孙几伊的《战后德国人民对于复兴底努力——从凡尔塞会议（一九一九）到洛桑会议（一九三二）》（《复兴月刊》第1卷第1期，1932年9月1日）、寿宇的《欧战后意大利的复兴》（《复兴月刊》第1卷第1期，1932年9月1日）、岑有常的《波兰复兴伟人毕尔苏斯基》（《复兴月刊》第1卷第1期，1932年9月1日）、甘豫立的《土耳其之复兴》（《复兴月刊》第1卷第2期，1932年10月1日）、王雨桐的《美国复兴运动之总检讨》（《复兴月刊》第2卷第8期，1934年4月1日）等，并得出结论：既然历史上的美国、土耳其、俄罗斯、波兰以及欧战后的德国和意大利能够实现复兴，今天的中华民族为什么就不能实现复兴呢？袁道丰在介绍了德法两大民族之复兴经过后写到，从德法两大民族之复兴经过中可以看出，民族的复兴之道不外：1. 改造民族道德，唤起民族精神；2. 改革政治，整顿行政；3. 整顿军备，扩充实力；4. 全国一致团结，从事内部建设；5. 妥谋外交上应付，减少压迫；6. 不惜物质牺牲，从速谋得国土和主权的完整。现在我国应付国难之道，也不外乎上述这六条举措。假如举国上下，能循此而行，“不自私，不自利，不内战，不腐化”，同心同德，努力奋斗，“则经相当努力之期间以后，中国之不获重见自由天日，恢复其独立主权”，实现国家富强和民族复兴，“其谁信之？”[①]

当然，除了论证中华民族亦能像这些国家那样实现复兴外，学术界考察美国、土耳其、俄罗斯、欧战后的德国和意大利等国家历史上的复兴运动，还为了给中国的民族复兴提供历史的借鉴。例如，曾任《国民日报》主编的孙几伊在《战后德国人民对于复兴底努力——从凡尔塞会议（一九一九）到洛桑会议（一九三二）》一文的“导言”中开篇明义便写道：“国难，国难，许多人这样地嚷着……但是战后德国所遭的，较诸我们现在所遭的灾难，还要严重得多。我们且看德国国民所遭的难是怎样；他们在难中怎样地挣扎；他们又怎样从难中找着出路。现

① 袁道丰：《德法两大民族之复兴经过》，《建国月刊》第9卷第4期，1933年。

在我们虽则还不敢说德国已经复兴了。但是事实告诉我们，德国已经从凡尔赛和约的层层枷锁之下，一步一步地解放出来，无论从政治、经济哪一方面看，她在现代国际间，都不失为世界领袖之一。这当然不是侥幸得到的，在过去十四年中，德国国民无时无刻不在挣扎之中，现在还继续挣扎着……不过挣扎不是盲目地叫和跳，也不是可怜地哀号。要知道挣扎的正当方法，请看以下所述的德国国民挣扎的事实。"因此，该文除了简略地介绍了欧战后德国领土丧失、海外殖民地全部丧失以及因赔偿及恢复原状德国所受的经济损失等"国难"外，重点介绍了"德国国民怎样挣扎"和"德国怎样找寻出路"的，"借此贡献给我国有志者做一种鼓励之资"[①]。《行建旬刊》还开辟了"他山之石"专栏，先后发表了百川、则文的《德国民族之复兴》（第23期），则文的《波斯民族的复兴》（第27期），则文的《朝鲜民族之复兴运动》（第31期），一叶的《土耳其民族之复兴运动》（第32期），则文的《印度民族之复兴运动》（第34期）和《阿拉伯华哈壁民族复兴运动》（第37期）等一系列文章，总结出德国、伊朗、朝鲜、土耳其、印度等国民族复兴的经验和教训，以为中国民族复兴运动的借鉴。

寰澄从"中华民族之复兴与世界之关系"的角度，论证了中华民族复兴的可能性及重要意义。他指出，世界上有些人因"不知我之文化，不知我之历史"，其论中华民族多有"失当之处"，更有人以鸦片缠足之旧恶习、军阀土匪之现状，来轻蔑诋毁中国。实际上，"我五千年之文化，五千年之历史，危而不亡，颠而不倾，固自有精湛之特性，而非其他民族所能企及者"。这主要表现在四个方面："（1）我民族为极端爱好和平之民族"。"（2）我民族为抵抗力极富之民族"。"（3）我民族为同化力极大之民族"。"（4）我民族为蕴藏极大富力之民族"。他最后强调指出，具有上述这些"精湛之特性"的中华民族一定能够实现复兴。[②]郑重分"历史""事

---

① 孙几伊：《战后德国人民对于复兴底努力——从凡尔塞会议（一九一九）到洛桑会议（一九三二）》，《复兴月刊》第1卷第1期，1932年。

② 寰澄：《中华民族之复兴与世界之关系》，《复兴月刊》第1卷第1期，1932年。

实”和“各国”三个方面，对中华民族复兴的可能性进行了“作证”：第一，我们翻阅历史，中国曾多次遭受外患，但这些外患终因中华民族的努力奋斗而消除，并实现了国家的复兴，这“从历史上证明中国民族复兴并不是不可能的事”。第二，自“九一八”后东三省沦亡，义勇军遍地兴起，如嫩江、长城，特别是上海战役，表现出的是中国民众的伟大力量，“这些事实证明中国民族精神未死，而且更是复兴中国民族的基础”。第三，德国是欧战的战败国，割地赔款，民穷财尽，但仅仅10多年的奋斗，就已恢复了大国的国际地位；苏俄从一个非常落后的农业国，经过五年计划，一跃而成为了先进的工业国；被称为东亚病夫的土耳其，也只用10多年时间，就实现了民族复兴。上述各国复兴的历史“更给我们新的模范与新的勇气——中国民族复兴无疑是可能的”。[①] 平凡的《中华民族之危机及复兴与民族复兴运动之史的论证》一文，“确信中华民族在死里求生的努力之下，尚有发扬光辉之必然结果，盖证以中外古今历史的事实，益信中华民族复兴运动之伟大的成功，是在不久的将来”。因为，“历史上关于民族复兴运动所昭示于吾人”三个“信仰”：其一，“凡一民族，具有其相当文化而已结合成一强固之民族性，则此民族绝不灭亡”。其二，“凡具有相当文化之民族而成为单一民族性之国家者，任何外来势力图谋消灭此民族，其结果外来势力必归失败，而此固有民族之团结愈形巩固”。其三，“任何强大民族妄欲以其武力征服其他语言文字风俗习惯等一切文化不相同之民族，其统治方法，无论武力政策或同化政策，假使这些被征服民族始终保持其固有民族性，则统治者终必失败而无疑”。[②]

总之，“九一八”事变后的学术界以他们的研究告诉国人：中华民族完全有实现复兴的可能。这在日本侵略步步紧逼，民族危机日益加深，全国上下都弥漫着浓厚的悲观主义情绪，看不到国家和民族之未来的历史背景下，对于帮助国人树立战胜日本帝国主义侵略，实现国家富强和民族复

① 郑重：《民族复兴方案》，《学艺杂志》第13卷第6号，1934年。

② 平凡：《中华民族之危机及复兴与民族复兴运动之史的论证》，《西北公论》第1卷第5期，1933年。

兴的坚定信念，从而投身于救亡图存、复兴民族的大业是有积极意义的。

（三）实现民族复兴须先恢复民族的自信心

如何将可能性变为现实性，亦即中华民族如何实现复兴？这是“九一八”事变后广大国民关心的又一问题，或者说是更为根本的问题。学术界的一个基本观点，即认为中华民族之所以会衰落，遭受帝国主义尤其是日本帝国主义的侵略而面临日益严重的生存危机，一个重要原因，便是民族自信心的丧失，所以要实现中华民族的复兴，当务之急，是要恢复和树立民族自信心。

民族自信心，是指一个民族对自己立于世界民族之林的能力及其发展前途的信心。借用《历史教育与民族复兴》一文的话说：“即一种民族自信有能生存的能力之谓。”[①] 民族自信心的有无对于一个民族的生存和发展有着重要的意义。王敬斋指出：个人生活在社会里，不能不有自信心，固然不应当妄自尊大，然而也不必把自己看得一文不值，假如个人失去了自信心，他的前途一定不会好的。民族同个人一样，也得有自信心，但民族是由许多个个人组合起来的，所以民族的自信心，就是每个个人自信自己的民族有继续生存的能力，如果这种自信心没有了，那么这个民族的前途也一定是不会好的。[②] 在上海光华大学教授王造时看来，人类历史的长河中，哪个国家没经历过强弱？哪个民族没有过盛衰？但是有些国家可以转弱为强，有些民族可以转衰为盛，当然也有些国家或民族，终至于被淘汰。其关键的因素，就是要看该民族是否有自信力。有民族自信力，亡可以复兴，弱可以转强，衰可以转盛，否则，只能任其萎靡，沦落于奴隶，终至于消灭。[③] 关靖强调：自信力是一个民族生存上的基本能力，“苟民族失其自信力，必归于天然淘汰”，这是一条被历史一再证明的铁律。[④] 署名

① 华：《历史教育与民族复兴》，《公言》（北平）第3期，1937年。

② 王敬斋：《现阶段的历史教育问题》，《文化与教育旬刊》第118期，1937年。

③ 王造时：《恢复民族的自信力》，《自由言论》半月刊第1卷第17期，1933年。

④ 关靖：《自信力为民族生存上基本能力说》，《陆大月刊》第2卷第1期，1936年。

“华”的作者同样认为，有坚强的自信心的民族，“则能生存于弱肉强食之今日，否则难免受天演之淘汰”[①]。

中华民族本来是一个自信心很强的民族，然而自 1840 年鸦片战争以后，国人对民族的自信心则逐渐丧失殆尽，这是造成中国积弱积贫、落后挨打的一个重要原因。蔡琏在《民族复兴与历史教学》中写道：中华民族有悠久的历史，创造过灿烂的古代文明，那时候的中华民族的自信心是很强的，甚至可以说是“渺视一切”，具有“一种自大的心理”。但及鸦片战争后外交的节节失败，中华民族的自信心受到极大的打击，“不但置诸自大之心理于脑后，及转而崇拜西洋，一举一动，俱西洋是效，忘却自己之历史，辱没个人之人格，守旧者固属腐败不堪，时髦者更属数典忘祖，无形之中，已接受中国民族已衰老之观念，几无一善可取，其谬孰甚”。[②]华生指出，作为世界上最优秀的民族，中华民族有着很强的“民族自信力”，但自晚清以来连年政治经济上的失败，使一般人对于民族的自信力有所动摇，甚至像胡适这样的知识精英也说出了“中国不亡，是无天理”一类的“非常绝望悲观的话”。由于民族自信力的丧失，不少人以为中国的事情要弄好，除非请教外人，形成了一种“外国的月亮都比中国的圆”的自卑心理。近数十年来，中国之所以人心错综，道德日坠，文化堕落，工商不振，国难踵至，民族危机日益加深，其重要原因便是民族自信力的丧失殆尽。[③]在阿品看来，中华民族不仅是一个很有自尊心的民族，甚至还有些“老大民族”的“狂妄”和“顽固”。但“封建势力终敌不过资本主义的狂浪，1842 年的鸦片战争，就首先撕破了老大民族的面孔，机械文明震赫了他的心灵。接着中法、中日及庚子诸战役，更推翻了老大民族的宝座。中国人们的心理，由鄙视外人而变为仇外，继而一变为尊外与媚外了”。从

① 华：《历史教育与民族复兴》，《公言》（北平）第3期，1937年。

② 蔡琏：《民族复兴与历史教学》，《浙江教育月刊》第1卷第11期，1936年。

③ 华生：《民族复兴与历史教育》，《文化建设》月刊第1卷第9期，1935年6月10日。

此，中华民族的自信力“一落千丈”，中国也因而衰落了下去。①

鸦片战争后中华民族自信心的丧失，是造成中国积弱积贫、落后挨打的重要原因。因此，要改变这种状况，实现中华民族的伟大复兴，就必须恢复和树立民族自信心。沈以定将民族自信力视为“复兴民族的三种必要力量”之一：“我们现在要复兴中华民族，第一：就要使我们全国人民的脑海里深深地印下了一个民族的影象，使我们全国国民都具有一种——民族自信的力量——民族的自信力。”因为，“对于被压迫民族，自信力是特别需要的，有了这种自信的力量，我们才有勇气奋斗而向前进展，来复兴民族”。②王造时文章的题目就叫《恢复民族的自信力》。他在文中写道：中国“今日要打倒帝国主义，抵抗日本侵略”，实现国家富强和民族复兴，“除了物质上的准备以外，须有精神上的振作，换言之，就是要恢复我们的民族自信力”。③罗健吾强调：一个民族所以能与其他民族争平等，纯靠民族的自信力，如果民族失掉了民族自信力，自己承认是劣等的民族，是不能与人竞争的民族，那这个民族的前途，自然亦只是黑暗没有光明了。“所以我们现在要复兴中华民族，非先发展民族自信力不可。”④项致庄同样认为：“中国国民当前的急务是民族复兴，而复兴民族的先决条件，尤贵培养民族自信力。”⑤阿品更是明确指出：“我们认定，要民族复兴，须先恢复民族的自信力。”⑥

要实现民族复兴，须先恢复民族的自信心，这可以说是“九一八”事变后学术界的基本共识。那么怎样才能帮助国人恢复和提高民族的自信心呢？署名“华”的作者认为，要帮助国民恢复和树立民族的自信心，“惟

---

① 阿品：《恢复民族的自信力》，《青年阵地》第7期，1935年。

② 沈以定：《复兴民族的三种必要力量——青年应负复兴民族之责》，《浙江青年》第2卷第7期，1936年。

③ 王造时：《恢复民族的自信力》，《自由言论》半月刊第1卷第17期，1933年。

④ 罗健吾：《怎样发展民族自信力》，《知行月刊》3月号，1937年。

⑤ 项致庄：《培养民族自信力为国民当前之急务》，《江苏保安季刊》第4卷第1期，1937年。

⑥ 阿品：《恢复民族的自信力》，《青年阵地》第7期，1935年。

有射以历史之强心剂”。因为在历史上有许多事实证明中华民族的伟大，证明中华民族之自信力的伟大，正是这种“伟大之民族自信力，曾几次挽既倒之狂澜”，使国家和民族转危为安，由衰而兴，“苟能发挥之，以挽已往之颓风根据历史上的事实而恢复民族之自信力，亦救国之惟一法门”。[①] 王敬斋同样认为“民族自信力的恢复与养成，可分为两方面：一方面养成民族自尊的高尚情绪；一方面发扬我们固有的文化”。但无论是养成民族自尊的高尚情绪，还是发扬我们固有的文化，都离不开历史教育。因为只有通过历史教育才能使一般国民认识到，中华民族是有着“四五千年的光荣历史”的民族，在“这样长的时间里”，我们的祖先曾创造了“许多伟大的事迹和文化”，这是中华民族的宝贵遗产，“我们不应当全盘接受西洋文化，把自己过去的文化完全不睬”，更不能因此而丧失民族的自尊和自信。[②] 署名“孟真”的作者指出：过去的历史是我们数千年来民族精神和文化的结晶，但现今却很少有人读中国的历史书，无怪乎民族的自信心日趋丧失殆尽。所以要实现民族的复兴，须把过去的一切，用科学的方法重新加以整理和出版，这对于恢复国人对于中华民族的自信心，加深国人对于本国历史的认识是非常必要的。[③]

正是基于这一认识，“九一八”后学术界兴起了一股研究中国历史和文化史的热潮。以文化史研究为例，据不完全统计，民国时期出版的有关中国文化史著作大约50种，其中大部分出版于“九一八”事变后。正如研究者指出的那样，“以文化史振奋民族精神”，帮助国人恢复和树立民族自信心，这是“九一八”事变后“许多学者研究文化史的目的”。[④] 王德华

① 华：《历史教育与民族复兴》，《公言》（北平）第3期，1937年。

② 王敬斋：《现阶段的历史教育问题》，《文化与教育旬刊》第118期，1937年。

③ 孟真：《中国本位的文化建设问题》，《文化建设》月刊第1卷第5期，1935年2月10日。（注：傅斯年字“孟真”，但从全文的内容和发表的刊物看，此“孟真”非傅斯年。）

④ 周积明：《本世纪上半叶中国文化史研究的特点》，《光明日报》1997年10月14日。

的《中国文化史要略》出版于“九一八”后不久。他在该书的“叙例”中就这样写道：“中国人应当了解中国文化，则无疑问，否则，吾族艰难奋斗、努力创造之历史，无由明了，而吾人之民族意识，即无由发生，民族精神即无由振起。……兹者国脉益危，不言复兴则已，言复兴，则非着重文化教育，振起民族精神不可。本书之作，意即在此。”① 在历史研究方面，除大量的文章外，还先后出版有缪凤林的《中国通史纲要》、邓之诚的《中华二千年史》、王桐龄的《中国全史》、章嵚的《中华通史》、吕振羽的《殷周时代的中国社会》等一批通史和断代史著作。和研究文化史一样，“九一八”后的学术界研究历史的目的，也是为了振奋民族精神，帮助国人恢复和树立民族自信心。著名历史学家、中央大学教授柳诒徵就曾提出，我们研究中国历史，不能只讲岳飞、文天祥、史可法、林则徐等悲剧式的英雄人物，因为他们所处的时代是中国的衰弱时代，讲得太多，“不免使人丧气”，而应多讲中国历史上最为强盛的汉唐，多讲汉唐为什么会强盛，这不仅能振奋民族精神，帮助国人恢复和树立民族自信心，而且还能“使一般人知今日存亡危急之秋，非此不足以挽回溃势”。②

为帮助国人恢复和提高民族自信心，学术界在研究中国的历史和文化史时，特别强调以下两点：一是强调中华民族的历史和文化的悠久，二是强调中国文化对世界文化的影响和贡献。在强调中国文化对世界文化的影响和贡献时，更多的又是强调中国文化对西方文化的影响和贡献。比如刘华瑞的《中国文化在国际上地位》一文，虽然也谈到了东方的高丽文化、安南文化、南洋文化以及日本文化由中国文化“孳乳而成”的情况，但重点介绍的是中国文化对欧洲文化的影响和贡献：“欧洲昔日，因得东方文化溉灌与陶冶，遂有今日之灿烂文明，且欧洲至今日，仍不断吸收东方文物之菁华也，十六世纪至十八世纪间，中国文物在欧洲之地位，几成为当

① 转引自周积明：《本世纪上半叶中国文化史研究的特点》，《光明日报》1997年10月14日。

② 柳诒徵：《从历史上求民族复兴之路》，《国风》半月刊第5卷第1期，1934年。

时欧洲文化中心。”[①]

实际上，我们查阅当时发表的有关文章，就会发现介绍最多的是中国文化对西方文化的影响和贡献，而对东方尤其是中国四邻民族文化的影响和贡献只在介绍对西方文化的影响和贡献时顺带提及，很少有专门介绍中国文化对东方尤其是中国四邻民族文化的影响和贡献的文章发表。这一现象的出现，既有学术的原因，更有现实的考虑和需要。就学术的原因而言，中国文化对东方尤其是中国四邻民族文化的影响和贡献的研究，无论在中国还是在西方都是一个老课题，此前出版和发表过不少相关成果，而中国文化对西方文化的影响和贡献的研究，则是进入 20 世纪后特别是第一次世界大战后才在西方兴起的一个新课题，其相关成果大多出版或发表在 20 世纪的二三十年代。这与第一次世界大战后在西方兴起的“西方文化没落论”和“东方文化救世论”思潮有着密切的关系。西方学术研究的这一变化，不能不对中国学术研究产生影响，我们翻阅这一时期中国学者介绍中国文化对西方文化的影响和贡献的文章，大多利用的是西方有关研究的最新成果。比如，何炳松就是在参考了“一九二三年德国人雷赤文（Adolf Reichevein）所著《中国与欧洲》一书”的基础上，于 1935 年“草成”《中国文化西传考》一文，分“中欧交通的始末”“洛可可艺术所受中国的影响”“德国启明思想中的中国”“法国启明思想中的中国”“‘欧洲的孔子’和重农主义的经济学家”“主情运动和中国的园林”“歌德和中国”“重商主义的贱视中国”“老子在现代欧洲的复活”等九个方面具体介绍了中国文化的西传以及对欧洲文化的影响和贡献。据何炳松讲，该书的英译本（1925 年在纽约出版），为鲍威尔（F.O.Powell）所译，英国剑桥大学教授奥格敦（C. K. Ogden）主编的《文化史丛书》之一种。他看的就是这个本子。[②] 从现实的考虑和需要来看，这一时期的学术界更多强调中国文化对西方文化的影响和贡献，主要针对的是当时那种“妄自菲薄”中国文化

① 刘华瑞：《中国文化在国际上地位》（未完），《国光杂志》第10期，1935年。
② 何炳松：《中国文化西传考》，《中国新论》第1卷第3期，1935年。

的社会心理，试图以此来帮助国人恢复和树立民族自信心。因为当时中国的落后主要相对西方而言，国人是在与西方各方面之比较中产生出“外国（西方）的月亮都比中国的圆”的自卑心理。何炳松就公开声明，他是为了“矫正现代一般国人藐视中国文化的态度”而“草成”《中国文化西传考》一文的，他希望国人在读了他这篇文章后，要树立起一种“誉我固然不足为荣，毁我亦实在不足为辱”的文化心态，认识到“我们现在所要的是取人之长，补己之短，而不是盲从他人，毁灭自己”，要对自己的民族和文化充满信心，相信中华民族和中国文化的复兴必将到来。①

为了帮助国人恢复和树立民族自信心，“九一八”后的学术界还主张对教育特别是历史教育进行改革。因为在他们看来，中国人民族自信心的丧失，与教育的欧化或西化有着很大的关系。明仲恂在《保存中国固有的文化与恢复民族自信力》一文中便指出：中国文化之所以低落不堪，中国人的民族自信心之所以丧失殆尽，一个重要原因就是“中国现代的教育太过于欧化了”。我们试看国内各学校的教材，多半是关于西洋学术的介绍，对于本国固有的学术思想，反视同蔽莛，一般学生如果与他论及外国文化历史，则高谈雄辩，至于向他谈及本国文化历史，则好像在五里雾中，莫名其妙，这都是教育上偏于欧化的明证。诸如此类的事实，可以说是司空见惯的。“由此亦可证明中国教育之太偏于欧化，这种教育，只有养成崇拜洋人的心理，只有使我们的民族自信力渐渐丧失，所以今后保存固有文化，恢复民族自信力的方法，只有从教育入手。”② 华生的《民族复兴与历史教育》一文写道：今日历史教育中存在的一个重大问题，“是课程中对于本国史的轻视”，老师在课堂上讲的所谓历史，实际上都是欧美的历史，举的例证，都是欧美的例证。教学的结果，是学生对欧美的历史文化知道得颇多，谈起来头头是道，如数家珍，而对本国的历史文化反而知之甚少。这既不利于学生民族自信心的养成，同时也不符合历史教育的使命。

---

① 何炳松：《中国文化西传考》，《中国新论》第1卷第3期，1935年。

② 明仲恂：《保存中国固有的文化与恢复民族自信力》，《诚化》第5期，1936年。

“历史教育的使命，一方面在使人认识其过去的文化，另一方面则在使人明白本国文化在世界上所占的地位，二者必须同时并进，那才能使人认取其自己所负的责任而对本国及世界文化的创造，知所努力。”故此他要求增加中国历史文化的内容，不仅教材要“力求其中国化”，而且老师上课，“引例举证，苟有本国事实，必须尽先采用”。[①]蔡琏认为民族自信心的恢复和树立，应该从娃娃抓起，加强对儿童的历史教育，“说明中华民族过去之光荣历史，经过渊久艰苦之奋斗，使儿童养成坚韧之自信心，确信中华民族是必能复兴”。他还对“过去教师对于儿童之自尊心大都不加注意”的现象提出了批评：“教师每言及日本儿童时，则必尽量形容其优良，中国儿童是无法追及，粗视之，似乎对儿童施以激励，使其发奋自强，但久而久之，终属不及，则无形中使其儿童失其自尊心矣。”[②]

这里尤须指出的是，“九一八”后的学术界在强调恢复和树立民族自信心对于民族复兴之重要意义时，其中一些人又认识到自信心与夸大或虚骄的区别，认识到恢复和树立民族自信心并不是享受祖先的光荣，而是要实事求是地干，将祖先的光荣发扬光大。1935 年 12 月 13 日，上海《大公报》发表的一篇题为《民族自信心的复兴》的“社论”就明确指出：“所谓民族自信心，并不是民族的夸大或虚骄。夸大虚骄是懦夫遮盖其弱点的表现。”因为自己本身不行，自己才要把祖宗搬出来替自己撑门面；自己本来是胆怯，才要说大话以表示自己的勇敢。这是一种逃避事实的心理，是极没出息又极无聊的心理。自信心却不如此。“有自信心的人是不否认事实的人，自己知道自己的短处，而自己却不护短；知道自己的弱点，却要想办法来补救它。军械不如人是事实，科学不如人也是事实，但是我们绝不甘于终久的落伍，我们终有如人之一日。”[③]阿品在《恢复民族

① 华生：《民族复兴与历史教育》，《文化建设》月刊第1卷第9期，1935年6月10日。

② 蔡琏：《民族复兴与历史教学》，《浙江教育月刊》第1卷第11期，1936年。

③《民族自信心的复兴》（转载12月13日上海《大公报》社论），《外部周刊》第145期，1936年。

的自信力》一文中也再三强调：恢复和树立民族自信力，首先要“认清自己”。认清自己，绝不只是夸张自己，抬高自己，同时还要不客气地指出自己的短处，看出自己的弱点。“自觉有何长处，便当极力保存，而发扬光大；自觉有何短处，便当极力避免，而更奋发有为。”[①]南开大学的曹汉奇认为恢复民族自信心要注意三个问题：一是空有自信心，不足使民族复兴，夸大的、附会的自信实足自蔽；二是翻家谱，抬祖宗，可掩饰自馁心，却不能作为“祖宗能干，子孙也能干的证明”；三是一般以为自己有信心的先觉，先不要喊口号贴标语，而要寻问题，实事求是地干。“以干的精神证明自己确有自信心。以干出来的成绩作为启发群众去恢复真自信心的工具。——如此，民族的自信心方能再生。”[②]认识到自信心与夸大或虚骄的区别，尤其是认识到恢复和树立民族自信心的关键在于实事求是地干出成绩，这不仅在当时，在现在也具有十分重要的思想意义。因为无论在当时还是在现在，都存在着少数人借恢复和树立民族自信心而提倡和鼓吹复古主义的思想倾向，这种倾向对实现中华民族的伟大复兴有百害而无一利[③]。

1935年出版的《新人周刊》第1卷第32期发表了一篇题为《民族复兴声中全国学者应有的新态度与新使命》的文章，号召中国学术界在国难日深的紧要时刻，应以“埋头硬干”的“新态度”，担负起“振兴我们的国家民族”的“新使命”。[④]从以上的论述中我们可以看出，“九一八”后的中国学术界以“埋头硬干”的“新态度”——学术研究要为民族复兴服务，担负起了“振兴我们的国家民族”的“新使命”。学术研究要为民族复兴服务，这也是“九一八”后的学术界留给后人宝贵的思想遗产，在全国人

---

① 阿品：《恢复民族的自信力》，《青年阵地》第7期，1935年。

② 曹汉奇：《如何能恢复民族的自信心》，《南大周刊》第104期，1931年。

③ 郑大华：《抗战时期国人对“中华民族复兴”的认识及其意义》，《民族研究》2016年第3期。

④ 黄造雄：《民族复兴声中全国学者应有的新态度与新使命》，《新人周刊》第1卷第32期，1935年。

民为实现中华民族伟大复兴的中国梦而努力奋斗的今天，值得我们认真地总结和学习。

二、从“整理国故”到“国故整理”：民族主义话语下中国学术研究的新趋向

五四新文化运动时期，兴起过一场被称为“整理国故”的学术运动。整理国故的目的在于揭示出国故的真相和实际，还原国故的历史价值，以便“化神奇为臭腐，化玄妙为平常”，破除人们对国故亦即传统文化的敬仰或迷信，从而为输入西方的“学理”扫清障碍。“九一八”事变后，日益严重的民族危机，引发了学术界对“整理国故”运动的反思，认为那种为了“捉妖”“打鬼”的“整理国故”，不利于民族自尊心、自信心和自豪感的树立，于是开始从“整理国故”转向“国故整理”，即通过对中国传统学术和文化的发掘、阐释和弘扬，来增强民族的自尊心、自信心和自豪感，以抵御日本的侵略，建设民族新文化，从而实现中华民族的伟大复兴。七七事变后，学术界继承了“九一八”事变后的这一研究趋向而有所发展。

（一）从“整理国故”到“国故整理”

五四运动期间，以胡适、顾颉刚等为代表的新文化派曾发起过一场被称为“整理国故”的学术运动。整理国故的目的，在于揭示出国故的真相和实际，还原国故的历史价值。顾颉刚晚年论及当年整理国故的意义时提道：“我要使古书仅为古书而不为现代的知识，要使古史仅为古史而不为现代的政治与伦理，要使古人仅为古人而不为现代思想的权威者……要把宗教性的封建经典——‘经’整理好了，送进了封建博物院，剥除它的尊严，然后旧思想不能再在新时代里延续下去。”[①] 胡适在《整理国故与“打鬼”》一文中也这样论述过自己整理国故的目的：“我所以要整理国故，只

① 顾颉刚：《我是怎样编写〈古史辨〉的？》，《古史辨（一）》，上海古籍出版社1982年版，第28页。

是要人明白这些东西原来'也不过如此'！本来'不过如此'，我所以还他一个'不过如此'。这叫做'化神奇为臭腐，化玄妙为平常'。"他更形象地将"整理国故的目的与功用"称为"捉妖"和"打鬼"，因为他"十分相信'烂纸堆'里有无数的老鬼，能吃人，能迷人，害人胜过柏斯德发现的种种病菌"。[①]从顾颉刚和胡适的论述中可以看出，新文化派人士是抱着批判的精神和眼光来整理国故的，其目的在于揭露出国故的真实面目，消解笼罩在国故上的神圣光环，破除人们对国故的敬仰或迷信，以便为输入西方的"学理"扫清障碍。

整理国故的方法主要是西方的科学方法。胡适曾将整理国故的方法归纳为三种，即"归纳的理论""历史的眼光""进化的观念"。[②]他尤其强调要把西方的科学方法与中国汉学家的治学方法结合起来，因为在他看来，中国汉学家的治学方法是一种"不自觉"的科学方法，通过与西方科学方法的结合，这种"不自觉"的科学方法就能变成"自觉"的科学方法。为此，他在1921年《演讲国故的方法》、1923年《国学季刊·发刊宣言》和1924年《再谈谈整理国故》等文章和讲话中，就"如何整理国故"，将中国汉学家的"不自觉"的科学方法变成"自觉"的科学方法作了系统阐述，尤其是在《再谈谈整理国故》中，他谈到四种整理国故的方法：1. 最底限度之整理——读本式的整理，需要做的工作有（1）校雠，（2）训诂，（3）标点，（4）分段，（5）介绍。2. 索引式整理。3. 结帐式整理，就是将学术史上各家的学术聚讼结合起来，作一评断。4. 专史式整理。[③]实际上，胡适所讲的这四种整理国故的方法，也就是中国汉学家的治学方法的现代运用。以胡适在五四新文化运动中的地位和影响力，他所提倡的这套所谓"科学方法"，很快便被那些投身于整理国故运动的新文化派人士所接受和

---

① 胡适：《整理国故与"打鬼"》，《胡适文集》第4册，北京大学出版社1998年版，第116—117页。

② 胡适：《胡适留学日记》，台北远流出版公司1986年版，第150—151页。

③ 胡适：《再谈谈整理国故》，《胡适文集》第12册，北京大学出版社1998年版，第95—96页。

在实践中运用，成了整理国故的主要方法。

到了“九一八”事变后，学术界对五四时期的整理国故运动展开了反思。而引起反思的根源是学术界对时局变化的认识。“九一八”后的第四天，夏承焘在他的日记中便满怀心事地写道：“念国事日亟（日兵已陷吉林），犹敝心力于故纸，将贻陆沉之悔”，忏悔自己在国难之际尚“沉醉于故纸”。此后，他还多次表示：“国难如此，而犹沉湎于此不急急务，良心过不去。拟舍词学而为振觉民文学”，“内忧外患如此，而予犹坐读无益于世之词书，问心甚疚”，[①]希望自己的学问学术有所“益于世”。吴晗于1932年1月致信胡适，针对日益严重的民族危机他慷慨表示：“假如自己还是个人，胸膛中还有一滴热血在煮的时候，这苦痛如何能忍受？”他告诉自己的老师，自“九一八”以来的“过去4个月，无时无刻不被这种苦痛所蹂躏，最初的克制方法，是把自己深藏在图书馆中，但是一出了馆门，就仍被袭击。后来专写文章，冀图避免此项思虑，但是仍不成功”。[②]反思个人对待民族危难的应对之方，表明埋头于学问已难消弭自身对时代感受的痛苦。“九一八”后不久，汤用彤南下庐山，在佛教圣地大林寺撰写《大林书评》，在“序言”中他对自己于民族危机日益加重之时埋首故纸堆从事纯学术研究而深感不安。他写道：“时当丧乱，独有孜孜于自学，结庐仙境，缅怀往哲，真自愧无地也”[③]。一向反对学术经世的顾颉刚于1933年底撰写了新一年的《个人计划》，称：“年来的内忧外患为中国有史以来所未有，到处看见的都是亡国灭种的现象，如果有丝毫的同情心，如何还能安居在研究室里？”[④]民族危难影响学者对学问的追求，再也不能心无旁骛地

---

① 夏承焘：《天风阁学词日记》，浙江古籍出版社1984年版，第235、393、394页。

② 吴晗：《致胡适》（1932年1月30日），中国社会科学院近代史研究所中华民国史组编《胡适来往书信选》中册，中华书局1979年版，第103页。

③ 汤用彤：《〈大林书评〉序》，《汤用彤学术论文集》，中华书局1983年版，第36页。

④ 顾颉刚：《个人计划》，顾潮编著《顾颉刚年谱》，中国社会科学出版社1993年版，第213页。

潜心学术，在故纸堆里追寻理想。更有学者毅然奔赴前线参加抗战。尹达在离开工作多年的中央研究院历史语言研究所、奔赴抗日前线前夕宣称："别了，这相伴七年的考古事业！在参加考古工作的第一年，就是敌人铁蹄踏过东北的时候，内在的矛盾燃烧着愤怒的火焰，使我安心不下去作这样的纯粹学术事业！……现在敌人的狂暴更加厉害了，国亡家破的悲剧眼看就要在我们的面前排演，同时我们正是一幕悲剧的演员！我们不忍心就这样的让国家亡掉，让故乡的父老化作亡国的奴隶；内在的矛盾一天天的加重，真不能够再埋头写下去了！我爱好考古，醉心考古，如果有半点可能，也不愿意舍弃这相伴七年的老友！但是我更爱国家，更爱世世代代所居住的故乡，我不能够坐视不救！"①言语之间充分透露出一个学者的爱国之情，他在内心学术与政治之间矛盾的纠缠中，在万般无奈下只有舍弃学问以救国。这也体现出在民族危机、国家危难之下学者的政治责任感。

国难之下，学术界开始反思"整理国故"运动中"非考据不足以言学术"之倾向的流弊。比如，熊十力在肯定胡适所提倡的科学方法的同时，也对胡适的"仅及于考核之业……无可语于穷大极深之业"提出了批评。②他指出"考据之科，其操术本尚客观。今所谓科学方法者行之。然仅限于文献或故事等等之探讨，则不足以成科学"③。在吕思勉看来，"考据之学，有其利亦有其弊；实事求是，其利也。眼光局促，思想拘滞，其弊也。学问固贵证实，亦须重理想。"他认为，学问可以分为上、中、下三乘，"凡研究学术，不循他人之途辙，变更方向自有发明，为上乘。此时势所造，非可强求。循时会之所趋，联接多数事实，发明精确定理者，为中乘。若仅以普通眼光，搜集普通材料，求得普通结论者，则下乘矣。此恒人所能

① 转引自王汎森：《民国的新史学及其批判者》，罗志田主编《20世纪的中国：学术与社会（史学卷）》（下），山东人民出版社2001年版，第107—108页。

② 熊十力：《纪念北京大学五十周年并为林宰平祝嘏》，北京大学编《国立北京大学五十周年纪念特刊》，北京大学出版部1948年版，第28页。

③ 熊十力：《读经示要》，高瑞泉编选《返本开新——熊十力文选》，上海远东出版社1997年版，第192页。

也”。[1] 就是此前以考据见长的张荫麟、钱穆等人，这时也开始了对考据之流弊的反思。张荫麟认为“考据史学也，非史学之难，而史才实难”，并且对“史学界又往往徇考据而忘通义，易流于玩物丧志之途”提出了尖锐批评。[2] 钱穆在其《中国近三百年学术史》中称：“近人言治学方法者，率盛推清代汉学，以为条理证据，有合于今世科学之精神，其说是矣；然汉学家方法，亦惟用之训诂考释则当耳。学问之事，不尽于训诂考释，则所谓汉学方法者，亦惟治学之一端，不足以竟学问之全体也。”[3]

学术界对“整理国故”运动中“非考据不足以言学术”之倾向的批评，主要是为了配合民族精神、民族自信心的建构，因为此项工作不仅仅需要史实重建，更需要对“义理”进行阐释和发挥。比如，在20世纪20年代初，学术界曾围绕屈原是否真有其人展开过讨论，胡适在“整理国故”思想的影响下认为屈原只不过是“箭垛式”的人物，但是到了抗战时期，屈原是否真有其人已不是学术界关心的重心，学术界关心或感兴趣的重心是“屈原的诗篇为我们树立了多么崇高的爱国文学传统，鼓舞了几千年来民族的自豪感情和献身精神……我们今天的浴血抗战，也正是屈原精神继续存在的活见证。否定屈原的存在，对于抗战会有什么好处呢？”[4] 通过对历史人物的研究，挖掘中国的爱国传统，振奋民族精神，提高民族凝聚力，以为民族复兴贡献力量。就“整理国故”中的一些所谓的新派人物，这时也逐渐转变观点和态度，比如，傅斯年从以前的“疑古”走向“重建”，而顾颉刚则从“为学问而学问”到抱持经世致用的治学目的。这些显著的变化意味着他们对待传统态度的转变，希望能够运用中国优秀的传统文化以为挽救民族危亡服务。

---

① 吕思勉：《丛书与类书》，《论学集林》，上海教育出版社1987年版，第163页。

② 张荫麟：《跋〈梁任公别录〉》，《张荫麟文集》，教育科学出版社1993年版，第557页。

③ 钱穆：《中国近三百年学术史》上册，商务印书馆1997年版，第444页。

④ 郑临川：《永恒的怀念·代序》，《闻一多论古典文学》，重庆出版社1984年版，第2页。

总之，面临空前的民族危难，学术界如果继续遵循“整理国故”运动之批判传统文化的观点，则显然会对民族凝聚力、民族自信心的建构产生消极影响，从而不利于抗战和民族复兴。因此，“整理国故”运动发展至此，已经不合时宜。学术界在反思此前“整理国故”运动的基础上，开始从“整理国故”转向“国故整理”，即通过对中国传统学术和文化的发掘和阐释，来增强民族的自尊心、自信心和自豪感，以建设民族新文化，抵御日本的侵略，从而实现中华民族的伟大复兴。这正如美国学者艾恺在研究世界范围内的文化守成主义时所发现的那样：在经受外来侵略而自身各方面又十分落后的国家中，学术界常常在当下找不到民族复兴的根据，他们只能通过文化和历史来建构一种民族的神话，寻找出本民族的精神和文化的优越性，从而证明民族有复兴的可能。[①] 当时的中国就是一个正遭受日本帝国主义侵略而各方面又十分落后的国家。

（二）“九一八”事变后的中国学术研究

“九一八”事变后，学术界兴起了一股研究中国文化史和历史的热潮。张君劢于“九一八”事变后不久即著《中华民族文化之过去与今后之发展》一文，重点论述了中国文化的特点以及对世界文化的贡献。他指出，除了指南针、火药、造纸术、丝、茶、瓷器等这些为西人所津津乐道的东西外，中国文化在宗教、社会、学术和美术方面也具有自己的特点，并取得了举世公认的成绩，如浩繁的史籍，为他国所罕见，美术、文学被西方人视为神品。尤其值得中国人骄傲的是，“中华文化之生命，较他族为独长。与吾族先后继起之其他文化民族，已墓木高拱矣，而吾华族犹巍然独存”。他并就此与古印度、古希腊、古埃及、古罗马文化进行了一番比较，以说明中国文化历久长存的原因。[②] 傅斯年认为，中华民族和中华文化不是一

---

① ［美］艾恺：《世界范围内的反现代化思潮：论文化守成主义》，贵州人民出版社1991年版，第36页。

② 张君劢：《中华民族文化之过去与今后之发展》，《明日之中国文化》，商务印书馆1936年版，第148—157页。

个可以被人“灭亡”的民族和文化，“中国人之所以能永久存立者因其是世界上最耐劳苦的民族，能生存在他人不能生存的环境中，能在半生存的状态中进展文化”。具体而言，他指出，以智慧论，中国人“虽不十分优越，却也是上等中的中等，固曾以工商业及美术文学及大帝国之组织力昭示于历史”；以政治论，虽然在两千多年的帝制统治之下，社会犹如一盘散沙，但在“南北东西各有万里直径的方土中，人文齐一，不分异类”，中国现在所缺少的是“政治重心，一有政治重心，中国是能有大组织的”。[①]1932年9月1日创刊的《复兴月刊》发表的第一篇文章《中华民族之复兴与世界之关系》，在谈到中国文化对世界的贡献时认为，中华民族及其文化有四个方面非其他民族及其文化所能企及的特性：一是爱好和平，反对战争，作为中国文化代表的孔（子）老（子）学说，以不争为原则；二是敢于反抗外来侵略，富有民族气节；三是有很强的文化同化力，对于各种文化能兼容并包；四是勤生节用，极富生产力，曾创造出灿烂的古代文明。[②]中华民族的这些特性正是中华民族能够实现复兴的凭借。

如果说“九一八”事变后文化史研究是为了“以文化史振奋民族精神”，提高民族的自信力的话，那么，研究历史的目的则是为了宣传民族主义思想，直接服从或服务于反对日本侵略斗争的需要。比如，顾颉刚在日本帝国主义侵略东三省、策划成立伪满洲国之后，即提出要加强中国民族史与地理学的研究，并与谭其骧、冯家升、史念海等人发起成立“禹贡学会”，出版《禹贡》半月刊。顾颉刚还创办过一份颇有影响力的通俗杂志——《大众知识》，辟有论文、传记、漫谈、文艺、书评等栏目，其中“传记”所介绍的人物里有优秀传统文化的代表孔子，出使西域沦落匈奴不改节的苏武，出使西域开创丝绸之路的张骞，威震匈奴的李广，平定安史之乱的战将郭子仪，等等，这些历史人物多表现出优秀的民族气节与中华民族的优秀传统。他还亲自撰文，发表《石敬瑭和赵德钧》《赵延寿和杜重威》等

---

① 孟真：《“九一八”一年了》，《独立评论》第18号，1932年9月18日。

② 寰澄：《中华民族之复兴与世界之关系》，《复兴月刊》第1卷第1期，1932年9月1日。

文章，利用历史上汉奸的丑恶罪行讽刺当时投降者的行为。

和顾颉刚相似，作为现代科学主义史学的代表人物，傅斯年一向反对“学以致用”的提法。然而，“九一八”后日甚一日的民族危机，使他的学术思想为之一变，决心以自己的学术研究为反对日本的侵略服务。为了驳斥日本人所散布的“满蒙在历史上非支那领土”之谬论，他邀集史学同人合撰《东北史纲》一书，并亲撰第一卷。在“论本书用‘东北’一名词不用‘满洲’一名词之义”中，他用大量的确凿史实，揭露日本人称“东北”为“满洲”的险恶用心。他指出，“满洲”一词，“本非地名”，“又非政治区域名”，它是随着列强在中国划分势力范围而通行起来的，其中“南满”“北满”“东满”等名词，“尤为专图侵略或瓜分中国而造之名词，毫无民族的、地理的、政治的、经济的根据”。因此，“东北”不能称为“满洲”。[①] 他还通过对东北自远古以来历史文化的考证得出结论：“人种的、历史的、地理的，皆足以证明东北在远古即是中国之一体”，“东北之为中国，与江苏、福建之为中国又无二致也”，自古就是中国的领土，所谓“满蒙在历史上非支那领土”之谬论，只是“名白以黑，指鹿为马”的妄说，根本不值一驳。[②] 傅斯年撰写的《东北史纲》第一卷是研究“古代之东北”，主要叙述上古至隋代以前东北地区的民族分布、民族迁徙、区域关系、地理沿革等。尽管该书存在着这样或那样的问题或不足，但它的学术价值尤其是它的政治意义得到了学术界的充分肯定。该书出版后（中央研究院历史语言研究所 1932 年出版），由著名学者李济将其主要部分译成英文送交当时正在中国考察的国际联盟李顿调查团。从李顿调查团后来提交给国联的报告看，他们虽然偏袒日本对东北的侵略，但也承认东北“为中国之一部，此为中国和各国共认之事实”。无可否认，调查团得出上述结论的依据是多方面的，但傅斯年等人所著的《东北史纲》也起了一定作用。

---

① 傅斯年：《东北史纲（第一卷）》，《傅斯年文集》第二卷，中华书局2017年版，第394页。

② 傅斯年：《东北史纲（第一卷）》，《傅斯年文集》第二卷，中华书局2017年版，第393页。

时任北京大学历史系教授的朱希祖，面对“九一八”后日益严重的民族危机，痛感国难深重，于是重新研究南明史乘，以发扬民族精神。为了揭发日寇以华制华阴谋和汉奸们为虎作伥、卖国求荣的恶行，他又钩稽两宋史料，先后撰成《伪楚录辑补》6卷、《伪齐录校补》4卷、《伪齐国志长编》16卷，借古喻今，以昭告国人。另一位史学家柳诒徵同样激于民族大义，于“九一八”后印行《嘉靖东南平倭通录》《俞大猷正气堂集》《郑开阳杂著》《任环山海漫谈》《三朝辽事实录》《经略复国要编》《武经七书》等书，或为了说明东北、蒙古自古代以来就是中国不可分割的一部分，或整理历史上抗击异族入侵的民族英雄事迹，借以激发国人的爱国守土热情。[①] 著名史学家钱穆的《中国近三百年学术史》写于“九一八”事变之后，他在书中“持‘严夷夏之防’”，高扬以天下为己任的宋学传统，大力表彰明末清初诸儒的民族气节和操行，希望人们能加以继承和发扬。后来成为中国马克思主义史学“五老”之一的范文澜，于华北事变后开始偏离他长期信奉的正统汉学家的治学道路，而注重“学以致用”，尝试以自己的史学作品来唤醒国人的民族意识，20世纪30年代他编写出《大丈夫》一书，热情歌颂历史上那些用“血和生命”保卫中华民族根本利益的英雄人物。他在书前的“凡例”中写道：“本书志在叙述古人，发扬汉族声威，抗拒夷狄侵凌的事迹，所以历史上尽多堪作模范的伟人，因限于体例，概以省略。”“每当外敌侵入中国的时候，总有许多忠臣义士，用各种方式参加民族间悲壮的斗争。有的事迹流传下来，有的连姓名都湮没了。他们拼出血和生命，去保证民族的生存，是永远应该崇敬的。本书所举二十余人，史是取其声名最著，做个代表的意思，读者千万不要忘了其余无数的忠义人。”该书1936年7月由上海开明书店出版后，受到热烈欢迎，成为教育读者尤其是广大青年积极爱国、投身抗日运动的好材料，至1940年10月印行了四版。[②]

① 田亮：《抗战时期史学研究》，人民出版社2005年版，第243、282页。

② 陈其泰：《范文澜学术思想评传》，北京图书馆出版社2000年版，第44页。

与此相联系，“九一八”后历史研究的一个重要趋向就是重视对中国历史尤其是中国通史的研究。一个国家的历史是这个国家民族文化的重要载体。清代著名思想家龚自珍就说过：“灭人之国，必先去其史；隳人之枋，败人之纲纪，必先去其史；绝人之材，湮塞人之教，必先去其史；夷人之祖宗，必先去其史”[①]。章太炎曾用庄稼与水分来比喻民族主义与国史的关系，认为要提倡民族主义就必须重视国史的研究，从数千年的历史中发掘出可供人们以资借用的民族主义材料。他还指出，一国种脉之存续多依赖于本国的历史，“国与天地，必有与立，非独政教饬治而已，所以卫国性、类种族者，惟语言、历史为亟”。[②]对历史于民族和国家的重要意义，“九一八”后的历史学家们也有充分的认识。朱希祖曾论说“国亡而国史不亡，则自有复兴之一日”，认为中国“民族之所以悠久，国家之所以绵延，全赖国史为之魂魄”，因而他主张开馆修史，“借历史以说明国家之绵延，鼓励民族之复兴”[③]。柳诒徵在《国风》半月刊 1934 年第 5 卷第 1 期上发表《从历史上求民族复兴之路》一文，认为要讲民族主义，发挥爱国主义精神，就必须研究中国历史。他还认为，讲民族主义，鼓励民族精神，不能只讲岳飞、文天祥、史可法、林则徐等悲剧式的英雄人物，因为他们所处的时代是中国的衰弱时代，讲得太多，“不免使人丧气”，而应多讲中国历史上最为强盛的汉唐，用他的话说：“欲求民族复兴之路，必须认清吾民族何时为最兴盛，其时之兴盛由于何故，使一般人知今日存亡危急之秋，非此不足以挽回溃势”。历史学家缪凤林和邓之诚同样十分强调历史研究的重要性。缪凤林认为，“爱国雪耻之思，精进自强之念，皆以历史为原动力，欲提倡民族主义，必先昌明史学”[④]。邓之诚指出：“二千年来，

---

① 龚自珍：《古史钩沉论二》，《龚自珍全集》上册，中华书局1959年版，第23页。

② 章太炎：《重刊〈古韵标准〉序》，《章太炎全集》第4册，上海人民出版社1985年版，第203页。

③ 傅振伦：《朱希祖传略》，晋阳学刊编辑部编《中国现代社会科学家传略》第5辑，山西人民出版社1985年版，第59页。

④ 缪凤林：《中国通史纲要》第1册，钟山书局1931年版，第25页。

外患未尝一日或息，轩黄胄裔，危而复安，弱而能存，灭而再兴者何？莫非由群力群策得来。其艰难经历，非史事何由征之？窃以为今后诚欲救亡，莫如读史”。[①]

正是基于对国史于民族和国家之重要意义的上述认识，这一时期的史学家们都十分重视中国史尤其是中国通史的研究，先后有缪凤林的《中国通史纲要》（由南京钟山书局出版，共 3 册，第 1 册出版于 1931 年 9 月，第 2 册出版于 1933 年 2 月，第 3 册出版于 1935 年 8 月）、邓之诚的《中华二千年史》（由商务印书馆出版，1933 年 10 月初版时名《中国通史讲义》，次年再版时，经作者增加宋辽金元史，改名为《中华二千年史》）以及王桐龄的《中国全史》（出版者未详，凡例撰于 1932 年 9 月，初版时间未详）、章嵚的《中华通史》（商务印书馆 1935 年 4 月）、吕振羽的《殷周时代的中国社会》（上海不二书店 1936 年）等一批通史著作和断代史著作出版。

除了重视对中国历史尤其是中国通史的研究外，这一时期史学研究的另一趋向是重视边疆史地的研究。近代以来，中国有过两次边疆史地研究高潮，一次是晚清的“西北史地学”研究，一次是民国尤其是 20 世纪三四十年代的“边政学”研究。据初步统计，民国时期成立的中国边疆学术研究团体共 27 个，其中 24 个成立于三四十年代。“九一八”事变后学术界之所以纷纷成立学术团体，出版刊物，重视边疆史地研究，一个重要原因便是日寇侵略引发边疆危机的不断加深，促使学术界关注和研究边疆史地问题，从而为抵御日寇侵略、解决边疆危机和实现中华民族伟大复兴寻找方法和出路。比如，顾颉刚、谭其骧等人在《禹贡学会募集基金启》中就写道：“本会之创立，目的在研治沿革地理，并进而任实地调查之工作，以识吾中华民族自分歧而至混一之迹象，以识吾中华民族开辟东亚大地而支配之之方术，以识吾中华民族艰难奋斗以保存其种姓之精神，蕲为吾民族主义奠定坚实之基础，且蕲为吾全国人民发生融合统一之力量。”[②]

① 邓之诚：《中华二千年史》卷1，商务印书馆1934年版，“叙录”第2页。

② 《禹贡学会募集基金启》，《禹贡》半月刊第4卷第10期，1936年。

按计划，他们先想做一些古代地理学研究的准备工作，但在“强邻肆虐，国之无日”的情况下，“遂不期而同于民族主义旗帜之下；又以敌人蚕食我土地，四境首当其冲，则又相率而趋于边疆史地研究”。[①]因为“求民族自立而不先固其边防，非上策也”。而要“固其边防”，就必须“使居中土者，洞悉边情，以谋实地考查，沟通其文化，融洽其感情”，这样才能“隐患渐除，边圉以固矣”。[②]边事研究会的发起人朱霁青、唐柯三等人表示，“边疆问题，就是中国的存亡问题”，他们发起成立边事研究会的目的，是要“研究边事问题，唤起国人注意边事，促进政府开发边疆，以期巩固国防、复兴中华民族为宗旨”。[③]

（三）七七事变后的中国学术研究

七七事变后，日本发动了全面的侵华战争。“天下兴亡，匹夫有责”，在中华民族面临生死存亡的紧急关头，中国的史学家们以救亡图存为己任，进一步转移原有的治史旨趣和研究方向，服从和服务于全面抗战的需要。借用田亮在《抗战时期史学研究》一书中的话说：不仅“反映史家政治倾向的史学评论要在爱国卖国这一‘古今之通义’下进行，连史家的选题，治史方法甚至行文风格都要服从于抗战，爱国主义精神在任何派别（阶级、党派、政治倾向）的史学家及其著述中都有不同程度反映，近代以来不同历史时期不同层次的爱国主义内容在抗战时期的史学中都有所表现，抗战史学一时显得丰富而又简单”，在“治史旨趣上看，‘致用’追求压倒了‘求真’精神”[④]。

作为民国时期新考据学派代表人物的陈垣，治学素以考据见长，但七七事变后，其治学旨趣则发生了明显变化，他在《致方豪》的信中写道：“至于边学，此间风气亦变。从前专重考证，服膺嘉定钱氏；事变后，颇

① 《禹贡学会研究边疆计划书》，《史学史研究》1981年第1期。

② 《边疆丛书刊印缘起》，《禹贡》半月刊第6卷第5期，1936年11月16日。

③ 边事研究会：《边事研究会总章》，《边事研究》创刊号，1934年。

④ 田亮：《抗战时期史学研究》，人民出版社2005年版，第27、28页。

趋重实用，推尊昆山顾氏；近又进一步，颇提倡有意义之史学。”[①] 在《通鉴胡注表微·边事篇》中他又写道：“史贵求真，然有时不必过泥。凡足以伤民族之感情，失国家之体统者，不载不失为求真也。”全面抗战的八年期间，他先后撰写了《明末殉国者陈于阶传》《明季滇黔佛教考》《南宋初河北新道教考》《中国佛教史籍概论》《清初僧诤记》《通鉴胡注表微》等一大批“有意义”之史学论著，倡导爱国思想，表彰民族气节，痛诋卖国求荣者，褒赞为国殉节者，赞扬眷念故国、不仕新朝的遗民精神，鞭挞投靠敌国、残害宗国的民族败类，其字里行间浸透着浓烈的民族主义和爱国主义情怀。

与陈垣同为民国时期新考据学派代表人物的陈寅恪，于七七事变后，携家离开北平，颠沛流离，历经千辛万苦，辗转于香港和内地之间，先后任教于西南联大、香港大学、广西大学和燕京大学。在极端艰苦的环境中，他潜心研究魏晋南北朝隋唐史，著有《隋唐制度渊源略论稿》《唐代政治史述论稿》以及许多论文，以“阐明保存和发扬民族文化的重要意义”[②]。他的《隋唐制度渊源略论稿》写作于七七事变后日寇大举入侵，学人纷纷南迁，中华民族及其文化面临生死存亡的紧急关头。他写作此书的目的，便是希望南迁学人能像魏晋战乱中的河西诸儒一样，为保存中华文化而作出自己的贡献。

另一位史学大师钱穆，在全面抗战期间，随北大南迁昆明西南联大，继续从事中国历史和文化的教学、研究工作，先后有《国史大纲》《中国文化史导论》等论著出版。“综观钱穆在抗战时期的史学著作、文化史著作及其学术活动，是以昂扬民族精神为主要内容的，强烈的民族意识是他这一时期思想的灵魂。这对于当时培育国人的民族自信心，凝聚民族向心力，重铸新的民族精神，确有其贡献。”[③] 例如，他 1940 年出版的《国史大纲》，以其强烈的民族主义和爱国主义的精神，很快被国民政府教育部列

① 陈垣：《致方豪》，《陈恒史学论著选》，上海人民出版社1981年版，第624页。
② 田亮：《抗战时期史学研究》，人民出版社2005年版，第232页。
③ 田亮：《抗战时期史学研究》，人民出版社2005年版，第258页。

为中国大学用书，并风行全国，对激发国民的爱国热情、树立民族自信心和凝聚力起了一定的促进作用。他的《中国文化史导论》，系统地论述了“中国文化体相、历史逻辑及其在厄运中能生机不息，在东西接触中还能再开新充实的生命力，指陈中国文化的复杂性、完整性和发展性，尤其是中国传统文化观念所表现的宏阔、活泼和宽容的文化精神”[①]。

在研究的趋向上，这一时期的史学家继续重视中国历史尤其是中国通史的研究。1940 年，著名史学家张荫麟在他的《中国史纲》“自序”中开宗明义写道：“现在发表一部新的中国通史，无论就中国史本身的发展上看，或就中国史学的发展上看，都可说是恰当其时。就中国史本身的发展上看，我们正处于中国有史以来最大的转变关头，正处于朱子所谓‘一齐打烂，重新造起’的局面……第一次全民族一心一体地在血泊和瓦砾场中奋扎以创造一个赫然在望的新时代。若把读史比于登山，我们正达到分水岭的顶峰，无论回顾与前瞻，都可以得到最广阔的眼界。在这时候，把全部的民族史和它所指向的道路，作一鸟瞰，最能给人以开拓心胸的历史的壮观。就中国史学的发展上看，过去的十年来可算是一新纪元中的一小段落；在这十来年间，严格的考证的崇尚，科学的发掘的开始，湮没的旧文献的新发现，新研究范围的垦辟，比较材料的增加和种种输入的史观的流播，使得司马迁和司马光的时代顿成过去；同时史界的新风气也结了不少新的，虽然有一部分还是未成熟的果……回顾过去十来年新的史学研究的成绩，把他们结集，把他们综合，在种种新史观的提警之下，写出一部分新的中国通史，以供一个民族在空前大转变时期的自知之助，岂不是史家应有之事吗？”[②]也许正是张荫麟所讲的这两个原因，全面抗战期间，研究中国史，特别是“编著中国通史教材已蔚然成风”[③]。据不完全统计，这

① 罗义俊：《钱宾四先生传略》，李振声编《钱穆印象》，学林出版社1997年版，第46页。

② 张荫麟：《中国史纲》，商务印书馆2017年版，第1—2页。

③ 王家范：《中国历史通论》，生活·读书·新知三联书店2019年版，第373页。

一时期编撰的中国通史性著作或教材有二三十种之多，其中较著名的有周谷城的《中国通史》（开明书店 1939 年）、钱穆的《国史大纲》（商务印书馆 1940 年）、陈恭禄的《中国史》第一册（长沙商务印书馆 1940 年）、吕思勉的《吕著中国通史》（写作于上海孤岛时期）、张荫麟的《中国史纲》（重庆青年书店 1941 年）、范文澜的《中国通史简编》上册（延安新华书店 1941 年）、吕振羽的《简明中国通史》上册（香港生活书店 1941 年）、翦伯赞的《中国史纲》（重庆五十年代出版社 1943 年出版第一卷，重庆大呼出版公司 1946 年出版第二卷）等。这些著作尽管其史观、体例、内容、论述各不相同，但皆希望能够对现实有所助益，体现出浓厚的爱国主义情怀。

除了这些通史性的著作或教材外，这一时期，还有蒋廷黻的《中国近代史》（长沙商务印书馆 1938 年）、蒙文通的《周秦民族史》（四川大学出版社 1938 年）、郭廷以的《近代中国史》（长沙商务印书馆 1940 年）、周谷城的《中国政治史》（中华书局 1940 年）、吕思勉的《先秦史》（重庆开明书店 1941 年）、容肇祖的《明代思想史》（重庆开明书店 1942 年）、方豪的《中外文化交通史》（重庆独立出版社 1943 年）、罗香林的《唐代文化史研究》（重庆商务印书馆 1944 年）、嵇文甫的《晚明思想史论》（重庆商务印书馆 1944 年）等一批断代史和专门史著作出版。和这一时期出版的大多数通史性著作一样，这些断代史和专门史也都体现出了浓厚的爱国主义情怀。就是蒋廷黻的《中国近代史》，尽管其学术观点在当时和后世引起了极大争议，但作者的写作动机是为抗战建国提供借鉴。他说："现在我们要研究我们的近代史，我们要注意帝国主义如何压迫我们。我们要仔细研究每一个时期内的抵抗方案。我们尤其要分析每一个方案成败的程度和原因。我们如果能找出我国近代史的教训，我们对于抗战建国就更能有所贡献了。"①

在重视中国历史尤其是中国通史研究的同时，这一时期的中国史学界

① 蒋廷黻：《中国近代史》，长沙商务印书馆1938年版，第4页。

还特别重视历史人物的研究。在“抗秦、抗匈奴、抗契丹、抗元、抗金等正义战争和御倭、抗英、反教、驱荷、拒俄等反侵略斗争”的历史中涌现出两类人，一类是爱国者或英雄人物，如屈原、张骞、苏武、班超、李纲、宗泽、岳飞、韩世忠、张世杰、陆秀夫、文天祥、戚继光、郑成功、史可法、林则徐等；一类是主张妥协投降甚至卖国求荣的卖国贼或败类，如石敬瑭、刘豫、张邦昌、秦桧、贾似道、吴三桂、慈禧、李鸿章、袁世凯、汪精卫等。[①] 对于前者，给予了充分的肯定、褒扬和赞誉；对于后者，则进行了无情的揭露、批判和鞭挞。比如，顾颉刚主编的《文史杂志》第2卷第1期，就发表了杨效曾写的《艰苦抗金的民族英雄李彦仙》一文，热情歌颂了区区小吏李彦仙，在陕州残破之余，集合民兵，奋起抗金的英雄事迹。通过对这两类历史人物的一褒一贬、一赞一批，极大地鼓舞了中国人民战胜日本帝国主义的勇气，打击了主张对日妥协投降的汉奸卖国者的气焰，产生了很好的社会效益。

边疆史地研究也继续是七七事变后史学研究的重点。1942年，一位署名“西尊”的作者在《边疆与国防》一书中写道：“我国边疆辽阔，人类寥落，且其边界均与列强接壤。有清末季，内政失修，外侮纷乘，藩篱尽撤，并有危及本土之趋势。‘九·一八’事变发生，满洲沦陷；‘七·七’抗战继起，内蒙又陷敌手；近来敌人侵占越南，断绝我滇越国际路线，复煽惑泰国，乘我抗战紧张之时，借口民族自决，诱骗我边民，策动侵略，为其张目，更在西北煽动蒙回自主独立，意图分化我之团结，而我国人多注意内地各省之战事发展，殊不知敌人窥伺边疆野心之阴毒，并不亚于侵凌内地也。现西北西南边疆各地，已为吾国长期抗战之根据地，故其重要性愈益明显，吾人更应有密切注意之必要。”[②] 因此，七七事变后，学术界在此前研究的基础上，进一步加强了对边疆史地的关注和研究，尤其是对西南史地的关注和研究。据不完全统计，七七事变后到抗日战争胜利前成

① 叶桂生、刘茂林：《抗战时期的中国历史学》，《晋阳学刊》1986年第5期。

② 西尊：《边疆与国防》，广东省地方行政干部委员会1942年编印，第1页。

立的研究边疆问题的学术团体共有 9 个，其中最有影响的是 1941 年成立的边政学会及其刊物《边政公论》。《边政公论》自 1941 年创刊到 1948 年停刊，先后出版 7 卷，刊发了一大批关于边疆研究的学术成果，内容涉及边疆地区的政治、经济、社会、宗教、民族、史地等问题。浙江大学史地学系主办的《史地杂志》也是当时边疆史地尤其是西南边疆史地研究的重要学术园地。邵循正则整理西域史料，对西北边疆史地有一定研究。中央研究院受中国太平洋国际学会的委托，编纂了《中国疆域沿革史》。

这一时期，一些报刊也开设专栏，加强对边疆史地问题的研究。比如，天津《益世报》于 1938 年 12 月在昆明复刊后，即开设“边疆周刊”专栏，邀请自“九一八”事变后就一直热心边疆史地研究的顾颉刚担任编辑。顾氏在《发刊词》中指出，国人过去只顾经营东部，对西北和西南视而不见，抗战全面爆发后，方才相顾扼腕，深知西北和西南乃是中国要实现复兴的根据地，但由于向来没有做任何准备，一时规划不出许多具体的方案，也召集不来许多实地工作的人员，创办周刊的目的，便“是要使一般人对自己的边疆得到些知识，要使学者们时刻不忘我们的民族史和疆域史，要使企业家肯向边疆的生产事业投资，要使有志青年敢到边疆去作冒险的考察，要把边疆的情势尽量贡献给政府而请政府确立边疆政策，更要促进边疆同胞和内地同胞的精诚合作的运动，并共同抵御野心国家的侵略，直到中华民国的全部笼罩在一个政权之下，边疆也成了中原而后歇手”[①]。除了编辑《益世报》的“边疆周刊”，顾颉刚还编辑过成都《党军日报》的“边疆周刊”，因为在他看来，“要紧紧守住这些地方（指边疆——引者）的疆土和人民，只有一条路，那就是我们这班人肯挺身而起，尽量做边疆的工作，能调查的去调查，能服务的去服务，能宣传的去宣传，能开发的去开发……到那时，我国的疆土是整个的，不再有‘边疆’这个不祥的名词存在；我国的民族是整个的，不再有‘边民’这个类乎孽子的名词存在。这才是我们理想的境界”。他希望通过读者与作者的“联合”，达

① 顾颉刚：《发刊词》，《益世报·边疆周刊》（昆明）第1期，1938年12月29日。

成“接引人们到边疆去的媒介”，鼓动“大家来尽量发挥它的功能”[①]。顾颉刚还向国民参政会第三届第一次大会提出提案，呼吁“加紧边疆学术考察工作俾建国任务早日完成”，主张“敦聘各项专家，筹划充足经费，组织考察团体，作有计划与有系统之考察及独立自主之研究，限期进行，将探讨结果提供政府参考，俾建国工作早得完成，中华民族悉归团结”。

三、抗战时期“学术中国化”运动的再研究

抗战时期，中国共产党领导下的学术界在重庆、延安等地发起过“学术中国化”运动。“学术中国化”运动，既是“马克思主义中国化”运动的必然要求，又是近代以来中国人对中西文化关系的认识不断深化和“九一八”事变后日益严重的民族危机对学术影响的自然结果，在中国近代思想史和学术史上都有着十分重要的地位，它不仅推动着中国学术尤其是马克思主义学术的向前发展，而且也对新中国的学术产生过重大影响。但长期以来，学术界在涉及“学术中国化”运动时往往有两种倾向：一是把“学术中国化”等同于“马克思主义中国化”，认为二者是一回事，研究了“马克思主义中国化”，就等于研究了“学术中国化”。这也是到目前为止学术界对“学术中国化”及其运动缺乏深入而系统研究的一个重要原因。二是扩大“学术中国化”的内涵和外延，凡是强调中国本位、认同中国传统的都纳入到“学术中国化”及其运动之中，如有的研究者就把冯友兰等人的现代新儒学、蒋介石的三民主义儒学化、钱穆的《国史大纲》等也算成“学术中国化”及其成果。实际上，这两种倾向都值得商榷。虽然“学术中国化”是“马克思主义中国化”的必然要求，但“学术中国化”并不等同于“马克思主义中国化”，前者属于学术范畴，后者属于政治范畴，二者有着不同的内容、任务和目标；“学术中国化”既非“中体西用”，也不是“中国本位”，它以“马克思主义化”为“核心”或“本质”，与文化保守主义或文化复古主义有着质的不同。此外，之前的研究多只强调

① 顾颉刚：《发刊词》，《党军日报·边疆周刊》第1期，1942年3月20日。

“学术中国化”的积极意义，而很少提及它的负面影响，实际上“学术中国化”运动中产生的不少学术成果过度强调学术研究要为现实政治服务的取向，曾影响了新中国成立后学术的健康发展。有鉴于此，笔者拟在前人研究的基础上[①]，对抗战时期的“学术中国化”运动进行再研究。

（一）“学术中国化”的提出

1938年9月至11月，中国共产党在延安召开六届六中全会。这次会议在中共历史上具有十分重要的意义。毛泽东在会上代表中央政治局作《论新阶段》的重要报告。在报告中，毛泽东第一次提出了“马克思主义中国化”的问题。他说：“共产党员是国际主义的马克思主义者，但是马克思主义必须和我国的具体特点相结合并通过一定的民族形式才能实现。马克思列宁主义的伟大力量，就在于它是和各个国家具体的革命实践相联系的。对于中国共产党说来，就是要学会把马克思列宁主义的理论应用于中国的具体的环境。成为伟大中华民族的一部分而和这个民族血肉相联的共产党员，离开中国特点来谈马克思主义，只是抽象的空洞的马克思主义。因此，使马克思主义在中国具体化，使之在其每一表现中带着必须有的中国的特性，即是说，按照中国的特点去应用它，成为全党亟待了解并亟须解决的问题。洋八股必须废止，空洞抽象的调头必须少唱，教条主义必须休息，而代之以新鲜活泼的、为中国老百姓所喜闻乐见的中国作风和中国气派。”[②]

---

① 主要成果有——欧阳军喜：《论抗日战争时期的“学术中国化”运动》，《中共党史研究》2007年第3期；于文善：《抗战时期的“学术中国化”——以重庆马克思主义史家为视角》，《华东师范大学学报（哲学社会科学版）》2010年第3期；曹培强：《抗战时期胡绳对“学术中国化”运动之贡献》，《首都师范大学学报（社会科学版）》2011年第6期；于文善：《抗战时期重庆知识分子群体对“学术中国化”研究的贡献》，《毛泽东邓小平理论研究》2011年第12期；孙帅：《抗战时期“学术中国化”思潮述评》，《理论探索》2013年第6期；周石峰：《旨趣与绩效：抗战时期学术中国化思潮透析》，《贵州师范大学学报（社会科学版）》2013年第1期。

② 毛泽东：《中国共产党在民族战争中的地位》，《毛泽东选集》第2卷，人民出版社1991年版，第534页。

显而易见，毛泽东的“马克思主义中国化”是针对当时党内存在的主观主义和教条主义倾向提出来的。但“马克思主义中国化”的提出，不仅得到了中国共产党人，也得到了包括生活在国统区内的广大进步的理论工作者和社会科学工作者的赞同和支持。毛泽东提出“马克思主义中国化”不久，张申府即在《战时文化》上发表《论中国化》一文，高度肯定毛泽东有关“马克思主义中国化”的那段论述，认为“这一段话的意思完全是对的。不但是对的，而且值得欢喜赞叹。由这一段话，更可以象征出来中国最近思想见解上的一大进步”[①]。为了克服党内存在的主观主义和教条主义，毛泽东在六届六中全会的报告中还向全党尤其是党的领导干部发出了“学习”的号召：“我希望从我们这次中央全会之后，来一个全党的学习竞赛，看谁真正地学到了一点东西，看谁学的更多一点，更好一点。在担负主要领导责任的观点上说，如果我们党有一百个至二百个系统地而不是零碎地、实际地而不是空洞地学会了马克思列宁主义的同志，就会大大地提高我们党的战斗力量，并加速我们战胜日本帝国主义的工作。”[②]根据毛泽东的这一号召，六届六中全会后，中共中央发起了“全党干部学习运动”。这场运动“对提高全党干部的理论文化水平，有头等重要的意义”[③]。也正是在这场学习运动中，“学术中国化”被正式提了出来。“学术中国化”的提出，既是“马克思主义中国化”的必然要求，又是近代以来中国人对中西文化关系的认识不断深化和“九一八”后日益严重的民族危机对学术影响的自然结果。

为什么说“学术中国化”是“马克思主义中国化”的必然要求呢？因为，“马克思主义中国化”不仅是一个革命的实践问题，同时也是一个学术的创新问题，即建立起以马克思主义为指导的具有“中国作风和中国气

---

① 张申府：《论中国化》，《战时文化》第2卷第2期，1939年2月10日。

② 毛泽东：《中国共产党在民族战争中的地位》，《毛泽东选集》第2卷，人民出版社1991年版，第533页。

③ 毛泽东：《反投降提纲》，《毛泽东文集》第2卷，人民出版社1993年版，第224页。

派”的中国学术。时任中共中央宣传部第一副部长（部长由时任总书记的张闻天兼任）兼秘书长的杨松在他的《关于马列主义中国化的问题》一文中就明确指出，“马克思主义中国化”，要求“马列主义者的文化人”在“马克思主义中国化”的过程中，“坚持自己的马克思主义的宇宙观和人生观，坚持自己对于科学的共产主义信仰，而应用马列主义的思想武器，应用马克思和列宁的唯物辩证法，去批判一切非无产阶级的思想意识，为建立以新民主主义的内容为内容和以中华民族的形式为形式的中华民族文化，并且在中国历史学、政治经济学、哲学、文学、音乐、美术、戏剧、诗歌和自然科学中，获得、巩固和发展自己的地位”。[①] 就此而言，“马克思主义中国化”，本身就包含有“学术中国化”的内容。因此，随着“马克思主义中国化”的正式提出，也就必然会提出“学术中国化”的问题。换言之，“学术中国化”是“马克思主义中国化”的应有之义，是“马克思主义中国化”的内在理路，“马克思主义化”是“学术中国化”的“核心”或“本质”。既然“学术中国化”是“马克思主义中国化”的必然要求，“马克思主义化”是“学术中国化”的“核心”或“本质”，那么，那种把冯友兰等人的现代新儒学、蒋介石的三民主义儒学化、钱穆的《国史大纲》等也算成“学术中国化”及其成果的观点便是十分错误的了。当然，我们说“学术中国化”是“马克思主义中国化”的必然要求，“马克思主义化”是“学术中国化”的“核心”或“本质”，但这并不意味着“学术中国化”就等同于“马克思主义中国化”，实际上，“学术中国化”属于学术领域，而“马克思主义中国化”属于政治领域，二者有着不同的内容、任务和目标。

为什么说“学术中国化”是近代以来中国人对中西文化关系的认识不断深化和“九一八”事变后日益严重的民族危机对学术影响的自然结果呢？我们先来看近代以来中国人对中西文化关系的认识。概而言之，在“学术中国化”正式提出之前，近代中国人对中西文化关系的认识大致经

① 杨松：《关于马列主义中国化的问题》，《中国文化》第1卷第5期，1940年7月。

历过洋务运动时期洋务派的“中体西用”、清末时期国粹派的“国粹主义”、五四时期胡适等人的“西化”或“全盘西化”、30年代中国本位文化派的“中国本位”、七七事变前后的“新启蒙运动”和“学术通俗化运动”这样几个阶段。总的来看，人们对中西文化关系的认识处在不断深化的过程之中，到了七七事变前后，“新启蒙运动”的倡导者们开始认识到，中国“所要造的文化，不应该只是毁弃中国传统文化，而接受外来西洋文化，当然更不应该是固守中国文化，而拒斥西洋文化，乃应该是各种现有文化的一种辩证或有机的综合。一种真正新的文化的产生，照例是由两种不同文化的结合。一种异文化（或文明）的移植，不合本地的土壤，是不会生长的”。他们还认识到，一种新的文化运动，“应该不只是大众的，还应该带些民族性。处在今日的世界，一种一国的运动，似乎也只有如此，才有力量……今日的启蒙运动不应该只是‘启蒙’而已，更应该是深入的，清楚的，对于中国文化，对于西洋文化，都应该根据现代的科学法更作一番切实的科学评估，有个真的深的认识。这样子，也才可以做到……文化的综合”。[①]应该说，“新启蒙运动”的倡导者们的上述认识，相对于以前的“中体西用”“国粹主义”“西化”或“全盘西化”“中国本位”等对中西文化关系的认识来说，是一质的飞跃或巨大进步。与此同时，在“学术通俗化运动”中，一批思想敏锐的哲学工作者开始思考如何将马克思主义哲学通俗化、大众化的问题。继艾思奇的《大众哲学》之后，1936年上海生活书店又出版了沈志远的《现代哲学的基本问题》，这两书的最大特色就是将哲学的深奥理论与大众生活和社会实践密切联系起来，做到哲学的通俗化、大众化。此后，陈唯实出版了《通俗辩证法讲话》《通俗唯物论讲话》《新哲学体系讲话》《新哲学世界观》，胡绳出版了《新哲学的人生观》，并以书信的形式写成《漫谈哲学》。特别是1937年李达在上海笔耕堂书店出版的《社会学大纲》，形成了有中国特点的马克思主义哲学的整体性的教科书体系，毛泽东称之为“中国人自己写的第一部马列主义的哲学教科

① 张申府：《五四纪念与新启蒙运动》，《北平新报》1937年5月2日。

书”[1]。学术通俗化、大众化虽然还不是严格意义上的“学术中国化”，但它无疑是“学术中国化”的初步。实际上，“学术中国化”运动就是上接“新启蒙运动”和“学术通俗化运动”而来，是近代以来中国人对中西文化关系的认识不断深化的自然结果。嵇文甫在他的《漫谈学术中国化问题》一文中就明确指出：“学术中国化运动，是伴随着学术通俗化运动，或大众化运动而生长出来的。当‘一二九’学生救国运动——一个新的‘五四’运动——爆发于北平的时候，上海方面早已有救国会诸先生在那里活跃。沈志远，钱俊瑞，艾思奇……各位先生们，乘着这个机运，努力展开学术通俗化运动，把世界上最前进的学术思想，和中国人民大众的现实生活，紧密地连系起来。这个运动极为广泛而深入，在中国青年中发生极大的影响……随着‘七七’抗战的兴起，这个运动更加速的进展。直到最近，‘中国化’这口号乃在这个运动的高潮中很有力的涌现出来。我相信，从今以后，这个口号将响彻云霄，随着抗战建国运动而展开一个学术运动的新时代。”[2] 也正是因为“学术中国化”运动上接“新启蒙运动”和“学术通俗化运动”而来，是近代以来中国人对中西文化关系的认识不断深化的自然结果，所以，“学术中国化”的倡导者们，一方面强调“学术中国化”运动与七七事变前后的“新启蒙运动”和“学术通俗化运动”之间的联系性，另一方面又强调“学术中国化”运动与之前的“中体西用”“国粹主义”“西化”或“全盘西化”“中国本位”的区别与不同。柳湜在《论中国化》中就一再强调：“学术中国化”的口号与“国粹主义”完全不能相提并论。“学术中国化”决不是要求大家“抱残守缺”，决不与今日复古的倾向有丝毫的姻缘，同时它也决不就是“中学为体，西学为用”或“中国本位”论的再版。“学术中国化”是反对这些国粹主义、文化的排外主义与文化偏颇论、中西文化对立论的，“学术中国化”的提倡者也决不是盲目的西化

---

① 李达：《李达同志生平事略》，《李达文集》第1卷，人民出版社1980年版，第17页。

② 嵇文甫：《漫谈学术中国化问题》，《理论与现实》第1卷第4期，1940年2月15日。

论者和奴化论者。[①]

“九一八”事变后随着民族危机的日益加深，人们越来越认识到，学术研究尤其是中国固有学术的研究对增强民族的自尊心、自信心和自豪感，以抵御日本侵略、实现民族复兴有它的重要意义。借用熊十力的话说：“今外侮日迫，吾族类益危；吾人必须激发民族思想，念兹在兹。凡吾固有之学术思想、礼俗、信条，苟行之而无敝者，必不可弃；凡有利于吾身吾家，而有害于国家民族者，必不可为；凡有益于公，而有损于私者，必不可不为。”[②]这也是“九一八”事变后，学术界在反思此前“整理国故”运动的基础上，开始从“整理国故”转向“国故整理”的重要原因。到了七七事变之后，随着“抗战建国”的提出，人们又提出了“学术建国”的问题，认为“学术”在“抗战建国”和实现民族复兴的斗争中具有十分重要的作用，加强学术研究尤其是对中国传统学术和文化的研究，是“抗战建国”的一项重要工作。[③]正是在这样的背景下，“学术中国化”被提了出来。因此，它的提出是“九一八”事变后日益严重的民族危机对学术影响的自然结果。柳湜在《论中国化》一文中就明确指出，表面看来，“学术中国化”的提出，好像是对我们过去不能正确对待外来学术思想尤其是辩证唯物论的一种纠正，一种号召，是对当前“洋八股”和“教条主义”的批判。如果仅从这方面来理解“学术中国化”的提出不是很适当的，至少是不全面的，我们应从“当前的政治实践所反映于文化的要求、反映于新的学术运动上”来“找它的根据”。经过一年多的全面抗战，中国军民粉碎了日本速亡中国的阴谋，进入到抗战的第二阶段，这奠定了抗战建国的基础，树立了战胜敌人的信心，提高了国民对于抗战建国的热情，同时也对文化提出了新的要求，即：文化在今日不仅要承担起提高民族意识、动员全国人民投身抗战的任务，同时还要承担起提高中国新的文化水准、配

① 柳湜：《论中国化》，《读书月报》第1卷第3期，1939年4月1日。

② 熊十力：《十力语要》，中华书局1996年版，第16—17页。

③ 贺麟：《抗战建国与学术建国》，宋志明编《儒家思想的新开展——贺麟新儒学论著辑要》，中国广播电视出版社1995年版，第210—211页。

合建设新中国的重任。就前者而言，表现为一般文化水准的提高、文化的普遍化和大众化；从后者来看，表现为提高新文化的质、开展新的学术运动。全面抗战一年多来，大众文化运动有了空前的开展，对新文化质的认识也在一天天深化和提高，这说明“今日的抗战需要有全面全民族的动员在各社会层精诚团结之下进行，同时亦要求有一个新的、更高度的文化运动配合这一政治的要求，而领导这一民族的神圣战争与建国事业”。因此，“‘中国化’这一口号，在新文化发展的今日……它绝不仅限于纠正过去我们对外来文化的不溶化，纠正我们学习上、学术上许多公式主义，教条主义，给我们一种警惕，而是创造新的中国文化之行动的口号和前提”①。潘菽同样认为，学术之所以要“中国化”，其中一个重要原因，就是为了使学术适合于抗战建国的需要。因为中国要抗战建国，从一个旧国家变成一个新国家，当然有种种政治、经济、国防、文化等方面的需要，这些需要“都有待于近代学术的帮助解决”。但外国的学术是为了解决外国社会的种种需要而产生和发展的，未必适合于中国的需要，要使它们适合于中国的需要，就必须实现学术的中国化②。

（二）“学术中国化”的内涵

1939 年 4 月 1 日，重庆的《读书月报》第 1 卷第 3 期率先开辟“学术中国化问题”专栏，发表柳湜的《论中国化》和潘菽的《学术中国化问题的发端》等论文，同时还发表了笔名为“逖”的《谈“中国化”》的笔谈文章。1939 年 4 月 15 日，《理论与现实》杂志在重庆创刊，千家驹、艾思奇、李达、沈志远、侯外庐、马哲民、曹靖华、潘梓年、钱俊瑞担任杂志创刊时的编委，沈志远担任主编。该刊以“学术中国化”和“理论现实化”为宗旨，在创刊号上刊登了潘梓年的《新阶段学术运动的任务》和侯外庐的《中国学术的传统与现阶段学术运动》两篇讨论“学术中国化”的重要

① 柳湜：《论中国化》，《读书月报》第1卷第3期，1939年4月1日。

② 潘菽：《学术中国化问题的发端》，《读书月报》第1卷第3期，1939年4月1日。

论文，接着，在第1卷第4期（1940年2月15日）和第2卷第2期（1940年4月15日）上又有嵇文甫的《漫谈学术中国化问题》和吕振羽的《创造民族新文化与文化遗产的继承问题》等重要论文发表。此外，《新建设》等刊物也先后刊出了许崇清的《"学术中国化"与唯物辩证法》等讨论"学术中国化"的论文或文章。概括上述这些讨论"学术中国化"文章的观点，"学术中国化"的内涵主要有以下几个方面：

第一，用马克思主义的唯物论和辩证法来研究中国问题，整理中国学术，并在此基础上建立起中国的社会科学和自然科学。潘梓年在《新阶段学术运动的任务》中指出：学术中国化的任务，就是用马克思主义的唯物论和辩证法，"去研究中国历史，中国的社会形态，中国社会在抗战中所起的各方变化，怎样来使这些变化向进步的方向走去，更快的发展前去，这样来建立起中国的社会科学；去研究中国自然环境中的各种资源动力，运用这些资源动力来建立起中国的现代化的各种国防工业以及其他各种工业，改进中国的农业，这样来建立起中国的自然科学"①。柳湜在谈到"学术中国化的具体内容"时也再三强调："用辩证唯物论和历史唯物论去研究中国历史，中国问题，一切的问题。但反对过去一种脱离中国革命的实践，中国历史的运动，空洞的抽象的调头，或故意滥用科学方法去歪曲中国历史以达到自己不纯正的政治的目的。"②就此而言，所谓"学术中国化"，亦就是中国学术的马克思主义化。这是学术中国化的本质。杨松在《关于马列主义中国化的问题》一文中就明确指出："学术中国化的本质是中国学术的马克思主义化，也就是要在学术思想领域确立起马克思主义的指导地位。"③

第二，充分吸收外来学术和文化，但这种吸收不是照抄照搬，而是通

① 潘梓年：《新阶段学术运动的任务》，《理论与现实》创刊号，1939年4月15日。

② 柳湜：《论中国化》，《读书月报》第1卷第3期，1939年4月1日。

③ 杨松：《关于马列主义中国化的问题》，《中国文化》第1卷第5期，1940年7月。

过消化，把外来的学术和文化变为自己的学术和文化，使之具有中国的味道、中国的特色。潘梓年指出："学术，是决不会有什么国界的，如果在学术上把中国用一道万里长城和外国分疆划界起来，企图'互不侵犯'，那就是自封自划，夜郎自大，不但不能使自己的学术发荣滋长，而且还要瘦死狱中。但是，学术虽无国界，却不能没有一个民族所特有的色彩与风光。学术中国化，决不就等于保存国粹，而是要使我们的学术带着中国的味道、中国的光彩而发展生长起来，要使我们的学术成为中国的血液与肌肉，不成为单单用以章身的华服。"[①] 柳湜强调，学术中国化"不排斥外来文化，并承认世界文化的交流乃是历史的必然"。因此，"我们要在中国具体的历史条件下吸收一切进步的文化，溶化它，通过民众的特点，历史的条件，中国抗战建国过程中的一切具体问题，把它变为我们自己的灵魂，创造'新鲜活泼的，为中国老百姓所喜闻乐见的中国作风与中国气派'"。[②] 嵇文甫写道："学术中国化"是以吸收外来文化为其前提条件的，也就是要把外来文化变为自己的文化，而非关起门来，像国粹派那样，以为什么都是中国的好，一切都用中国固有的，在文化上实行排外主义。实际上，"学术中国化"并不反对外来文化，它所反对的，"是不顾自己的需要，不适应自己的消化能力，不和自己固有的东西有机地联系起来，而只把外来文化机械地、生吞活剥地往里面搬运"[③]。就此而言，所谓"学术中国化"，亦就是外来学术或文化的中国化，借用潘梓年的话说：是"把世界已经有了的科学，化为中国所有的科学"。[④]

第三，继承和发扬民族的文化遗产，但不是对民族文化遗产的全盘继

---

① 潘梓年：《新阶段学术运动的任务》，《理论与现实》创刊号，1939年4月15日。

② 柳湜：《论中国化》，《读书月报》第1卷第3期，1939年4月1日。

③ 嵇文甫：《漫谈学术中国化问题》，《理论与现实》第1卷第4期，1940年2月15日。

④ 潘梓年：《新阶段学术运动的任务》，《理论与现实》创刊号，1939年4月15日。

承和发扬，而是去其糟粕、取其精华，继承和发扬的只是民族文化遗产中的优秀部分。柳湜指出：今日中国文化是要吸收世界文化一切优良的成果来丰富自己、武装自己，创造中国新文化。根据吸收世界文化这一点，我们提出“学术中国化”的口号来，有它的积极意义。然而这只是问题的一方面，问题的另一方面，我们并不是“言非同西方之理弗道，事非合西方之术弗行”（鲁迅语）的那种盲目西化论、奴化论者，我们在吸收世界文化一切优良的成果来丰富自己、武装自己的同时，也并未忘记“我们这个伟大民族数千年的历史，有它的发展法则，有它的民族特点，有它的许多珍贵品”，我们要“尊重自己的历史，好的民族的传统，批判的接受民族优良的传统，但不是无所分别的一些陈腐残渣兼留并蓄”。[①] 嵇文甫指出，所谓“学术中国化”，就是要把现代世界性的文化，与中华民族自己的文化传统有机地结合起来，所以离开中华民族自己的文化传统，就无从讲“学术中国化”。但中华民族自己的文化传统非常复杂，简单地说“批判地接受”或“取优汰劣”，这是不够的，因为何者为优、何者为劣，实在难以判断，即便你以是否符合“现代的生活”为标准，也还是无从辨认。“我们尽可以从某种意义上说它是好，同时，又可以从另一种意义上说它是不好。这些地方，参互错综，变动不居，不能机械地看。”那我们究竟应该如何继承和发扬我们自己的文化传统呢？对此，他以“传统的旧文化”为例，提出了以下几个原则：一是传统的旧文化中，有许多东西，根本就带着一般性或共同性，根本就不是某一个特殊时代所独有，和现代生活根本就没有什么冲突，像许多立身处世的格言，有些固然已经失其时效，但有些直到今天仍然有其价值，如《论语》中的“知其不可为而为之”和“不知老之将至”这两句，就非常符合我们的时代精神，这些“当然可算作我们民族优良传统之一，是我们应该发扬光大的”。二是传统的旧文化中，有些东西，虽然它原来的具体形态与现代生活不能相容，然而随着时代的发展，社会的进步，它的具体形态早已被历史淘汰，现在留给我们的只是

① 柳湜：《论中国化》，《读书月报》第1卷第3期，1939年4月1日。

它的某些精神或远景，而这些精神或远景在现代生活中又能发挥一些有益的作用或暗示，如《孟子》一书中所讲的“王道”，对于“这些东西，我们当然也可以接受”。三是传统的旧文化中，有些东西，看着虽然是乌烟瘴气的，但其中却包含着某些真理，或近代思想的某些因素，如宋明理学中的“合理内核”，对于这些，我们应该像马克思对待黑格尔哲学那样，“从神秘的外衣中，剥取其合理的核心”。四是传统的旧文化中，有些东西，从现在眼光来看，虽然没有什么道理，甚至非常荒谬，然而在当时却有它的进步意义，如晚明时代左派王学家的学说，“对于这些，我们不妨舍其本身，而单从历史发展的观点上，阐扬其进步性”[①]。潘菽指出，学术中国化本身就包含着如何对待或处置中国旧学术的问题。在对待或处置中国旧学术问题上有三种办法：一是继续保留并应用中国旧学术，而以新学术为补充或辅助。这也就是所谓的“中学为体，西学为用”。二是只管引进和吸收新学术，而对旧学术不管不问，让它自生自灭。这是五四运动以来对待或处置旧学术的办法。三是把旧学术变成新学术。而这第三种办法“可以说是‘顺乎天理而合于人情’的，因此也就是最合理最妥当的办法”。因为“旧的学术里面也有许多可宝贵的成分，我们必须继承下来，我们假如忽视了它，那便是等于不顾现实，不顾历史，而要凭空有所作为，假如这样，我们也就无须学术中国化”。如何把旧学术变成新学术呢？潘菽认为，要把旧学术变成新学术，一方面把旧学术中的渣滓去掉，另一方面把旧学术中的精华提出来，以容纳于新学术之中。[②]就此而言，所谓“学术中国化”，亦就是中国传统学术或传统文化的现代化。

第四，研究和解决中国的实际问题。侯外庐认为，“学术中国化的基本精神，就在于‘知难行易’的传统的继承，使世界认识与中国认识，在

---

① 嵇文甫：《漫谈学术中国化问题》，《理论与现实》第1卷第4期，1940年2月15日。

② 潘菽：《学术中国化问题的发端》，《读书月报》第1卷第3期，1939年4月1日。

世界前进运动实践中和中国历史向上运动实践中统一起来"[①]。潘梓年指出，学术中国化"就是把目前世界上最进步的科学方法，用来研究中华民族自己历史上，自己所具有的各种现实环境上所有的一切具体问题，使我们得到最正确的方法来解决这一切问题"[②]。潘菽强调："所谓学术中国化的意义就是要把一切学术加以吸收，加以消化，加以提炼，加以改进，因以帮助解决新中国的建设中所有的种种问题。"[③]就此而言，"学术中国化"运动不仅是理论活动，更是一种实践活动，学术中国化的根本目的，就是要研究和解决中国的实际问题。

当然，上述这四个方面的内涵是相互联系的。柳湜在《论中国化》一文中就强调指出：学术"'中国化'是建设新中国文化的一个口号，是配合着抗战建国的过程中历史的任务而提出的，它的内容是丰富的、历史的、民族的，同时是国际的。它是学术的，同时是战斗的。它是综合我们这个伟大民族数千年的历史和世界的历史，它是我们一切优良珍贵的传统以及国际的一切优良的传统的一种交流，是代表今日人类最进步的立场，创造世界新文化一环的中国新文化为它的任务"[④]。

以上这些论文或文章的发表，推动了"学术中国化"运动的兴起。郭沫若在《四年来之文化抗战与抗战文化》中说道："'学术中国化'口号的提出，更引起文化各部门的热烈响应，创作者热烈地讨论复兴文艺的民族形式问题；戏剧家研究各地方戏，作实验公演；音乐家也搜集各地民歌，研究改良，作实验演奏；社会科学家研究着中国的实际，中国的历史；自然科学家在研究着国防工业、交通运输、战时生产、医药卫生等中国具体

① 侯外庐：《中国学术的传统与现阶段学术运动》，《理论与现实》创刊号，1939年4月15日。

② 潘梓年：《新阶段学术运动的任务》，《理论与现实》创刊号，1939年4月15日。

③ 潘菽：《学术中国化问题的发端》，《读书月报》第1卷第3期，1939年4月1日。

④ 柳湜：《论中国化》，《读书月报》第1卷第3期，1939年4月1日。

问题，并提倡出了‘中国科学化运动’的口号；科学家在研究着中国的古代哲学与思想上在抗战建国上的各种问题。”[①]在延安、重庆等地广大进步的社会科学工作者的积极参与下，“学术中国化”在各学术领域都有所推进，并取得了一些重要成果。

（三）“学术中国化”的评价

“学术中国化”的提出及其运动，推动了中国学术尤其是马克思主义学术的向前发展。以马克思主义史学为例，1949 年以前的马克思主义史学，可以分为三个时期[②]：第一个时期是五四新文化运动时期，这一时期是马克思主义史学理论的传入和马克思主义史学的奠基时期；第二个时期是 20 世纪 20 年代末到全面抗战爆发前，这一时期是马克思主义史学形成和初步发展时期；第三个时期是全面抗战爆发后到中华人民共和国成立，这一时期是马克思主义史学的发展并开始走向成熟的时期，而推动这一时期马克思主义史学发展的便是“学术中国化”运动。正是在“学术中国化”运动中，产生了像范文澜的《中国通史简编》，吕振羽的《简明中国通史》《中国社会史诸问题》和《中国政治思想史》，翦伯赞的《中国史纲》，郭沫若的《十批判书》和《青铜时代》，侯外庐的《中国古代思想学说史》和《中国近世思想学说史》等一大批在中国马克思主义史学史上有重大影响的标志性成果。这其中又以范文澜的《中国通史简编》和吕振羽的《简明中国通史》影响最大。范书是应毛泽东的要求而撰写的，自 1940 年 11 月开始在《中国文化》上连载。如果说郭沫若的《中国古代社会研究》（1929 年）是运用马克思主义五种社会形态学说研究中国古代社会的开篇之作，它的出版标志着中国马克思主义史学的形成，那么，范文澜的《中国通史简编》

① 郭沫若：《四年来之文化抗战与抗战文化》，军事委员会政治部《抗战四年》，青年书店1941年版，第190页。

② 蒋大椿：《20世纪中国马克思主义史学》第一章“新民主主义革命时期的马克思主义史学”，罗志田主编《20世纪的中国学术与社会·史学卷》（上），山东人民出版社2001年版，第132—187页。

则是运用马克思主义五种社会形态学说研究中国通史的开篇之作，它的出版是中国马克思主义史学开始从形成走向发展和成熟的一个重要标志。齐思和在《近百年来中国史学的发展》一文中评论该书说："中国社会史之唯物辩证法的研究，到了范文澜先生所编著的《中国通史简编》，才由初期的创造而开始走进了成熟的时期。范先生对于中国旧学是一位博通的学者，而对于唯物辩证法又有深刻的研究，所以由他来领导这个研究工作，自然是最合适的了。这部书，对于史料，除了正史以外，以至文集笔记，都尝博观约取；所用的文字，又是由浅入深，使读者易于领悟。每章后，又附有提要，非常易于领悟，绝无公式化，使人如入五里雾中的毛病。"[①]吕振羽的《简明中国通史》的上册出版于1941年5月，早于范文澜的《中国通史简编》第一册4个月，下册则因工作耽搁，到1948年5月才出版，晚《中国通史简编》第二册5年。吕振羽在《简明中国通史》上册的"自序"中谈到了该书与"从来的中国通史著作"的"颇多不同"，最重要的有三点："第一，把中国史看作同全人类的历史一样，作为一个有规律的社会发展过程来把握。""第二，力避原理原则式的叙述和抽象的论断"，而是根据"学术中国化"的要求，从具体历史事实的陈述中，体现中国历史发展的规律。"第三，尽可能照顾中国各民族的历史和其相互作用，极力避免大民族主义和地方民族的观念渗入。"这三点的"不同"，集中体现了《简明中国通史》对于中国马克思主义史学的重大贡献。

哲学的"中国化"，主要表现为两个结合，即马克思主义哲学与中国革命的具体实践相结合、马克思主义哲学与中国优秀传统思想文化相结合。实际上，早在1938年4月，亦即毛泽东在中共六届六中全会上正式提出"马克思主义中国化"之前，艾思奇在《自由中国》创刊号发表的《哲学的现状和任务》一文中提出了哲学研究的"中国化"问题。他在回顾了马克思主义哲学在中国所走过的通俗化、大众化的道路之后指出："过去

① 齐思和：《近百年来中国史学的发展》，《燕京社会科学》第2期，1949年10月。

的哲学只做了一个通俗化的运动，把高深的哲学用通俗的词句加以解释”，这些成绩在打破哲学的神秘观点上、在使哲学与人们的日常生活接近等方面是有极大意义的，然而“通俗化并不等于中国化、现实化”，它只是使外国哲学概念用中国的语言文字表达出来而已，并没有实现与中国革命实践的结合。因此，我们如果要继续指导哲学推向前进，就“需要来一个哲学研究的中国化、现实化运动”。同年 7 月，胡绳在《辩证唯物论入门》小册子的前言中，对辩证唯物论的“中国化”的涵义进行了阐述，认为它有两方面的涵义：一是“用现实的中国的具体事实来阐明理论”；二是“在理论的叙述中随时述及中国哲学史的遗产以及近三十年来中国的思想斗争”。“学术中国化”运动兴起后，学术界尤其是马克思主义哲学界就哲学中国化的问题展开了讨论。和培元在《论新哲学的特性与新哲学的中国化》中指出，“哲学中国化”主要讲的是“新哲学”的中国化，“新哲学”也就是马克思主义哲学，所谓马克思主义哲学的中国化，其“本质”也就是“辩证唯物主义的普遍原理与中国的具体的革命实践的结合，与中国的历史实际的结合”。[①] 艾思奇在《关于形式论理学和辩证法》提出，哲学中国化或马克思主义哲学中国化，在“原则上不外两点：第一要能控制中国传统的哲学思想，熟悉其表现方式；第二要消化今天的抗战实践的经验与教训”[②]。换言之，马克思主义哲学中国化，必须处理好两方面的内容，一是马克思主义哲学与中国革命实践的关系，一是马克思主义哲学与中国传统哲学的关系。

哲学中国化或马克思主义哲学中国化的最主要代表是毛泽东。他不仅一贯倡导和坚持马克思主义哲学要与中国革命实践相结合，要与中国优秀传统相结合，用马克思主义哲学的基本原理和方法来研究中国的历史实际和革命实际，批判地整理和继承中国的历史遗产和文化遗产，而且自身就

---

① 和培元：《论新哲学的特性与新哲学的中国化》，《中国文化》第3卷第2、3期合刊，1941年8月20日。

② 艾思奇：《关于形式论理学和辩证法》，《艾思奇文集》第1卷，人民出版社1981年版，第420页。

是实践这两个结合的光辉典范。马克思主义哲学的中国化，正是以毛泽东哲学思想在这一时期的成熟为主要标志的。“具体说来，在辩证唯物论方面，是 1937 年七八月写的《实践论》《矛盾论》以及整风运动中提出的‘实事求是，有的放矢’的思想路线；在历史唯物论方面，则是 1940 年 1 月发表的《新民主主义论》和 1945 年 4 月在党的‘七大’上所作的题为《论联合政府》的报告。”①

除了被视为其他学科“中国化”之基础和前提的史学和哲学外，其他学科的“中国化”也都取得了一定的成绩。比如，在经济学方面，王亚南认为经济学家要“站在中国人立场来研究经济学”，②要面对中国的实际问题，“要由政治经济学的研究，逐渐努力创造一种专为中国人攻读的政治经济学”。他本人在 20 世纪 40 年代中期出版了《中国经济原论》一书，创造性地运用马克思《资本论》所运用的方法，来考察旧中国的经济，该书被学术界誉为“中国式的《资本论》”。③

“学术中国化”的提出及其运动，不仅推动着中国学术尤其是马克思主义学术的发展，而且也对新中国的学术产生过重大的影响。一方面，一大批活跃于“学术中国化”运动中的马克思主义学者，如马克思主义史学“五老”即郭沫若、范文澜、吕振羽、翦伯赞、侯外庐，以及华岗、吴泽、杜国庠、嵇文甫、艾思奇、胡绳、周扬、潘梓年、钱俊瑞等。新中国成立后，他们成为新中国史学领域的主要领导人和学术研究的带头人，比如，郭沫若担任了 1949 年后新成立的中国科学院院长，范文澜担任了中国科学院近代史研究所所长，侯外庐担任了中国科学院历史研究所所长和北京师范大学历史学系系主任，翦伯赞担任了北京大学历史学系系主任并兼任《历史研究》杂志编委，吕振羽担任了中央历史研究委员会委员和中

---

① 楼宇烈、张西平主编《中外哲学交流史》，湖南教育出版社1998年版，第464页。

② 王亚南：《中国经济原论·初版序言》，《王亚南全集》第1卷，厦门大学出版社2021年版，第292页。

③ 转引见罗郁聪、蒋绍进：《王亚南的商品经济观——读〈王亚南文集〉的一些体会》，《厦门大学学报》1991年第4期。

国科学院历史研究所学术委员，华岗、杜国庠、嵇文甫、吴泽等人也都担任了一些高校和研究机构的负责人，领导并从事史学的教学和研究工作。另一方面，“学术中国化”运动中所取得的成果，为新中国的学术奠定了坚实基础，可以说，新中国的学术就是在“学术中国化”运动中所取得的成果的基础上建立和发展起来的。以历史学为例，郭沫若、范文澜、吕振羽、翦伯赞、侯外庐等人在“学术中国化”运动中的著作，影响了新中国一代又一代的学者，他们就是在反复阅读“五老”等老一辈马克思主义史学家的研究成果的基础上成长起来的。“五老”等老一辈马克思主义史学家所运用、确立的研究方法和建立起来的中国通史、中国近代史和中国思想史的体裁、体系，甚至所讨论的一些主要问题，得出的一些主要结论，在相当长的一段时期内，为新中国的学者们奉为“经典”而被遵守、继承和发扬。这正如当今有的学者所指出的那样：“新中国历史学创建时期历史研究的新进路，无论是通过中国奴隶制与封建制历史分期的讨论探求中国奴隶制社会和封建制社会的特点及其转化的路径，或是通过中国封建土地所有制形式特点的讨论探求中国封建制社会发展过程的阶段性及其转化路径，还是通过中国资本主义萌芽的讨论探求由封建生产方式向资本主义生产方式转化的难产性等，都是围绕着社会形态的变迁及其实现形式这一中国历史发展道路的主题展开的。这是对 20 世纪 30—40 年代中国马克思主义历史学优良传统的继承和发扬。”①

当然，我们在充分肯定“学术中国化”及其成果的同时，也要对“学术中国化”及其成果的负面影响有清醒的认识。1951 年，范文澜在重修《中国通史简编》时，对抗战时期的通史写作有过回顾。他说旧本《中国通史简编》缺点和错误很多，最主要的有两个方面：一是书里有些地方的叙述有非历史主义的缺点；二是书中又有些地方因“借古说今”而损害了实事求是的历史观点。应该说，这两方面“缺点和错误”尤其是“借古说

① 卢钟锋：《新中国历史学创建时期历史研究的新进路》，《中国史研究》2009年第4期。

今”在当时马克思主义史学论著中是十分普遍的现象，有些还相当严重。因此，当时的学术界对马克思主义史学著作的学术价值普遍评价不高。如齐思和对郭沫若的《十批判书》的评价：“此书既专为研究古代思想而作，若以哲学眼光观之，则远不如冯友兰《中国哲学史》创获之丰，思想之密……吾人阅毕郭氏之书，颇难得新见，而郭氏之所矜为新见者，如以孔子为乱党，亦多非哲学问题。且多有已经前人驳辩，而郭氏仍据以为事实者。故是书于先秦诸子之考证，远不及钱穆《先秦诸子系年》之精，论思想则更不是冯友兰氏之细，二氏书之价值，世已有定评，而郭氏对之皆甚轻蔑，也足见郭氏个性之强与文人气味之重矣。”[①] 又如1945年顾颉刚写《当代中国史学》一书，他在评价抗战以来出版的中国通史性著作时写道：“中国通史的写作，到今日为止，出版的著作虽已不少，但很少能够达到理想的地步……其中较近理想的，有吕思勉《白话本国史》、周谷城的《中国通史》、邓之诚《中华二千年史》、陈恭禄《中国史》、缪凤林《中国通史纲要》、张荫麟《中国史纲》、钱穆《国史大纲》等。其中除吕思勉、周谷城、钱穆三先生的书外，其余均属未完成之作。钱先生的书最后出而创见最多。”[②] 顾颉刚在书中根本就没提及范文澜的《中国通史简编》、吕振羽的《简明中国通史》和翦伯赞的《中国史纲》等马克思主义的通史著作。这并非是他没有看到这些著作，而是他认为这些著作没有“达到”或“较近”他所认为的“理想的地步”，不值一提。不可否认，学术界对马克思主义史学著作的学术价值普遍评价不高，其中有非学术的原因，如政治立场的不同、历史观的不同等，但我们也必须承认，范文澜所讲的两方面“缺点和错误”尤其是“借古说今”的普遍存在，就不能不使马克思主义史学著作的学术价值大打折扣。

马克思主义史学著作中普遍存在范文澜所讲的两方面“缺点和错误”的一个重要原因，就是这些著作的作者没能正确处理好学术与政治的关系，过度强调了学术研究要为现实政治服务，要为当前的抗战建国服务，

① 齐思和：《评郭沫若十批判书》，《燕京学报》第39期，1946年。

② 顾颉刚：《当代中国史学》，上海古籍出版社2002年版，第81页。

他们不是“为了说明历史而研究历史”，不是为学科自身建设的需要研究历史，而是为了革命的需要研究历史。因此，我们看到，他们在著作中，往往“借古说今”“借古讽今”“借古喻今”，用历史事件、历史人物来抨击现实政治、现实人物。这方面最为典型的是郭沫若的屈原研究。郭沫若研究屈原，宣传屈原，其目的就是要“借我国古代一位伟大的人物屈原，受打击迫害及其顽强斗争的史实作为比附，反映极其复杂的现实斗争，即把‘信而见疑，忠而被谤’的屈原和真正抗日的新四军联系起来，映衬楚怀王的昏庸无能、比自投降派与国民党顽固派消极抗日、积极反共是同出一辙的，同时也表明历史上楚国内部两派在对外政策上的矛盾斗争与抗日战争时期中共与国民党的政治斗争是何其相似”①。这种“为了应付眼前需要所写出来的历史，虽然表面上是在分析过去，而实质上则处处是在影射现在。这样一来，历史就变成了一个任人予取予求的事实仓库，它本身已没有什么客观演变的过程而言了”②。范文澜所讲的两方面“缺点和错误”尤其是“借古说今”的影射史学，曾对马克思主义史学的健康发展产生过消极的影响，直到今天还有它的市场。对此，应引起我们高度重视。

四、“文艺的民族形式”的提出及其讨论

七七事变后的全面抗战时期，中国共产党领导下的学术界在重庆、延安等地发起过一场“学术中国化”运动③。在“学术中国化”运动兴起的同时，毛泽东还提出了“文艺的民族形式”的问题，并引起了左翼文艺工作者的热烈讨论。“文艺的民族形式”的提出及其讨论对进一步推动“学术中国化”运动的开展，促进全国抗战文艺的大众化、民族化，从而更好地

① 丁文善：《抗战时期重庆马克思主义史学研究》，华东师范大学博士学位论文，2011年，第188页。

② 余英时：《中国史学的现阶段：反省与展望》，《二十世纪中国史学史论》，北京大学出版社2010年版，第393页。

③ 郑大华：《抗战时期“学术中国化”运动的再研究——纪念抗日战争胜利七十周年》，《浙江学刊》2015年第4期。

为抗战服务，为中华民族的伟大复兴服务起了非常重要的积极作用。目前学术界对“文艺的民族形式”的提出及其讨论已有一些研究成果[①]，笔者拟在这些成果的基础上对“文艺的民族形式”的提出及其讨论作更进一步的深入探讨，尤其是目前已有成果关注不多的广大文艺工作者通过讨论所形成的一些共识，以及讨论所存在的不足和问题。

（一）“文艺的民族形式”的提出

“文艺的民族形式”的提出是五四新文化运动以来文艺民族化、大众化潮流的继续和发展。早在五四新文化运动结束不久，一些有识之士在充分肯定五四新文艺所取得的成就的同时，开始反思其欧化主义倾向，探讨本民族文学遗产的继承问题。进入20世纪30年代，“左联”的文艺理论家们为消除文学中的欧化弊病，从而使文学能更好地贴近普罗大众，为普罗大众服务，便积极地提倡大众化，并围绕文艺的形式与内容、普及与提高、语言文字的通俗化以及民族化等问题展开过热烈讨论。抗战爆发后，严重的民族危机，使广大的文艺工作者毫无例外地卷入到战争的浪潮中去，或直接或间接地加入到这场伟大的反侵略战争的行列，“文章下乡，文章入伍”成了他们的追求目标，“这就使得五四以来的文艺民族化、大众化方面的理论探讨，全然变成了一个最实际的问题”[②]，亦即文艺工作者们创作出来的文艺作品，怎样才能为人民大众所喜闻乐见，从而成为动员他们投身抗战的精神食粮呢？正如柯仲平的《论文艺上的中国民族形式》一文所指出的那样：“是因为这伟大的民族解放战争，它要求文学、艺术

① 唐鸿棣：《重新认识抗战时期对“民族形式”问题的讨论》，《中国现代文学研究丛刊》1988年第2期；唐正芒：《论抗战时期大后方关于文艺民族形式问题的论争》，《武陵学刊》1999年第6期；曹林红：《民族、阶级与“形式”的政治——论抗战时期“文艺的民族形式”讨论》，《中国现代文学研究丛刊》2011年第3期；夏文先、张巧凤：《“民族形式”论争与毛泽东战时文艺民族化构想》，《常州工学院学报（社会科学版）》2012年第3期。

② 艾克恩主编《延安文艺史》（上），河北教育出版社2009年版，第143页。

为它服务，而文学、艺术也自觉地起来为它服务了；但是在服务的实际工作中，文学和艺术碰了很多的钉子，尤其是当文学和艺术要深入到广大的民众和兵士中去的时候，它们——文学和艺术碰了的钉子更不少；仔细检查这些碰钉子的原因，原因很多，但最主要的一个原因是被确认了，这就是，因为我们今天的文学艺术，正缺乏中国多数人所熟习的，或容易接受的那种民族形式。"[①] 这是"文艺的民族形式"提出的历史原因。此外，"文艺的民族形式"的提出，也与当时中国共产党开展的"马克思主义中国化"运动有着紧密的关系，换言之，和"学术中国化"一样，"文艺的民族形式"也是"马克思主义中国化"的必然要求，但又不完全等同于"马克思主义中国化"，二者有着不同的内容、任务和目标。宗珏在《文艺之民族形式问题的展开》一文中就写道："这问题的提出，不但与抗战中的文艺运动相适应，而且，也是广泛的文化运动之中心要点。学术上的中国化运动，正是和文艺上以及艺术上的'民族形式'之创造运动，互相呼应。更广泛地说，也就是研究在整个革命的行程中，如何适应各个民族、国家的具体环境，而把国际主义的内容和民族文化的表现形式如何结合。换言之，一切学问，一切艺术，到了中国，产于中国，都得变成是中国的东西，一面是国际文化的一部分，一面却是中国自己特有的财富，带有中华民族的特征。"[②]

从理论渊源说，"文艺的民族形式"的提出，与当时苏联的影响有一定关联性。1930 年斯大林在苏共十六大的报告中提出："什么是无产阶级专政下的民族文化呢？这是一种社会主义内容和民族形式的文化，其目的均是用社会主义和国际主义精神来教育群众。"毛泽东将斯大林这一阐述民族文化的马克思主义原理运用到中国，进而在中国提出了"文艺的民族形式"问题。郭沫若在《"民族形式"商兑》一文中就曾明确指出：文艺

① 柯仲平：《论文艺上的中国民族形式》，《文艺战线》第1卷第5期，1939年11月16日。

② 宗珏：《文艺之民族形式问题的展开》，香港《大公报》副刊《文艺》1939年12月12—13日。

的"民族形式的提出，断然是由苏联方面得到的示唆。苏联有过'社会主义内容、民族形式'的号召"[①]。

毛泽东是"文艺的民族形式"的提出者。1938 年 4 月间他在陕甘宁边区工人代表大会的晚会上，看了秦腔《升官图》《二进宫》《五典坡》等戏，对时任陕甘宁边区文化界救亡协会副主席柯仲平说："老百姓来的这么多，老年人穿着新衣服，女青年擦粉戴花的，男女老少把剧场拥挤得满满的，群众非常欢迎这种形式。群众喜欢的形式，我们应该搞，就是内容太旧了。如果加进抗日内容，那就成了革命的戏了。"又说："要搞这种群众喜闻乐见的中国气派的形式。"[②]毛泽东的建议很快在 5 月陕甘宁边区文化界救亡协会发表的《我们关于目前文化运动的意见》中得到反映："文化的新内容和旧的形式结合起来，这是目前文化运动所需要强调提出的问题……忽视文化上旧的民族形式，则新文化的教育是很难深入最广大的群众的。因此，新文化的民族化（中国化）和大众化，二者实是不可分开的。"[③]7 月 4 日，边区民众剧团成立时，也明确提出了要以"中国气派，民族形式，工农大众，喜闻乐见"为努力方向[④]。这年 10 月，毛泽东在中共六届六中全会上代表中央政治局所作的《论新阶段》的报告中提出："洋八股必须废止，空洞抽象的调头必须少唱，教条主义必须休息，而代之以新鲜活泼的、为中国老百姓所喜闻乐见的中国作风和中国气派。把国际主义的内容和民族形式分离起来，是一点也不懂国际主义的人们的做法。""马克思主义必须和我国的具体特点相结合并通过一定的民族形式才能实现。"[⑤]尽管毛泽东的这一论述是针对党内的政治路线问题，亦即马克思主义的

---

① 郭沫若：《"民族形式"商兑》，重庆《大公报》1940年6月9—10日。

② 艾克恩主编《延安文艺史》（上），河北教育出版社2009年版，第143—144页。

③ 艾克恩主编《延安文艺史》（上），河北教育出版社2009年版，第144页。

④ 艾克恩主编《延安文艺史》（上），河北教育出版社2009年版，第144页。

⑤ 毛泽东：《中国共产党在民族战争中的地位》，《毛泽东选集》第2卷，人民出版社1991年版，第534页。

中国化问题提出来的，但“中国作风和中国气派”“民族形式”等关键用词则具有普遍意义，适用于文艺领域，因而很快引起了文艺界和理论界的响应。

1939 年 2 月 7 日，柯仲平率先在延安《新中华报》发表《谈“中国气派”》一文，认为“每一个民族，都有自己的气派。这是由那民族的特殊经济、地理、人种、文化传统造成的。”“最浓厚的中国气派，被保留、发展在中国多数的老百姓中。你没有老百姓喜闻乐见的中国气派，老百姓决不会相信你的领导。你一站到民众中去，你一讲话、行动，老百姓可以立即分辨出你有没有中国味；正如听惯了平戏的人他一听得有人唱平戏，就会立即感觉那有没有平戏的味儿。”因此，中国的文艺工作者，“必须想法使作（并且是创造）中国气派”，他并向文艺工作者保证：“你用中国气派，决不会叫你因此而浅薄起来”。[①] 同年 4 月 16 日陈伯达在《文艺战线》第 1 卷第 3 期发表《关于文艺的民族形式问题杂记》，这是最早提出“文艺的民族形式”的文章。陈伯达将抗战爆发后大众文艺如何利用旧形式问题的讨论，归结为“民族形式问题”，并指出：文艺的民族形式，包含着民族风俗、格调、语言等各种的表现形式，我们不应把文艺看成从民族、从现实的历史、从具体的斗争——孤立出来。文艺应是具体的民族的、社会的真实生活之反映，同时又应成为感召千百万人民起来参与真实生活斗争（在目前是抗战）的武器。因此，民族形式，实质上，不是简单的形式问题，而是内容的问题。要文艺能更深刻地反映真实的生活，更灵活地把握大众的斗争，就不能不考虑其表现的形式。反之，其表现的形式如果是干枯的和生硬的，那么，其内容就时常是（虽则不完全是）薄弱的和无味的。就此而言，“所谓民族形式的问题，不只是简单旧形式的问题，同时也是包含着创造和发展新形式的问题，只是不把新形式的创造从旧形式简单地截开而已。新形式不能是从‘无’产生出来，而是从旧形式的扬弃中产生出来”。“利用旧形式，不是复古，而是……新文艺运动的新发展，是要

① 柯仲平：《谈“中国气派”》，《新中华报》1939年2月7日。

促成更大的，更高的，更深入的新文艺运动。”[①] 同期发表的还有艾思奇的《旧形式运用的基本原则》一文。该文开篇明义便指出：“旧形式利用或运用的问题，在抗战以前早有人提起，而在抗战中间，却成为文艺运动中一个极重要的问题。要把这问题的意义表现得更明白，我们不妨把它扩大一些，把它归结为中国民族旧文艺传统的继承和发扬的问题。”而继承和发扬中国民族旧文艺传统的根本目的，是“要创造出新的民族的文艺”，“也就是大多数民众所接受的，它能被民众看作自己的东西”。“我们需要更多的民族的新文艺，也即是要以我们民族的特色（生活内容方面和表现形式方面包括在一起）而能在世界上站一地位的新文艺。没有鲜明的民族特色的东西，在世界上是站不住脚的。”[②]6月25日，延安《文艺突击》第1卷第2期（总第6期）开辟“民族形式”讨论专栏，除时任中共中央宣传部副部长杨松的《论新文化运动中的两条路线》外，还刊有艾思奇的《旧形式　新问题》、萧三的《论诗歌的民族形式》、罗思的《论美术上的民族形式和抗战内容》和柯仲平的《介绍〈查路条〉并论创造新的民族歌剧》等讨论“文艺的民族形式”的文章。7月8日，周恩来、博古邀请文艺界人士进行座谈，讨论“文艺的民族形式”问题。大家发言后，博古和周恩来分别作了较长的讲话，他们谈到了“民族形式”对于抗战时期的文艺的重要性，同时也强调“提倡民族形式须防反动复古派贩卖私货”。[③]8月3日，中央局就民族形式问题召开文化界座谈会，艾思奇主持会议，会上发言踊跃，气氛热烈，各种观点都提了出来，相互交锋，大家在讨论、交流中深化了对民族形式诸问题的认识。据参加会议的冼星海的日记记载：“争论非常激烈。尤以周扬、沙汀、何其芳及柯仲平、赵毅敏等。晚十点半始散

---

① 陈伯达：《关于文艺的民族形式问题杂记》，《文艺战线》第1卷第3期，1939年4月16日。

② 艾思奇：《旧形式运用的基本原则》，《文艺战线》第1卷第3期，1939年4月16日。

③ 艾克恩主编《延安文艺史》（上），河北教育出版社2009年版，第141—142页。

会。回到新的窑洞已经一时半了。”[①]

这样的座谈会在香港也召开过。早自 1939 年 5 月 18 日起，萧乾主编的香港《大公报》副刊《文艺》就连载过齐同从内地寄来的《大众文谈》。这是目前发现的在香港发表的第一篇关于“民族形式”问题的文章。萧乾 9 月赴欧，杨刚接编香港《大公报》的《文艺》副刊。10 月 19 日是鲁迅逝世三周年的纪念日。这天《文艺》副刊为纪念鲁迅，特邀在港的许地山等 21 位文艺界人士座谈，其主题是“民族文艺的内容与技术问题”。通过讨论，座谈会得出三点结论：第一，民族文艺是现阶段和中国文艺的将来所必要的一条路，它是抗战的、反汉奸的、大众的，有中国民族性的。第二，它的内容是抗战的现实，大众的生活（包括光明和暴露两方面），要有中国的典型环境与典型个性。第三，利用各种旧形式和外来形式，创造新的民族形式，要适合于群众的内容的形式，要叙述大众生活的、记录现实的诗和散文。[②]

在此前后，文艺界还发表了一批讨论民族形式的文章。黄绳认为，当前的文艺运动，以大众化为主脉，在本质上是由对五四文艺运动的继续，而达到对五四文艺运动的否定，创造民族形式的大众文艺。在这种需求之下，我们要把“文艺上的民族优良传统的继承与发扬，当作当前重大的任务”[③]。魏伯指出，在创造民族形式的问题上当时存在着两种观点：一是认为民族形式即是过去封建社会遗留下来的旧形式，并以为旧形式的使用，是大众化问题的解决，而且只有利用旧形式才能解决大众化的问题。由此，他们否定新文艺的大众化，否定新文艺的存在。二是认为完善的民族形式既要继承新文艺的成果，又批判地接受中国过去的文学遗产，利用欧洲手法，“使作品中有中国气派，有中国作风，由此达到中国化”。他自己

① 艾克恩主编《延安文艺史》（上），河北教育出版社2009年版，第142页。

② 《〈文艺〉鲁迅纪念座谈会纪录》，香港《大公报》副刊《文艺》1939年10月25日。

③ 黄绳：《当前文艺运动的一个考察》，《文艺阵地》第3卷第9期，1939年8月16日。

是"主张后一种说法的"。[①]根据沙汀的理解，民族形式包含着两方面涵义：一方面它是指作家应该站在人民大众的立场，民族的立场，用民间活的语言来描写他们的实际生活，他们的苦乐和希望；另一方面是指对于长久的、广泛地存在于民间的、曾反映了民族生活的某一方面的旧作品形式的利用。[②]在何其芳看来，"目前所提出来的民族形式"，是对五四以来的新文学的继承和发展，而不是要"重新建立新文学"，当然它在继承和发展五四以来的新文学的同时，要"有意识地再到旧文学和民间文学里去找更多的营养"。[③]冼星海告诉读者，中国音乐的民族形式可取的地方虽然很多，但其旧形式和旧内容则绝对不适合现在，新内容配合旧形式显得不协调，而新内容配合新形式调和是调和了，但往往不能给大众很快和很自然地接受。因此，中国音乐的民族形式的创造"不是一件容易的事情"。他"个人是主张以内容决定形式，拿现代进步的音乐眼光来产生新的内容，使音乐的内容能反映现实，民族的思想、感情和生活"。[④]黄药眠强调，无论任何艺术的形式，都决定于它的内容，而艺术内容又决定于人民的生活。当人民的生活已经改变，艺术的内容也应该改变的时候，过去的形式遂成为新的桎梏。所以要建立新的民族文艺形式，必须要打破旧形式的桎梏。这是真理。但另一方面，艺术之所以成为艺术，它不仅需要一定的内容，也需要一定的艺术形式，形式是构成艺术的一个部分。当我们说打破旧形式的时候，并不是说一切旧形式都抛弃不要，旧形式中那些足以表现新内容的成分，"可以作为构成新形式的资财"。[⑤]杜埃也明确指出，民族形式的

---

① 魏伯：《论民族形式与大众化》，《西线文艺》第1卷第3期，1939年10月10日。

② 沙汀：《民族形式问题》，《文艺战线》第1卷第5期，1939年11月16日。

③ 何其芳：《论文学上的民族形式》，《文艺战线》第1卷第5期，1939年11月16日。

④ 冼星海：《论音乐的民族形式》，《文艺战线》第1卷第5期，1939年11月16日。

⑤ 黄药眠：《中国化和大众化》，香港《大公报》副刊《文艺》1939年12月10日。

创造，并非是满足于固有的传统形式，相反，“它要在自己民族所固有的‘本土的’形式之基位上，配合时代的中心内容，现实生活的本质发展而使之丰富健全，使之非特能更进一步的显现全民族的生活、思想、斗争、典型、格调等等特性，还须使之能对伟大时代的民族生活内容起积极的反作用”①。宗珏同样强调：民族的文艺形式，不完全等同于旧形式的利用，也“不仅是‘民族旧文艺传统的继承和发扬的问题’，实际上它同时也是‘五四’以来的新文艺传统的继承和发扬的问题”②。

1940 年 1 月 9 日，毛泽东在陕甘宁边区文化协会第一次代表大会上发表的《新民主主义的政治与新民主主义的文化》的讲演中，更进一步明确提出了中国文化的“民族形式”问题。他说：“中国文化应有自己的形式，这就是民族形式。民族的形式，新民主主义的内容——这就是我们今天的新文化。”③ 毛泽东的这篇讲演最先刊发于 1940 年 2 月 15 日延安出版的《中国文化》创刊号上。同年 2 月 20 日在延安出版的《解放》第 98、99 期合刊又刊登了这篇讲演，但题目改成了《新民主主义论》。毛泽东在讲演中还谈到了如何正确对待外来文化与传统文化的问题，即对外来文化，既不能照搬照抄，也不能生吞活剥，而必须经过一番消化的功夫，排泄其糟粕，吸取其精华，要与民族的特点结合起来，使其具有民族的形式，才有用处；对于传统文化，要批判地继承，批判其封建性的糟粕，继承其民主性的精华。④ 毛泽东的讲演，是对他 1938 年以来提出的“中国作风和中国气派”“民族形式”等问题的进一步思考、深化和发展，如果说开始时毛泽东指的是对具有民族特点的旧的艺术形式的利用，那么，讲演强调的则

① 杜埃：《民族形式创造诸问题》，香港《大公报》副刊《文艺》1939年12月11—12日。

② 宗珏：《文艺之民族形式问题的展开》，香港《大公报》副刊《文艺》1939年12月12—13日。

③ 毛泽东：《新民主主义论》，《毛泽东选集》第2卷，人民出版社1991年版，第707页。

④ 毛泽东：《新民主主义论》，《毛泽东选集》第2卷，人民出版社1991年版，第706—709页。

是文艺创作的民族化，亦即文艺作品要具有自己的民族性和民族特征。因此，讲演发表后产生了重大影响，也将文艺界正在进行的“文艺的民族形式”的讨论进一步推向了深入，在抗战大后方的文艺界和思想界还围绕“民族形式”的“中心源泉”问题发生过争论。

（二）“文艺的民族形式”的讨论

“民族形式”的“中心源泉”的争论是由通俗读物编刊社的主要成员之一向林冰（赵纪彬）引起的。1940 年 3 月 24 日，向林冰在重庆《大公报》副刊《战线》发表了《论民族形式的中心源泉》一文，提出“民族形式的创造”首先应该解决的根本问题，是“究应以何者为中心源泉”的问题。而在“民族形式”提出以前，存在着两种“文艺形式”：一是“五四以来新兴的文艺形式”，二是“大众所习见常闻的民间文艺形式”。该文认为应该成为“民族形式的中心源泉”的，是“大众所习见常闻的民间文艺形式”，而不是“五四以来新兴的文艺形式”。[①] 就向林冰的文章来看，他虽然没有全盘肯定“民间形式”，认为在“民间形式”里还有“反动的历史沉淀物”需要“彻底肃清”，也没有全部否定五四以来的“新文艺形式”在“民族形式”形成中的作用，但总体上他是充分肯定“民间形式”的，而对五四以来的“新文艺形式”持的是批评和基本否定的态度，尤其是他主张以“民间形式”为“民族形式”的“中心源泉”，很难为大多数参与“民族形式”讨论的文艺工作者所认同，因而引起了广泛批评。

最先出来针锋相对地与向林冰进行争论的是葛一虹。4 月 10 日，葛一虹在《新蜀报》副刊《蜀道》发表《民族形式的中心源泉在所谓“民间形式”吗？》一文，对向林冰提出的“民族形式的中心源泉”是“大众所习见常闻的民间文艺形式”而不是“五四以来新兴的文艺形式”的观点进行了全面反驳。[②] 如果说向林冰过多地肯定了“民间形式”的重要作用，而

---

① 向林冰（赵纪彬）：《论民族形式的中心源泉》，重庆《大公报》副刊《战线》1940年3月24日。

② 葛一虹：《民族形式的中心源泉在所谓“民间形式”吗？》，《新蜀报》副刊《蜀道》1940年4月10日。

对五四以来的“新文艺”持的是基本否定态度的话，那么，葛一虹则正好相反。一方面，他认为五四以来的新文艺是十分完美的，尽管在普遍性上不如旧形式，但那不是新文艺本身有什么问题，而是人民大众的文化水平不高的缘故；另一方面，他又将“旧形式”或“民间形式”看成是“没落文化”“封建残余”，是没有任何生命的“历史博物馆里的陈列品”，而予以了全面否定。就此而言，无论是向林冰还是葛一虹，他们对“民间形式”或“旧形式”和五四以来的“新文艺”的看法都存在着一定的片面性。

葛一虹的文章发表后，向林冰又连续发表《封建社会的规律性与民间文艺的再认识——再论民族形式的中心源泉之一》(《新蜀报》副刊《蜀道》1940 年 4 月 21 日)、《民间文艺的新生——再论民族形式的中心源泉之二》(《新蜀报》副刊《蜀道》1940 年 5 月 7 日)、《新兴文艺的发展与民间文艺的高扬——再论民族形式的中心源泉之三》(《新蜀报》副刊《蜀道》1940 年 6 月 3 日)、《民族形式的三个源泉及其从属关系——再论民族形式的中心源泉之四》(《新蜀报》副刊《蜀道》1940 年 7 月 9 日)、《关于民族形式问题敬质郭沫若先生》(重庆《大公报》副刊《战线》1940 年 8 月 6—21 日)等系列文章，反驳葛一虹和其他人的批评，继续阐述他的“大众所习见常闻的民间文艺形式”是“民族形式”的“中心源泉”的观点。在反驳葛一虹和其他批评者的同时，向林冰也对自己的一些观点作了修正。比如，他在《民族形式的三个源泉及其从属关系——再论民族形式的中心源泉之四》一文中提出：“民间文艺形式的批判的运用与新兴文艺大众化的批判的继承，世界文艺的批判的移植，此三者就是缔造民族形式的三个源泉。”当然，在这三个源泉中，他又认为，“民间文艺形式的批判的运用为缔造民族形式的中心源泉或主导契机”。[①]

为了探讨民族形式的真正源泉，探索创造民族形式的正确途径，纠正对“民间文艺”和“五四以来的新文艺”认识上的种种偏差，在中国共产

① 向林冰：《民族形式的三个源泉及其从属关系——再论民族形式的中心源泉之四》，《新蜀报》副刊《蜀道》1940年7月9日。

党的领导下，大后方的广大进步的文艺工作者纷纷发表文章，就“民族形式”的“中心源泉”以及其他有关问题展开了热烈讨论，其中郭沫若和胡风的文章最值得关注。一方面，郭文旗帜鲜明地否定了向林冰的“民间形式”是“民族形式”的“中心源泉”论，但同时认为民间形式和人民群众有着源远流长的密切关系，因此，我们在创造民族形式的过程中要尽可能地从“民间形式”那里“摄取些营养”。另一方面，对于五四以来的新文艺，郭文虽然给予了充分的肯定，但他又不否认新文艺有两个“最令人不满意”的缺点：一是新文艺“未能切实的把握时代精神，反映现实生活”；二是新文艺“用意遣词的过于欧化”。在他看来，要“祛除”新文艺的这两个缺点，“专靠几个空洞的口号是不济事的”，而“是要作家投入大众的当中，亲历大众的生活，学习大众的言语，体验大众的要求，表扬大众的使命。作家的生活能够办到这样，作品必能发挥反映现实的机能，形式便自然能够大众化的”。郭文这种辩证而全面地评价“民间形式”和“五四以来的新文艺”在“民族形式”创造过程中的作用，强调“民族形式”的“中心源泉”既非“民间形式”，也非“五四以来的新文艺”，而是人民大众的“现实生活”的观点，为多数参与讨论的文艺工作者所接受。胡风文章的题目本来叫作《论民族形式问题底提出、争论和实践意义》，但由于太长（大约五万字），不得不分为两篇，分别发表在《中苏文化》和《理论与现实》上。用该文“附记”的话说：文章“主要的批判对象是向林冰先生”[①]。在批判向林冰的“中心源泉”论的同时，他也对潘梓年、郭沫若、黄绳、艾思奇、光未然等人个别的“脱离了现实主义”的观点提出了批评。因为在他看来，“民族形式”不能是独立发展的形式，而是反映了民族现实的民主主义的内容所要求的，所包含的形式。既然是内容所要求的，所包含的，对于形式的把握就不能不从对于内容的把握出发，或者说，对于形式的把握正是对于内容把握的一条通路。“如果说现实底发展不能不通

① 胡风：《论民族形式问题底提出和争点——对于若干反现实主义倾向的批判提要并以纪念鲁迅先生逝世底四周年》，《中苏文化》第7卷第5期，1940年10月25日。

过人类的主观实践力量，那么，对于内容（形式）的真实的把握当然得通过作为主观实践力量的正确的方法，那就是现实主义。”[①] 所以，一切脱离现实主义的内容去追求所谓形式的理论，都应受到批判。

除发表文章外，《文学月报》和《新华日报》还分别于1940年4月21日和6月9日专门召开了“民族形式座谈会”，邀请在重庆的部分文艺界和思想界人士就“民族形式”的有关问题畅所欲言，展开讨论。《文学月报》的座谈会主要围绕什么是“民族形式”的“中心源泉”这一问题展开，除向林冰等个别人外，大多数发言者是不赞成以“民间形式”或其他某一形式为“民族形式”的“中心源泉”的。《新华日报》的座谈会讨论的主题仍然是“民族形式”的“中心源泉”问题。除“民族形式”的“中心源泉”外，讨论还涉及对“民族形式”的理解、文艺的深与广、文艺的通俗化以及中国的音乐等问题。

在大后方的文艺工作者围绕“民族形式”展开讨论的同时，延安的文艺工作者也就“民族形式”的相关问题继续发表自己的看法。周扬的《对旧形式利用在文学上的一个看法》一文指出：形式是由内容决定的，形式既由内容决定，新文艺的内容是新民主主义的，最适宜于表现这种内容的，就不能不是新形式。而民间旧有的形式，一则因为它是反映旧生活的，即反映建立在个体的、半自足的经济之上的比较单纯比较闲静的生活的，二则因为在它里面偶然包含有封建的毒素，所以它不能够在一切复杂性上、在那完全的意义去表现中国现代人的生活。[②] 默涵的《“习见常闻”与“喜闻乐见”》一文重点批评了向林冰在《关于民族形式问题敬质郭沫若先生》中提出的“生活存在产生‘习见常闻’，而‘习见常闻’则又产生‘喜闻乐见’”，“由于‘存在决定意识’，所以‘喜闻乐见’应以‘习见常闻’为基础”的观点，认为这一观点的实质“无非是‘中学为体，西学

① 胡风：《论民族形式问题底实践意义——对于若干反现实主义倾向的批判提要，并以纪念鲁迅先生底逝世四周年》，《理论与现实》第2卷第3期，1941年1月15日。

② 周扬：《对旧形式利用在文学上的一个看法》，《中国文化》第1卷第1期，1940年2月15日。

为用’这一滥调的复活罢了”。[①] 王实味的《文艺民族形式问题上的旧错误与新偏向》一文指出，文艺的民族形式的提出，包含有两方面的意义：一方面，犹如马克思主义的民族形式一样，要排斥空洞的调头，排斥教条，排斥洋八股，以便使文艺更好地为我们伟大的民族解放战争服务，更好地对民族现实生活作现实主义的反映；另一方面，由于抗战的需要，对于进步文艺以外的旧文艺，我们也不能不掌握运用，这就使我们有机会对我们的所谓民族文艺传统，来一个实践中的再批判，并从中吸收一些好的东西，哪怕只有一点一滴，以弥补五四新文艺运动的不足。接着该文对陈伯达、艾思奇和胡风等人的一些观点提出了商榷，认为文艺的民族形式，是世界进步文艺依据我们民族特点的具体运用，新文艺不仅是“进步的”和“民族的”，而且从新文艺是新民主主义革命之一部分这一立场来说，也是“大众的”，它目前之所以还“没有大众化，最基本的原因是我们底革命没有成功，绝不是因为它是‘非民族的’”。当然，“新文艺上还有许多公式教条与洋八股，也必须加紧克服”。[②]

当“民族形式”的提出和大后方以及延安的广大进步的文艺工作者围绕“民族形式”的“中心源泉”问题展开激烈讨论的时候，作为进步文艺界的领军人物之一的茅盾在新疆，因而没有参加。1940 年 5 月，他从新疆来到延安。到延安后，他十分关心并直接参加了这一讨论。7 月 25 日，他在延安的《中国文化》第 1 卷第 5 期上发表《论如何学习文学的民族形式》一文，这是他在延安各文艺小组会上的演说词，提出学习或创造文学的民族形式，一是要向中华民族的文学遗产去学习，二是要向人民大众的生活去学习。不久（9 月 25 日），他的《旧形式 · 民间形式 · 民族形式》一文又在《中国文化》第 2 卷第 1 期上发表。该文开篇明义便写道：“不久以前，大后方发生了关于民族形式的一场‘论战’。据我所见的材料，论争

① 默涵：《“习见常闻”与“喜闻乐见”》，《中国文化》第2卷第2期，1940年10月25日。

② 王实味：《文艺民族形式问题上的旧错误与新偏向》，《中国文化》第2卷第6期，1941年5月25日。

的焦点是民族形式的所谓‘中心源泉’的问题。”在他看来，向林冰的“中心源泉”论的错误主要有三个方面：一是把五四以来受了西方文艺影响的新文艺等看作是完全不适宜于“中国土壤”，或者是“中国土壤”上绝不能产生外来的异物，而不知各种文艺形式乃是一定的社会经济的产物，社会经济的发展到了一定的阶段时，就必然要产生某种文艺形式。至于因为民族的“特殊情形”而在大同中有了小异，而且在大同之中必有其独特的小异，这正是文艺的“民族形式”被提出的缘故。二是认为民间形式之所以能为民众所接受，纯粹是一个“口味”的问题，而不知民众之所以能够接受民间形式，不是口味的问题，而是文化水平的问题，因为民间形式既是封建社会的农村社会的产物，则其表现方式自然合于农村社会的文化水平。因此，如果为了迁就民众的低下的文化水平计，而把民间形式作为教育宣传的工具，自然不坏，但若以为将要建设的民族形式的中心源泉，则是先把民众硬派为只配停留于目前的低下的文化水平，那是万万说不过去的谬论。三是把民族形式理解为狭隘的民族主义的口号，而不知恰恰相反，民族形式的建立正是到达将来世界大同的世界文学的必经阶段。该文在指出了向林冰的“中心源泉”论的三个错误之后强调：“我们不承认民间形式可作民族形式的中心源泉，因为大体上民间形式只是封建社会所产生的落后的文艺形式，但是我们也承认民间形式的某些部分（不是民间形式的某一种，而是指若干形式中的某些小部分），尚具有较高的艺术性，可以作为建立民族形式的参考，或作为民族形式的滋养料之一。”[①]

茅盾对向林冰的“中心源泉”论的批评可以说是广大文艺工作者围绕这一问题的讨论的总结。此后，虽然还有人讨论“中心源泉”问题，但总的来看“中心源泉”已不再是人们讨论的重点，人们讨论的重点转移到民族形式的一些更本质的问题，并开始涉及文艺的一些专门领域。比如，戏剧春秋社就先后在重庆和桂林召开过两次“戏剧的民族形式问题座谈会”。

① 茅盾：《旧形式·民间形式·民族形式》，《中国文化》第2卷第1期，1940年9月25日。

进入1941年后，抗日根据地的文艺工作者也纷纷加入到讨论文艺的“民族形式”问题的行列，《晋察冀日报》副刊《晋察冀艺术》《奔流文艺丛刊》《华北文艺》等抗日根据地的刊物先后发表过不少文章。

（三）“文艺的民族形式”的评价

“文艺的民族形式”的讨论前后延续了近三年之久，借用唯明在《抗战四年来的文艺理论》中的话说，这是抗战以来文艺上“最广大最长久的论争”，也是“文艺理论上方面最广意义最深”的讨论。[①]通过论争或讨论，广大文艺工作者提高了“民族形式”的理论自觉，并在一些问题上形成了共识或基本共识。

比如，关于内容和形式，参与讨论的人几乎都认为内容决定形式，而当今的文艺作品的内容，是反对日本帝国主义侵略的抗日战争，是反帝反封建的新民主主义革命。郭沫若就指出：“内容决定形式，这是颠扑不破的真理。我们既要求民族的形式，就必须要有现实的内容。”[②]胡绳也认为：“形式不能与内容分离，决定民族形式的是民主的内容。正因为我们今天在文艺的内容上以反帝的民主主义为号召，所以在形式上才会有民族的要求。”[③]黄芝冈同样强调：不能离开抗日的内容来谈民族形式，“抗日的内容，民族的形式”，这是我们应该坚持的。[④]潘梓年在《新华日报》的座谈会总结性发言中，还专门谈了“形式不能离开内容来讲”的问题。易庸也谈道：“民族形式是不能离开内容来讨论的。”“今日中国正处在民族解放革命时候，由于生活的需要，提出了民族形式的号召。这中国民族形式，当然也应有它的内容。”[⑤]在流焚看来，内容决定形式，这虽然是一句老生常谈，然而却是一个颠扑不破的真理。“有了封建社会的现实，便有封建

① 唯明：《抗战四年来的文艺理论》，《文艺月刊》第11年7月号，1941年7月。
② 郭沫若：《“民族形式”商兑》，重庆《大公报》1940年6月9—10日。
③《文艺的民族形式问题座谈会》，《文学月报》第1卷第5期，1940年5月15日。
④《文艺的民族形式问题座谈会》，《文学月报》第1卷第5期，1940年5月15日。
⑤《戏剧的民族形式问题座谈会》，《戏剧春秋》第1卷第2期，1940年12月1日。

文艺的形式；有了资本主义社会的现实，便有资本主义文艺的形式。同样的，有了社会主义，也就有社会主义的现实主义。”[①]就是向林冰，也是在肯定内容决定形式的前提下主张“民间形式”是“民族形式”之“中心源泉”的。他的《论民族形式的中心源泉》一文在强调了“内容决定形式”是“解决民间形式与民族形式中间的矛盾、使民间形式内部的民族形式的胚胎发育完成而彻底肃清其反动的历史沉淀物的唯一锁钥”后写道：“将以大众为主体的抗战建国新内容与民间文艺的旧形式相结合，通过批判的运用道程而引出的，不是内容的被歪曲被桎梏，而是形式的被扬弃被改造。并且，民间形式，只在其与封建内容相结合（如过去中国民间文艺），或与帝国主义思想相结合（如目前日寇在游击区的通俗宣传品）的场合，才是反动的；如果和革命的思想结合起来，即是有力的革命武器。”[②]这里尤须指出的是，郭沫若等人不仅认为内容决定形式，而且还认识到了形式对内容的反作用。郭沫若就曾指出：“形式也反过来可以影响内容的”[③]。光未然也一再强调：“内容和形式固不可分，但却又不是同一物；因此若仅仅抓紧内容，以‘内容决定形式’一语为挡箭牌，而回避了对于形式问题，对于形式与内容的结合过程的探讨，那就无法解决这个问题，甚至有取消了这问题的危险。”[④]杜埃同样认为：“内容优势规定着形式，但形式却非绝对受动的东西，它还能对内容起积极的刺激的转化的作用。”[⑤]认识到内容决定形式，而形式又反作用于内容，这是“民族形式”讨论的重要收获之一。

在对待传统文艺（或旧文艺）和五四以来的新文艺的认识与评价问题上，除向林冰、葛一虹等少数人外，参与讨论的绝大多数文艺工作者则

---

① 流焚：《谈谈文艺的民族形式》，《华北文艺》第1卷第1期，1941年5月1日。

② 向林冰：《论民族形式的中心源泉》，重庆《大公报》副刊《战线》1940年3月24日。

③ 郭沫若：《“民族形式”商兑》，重庆《大公报》1940年6月9—10日。

④ 《戏剧的民族形式座谈会》（重庆诸家），《戏剧春秋》第1卷第3期，1941年2月1日。

⑤ 杜埃：《民族形式创造诸问题》，香港《大公报》副刊《文艺》1939年12月11—12日。

能给予一分为二的认识和评价，即认为传统文艺（或旧文艺）有其精华，也有糟粕，五四以来的新文艺有好的一面，也有不好的东西，无论是传统文艺（或旧文艺），还是五四以来的新文艺，都不能一概肯定或一概否定。这里尤须指出的是，参与讨论的不少文艺工作者在认识和评价五四以来的新文艺的时候，充分肯定了鲁迅的文艺作品以及他所代表的五四以来的新文艺的民族化方向，认识到"民族形式"的创造并非从零开始，而是以鲁迅所代表的新文艺的民族化方向为起点、为基础的。艾思奇的《旧形式运用的基本原则》一文指出：鲁迅的作品不仅"表现了中国民族不屈不挠的斗争精神"，"而且很成功地发扬了民族的好的传统；他的作品所以成为五四新文艺运动的最高的成果，也正因为它在形式和内容上都不但是新的而且也是民族的"，具有"我们的民族气派和民族作风"。我们应该向鲁迅学习，坚持鲁迅所代表的五四以来的新文艺的民族化方向，创作出"更多的民族的新文艺"。[①] 周扬不同意那种认为五四以来的新文艺"是脱离大众的、欧化的、非民族的，民族新形式必须从头由旧形式发展出来"的观点，在他看来，五四以来的新文艺"是作为一个打破少数人的贵族文学建立多数人的平民文学的运动兴起的，是一直在为文艺与大众结合的旗帜下发展来的"，无论是"在其发生上"，还是"在其发展的基本趋势上"，它"都不但不是与大众相远离，而正是与之相接近的"，其思想性和艺术性结合得最好的代表便是鲁迅的作品，鲁迅的"《狂人日记》以及其他短篇的形式虽为中国文学史上所从来未有过的，却正是民族的形式，民族的新形式"。因此，"完全的民族新形式之建立"，并非是从头开始，从无到有，而是"应当以这（鲁迅作品——引者）为起点，从这里出发的"。[②] 一分为二地认识和评价传统文艺（或旧文艺）和五四以来的新文艺，肯定鲁迅的文艺作品以及他所代表的五四以来的新文艺的民族化方向，这是"民族形

① 艾思奇：《旧形式运用的基本原则》，《文艺战线》第1卷第3期，1939年4月16日。

② 周扬：《对旧形式利用在文学上的一个看法》，《中国文化》第1卷第1期，1940年2月15日。

式”讨论的又一收获。

在“民族形式”的创造问题上，尽管向林冰主张“民间形式”是“民族形式”创造的“中心源泉”，他的这一主张也得到了方白等个别人的支持，但就绝大多数参与讨论的文艺工作者来看，他们认为“民族形式”的创造，要继承、借鉴和学习古今中外一切优秀的文艺形式。何其芳的《论文学上的民族形式》一文就强调，我们要建立一种“更中国化的文学形式，它需要承续着旧文学里的优良的传统，吸收着欧洲文学里的进步的成分，而尤其重要的是利用大众所能了解、接受和欣赏的民间形式”。而在旧文学、欧洲文学和民间形式三者之中，他尤其强调了“吸收欧洲文学里的进步的成分”对于“民族形式”创造的重要意义：“欧洲的文学比较中国的旧文学和民间文学进步，因此新文学的继续生长仍然主要地应该吸收比较健康、比较新鲜、比较丰富的营养。这种吸收，尤其是在表现方法方面，不但无损而且更有益于把更中国化、更民族化的文学内容表现得更好。”① 茅盾的《旧形式·民间形式·民族形式》一文在引用了《共产党宣言》关于“世界文学”的形成趋势的一段话后指出：“新中国文艺的民族形式的建立，是一件艰巨而久长的工作”，我们在建立的过程中“要吸收过去民族文艺的优秀的传统，更要学习外国古典文艺以及新现实主义的伟大作品的典范，要继续发展五四以来的优秀作风，更要深入于今日的民族现实，提炼熔铸其新鲜活泼的素质”。他因此而号召“一切看清了前程、求进步、忠实于祖国文艺事业的任何作家和艺人”，都应“当仁不让”地投身于“民族形式的建立的任务”中来，“贡献他们的经验智慧，在这一大事业中起积极的作用”。② 认识到民族形式的创造或建立，必须继承、借鉴和学习古今中外优秀的文艺形式，这是“民族形式”讨论的第三个收获。

---

① 何其芳：《论文学上的民族形式》，《文艺战线》第1卷第5期，1939年11月16日。

② 茅盾：《旧形式·民间形式·民族形式》，《中国文化》第2卷第1期，1940年9月25日。

特别需要指出的是，广大文艺工作者在讨论“民族形式”时，不少人认识到“民族形式”的“中心源泉”既不是向林冰主张的“民间形式”，也不是外来的文艺作品，而是人民大众的现实生活。郭沫若在《“民族形式”商兑》中就明确指出：“民族形式的中心源泉，毫无可议的是现实生活。”他呼吁广大文艺工作者“深入现实”，从现实中“吸取出创作的源泉来”，“切实的反映现实”，采用民众的语言并加以陶冶，“用以写民众的生活、要求、使命”，从而创作出具有真正民族形式的文艺作品。[①]周扬的《对旧形式利用在文学上的一个看法》一文也认为：民族新形式的建立，主要的不是依靠于旧形式，而是依靠于作家自己对“民族现在生活的各方面的缜密认真的研究，对人民的语言、风习、信仰、趣味等等的深刻了解，而尤其是对目前民族抗日战争的实际生活的艰苦的实践”。所以，广大文艺工作者要深入到人民大众中去，“直接向现实生活去找原料”，去认识、观察和了解“眼前的人民，他们的生活，他们的相互之间的关系，他们的观念、见解、风习、语言、趣味、信仰”，并用“最简洁明了的文字形式，在活生生的真实性上写出中国人来，这自然就会是‘中国作风和中国气派’，就会是真正民族的形式”[②]。茅盾在《论如何学习文学的民族形式》的演说中再三强调：文艺工作者要创造出具有“中国作风和中国气派”且为老百姓真正“喜闻乐见”的作品，就必须“向人民大众的生活去学习”。那么怎样“向人民大众的生活去学习”呢？他指出：“所谓‘向人民大众的生活去学习’，无非是使（自己的）生活范围扩大起来，往复杂、往深处去的意思。换言之，就是要去经验各种各样的生活。”但人们的生活是有限的，“因此，在‘经验’以外，不得不借助于观察”。所谓“向生活学习”，就是把“经验”和“观察”统一起来的意思。从“经验”一边说，就是时时要以客观的态度对主观的“经验”进行分析研究；从“观察”一边说，就是须以主观的热情走进被客观观察的对象，“使‘我’溶合于‘人’

① 郭沫若：《“民族形式”商兑》，重庆《大公报》1940年6月9—10日。

② 周扬：《对旧形式利用在文学上的一个看法》，《中国文化》第1卷第1期，1940年2月15日。

的生活之中”。概而言之，“我们不能把‘向人民大众的生活去学习’了解为狭义的经验论，但也不能了解为单纯的观察论”。他尤其强调文艺工作者在“向人民大众的生活去学习”的过程中，要真正做到“经验”与“观察”的统一，“最基本的条件还在他先在思想上有了根基，即先有了进步的宇宙观人生观这一武器”。因为就像咀嚼食物不可缺少唾液一样，我们咀嚼生活经验时，也需要一种唾液，这就是进步的宇宙观人生观，否则，被咀嚼的东西就不能起化学分解作用，结果是白嚼一顿；同样，进行“观察”的时候，也不能不用精神的显微镜和分光镜，也就是站在什么样的立场——本于什么样的宇宙观人生观去看人生，只有树立了正确的宇宙观人生观，我们“观察”时才能既“广”又“深”，既看“正面”又看“反面”，既注意“表面的、显著的”也注意“内在的、隐微的”，既能“具体”又能“概括”。[①] 胡风的《论民族形式问题底实践意义》一文同样认为，民族形式这种新文艺现象是从“生活里出来的”，因此，文艺工作者必须深入到人民大众的生活中去，“理解中国人民（大众）底生活样相，解剖中国人民（大众）底观念形态，选积中国人民（大众）底文艺词汇”，从而更好地“把握他们底表现感情的方式、表现思维的方式、认识生活的方式，就是所谓中国作风与中国气派”。换言之，就是把“中国人民（大众）底不平、烦恼、苦痛、忧伤、怀疑、反抗、要求、梦想……通过作家底主观作用——现实主义的方法”反映或表现出来，从而“呈现出真实的面貌而取得思想力量或艺术力量”。[②] 认识到“民族形式”的“中心源泉”或“民族形式”的真正建立，是人民大众的现实生活，这是“民族形式”讨论的第四个收获，尤其是茅盾提出的文艺工作者只有树立了“先进的宇宙观人生观”，“向人民大众的生活去学习”才能取得真正的收获，从而创作出具

① 茅盾：《论如何学习文学的民族形式》，《中国文化》第1卷第5期，1940年7月25日。

② 胡风：《论民族形式问题底实践意义——对于若干反现实主义倾向的批判提要，并以纪念鲁迅先生底逝世四周年》，《理论与现实》第2卷第3期，1941年1月15日。

有“中国作风和中国气派”且为老百姓真正“喜闻乐见”的作品的观点，振聋发聩，引人深思。

当然，我们在充分肯定“文艺的民族形式”的讨论所取得的收获的同时，也要看到它的不足或欠缺。其不足或欠缺之一，是不少讨论者都把“民族形式”等同于“大众化”了。“民族形式”是否就是“大众化”？参与讨论的文艺工作者是有不同的看法的。比如，潘梓年就认为“民族形式”不等同于“大众化”。1940 年 4 月 21 日，他在《文学月报》召开的“民族形式座谈会”的发言中就明确指出：“大众化与民族形式不是一个问题”，大众化比较笼统，为大家了解（形式），写大众的生活（内容），而民族形式比较专门，是大众化的进一步发展。6 月 9 日，他在《新华日报》召开的“民族形式座谈会”上的总结发言中又强调：“民族形式问题的提出，不能和通俗化、大众化混为一谈。”不久，在《民族形式与大众化》一文中潘梓年再次强调：“民族形式问题，可以说就是中国化问题，而不能说就是大众化问题——至少在一般人民文化水平还这样落后的现在，不能这样说。”[①] 但在郭沫若看来，“民族形式”就是“大众化”。他在《“民族形式”商兑》中写道：“民族形式”不外是“大众化”的同义语，“目的是要反映民族的特殊性以推进内容的普遍性”。[②] 就当时讨论的情况来看，占上风的是郭沫若的“民族形式”就是“大众化”的意见。把“民族形式”等同于“大众化”，这显然是对“民族形式”的误解，至少是简单化的理解。从字面上讲，民族不等同于大众，民族是整体，而大众只是整体中的一部分或一大部分，比如我们讲的人民大众只是中华民族的一部分或大部分，除工人、农民、士兵、市民这些被视为人民大众的群体外，中华民族还包括知识精英、青年学生、企业家、官员等其他群体。就涵义分析，民族形式是指文艺作品从思想内容到艺术形式、倾向、风格、语言都要达到具有我们民族特征的普遍性状态；而大众化有两种涵义：一是指文艺作品要采用大

① （潘）梓年：《民族形式与大众化》，重庆《新华日报》1940年7月22日。
② 郭沫若：《“民族形式”商兑》，重庆《大公报》1940年6月9—10日。

众的语言和所喜爱的形式，尽量做到通俗易懂，从而使广大文化水平不高甚至一字不识的普通老百姓能读得懂、看得懂、能理解、能接受。二是指文艺工作者在思想上要与广大民众打成一片，接受他们的再教育，亦即世界观的改造问题。陈伯达的《关于文艺的民族形式问题杂记》一文写道："文艺家同时也是教育家，但是不要以为自己不必受教育，马克思有句名言：'教育家本身也要受教育'。你要成为大众化的文艺家来教育大众吗？你首先应当向大众方面去受教育……不然，你就没有法子接近大众，大众也就没有法子去接近你，因此，你就不能成为真正大众化的艺术家。因此，我们说，应该根据文艺活动的实际生活来克服文艺家过去的习气，不能以文艺活动的实际生活来服从文艺家过去的习气。"[①] 后来毛泽东《在延安文艺座谈会上的讲话》中更进一步明确指出："什么叫做大众化呢？就是我们的文艺工作者的思想感情和工农兵大众的思想感情打成一片。"[②]"大众化"的这两种涵义，都与"民族形式"的涵义不同。把"民族形式"等同于"大众化"的结果，导致了一些文艺工作者在实际的创作中过于追求作品的通俗化和大众化，而忽略了对作品的艺术价值的追求，借用向林冰的话说："目前大众所需要的通俗文艺，自然不是要求《夏伯阳》《铁流》一类名著的同样的水平"。这是抗战时期真正有影响、有较高艺术价值的作品不多的一个重要原因。

其不足或欠缺之二，是对民间形式或旧形式在"民族形式"创造中的作用评价有些过高。尽管参加讨论的绝大多数文艺工作者不同意向林冰提出的"民间形式"是"民族形式"的"中心源泉"的主张，但总的来看，他们中的不少人对民间形式或旧形式在"民族形式"创造中的作用评价还是有些过高。实际上早在 1939 年 11 月，亦即"文艺的民族形式"问题的讨论开始不久，沙汀在《民族形式问题》一文中就已提出："在动员广大

---

① 陈伯达：《关于文艺的民族形式问题杂记》，《文艺战线》第1卷第3期，1939年4月16日。

② 毛泽东：《在延安文艺座谈会上的讲话》，《毛泽东选集》第3卷，人民出版社1991年版，第851页。

的民众起来参加抗战的前提下，把旧形式利用作为目前文艺活动的主力，这是应该的。从文艺本身上说，它的活动也能给新文艺以若干新的刺激和营养，并且把大众的鉴赏能力提高，使其逐渐接近新文艺，加速文艺与大众结合的过程”，“但我却不同意把旧形式利用在文艺上的价值抬得过高”，因为“目前民众的现实生活已经和旧形式当中所表现的有相当的距离了”。[①]但遗憾的是，沙汀的上述意见并没有引起人们的重视。对民间形式或旧形式在“民族形式”创造中的作用评价过高，影响了一些文艺工作者的文艺创作，亦即他们在创作中过于依赖于民间形式或旧形式，从而影响了作品的艺术价值。何其芳就曾批评柯仲平的诗，有的利用民间形式或旧形式是成功的，有的则“不适当，成了缺点”。“首先是不经济”。比如读柯仲平写的《平汉路工人破坏大队的产生》，就像读《笔生花》《再生缘》一类的弹词一样，“描写得太多，叙述得太铺张，故事进行得太慢”。“其次是不现代化”。“过度地把民歌之类利用到长诗上是并不适当的”：或者由于各种形式的兼收并容和突然变换，使人感到不和谐，不统一（如《边区自卫军》）；或者是由于民间形式的调子太熟，太轻松，流动得太快，破坏了大的诗篇的庄严性（如《平汉路工人破坏大队的产生》)。[②]实际上，在抗战时期像柯仲平一样“不适当”地利用民间形式或旧形式的大有人在，这也是造成抗战时期真正有影响、有较高艺术价值的作品不多的另一重要原因。

其不足或欠缺之三，是在讨论中显露出了一些扣帽子、打棍子的“左”的学风倾向。总的来看，这场“文艺的民族形式”问题的讨论是在心平气和中进行的，参加讨论的大多数人能摆事实、讲道理，针对不同的观点提出自己的意见，但我们也必须看到，讨论中也显露出了一些扣帽子、打棍子的“左”的学风倾向。王实味就曾批评胡风的《论民族形式问题底提出、

① 沙汀：《民族形式问题》，《文艺战线》第1卷第5期，1939年11月16日。

② 何其芳：《论文学上的民族形式》，《文艺战线》第1卷第5期，1939年11月16日。

争论和实践意义》一文有“过左的偏向”[①]。比如，对向林冰的“民间形式”是“民族形式”的“中心源泉”的批评，这本来是一个纯学术问题，但有的讨论者则给他扣上了“唯心主义”“复古主义”“封建余孽”“统治阶级代言人”等帽子，甚至有意无意地往政治问题上引，以为他提出“民间形式”是“民族形式”的“中心源泉”就是反马克思主义的文艺理论。实际上，向林冰主张以“民间形式”为“民族形式”的“中心源泉”在理论上虽然是错误的，但他提出的是一个纯学术问题，其出发点是好的，同时他提出的问题对推动“文艺的民族形式”的讨论也是有积极意义的，应该给予肯定。借用光未然在《文学月报》召开的“文艺的民族形式问题座谈会”上发言的话说：“没有争论，问题是不会深入的”，所以我们“应该感谢”向先生提出的问题以及他与葛先生的争论。[②] 另外，在讨论中少数人也还存在着唯我正确、不以理服人的霸道学风。王实味就对胡风的霸道学风提出过批评。他的《文艺民族形式问题上的旧错误与新偏向》一文在批评了“胡风先生底新偏向”后写道：胡风批评其他人“根本不懂现实主义……这样的批评是不能使人心折的，因为不合乎事实”，“胡先生底批评，既不公平，又似乎带有现实主义‘只此一家，并无分出’的傲慢气概”。他因而“希望胡先生能更虚心一点，因为更多的虚心将保证更大的成就”[③]。“文艺的民族形式”讨论中所存在的这两种不良的学风倾向，尤其是“左”的学风倾向后来越演越烈，严重地影响了中国文艺事业的健康发展，其教训是沉重和深刻的，值得我们认真吸取。

文艺是一个民族和国家民族精神的集中体现，尤其是在民族危难之际，更加要求文艺能够具有促进民族解放、国家独立之功效。民族国家不仅需要武力上的保护，也要求文化力量的捍卫，“一个对自己文化艺术失

---

① 王实味：《文艺民族形式问题上的旧错误与新偏向》，《中国文化》第2卷第6期，1941年5月25日。

②《文艺的民族形式问题座谈会》，《文学月报》第1卷第5期，1940年5月15日。

③ 王实味：《文艺民族形式问题上的旧错误与新偏向》，《中国文化》第2卷第6期，1941年5月25日。

去信心缺乏尊重的民族，必定是个失去了尊严的民族，是没有勇气求生存和发展的民族”[①]。“文艺的民族形式”及其讨论，从根本上说就是要求文艺能承担起树立民族意识、民族尊严之重担，从而更好地为抗战建国服务，为中华民族的伟大复兴服务。

① 黄宗贤：《抗战时期关于绘画“民族化”问题的论争》，《美术观察》2002年第11期。

结语

继承、发展与超越

中华民族曾经创造过灿烂的古代文明，为人类做出过重大贡献。但自1840年鸦片战争后，中国逐渐沉沦为半殖民地半封建社会，主权丧失，政治腐败，经济落后，人民生活在水深火热中。因此，实现中华民族伟大复兴，把中国建设成为一个民主、独立、文明、富强的现代化国家，为人类做出新的重大贡献，这是近代以来中国人民矢志不渝的愿望和追求。作为中国共产党第一代领导集体的核心和第二代领导集体的核心，毛泽东和邓小平为实现中华民族伟大复兴作出了巨大贡献，党的十五大报告对毛泽东和邓小平在中华民族伟大复兴中的历史地位给予了充分肯定和科学评价。党的十八大以来，以习近平同志为核心的党中央在领导中国人民实现中华民族伟大复兴的进程中取得了举世公认的成就。党的十九大提出并确立习近平新时代中国特色社会主义思想是全党全国人民的行动指南，而习近平新时代中国特色社会主义民族复兴思想是习近平新时代中国特色社会主义思想的重要组成部分，且居于先导和引领的重要地位，是指引和激励中华儿女团结奋斗、开创未来的精神旗帜和不竭动力。党的二十大向全国人民发出了“以中国式现代化全面推进中华民族伟大复兴”的伟大号召。笔者拟从四个方面，即从“赶超”西方到“中国梦”、从“四个现代化”到“五位一体”总体布局、从“两步走”到“三步走”再到“两个一百年”“以中国式现代化全面推进中华民族伟大复兴”，对毛泽东、邓小平、习近平的中华民族复兴思想之间的继承、发展和超越的关系作一探讨。

一、从“赶超”西方到“中国梦”

所谓“赶超”西方，也就是要在一个不太长的时间内，“赶超”西方发达资本主义国家，把中国建设成为一个民主富强的现代化国家。它最早是19世纪末20世纪初中国民主革命的伟大先行者孙中山提出来的。[①]后来，毛泽东在领导中国人民进行社会主义革命和建设的过程中，提出了“超英赶美”的思想，“赶超”西方也因而成了毛泽东的中华民族复兴思想的重要组成部分。作为党的第二代领导集体的核心，早在1977年，邓小平在一次科学和教育工作座谈会的讲话中就提出了“我们国家要赶上世界先进水平”的主张。[②]1978年12月13日在中央工作会议闭幕会上的讲话中，他在谈到“解放思想是当前的一个重大政治问题”时强调，没有一批勇于思考、勇于创新的干部，“我们就无法摆脱贫穷落后的状况，就无法赶上更谈不到超过国际先进水平”。[③]此后，邓小平又多次在不同场合阐述了赶超西方国家的可能性和必要性。就毛泽东和邓小平的“赶超思想”来看，可以说是一脉相承，邓小平的“赶超思想”是对毛泽东的“赶超思想”的继承和发展。

首先，从“赶超”的目标上看。毛泽东和邓小平都把发达资本主义国家作为中国要“赶超”的目标。早在1955年，亦即国民经济恢复不久，毛泽东在中国共产党全国代表会议上的讲话中就提出，“要在大约几十年内追上或赶过世界上最强大的资本主义国家”。[④]后来，毛泽东又多次向全党和全国人民发出了赶超发达资本主义国家的号召，并且警告全党和全国

① 郑大华《孙中山中华民族复兴思想及其历史地位》，《光明日报》2016年11月16日。

② 邓小平：《关于科学和教育工作的几点意见》，《邓小平文选》第2卷，人民出版社1994年版，第48页。

③ 邓小平：《解放思想，实事求是，团结一致向前看》，《邓小平文选》第2卷，人民出版社1994年版，第143页。

④ 毛泽东：《在中国共产党全国代表会议上的讲话》，《毛泽东文集》第6卷，人民出版社1999年版，第392页。

人民，如果不能在一定时期内赶超西方发达资本主义国家，我们将被开除球籍。[①]“文革”结束后，尤其是党的十一届三中全会后，邓小平也多次将“赶上世界上的先进国家”，作为全党和全国人民的奋斗目标提了出来。他和毛泽东一样，对赶超发达资本主义国家也有一种强烈的紧迫感，认为中国已经落后于世界，如果再不奋起直追，就有可能被世界淘汰。毛泽东虽然把发达资本主义国家作为中国要“赶超”的目标提了出来，但在发达资本主义国家中他又选择了当时最发达也最强大的美国和英国作为具体的赶超对象，所以毛泽东的“赶超”西方就是“超英赶美”。但和毛泽东不同，邓小平一方面提出要赶超“世界先进国家”或“世界发达国家”，这是中国长期追求的目标；但另一方面，他又把中等发达国家作为一定时期内中国要赶超的具体对象。比如，他提出在21世纪中叶，中国要在人均国民生产总值方面达到中等发达国家水平。这样，邓小平在赶超的目标上，就把长期要赶超的目标（“世界先进国家”或“世界发达国家”）和一定时期内要达到的目标（中等发达国家）有机地结合了起来，从而既树立了“赶超”的远大理想，同时又使赶超具有了一定的阶段性和实现的可能性。这无疑是对毛泽东“赶超思想”的丰富和发展。

其次，从“赶超”的内容上看。毛泽东主要是把钢铁等主要工业品的产量作为中国“赶超”西方之内容的。1956年他在谈到赶超美国时说，美国只有一亿七千万人口，但一年能生产一万万吨钢，而中国有六亿人口，但只能年产四百万吨钢，“你六亿人口不能搞它两万万吨、三万万吨钢呀？你赶不上，那你就没有理由，那你就不那么光荣，也就不那么十分伟大。美国建国只有一百八十年，它的钢在六十年前也只有四百万吨，我们比它落后六十年。假如我们再有五十年、六十年，就完全应该赶过它。这是一种责任”[②]。1957年他在莫斯科共产党和工人党代表会议上的讲话中

① 毛泽东：《增强党的团结，继承党的传统》，《毛泽东文集》第7卷，人民出版社1999年版，第89页。

② 毛泽东：《增强党的团结，继承党的传统》，《毛泽东文集》第7卷，人民出版社1999年版，第89页。

说："赫鲁晓夫同志告诉我们，十五年后，苏联可以超过美国。我也可以讲，十五年后我们可能赶上或者超过英国。因为我和波立特、高兰同志谈过两次话，我问过他们国家的情况，他们说现在英国年产两千万吨钢，再过十五年，可能爬到年产三千万吨钢。中国呢，再过十五年可能是四千万吨，岂不超过了英国吗？"[①] 力图在钢产量上赶上和超过英国，这也是毛泽东后来发动"大跃进"，并不断加大钢年产量指标的重要原因。在当时国家重工业基础十分薄弱、钢产量远远不能满足工业化需要的历史背景下，毛泽东把钢产量作为"赶超"的内容完全可以理解。但一个国家的强弱不完全是钢铁等主要工业品的产量决定的，还（或更）取决于包括政治、经济、军事、文化、教育、科学技术等多种因素构成的综合国力，而且一味强调钢铁产量有可能造成经济发展失衡的风险，"大跃进"以"钢"为"纲"的教训值得认真吸取。尽管邓小平也认识到了在钢铁等主要工业品方面中国与西方发达国家之间的巨大差距，以及钢铁等主要工业品在国民经济中的重要地位，[②] 但他在确立"赶超"的内容时则用的是当今国际上衡量一个国家国力水平和富裕程度的通用标准，即国民生产总值和人均国民生产总值。他在 20 世纪 80 年代多次提出，到 20 世纪末实现国民生产总值比 1980 年翻两番，达到 1 万亿美元，人均达到 800 至 1000 美元，人民生活实现小康。再到 21 世纪中叶，努力使国民生产总值达到 6 万亿美元，居世界前列，人均 4000 美元，达到中等发达国家水平。与毛泽东比较，邓小平所确立的"赶超"之内容不仅更加科学，更加符合经济发展规律，也更加形象（如小康），更能与人民群众的切身利益结合起来，从而也更能最大限度地调动起他们"赶超"的积极性。

再次，从"赶超"的速度上看。"赶超"的核心是速度问题，也就是实现跨越式发展，在不太长的时间内赶上和超过西方发达国家。毛泽东就曾

---

① 毛泽东：《在莫斯科共产党和工人党代表会议上的讲话》，《毛泽东文集》第7卷，人民出版社1999年版，第325—326页。

② 参见邓小平：《目前的形势和任务》，《邓小平文选》第2卷，人民出版社1994年版，第260页。

指出："我们不能走世界各国技术发展的老路，跟在别人后面一步一步地爬行。我们必须打破常规，尽量采用先进技术，在一个不太长的历史时期内，把我国建设成为一个社会主义的现代化的强国。"① 在毛泽东看来，社会主义制度的建立，为中国实现跨越式发展，在一个不太长的历史时期内赶超西方发达国家提供了可能，因为"社会主义和资本主义比较，有许多优越性，我们国家经济的发展，会比资本主义国家快得多"②。邓小平继承了毛泽东的这一思想，并从多个角度论述了实现跨越式发展的重要意义。1978 年 9 月，邓小平在听取中共吉林省委常委汇报工作时的谈话中指出："如果在一个很长的历史时期内，社会主义国家生产力发展的速度比资本主义国家慢，还谈什么优越性？"③ 他甚至认为，发展速度的问题，"不只是经济问题，实际上是个政治问题"④。因为，只有实现跨越式的发展，赶上和超过西方发达国家，对内才能满足人民群众不断增长的物质生活的需要，实现国家的长治久安，对外才能缩小与西方发达国家的差距，在复杂的国际斗争中处于有利地位，用他的话说："中国能不能顶住霸权主义、强权政治的压力，坚持我们的社会主义制度，关键就看能不能争得较快的增长速度，实现我们的发展战略。"⑤ 毛泽东和邓小平虽然都十分重视中国的发展速度，希望以跨越式的发展来"赶超"西方发达国家，实现中华民族的伟大复兴，但在"赶超"的时间表上二人又有很大不同。毛泽东是在 1955 年提出"赶超"这一思想的。开始时，他认为中国要"赶上美国"，

---

① 毛泽东：《把我国建设成为社会主义的现代化强国》，《毛泽东文集》第8卷，人民出版社1999年版，第341页。

② 毛泽东：《在扩大的中央工作会议上的讲话》，《毛泽东文集》第8卷，人民出版社1999年版，第302页。

③ 邓小平：《高举毛泽东思想旗帜，坚持实事求是的原则》，《邓小平文选》第2卷，人民出版社1994年版，第128页。

④ 邓小平：《国际形势和经济问题》，《邓小平文选》第3卷，人民出版社1993年版，第354页。

⑤ 邓小平：《国际形势和经济问题》，《邓小平文选》第3卷，人民出版社1993年版，第356页。

至少要五十年，“也许七十五年”，或者更长的时间。但到了1957年后，受各种因素的影响，毛泽东不断缩减“超英赶美”的时间，甚至认为3年基本超英，10年可以超美。[①]后来，“大跃进”给国民经济造成的巨大挫折，使毛泽东开始反思急于求成、脱离实际的“超英赶美”的教训，并又重新回到了他以前对中国“超英赶美”需要五六十年甚至更长时间的估计上来。而邓小平提出的“赶超”时间表自始就比较合乎实际，他认为中国要到20世纪末才能过上小康生活，21世纪中叶才能达到中等发达国家的水平，至于赶超西方最发达的国家，那更需要中国人民的长期努力。

经过改革开放以来几十年的高速发展，中国发生了翻天覆地的变化，不仅经济总量已跃升至世界第二位，综合国力和国际地位也有了极大提高，今日的中国早已不是1978年改革开放时百废待兴的中国，更不是1949年中华人民共和国成立时一穷二白的中国。这正如习近平总书记2012年11月15日在十八届中共中央政治局常委同中外记者见面时的讲话中所指出的那样：“中国共产党成立后，团结带领人民前仆后继、顽强奋斗，把贫穷落后的旧中国变成日益走向繁荣富强的新中国，中华民族伟大复兴展现出前所未有的光明前景。”根据变化了的国情，习近平总书记审时度势，于党的十八大后提出了中华民族新的奋斗的目标，即实现中华民族伟大复兴的中国梦。2012年11月29日，习近平总书记带领中央政治局常委一起参观《复兴之路》展览时指出：“每个人都有理想和追求，都有自己的梦想。现在，大家都在讨论中国梦，我以为，实现中华民族伟大复兴，就是中华民族近代以来最伟大的梦想。这个梦想，凝聚了几代中国人的夙愿，体现了中华民族和中国人民的整体利益，是每一个中华儿女的共同期盼。”这样，中华民族奋斗的目标，就不仅仅是“超英赶美”或“赶超”西方的问题，也不仅仅是建设社会主义现代化强国的问题，更是中华民族的伟大复兴，它的基本内涵要比“超英赶美”或“赶超”西方丰富得

① 薄一波：《若干重大决策与事件的回顾（修订本）》下卷，人民出版社1997年版，第727页。

多，深远得多。2013 年 3 月 17 日，习近平总书记在第十二届全国人民代表大会第一次会议上的讲话中指出，“实现全面建成小康社会、建成富强民主文明和谐的社会主义现代化国家的奋斗目标，实现中华民族伟大复兴的中国梦，就是要实现国家富强、民族振兴、人民幸福”。不久（2013 年 3 月 23 日），习近平总书记在莫斯科国际关系学院发表《顺应时代前进潮流　促进世界和平发展》的演讲中又强调：“我们称之为‘中国梦’，基本内涵是实现国家富强、民族振兴、人民幸福”。实现中华民族伟大复兴的中国梦，把国家的追求、民族的向往、人民的期盼融为了一体，实现了国家的梦、民族的梦、人民的梦的统一，它“既深深体现了今天中国人的理想，也深深反映了我们先人们不懈追求进步的光荣传统”[①]，是中华民族和中国人民整体利益的体现，是每一个中华儿女的共同愿景的表达。

“国家富强”是实现中国梦的前提。它指的不仅仅是经济总量的提高，是国民生产总值的赶超西方中等或发达国家，更是国家政治、经济、文化、教育、科技等综合实力的全面提升和富强，是社会的全面进步。因此，习近平总书记 2013 年 3 月 17 日在第十二届全国人民代表大会第一次会议上的讲话中指出：“我们要坚持发展是硬道理的战略思想，坚持以经济建设为中心，全面推进社会主义经济建设、政治建设、文化建设、社会建设、生态文明建设，深化改革开放，推动科学发展，不断夯实实现中国梦的物质文化基础。”

“民族振兴”是实现中国梦的核心。它既包括民族实力的振兴，同时也包括民族文化的振兴。一方面，我们要大力发展经济，把中国建设成为一个社会主义现代化强国，以增强国家的硬实力，从而使中华民族从站起来、富起来，而开始强起来；另一方面，我们要大力振兴民族文化，树立文化自信。文化是一个民族的灵魂，是民族振兴的根本，也是民族振兴的终极目标。缺少文化自信的民族，是得不到其他民族的尊重的；而没有强

① 习近平：《在第十二届全国人民代表大会第一次会议上的讲话》，《人民日报》2013年3月18日。

大文化的国家，绝不可能是真正意义上的强国。

“人民幸福”是实现中国梦的根本。中国梦是国家的梦、民族的梦，也是人民的梦。2013 年 5 月 4 日，习近平总书记在同各界优秀青年代表座谈时的讲话中指出：“中国梦是国家的、民族的，也是每一个中国人的。国家好、民族好，大家才会好。”国家富强、民族振兴，是人民幸福的保障，而人民幸福则是国家富强、民族振兴的出发点和落脚点。因此，“我们要随时随刻倾听人民呼声、回应人民期待，保证人民平等参与、平等发展权利，维护社会公平正义，在学有所教、劳有所得、病有所医、老有所养、住有所居上持续取得新进展，不断实现好、维护好、发展好最广大人民根本利益，使发展成果更多更公平惠及全体人民，在经济社会不断发展的基础上，朝着共同富裕方向稳步前进”①。党的十九大报告强调：党的一切工作都要以人民为中心，要“着力解决好发展不平衡不充分问题，大力提升发展质量和效益，更好满足人民在经济、政治、文化、社会、生态等方面日益增长的需要，更好推动人的全面发展、社会全面进步”②。

中国梦是中华民族的“共同利益”“共同理想”“共同追求”“共同愿景”“共同期盼”的反映。这是自 1840 年鸦片战争以来不变的历史主题，是一代一代中国人为之坚持不懈的奋斗目标，也是中国共产党人的初心和使命。习近平总书记在党的十九大报告中指出：“中国共产党人的初心和使命，就是为中国人民谋幸福，为中华民族谋复兴”。因此全党同志要“不忘初心，牢记使命，高举中国特色社会主义伟大旗帜，决胜全面建成小康社会，夺取新时代中国特色社会主义伟大胜利，为实现中华民族伟大复兴的中国梦不懈奋斗”③。

---

① 习近平：《在第十二届全国人民代表大会第一次会议上的讲话》，《人民日报》2013年3月18日。

② 习近平：《决胜全面建成小康社会　夺取新时代中国特色社会主义伟大胜利——在中国共产党第十九次全国代表大会上的报告》，人民出版社2017年版，第11—12页。

③ 习近平：《决胜全面建成小康社会　夺取新时代中国特色社会主义伟大胜利——在中国共产党第十九次全国代表大会上的报告》，人民出版社2017年版，第1页。

总之，“中国梦”这三个字，有着深厚的历史积淀、丰富的思想内容和浓烈的情感色彩，准确表达了近代以来中华民族的共同追求，鲜明揭示了当今中国的时代主题，是对毛泽东和邓小平的“赶超”西方思想的继承、发展和超越。

二、从“四个现代化”到“五位一体”总体布局

毛泽东是新中国现代化事业的开创者。早在新民主主义革命时期，毛泽东就提出在中国革命胜利之后，“中国人民及其政府必须采取切实的步骤，在若干年内逐步地建立重工业和轻工业，使中国由农业国变为工业国”[①]。中华人民共和国成立后，他又及时地向全国人民发出了实现社会主义现代化、把我国建设成为一个社会主义现代化强国，从而实现中华民族伟大复兴的号召，并于1957年，第一次使用了“现代化”一词。在这年春召开的最高国务会议第十一次（扩大）会议和党的全国宣传工作会议上，他提出要把我国建设成为一个“具有现代工业、现代农业和现代科学文化的社会主义国家”[②]。1959年底到1960年初，毛泽东在阅读苏联《政治经济学教科书》时，就“社会主义建设”发表谈话，认为“建设社会主义，原来要求是工业现代化，农业现代化，科学文化现代化，现在要加上国防现代化”[③]。这样，原来的三个现代化就变成了四个现代化。1960年3月，毛泽东在会见尼泊尔首相柯伊拉腊时表示，我们“要安下心来，使我们可以建设我们国家现代化的工业、现代化的农业、现代化的科学文化和现代化的国防”[④]。1963年8月，他在《对〈关于工业发展问题〉初稿的修改》中

---

① 毛泽东：《论联合政府》，《毛泽东选集》第3卷，人民出版社1991年版，第1081页。

② 毛泽东：《关于正确处理人民内部矛盾的问题》，《毛泽东文集》第7卷，人民出版社1999年版，第207页；《在中国共产党全国宣传工作会议上的讲话》，《毛泽东文集》第7卷，人民出版社1999年版，第268页。

③ 毛泽东：《读苏联〈政治经济学教科书〉的谈话（节选）》，《毛泽东文集》第8卷，人民出版社1999年版，第116页。

④ 毛泽东：《中尼边界要永远和平友好》，《毛泽东文集》第8卷，人民出版社1999年版，第162页。

更进一步明确提出：我们要“在一个不太长的历史时期内把我国建设成为一个农业现代化、工业现代化、国防现代化和科学技术现代化的伟大的社会主义国家”[①]。毛泽东所提出的“四个现代化”很快被全党和全国人民所接受。1964年12月，周恩来在三届全国人大一次会议上郑重宣布：要把我国建设成为一个全面实现农业现代化、工业现代化、国防现代化和科学技术现代化的社会主义强国。这便是我们后来所讲的“四个现代化”的由来。现在有学者认为毛泽东不是四个现代化的最早提出者，并以此否定毛泽东在中国现代化事业中的重要地位。这与历史事实不符。邓小平在1980年4月12日会见赞比亚总统时的谈话中就曾明确指出：“我们现在讲的四个现代化，实际上是毛主席提出来的，是周总理在他的政府工作报告中讲出来的。”[②]

毛泽东提出的四个现代化思想，为邓小平所继承。1979年初，他在党的理论工作务虚会议上的讲话中明确指出：“我们当前以及今后相当长一个历史时期的主要任务是什么？一句话，就是搞现代化建设。能否实现四个现代化，决定着我们国家的命运、民族的命运。在中国的现实条件下，搞好社会主义的四个现代化，就是坚持马克思主义，就是高举毛泽东思想伟大旗帜。”[③]在这年10月召开的中国文学艺术工作者第四次代表大会的祝词中邓小平强调：“同心同德地实现四个现代化，是今后一个相当长的时期内全国人民压倒一切的中心任务，是决定祖国命运的千秋大业。各条战线上的群众和干部，都要做……实现四个现代化的促进派。”[④]因为，“许多问题，不搞四个现代化解决不了。国民经济的发展，国民收入的增加，

---

① 毛泽东：《对〈关于工业发展问题〉初稿的修改》，《建国以来毛泽东文稿》第10册，中央文献出版社1996年版，第346页。

② 邓小平：《社会主义首先要发展生产力》，《邓小平文选》第2卷，人民出版社1994年版，第311—312页。

③ 邓小平：《坚持四项基本原则》，《邓小平文选》第2卷，人民出版社1994年版，第162—163页。

④ 邓小平：《在中国文学艺术工作者第四次代表大会上的祝词》，《邓小平文选》第2卷，人民出版社1994年版，第208—209页。

人民生活的逐步提高，国防相应地得到巩固和加强，都要靠搞四个现代化。”[①] 正是基于对实现四个现代化之重要性的上述认识，他把实现四个现代化提升到了中国最大的政治的高度。1979 年 11 月，邓小平在会见美国和加拿大客人时指出：“就我们国内来说，什么是中国最大的政治？四个现代化就是中国最大的政治。”[②]1980 年 2 月，邓小平在中共十一届五中全会第三次会议上的讲话中又强调：“我们党在现阶段的政治路线，概括地说，就是一心一意地搞四个现代化。”[③] 此后，邓小平又多次阐述过实现四个现代化的重要意义。

坚持社会主义的现代化方向，这是毛泽东四个现代化思想的核心或本质。如前所述，毛泽东是在考虑如何建设社会主义的前提下提出四个现代化之思想的。因此，他讲的现代化是社会主义的现代化，是现代化与社会主义的统一。和毛泽东一样，邓小平也把现代化的发展方向定位在社会主义。他曾多次强调：“现在我们搞四个现代化，是搞社会主义的四个现代化，不是搞别的现代化。”[④] 他对那种认为中国应该搞资本主义现代化或所谓全盘西化的观点进行了批判，明确指出，“一旦中国全盘西化，搞资本主义，四个现代化肯定实现不了。……中国搞现代化，只能靠社会主义，不能靠资本主义”[⑤]。他提出的四项基本原则，其中第一条，就是“必须坚持社会主义道路”[⑥]。

---

① 邓小平：《坚持党的路线，改进工作方法》，《邓小平文选》第2卷，人民出版社1994年版，第276页。

② 邓小平：《社会主义也可以搞市场经济》，《邓小平文选》第2卷，人民出版社1994年版，第234页。

③ 邓小平：《坚持党的路线，改进工作方法》，《邓小平文选》第2卷，人民出版社1994年版，第276页。

④ 邓小平：《一靠理想二靠纪律才能团结起来》，《邓小平文选》第3卷，人民出版社1993年版，第110页。

⑤ 邓小平：《吸取历史经验，防止错误倾向》，《邓小平文选》第3卷，人民出版社1993年版，第229页。

⑥ 邓小平：《坚持四项基本原则》，《邓小平文选》第2卷，人民出版社1994年版，第164页。

毛泽东在提出四个现代化思想和领导中国人民进行四个现代化建设的过程中，特别强调中国的现代化建设必须从中国的实际出发，走自己的路，而不能照抄照搬其他国家的经验，甚至包括苏联和其他社会主义国家的经验。他在《论十大关系》中指出："我们的方针是，一切民族、一切国家的长处都要学，政治、经济、科学、技术、文学、艺术的一切真正好的东西都要学。但是，必须有分析有批判地学，不能盲目地学，不能一切照抄，机械搬用。他们的短处、缺点，当然不要学。对于苏联和其他社会主义国家的经验，也应当采取这样的态度。"[①] 邓小平继承了毛泽东的这一思想。早在改革开放之初，他就谆谆告诫全党和全国人民："过去搞民主革命，要适合中国情况，走毛泽东同志开辟的农村包围城市的道路。现在搞建设，也要适合中国情况，走出一条中国式的现代化道路。""中国式的现代化，必须从中国的特点出发。"[②]1982 年 9 月 1 日，他在中国共产党第十二次全国代表大会的开幕词中指出："我们的现代化建设，必须从中国的实际出发。……把马克思主义的普遍真理同我国的具体实际结合起来，走自己的道路，建设有中国特色的社会主义，这就是我们总结长期历史经验得出的基本结论。"[③] 此后，他在各种讲话中又多次强调中国的现代化必须从中国的具体国情出发、建设有中国特色的社会主义的重要性。

邓小平在继承毛泽东的现代化思想的同时，又丰富和发展了毛泽东的现代化思想。毛泽东和邓小平都讲四个现代化，而四个现代化的内涵，借用邓小平的话说："最主要的是搞经济建设，发展国民经济，发展社会生产力。"[④] 所以无论毛泽东还是邓小平，尤其是邓小平，特别强调发展国民

---

① 毛泽东：《论十大关系》，《毛泽东文集》第7卷，人民出版社1999年版，第41页。

② 邓小平：《坚持四项基本原则》，《邓小平文选》第2卷，人民出版社1994年版，第163、164页。

③ 邓小平：《中国共产党第十二次全国代表大会开幕词》，《邓小平文选》第3卷，人民出版社1993年版，第2—3页。

④ 邓小平：《坚持党的路线，改进工作方法》，《邓小平文选》第2卷，人民出版社1994年版，第276页。

经济对于实现四个现代化的重要意义。他曾经指出："现代化建设的任务是多方面的，各个方面需要综合平衡，不能单打一。但是说到最后，还是要把经济建设当作中心。离开了经济建设这个中心，就有丧失物质基础的危险。其他一切任务都要服从这个中心，围绕这个中心，决不能干扰它，冲击它。"[①]但随着中国现代化事业的推进，邓小平认识到，现代化不仅仅是工业、农业、科学技术和国防的现代化，是国民经济的发展，而且还是包括政治的、文化的以及人的现代化在内的全面的现代化，因此，仅仅讲四个现代化还不够。1979年10月30日，他在中国文学艺术工作者第四次代表大会上的祝词中指出："我们的国家已经进入社会主义现代化建设的新时期。我们要在大幅度提高社会生产力的同时，改革和完善社会主义的经济制度和政治制度，发展高度的社会主义民主和完备的社会主义法制。我们要在建设高度物质文明的同时，提高全民族的科学文化水平，发展高尚的丰富多彩的文化生活，建设高度的社会主义精神文明。"[②]1980年8月18日，邓小平在中共中央政治局扩大会议的讲话中强调："我们进行社会主义现代化建设，是要在经济上赶上发达的资本主义国家，在政治上创造比资本主义国家的民主更高更切实的民主，并且造就比这些国家更多更优秀的人才。"[③]1983年4月29日，邓小平在会见印度共产党（马克思主义）中央代表团时的谈话中说："过去很长一段时间，我们忽视了发展生产力，所以现在我们要特别注意建设物质文明。与此同时，还要建设社会主义的精神文明，最根本的是要使广大人民有共产主义的理想，有道德，有文化，守纪律。"[④]上述这些论述，体现了邓小平的全面现代化的思想：有中

---

① 邓小平：《目前的形势和任务》，《邓小平文选》第2卷，人民出版社1994年版，第250页。

② 邓小平：《在中国文学艺术工作者第四次代表大会上的祝词》，《邓小平文选》第2卷，人民出版社1994年版，第208页。

③ 邓小平：《党和国家领导制度的改革》，《邓小平文选》第2卷，人民出版社1994年版，第322页。

④ 邓小平：《建设社会主义的物质文明和精神文明》，《邓小平文选》第3卷，人民出版社1993年版，第28页。

国特色的社会主义现代化是包括经济现代化（“大幅度提高社会生产力”，“建设高度物质文明”，“在经济上赶上发达的资本主义国家”）、政治现代化（“发展高度的社会主义民主和完备的社会主义法制”，“创造比资本主义国家的民主更高更切实的民主”）、文化现代化（“提高全民族的科学文化水平，发展高尚的丰富多彩的文化生活，建设高度的社会主义精神文明”）和人的现代化（“要使广大人民有共产主义的理想，有道德，有文化，守纪律”）在内的全面现代化。1987 年召开的党的第十三次全国代表大会，根据邓小平的上述思想，提出“把我国建设成为富强、民主、文明的社会主义现代化国家”。从“四个现代化”到“全面现代化”，这是对毛泽东“现代化思想”的重大发展，尤其是政治现代化和人的现代化的提出，其理论和现实意义十分重要。

到了党的十八大时，经过几代中国人的努力奋斗，中国的四个现代化取得了举世公认的巨大成就，政治现代化和人的现代化也在积极地推进之中。当然，不可否认，中国的社会主义现代化也遇到了前所未有的困难和瓶颈，如何克服这些困难和瓶颈，进一步推进中国的社会主义现代化，实现中华民族的伟大复兴，这是中国共产党人必须思考和解决的问题。为此，习近平总书记提出了“五位一体”总体布局的重要思想。

统筹推进“经济建设、政治建设、文化建设、社会建设、生态文明建设”这“五位一体”总体布局，是习近平总书记主持起草的党的十八大报告提出来的。后来他又多次重申和强调要统筹推进“五位一体”总体布局。比如，2016 年 7 月 1 日他在庆祝中国共产党成立 95 周年大会上的讲话中强调，我们要“不忘初心、继续前进”，统筹推进“五位一体”总体布局。2017 年 7 月 26 日，他在省部级主要领导干部“学习习近平总书记重要讲话精神，迎接党的十九大”专题研讨班开班式上的讲话中再次重申，要“继续统筹推进‘五位一体’总体布局”。党的十九大报告又把“五位一体”总体布局作为习近平新时代中国特色社会主义思想八个“明确”提了出来，即“明确中国特色社会主义事业总体布局是‘五位一体’”。“五位一体”总体布局的提出，标志着中国共产党对中国特色社会主义的认识达到了新境界，预示着中国社会主义现代化建设进入新的历史阶段，具有十分重要的理论和实践意义。

“五位一体”总体布局反映了中国共产党对社会主义建设规律和人类历史发展规律认识的进一步深化。中国特色社会主义事业是前无古人的事业，需要在不断的实践摸索中增进认识。改革开放初期，邓小平提出“物质文明”和“精神文明”，“两手抓，两手都要硬”的思想。进入21世纪后，我国进入全面建设小康社会阶段，同时也面临着一些新的问题和新的挑战，其中的一个重要问题和挑战就是在发展社会主义物质文明和社会主义精神文明的基础上，如何通过政治文明发展社会主义民主政治，把党的领导、人民当家作主和依法治国有机统一起来，使中国成为一个社会主义法治国家。于是，2002年召开的党的十六大提出了通过“发展社会主义市场经济、社会主义民主政治和社会主义先进文化，不断促进社会主义物质文明、政治文明和精神文明的协调发展，推进中华民族的伟大复兴”的“三位一体”总体布局。2007年召开的党的十七大又根据中国的社会主义现代化进一步发展的需要，把社会建设纳入到了中国特色社会主义建设的总体布局中，从而将十六大的经济建设、政治建设、文化建设的“三位一体”总体布局，发展成为十七大的经济建设、政治建设、文化建设、社会建设的“四位一体”总体布局，增加了社会建设的重要内容。十八大提出建设中国特色社会主义的“五位一体”总体布局，是在总结中国特色社会主义事业发展的经验教训基础上作出的正确选择，反映了中国共产党对经济社会可持续发展规律、自然资源永续利用规律和生态环境保护规律认识的进一步深化。如果说十七大增加社会建设的重要内容，是要着力解决现代化进程中人与人的关系，为推动中国特色社会主义事业提供和谐稳定的社会架构，那么十八大增加生态文明建设的重要内容，是要着力解决现代化进程中人与自然的关系，经济发展与生态保护的矛盾，以保证中国的现代化能够走上可持续发展的道路，同时为人民创造良好的生产生活环境，以满足人民日益增长的对美好生活的需要。

“五位一体”总体布局是一个相互联系的有机整体，其中经济建设是根本，政治建设是保证，文化建设是灵魂，社会建设是条件，生态文明建设是基础。它是经济、政治、文化、社会、生态建设全面发展的总体布局，蕴含着富强民主文明和谐的总目标，体现了社会主义的本质要求和发展规律，反映了社会结构相互依存、相互制约、相互促进的辩证关系。它也是中国特色社会主义贡献给世界的中国经验和中国智慧。

习近平总书记提出的“五位一体”总体布局与毛泽东、邓小平的现代化思想一脉相承，同时又发展和超越了毛泽东、邓小平的现代化思想。

三、从“两步走”到“三步走”再到“两个一百年”

新中国成立之初，一穷二白，为了迅速改变落后状况，把中国建设成为一个社会主义现代化强国，实现中华民族的伟大复兴，毛泽东从中国实际出发，于20世纪50年代中到60年代初，创造性地提出经济发展分“两步走”的战略思想。党的十一届三中全会后，邓小平在继承和发展毛泽东的“两步走”战略思想的基础上，提出了中国经济发展分“三步走”的战略思想。

毛泽东是在20世纪50年代中初步提出“两步走”战略思想的。1954年6月14日，他在中央人民政府委员会第三十次会议上提出：“我们的总目标，是为建设一个伟大的社会主义国家而奋斗。我们是一个六亿人口的大国，要实现社会主义工业化，要实现农业的社会主义化、机械化，要建成一个伟大的社会主义国家，究竟需要多少时间？现在不讲死，大概是三个五年计划，即十五年左右，可以打下一个基础。到那时，是不是就很伟大了呢？不一定。我看，我们要建成一个伟大的社会主义国家，大概经过五十年即十个五年计划，就差不多了，就像个样子了，就同现在大不一样了”[①]。在这里，毛泽东初步提出了中国经济分“两步走”的战略构想，即第一步用三个五年计划即十五年左右的时间打基础，第二步用七个五年计

---

① 毛泽东：《关于中华人民共和国宪法草案》，《毛泽东文集》第6卷，人民出版社1999年版，第329页。

划即三十五年左右的时间把我国建设成为一个伟大的社会主义国家，这第一步和第二步加起来是十个五年计划即五十年左右的时间。1955 年 3 月，毛泽东又在中国共产党全国代表会议上强调："在我们这样一个大国里面，情况是复杂的，国民经济原来又很落后，要建成社会主义社会，并不是轻而易举的事。我们可能经过三个五年计划建成社会主义社会，但要建成为一个强大的高度社会主义工业化的国家，就需要有几十年的艰苦努力，比如说，要有五十年的时间，即本世纪的整个下半世纪。"①

到了 60 年代初，经历了"大跃进"的挫折，毛泽东对中国这样一个一穷二白的国家要实现国家富强、民族振兴的艰巨性有了更清醒的认识。1960 年 5 月 27 日，他在同来华访问的英国陆军元帅蒙哥马利的谈话中表示："建设强大的社会主义经济，在中国，五十年不行，会要一百年，或者更多的时间。在你们国家，资本主义的发展，经过了好几百年。十六世纪不算，那还是在中世纪。从十七世纪到现在，已经有三百六十多年。在我国，要建设起强大的社会主义经济，我估计要花一百多年。"②1962 年 1 月 30 日，毛泽东在扩大的中央工作会议上又强调："中国的人口多、底子薄，经济落后，要使生产力很大地发展起来，要赶上和超过世界上最先进的资本主义国家，没有一百多年的时间，我看是不行的。"③ 正是基于把中国建设成为一个社会主义现代化强国、实现中华民族伟大复兴可能需要五十年甚至一百多年时间的估计，1963 年八九月间，毛泽东在审阅《关于工业发展问题（初稿）》时便第一次明确提出了中国经济发展分"两步走"的战略构想，即"在三年过渡阶段之后，我们的工业发展可以按两步来考虑：第一步，搞十五年，建立一个独立的完整的工业体系，使我国工业大

① 毛泽东：《在中国共产党全国代表会议上的讲话》，《毛泽东文集》第6卷，人民出版社1999年版，第390页。

② 转引见毛泽东：《在扩大的中央工作会议上的讲话》，《毛泽东文集》第8卷，人民出版社1999年版，第301页。

③ 毛泽东：《在扩大的中央工作会议上的讲话》，《毛泽东文集》第8卷，人民出版社1999年版，第302页。

体赶上世界先进水平；第二步，再用十五年，使我国工业接近世界的先进水平。”[①]根据毛泽东的上述构想，1964 年 12 月召开的三届全国人大一次会议上，周恩来在政府工作报告中又将“两步走”的战略构想进一步表述为：从第三个五年计划开始，我国的国民经济发展，可以按两步来考虑。第一步，建立一个独立的、比较完整的工业体系和国民经济体系；第二步，全面实现农业、工业、国防和科学技术的现代化，使我国经济走在世界的前列。

毛泽东提出的“两步走”的战略构想，因受极左思潮的干扰，尤其是“文革”的十年动乱，并没有得到贯彻实行。党的十一届三中全会后，邓小平拨乱反正，把党的工作中心转移到了经济建设上来，并根据中国的具体国情，提出了中国经济发展的战略构想。1980 年 1 月 16 日，邓小平在中共中央召集的干部会议上的讲话中初步提出了“两步走”的战略构想。他说：“我们要在本世纪实现四个现代化，从今年元旦起，只有二十年，就是八十年代和九十年代。……八十年代是很重要的，是决定性的。这个十年把基础搞好了，加上下一个十年，在今后二十年内实现中国式的四个现代化，就可靠，就真正有希望。”[②]这年的 12 月 25 日，邓小平在中共中央工作会议上又指出：“经过二十年的时间，使我国现代化经济建设的发展达到小康水平，然后继续前进，逐步达到更高程度的现代化。”[③]1981 年 11—12 月召开的五届全国人大四次会议的政府工作报告，接受了邓小平的这一思想，提出力争用二十年的时间，使工农业生产总值翻两番，人民生活基本达到小康水平。1982 年 5 月，党的十二大报告又根据邓小平的这一思想，正式提出了从 1981 年到本世纪末的二十年间，中国经济分“两步走”

---

① 毛泽东：《对〈关于工业发展问题〉初稿的修改》，《建国以来毛泽东文稿》第10册，中央文献出版社1996年版，第347页。

② 邓小平：《目前的形势和任务》，《邓小平文选》第2卷，人民出版社1994年版，第241页。

③ 邓小平：《贯彻调整方针，保证安定团结》，《邓小平文选》第2卷，人民出版社1994年版，第356页。

的发展战略：第一步，实现国民生产总值比 1980 年翻一番，解决人民的温饱问题；第二步，到本世纪末，国民生产总值再翻一番，使人民生活达到小康水平。就是说，前十年打好基础，积累力量，创造条件，后十年进入一个新的经济振兴时期。

党的十二大虽然正式提出了中国经济分“两步走”的发展战略，但邓小平并没有因此停止对中国经济发展战略的进一步思考。随着中国改革开放的不断扩大和现代化建设不断取得进步，邓小平也将他的思考延伸到了 21 世纪以后的更长一个时期。1984 年 5 月 29 日，他在会见巴西总统时指出：“现在中国还很穷，国民生产总值人均只有三百美元。我们的目标是，到本世纪末人均达到八百美元。……在这样一个基础上，再发展三十年到五十年，我们就可以接近发达国家的水平。”[①] 这年 10 月 6 日，邓小平在会见参加中外经济合作问题讨论会全体中外代表时进一步阐述了他的思考：“我们第一步是实现翻两番，需要二十年，还有第二步，需要三十年到五十年，恐怕是要五十年，接近发达国家的水平。两步加起来，正好五十年至七十年。”[②]1987 年 4 月 26 日，邓小平在会见捷克斯洛伐克总理时又指出：“从一九八一年开始到本世纪末，花二十年的时间，翻两番，达到小康水平，就是年国民生产总值人均八百到一千美元。在这个基础上，再花五十年的时间，再翻两番，达到人均四千美元。”[③] 这月底（4 月 30 日），邓小平在会见外宾的谈话中正式提出了“三步走”的战略构想：“我们原定的目标是，第一步在八十年代翻一番。……达到五百美元。第二步是到本世纪末，再翻一番，人均达到一千美元。……我们制定的目标更重要的还是第三步，在下世纪用三十年到五十年再翻两番，大体上达到人均四千

① 邓小平：《维护世界和平，搞好国内建设》，《邓小平文选》第3卷，人民出版社1993年版，第57页。

② 邓小平：《我们的宏伟目标和根本政策》，《邓小平文选》第3卷，人民出版社1993年版，第79页。

③ 邓小平：《社会主义必须摆脱贫穷》，《邓小平文选》第3卷，人民出版社1993年版，第224页。

美元。做到这一步，中国就达到中等发达的水平。”[①] 邓小平的“三步走”发展战略后来被写进了党的十三大报告，报告提出：“我国经济建设的战略部署大体分三步走。第一步，实现国民生产总值比一九八〇年翻一番，解决人民的温饱问题。这个任务已经基本实现。第二步，到本世纪末，使国民生产总值再增长一倍，人民生活达到小康水平。第三步，到下个世纪中叶，人均国民生产总值达到中等发达国家水平，人民生活比较富裕，基本实现现代化。”[②]

比较毛泽东的“两步走”发展战略思想与邓小平的“三步走”发展战略思想，它们有许多相同点和不同点，而这种相同与不同，体现的正是邓小平的“三步走”发展战略对毛泽东的“两步走”发展战略的继承和发展。

首先，就相同点而言。无论是毛泽东的“两步走”发展战略，还是邓小平的“三步走”发展战略，从根本上来说都是为了加快中国的现代化进程，发展国民经济，早日把中国建设成为社会主义现代化强国，从而实现中华民族的伟大复兴。另外，这两种发展战略都体现了发展的阶段性与发展的整体性的统一。但毛泽东的“两步走”发展战略的目标比较笼统，而邓小平的“三步走”发展战略的目标则十分明确，不仅提出了每一步要达到的国民生产总值的具体要求（翻一番，人均500美元；再翻一番，人均1000美元；再翻两番，人均4000美元），而且还提出了每一步人民群众要达到的生活水平（温饱、小康、富裕）。因此，与毛泽东的“两步走”发展战略比较，邓小平的“三步走”发展战略更具有可比性和操作性。

其次，就不同点来看。第一，毛泽东的“两步走”发展战略，希望用30年或更多一点的时间，实现四个现代化，使中国经济走在世界的前列，这有些急于求成，脱离了中国实际，没有实现的可能性，事实上也没有实现；而邓小平的“三步走”发展战略是到21世纪中叶，使人均国民生产

① 邓小平：《吸取历史经验，防止错误倾向》，《邓小平文选》第3卷，人民出版社1993年版，第226页。

② 中共中央文献研究室编《十三大以来重要文献选编（上）》，人民出版社1991年版，第16页。

总值达到中等发达国家的水平，从 20 世纪 80 年代初算起，共有 70 年的时间，这比较符合中国经济发展的实际状况。而且，第一步和第二步发展战略的顺利实施和目标的圆满实现，也说明了邓小平的“三步走”发展战略是实事求是，切实可行的。第二，毛泽东提出了“两步走”发展战略，但如何实现这一发展战略，毛泽东还缺乏深入全面的思考，就他所采取的一些措施来看，基本上还是传统的革命动员方式，如大搞群众运动（“大跃进”运动），强调“阶级斗争，一抓就灵”，“抓革命，促生产”，重视生产关系的变革而非生产力的发展，如此等等；而邓小平则提出了一整套实现“三步走”发展战略的路线、方针和政策，如坚持改革开放不动摇，坚持以经济建设为中心，提出“科学技术是第一生产力”的论断，重视科学技术的重要作用，为知识分子正名（知识分子是工人阶级的一部分），充分调动和发挥他们的积极性，打破吃“大锅饭”的传统，允许一部分人和一部分地区先富裕起来，进行经济制度和政治制度改革，建立社会主义市场经济等。就此而言，毛泽东虽然提出了“两步走”发展战略，但他并没有找到实现“两步走”发展战略的道路和方法，而邓小平不仅提出了“三步走”发展战略，并且找到了实现“三步走”发展战略的道路和方法。只要我们坚持邓小平所确立的“三步走”发展战略以及为实现这一战略而制定的路线、方针和政策，就一定能够“赶超”世界发达国家，把中国建设成为社会主义现代化强国，实现中华民族的伟大复兴。

根据毛泽东尤其是邓小平提出的“三步走”发展战略，党的十五大报告首次提出了“两个一百年”的发展战略和奋斗目标。习近平总书记主持起草的党的十八大报告再次重申：到中国共产党成立一百周年时（2021 年）全面建成小康社会，在新中国成立一百周年时（2049 年）建成富强民主文明和谐的社会主义现代化国家，实现中华民族伟大复兴的中国梦。十八大后，习近平又多次就“两个一百年”发展战略和奋斗目标发表重要讲话。比如 2013 年 3 月 27 日，他在金砖国家领导人第五次会晤时的主旨讲话中指出：“大家都很关心中国的未来发展。面向未来，中国将相继朝着两个宏伟目标前进：一是到 2020 年国内生产总值和城乡居民人均收入比 2010

年翻一番，全面建成惠及十几亿人口的小康社会。二是到2049年新中国成立100年时建成富强民主文明和谐的社会主义现代化国家。”不久（2013年4月7日），在博鳌亚洲论坛2013年年会上的主旨演讲中他又再次强调：“去年11月，中国共产党召开了第十八次全国代表大会，明确了中国今后一个时期的发展蓝图。我们的奋斗目标是，到2020年国内生产总值和城乡居民人均收入在2010年的基础上翻一番，全面建成小康社会；到本世纪中叶建成富强民主文明和谐的社会主义现代化国家，实现中华民族伟大复兴的中国梦。展望未来，我们充满信心。”党的十九大报告不仅重申了“两个一百年”的发展战略和奋斗目标，而且在综合分析了国际国内形势和我国发展条件后，又将2020年全面建成小康社会后到本世纪中叶亦即中华人民共和国成立一百年分为两个阶段来安排：第一阶段，从2020年到2035年，在全面建成小康社会基础上，再奋斗十五年，基本实现社会主义现代化。第二阶段，从2035年到本世纪中叶，在基本实现现代化的基础上，再奋斗十五年，把我国建设成富强民主文明和谐美丽的社会主义现代化强国。

怎样才能实现“两个一百年”的发展战略和奋斗目标呢？习近平提出，要实现“两个一百年”的发展战略和奋斗目标，就“必须走中国道路，弘扬中国精神，凝聚中国力量”。

中国道路就是中国特色社会主义道路，是实现“两个一百年”的发展战略和奋斗目标的政治前提和基本保证，是我们前进的方向和路径选择。历史事实表明，道路决定命运。没有正确的道路，再美好的愿景、再伟大的梦想，都不能实现。中国的历史文化、历史命运、历史条件决定了中国人民必须在自己选择的中国特色社会主义道路上实现“两个一百年”的发展战略和奋斗目标。中国特色社会主义道路来之不易，它是在改革开放40多年的伟大实践中走出来的，是在中华人民共和国成立70多年的持续探索中走出来的，是在对近代以来180多年中华民族发展历程的深刻总结中走出来的，是在对中华民族5000多年悠久文明的传承中走出来的，也是科学社会主义理论逻辑和中国社会发展历史逻辑的辩证统一，具有深厚的历史根源和广泛的现实基础。无数事实充分证明，封闭僵化的老路是一条死路，改旗易帜的邪路是一条绝路，只有中国特色社会主义道路才是一条无限光明、通向未来的新路，才代表了当代中国发展进步的根本方向，才能发展中国，稳定中国，才能实现“两个一百年”奋斗目标。

中国精神就是以爱国主义为核心的民族精神和以改革创新为核心的时代精神，是实现“两个一百年”的发展战略和奋斗目标的精神动力、思想保障和文化支撑。民无魂不立，国无魂不强。实现“两个一百年”的发展战略和奋斗目标，要求我们不仅在物质上要强大起来，而且在精神上也要强大起来。以爱国主义为核心的民族精神和以改革创新为核心的时代精神，就是中华民族的振兴之魂，就是我们国家的强国之魄。爱国主义是中华民族的精神基因，维系着中华民族大家庭的团结统一，激励着一代又一代的中华儿女为实现国家富强、民族振兴、人民幸福而上下求索、不懈奋斗；改革创新体现了中华民族最深沉的民族禀赋，反映了当代中国发展的进步要求，始终是鞭策我们在改革开放中与时俱进的精神力量。过去，我们的国家和民族，靠的就是顽强拼搏和自强不息的奋斗精神，实现从站起来、富起来到强起来的历史性飞跃。在今后的征程上，我们要实现“两个一百年”的发展战略和奋斗目标，就必须继续大力弘扬中国精神。习近平总书记 2015 年 12 月 30 日在十八届中央政治局第二十九次集体学习时的讲话中指出：“伟大的事业需要伟大的精神。实现中华民族伟大复兴的中国梦，是当代中国爱国主义的鲜明主题。要大力弘扬伟大爱国主义精神，大力弘扬以改革创新为核心的时代精神，为实现中华民族伟大复兴的中国梦提供共同精神支柱和强大精神动力。”

中国力量就是全国各族人民大团结的力量，是实现“两个一百年”的发展战略和奋斗目标的不竭动力、力量源泉和根基血脉。人民是历史的创造者和改革开放事业的实践主体，各族人民大团结的力量，是我们党克服各种困难、战胜风险挑战的决定性因素。人民大众的力量是无穷的，只要我们紧密团结，万众一心，“两个一百年”的发展战略和奋斗目标就一定能实现。

“两个一百年”的发展战略和奋斗目标的提出，是对毛泽东“两步走”发展战略和邓小平“三步走”发展战略的继承、发展和超越。如今，在以习近平同志为核心的党中央的坚强领导下，我们已胜利实现了“两个一百年”的第一个百年奋斗目标，正向实现“两个一百年”的第二个百年奋斗目标迈进。

四、“以中国式现代化全面推进中华民族伟大复兴”

“从现在起，中国共产党的中心任务就是团结带领全国各族人民全面建成社会主义现代化强国、实现第二个百年奋斗目标，以中国式现代化全面推进中华民族伟大复兴。”“以中国式现代化全面推进中华民族伟大复兴”，这是习近平总书记在党的二十大报告中向全党、全军和全国人民发出的伟大号召，也是向世界各国做出的庄严承诺。现代化是一个世界历史性课题、世界历史性事件和世界历史性进程，既是现代社会的发展结果，又是现代社会的动力源泉，包括人类进入工业革命以来从传统经济发展方式向现代市场经济发展方式、传统社会结构和社会管理向现代社会结构和现代社会管理、传统政治文明向现代政治文明、传统精神文化向现代精神文化、传统人与自然关系向现代人与自然关系等产生重大变迁的历史过程及其变化。西方虽是现代化的先行地区，但我国在推进现代化的过程中使中国式现代化呈现出鲜明的中国特色与民族特性，开创了人类文明新形态，推动了现代化的再定义和再解释。用二十大报告的话说：“中国式现代化，是中国共产党领导的社会主义现代化，既有各国现代化的共同特征，更有基于自己国情的中国特色。”[①] 具体看来，中国式现代化坚持社会主义原则，坚守中华文明根基，吸纳现代化先进成果，是人口规模巨大的现代化、全体人民共同富裕的现代化、物质文明和精神文明相协调的现代化、人与自然和谐共生的现代化、走和平发展道路的现代化。“以中国式

① 习近平：《高举中国特色社会主义伟大旗帜 为全面建设社会主义现代化国家而团结奋斗——在中国共产党第二十次全国代表大会上的报告》，人民出版社2022年版，第22页。

现代化全面推进中华民族伟大复兴”，内含着深刻的理论逻辑、历史逻辑与实践逻辑，是对毛泽东、邓小平中华民族伟大复兴思想的继承、发展和超越。

（一）“以中国式现代化全面推进中华民族伟大复兴”的理论逻辑

中国共产党坚持马克思主义中国化的“两个结合”，不断推进两种传统在中国式现代化的历史进程中实现深层次的交汇、贯通与融合，将新文明的再造与现代化的客观实际紧密关联，从根本上超越了西方资产阶级形而上学抽象文明观，在扎实推进现代化的过程中开创了人类文明新形态，开辟了现代化的广阔空间。

“以中国式现代化全面推进中华民族伟大复兴”，赓续了马克思主义现代化理论。马克思恩格斯以唯物史观为依托，考察资本主义社会产生、运行规律，洞悉现代社会发展、人类社会形态演变过程及未来发展趋势等，提出了有关现代化的一系列思想观点。马克思认为，以工业化与生产社会化、社会分工为主要表现的资本主义生产方式生成了现代社会，“现代生产方式，在它的最初时期，即工场手工业时期，只是在现代生产方式的各种条件在中世纪内已经形成的地方，才得到了发展”[①]。“资产阶级在它的不到一百年的阶级统治中所创造的生产力，比过去一切世代创造的全部生产力还要多，还要大”[②]，而且世界性扩张的资本主义生产方式推动资本主义世界市场的形成，“不断扩大产品销路的需要，驱使资产阶级奔走于全球各地”[③]。可以说，资本主义生产方式开启了现代化的进程，是现代化的最初动力及根源，“它（资产阶级）迫使一切民族——如果它们不想灭亡的话——采用资产阶级的生产方式……它按照自己的面貌为自己创造出一

① 《马克思恩格斯全集》第25卷，人民出版社1974年版，第372页。

② 《马克思恩格斯选集》第1卷，人民出版社1972年版，第256页。

③ 《马克思恩格斯选集》第1卷，人民出版社1972年版，第254页。

个世界”[①]。

马克思恩格斯注意到，现代化不仅是一个技术发展、生产力发展的过程，也是一个阶级的兴起过程，资本主义的现代化发展道路内含着无法调和的矛盾，为人类社会带来了新的危害：在资本主义发展的相当长时期内，由于生产资料的私有制和雇佣劳动制度所决定，两大部类的生产都是在价值规律和剩余价值规律的作用下自发进行的，具有严重的盲目性，导致了生产的规模失衡和结构失衡，从而导致生产过剩，乃至引发经济危机。而原始积累的掠夺、奴役和血腥，以及工人的悲惨境遇与劳动异化、社会关系异化得以产生，人的现代化与物的现代化陷入失衡的境地。因此，未来社会的理想状态必须超越资本主义现代化的道路，不仅仅止步于“物”的改进，还要从物的现代化转向人的现代化。马克思恩格斯提出，每个人的自由发展是一切人的自由发展的条件，以人的全面生长需要来思考设计现代化的多维度，以人的全面生长的现代化来考虑未来社会图景，在吸收资本主义制度文明成果上超越资本主义物的现代化道路，最终挣脱对物的依赖，实现人类解放和人的全面、自由、充分发展。

马克思主义现代化思想是经过实践检验、指引中国人民走向自由解放之路的科学真理，也是人类文明新形态的科学理论依据，始终是中国式现代化的思想先导。在革命、建设和改革过程中，中国共产党团结带领人民，以马克思主义现代化思想为指引，通过生产方式变革与社会发展能动因素的结合，在物的发展和人的发展两个维度推进民族解放和社会主义现代化建设，实现了中华民族在现代化进程中的自我超越。

以中国式现代化全面推进中华民族伟大复兴，撷取了中华优秀传统文化精粹。习近平指出：“如果没有中华五千年文明，哪里有什么中国特色？如果不是中国特色，哪有我们今天这么成功的中国特色社会主义道路？”[②] 中国以社会主义为核心要素的革命、建设、改革，从中华优秀传统

① 《马克思恩格斯选集》第1卷，人民出版社1995年版，第255页。

② 习近平：《把弘扬优秀传统文化同马克思主义立场观点方法结合起来》，《习近平谈治国理政》第4卷，外文出版社2022年版，第315页。

文化和中华文明中继承、借鉴和汲取思想资源、理论精髓和政治智慧，秉承其历史思维和基本价值，根植于中华文化沃土的中国式现代化走出了一条自我发展与创新之路。在中华文明中，小康、大同构想体现了人民对和谐、安定、富足生活的美好憧憬。《诗经·大雅·民劳》的“民亦劳止，汔可小康，惠此中国，以绥四方”，寓意安定康乐，政通人和，是小康社会的理想雏形。《礼记》描写“小康”社会，“礼义以为纪，以正君臣，以笃父子，以睦兄弟，以和夫妇，以设制度，以立田里，以贤勇知，以功为己”，以礼义维持社会秩序，君臣、父子、兄弟、夫妻关系均和谐有序，将礼仪贯穿到国家制度、土地分封、人才奖赏之中，如有不以礼为准则的人，在位者要将其黜退、罢免，这种礼治社会就叫小康。《礼记·礼运》则描绘了大同社会的至高理想状态：“大道之行也，天下为公，选贤与能，讲信修睦。故人不独亲其亲，不独子其子，使老有所终，壮有所用，幼有所长，矜、寡、孤、独、废疾者皆有所养，男有分，女有归。货恶其弃于地也，不必藏于己；力恶其不出于身也，不必为己。是故谋闭而不兴，盗窃乱贼而不作，故外户而不闭，是谓大同。”大同社会是天下为公的社会，货不必私藏于己，力不必出身为己，社会弱小群体均有所养，有劳动能力的人都能施展才能，天下以贤能治国，一片诚信和睦。这是一个众人都能各施所能、各得其所的社会，物质生活充实、道德境界高尚、社会公平正义，社会公序良俗健全，贤能并举，反映了中华文明对理想社会的最高向往。

历代的中国先贤发展并践行着大同世界的理想，探索出一条物质富裕与礼仪教化并重、富国养民的治理之路。中国古代政治家、社会改革家和历史学家，对社会方案的制订，首先是追求国家富强。《管子·形势解》云：“主之所以为功者，富强也。故国富兵强，则诸侯服其政，邻敌畏其威。”《商君书·壹言》亦云：“故治国者，其抟力也，以富国强兵也。”不仅是国富，而且要民安，民安是国富的基础和前提。《论语·颜渊》记载哀公问有若：“年饥，用不足，如之何？”有若回答说：“盍彻乎？”哀公说：“二，吾犹不足，如之何其彻也？”有若于是说道：“百姓足，君孰与不足？百姓不足，君孰与足？”如果民用尚且不足，又如何缴纳赋税，朝廷又何以富足？《孔子家语·贤君》记载哀公问政，孔子回复：“政之急者，莫大乎使民富且寿也。”哀公说：“寡人欲行夫子之言，恐吾国贫矣。”孔子以“未有子富而父母贫”的比喻来说服哀公国富必先民富的道理。《管子·治国》则直言：“凡治国之道，必先富民。”为什么呢？因为只有“民富”才能易于治理，“民富则安乡重家，安乡重家则敬上畏罪，敬上畏罪则易治也”。反之，“民贫则危乡轻家，危乡轻家则敢陵上犯禁，陵上犯禁则难治也”。中国文化主张，仅仅是民富还不够，要先富而后教，追求物质富裕、国力强盛与精神富有、礼仪兴盛并重。孔子和冉有的对话阐发了这一主张，据《论语》记载：“子适卫，冉有仆。子曰：‘庶矣哉。’冉有曰：‘既庶矣，又何加焉？’曰：‘富之。’曰：‘既富矣，又何加焉？’曰：‘教之。’”《孟子·梁惠王上》提醒上位者“民养生丧死无憾”，是王道之始，而后还要“谨庠序之教，申之以孝悌之义”，使其文明知礼，只有这样才能达成真正的王道。《汉书·食货志》强调《诗》《书》所述，要在安民，富而教之，在讲食货的同时将教化纳入其中，教以“知室家长幼之节”，“知朝廷君臣之礼”。《魏书·食货志》亦云：“既饱且富，而仁义礼节生焉，亦所谓衣食足，识荣辱也。”

中国人追求物质富裕与礼仪教化并重、富国养民的理想社会，同时在宇宙观、天下观、社会观、道德观上，涵育出天下为公、民为邦本、为政以德、革故鼎新、任人唯贤、天人合一、自强不息、厚德载物、讲信修睦、亲仁善邻的思想，为中国式现代化提供了丰富的历史智慧和文化源泉，生成了中国式现代化的内在精神品质。当前，中国式现代化根本目标是实现社会的全面进步，社会的各个领域、各个方面的协调发展，与西方以资本为中心的现代化、两极分化的现代化形成鲜明的区别，从一个方面验证了中国式现代化是传统到现代社会的延续，是中华文明经由现代化的历史转换而实现创造性的自我赓续，充分展现出中国式现代化发展的内生性模式。中国式现代化因从中华民族自身的文明传统中生发而出，具备独有的定力与韧性。

（二）“以中国式现代化全面推进中华民族伟大复兴”的历史逻辑

中国共产党领导人民通过革命、建设和改革，推动马克思主义与中国具体实际相结合、与中华优秀传统文化相结合，在坚持独立自主原则的基础上创造和开拓出中国式现代化的道路。正如习近平总书记强调的：“中国共产党建立近百年来，团结带领中国人民所进行的一切奋斗，就是为了把我国建设成为现代化强国，实现中华民族伟大复兴。”①中国共产党百余年的奋斗史，虽然存在着革命、建设、改革等实践主题的阶段性差异，但却在本质上存在内在逻辑的一致性与相通性，即最终探索出一条符合本国实际的现代化道路，以中国式现代化全面推进中华民族伟大复兴。从历史进程来看，中国共产党领导中国人民推进中国式现代化须从根本上解决近代以来困扰中国社会百余年之久的民族复兴问题：首先是在政治上使人民取得主人翁地位，实现社会主义革命，从根本上激发中国社会现代化发展的动力。其次是要进行经济制度的广泛变革，确立公有制经济的主体性作用，实行社会主义改造，为中国的现代化建设创造积累基本的物质基础。再次是要进行政治、经济、社会、文化、生态的全面建设，从社会主要矛盾的判断中找准中国社会历史发展的新动力，从整体上为中国的现代化建设创造适宜的社会环境。

以中国式现代化全面推进中华民族伟大复兴，始于新民主主义革命时期、社会主义革命和建设时期。对于中国的发展、现代化和中华民族复兴来说，面对帝国主义的“资本入侵”和“殖民统治”，中国革命的意义不仅是在通常意义上建立一个现代意义的民族国家，更要为中华民族伟大复兴、为中国步入现代社会奠定“政治现代化的前提”。这一特定国情和特殊的任务决定了我国要实现现代化，必须“独立自主”地探索出一条现代化道路来。通过民主革命，推动了当时仍处于封建生产关系的中国社会展

① 习近平：《中华民族伟大复兴历史进程的大跨越》，《论中国共产党历史》，中央文献出版社2021年版，第302页。

开彻底的政治乃至社会革命，从而将中华文明从封建制和宗法制的历史桎梏中解放出来，为中国的现代化和民族复兴扫清了历史障碍，卸下了历史负担；通过民族革命，打倒了帝国主义，把中华民族从帝国主义的掠夺和压迫下解放了出来。通过社会主义革命，终结了资本主义在中国的“垄断统治”，成功建立一个有着完整主权和治权的社会主义国家政权，确立了社会主义基本制度，从而实现了对自身文明传统的彻底改造，为中国在实现现代化基础上实现民族或文明复兴扫清了历史障碍，为大规模开展现代化建设奠定了根本政治前提和制度基础。以中国式现代化全面推进中华民族伟大复兴，最初以工农阶级的解放为起点，这使得中国式现代化从一开始就始终与人民群众的前途命运联系在一起，从而拥有了最广泛的群众基础和阶级基础。

以中国式现代化全面推进中华民族伟大复兴，兴于改革开放和社会主义现代化建设新时期。改革开放以后，党中央更是在历史主动中自觉地提出建设社会主义现代化，明确提出“中国式的四个现代化”概念，通过改革开放的创造性实践，突破了社会主义的苏联模式和传统计划体制，实现了社会主义与市场体制的创造性结合，在对西方道路和苏联模式的双重超越中成功开辟了中国式现代化道路，因而也为中华民族实现伟大复兴找到了正确的发展道路。在国内外形势十分复杂、世界社会主义遭受严重挫折的严峻考验面前，党中央强调“一个中心、两个基本点”的基本路线，确立了社会主义市场经济体制的改革目标和基本框架，确立了社会主义初级阶段的基本经济制度和分配制度，推进党的建设新的伟大工程，为发展中国式现代化提供充满新的活力的体制保证和快速发展的物质条件。针对进入新世纪新阶段，发展过程中面临的环境资源约束等一系列新问题，党中央以社会主义和谐社会的战略思想推动中国式现代化建设，聚精会神搞建设，一心一意谋发展，尤其注重现代化建设的人本维度，强调以人为本、全面协调可持续发展，着力保障和改善民生，促进社会公平正义，推进党的执政能力建设和先进性建设，中国式现代化在社会建设与经济建设、政治建设、文化建设方面协调推进，进入新的发展阶段。

以中国式现代化全面推进中华民族伟大复兴，盛于中国特色社会主义新时代。随着中国特色社会主义进入了新时代，中国式现代化建设也站在了新的历史方位，中国共产党关于现代化的认识实现了从感性认识向理性认识的飞跃，自觉掌握社会主义现代化的建设规律，从更加整体、系统和全面的高度把握社会主义现代化的本质内涵，通过统筹推进“五位一体”总体布局、协调推进“四个全面”战略布局，统筹发展和安全，不断推动中国式现代化的守正创新。习近平强调：“在新中国成立特别是改革开放以来长期探索和实践基础上，经过十八大以来在理论和实践上的创新突破，我们党成功推进和拓展了中国式现代化。”① 尤其是针对世界百年未有之大变局以及一系列长期积累及新出现的突出矛盾和问题，党中央通过一系列战略性举措和变革性实践，经受住了来自政治、经济、意识形态、自然界等方面的风险挑战考验，推动党和国家事业取得历史性成就和历史性变革，厚植了以中国式现代化全面推进中华民族伟大复兴的物质基础、精神基础、生活基础与制度基础。

（三）“以中国式现代化全面推进中华民族伟大复兴”的实践逻辑

中国由于主体文明核心价值观的历史延续性，由于社会主义理论与实践探索的独特性，必然会选择一条中国式社会主义现代化道路。党的二十大报告明确了中国式现代化本质要求的九个方面，即坚持中国共产党领导，坚持中国特色社会主义，实现高质量发展，发展全过程人民民主，丰富人民精神世界，实现全体人民共同富裕，促进人与自然和谐共生，推动构建人类命运共同体，创造人类文明新形态。这九个方面涉及政治保障、制度规定、发展要求、人民主体性、精神文化建设、共同富裕、人与自然关系、构建人类命运共同体、创造人类文明新形态等，为我们准确、深刻

① 习近平：《高举中国特色社会主义伟大旗帜　为全面建设社会主义现代化国家而团结奋斗——在中国共产党第二十次全国代表大会上的报告》，人民出版社2022年版，第22页。

地把握中国式现代化的实践路径提供了根本遵循。

坚持党的领导，以中国式现代化全面推进中华民族伟大复兴。中国式现代化的本质要求，根植于党的全面领导这一最本质特征和最大优势。亨廷顿在《变化社会中的政治秩序》一书中认为，现代化多元社会如何将原生的社会势力糅合为单一的民族政治共同体十分重要，其解决主要依赖政党制，并明确指出："对于身处现代化之中的社会来说，所谓建立国家，部分地意味着创建有效的官僚机构，但更重要的话题还是建立一个能够调整新集团参与政治的有效政党体系。"[①]党始终是社会主义现代化建设的领导者、谋划者和推动者，为实现中华民族伟大复兴接续奋斗，领导团结中国人民在站起来、富起来到强起来的伟大飞跃中开创了中国式现代化的新道路。党的二十大报告再度为全面建设社会主义现代化国家、全面推进中华民族伟大复兴明确了时间表和路线图，就全面建成社会主义现代化强国"两步走"战略安排进行了宏观展望。从本质属性来看，中国式现代化就是中国共产党领导的社会主义现代化，中国共产党的领导、中国特色社会主义制度构成了中国式现代化的最根本、最基础的文化底色及政治保障。

坚持全面系统，以中国式现代化全面推进中华民族伟大复兴。党的二十大报告从"以中国式现代化推进中华民族伟大复兴"到"以中国式现代化全面推进中华民族伟大复兴"，新增的"全面"这一修饰语，体现了党对民族复兴历史目标的全新认知。"全面推进"意味着对民族复兴内涵的认识更加深入，即从整体性维度出发展开全面把握。以中国式现代化为中介载体的民族复兴目标是一个全面综合性概念，集政治、经济、文化、社会和生态文明等多维内容于一身。这种复合式的现代化类型，意味着实现中华民族伟大复兴，绝不是单纯的物质财富积累或军事实力增强的外在显性过程，而是蕴含着更加丰富、更加多元的内涵，与一般西方大国崛起或复兴的老路形成迥然差异。与中国梦所包含的国家富强、民族振兴、人民

① ［美］塞缪尔·P.亨廷顿：《变化社会中的政治秩序》，上海人民出版社2008年版，第335页。

幸福本质相适应，现代化的要旨在于建设现代化国家、发展现代化生产、塑造现代化社会，形成与世界历史发展走向、与马克思的人的全面发展思想相吻合的生产方式、生活方式、发展方式。为此，必须始终坚持加强党的领导和弘扬人民主体性的有机统一，始终坚持推进物质文明进步和促进精神文明发展的物的尺度与人的尺度的有机统一，必须始终坚持以统筹协调和胸怀天下的视野，自觉地协调好人与社会的关系、人与人的关系、人与自然的关系、中国与世界的关系等等，推进包括物质文明、政治文明、精神文明、社会文明和生态文明在内的“五位一体”的全面性文明进步，以中国式现代化促进人的自由而全面发展，促进中华民族伟大复兴。

坚持胸怀天下，以中国式现代化全面推进中华民族伟大复兴。中国式现代化创造了人类文明新形态，为解决人类问题贡献了中国智慧和中国方案。资本主义在展现所谓资本“先进文明”的同时，所呈现出的是一幅幅血和泪的悲惨历史图景，即在殖民主义的差序性世界体系之下，广大后发民族国家只能以依附方式被迫卷入殖民主义现代化的潮流，在其中感受到的只能是历史主体性意识的失落与被动挨打的历史困境，即马克思所言的“使东方从属于西方”。中国现代化问题意识生成之初就具有鲜明的内在特殊性，中华民族源远流长的和合文化和马克思主义世界历史思想，使中国式现代化在学习西方现代化进步意义的同时，超越西方现代化暴力逻辑，使中国式现代化呈现出天、地、人、物、我整体和谐、动态圆融的境地。在新时代，中国共产党秉持胸怀天下的情怀，将中国式现代化置于中华民族伟大复兴战略全局和世界百年未有之大变局中通盘考虑，所提出的“一带一路”“人类命运共同体”等重大命题，并不包含任何政治或经济附加条件，而是寄希望通过扎实推进自身现代化建设，积极助力人类现代化事业的进步与发展。这种倡导多元文明和平共存的现代化之路，不仅扩展了人们对文明形态的认知，更向世界展现了人类文明发展的新模式与新选择，由此凸显出更加重大的世界意义。

历史实践证明，中国式现代化之路因为遵循“两个结合”的基本规律，从中国现实国情出发并适应自身发展规律，是最有活力、最可持久的内生

性现代化。也正是因为中国式现代化的扎实推进及其显著成就，从根本上推动中华民族伟大复兴进入不可逆转的历史进程。中国式现代化道路既切合中国实际，体现社会主义建设规律，也顺应时代发展潮流，体现人类社会发展规律，是全面推进中华民族伟大复兴的正确道路。只有牢牢把握中国式现代化的本质要求，坚持党领导的社会主义现代化方向，坚持全面系统推进现代化实践，才能从根本上保障中华民族伟大复兴中国梦的实现。在以中国式现代化全面推进中华民族伟大复兴的过程中，中国式现代化将不断实现内涵更新、优势巩固、形态优化，发展出更高质量、更高历史位阶的现代化形态，丰富中华民族伟大复兴的世界历史意涵。

我们以上在从“赶超”西方到“中国梦”、从“四个现代化”到“五位一体”总体布局、从“两步走”到“三步走”再到“两个一百年”“以中国式现代化全面推进中华民族伟大复兴”这四个方面探讨了毛泽东、邓小平、习近平的中华民族复兴思想之间继承、发展和超越的关系。概而言之，作为党的第一代领导集体的核心，毛泽东是中国共产党的中华民族复兴思想的提出者和奠基者。毛泽东在中华人民共和国成立后不久，为了把一穷二白的中国迅速建设成为社会主义富强国家，实现中华民族的伟大复兴，即创造性地提出了“超英赶美”思想、“四个现代化”思想和“两步走”的发展战略思想。尽管由于种种原因，他的这些思想还不够完善，还存在着这样或那样的一些不足，也没有得到很好的贯彻实行，但他给后人留下了一份宝贵的思想遗产。党的十八大报告就曾指出：“以毛泽东同志为核心的党的第一代中央领导集体”在“探索民族复兴道路”的过程中，“虽然经历了严重曲折，但党在社会主义建设中取得的独创性理论成果和巨大成就，为新的历史时期开创中国特色社会主义提供了宝贵经验、理论准备、物质基础”。[①]“文革”结束后，尤其是十一届三中全会后，作为党的第二代领导集体的核心，邓小平在领导中国人民进行改革开放、建设有中

① 胡锦涛：《坚定不移沿着中国特色社会主义道路前进　为全面建成小康社会而奋斗——在中国共产党第十八次全国代表大会上的报告》，人民出版社2012年版，第10页。

国特色社会主义的历史进程中，在继承和发展毛泽东的“超英赶美”思想、“四个现代化”思想和“两步走”发展战略思想的基础上，提出了自己的“赶超思想”“现代化思想”和“三步走”发展战略思想，并在实践中取得了举世公认的伟大成就。党的十八大以来，习近平总书记又提出了“中国梦”“五位一体”总体布局、“两个一百年”的发展战略和奋斗目标，以及党的二十大报告提出的“以中国式现代化全面推进中华民族伟大复兴”，这是对毛泽东、邓小平的中华民族复兴思想的继承、发展和超越。让我们紧密地团结在以习近平同志为核心的党中央周围，认真贯彻落实二十大精神，为实现中华民族伟大复兴的中国梦而努力奋斗！

后记

本书是在我近二十年来研究近代以来中华民族复兴思想和思潮的学术论文基础上整理撰写而成。本书的出版，首先要感谢广东人民出版社的领导，尤其是本书的策划编辑曾玉寒女士，是玉寒的一再约稿，多次催促，我才将本书整理出来；感谢我多年来的工作单位——中国社会科学院近代史研究所和湖南师范大学历史文化学院——的领导和同事们，是他们给我提供了优良的研究条件和宽松和谐的研究环境；感谢我的硕士研究生导师、湖南师范大学已故林增平教授和我的博士研究生导师、北京师范大学已故龚书铎教授，是两位先生把我引领进了学术研究的神圣殿堂，没有两位恩师的精心栽培，也就没有我今天的成就；感谢我的父母对我的培养以及为培养我所付出的心血，父母虽然是一字不识的农民，但却以他们的善良和勤劳，含辛茹苦地培养出了两位博士、两位大学生和两位中专生（我们兄妹七人，大哥早年参加工作），因长期积劳成疾，母亲和父亲先后辞世，我谨以本书和已出版的所有著作和文章作为鲜花，供奉于父母的灵前，安息吧！父母双亲，儿子没有辜负你们的期望；感谢我的家人对我所从事工作的长期理解和支持，因为在经济大潮涌动的今天，从事纯学术研究，既不能给家人带来任何物质文明的享受，也没有时间陪家人享受丰富的精神文明成果；感谢所有长期关心我、支持我、帮助我的师长、同事、亲人、朋友和学生。滴水之恩，必当涌泉相报。

我在湖南师范大学的第一个博士后、湖南大学的刘平教授通读了全书，校正了一些错别字，并对个别语句作了润色和修改。本书第一章第二节“李大钊的中华民族复兴思想”，是我与我在湖南师范大学带的博士生、现为湖南警察学院马克思主义教研室教授的喻春梅合作撰写的；第三章的第五节“民族复兴与历史书写”，本来是我在湖南师范大学的博士生邓燕在我的指导下撰写的，这次征得邓燕的同意，纳入本书；第四章的第三节“‘民族复兴’话语下 20 世纪 30 年代的读书运动”是湖南大学的刘平教授撰写的，因与主题相符，经她同意，也纳入了本书。结语“继承、发展与超越”，是由我的在读博士生、湖南农业大学马克思主义学院副教授曹威伟起草的，我作了修改。我在校的湖南师范大学 2018 级研究生程顺、刘文博、赵林做了一些文字校对工作，在此一并致谢。

郑大华

2023 年 12 月